LES ŒUVRES COMPLETES DE VOLTAIRE

36

VOLTAIRE FOUNDATION
OXFORD
1994

THE COMPLETE WORKS OF VOLTAIRE

36

VOLTAIRE FOUNDATION
OXFORD
1994

ISBN 0 7294 0377 7

Voltaire Foundation Ltd
99 Banbury Road
Oxford OX2 6JX

PRINTED IN ENGLAND
AT THE ALDEN PRESS
OXFORD

under the sponsorship of

sous le haut patronage de

L'ACADÉMIE FRANÇAISE

L'ACADÉMIE ROYALE DE LANGUE ET DE LITTÉRATURE FRANÇAISES DE BELGIQUE

THE AMERICAN COUNCIL OF LEARNED SOCIETIES

THE BRITISH ACADEMY

L'UNION ACADÉMIQUE INTERNATIONALE

prepared with the kind co-operation of

réalisée avec le concours gracieux de

THE NATIONAL LIBRARY OF RUSSIA

ST PETERSBURG

this volume prepared for the press by

ce volume préparé pour l'impression par

PENELOPE BRADING

Dictionnaire philosophique

II

sous la direction de

Christiane Mervaud

édition critique par

Andrew Brown, Marie-Hélène Cotoni, Jacqueline Hellegouarc'h, Ulla Kölving, Christiane Mervaud, Jeanne R. Monty, José-Michel Moureaux, Bertram Eugene Schwarzbach, Jeroom Vercruysse et Roland Virolle

TABLE DES MATIERES

LISTE DES SIGLES ET ABRÉVIATIONS

Académie 62 *Dictionnaire de l'Académie française*, 1762
Arsenal Bibliothèque de l'Arsenal, Paris
Bayle *Dictionnaire historique et critique*
Bengesco *Voltaire: bibliographie de ses œuvres*, 1882-1890
Benítez 'Matériaux pour un inventaire des manuscrits philosophiques clandestins des XVIIe et XVIIIe siècles', 1988
BL British Library, London
Bn Bibliothèque nationale de France, Paris
BnC *Catalogue général des livres imprimés de la Bibliothèque nationale: auteurs*, tome 214, Voltaire, 1978
Bn F Bn, Manuscrits français
Bn N Bn, Nouvelles acquisitions françaises
Bodleian Bodleian Library, Oxford
Bpu Bibliothèque publique et universitaire, Genève
Br Bibliothèque royale, Brussels
BV *Bibliothèque de Voltaire: catalogue des livres*, 1961
Calmet, *Commentaire* *Commentaire littéral sur tous les livres de l'Ancien et du Nouveau Testament*
Calmet, *Dictionnaire* *Dictionnaire historique, critique, chronologique, géographique et littéral de la Bible*, 1730
Chaudon *Dictionnaire anti-philosophique*, 1767
CLT Grimm, *Correspondance littéraire*, 1877-1882
CN *Corpus des notes marginales de Voltaire*, 1979-
D Voltaire, *Correspondence and related documents*, Voltaire 85-135, 1968-1977 [la présence d'un astérisque renvoie au tome 130]
Diderot *Œuvres complètes*, 1975-
DP *Dictionnaire philosophique*
DTC *Dictionnaire de théologie catholique*, 1903-1950
Essai Voltaire, *Essai sur les mœurs*, 1990

ICL Kölving et Carriat, *Inventaire de la Correspondance littéraire de Grimm et Meister*, 1984

ImV Institut et musée Voltaire, Geneva

Kehl *Œuvres complètes de Voltaire*, 1784-1789

Leigh Rousseau, *Correspondance complète*, 1965-

Lph *Lettres philosophiques*, éd. Lanson et Rousseau, 1964

M *Œuvres complètes de Voltaire*, 1877-1885

Mémoires secrets Bachaumont, *Mémoires secrets*, 1777-1789

Neuchâtel Bibliothèque publique et universitaire, Neuchâtel

OH Voltaire, *Œuvres historiques*, 1957

PG Migne, *Patrologiae cursus, series graeca*, 1857-1912

PL Migne, *Patrologiae cursus, series latina*, 1844-1864

QE *Questions sur l'Encyclopédie*: 'A'-'Ciel des anciens' (1770), 'Cicéron'-'Supplices' (1771), 'Superstition'-'Zoroastre' (1772)

Rhl *Revue d'histoire littéraire de la France*

Romans et contes Voltaire, *Romans et contes*, éd. F. Deloffre et J. Van den Heuvel, Paris 1979

Roth-Varloot Diderot, *Correspondance*, 1955-1970

Rousseau, *OC* *Œuvres complètes*, 1959-

StP Bibliothèque nationale de Russie, Saint-Pétersbourg

Studies *Studies on Voltaire and the eighteenth century*

Taylor Taylor Institution, Oxford

TLF *Trésor de la langue française*

Trapnell 'Survey and analysis of Voltaire's collective editions, 1728-1789', 1970

Trévoux *Dictionnaire universel françois et latin*, 1743

V *Œuvres complètes de Voltaire / Complete works of Voltaire*, 1968- [la présente édition]

L'APPARAT CRITIQUE

L'apparat critique placé au bas des pages fournit les diverses leçons ou variantes offertes par les états manuscrits ou imprimés du texte (on en trouvera le relevé, V 35, p.228-53). Chaque note critique est composée du tout ou d'une partie des indications suivantes:

– Le ou les numéros de la ou des lignes auxquelles elle se rapporte; comme les titres ou sous-titres, les noms de personnages dans un dialogue ou une pièce de théâtre, et les indications scéniques échappent à cette numérotation, l'indication donne dans ce cas le numéro de la ligne précédente suivi des lettres a, b, c, etc. qui correspondent aux lignes de ces textes intercalaires.

– Les sigles désignant les états du texte, ou les sources, repris dans la variante (voir V 35, p.266). Des chiffres arabes, isolés ou accompagnés de lettres, désignent en général des éditions séparées de l'œuvre dont il est question; les lettres suivies des chiffres sont réservées aux recueils, W pour les éditions complètes, et T pour les œuvres dramatiques; après le sigle, l'astérisque signale un exemplaire particulier, qui d'ordinaire contient des corrections manuscrites.

– Des explications ou des commentaires de l'éditeur.

– Les deux points (:) marquant le début de la variante proprement dite, dont le texte, s'il en est besoin, est encadré par un ou plusieurs mots du texte de base. A l'intérieur de la variante, toute remarque de l'éditeur est placée entre crochets.

Les signes typographiques conventionnels suivants sont employés:

– La lettre grecque bêta β désigne le texte de base.

– Le signe de paragraphe ¶ marque l'alinéa.

– Deux traits obliques // indiquent la fin d'un paragraphe ou d'une partie du texte.

– Les mots supprimés sont placés entre crochets obliques ⟨ ⟩.

– Les mots ajoutés à la main par Voltaire ou Wagnière sont précédés, dans l'interligne supérieur, de la lettre ^{V} ou ^{W}, suivie d'une flèche verticale dirigée vers le haut $^{\uparrow}$ ou vers le bas $^{\downarrow}$, pour indiquer que l'addition est inscrite au-dessus ou au-dessous de la ligne. Le signe $^{+}$ marque la fin de l'addition, s'il y a lieu.

– Toute correction adoptée dans un imprimé est suivie d'une flèche horizontale → suivie du sigle désignant l'imprimé.

Exemple: 'il ⟨allait⟩ $^{W\uparrow}$⟨courait⟩ $^{V\downarrow}$β' signifie que 'allait' a été supprimé, que Wagnière a ajouté 'courait' au-dessus de la ligne, que 'courait' a été supprimé, et que Voltaire a inséré la leçon du texte de base au-dessous de la ligne. Une annotation du type 'w75G*, →K' indique qu'une correction manuscrite sur l'édition encadrée a été adoptée dans les éditions de Kehl.

DAVID[1]

Si un jeune paysan en cherchant des ânesses trouve un royaume, cela n'arrive pas communément.[2] Si un autre paysan guérit son roi d'un accès de folie en jouant de la harpe, ce cas est encore très

a-78 64-65V, article absent

[1] Voltaire s'intéresse depuis longtemps à David, comme en témoignent, dès les années 1726, les premiers carnets (V 81, p.74-76). Sur les principales marques de cet intérêt jusqu'en 1761 et sur l'influence prépondérante de Bayle et de son article 'David', voir H. T. Mason, *Pierre Bayle and Voltaire*, p.28-30. Cet intérêt a été avivé en 1761 par la publication d'un virulent pamphlet contre David (voir n.6). La présence de David, discrète dans l'édition de 1764 du DP, s'accentue en 1765 par l'addition de l'article 'Philosophe', qui comporte un développement sur la persécution dont fut victime, à l'occasion de l'article 'David' de son *Dictionnaire*, 'l'immortel Bayle' qui s'est refusé à faire l'éloge d'actions de David qui sont 'injustes, sanguinaires, atroces'. C'est pour Voltaire l'occasion d'en dresser une liste, première esquisse de cet article de 1767, qui a vraisemblablement été rédigé après la publication de 'Philosophe', soit au cours de l'année 1766. Reste à déterminer sa cause directe: on serait d'abord tenté de la chercher dans les derniers développements de la polémique sur David qui dure depuis 1760 entre Peter Annet et le théologien Samuel Chandler, mais Voltaire n'en fait pas mention dans sa correspondance de 1766. Reste une autre hypothèse, moins fragile, mais difficile à vérifier: Voltaire ayant demandé à Frédéric en octobre 1765 (D12940) l'*Extrait du Dictionnaire historique et critique de Bayle* que ce dernier avait composé avec d'Argens et qui venait de paraître (Berlin 1765), le roi le lui envoie le 25 novembre (D13004) en le priant d'excuser le choix très malheureux de la seconde version (édulcorée) de l'article 'David', en promettant de restituer 'le bon article' dans la réédition qui se prépare. Malgré ces avertissements, Voltaire ne peut s'empêcher de dire sa déception (D13148). On peut dès lors se demander si la rédaction de cet article ne répond pas précisément au désir de pallier la carence de l'*Extrait*.

[2] Allusion à I Samuel ix-x: Cis envoie son fils Saül à la recherche d'ânesses qui s'étaient égarées. Saül n'ayant rien trouvé décide de consulter là-dessus Samuel. Le Seigneur avertit Samuel de la prochaine visite de Saül et lui commande de le sacrer chef d'Israël, afin qu'il sauve ce peuple de la main des Philistins. Samuel s'exécute puis fait acclamer le premier roi d'Israël par le peuple.

rare;[3] mais que ce petit joueur de harpe devienne roi parce qu'il a rencontré dans un coin un prêtre de village qui lui jette une bouteille d'huile d'olive sur la tête, la chose est encore plus merveilleuse.[4]

Quand et par qui ces merveilles furent-elles écrites? Je n'en sais rien; mais je suis bien sûr que ce n'est ni par un Polybe, ni par un Tacite. Je révère fort le digne Juif, quel qu'il soit, qui écrivit l'histoire véritable du puissant royaume des Hébreux pour l'instruction de l'univers sous la dictée du Dieu de tous les mondes qui inspira ce bon Juif; mais je suis fâché que mon ami David commence par rassembler une bande de voleurs au nombre de quatre cents, qu'à la tête de cette troupe d'honnêtes gens il s'entende avec Abimélec le grand-prêtre qui l'arme de l'épée de Goliath et qui lui donne les pains consacrés. (premier Rois chap. 21, vs. 13)[5]

[3] I Samuel xvi: après avoir contrevenu aux ordres du Seigneur, Saül se vit livré par lui à un esprit malin qui l'agitait. Ses officiers lui conseillèrent de se faire amener un bon joueur de harpe qui pût le soulager dans ses accès de noire mélancolie. Saül envoya chercher David dont on lui avait vanté le talent et qui le soulageait en effet par sa musique. Saül enchanté de son harpiste se l'attacha comme écuyer.

[4] I Samuel xvi.1-13: Yahvé irrité contre Saül et décidé à mettre fin à son règne ordonne à Samuel d'aller à Bethléem oindre le nouveau roi qu'il a choisi parmi les fils de Jessé. Samuel s'y rend sous prétexte d'y accomplir un sacrifice, emplit sa corne d'huile et fait défiler devant lui les sept fils présents de Jessé; mais aucun d'eux n'a été choisi. Apprenant que le huitième et dernier est resté garder le troupeau, Samuel l'envoie chercher. David se révèle être l'élu de Yahvé et Samuel procède aussitôt à l'onction. Voltaire reviendra sur le comique grotesque de la scène dans *La Bible enfin expliquée* (M.xxx.176, n.2).

[5] La mémoire de Voltaire l'a quelque peu trahi, car ce résumé ne respecte pas l'ordre dans lequel I Rois (aujourd'hui I Samuel) rapporte ces faits: quand Jonathan, fils de Saül, avertit son ami David que le roi avait résolu sa perte, David se retira à Nobé chez le grand-prêtre Abimélech, à qui il fit croire que Saül lui avait confié une mission si urgente qu'il n'avait eu le temps de prendre armes ni vivres: Abimélech lui donna alors l'épée de Goliath et des pains de proposition pour se nourrir lui et ses gens, dont le texte à cet endroit ne précise pas le nombre, remarquant seulement que David s'est présenté sans eux devant le grand-prêtre (I Samuel xxi.1-9). David ne s'estimant pas en sûreté, s'enfuit alors chez Akish le roi de Gath, prince des Philistins; bientôt reconnu, il ne sauve sa vie qu'en simulant

Je suis un peu scandalisé que David l'oint du Seigneur, l'homme selon le cœur de Dieu,[6] révolté contre Saül[7] autre oint du Seigneur, s'en aille avec quatre cents bandits mettre le pays à contribution, aille voler le bonhomme Nabal, qu'immédiatement après Nabal se trouve mort, et que David épouse la veuve sans tarder. (Chap. 25, vs. 10, 11)[8]

---

la folie (xxi.10-15) et se réfugie dans la caverne d'Odollam où viennent le retrouver les membres de sa famille, puis 'tous ceux qui avaient de méchantes affaires, et ceux qui étaient ou accablés de dettes ou mécontents [...] Il devint leur chef, et il se trouva avec lui environ quatre cents hommes' (xxii.2). Quant à Abimélech, loin de s'être 'entendu' avec David, il fut victime de sa propre crédulité et du mensonge de David, puisque Saül se jugeant trahi le fit exécuter avec toute sa maison (xxii.11-18). La référence voltairienne renvoie précisément aux véhéments reproches de conjuration contre lui que Saül adresse à Abimélech avant de le faire mourir.

[6] Appliquée à David par Samuel annonçant à Saül que Yahvé l'abandonnait (I Samuel xiii.14), cette expression était déjà relevée par Bayle comme contestable, dès la première phrase de son article 'David' (version 1): 'David roi des Juifs a été un des plus grands hommes du monde, quand même on ne le considérerait pas comme un roi prophète qui était selon le cœur de Dieu'. Elle avait été popularisée par Peter Annet dans le titre de son ouvrage polémique sur David: *The History of the man after God's own heart* (London 1761; BV), que d'Holbach traduira en 1768 sous le titre: *David ou l'histoire de l'homme selon le cœur de Dieu*. Annet s'inspire largement de Bayle, mais Voltaire préfère utiliser Annet, à ses yeux plus moderne et plus hardi (voir P. Rétat, *Le Dictionnaire de Bayle et la lutte philosophique au XVIIIe siècle*, p.360-61, 420; cf. D10078). Voltaire (qui attribue l'ouvrage à 'M. Hut', prononciation anglaise de Huet) affirmera en 1771 que M. Hut 'examina toute la conduite de David beaucoup plus sévèrement que Bayle' (QE, M.xviii.316). Aussi s'explique-t-on que le commentaire de I Rois, dans *La Bible enfin expliquée*, 'utilise P. Annet, mais jamais Bayle' (Rétat, p.361).

[7] A lire I Samuel xvi-xxvi, David apparaît plus comme un sujet fugitif se dérobant à la vindicte d'un roi ayant plusieurs fois tenté de l'assassiner que comme un rebelle affrontant son souverain légitime.

[8] Allusion à l'ensemble de I Samuel xxv, et pas seulement aux versets 10 et 11. Les immenses troupeaux du riche Nabal ayant bénéficié de la protection des gens de David dans le désert de Maon, David lui fit courtoisement demander quelque chose au moment de la tonte; mais Nabal renvoya ses émissaires avec une dureté brutale qui détermina David à l'exterminer avec toute sa maison. La prudente Abigaïl, femme de Nabal, sut toutefois empêcher cette expédition punitive en se portant à la rencontre de David pour apaiser sa colère par ses excuses et ses présents. Dix jours plus tard, Nabal mourut, frappé par Yahvé: David fit demander

J'ai quelques scrupules sur sa conduite avec le grand roi Akis, possesseur, si je ne me trompe, de cinq ou six villages dans le canton de Geth. David était alors à la tête de six cents bandits, allait faire des courses chez les alliés de son bienfaiteur Akis;[9] il pillait tout, il tuait tout, vieillards, femmes, enfants à la mamelle. Et pourquoi égorgeait-il les enfants à la mamelle? C'est, dit le divin auteur juif, de peur que ces enfants n'en portassent la nouvelle au roi Akis. (Chap. 27, vs. 8, 9, 11)[10]

Ces bandits se fâchent contre lui, ils veulent le lapider. Que fait ce Mandrin juif? Il consulte le Seigneur, et le Seigneur lui répond qu'il faut aller attaquer les Amalécites, que ces bandits y

---

Abigaïl en mariage, qui accepta sans hésiter. Dans la première version de son article 'David', Bayle avait déjà sévèrement blâmé le projet d'exterminer Nabal au mépris de toute sorte de droit: il n'eût fait triompher que la loi du plus fort.

[9] I Samuel xxvii.8 précise qu'il 'pillait Gessuri, Gerzi et les Amalécites; car ces bourgs étaient autrefois habités vers le chemin de Sur jusqu'au pays d'Egypte'. Calmet s'avoue incapable de localiser Gerzi; il situe Gessur 'entre le pays des Philistins et l'Egypte', mais confesse ne pouvoir préciser davantage (*Dictionnaire*, art. 'Gerzi', 'Gessur'). Quant aux Amalécites, il les donne pour 'un peuple puissant, qui demeura dans l'Arabie déserte, entre la mer Morte et la mer Rouge, ou entre Hevila et Sur, I Reg.xv.7, tantôt dans un canton et tantôt dans un autre; car on ne peut pas assigner l'endroit précis de leur demeure' (art. 'Abimélech').

[10] Le détail des enfants à la mamelle est de l'invention de Voltaire, car l'Ecriture évoquant ces massacres (I Samuel xxvii.9, 11) ne fait mention que des hommes et des femmes. Il est possible aussi que Voltaire ait confondu avec I Samuel xv.3, où Yahvé fait prescrire à Saül par Samuel le détail de l'extermination qu'il ordonne des Amalécites: 'tuez tout, depuis l'homme jusqu'à la femme, jusqu'aux petits enfants, et ceux qui sont encore à la mamelle, jusqu'aux bœufs, aux brebis, aux chameaux et aux ânes'. Bayle avait déjà expliqué la fourberie de David: 'Le mystère, qu'il ne voulait point que l'on révélât, est que ces ravages se faisaient non pas sur les terres des Israélites, comme il le faisait acroire au roi de Gath, mais sur les terres des anciens peuples de Palestine'. Après quoi, il jugeait le fourbe inexcusable: 'Franchement, cette conduite était fort mauvaise: pour couvrir une faute, on en commettait une plus grande. On trompait un roi à qui l'on avait de l'obligation; et on exerçait une cruauté prodigieuse afin de cacher cette tromperie' (rem. D). Pareilles cruautés, il est vrai, ne sont pas rares dans l'Ancien Testament; mais Bayle fait remarquer qu'elles sont ordinairement commises sur ordre de Dieu ou de quelque prophète, ce qui n'est pas le cas pour celles de David.

gagneront de bonnes dépouilles, et qu'ils s'enrichiront. (Chap. 30)[11]

Cependant l'oint du seigneur, Saül, perd une bataille contre les Philistins, et il se fait tuer. Un Juif en apporte la nouvelle à David. David qui n'avait pas apparemment de quoi donner la *buona nuncia* au courrier, le fait tuer pour sa récompense. (2e Rois chap. 1, vs. 10)[12]

Isbozeth succède à son père Saül, David est assez fort pour lui faire la guerre. Enfin Isbozeth est assassiné.[13]

David s'empare de tout le royaume, il surprend la petite ville ou le village dc Raba et il fait mourir tous les habitants par des supplices assez extraordinaires, on les scie en deux, on les déchire avec des herses de fer, on les brûle dans des fours à briques. Manière de faire la guerre tout à fait noble et généreuse. (2e Rois chap. 12)[14]

[11] Présentation des faits nettement tendancieuse: Voltaire ne dit rien ni des motifs de la révolte de ses hommes contre David, ni des raisons pour lesquelles Yahvé désigne les Amalécites à leur vindicte. I Samuel xxx est pourtant fort clair: quand David et ses hommes, chassés de l'armée des Philistins méfiants, retournent à Sicéleg, la ville que leur a donnée Akish, ils la trouvent détruite par les Amalécites qui ont emmené leurs femmes, leurs enfants et leurs troupeaux. C'est alors que dans leur désespoir les hommes de David veulent le lapider: David accablé consulte Yahvé pour savoir s'il réussira à reprendre aux Amalécites ce qu'ils lui ont dérobé. Yahvé promet plein succès et l'écrasante victoire remportée sur les Amalécites permet en effet de récupérer la totalité de leurs captifs et de leur butin. Bayle n'avait pas tenté de tirer parti de cet épisode.

[12] Voir II Samuel i.2-16. Pourquoi écrire que le messager était Juif, alors que l'Ecriture précise par deux fois (8 et 13) qu'il était Amalécite, même s'il avouait s'être sauvé de l'armée d'Israël (3)? La présentation des faits est tendancieuse ici aussi, Voltaire omettant de dire pourquoi David a fait tuer le messager: il avait avoué avoir achevé Saül à sa demande, puis lui avoir ôté son diadème et son bracelet qu'il apportait à David. Celui-ci jugea digne de mort l'homme qui confessait lui-même avoir été le meurtrier de l'oint du Seigneur.

[13] II Samuel ii, iii et iv.1-8.

[14] Allusion à II Samuel xii.31 que Lemaître de Sacy avait rendu: 'Et ayant fait sortir les habitants, il les coupa avec des scies, fit passer sur eux des chariots avec des roues de fer, les tailla en pièces avec des couteaux, et les jeta dans les fourneaux où l'on cuit la brique. C'est ainsi qu'il traita toutes les villes des Ammonites'. Un

Après ces belles expéditions, il y a une famine de trois ans dans le pays;[15] je le crois bien; car à la manière dont le bon David faisait la guerre, les terres devaient être mal ensemencées. On consulte le Seigneur, et on lui demande pourquoi il y a famine. La réponse était fort aisée, c'était assurément parce que dans un pays, qui à peine produit du blé, quand on a fait cuire les laboureurs dans des fours à briques, et qu'on les a sciés en deux, il reste peu de gens pour cultiver la terre; mais le Seigneur répond que c'est parce que Saül avait tué autrefois des Gabaonites.[16]

Que fait aussitôt le bon David? il assemble les Gabaonites; il leur dit que Saül avait eu grand tort de leur faire la guerre; que Saül n'était point comme lui selon le cœur de Dieu, qu'il est juste de punir sa race, et il leur donne sept petits-fils de Saül à pendre, lesquels furent pendus, parce qu'il y avait eu famine. (2e Rois chap. 21)[17]

---

tout autre sens est proposé aujourd'hui par la TOB, la traduction du texte hébraïque dirigée par le grand rabbin Zadoc-Kahn (1967), et la Bible de Jérusalem qui rend ce vers ainsi: 'Quant à sa population, il la fit sortir, la mit à manier la scie, les pics ou les haches de fer et l'employa au travail des briques'), redressant par là un probable contresens de la Vulgate; mais Bayle (rem. H), la Bible de Genève et tous les exégètes du dix-huitième siècle ne comprenaient pas autrement que Lemaître de Sacy. Calmet croira même devoir justifier ces atrocités: 'Il est à présumer que David ne suivit en cela que les lois communes de la guerre de ce temps-là; ou que les Ammonites s'étaient attiré ce châtiment par des actions précédentes qui ne nous sont point connues; ce qui est certain, c'est que l'Ecriture ne reproche rien sur cela à David et qu'elle lui rend même un témoignage exprès que, hors le fait d'Urie, sa conduite a été irréprochable' (*Commentaire*, ii.549); cf. *La Bible enfin expliquée* (M.xxx.193, n.1).

[15] A lire Voltaire, on croirait que cette famine intervint aussitôt après les atrocités de Rabba. L'Ecriture ne dit rien de tel ni ne précise le temps de cette famine. Notons toutefois qu'on saute de II Samuel xii à xxi et que beaucoup d'événements se sont produits entre les deux.

[16] L'Ecriture donne à entendre que si la famine frappe Israël, c'est moins pour le meurtre lui-même des Gabaonites par Saül que pour la violation qu'il représente d'un serment fait par les Israélites aux Amorrhéens de ne jamais attenter à leur vie (or les Gabaonites étaient un reste des Amorrhéens; voir II Samuel xxi.1-2).

[17] Ce sont en fait les Gabaonites qui fixent la nature de la réparation que leur offre David: ils disent ne vouloir ni or ni argent, mais l'extermination de la race

C'est un plaisir de voir comment cet imbécile de dom Calmet justifie et canonise toutes ces actions,[18] qui feraient frémir d'horreur si elles n'étaient incroyables.

Je ne parlerai pas ici de l'assassinat abominable d'Uria, et de l'adultère de Betzabéa; elle est assez connue;[19] et les voies de Dieu

---

du roi qui leur a fait tant de mal. Aussi réclament-ils pour les crucifier sept des fils et petits-fils de Saül (II Samuel xxi.4-6) que David leur livre. Voltaire ne commente pas ici cette dernière cruauté du 'bon David', alors que dans *La Bible enfin expliquée* elle fera l'objet d'un violent réquisitoire (M.xxx.198, n.3). Bayle s'était borné à n'y trouver qu'une preuve de plus que David était bien un 'homme de sang', comme l'en accusaient les amis de Saül et comme Yahvé lui-même l'avait reconnu en lui refusant le privilège de bâtir le temple (rem. I).

[18] La vigueur de l'épithète paraît trahir une exaspération que ce grand lecteur de Calmet sait ordinairement mieux dominer. Il est certain que l'auteur du *Commentaire* se résout mal à laisser accuser David d'un autre crime que celui du meurtre d'Urie. Il écrit au sujet de la mise à mort de la moitié des prisonniers moabites qu'on a probablement écrasés avec des chariots et des traînoirs: 'cette exécution fait frémir. Mais les lois de la guerre de ce temps-là permettaient de tuer les captifs pris à la guerre' (ii.531). A la mort subite de Nabal, David s'écrie de façon tout humaine et sans ambages: 'Béni soit le Seigneur qui m'a vengé'. Calmet nous assure que ce serait mal comprendre: 'Il semblerait [...] que David se réjouit du malheur de Nabal; mais il est bien plus croyable que ce sage et saint prince admire les effets de la justice et de la providence du Seigneur qui l'avait préservé du danger de tremper ses mains dans le sang de Nabal et qui n'avait pas pour cela laissé le mal impuni' (ii.473). C'est probablement en justifiant la livraison aux Gabaonites des descendants de Saül que Calmet a montré le plus de naïveté: 'David consulta sans doute de nouveau le Seigneur par ses prophètes ou par le grand-prêtre, s'il accorderait aux Gabaonites ce qu'ils lui demandaient; ou bien il avait ordre de la part de Dieu, dès la première fois qu'il l'avait consulté, de faire tout ce qu'ils voudraient. Sans cela, à quoi se serait-il exposé? Et n'aurait-on pas cru dans tout Israël qu'il aurait voulu, sous ce prétexte, se défaire tout d'un coup de la famille de Saül? David ne fut donc ici que l'exécuteur de la volonté de Dieu' (ii.593). En 1771, Voltaire saura toutefois donner acte à Calmet d'avoir porté dans son *Dictionnaire* un jugement plus mesuré sur les atrocités de Rabba (QE, M.xviii.318).

[19] Si Voltaire ne s'y attarde pas, ce n'est pas seulement parce que l'épisode est bien connu; c'est aussi parce qu'il représente une faute majeure de David dont Yahvé l'a puni en faisant mourir le premier enfant né de cette union (II Samuel xii). Les défenseurs les plus résolus de David sont donc eux-mêmes contraints, comme l'avait observé Bayle (rem. I), de 'confesser que la conduite de ce prince envers Urie est un des plus grands crimes qu'on puisse commettre'.

sont si différentes des voies des hommes, qu'il a permis que Jésus-Christ descendît de cette infâme Betzabéa,[20] tout étant purifié par ce saint mystère.

Je ne demande pas maintenant comment Jurieu a eu l'insolence de persécuter le sage Bayle pour n'avoir pas approuvé toutes les actions du bon roi David,[21] mais je demande comment on a souffert qu'un homme tel que Jurieu molestât un homme tel que Bayle?

74 67: comment le prédicant Jurieu
77 67: qu'un misérable comme Jurieu

[20] L''adultère Betsabée', dénoncée dans l'*Examen important* comme l'une des trois douteuses aïeules du Christ avec l''incestueuse Thamar' et l''impudente Ruth' (V 62, p.195), fait l'objet de deux questions du perplexe Zapata (1767; V 62, p.390 et 396). Dans *La Bible enfin expliquée*, Voltaire ne manquera pas de remarquer que 'si le mariage de David et de Bethsabée n'est qu'un nouveau crime, Dieu est donc né de la source la plus impure' (M.xxx.192).

[21] Bref retour au sujet déjà abordé dans l'article 'Philosophe' et que Voltaire détaillera davantage en 1771, dans l'article 'David' des QE.

DES DÉLITS LOCAUX[1]

Parcourez toute la terre, vous trouverez que le vol, le meurtre, l'adultère, la calomnie sont regardés comme des délits que la société condamne et réprime;[2] mais ce qui est approuvé en Angleterre, et condamné en Italie, doit-il être puni en Italie comme un de ces attentats contre l'humanité entière? c'est là ce que

a-40 64-65v, article absent

[1] Article paru en 1767. Il présente une étroite parenté avec certains passages de la *Relation de la mort du chevalier de La Barre*, adressée au marquis de Beccaria, auteur de *Dei delitti e delle pene* (Monaco [Livorno] 1764; BV) que l'abbé Morellet venait de traduire: *Traité des délits et des peines* (Lausanne 1766; BV). Si les deux textes restent assurément empreints des idées de Beccaria, l'article paraît avoir été le premier écrit. La *Relation* parut dans les premiers mois de 1768 (BnC 4195). Cet article est donc antérieur d'au moins un an et a pu être composé après l'exécution du chevalier de La Barre (1er juillet 1766). Mais la modération du ton incite plutôt à le dater du début de 1766 (ou même de la fin de 1765, Voltaire ayant commencé à lire le livre de Beccaria le 16 octobre; voir D12938). Notons que le 23 juin 1766, huit jours avant l'exécution de La Barre, qu'il n'apprendra que le 7 juillet, Voltaire était encore plein d'espoir: 'On m'a mandé que le parlement n'avait point signé l'arrêt qui condamne les jeunes fous d'Abbeville, et qu'il avait voulu laisser à leurs parents le temps d'obtenir du roi une commutation de peine [...] L'excellent livre *des Délits et des Peines*, si bien traduit par l'abbé Morellet, aura produit son fruit' (D13371). La désillusion sera, on le sait, brutale (voir D13394). Aussi verrait-on mal que l'article ait été écrit après le choc traumatisant du 7 juillet.

[2] Voltaire définit le crime avec Vauvenargues comme un acte qui offense la société, et ajoute: 'Cette vérité doit être la base de tous les codes criminels' (*Relation de la mort du chevalier de La Barre*, M.xxv.515). P. Gay a bien montré les conséquences: 'Voltaire was a secularist: so-called crimes against religion do not injure society. For a Christian rationale, Voltaire substitutes a secular rationale: "natural law" is adequate to teach men which acts must be prohibited. In addition to being a convenient anti-Christian slogan, this "natural law" is a generalization from history: experience tells us that society cannot survive if it permits theft, murder or treason to go unchecked' (*Voltaire's politics: the poet as realist*, p.288).

j'appelle délit local.[3] Ce qui n'est criminel que dans l'enceinte de quelques montagnes ou entre deux rivières[4] n'exige-t-il pas des juges plus d'indulgence que ces attentats qui sont en horreur à toutes les contrées?[5] Le juge ne doit-il pas se dire à lui-même: je n'oserais punir à Raguse ce que je punis à Lorette.[6] Cette réflexion[7]

[3] Voltaire reprendra l'expression dans la *Relation*. Après avoir rapporté les propos injurieux tenus sur l'Eucharistie par milord Lockhart, ambassadeur d'Angleterre à Paris, et 'le grand archevêque Tillotson', Voltaire observe qu'ils sont identiques à ceux qu'on reproche au chevalier de La Barre et conclut: 'Les mêmes paroles respectées dans milord Lockhart à Paris, et dans la bouche de milord Tillotson à Londres, ne peuvent donc être en France qu'un délit local, un délit de lieu et de temps, un mépris de l'opinion vulgaire, un discours échappé au hasard devant une ou deux personnes. N'est-ce pas le comble de la cruauté de punir ces discours secrets du même supplice dont on punirait celui qui aurait empoisonné son père et sa mère, et qui aurait mis le feu aux quatre coins de sa ville?' (M.xxv.510).

[4] Si le souvenir de Pascal est évident ('Plaisante justice qu'une rivière borne! Vérité au deçà des Pyrénées, erreur au delà'; *Pensées*, Br. 294), on notera aussi qu'une idée très voisine figure dans Beccaria: 'les idées changent avec le temps [...] et [...] varient selon les lieux et les climats; car la morale est soumise, comme les empires, à des bornes géographiques' (*Des délits et des peines*, Paris 1980, p.117).

[5] C'est ici que l'influence de Beccaria est la plus perceptible. Les délits locaux étant nécessairement moins graves que les délits partout condamnés et réprimés, appellent par conséquent des peines plus légères. Ainsi s'applique le grand principe de Beccaria: l'intérêt de tous étant que 'les délits les plus funestes à la société soient les plus rares, les moyens que la législation emploie pour empêcher les crimes doivent être donc plus forts, à mesure que le délit est plus contraire au bien public et peut devenir plus commun. On doit donc mettre une proportion entre les délits et les peines' (p.111).

[6] Lorette (Loreto), en Italie centrale, et Raguse (l'actuelle Dubrovnik) figurent ici l'éloignement géographique: elles appartiennent à deux pays différents, et sont séparées par la mer Adriatique. Mais le choix de Lorette, célèbre lieu de pèlerinage à la maison de la Vierge qui y aurait été transportée miraculeusement, n'est pas innocent: les mauvaises plaisanteries qu'on pourrait impunément se permettre à Raguse sur l'arrivée par les airs de la maison de Notre-Dame risquent de vous coûter la vie à Lorette. Cf. QE, art. 'Crimes ou délits de temps et de lieu', où Voltaire raconte de façon voilée l'histoire du chevalier de La Barre, en rapportant le châtiment barbare qu'on a infligé à 'trois étourdis' arrivés à Lorette où ils ont chanté 'à souper une chanson faite autrefois par quelque huguenot contre la translation de la santa casa de Jérusalem au fond du golfe Adriatique' (M.xviii.274).

[7] On peut croire que Voltaire n'aurait pas prêté cette réflexion aux juges, s'il

ne doit-elle pas adoucir dans son cœur cette dureté qu'il n'est que trop aisé de contracter dans le long exercice de son emploi?[8]

On connaît les kermesses[9] de la Flandre; elles étaient portées dans le siècle passé jusqu'à une indécence qui pouvait révolter des yeux inaccoutumés à ces spectacles.[10]

Voici comme l'on célébrait la fête de Noël dans quelques villes.[11] D'abord paraissait un jeune homme à moitié nu avec des

13 67, 69: ils étaient portés

---

avait connu le verdict finalement rendu par le Parlement de Paris contre le chevalier de La Barre. Elle semble plutôt venue sous la plume d'un homme qui espérait encore que le tribunal comprendrait l'injustice qu'il y a à 'punir la folie par des supplices qui ne doivent être réservés qu'aux grands crimes' (D13371).

[8] Voir aussi ci-dessous, art. 'Torture' (l.55-61), et QE, art. 'Crimes' (M.xviii.275-76), où Voltaire développera cette idée.

[9] Absent d'*Académie 62*, le mot kermesse, que Jaucourt donne pour un 'mot d'usage dans la langue hollandaise pour signifier une foire' (*Encyclopédie*, art. 'Kermesse', ix.123), sera défini par l'Académie en 1798 comme le 'nom qu'on donne en Hollande et dans les Pays-Bas à des foires annuelles qui se célèbrent avec des processions, des mascarades, des danses', etc.

[10] 'Les Flamands aiment fort les réjouissances publiques. Chaque ville et chaque village a la sienne tous les ans qu'on nomme kermes et qui dure ordinairement huit jours. Ce mot signifie une foire à l'occasion de la dédicace de l'église du lieu ou de la fête du patron. L'ouverture s'en fait par une procession du Saint-Sacrement et le profane y est quelquefois mêlé. Des géants, de grands poissons, des représentations de l'enfer et du paradis, des fous et des diables qui marchent en cortège dans la rue, font le principal divertissement du peuple, dont la plus grande partie quitte son travail pendant que la fête dure, pour se divertir et pour faire bonne chère' (Bruzen de La Martinière, *Le Grand dictionnaire*, art. 'Flandre').

[11] Même s'il est question de Louvain à la fin du paragraphe, il n'est pas certain que Voltaire pense exclusivement à des villes des Pays-Bas, car il avait évoqué déjà ce genre de cérémonies burlesques en 1756 et 1761, dans l'*Essai sur les mœurs*, ch.82, à l'échelle de toute l'Europe, sans se référer, il est vrai, à la fête de Noël, puisqu'il ne parle que de la fête de l'âne et de celle des fous (*Essai*, i.770, 772). Mais Jaucourt avertit que pour célébrer cette fête à Valladolid en plein dix-septième siècle, 'on y employait les mêmes extravagances qu'à la fête des fous dans notre barbarie: des masques grotesques, des habits de mascarades; des danses dans l'église avec des tambours de basque et des violons s'accordaient aux orgues qui sonnaient des chacones; et le peuple criait victor à celui qui chantait le mieux un villaneis d'une mule qui rue', etc. (*Encyclopédie*, art. 'Noël', xi.184). On trouvera chez

ailes au dos, il récitait *l'Ave Maria* à une jeune fille qui lui répondait *fiat*, et l'ange la baisait sur la bouche, ensuite un enfant enfermé dans un grand coq de carton criait en imitant le chant du coq: *puer natus est nobis*. Un gros bœuf en mugissant disait *ubi*, qu'il prononçait *oubi*, une brebis bêlait en criant *Béthléem*. Un âne criait *hihanus* pour signifier *eamus*,[12] une longue procession précédée de quatre fous, avec des grelots et des marottes fermait la marche. Il reste encore aujourd'hui des traces de ces dévotions populaires, que chez des peuples plus instruits on prendrait pour profanations.[13] Un Suisse de mauvaise humeur, et peut-être plus ivre que ceux qui jouaient le rôle du bœuf et de l'âne, se prit de parole avec eux dans Louvain, il y eut des coups de donnés, on voulut faire pendre le Suisse qui échappa à peine.[14]

Le même homme eut une violente querelle à la Haye en Hollande, pour avoir pris hautement le parti de Barnevelt contre

---

Jaucourt une description très détaillée de cette 'réjouissance pleine de désordres, de grossièretés et d'impiétés que [...] les prêtres mêmes faisaient dans la plupart des églises durant l'office divin, principalement depuis les fêtes de Noël jusqu'à l'Epiphanie' (art. 'Fête des fous', vi.573-76).

[12] Même si les trois détails précisés ici par Voltaire (parodie érotisée de l'Annonciation, annonce de la naissance de l'enfant Jésus, 'déclarations' du bœuf, de la brebis, et de l'âne) ne figurent comme tels ni dans l'*Essai sur les mœurs*, ni surtout dans l'article 'Fête des fous' de Jaucourt, on retrouve dans ce dernier la nudité, l'imitation du braiement et les rôles du bœuf et de l'âne.

[13] Cf. Jaucourt: 'Cette fête était réellement d'une telle extravagance que le lecteur aurait peine à y ajouter foi, s'il n'était instruit de l'ignorance et de la barbarie des siècles qui ont précédé la renaissance des lettres en Europe' (vi.573). En réalité, Jaucourt recopie presque ici les premières lignes des *Mémoires pour servir à l'histoire de la fête des fous qui se faisait autrefois dans plusieurs églises* de Jean-Bénigne Du Tilliot (Lausanne, Genève 1741; BV), ouvrage auquel il a emprunté l'essentiel de son article et que Voltaire a également lu.

[14] Nous n'avons pu retrouver la source de cette anecdote, qui ne figure ni dans l'article 'Festum asinorum' du *Glossarium ad scriptores mediae et infimae latinitatis* de Du Cange, ni surtout dans les *Mémoires pour servir à l'histoire de la Hollande* d'Aubery Du Maurier. Voltaire l'a probablement lue dans un périodique ou dans un de ses nombreux ouvrages concernant l'histoire et la politique des Provinces-Unies; on en trouvera la liste dans J. Vercruysse, *Voltaire et la Hollande*, p.195-97.

un gomariste outré.[15] Il fut mis en prison à Amsterdam, pour avoir dit que les prêtres sont le fléau de l'humanité et la source de tous nos malheurs. Eh quoi, disait-il, si l'on croit que les bonnes œuvres peuvent servir au salut,[16] on est au cachot. Si l'on se moque d'un coq et d'un âne, on risque la corde. Cette aventure, toute burlesque qu'elle est, fait assez voir qu'on peut être répréhensible sur un ou deux points de notre hémisphère, et être absolument innocent dans le reste du monde.

34 69*: que ⟨les⟩ ^{V}ces ⟨prêtres⟩ $^{V\uparrow}$disputes

[15] Voltaire a montré dans l'*Essai sur les mœurs*, ch.187, comment une querelle à l'origine strictement théologique sur la prédestination, entre Arminius (1560-1609), qui voulait l'assouplir, et Gomar (1563-1641), tenant à lui garder toute la rigidité que lui avait donnée Calvin, a fini par former 'deux partis dans l'Etat': le grand pensionnaire Jan van Olden Barnevelt (1547-1619) a pris le parti des arminiens, tandis que son rival politique, le stathouder Maurice de Nassau (1567-1625), prenait celui des gomaristes. Le prince d'Orange, ayant fait condamner l'arminianisme en 1618 par un synode de toutes les églises réformées d'Europe, fit exécuter Olden Barnevelt en mai 1619 (exécution évoquée dans l'*Histoire des voyages de Scarmentado*). Le Suisse ici est donc un arminien convaincu: il est adversaire d'une prédestination stricte, totalement indépendante du libre arbitre humain, et partisan du 'républicanisme' de Barnevelt s'opposant résolument aux tendances autocratiques du prince d'Orange. Ces convictions expliquent son hostilité à l'emprise de tout clergé, de tout appareil institutionnel; le mot prêtre peut désigner ici le corps des pasteurs tout autant que la hiérarchie de l'Eglise romaine.

[16] Pour assouplir la doctrine de la prédestination, Arminius l'avait présentée comme le décret par lequel Dieu avait statué que les fidèles qui persévéreraient dans la foi en Christ seraient sauvés et les infidèles damnés. Dans de telles perspectives les bonnes œuvres reprennent toute leur importance et peuvent en effet assurer le salut. La prédestination n'est plus alors que la prescience qu'a eue Dieu de la foi (manifestée par ces œuvres) ou de l'incrédulité de chaque homme. Ce rôle des bonnes œuvres avait été souligné par Voltaire dès 1756; quand Scarmentado, touché de pitié par l'exécution de Barnevelt demande s'il avait trahi l'Etat, il s'entend répondre qu'il a fait bien pis: 'C'est un homme qui croit que l'on peut se sauver par les bonnes œuvres aussi bien que par la foi' (*Histoire des voyages de Scarmentado*; *Romans et contes*, p.136).

DESTIN[1]

De tous les livres qui sont parvenus jusqu'à nous, le plus ancien est Homère; c'est là qu'on trouve les mœurs de l'antiquité profane, des héros grossiers, des dieux grossiers, faits à l'image de l'homme. Mais c'est là qu'on trouve aussi les semences de la philosophie, et surtout l'idée du destin qui est maître des dieux, comme les dieux sont les maîtres du monde.[2]

Jupiter veut en vain sauver Hector; il consulte les destinées; il pèse dans une balance les destins d'Hector et d'Achille; il trouve que le Troyen doit absolument être tué par le Grec; il ne peut s'y opposer; et dès ce moment Apollon, le génie gardien d'Hector, est obligé de l'abandonner. (*Iliade liv.* 22)[3] Ce n'est pas qu'Homère ne prodigue souvent dans son poème, des idées toutes contraires, suivant le privilège de l'antiquité; mais enfin, il est le premier chez

2 65: l'antiquité persane, des

[1] L'auteur de la réfutation parue dans le *Journal helvétique*, après avoir commenté cet article, publié en 1764, conclut: 'Il n'est pas nécessaire d'y regarder de bien près, pour voir que la doctrine du destin est le comble de l'absurdité, un délire de l'ancienne philosophie dont la moderne devrait rougir. Cette doctrine peint les hommes comme autant de machines, elle fait Dieu auteur de tous les crimes et de tous les forfaits qui se commettent ici-bas, elle détruit toute législation, toute morale, toute religion: il n'y a que des monstres qui soient capables de l'enseigner sérieusement' (juillet 1767; p.15). Cet article a été repris dans les QE avec quelques petites additions.

[2] Voir ci-dessus, art. 'Chaîne des événements'.

[3] Homère, *Iliade*, xxii.209-213. Selon Mme Dacier, traductrice et commentatrice du poète, Homère n'était pas l'initiateur de cette philosophie qui figurait déjà dans la Bible (*L'Iliade d'Homère traduite en français avec des remarques*, Paris 1741; BV). En parlant de l'antiquité d'Homère et, plus bas, des pharisiens, tout en passant sous silence les versets bibliques cités par Mme Dacier ainsi que les dogmes pharisiens pertinents, Voltaire semble la contredire intentionnellement ici.

qui on trouve la notion du destin. Elle était donc très en vogue de son temps.

Les pharisiens, chez le petit peuple juif, n'adoptèrent le destin que plusieurs siècles après.[4] Car ces pharisiens eux-mêmes, qui furent les premiers lettrés d'entre les Juifs, étaient très nouveaux. Ils mêlèrent dans Alexandrie une partie des dogmes des stoïciens, aux anciennes idées juives.[5] St Jérôme prétend même que leur secte n'est pas de beaucoup antérieure à notre ère vulgaire.[6]

Les philosophes n'eurent jamais besoin ni d'Homère, ni des pharisiens, pour se persuader que tout se fait par des lois immuables, que tout est arrangé, que tout est un effet nécessaire.[7]

Ou le monde subsiste par sa propre nature, par ses lois physiques, ou un Etre suprême l'a formé selon ses lois suprêmes; dans l'un et l'autre cas, ces lois sont immuables; dans l'un et l'autre cas, tout est nécessaire; les corps graves tendent vers le centre de la terre, sans pouvoir tendre à se reposer en l'air. Les poiriers ne peuvent jamais porter d'ananas. L'instinct d'un épagneul, ne peut être l'instinct d'une autruche; tout est arrangé, engrené et limité.[8]

L'homme ne peut avoir qu'un certain nombre de dents, de cheveux et d'idées; il vient un temps où il perd nécessairement ses dents, ses cheveux et ses idées.

Il est contradictoire que ce qui fut hier n'ait pas été, que ce qui

[4] Voltaire devait connaître le témoignage de Flavius Josèphe, *Bella judaeorum*, II.viii.14, *Antiquitates*, XIII.v.9, XVIII.I.13.

[5] Parle-t-il ici de Philon (mort en 54)? Il n'est pas généralement considéré comme un pharisien, car ceux-ci étaient membres d'une école palestinienne de droit rabbinique, et l'Alexandrin était philosophe plutôt que docteur en droit et semble même avoir ignoré l'hébreu.

[6] Jérôme, *Commentarium in Isaiam*, iii.8 (PL, xxiv.19). Voltaire a pu trouver ce témoignage, et surtout l'analyse historique qui souligne l'histoire récente des pharisiens, dans le *Dictionnaire* de Calmet (art. 'Pharisiens').

[7] Voir ci-dessus, art. 'Chaîne des événements'.

[8] Ce paragraphe reprend, sur le mode de la vulgarisation, des idées largement développées dans les *Eléments de la philosophie de Newton*, I.

est aujourd'hui ne soit pas; il est aussi contradictoire que ce qui doit être, puisse ne pas devoir être.

Si tu pouvais déranger la destinée d'une mouche, il n'y aurait nulle raison qui pût t'empêcher de faire le destin de toutes les autres mouches, de tous les autres animaux, de tous les hommes, de toute la nature; tu te trouverais au bout du compte plus puissant que Dieu.

Des imbéciles disent, Mon médecin a tiré ma tante d'une maladie mortelle, il a fait vivre ma tante dix ans de plus qu'elle ne devait vivre; d'autres qui font les capables disent, L'homme prudent fait lui-même son destin.

Nullum numen abest si sit prudentia, sed nos
Te facimus fortuna Deam coeloque locamus.[9]

Mais souvent le prudent succombe sous sa destinée, loin de la faire; c'est le destin qui fait les prudents.

De profonds politiques assurent que si on avait assassiné Cromwell, Ludlow, Ireton, et une douzaine d'autres parlementaires, huit jours avant qu'on coupât la tête à Charles Ier, ce roi aurait pu vivre encore et mourir dans son lit; ils ont raison; ils peuvent ajouter encore que si toute l'Angleterre avait été engloutie dans la mer, ce monarque n'aurait pas péri sur un échafaud auprès

46 64: d'autres imbéciles qui [64*, MS2: β]
49-52 64: *locamus*. ¶De profonds [64*, MS2: β]

[9] Juvénal, *Satires*, x.365-366. La citation est incorrecte:

Nullum numen habes, si sit prudentia. Nos te,
Nos facimus, Fortuna, deam coeloque locamus.

Dans les QE, Voltaire traduit ces vers ainsi:

La fortune n'est rien; c'est en vain que l'on adore.
La prudence est le dieu qu'on doit seul implorer.

C'est un texte que Voltaire connaissait depuis longtemps, probablement depuis Louis-le-Grand, et qu'il cite sans doute de mémoire ici, d'où l'inexactitude.

de Whitehall, auprès de la salle blanche: mais les choses étaient arrangées de façon que Charles devait avoir le cou coupé.[10]

Le cardinal d'Ossat[11] était sans doute plus prudent qu'un fou des Petites-Maisons; mais n'est-il pas évident que les organes du sage d'Ossat étaient autrement faits que ceux de cet écervelé? de même que les organes d'un renard sont différents de ceux d'une grue et d'une alouette.

Ton médecin a sauvé ta tante; mais certainement il n'a pas en cela contredit l'ordre de la nature, il l'a suivi. Il est clair que ta tante ne pouvait pas s'empêcher de naître dans une telle ville, qu'elle ne pouvait pas s'empêcher d'avoir dans un tel temps une certaine maladie, que le médecin ne pouvait pas être ailleurs que dans la ville où il était, que ta tante devait l'appeler, qu'il devait lui prescrire les drogues qui l'ont guérie.

Un paysan croit qu'il a grêlé par hasard sur son champ, mais le philosophe sait qu'il n'y a point de hasard, et qu'il était impossible, dans la constitution de ce monde, qu'il ne grêlât pas ce jour-là en cet endroit.

Il y a des gens qui étant effrayés de cette vérité en accordent la moitié, comme des débiteurs qui offrent moitié à leurs créanciers, et demandent répit pour le reste. Il y a, disent-ils, des événements nécessaires, et d'autres qui ne le sont pas; il serait plaisant qu'une partie de ce monde fût arrangée, et que l'autre ne le fût point; qu'une partie de ce qui arrive dût arriver, et qu'une autre partie de ce qui arrive ne dût pas arriver. Quand on y regarde de près,

58 69*: 〈auprès de〉
79 69*: pas 〈;〉.

[10] Charles Ier fut décapité le 30 janvier 1649. Edmund Ludlow (1617-1692), politicien républicain, fit partie du tribunal qui condamna le roi; Henry Ireton (1611-1651), général, gendre d'Oliver Cromwell, signa l'ordre d'exécution.

[11] Arnaud d'Ossat (1536-1604), cardinal et diplomate au service d'Henri III et d'Henri IV: ses lettres étaient considérées comme des classiques de la diplomatie.

on voit que la doctrine contraire à celle du destin est absurde et contraire à l'idée d'une Providence éternelle; mais il y a beaucoup de gens destinés à raisonner mal, d'autres à ne point raisonner du tout, d'autres à persécuter ceux qui raisonnent.

Il y a des gens qui vous disent, Ne croyez pas au fatalisme, car alors tout vous paraissant inévitable vous ne travaillerez à rien, vous croupirez dans l'indifférence, vous n'aimerez ni les richesses ni les honneurs, ni les louanges; vous ne voudrez rien acquérir, vous vous croirez sans mérite comme sans pouvoir; aucun talent ne sera cultivé, tout périra par l'apathie.

Ne craignez rien, messieurs, nous aurons toujours des passions et des préjugés, puisque c'est notre destinée d'être soumis aux préjugés et aux passions: nous saurons bien qu'il ne dépend pas plus de nous d'avoir beaucoup de mérite et de grands talents, que d'avoir les cheveux bien plantés et la main belle: nous serons convaincus qu'il ne faut tirer vanité de rien, et cependant nous aurons toujours de la vanité.

J'ai nécessairement la passion d'écrire ceci, et toi tu as la passion de me condamner; nous sommes tous deux également sots, également les jouets de la destinée. Ta nature est de faire du mal, la mienne est d'aimer la vérité, et de la publier malgré toi.

Le hibou qui se nourrit de souris dans sa masure, a dit au rossignol, Cesse de chanter sous tes beaux ombrages, viens dans mon trou, afin que je t'y dévore; et le rossignol a répondu, Je suis né pour chanter ici, et pour me moquer de toi.

Vous me demandez ce que deviendra la liberté? Je ne vous entends pas. Je ne sais ce que c'est que cette liberté dont vous parlez; il y a si longtemps que vous disputez sur sa nature, qu'assurément vous ne la connaissez pas. Si vous voulez, ou

83 65v: doctrine opposée à
83-84 64: absurde; mais il y a
84 69*: éternelle⟨;⟩.
86-108 64, 65: raisonnent. ¶Vous me

plutôt, si vous pouvez examiner paisiblement avec moi ce que c'est, passez à la lettre L.[12]

[12] Voir ci-dessous, art. 'Liberté'.

DIEU[1]

Sous l'empire d'Arcadius,[2] Logomacos,[3] théologal[4] de Constantinople, alla en Scythie, et s'arrêta au pied du Caucase, dans les fertiles plaines de Zéphirim, sur les frontières de la Colchide.[5] Le bon vieillard Dondindac était dans sa grande salle basse, entre sa grande bergerie et sa vaste grange; il était à genoux avec sa femme, ses cinq fils et ses cinq filles, ses parents et ses valets, et tous chantaient les louanges de Dieu après un léger repas. Que fais-tu là, idolâtre? lui dit Logomacos. Je ne suis point idolâtre, dit Dondindac. Il faut bien que tu sois idolâtre, dit Logomacos, puisque tu es Scythe, et que tu n'es pas Grec. Çà, dis-moi, que chantais-tu dans ton barbare jargon de Scythie? Toutes les langues

[1] Cet article, paru dès 1764, comporte un nombre relativement élevé de références allusives à la *Somme théologique* de saint Thomas d'Aquin, qui attestent probablement une consultation récente de l'ouvrage par Voltaire; mais la correspondance des années précédentes n'indique rien de cette hypothétique relecture. Par ailleurs le dialogue d'animaux (la taupe et le hanneton) incite à rapprocher cet article du 'Catéchisme chinois' comportant un dialogue de deux grillons sur le même sujet. L'article daterait alors vraisemblablement de 1762 ou 1763.

[2] Arcadius (377-408), fils aîné de l'empereur Théodose, fut mis en 395 à la tête de l'empire d'Orient, après que Théodose eut décidé de partager l'empire romain en un empire d'Orient, et un empire d'Occident qu'il confia à son fils cadet Honorius. Arcadius se montra un persécuteur acharné du paganisme, faisant détruire les temples et bâtir des églises sur leurs ruines.

[3] Pseudo-mot grec, visiblement composé sur 'logomachie', mais mal orthographié (il faudrait écrire Logomachos pour rendre le χ de μάχη), et qui flétrit à lui seul la théologie thomiste de cet ecclésiastique s'empêtrant dans les vaines distinctions de la scolastique, alors que Dondindac donnera toujours l'impression, dans sa simplicité lumineuse, d'avoir atteint sans effort à l'essentiel.

[4] 'Chanoine institué dans le chapitre d'une Eglise cathédrale pour enseigner la théologie et pour prêcher en certaines occasions' (*Académie 62*).

[5] La Colchide correspondant en gros à l'actuelle Géorgie, l'endroit où s'arrête Logomacos est à situer à l'est de la mer Noire et au sud du Caucase. Mais le *Dictionnaire* de Bruzen de La Martinière ne dit mot des 'plaines de Zéphirim'.

sont égales aux oreilles de Dieu, répondit le Scythe; nous chantions ses louanges. Voilà qui est bien extraordinaire, reprit le théologal; une famille scythe qui prie Dieu sans avoir été instruite par nous! Il engagea bientôt une conversation avec le Scythe Dondindac; car le théologal savait un peu de scythe, et l'autre un peu de grec. On a retrouvé cette conversation dans un manuscrit conservé dans la bibliothèque de Constantinople.

LOGOMACOS

Voyons si tu sais ton catéchisme? Pourquoi pries-tu Dieu?

DONDINDAC

C'est qu'il est juste d'adorer l'Etre suprême de qui nous tenons tout.

LOGOMACOS

Pas mal pour un barbare! Et que lui demandes-tu?

DONDINDAC

Je le remercie des biens dont je jouis, et même des maux dans lesquels il m'éprouve; mais je me garde bien de lui rien demander; il sait mieux que nous ce qu'il nous faut; et je craindrais d'ailleurs de demander du beau temps quand mon voisin demanderait de la pluie.[6]

[6] Voltaire reprendra plusieurs fois en les précisant ces idées sur la prière. La seule forme légitime de prière est celle de l'adoration, comme vient de l'affirmer Dondindac (encore que Voltaire ait par la suite semblé préférer parfois le mot résignation; voir QE, art. 'Prières', M.xx.275. Déjà dans le *Sermon des cinquante* il parlait de 'soumission'; M.xxiv.438). La prière de louange et la prière de demande sont à condamner: la première pour des raisons qu'explique vainement à ses disciples Ben-al-Bétif (art. 'Gloire') et que reprendra Sidrac dans *Les Oreilles du comte de Chesterfield*: 'Qui vous dit de prier Dieu et de le louer? Il a vraiment bien affaire de vos louanges et de vos placets!' (1775; *Romans et contes*, p.586). Quant à la prière de demande, elle est triplement absurde: 1) Elle suppose avec outrecuidance que Dieu puisse changer en ma faveur les desseins qu'il a de toute éternité: 'Si on

LOGOMACOS

Ah! je me doutais bien qu'il allait dire quelque sottise. Reprenons les choses de plus haut: Barbare, qui t'a dit qu'il y a un Dieu?

DONDINDAC

La nature entière.

LOGOMACOS

Cela ne suffit pas. Quelle idée as-tu de Dieu?

DONDINDAC

L'idée de mon créateur, de mon maître, qui me récompensera si je fais bien, et qui me punira si je fais mal.

LOGOMACOS

Bagatelles, pauvretés que cela! Venons à l'essentiel. Dieu est-il infini *secundum quid*, ou selon l'essence? [7]

---

le prie de faire le contraire de ce qu'il a résolu, c'est le prier d'être faible, léger, inconstant; c'est croire qu'il soit tel, c'est se moquer de lui [...] Le vouloir de l'homme doit se conformer au vouloir divin et non le vouloir divin au vouloir de l'homme; d'où il résulte que la prière est un acte de rébellion contre la Divinité, puisqu'elle tend à conformer le vouloir divin au vouloir de l'homme' (M.xx.275, 277). 2) Elle suppose contre toute logique que Dieu puisse, pour exaucer ma demande particulière, interrompre le cours et les lois immuables de la nature. C'est ce qu'explique le métaphysicien à sœur Fessue qui croyait devoir remercier la sainte Vierge de ce que Dieu avait, à sa prière, rendu la vie à son moineau: 'Si des Ave Maria avaient fait vivre le moineau de sœur Fessue un instant de plus qu'il ne devait vivre, ces Ave Maria auraient violé toutes les lois posées de toute éternité par le grand Etre; vous auriez dérangé l'Univers; il vous aurait fallu un nouveau monde, un nouveau Dieu, un nouvel ordre des choses' (QE, 'Providence', M.xx.295). 3) Elle témoigne d'une fâcheuse inconscience du caractère inévitablement contradictoire des demandes dont la Divinité est assaillie: 'chaque peuple a toujours demandé tout le contraire de ce que demandait son voisin' (QE, 'Oraison', M.xx.149).

[7] Allusion à la *Somme théologique*, I, qu.7, art.II, où Thomas d'Aquin se demande si quelque chose d'autre que Dieu peut être infini par essence et répond que Dieu

DIEU

DONDINDAC

Je ne vous entends pas.

LOGOMACOS

Bête brute! Dieu est-il en un lieu, ou hors de tout lieu, ou en tout lieu?[8]

DONDINDAC

Je n'en sais rien... Tout comme il vous plaira.

LOGOMACOS

Ignorant! Peut-il faire que ce qui a été n'ait point été,[9] et qu'un

---

seul est infini absolument et par essence; tous les autres êtres peuvent être infinis sous un certain rapport mais non pas de façon absolue: 'Respondeo dicendum quod aliquid praeter Deum posset esse infinitum secundum quid sed non simpliciter'.

[8] Allusion à la *Somme théologique*, I, qu.8, où saint Thomas se demande successivement si Dieu est en toutes choses (art.I), si Dieu est partout (art.II), s'il est partout par son essence, sa présence, et sa puissance (art.III) et si c'est le propre de Dieu d'être partout (art.IV). A ces questions, il répond que Dieu existe en toutes choses de la façon la plus intime; qu'il est dans tous les lieux et les remplit tous, parce qu'il donne l'être à tous les objets qui s'y trouvent; qu'il est en toutes choses par sa puissance, son essence et sa présence; que c'est bien le propre de Dieu d'être partout, absolument et tout entier. Des trois questions de Logomacos, Thomas d'Aquin ne se pose vraiment que la dernière.

[9] *Somme théologique*, I, qu.25, art.IV. Thomas d'Aquin répond négativement, parce que cette proposition est contradictoire et il rappelle les réponses, elles aussi négatives, déjà données à cette question par Aristote et saint Augustin: le premier dit (*Ethique*, VI.ii) que la seule chose dont Dieu soit privé, c'est précisément de faire que ce qui a été fait ne l'ait pas été; et le second assure (*Contre Faustus*, XXIV.v), que réclamer, pour que soit bien établie la toute puissance de Dieu, qu'il fasse que ce qui a été n'ait point été, c'est demander rien moins que Dieu fasse que ce qui est vrai soit faux, précisément parce que cela est vrai.

bâton n'ait pas deux bouts?[10] voit-il le futur comme futur ou comme présent?[11] comment fait-il pour tirer l'être du néant,[12] et pour anéantir l'être?[13]

[10] Exemple très concret et trouvé par Voltaire avec bonheur pour illustrer un débat que Thomas d'Aquin ne conduit que de façon générale et abstraite (*Somme théologique*, I, qu.25, art.III). Tout ce qui existe ou peut exister étant absolument possible, c'est à l'égard de tous ces possibles absolus que Dieu est dit tout-puissant. Mais tout ce qui implique en soi à la fois l'être et le non-être ne saurait entrer dans la catégorie du possible absolu, et par conséquent la toute-puissance de Dieu ne peut s'étendre jusque-là. Concevoir un bâton qui n'ait pas deux bouts, c'est bien mélanger l'être et le non-être, puisque l'être du bâton se définit entre autres par la possession de deux extrémités. Or ce qui implique contradiction ne peut être fait, et dès lors la toute-puissance divine ne saurait l'accomplir.

[11] Thomas d'Aquin se demande si Dieu a la science des futurs contingents (I, qu.14, art.XIII) et répond: 'Dieu sachant non seulement tout ce qui existe, mais encore tout ce qui peut exister, soit par le fait de sa puissance soit par celui de sa créature, il connaît par là même tous les futurs contingents tels qu'ils sont en eux-mêmes et dans l'état où ils sont actuellement et il les connaît ainsi de toute éternité, d'une manière certaine, intuitivement et sans aucune succession'. Il fait observer que le contingent peut être considéré sous un double rapport: 'D'abord en soi et comme existant déjà. Ce n'est plus alors un contingent futur, c'est un contingent présent; il n'est plus indéterminé, mais il est précisé, individualisé. Il peut, par conséquent, être infailliblement l'objet d'une connaissance certaine [...] On peut, en second lieu, considérer le contingent dans sa cause. Dans ce cas c'est un contingent futur qui est encore indéterminé'. Mais Dieu connaît toutes les choses contingentes à la fois dans leurs causes et telles qu'elles sont en elles-mêmes suivant l'existence qu'elles ont ou doivent avoir. 'Ainsi donc tout ce qui existe dans le temps est présent pour Dieu de toute éternité' (trad. Drioux, i.295).

[12] Voir la *Somme théologique*, I, qu.45, où saint Thomas se demande si créer c'est faire quelque chose de rien (réponse positive) et si Dieu peut créer quelque chose: 'Il faut répondre que non seulement il n'est pas impossible à Dieu de créer quelque chose, mais qu'il est même nécessaire que tout soit créé par lui [...] Si Dieu n'agissait qu'en mettant en œuvre ce qui existait déjà, il s'ensuivrait qu'il ne serait pas lui-même cause de ce qui existait avant qu'il n'agît' (trad. Drioux, ii.235).

[13] Saint Thomas se demande moins comment fait Dieu pour anéantir l'être que s'il peut l'anéantir. Dans la question 104, il se demande d'abord si Dieu peut faire rentrer un être dans le néant (art.III) puis s'il y a des êtres qui rentrent dans le néant (art.IV). Sa réponse est que 'Dieu n'ayant pas donné et ne conservant pas nécessairement mais librement l'existence aux créatures, il peut par conséquent les faire rentrer dans le néant, s'il en a la volonté' (trad. Drioux). Mais comme par ailleurs, l'Ecriture dit que les œuvres de Dieu demeureront à jamais, et qu'il n'y a

DONDINDAC

Je n'ai jamais examiné ces choses.

LOGOMACOS

Quel lourdaud! Allons, il faut s'abaisser, se proportionner. Dis-moi, mon ami, crois-tu que la matière puisse être éternelle?[14]

DONDINDAC

Que m'importe qu'elle existe de toute éternité, ou non; je n'existe pas moi de toute éternité. Dieu est toujours mon maître; il m'a donné la notion de la justice, je dois la suivre; je ne veux point être philosophe, je veux être homme.

LOGOMACOS

On a bien de la peine avec ces têtes dures. Allons pied à pied: Qu'est-ce que Dieu?

DONDINDAC

Mon souverain, mon juge, mon père.

51 65v: être théologien, je

---

pas de créatures qui rentrent dans le néant, il faut affirmer de façon absolue que rien jamais ne retourne au néant, d'autant plus que c'est la conservation perpétuelle des créatures qui manifeste avec le plus d'éclat la puissance et la bonté divines.

[14] Question débattue par l'auteur de la *Somme théologique*, I, qu.44, art.II (cf. qu.46, art.I). Thomas d'Aquin se demande exactement: 'la matière première a-t-elle été créée par Dieu ou est-elle un principe qui a contribué comme lui à l'ordre actuel du monde?' (trad. Drioux). On se doute que seul est retenu le premier terme de cette alternative, l'article précédent ayant d'ailleurs établi que tout être, quel qu'il soit, procède nécessairement de Dieu. Dans les *Lettres de Memmius à Cicéron* (1771), Memmius se demandera à son tour 'si Dieu arrangea le monde de toute éternité' (M.xxviii.448) et répondra positivement.

LOGOMACOS

Ce n'est pas là ce que je demande. Quelle est sa nature?

DONDINDAC

D'être puissant et bon.

LOGOMACOS

Mais est-il corporel ou spirituel?[15]

DONDINDAC

Comment voulez-vous que je le sache?

LOGOMACOS

Quoi! tu ne sais pas ce que c'est qu'un esprit?

DONDINDAC

Pas le moindre mot: à quoi cela me servirait-il? en serais-je plus juste? serais-je meilleur mari, meilleur père, meilleur maître, meilleur citoyen?

LOGOMACOS

Il faut absolument t'apprendre ce que c'est qu'un esprit; écoute, c'est, c'est, c'est... Je te dirai cela une autre fois.

[15] Allusion à la *Somme théologique*, I, qu.3, art.I. La réponse est que Dieu ne peut pas être un corps, parce qu'il est le premier moteur immobile (alors qu'aucun autre corps ne peut se mouvoir sans d'abord avoir été mû), parce qu'il est le premier être, celui donc en qui il ne peut y avoir quelque chose en puissance (alors que tout corps est en puissance, puisqu'il est divisible à l'infini), parce qu'il est le plus parfait de tous (alors qu'il est impossible que le corps soit le plus noble des êtres).

DONDINDAC

J'ai bien peur que vous me disiez moins ce qu'il est que ce qu'il n'est pas.[16] Permettez-moi de vous faire à mon tour une question. J'ai vu autrefois un de vos temples; pourquoi peignez-vous Dieu avec une grande barbe?[17]

LOGOMACOS

C'est une question très difficile et qui demande des instructions préliminaires.

DONDINDAC

Avant de recevoir vos instructions, il faut que je vous conte ce qui m'est arrivé un jour. Je venais de faire bâtir un cabinet au bout de mon jardin; j'entendis une taupe qui raisonnait avec un hanneton: Voilà une belle fabrique, disait la taupe; il faut que ce soit une taupe bien puissante qui ait fait cet ouvrage. Vous vous moquez, dit le hanneton, c'est un hanneton tout plein de génie

[16] Il est possible que Voltaire se souvienne ici d'un passage du *De natura deorum* de Cicéron (I.xxi), longuement cité par Bayle (art. 'Simonide', rem. F), à propos précisément du refus opposé par Simonide au tyran Hiéron qui le pressait de lui donner une définition de Dieu. Cicéron fait dire à Cotta rappelant cette anecdote: 'omnibus fere in rebus [...] quid non sit citius quam quid sit dixerim'.

[17] Puisque la scène se situe 'sous l'empire d'Arcadius', c'est-à-dire à la fin du quatrième siècle ou dans les premières années du suivant, il ne peut s'agir d'une allusion à la querelle sur les images saintes qui déchira l'Eglise d'Orient au huitième siècle, sous les règnes de Léon III, Constantin V, Léon IV et, pour finir, sous la régence de l'impératrice Irène (voir art. 'Conciles', n.33 et 34). Allusion au travers de l'anthropomorphisme, la question de Dondindac paraît simplement destinée à orienter le lecteur vers les conclusions qu'il lui appartiendra de savoir tirer de la parabole racontée par le Scythe aussitôt après. Voltaire reviendra sur ce thème de l'anthropomorphisme en citant Maxime de Tyr: 'Les hommes ont eu la faiblesse de donner à Dieu une figure humaine, parce qu'ils n'avaient rien vu au dessus de l'homme; mais il est ridicule de s'imaginer avec Homère que Jupiter ou la suprême divinité a les sourcils noirs et les cheveux d'or et qu'il ne peut les secouer sans ébranler le ciel' (QE, art. 'Dieu', M.xviii.361).

qui est l'architecte de ce bâtiment. Depuis ce temps-là, j'ai résolu de ne jamais disputer.[18]

[18] Le sens de la parabole est clair. Ce qui s'impose à tous – taupes, hannetons, et hommes – comme une irrécusable évidence, c'est le spectacle de 'la belle fabrique' de l'univers et par conséquent l'existence d'un 'architecte de ce bâtiment'. Mais 'procedes huc et non ibis amplius', comme aimait à répéter Voltaire paraphrasant l'Ecriture: toute spéculation de l'homme sur la nature et les attributs de cet architecte est aussi fragile et risible que les hypothèses de la taupe et du hanneton. C'est ce qu'a su comprendre le sage grillon mis en scène à la fin du premier entretien du 'Catéchisme chinois' dans la même situation que la taupe et le hanneton. Voilà pourquoi le perspicace Dondindac a résolu de ne jamais disputer et tente de faire comprendre à l'inepte Logomacos la vanité de la recherche métaphysique, toujours grevée par la tentation de l'anthropomorphisme. (S'il avait été donné au bouillant théologal d'intervenir dans la dispute de la taupe et du hanneton, c'eût été probablement pour découvrir à ces deux 'bêtes brutes' que c'était à l'évidence un vieillard 'avec une grande barbe' qui avait édifié ce bâtiment.)

DIVINITÉ DE JÉSUS[1]

Les sociniens qui sont regardés comme des blasphémateurs ne reconnaissent point la divinité de Jésus-Christ.[2] Ils osent prétendre avec les philosophes de l'antiquité, avec les Juifs, les mahométans et tant d'autres nations, que l'idée d'un Dieu homme est monstrueuse, que la distance d'un Dieu à l'homme est infinie, et qu'il

a-32 64-65v, article absent

[1] Si l'une des sources de cet article est bien l'article 'Socin (Fauste)' du *Dictionnaire* de Bayle, il en est une seconde, plus récente, qui pourrait bien avoir été la raison suffisante de cet article ajouté en 1767: le copieux article 'Unitaires' de l'*Encyclopédie* par Naigeon; voir ci-dessus, 'Antitrinitaires'. Cet exposé très méthodique et structuré du socinianisme traite successivement de sa doctrine théologique et de sa doctrine philosophique. La première est détaillée en sept points: 1) nature de l'Eglise; 2) péché originel, grâce et prédestination; 3) l'homme et les sacrements; 4) l'éternité des peines et la Résurrection; 5) la Trinité; 6) l'Incarnation; 7) discipline ecclésiastique, politique, morale. Rappelons qu'en 1764, dans le cadre de l'article 'Christianisme' (l.714 ss.), Voltaire a déjà abordé la question de la divinité de Jésus.

[2] L'intérêt de Voltaire pour les sociniens est bien antérieur à 1767; voir R. E. Florida, *Voltaire and the Socinians*, ch.4 ss. Quant à la prétendue divinité de Jésus, Voltaire n'y lisait dès le *Sermon des cinquante* que l'aboutissement d'un processus historique et tout humain de divinisation ('Au bout de trois cents ans, ils viennent à bout de faire reconnaître ce Jésus pour un dieu'; M.xxiv.452); idée développée dans le *Sermon du rabbin Akib* (M.xxiv.283) et dans une note très polémique à *L'Examen important de milord Bolingbroke* (V 62, p.219, n.*e*). Voltaire, qui jugeait 'terrible' (D13206) l'article de Naigeon, se montre ici presque plus prudent que lui en appliquant aux sociniens le terme assez fort de blasphémateurs, même s'il ne le donne que pour l'expression de l'opinion commune. En 1769, dans une note au *Discours de l'empereur Julien*, il osera faire entendre que les véritables blasphémateurs sont ceux qui ont fini par identifier Jésus à Dieu, alors qu''on ne lui fait point prononcer ce blasphème dans les évangiles' (éd. Moureaux, p.161).

est impossible que l'Etre infini, immense, éternel, ait été contenu dans un corps périssable.[3]

Ils ont la confiance de citer en leur faveur Eusèbe évêque de Césarée, qui, dans son Histoire ecclésiastique, liv. premier, chap. 11, déclare qu'il est absurde que la nature non engendrée, immuable du Dieu tout-puissant, prenne la forme d'un homme. Ils citent les Pères de l'Eglise Justin et Tertullien qui ont dit la même chose. Justin dans son dialogue avec Triphon, et Tertullien dans son discours contre Praxéas.[4]

[3] Voltaire établit ici avec une sobre vigueur en quoi le concept 'monstrueux' d'Incarnation ne peut que révolter la raison humaine où qu'elle s'exerce, puisque philosophes de l'antiquité, sociniens, musulmans et juifs sont unanimes à le réprouver. Ainsi dans l'article 'Messie' est rapportée l'argumentation des juifs portugais. Et dans l'*Essai sur les mœurs*, c'est au 'dogme de l'unité d'un Dieu' que lui paraît tenir le secret de l'immense succès de l'islam (i.275). Ce rejet par la seule raison de l'idée monstrueuse d'un Dieu homme ne figure comme tel ni dans l'article de Bayle, ni dans celui de Naigeon: le premier, essentiellement historique, ne s'arrête guère à l'exposé de la doctrine socinienne; le second se borne à exposer la réfutation proprement théologique qu'ont formulée les sociniens du concept d'Incarnation.

[4] Paragraphe emprunté à Naigeon: 'ils citent un passage très singulier d'Eusèbe, *Hist. ecclés.* p.i, c.ii, où ce père dit "qu'il est absurde et contre toute raison que la nature non engendrée et immuable du Dieu tout-puissant, prenne la forme d'un homme et que l'Ecriture forge de pareilles faussetés". A ce passage ils en joignent deux autres non moins étranges, l'un de Justin martyr et l'autre de Tertullien qui disent la même chose' (avec les références en note; xvii.394). Voltaire a recopié de confiance. En tronquant les propos d'Eusèbe, Naigeon en a cependant faussé le sens: 'Car si la raison ne permet pas d'attribuer à la nature immuable du Père tout-puissant qui ne reconnaît aucun principe, un changement qui le fasse paraître sous la forme d'un homme, ni de le croire capable de tromper les yeux, en leur présentant de vains fantômes, ni de douter de la vérité de ce que l'histoire rapporte de cette vision, quel autre peut être le Dieu et le Seigneur, qui juge toute la terre et qui rend la justice et qui a paru sous la forme d'un homme, que le Verbe qui est avant toutes les créatures?' (*Histoire de l'Eglise*, p.53). C'est également le point de vue de Tertullien dans *Contre Praxéas*, xvi: le Fils a collaboré avec le Père de tout temps, toute puissance et tout jugement lui ayant été donnés dès l'origine. Si bien que toutes les manifestations visibles de la Divinité aux hommes dans l'Ancien Testament sont le fait du Fils exclusivement, qui apprenait ainsi cette condition humaine dans laquelle il s'incarnerait un jour. On s'explique alors cet anthropomorphisme des

Ils citent St Paul qui n'appelle jamais Jésus-Christ Dieu, et qui l'appelle homme très souvent.[5] Ils poussent l'audace jusqu'au point d'affirmer que les chrétiens passèrent trois siècles entiers à former peu à peu l'apothéose de Jésus,[6] et qu'ils n'élevaient cet étonnant édifice qu'à l'exemple des païens qui avaient divinisé des mortels. D'abord, selon eux, on ne regarda Jésus que comme un homme inspiré de Dieu. Ensuite comme une créature plus parfaite que les autres. On lui donna quelque temps après une place au-dessus des anges, comme le dit St Paul.[7] Chaque jour ajoutait à sa grandeur. Il devint une émanation de Dieu produite dans le temps.[8] Ce ne fut pas assez; on le fit naître avant le temps même.

---

réactions du Dieu biblique dont se scandalisent tant les hérétiques, le jugeant très indigne du Père, alors qu'ils auraient dû comprendre qu'il convenait uniquement au Fils, c'est-à-dire à celui qui allait s'incarner le moment venu. Tout ce qu'on peut accorder à Naigeon, c'est qu'Eusèbe et Tertullien ont l'un et l'autre souligné la difficulté, voir l'impossibilité d'admettre le concept de Dieu incarné sans le commode dédoublement en couple Père-Fils qui permet, en spécifiant les fonctions, d'éviter au Père les vicissitudes dégradantes de l'Incarnation. C'est à peu près aussi le point de vue de Justin, dans le *Dialogue avec Tryphon*, II.cxxxvii.2-5: à ses yeux également les théophanies n'ont jamais pu être que l'apanage du Fils.

[5] Cf. 'Christianisme' (l.202-234) et 'Papisme' (l.13-17).

[6] Comme l'a fait remarquer H. T. Mason (*Pierre Bayle and Voltaire*, p.34), Bayle (rem. M) avait cité *L'Esprit de M. Arnaud* de son adversaire Pierre Jurieu pour établir 'que jusqu'au concile de Nicée il a été permis de nier la divinité de Jésus-Christ sans risquer son salut et que si l'article de la divinité du Fils n'a point été un article de foi nécessaire au salut durant trois cents ans, il n'a pu le devenir par la décision d'un concile, parce que, selon les plus raisonnables docteurs de l'Eglise romaine [...], l'Eglise, le pape ni les conciles ne sauraient faire de nouveaux articles de foi. D'où il s'ensuit qu'encore aujourd'hui la divinité du Fils n'est pas un point de foi pour lequel on puisse dire anathème à ceux qui le nient' (iv.235). En cette même année 1767, Voltaire glisse dans 'Papisme' cette réflexion ironique: 'Il est évident que pendant trois cents ans Jésus s'est contenté de son humanité'.

[7] Hébreux i.4-6; Ephésiens i.20-21.

[8] Allusion à la proposition hétérodoxe d'Arius déjà formulée à l'article 'Arius' sous forme de question (l.6-7). Réagissant contre l'hérésie de Sabellius (qui assurait que le Père, le Fils et le Saint-Esprit n'étaient que trois noms différents donnés à la Divinité), Arius s'avisa de faire du Père et du Fils deux substances différentes et soutint que le Fils, émané du Père, n'était qu'une créature, produite dans le temps par conséquent.

Enfin on le fit Dieu consubstantiel à Dieu.[9] Crellius, Voquelsius, Natalis Alexander, Hornebeck,[10] ont appuyé tous ces blasphèmes par des arguments qui étonnent les sages, et qui pervertissent les faibles. Ce fut surtout Fauste Socin[11] qui répandit les semences

[9] Toutes ces questions furent débattues et réglées au premier concile de Nicée (325); voir ci-dessus, 'Conciles'. Le 'enfin' qu'on lit en tête de cette dernière phrase laisse perplexe, puisqu'il suggère que la déclaration de consubstantialité représente la toute dernière étape de la confection par les hommes du dogme de la divinité de Jésus, tandis que la précédente serait de l'avoir fait naître 'avant le temps même'. Il est en réalité bien difficile de les distinguer: qui dit création dit origine et donc inscription dans un cadre temporel. Jésus n'a pu échapper au temps qu'à partir du moment où il a été déclaré consubstantiel au Père, c'est-à-dire increé comme lui et soustrait à tout principe (même si la théologie orthodoxe maintient qu'il est à la fois coéternel au Père et 'engendré').

[10] L'article de Naigeon se termine par quelques anecdotes historiques sur les 'principaux chefs des unitaires'. Après avoir évoqué Lélie et surtout Fauste Socin, Naigeon ajoute: 'Outre les deux Socins, leurs principaux écrivains sont Crellius, Smalcius, Volkelius, Schlitingius, le chevalier Lubinietzki, etc.' (xvii.401). Puis il renvoie, comme Bayle, à la 'bibliothèque des antitrinitaires' et c'est dans la brève bibliographie qui suit qu'on trouve, outre les noms déjà cités de Crellius et Volkelius, ceux de Natalis Alexander et Hoornebeck. Trop pressé pour prendre garde à ces 'détails', Voltaire a cru pouvoir tirer de Naigeon cette étrange liste d'autorités sociniennes. En fait, seuls Johann Crell (1590-1633) et le pasteur Johann Völkel (mort vers 1630) sont d'authentiques théologiens sociniens. Le premier a été longtemps recteur de l'école socinienne de Cracovie; au second, Bayle a consacré un article en le qualifiant de ministre socinien. Mais le pasteur Johannes Hoornebeck (1617-1666), célèbre professeur de théologie aux universités d'Utrecht et de Leyde, loin d'être socinien est au contraire l'auteur d'une réfutation du socinianisme; Bayle observe dans l'article qu'il lui a consacré: 'Il ne s'écarta jamais de l'orthodoxie la plus rigide'. Natalis Alexander est tout simplement le dominicain Noël Alexandre (1639-1724), savant historien, janséniste sans doute, mais pas socinien, dont Voltaire avait brièvement parlé dans le 'Catalogue des écrivains français' comme ayant 'disputé beaucoup sur les usages de la Chine, contre les jésuites' (*OH*, p.1133), mais dont on est réduit à se demander s'il a su ici le reconnaître sous la forme latinisée de son nom.

[11] C'est à Fauste Socin (1539-1604) que Bayle a consacré son article comme au 'principal fondateur d'une très mauvaise secte qui porte son nom'. Le texte en propose avant tout un abrégé de la vie de Socin, Bayle précisant qu'il n'expose pas ce qui regarde ses opinions et ses ouvrages. Le résumé de Bayle a été condensé par

de cette doctrine dans l'Europe, et sur la fin du seizième siècle il s'en est peu fallu qu'il n'établît une nouvelle espèce de christianisme. Il y en avait déjà eu plus de trois cents espèces.

Naigeon à la fin de son propre article, qui qualifie Socin de 'patriarche des unitaires' (xvii.400). Neveu du réformateur siennois Lelio Sozzini (1525-1562), Fausto Sozzini fut assurément l'un des plus notables antitrinitaires de son temps et fonda l'*Ecclesia minor* qui se développa particulièrement en Pologne.

DOGMES

Le 18 février de l'an 1763[1] de l'ère vulgaire, le soleil entrant dans le signe des Poissons, je fus transporté au ciel, comme le savent tous mes amis. Ce ne fut point la jument Borac de Mahomet qui fut ma monture;[2] ce ne fut point le char enflammé d'Elie qui fut ma voiture;[3] je ne fus porté ni sur l'éléphant de Sammonocodom le Siamois,[4] ni sur le cheval de St George le patron d'Angle-

a-81 64, 65, article absent

[1] A lire la correspondance de janvier-février 1763, on ne trouve rien qui confère à cette date une valeur particulière. Mais il est exact que le vendredi 18 février 1763, le soleil est entré dans le signe des Poissons, à 20 heures 15, comme le précise l'*Almanach royal* de 1763 (p.10). Ce détail incite à penser que c'est la date du jour où Voltaire a commencé à rédiger cet article, avec sous les yeux un calendrier du mois en cours. Mais dans cette hypothèse, on peut se demander pourquoi l'article n'est apparu qu'en 1765 (65v).

[2] Allusion au grand voyage de Mahomet auquel se réfère discrètement le Coran, XVII.i. Mais les Hadiths, moins avares de détails, rapportent qu'en 620 Muhammad fut réveillé par les anges Gabriel et Michel et conduit vers une monture mystérieuse, resplendissante et rapide comme l'éclair (sens probable de Al Burāk) qui le transporta comme une flèche aux ruines du temple de Jérusalem. Après quoi, le prophète monta par une échelle de lumière visiter les sept cieux et contempler la gloire divine dans une vision extatique. L'abondante iconographie qui a illustré ces légendes a souvent représenté Al Burāk comme une jument à tête de femme et à queue de paon. Voir ci-dessous, art. 'Foi'.

[3] La soudaine ascension d'Elie est racontée en II Rois ii.11.

[4] Sur l'identification de ce dieu, voir ci-dessus, art. 'Catéchisme chinois', n.84. L'allusion à l'éléphant comme moyen de locomotion pour Sammonocodom est obscure. Tachard, qui parle longuement de ce dieu dans son *Voyage de Siam* (Paris 1686), ne donne aucune précision de ce genre. La Loubère a proposé une traduction de 'la vie de Tévétat' (frère malfaisant de Sammonocodom) dans laquelle il est seulement dit que Sammonocodom fut un temps éléphant des bois, pendant que Tévétat était chasseur, et que le chasseur un jour secouru par l'éléphant ne sut l'en remercier qu'en sciant ses défenses (*Du royaume de Siam*, Paris 1691, ii.32); cf. *André Destouches à Siam* (1766), où il est question de Sammonocodom déguisé en éléphant (V 62, p.124).

terre,[5] ni sur le cochon de St Antoine:[6] j'avoue avec ingénuité que mon voyage se fit je ne sais comment.

On croira bien que je fus ébloui; mais ce qu'on ne croira pas, c'est que je vis juger tous les morts; et qui étaient les juges? c'étaient, ne vous en déplaise, tous ceux qui ont fait du bien aux hommes, Confucius, Solon, Socrate, Titus, les Antonins, Epictète, tous les grands hommes qui ayant enseigné et pratiqué les vertus que Dieu exige,[7] semblaient seuls être en droit de prononcer ses arrêts.

Je ne dirai point sur quels trônes ils étaient assis, ni combien de millions d'êtres célestes étaient prosternés devant le créateur de tous les globes, ni quelle foule d'habitants de ces globes innombrables comparut devant les juges. Je ne rendrai compte ici que de quelques petites particularités tout à fait intéressantes dont je fus frappé.

[5] Voltaire avait évoqué dans *La Pucelle*, XI, 'Georges le bien monté' demandant 'son beau cheval connu dans la légende'. En 1762, il précisait en note: 'Il est indubitable qu'on représente toujours saint Georges sur un beau cheval et de là vient le proverbe "monté comme un saint Georges"' (V 7, p.439).

[6] Saint Antoine le Grand (251-356), un des instituteurs de la vie monastique. Le vénérable anachorète, mort à 105 ans, a souvent été représenté avec le quadrupède que la légende lui a donné pour compagnon dans ses déserts; le peuple, accoutumé à trouver cet animal inséparable de l'image du saint, a fini par se persuader qu'il avait été le compagnon ordinaire de l'ermite durant sa vie.

[7] Ce sont là quelques-uns de ceux qui composent le 'panthéon' voltairien des sages ayant été les bienfaiteurs de l'humanité: Confucius et Epictète pour la beauté de leur morale, Socrate pour avoir été la vertueuse victime du fanatisme, Titus et les Antonin pour avoir su se faire aimer dans l'exercice du pouvoir. Voltaire les appelle volontiers 'nos saints patriarches' ou 'les saints de notre paradis' et invoque plus d'une fois leur patronage dans ses lettres aux 'frères' (voir par ex. D10295, D10315, D11873, D11881, D15932). Le voyage, ou plus exactement le 'songe' (terme employé en 1771; M.xviii.412) raconté ici, reprend, en le développant et en le transformant, la perspective de jugement dernier évoquée dans le *Traité sur la tolérance*, ch.22 (M.xxv.107). Mais ici toutes ces figures prestigieuses de la sagesse et de la vertu sont devenues les juges des morts et même les seuls légitimes, alors que dans le *Traité* Voltaire montrait seulement combien il était absurde de supposer que ces 'modèles des hommes' pussent être damnés, sous prétexte qu'ils avaient vécu sous le paganisme.

Je remarquai que chaque mort qui plaidait sa cause et qui étalait ses beaux sentiments, avait à côté de lui tous les témoins de ses actions. Par exemple, quand le cardinal de Lorraine[8] se vantait d'avoir fait adopter quelques-unes de ses opinions par le concile de Trente,[9] et que pour prix de son orthodoxie il demandait la vie éternelle, tout aussitôt paraissaient autour de lui vingt courtisanes ou dames de la cour, portant toutes sur le front le nombre de leurs rendez-vous avec le cardinal.[10] On voyait ceux qui avaient

[8] Charles de Guise (1525-1574), cardinal de Lorraine, était le frère du duc François de Guise, assassiné en 1563, et l'oncle du duc Henri Ier de Lorraine, dit le Balafré, qui sera assassiné à Blois sur ordre d'Henri III en 1588, en compagnie de son frère Louis II de Guise, cardinal de Lorraine également. Ministre sous François II et encore très puissant sous Charles IX, cet adversaire acharné des huguenots s'opposa toujours à la tolérance civile des protestants et tenta même d'introduire en France les tribunaux de l'Inquisition. Employant son éloquence à prêcher contre l'hérésie protestante, il n'a pas peu contribué à exciter le peuple et à entretenir un climat de guerre civile.

[9] Dans l'*Essai sur les mœurs*, Voltaire a signalé l'arrivée à Trente du cardinal de Lorraine le 16 juillet 1562; mais ses premières interventions le 23 novembre sont plus celles d'un envoyé du roi de France que d'un évêque raffermissant l'orthodoxie (ii.510-13). Dans son *Histoire générale des cardinaux* (Paris 1647), Antoine Aubery précise que ce 23 novembre il fit 'en latin une très belle harangue aux Pères et les exhorta d'éviter soigneusement toutes ces longues et infructueuses disputes qui tiennent nécessairement les esprits en suspens au lieu de les résoudre et d'employer plus utilement leur ferveur et leur zèle tant à la réforme de la discipline et des mœurs des ecclésiastiques qu'à la recherche de ces hautes et importantes vérités pour lesquelles ils étaient présentement assemblés' (iv.193). Aubery rapporte son assiduité aux séances du concile et l'influence prépondérante qu'il y exerça par son éloquence et son zèle, qui mit en alarme 'la plupart des libertins ou hérétiques'.

[10] Voltaire se souvient ici de ce qu'il a lu dans la *Vie des dames galantes* de Brantôme, soit directement car il en possédait les *Œuvres* (La Haye 1740), soit dans le *Dictionnaire* de Bayle (art. 'Charles de Lorraine', rem. I), qui cite Brantôme pour prouver que le cardinal n'aimait pas que les baisers de cérémonie et qu'il 'n'était pas moins libéral en matière de charité qu'en matière de galanterie'. Brantôme explique que le cardinal se montrait pour les dames de la cour aussi généreux en 'bombances' qu'en 'parures' et que toute nouvelle venue, pour peu qu'elle fût belle, se voyait aussitôt 'arraisonnée': 'Aussi pour lors disait-on qu'il n'y avait guère de dames ou filles résidentes à la cour ou fraîchement venues qui ne fussent débauchées ou attrapées par la largesse du dit monsieur le cardinal; et peu ou nulle sont-elles sorties de cette cour femme et filles de bien'.

jeté avec lui les fondements de la Ligue;[11] tous les complices de ses desseins pervers venaient l'environner.

Vis-à-vis du cardinal de Lorraine était C..., qui se vantait dans son patois grossier[12] d'avoir donné des coups de pied à l'idole papale, après que d'autres l'avaient abattue. J'ai écrit contre la peinture et la sculpture,[13] disait-il; j'ai fait voir évidemment que les bonnes œuvres ne servent à rien du tout;[14] et j'ai prouvé qu'il est diabolique de danser le menuet;[15] chassez vite d'ici le cardinal de Lorraine, et placez-moi à côté de St Paul.

32 65v, 67: était Calvin

[11] Le cardinal de Lorraine étant mort en 1574 et la 'Sainte Ligue' n'ayant vu officiellement le jour qu'en 1576, il ne saurait en être considéré comme le fondateur *stricto sensu*. C'est à son neveu Henri de Guise que reviendra ce rôle. Mais l'oncle en avait bien conçu le projet; cf. *Essai sur les mœurs*, ch.173 (ii.519).

[12] Le contexte désignant Calvin sans aucune ambiguïté, on saisit mal la raison de cette simple initiale dont on se persuadera difficilement qu'elle puisse répondre en 1769 au souci de ménager les Genevois dont la susceptibilité avait été vivement heurtée dix ans plus tôt (voir D7272) par certaine lettre ostensible de Voltaire à Thiriot parlant de 'l'âme atroce' de Calvin à l'occasion de l'évocation du supplice de Servet (D7213). Voltaire avait remarqué de Calvin dans l'*Essai sur les mœurs*, ch.134, qu'il 'écrivait mieux que Luther et parlait plus mal' (ii.242).

[13] Dans son *Institution de la religion chrétienne*, I.xi, Calvin affirme que 'toutes statues qu'on taille ou images qu'on peint pour figurer Dieu lui déplaisent précisément, comme opprobres de sa Majesté' (Genève 1561, p.53). Il ajoute non sans virulence: 'Quant est des peintures ou autres remembrances qu'ils dédient aux saints: que sont-ce sinon patrons de pompe dissolue et même d'infameté? auxquels si quelqu'un se voulait conformer, il serait digne du fouet. Qu'ainsi soit, les putains seront plus modestement accoutrées en leurs bordeaux que ne sont point les images des Vierges aux temples des papistes' (p.57).

[14] Calvin s'insurge contre la croyance que Dieu nous récompensera selon nos œuvres: elles ne sauraient être la cause de notre salut, parce que 'le royaume des cieux n'est pas salaire de serviteurs, mais héritage d'enfants; duquel jouiront seulement ceux que Dieu a adoptés pour ses enfants; et n'en jouiront pour autre cause que pour cette adoption' (*Institution de la religion chrétienne*, III; p.648). Le salut ne peut pas procéder des œuvres, mais seulement de la miséricorde divine.

[15] Il ne semble pas que la danse fasse dans l'*Institution de la religion chrétienne* l'objet d'une condamnation spécifique. Elle apparaît cependant comme implicite, en particulier à la lecture du livre III.x: 'Comment il faut user de la vie présente et

Comme il parlait, on vit auprès de lui un bûcher enflammé, un spectre épouvantable portant au cou une fraise espagnole à moitié brûlée, sortait du milieu des flammes avec des cris affreux: Monstre, s'écriait-il, monstre exécrable, tremble, reconnais ce S... que tu as fait périr par le plus cruel des supplices, parce qu'il avait disputé contre toi sur la manière dont trois personnes peuvent faire une seule substance.[16] Alors tous les juges ordonnèrent que le cardinal de Lorraine serait précipité dans l'abîme, mais que Calvin serait puni plus rigoureusement.[17]

Je vis une foule prodigieuse de morts qui disaient, J'ai cru, j'ai cru; mais sur leur front il était écrit, J'ai fait, et ils étaient condamnés.

Le jésuite le Tellier paraissait fièrement la bulle *Unigenitus* à la main. Mais à ses côtés s'éleva tout d'un coup un monceau de deux

42 65v, 67: ce Servet

---

de ses aides'. Calvin recommandant de brider la concupiscence de la chair en énumère quelques formes: la gourmandise, la luxure, la somptuosité dans l'habillement qui porte à l'orgueil et détourne de Dieu, le goût de l'or, du marbre et des peintures, etc. Cette vie étant seulement le pèlerinage par lequel nous tendons au royaume céleste, il nous faut user des biens de ce monde de façon qu'ils 'avancent plutôt notre course qu'ils ne la retardent' (p.563). On voit mal comment dans cette perspective pourrait être admis le plaisir mondain du menuet. Au reste Voltaire a ajouté en 1761 cette anecdote sur Calvin dans l'*Essai sur les mœurs*: 'un jour ayant su que la femme du capitaine général [...] avait dansé après souper avec sa famille et quelques amis, il la força de paraître en personne devant le consistoire, pour y reconnaître sa faute' (ii.247-48); cf. les carnets (V 82, p.525).

[16] Dans l'*Essai sur les mœurs* Voltaire raconte comment le médecin Michel Servet, originaire d'Aragon, entra par lettres en discussion avec Calvin sur la Trinité, mais eut le malheur de s'attirer sa haine. Se faisant alors son délateur, Calvin n'hésita pas à le faire chasser de Lyon, puis à le dénoncer aux magistrats et faire arrêter lors de son passage à Genève, obtenant finalement par ses pressions sur les juges que Servet soit condamné au bûcher en 1553 (ii.244-47). Mais les historiens actuels tendent à penser que Calvin ne voulait qu'une condamnation théologique et non l'envoi de son adversaire à un pareil supplice.

[17] Les éditeurs de Kehl ont protesté contre un tel jugement: 'Cela n'est pas juste; le cardinal de Lorraine avait allumé plus de bûchers que Calvin' (M.xviii.413, n.1).

mille lettres de cachet.[18] Un janséniste y mit le feu, le Tellier fut brûlé jusqu'aux os, et le janséniste, qui n'avait pas moins cabalé que le jésuite, eut sa part de la brûlure.[19]

Je voyais arriver à droite et à gauche des troupes de fakirs, de talapoins, de bonzes, de moines blancs, noirs et gris, qui s'étaient tous imaginés que pour faire leur cour à l'Etre suprême il fallait ou chanter ou se fouetter, ou marcher tout nus. J'entendis une voix terrible qui leur demanda, Quel bien avez-vous fait aux hommes? A cette voix succéda un morne silence, aucun n'osa répondre, et ils furent tous conduits aux Petites-Maisons de l'univers; c'est un des plus grands bâtiments qu'on puisse imaginer.

L'un criait, c'est aux métamorphoses de Xaca qu'il faut croire;[20]

[18] Le jésuite Michel Le Tellier (1643-1719) est devenu en 1709 le sixième et dernier confesseur de Louis XIV. C'est principalement dans *Le Siècle de Louis XIV*, ch.37, que Voltaire a évoqué cet 'homme sombre, ardent, inflexible, cachant ses violences sous un flegme apparent. Il fit tout le mal qu'il pouvait faire dans cette place où il est trop aisé d'inspirer ce qu'on veut, et de perdre qui l'on hait' (*OH*, p.1078). Il 'persécuta avec fureur des hommes d'un très grand mérite' (V 81, p.155), en particulier le cardinal de Noailles pour ses sympathies jansénistes; mais il est surtout coupable, aux yeux de Voltaire, d'être à l'origine de la bulle *Unigenitus Dei filius* promulguée par Clément XI, le 8 septembre 1713, à la demande de Louis XIV. Les trois jésuites Le Tellier, Lallemant et Doucin auraient envoyé à Rome 103 propositions à condamner dans les fameuses *Réflexions morales* du père Quesnel. Rejetée par une partie du clergé, la bulle ne fit qu'accroître la discorde et renforcer la persécution des jansénistes encouragée par Le Tellier: 'Le ministère avait peine à suffire aux lettres de cachet qui envoyaient en prison ou en exil les opposants' (*OH*, p.1081).

[19] Façon de renvoyer les deux adversaires dos à dos dans la même réprobation méprisante. Le blâme donné à Le Tellier n'implique nulle sympathie pour ses victimes; cf. *Le Siècle de Louis XIV*, ch.13, et *La Voix du sage et du peuple*: 'Ce qu'on appelle un janséniste est réellement un fou, un mauvais citoyen et un rebelle [...] Il est mauvais citoyen parce qu'il trouble l'ordre de l'Etat. Il est rebelle parce qu'il désobéit' (1750; M.xxiii.468).

[20] Dans l'article 'Préjugés' (1764), Voltaire a cité comme exemple de préjugé religieux la croyance que 'Vichou et Xaca se sont faits hommes plusieurs fois'. Selon l'article 'Siaka' de l'*Encyclopédie*, la religion de Siaka 'qui s'est établie au Japon, a pour fondateur Siaka ou Xaca, qui est aussi nommé Budsdo, et sa religion Budsdoïsme. On croit que le Buds ou le Siaka des Japonais, est le même que le Foë des Chinois, et que le Visnou, le Buda ou Putza des Indiens, le Sommonacodum

l'autre, c'est à celles de Sammonocodom;[21] Bacchus arrêta le soleil et la lune, disait celui-ci;[22] les dieux ressuscitèrent Pélops,[23] disait celui-là. Voici la bulle *in coena Domini*, disait un nouveau venu,[24] et l'huissier des juges criait, Aux Petites-Maisons, aux Petites-Maisons.

Quand tous ces procès furent vidés, j'entendis alors promulguer cet arrêt.

---

des Siamois' (xv.147). L'article – attribué par J. Lough à d'Holbach (*Essays on the 'Encyclopédie' of Diderot et d'Alembert*, p.178) – résume la vie de Xaca, fils de roi né vers 1200 av. J.-C., qui abandonna le palais paternel, sa femme et son fils, pour une vie solitaire et méditative: elle lui permit d'approfondir entre autres la transmigration des âmes. Il mourut à 79 ans en laissant de nombreux disciples. Mais l'article ne fait nulle mention de métamorphoses, non plus que l'article 'Siaka' du *Dictionnaire* de Moreri; elles cessent toutefois d'être douteuses, si l'on identifie Xaca à Vishnu et Sammonocodom.

[21] 'On trouve encore écrit dans les livres de Sammonocodom que depuis le temps qu'il aspira à devenir Dieu il était revenu au monde cinq cent cinquante fois sous différentes figures; que dans chaque renaissance il avait toujours été le premier et comme le prince de ceux des animaux sous la figure desquels il naissait' (Tachard, *Voyage de Siam*, p.400).

[22] Cette particularité figure en bonne place dans la liste des prodiges opérés par Bacchus et énumérés dans *La Philosophie de l'histoire*, ch.28, pour convaincre que la geste de Bacchus ressemble étrangement à celle de Moïse et que l'une n'est qu'une copie de l'autre. Huet et Bochart voyaient la copie dans celle de Bacchus; tandis qu'aux yeux de Voltaire, c'est évidemment l'inverse (voir V 59, p.184). Observons toutefois que c'est au successeur de Moïse, Josué, qu'il a été donné d'arrêter dans leur course le soleil et la lune (Josué x.12-13).

[23] Pélops, fils de Tantale, roi de Lydie, fut mis en pièces par son père peu après sa naissance et ses restes servis, mêlés avec d'autres viandes, aux dieux venus loger chez Tantale, qui désirait éprouver ainsi leur divinité. Déméter, tout au chagrin d'avoir perdu sa fille, en avait déjà mangé une épaule lorsque Zeus et les autres dieux découvrirent le crime. Zeus ressuscita Pélops en remplaçant par une épaule d'ivoire celle qu'avait mangée Déméter, et précipita Tantale dans le Tartare.

[24] Ce nouveau venu pourrait être le pape Jules II (1443-1513), dont Voltaire expliquera en 1769 qu'il a fait fulminer la bulle *In coena Domini* avant Paul III (1468-1549) qui créa à Rome la tradition de la faire fulminer tous les ans le jour du jeudi saint. En 1770, l'article 'Bulle' des QE détaillera les nombreuses catégories d'excommuniés visées par cette bulle, dont certains papes ont même étoffé le texte d''additions aggravantes' (voir *Précis du siècle de Louis XV*, ch.39; *OH*, p.1541).

De par l'Eternel créateur,
Conservateur, rémunérateur,
Vengeur, pardonneur, etc. etc.

Soit notoire à tous les habitants des cent mille millions de milliards de mondes qu'il nous a plu de former, que nous ne jugerons jamais aucun des dits habitants sur leurs idées creuses, mais uniquement sur leurs actions, car telle est notre justice.

J'avoue que ce fut la première fois que j'entendis un tel édit; tous ceux que j'avais lus sur le petit grain de sable où je suis né, finissaient par ces mots; *car tel est notre plaisir.*[25]

[25] Célèbre formule de lettres de chancellerie, par laquelle le roi de France marquait sa volonté dans les édits en ces termes: 'nonobstant clameur de Haro, charte normande et lettres à ce contraire, car tel est notre plaisir' (ou: 'notre bon plaisir'). Elle fut introduite par François Ier pour l'imposition de la taille, dans un esprit qu'a précisé Sully: 'Il laissa en instruction et en pratique à ses successeurs de ne requérir plus le consentement des peuples pour obtenir des secours et des assistances d'eux; ainsi de les ordonner de pleine puissance et autorité royale, sans alléguer autre cause ni raison que celle de "Tel est notre bon plaisir"' (cité par Littré, art. 'Plaisir'). Pareille formule exprimait sans détour l'absolutisme, voire l'arbitraire du pouvoir monarchique, mais on ne lui attachait plus ce sens à en croire Diderot: 'Faites ce que je vous dis, car tel est mon bon plaisir, serait la phrase la plus méprisante qu'un monarque pût adresser à ses sujets, si ce n'était pas une vieille formule de l'aristocratie transmise d'âge en âge depuis les temps barbares de la monarchie jusqu'à ses temps policés' (*Essai sur les règnes de Claude et de Néron*, II, §36; Diderot, xxv.298).

ÉGALITÉ[1]

Que doit un chien à un chien, et un cheval à un cheval? Rien, aucun animal ne dépend de son semblable; mais l'homme ayant reçu le rayon de la Divinité qu'on appelle raison, quel en est le fruit? c'est d'être esclave dans presque toute la terre.[2]

Si cette terre était ce qu'elle semble devoir être, c'est-à-dire, si l'homme y trouvait partout une subsistance facile et assurée, et un climat convenable à sa nature, il est clair qu'il eût été impossible à un homme d'en asservir un autre.[3] Que ce globe soit couvert

[1] Article publié en 1764. Il est difficile de préciser sa date de composition. On peut conjecturer qu'elle est antérieure à la lecture du *Contrat social* (juin 1762), en raison de la modération du ton et de l'absence de réactions allusives, ainsi que du changement apporté par Voltaire en 1771, au début de son article, après avoir pris conscience de sa similitude avec le début du *Contrat social* (voir n.2).

[2] Ce triste constat rappelle beaucoup celui par lequel s'ouvre le *Contrat social*: 'L'homme est né libre, et partout il est dans les fers'. Cette similitude, ainsi que la métaphore peu heureuse du 'fruit' d'un 'rayon' ont déterminé Voltaire, selon R. Pomeau, à supprimer ce paragraphe dans la version remaniée et complétée de cet article des QE (*Politique de Voltaire*, p.209). Il le remplacera par une utile définition de l'égalité naturelle: 'Il est clair que tous les hommes jouissant des facultés attachées à leur nature sont égaux; ils le sont quand ils s'acquittent des fonctions animales, et quand ils exercent leur entendement [...] Tous les animaux de chaque espèce sont égaux entre eux' (M.xviii.473-74). Il expliquera plus longuement en quoi 'aucun animal ne dépend de son semblable', pour conclure que 'les animaux ont naturellement au-dessus de nous l'avantage de l'indépendance'. Ici il se borne à relever sarcastiquement le paradoxe absurde d'une telle situation: la servitude est le 'privilège' des êtres raisonnables! Mais pour l'optimiste Jaucourt, 'la raison n'a pu les rendre dépendants que pour leur bonheur' (*Encyclopédie*, art. 'Egalité naturelle', v.415).

[3] C'est la réponse voltairienne à la question que s'était posée Rousseau en 1755 sur l'origine de l'inégalité parmi les hommes: elle naît de leurs besoins. Comme l'a remarqué R. Pomeau, cette explication 'ne contredit pas le schéma proposé par Rousseau' (*Politique de Voltaire*, p.210) qui, dans le *Discours sur l'origine et les fondements de l'inégalité parmi les hommes*, date lui aussi de l'apparition du besoin de l'autre et de la dépendance qui en résulte l'établissement de l'inégalité: 'mais dès l'instant qu'un homme eut besoin du secours d'un autre; dès qu'on s'aperçut qu'il

de fruits salutaires, que l'air qui doit contribuer à notre vie ne nous donne point les maladies et la mort, que l'homme n'ait besoin d'autre logis et d'autre lit que celui des daims et des chevreuils; alors les Gengiskan et les Tamerlan[4] n'auront de valets que leurs enfants, qui seront assez honnêtes gens pour les aider dans leur vieillesse.

Dans cet état si naturel dont jouissent tous les quadrupèdes, les oiseaux et les reptiles, l'homme serait aussi heureux qu'eux, la domination serait alors une chimère, une absurdité à laquelle personne ne penserait; car pourquoi chercher des serviteurs quand vous n'avez besoin d'aucun service?

S'il passait par l'esprit à quelque individu à tête tyrannique et à bras nerveux d'asservir son voisin moins fort que lui, la chose serait impossible, l'opprimé serait à cent lieues,[5] avant que l'oppresseur eût pris ses mesures.

Tous les hommes seraient donc nécessairement égaux, s'ils étaient sans besoins. La misère attachée à notre espèce subordonne un homme à un autre homme: ce n'est pas l'inégalité qui est un

---

était utile à un seul d'avoir des provisions pour deux, l'égalité disparut, la propriété s'introduisit, le travail devint nécessaire et les vastes forêts se changèrent en des campagnes riantes qu'il fallut arroser de la sueur des hommes et dans lesquelles on vit bientôt l'esclavage et la misère germer et croître avec les moissons' (*OC*, iii.171).

[4] Ces deux figures de conquérants mongols ont été évoquées dans l'*Essai sur les mœurs*, ch.60, 88. Le ton y est modéré, mais en 1773 Voltaire portera sur Tamerlan des jugements de la plus grande sévérité (*Fragments historiques sur l'Inde*, M.xxix.196-97). Il a fait de Gengis Khan l'un des principaux personnages de *L'Orphelin de la Chine* (1754).

[5] Pour pallier les désavantages de l'inégalité naturelle qui fait qu'un homme peut être moins vigoureux que son voisin, il lui resterait toujours la solution de la fuite, s'il n'était pas prisonnier du besoin. C'est celle qu'appliquent le taureau et le coq éliminés par un rival plus fort (voir n.6). Rousseau avait exprimé des idées voisines dans le second *Discours*: 'chacun doit voir que les liens de la servitude n'étant formés que de la dépendance mutuelle des hommes et des besoins réciproques qui les unissent, il est impossible d'asservir un homme sans l'avoir mis auparavant dans le cas de ne pouvoir se passer d'un autre; situation qui n'existant pas dans l'état de nature, y laisse chacun libre du joug et rend vaine la loi du plus fort' (*OC*, iii.161-62).

malheur réel, c'est la dépendance.[6] Il importe fort peu que tel homme s'appelle Sa Hautesse, tel autre Sa Sainteté; mais il est dur de servir l'un ou l'autre.

Une famille nombreuse a cultivé un bon terroir; deux petites familles voisines ont des champs ingrats et rebelles; il faut que les deux pauvres familles servent la famille opulente, ou qu'ils l'égorgent, cela va sans difficulté. Une des deux familles indigentes va offrir ses bras à la riche pour avoir du pain; l'autre va l'attaquer et est battue; la famille servante est l'origine des domestiques et des manœuvres; la famille battue est l'origine des esclaves.[7]

Il est impossible dans notre malheureux globe que les hommes vivant en société ne soient pas divisés en deux classes, l'une de

38-39 64: classes, l'une d'oppresseurs, l'autre d'opprimés; et ces deux

[6] Cette inégalité qui n'est pas 'un malheur réel' est inscrite dans la nature et reste le lot de tous les animaux, comme Voltaire l'expliquera dans les QE en précisant la portée de sa distinction entre inégalité et dépendance: 'Si un taureau qui courtise une génisse est chassé à coups de cornes par un taureau plus fort que lui, il va chercher une autre maîtresse dans un autre pré, et il vit libre. Un coq battu par un coq se console dans un autre poulailler. Il n'en est pas ainsi de nous: un petit vizir exile à Lemnos un bostangi; le vizir Azem exile le petit vizir à Ténédos; le padisha exile le vizir Azem à Rhodes; les janissaires mettent en prison le padisha et en élisent un autre qui exilera les bons musulmans à son choix' (M.xviii.474). Les animaux ne vivant pas en société demeurent donc indépendants, en dépit de leur inégalité naturelle. Chez l'homme en revanche, la dépendance est un effet direct de la sociabilité et des besoins qu'elle crée. Rousseau s'était d'ailleurs demandé de l'homme naturel 'pourquoi dans cet état primitif' il 'aurait plutôt besoin d'un autre homme qu'un singe ou un loup de son semblable' (*OC*, iii.151).

[7] Il est probable que Voltaire se souvient ici du schéma assez voisin qu'avait proposé Rousseau: quand les propriétés eurent occupé tout le sol en se touchant les unes les autres, les 'surnuméraires que la faiblesse ou l'indolence avaient empêchés d'en acquérir à leur tour [...] furent obligés de recevoir ou de ravir leur subsistance de la main des riches, et de là commencèrent à naître, selon les divers caractères des uns et des autres, la domination et la servitude, ou la violence et les rapines' (*OC*, iii.175).

riches qui commandent, l'autre de pauvres qui servent;[8] et ces deux se subdivisent en mille, et ces mille ont encore des nuances différentes.

Tous les pauvres ne sont pas absolument malheureux. La plupart sont nés dans cet état, et le travail continuel les empêche de trop sentir leur situation;[9] mais quand ils la sentent, alors on voit des guerres, comme celle du parti populaire contre le parti du sénat à Rome;[10] celles des paysans en Allemagne, en Angleterre,

42 64: Tous les opprimés ne sont

[8] De cette impossibilité, que lui semble prouver l'histoire même de l'humanité, Voltaire est peut-être un peu prompt à prendre son parti. C'est cette attitude, plus que le contenu même de ses analyses, qui l'oppose à Rousseau, ainsi que l'a remarqué R. Pomeau (*Politique de Voltaire*, p.210). Cf. l'article 'Fraude', où Bambabef dira même: 'Il faut du pain blanc pour les maîtres et du pain bis pour les domestiques' (l.80-81).

[9] On sent affleurer ici le mépris de Voltaire non pas pour le peuple dans son ensemble, mais pour cette partie du peuple exerçant des métiers 'qui ne demandent que le travail des bras et une fatigue de tous les jours. Cette dernière classe est la plus nombreuse. Celle-là pour tout délassement et pour tout plaisir n'ira jamais qu'à la grand'messe et au cabaret, parce qu'on y chante, et qu'elle y chante elle-même' (D14039). Il n'est pas mauvais que 'le travail continuel' la maintienne dans une relative apathie qui épargne les violents soubresauts évoqués dans la phrase suivante. On se rappellera aussi la Préface, l.46-54.

[10] Allusion aux troubles survenus au temps des Gracques à la fin du deuxième siècle av. J.-C. Ceux-ci voulurent par des réformes éclairées tenter de combler le fossé qui s'élargissait entre les 'optimates', les aristocrates de la République ('le parti du sénat') et les 'populares', le parti populaire démocratique. Les riches s'emparant de la plupart des terres conquises par les légions sur les peuples vaincus, la question agraire devint brûlante: la multiplication des grands domaines et l'accroissement de la main d'œuvre servile accélérèrent la paupérisation de la plèbe, qui supportait d'autant plus mal le luxe étalé par la classe possédante. Les réformes de structure tentées en 133 par Tiberius Gracchus pour faire cesser l'accaparement par les riches de l'ager publicus (domaine public) suscitèrent des émeutes où il trouva la mort. Dix ans plus tard, son frère Caïus fit voter des lois agraires qui suscitèrent elles aussi un mouvement insurrectionnel dans lequel Caïus à son tour fut massacré. Les populares vaincus et mécontents se groupèrent alors autour de Marius, qui réussit à faire admettre les prolétaires dans les légions, créant ainsi une armée de métier entièrement dévouée à son chef et prête à lui ouvrir le chemin du pouvoir.

en France.[11] Toutes ces guerres finissent tôt ou tard par l'asservissement du peuple, parce que les puissants ont l'argent, et que l'argent est maître de tout dans un Etat; je dis dans un Etat, car il n'en est pas de même de nation à nation. La nation qui se servira le mieux du fer, subjuguera toujours celle qui aura plus d'or et moins de courage.

Tout homme naît avec un penchant assez violent pour la domination, la richesse et les plaisirs; et avec beaucoup de goût pour la paresse: par conséquent tout homme voudrait avoir l'argent et les femmes ou les filles des autres, être leur maître, les assujettir à tous ses caprices, et ne rien faire, ou du moins ne faire que des choses très agréables. Vous voyez bien qu'avec ces belles dispositions il est aussi impossible que les hommes soient égaux,[12] qu'il est impossible que deux prédicateurs ou deux professeurs de théologie ne soient pas jaloux l'un de l'autre.

Le genre humain tel qu'il est, ne peut subsister à moins qu'il n'y ait une infinité d'hommes utiles qui ne possèdent rien du tout.[13] Car certainement un homme à son aise ne quittera pas sa

[11] Dans l'*Essai sur les mœurs*, Voltaire a évoqué les jacqueries sous Jean le Bon, vers 1360 (ch.76); les révoltes paysannes en Angleterre sous Richard II en 1381 (ch.78); celles qui ont été provoquées par les anabaptistes 'de la Saxe jusqu'en Alsace' en 1525 (ch.131). Les anabaptistes ont soulevé les paysans allemands en développant une 'vérité dangereuse qui est dans tous les cœurs, c'est que les hommes sont nés égaux, et que [...] les seigneurs traitaient les paysans en bêtes' (ii.236). A chacune de ces évocations Voltaire souligne la brutalité sauvage de la révolte, les atrocités dont elle s'accompagne, la férocité de la répression qu'elle entraîne et la défaite par laquelle elle se solde (voir *Essai*, i.728, 738; ii.237).

[12] Au déterminisme du milieu (une terre hostile n'étant nullement 'ce qu'elle semble devoir être') qui crée chez l'homme besoins et dépendance, s'ajoute ici le déterminisme psychologique de 'ces belles dispositions', pour renforcer l'impossibilité de la liberté. Ce tableau particulièrement peu flatteur pourrait bien avoir été noirci pour les besoins de l'argumentation.

[13] Ne possédant rien, les hommes utiles, c'est-à-dire qui ont des compétences, sont obligés pour subsister de les employer contre rémunération au service des riches. L'inégalité est donc un mal nécessaire, puisqu'étant au principe même des échanges, elle est la condition du fonctionnement de la société. On remarquera toutefois avec P. Gay que 'Voltaire makes the important concession that inequality

terre pour venir labourer la vôtre; et si vous avez besoin d'une paire de souliers, ce ne sera pas un maître de requêtes qui vous la fera. L'égalité est donc à la fois la chose la plus naturelle, et en même temps la plus chimérique.[14]

Comme les hommes sont excessifs en tout quand ils le peuvent, on a outré cette inégalité, on a prétendu dans plusieurs pays qu'il n'était pas permis à un citoyen de sortir de la contrée où le hasard l'a fait naître;[15] le sens de cette loi est visiblement, *Ce pays est si mauvais et si mal gouverné que nous défendons à chaque individu d'en sortir, de peur que tout le monde n'en sorte.* Faites mieux, donnez à tous vos sujets envie de demeurer chez vous, et aux étrangers d'y venir.

---

is an economic rather than a metaphysical necessity; it is in no way part of a hierarchical universe, but results from want pitted against scarce resources' (*Voltaire's politics*, p.225).

[14] Ce qui semble à Voltaire 'chimérique', c'est peut-être moins l'égalité en elle-même que les vues de Rousseau sur ce problème dans le second *Discours*, et surtout dans le *Contrat social*. En dépit de la relative convergence de certaines de leurs analyses, Voltaire, comme l'a bien montré H. Gouhier à la lumière des marginalia, 'ne cesse d'être violemment opposé aux vues de Rousseau sur la condition humaine, et tout particulièrement dans la question de l'égalité' (voir *Rousseau et Voltaire: portraits dans deux miroirs*, p.203-205). Notons que Jaucourt pour sa part a dénoncé lui aussi 'cette chimère de l'égalité absolue, que peut à peine enfanter une république idéale' (*Encyclopédie*, v.415).

[15] En 1759, dans l'*Histoire de l'empire de Russie*, Voltaire avait observé, après avoir relevé le retard de la civilisation des Russes avant Pierre le Grand: 'On aurait pu envoyer quelques naturels du pays s'instruire chez les étrangers; mais la différence des langues, des mœurs, et de la religion s'y opposait; une loi même d'Etat et de religion, également sacrée et pernicieuse, défendait aux Russes de sortir de leur patrie et semblait les condamner à une éternelle ignorance' (*OH*, p.388). Dans l'*Essai sur les mœurs*, ch.196, Voltaire a évoqué la mesure prise par l'empereur du Japon Jemitz portant 'ce fameux édit que désormais aucun Japonais ne pourrait sortir du pays, sous peine de mort' (ii.796). Il va de soi aussi que les serfs de glèbe ou mainmortables, dont Voltaire a plus d'une fois dénoncé le sort, ne pouvaient sortir de la contrée où ils étaient nés.

Chaque homme dans le fond de son cœur[16] a droit de se croire entièrement égal aux autres hommes: il ne s'ensuit pas de là que le cuisinier d'un cardinal doive ordonner à son maître de lui faire à dîner; mais le cuisinier peut dire: Je suis homme comme mon maître; je suis né comme lui en pleurant; il mourra comme moi dans les mêmes angoisses et les mêmes cérémonies; nous faisons tous deux les mêmes fonctions animales;[17] si les Turcs s'emparent de Rome, et si alors je suis cardinal et mon maître cuisinier, je le prendrai à mon service. Tout ce discours est raisonnable et juste; mais en attendant que le grand Turc s'empare de Rome, le cuisinier doit faire son devoir, ou toute société humaine est pervertie.[18]

[16] Dans ses carnets, Voltaire a relevé, non sans une pointe de cynisme, toute la différence entre les réactions de la sensibilité et celles de la lucidité à la question de l'égalité: 'En ayant bien dans le cœur que tous les hommes sont égaux et dans la tête que l'extérieur les distingue, on peut se tirer d'affaire dans le monde' (V 82, p.590).

[17] Ce sont là les fondements de l'égalité naturelle, comme l'avait expliqué Jaucourt: 'L'égalité naturelle ou morale est donc fondée sur la constitution de la nature humaine commune à tous les hommes, qui naissent, croissent, subsistent, et meurent de la même manière' (v.415). Mais à cette égalité chaque homme n'a droit que 'dans le fond de son cœur'. Voltaire exclut que ce droit puisse entraîner une modification du comportement social. Chacun doit continuer à jouer son rôle à la place qui lui a été marquée dans l'ordre de la société. Tout au plus, peut-il rêver par compensation à la subversion de cet ordre. Voltaire reste ici en deçà même des positions de Jaucourt, pour qui la reconnaissance de l'égalité naturelle entraîne au moins des devoirs: 'malgré toutes les inégalités produites dans le gouvernement politique par la différence des conditions, par la noblesse, la puissance, les richesses, etc., ceux qui sont les plus élevés au dessus des autres, doivent traiter leurs inférieurs comme leur étant naturellement égaux, en évitant tout outrage, en n'exigeant rien au delà de ce qu'on leur doit, et en exigeant avec humanité ce qui leur est dû le plus incontestablement' (v.415).

[18] Si Voltaire ne fait aucun mystère de son souci majeur de préserver l'ordre social, on prendra garde qu'il ne fait nullement cavalier seul sur ce point et que les encyclopédistes partageaient sa préoccupation (même s'ils ne l'exprimaient pas de façon aussi tranchante). En témoignent par exemple ces protestations de Jaucourt: 'je ne parle ici que de l'égalité naturelle des hommes; je connais trop la nécessité des conditions différentes, des grades, des honneurs, des distinctions, des prérogatives, des subordinations, qui doivent régner dans tous les gouvernements; et j'ajoute même que l'égalité naturelle ou morale n'y est point opposée. Dans l'état

A l'égard d'un homme qui n'est ni cuisinier d'un cardinal ni revêtu d'aucune autre charge dans l'Etat; à l'égard d'un particulier qui ne tient à rien, mais qui est fâché d'être reçu partout avec l'air de la protection ou du mépris, qui voit évidemment que plusieurs *monsignors* n'ont ni plus de science, ni plus d'esprit, ni plus de vertu que lui, et qui s'ennuie d'être quelquefois dans leur antichambre, quel parti doit-il prendre? celui de s'en aller.[19]

---

de nature, les hommes naissent bien dans l'égalité, mais ils n'y sauraient rester; la société la leur fait perdre, et ils ne redeviennent égaux que par les lois' (v.415).

[19] Comme l'a observé R. Pomeau, contre le fait inévitable de l'inégalité, Voltaire 'n'aperçoit de recours qu'individuel: quand la dépendance devient insupportable, "s'en aller". Ce qu'il fit lui-même' (*Politique de Voltaire*, p.210).

ENFER[1]

Dès que les hommes vécurent en société, ils durent s'apercevoir que plusieurs coupables échappaient à la sévérité des lois; ils punissaient les crimes publics; il fallut établir un frein pour les crimes secrets; la religion seule pouvait être ce frein. Les Persans, les Chaldéens, les Egyptiens, les Grecs, imaginèrent des punitions après la vie,[2] et de tous les peuples anciens que nous connaissons, les Juifs furent les seuls qui n'admirent que des châtiments temporels.[3] Il est ridicule de croire ou de feindre de croire, sur

[1] Paru en 1764, cet article remonte probablement aux derniers mois de 1760 ou au début de 1761, c'est-à-dire quelques mois seulement après l'affaire Petitpierre, désignée comme un événement récent (voir n.18). Le silence sur la *Divine legation* de Warburton pourrait corroborer cette hypothèse (voir n.3).

[2] Evoquant les dogmes zoroastriens dans l'*Essai sur les mœurs*, ch.5, Voltaire avait écrit: 'C'est dans ces dogmes qu'on trouve, ainsi que dans l'Inde, l'immortalité de l'âme, et une autre vie heureuse ou malheureuse. C'est là qu'on voit expressément un enfer. Zoroastre, dans les écrits rédigés dans le Sadder, dit que Dieu lui fit voir cet enfer, et les peines réservées au méchants' (i.247-48). Dans *La Philosophie de l'histoire*, Voltaire définit la religion des Chaldéens, le sabéisme, comme 'l'adoration d'un dieu suprême, et la vénération des astres et des intelligences célestes qui présidaient aux astres', mais les assimile ensuite aux Parsis révérant 'comme leur bible' le livre du Zend 'écrit dans l'ancienne langue sacrée des Chaldéens'. Dans cet 'extrait du Zend' qu'est le Sadder, on voit 'que ces Parsis croyaient depuis longtemps un dieu, un diable, une résurrection, un paradis, un enfer' (V 59, p.125, 127). Il établit la dette des Grecs envers les Egyptiens: 'Les Grecs, qui prirent tant de choses des Egyptiens [...] n'eurent leurs fameux mystères d'Eleusine que d'après ceux d'Isis. Mais que les mystères de Zoroastre n'aient pas précédé ceux des Egyptiens, c'est ce que personne ne peut affirmer. Les uns et les autres étaient de la plus haute antiquité; et tous les auteurs grecs et latins qui en ont parlé, conviennent que l'unité de Dieu, l'immortalité de l'âme, les peines et les récompenses après la mort, étaient annoncées dans ces cérémonies sacrées' (V 59, p.170).

[3] Ce contraste entre l'ignorance où étaient les seuls Juifs de l'immortalité de l'âme et la connaissance qu'en avaient toutes les grandes nations de l'Orient avait été souligné par Warburton dans sa *Divine legation of Moses demonstrated on the principles of a religious deist, from the omission of the doctrine of a future state of reward and punishment in the Jewish dispensation* (1738-1741). Voltaire a commencé à

quelques passages très obscurs,[4] que l'enfer était admis par les anciennes lois des Juifs, par leur Lévitique, par leur Décalogue, quand l'auteur de ces lois ne dit pas un seul mot qui puisse avoir le moindre rapport avec les châtiments de la vie future.[5] On serait

---

s'intéresser à cet ouvrage dès 1756, mais semble n'avoir pu se le procurer au complet avant 1760 (D9132). Cela explique-t-il son étrange silence sur Warburton ici, alors que l'apostrophe qui suit au 'rédacteur du Pentateuque' est bien une réfutation des thèses de Warburton (que Voltaire expose explicitement dans 'Religion', paru lui aussi en 1764, mais qui pourrait ne pas être aussi ancien)? L'hypothèse ne devient plausible que si l'on fait remonter 'Enfer' à 1760. Dans 'Ame', lui aussi paru en 1764, le silence total de la loi mosaïque sur l'immortalité de l'âme n'est donné que pour 'très singulier'; mais le caractère exclusivement temporel des punitions est soigneusement établi. Aussi est-il ici simplement réaffirmé. Notons que Voltaire par la suite ne prétendra plus que les Juifs furent les seuls à tout ignorer de l'immortalité de l'âme. Sa position s'est assouplie dans *La Défense de mon oncle*: 'il est certain que les Chinois n'en avaient aucune connaissance et qu'il n'en est point parlé dans les cinq Kings' (V 64, p.232). Cette même année 1767, il allonge la liste: Sanchoniaton et Confucius étaient également dans ce cas (*Lettres à S. A. Mgr le prince de* ***, M.xxvi.486).

[4] Allusion possible à l'abbé Mallet, auteur de l'article 'Enfer' de l'*Encyclopédie*, à qui Voltaire s'en prend explicitement (mais il a d'abord cru que c'était Jaucourt; voir D7267) en 1763, dans le *Traité sur la tolérance*: 'il est étrange [qu'] on dise que les anciens Hébreux *en ont reconnu la réalité*; si cela était, ce serait une contradiction insoutenable dans le Pentateuque. Comment se pourrait-il faire que Moïse eût parlé dans un passage isolé et unique des peines après la mort, et qu'il n'en eût point parlé dans ses lois?' (M.xxv.80). Outre Job xxiv.19 et xxvi.6 et Isaïe lxvi.24, Mallet avait surtout cité Deutéronome xxxii.22; mais Voltaire lui reproche d'avoir faussé la citation en isolant ce verset du contexte. Quant à Job et à Isaïe, le premier n'était pas Juif et le second n'est apparu que huit cents ans après Moïse. Calmet cite les mêmes textes, ainsi que Salomon, Jérémie et Ezéchiel, pour établir que 'si l'on veut examiner de près les livres des Hébreux, on trouvera qu'ils ont pensé et parlé à peu près comme les Grecs, avant Homère, Hésiode et les plus anciens poètes de cette nation' (*Dictionnaire*, art. 'Enfer'); cf. 'Ame', l.181-189.

[5] Calmet s'était senti obligé d'en convenir: 'Quelques-uns prétendent que les anciens Juifs ne reconnaissaient que des peines, ou des récompenses temporelles [...] La loi ne semble pas en promettre d'autres. Elle menace l'Israélite de la mort, d'une mort prématurée, d'une mort honteuse; des derniers supplices, du retranchement ou extermination, de l'excommunication, de l'extinction de sa famille, de la stérilité de sa terre, de la captivité [...] etc.; mais jamais de l'enfer et de la mort éternelle; et de même à proportion pour les récompenses. Elle promet une

en droit de dire au rédacteur du Pentateuque, Vous êtes un homme inconséquent et sans probité, comme sans raison, très indigne du nom de législateur que vous vous arrogez. Quoi, vous connaissez un dogme aussi réprimant, aussi nécessaire au peuple que celui de l'enfer, et vous ne l'annoncez pas expressément? et tandis qu'il est admis chez toutes les nations qui vous environnent, vous vous contentez de laisser deviner ce dogme par quelques commentateurs qui viendront quatre mille ans après vous, et qui donneront la torture à quelques-unes de vos paroles pour y trouver ce que vous n'avez pas dit?[6] Ou vous êtes un ignorant qui ne savez pas que cette créance était universelle en Egypte, en Caldée, en Perse; ou vous êtes un homme très mal avisé, si étant instruit de ce dogme vous n'en avez pas fait la base de votre religion.[7]

---

longue vie, une nombreuse famille, d'abondantes récoltes, des troupeaux féconds [...] ce qui flatte l'amour-propre et les sens; mais elle ne parle jamais ni de la vie éternelle, ni de la gloire du paradis, ni des récompenses de l'autre vie' (art. 'Enfer'). Dans *La Philosophie de l'histoire*, Voltaire citera des propos d'Arnauld assurant que c'est 'le comble de l'ignorance' que de mettre en doute ces vérités élémentaires (V 59, p.178). Voltaire avait relevé dès 1734 le silence de la loi mosaïque sur l'immortalité de l'âme et les peines ou récompenses après la mort (V 14, p.455-56).

[6] Voltaire reproche à Mallet d'altérer le sens de Job xxiv.19 en l'isolant de son contexte, et prend soin lui-même de citer les versets précédents. On peut encore citer Calmet qui donne lui aussi la torture aux textes: 'Il est évident que les gens de bien ne sont pas toujours récompensés dans cette vie ni les méchants punis dans ce monde selon leur mérite. Moïse a donc voulu marquer une autre vie, et une autre mort, d'autres biens et d'autres maux que ceux de cette vie. Et si les Hébreux n'attendaient rien après leur mort, pourquoi Balaam demande-t-il à Dieu que sa fin ressemble à la leur?' (art. 'Enfer'). Voltaire peut penser encore à Abbadie, qu'il dénoncera nommément en 1769 (*Discours de l'empereur Julien*, éd. Moureaux, p.145). Il adressera aussi en 1776 à l'auteur des *Lettres de quelques juifs* le reproche d'avoir prodigué 'vains efforts', 'subtilités' et 'explications forcées' pour établir la croyance des anciens Juifs à l'enfer (*Un chrétien contre six juifs*, M.xxix.544-45).

[7] Le dilemme est formulé avec beaucoup plus de vigueur dans 'Religion', l.26-28. Selon J. H. Brumfitt, 'Voltaire and Warburton', p.42, cette critique aurait été adressée à Warburton par Stebbing, comme l'évêque l'a plus tard souligné lui-même. Dans *La Défense de mon oncle*, Voltaire reformulera la seconde partie du dilemme, mais c'est cette fois le peuple juif dans son ensemble qui devient 'très mal avisé' (V 64, p.232).

Les auteurs des lois juives pourraient tout au plus répondre, Nous avouons que nous sommes excessivement ignorants, que nous avons appris à écrire fort tard,[8] que notre peuple était une horde sauvage et barbare, qui de notre aveu erra près d'un demi-siècle dans des déserts impraticables, qu'elle usurpa enfin un petit pays par les rapines les plus odieuses, et par les cruautés les plus détestables dont jamais l'histoire ait fait mention.[9] Nous n'avions aucun commerce avec les nations policées; comment voulez-vous que nous pussions (nous les plus terrestres des hommes) inventer un système tout spirituel?

Nous ne nous servions du mot qui répond à *âme*, que pour signifier *la vie*;[10] nous ne connûmes notre Dieu et ses ministres, ses anges, que comme des êtres corporels:[11] la distinction de l'âme

34 65V: nous puissions

[8] Voltaire précisera sa pensée en 1768 dans *L'A, B, C*: 'Ces malheureux Juifs sont si nouveaux qu'ils n'avaient pas même, en leur langue, de nom pour signifier Dieu [...] Et il y a toute apparence que ces polissons, chez qui les noms de *géométrie* et d'*astronomie* furent toujours absolument inconnus, n'apprirent enfin à lire et à écrire que quand ils furent esclaves à Babylone' (M.xxvii.392). En 1769, Voltaire reviendra sur 'la plus crasse ignorance' des Juifs, dans une addition à l'article 'Job' et surtout dans une note au *Discours de l'empereur Julien* qui dresse l'inventaire de leurs lacunes (éd. Moureaux, p.171).

[9] Allusions à l'errance du peuple juif dans le désert sous la conduite de Moïse durant quarante ans, après qu'il a quitté le Sinaï (voir Nombres), puis à la conquête par Josué de la Terre promise. Josué i-xii évoquent les cruautés de cette campagne, que Voltaire flétrira avec une ironie cinglante dans *La Philosophie de l'histoire*, ch.41, en soulignant aussi l'illégitimité totale d'une telle conquête (V 59, p.227-29).

[10] Le 'ne ... que' est excessif: voir Calmet qui précise que 'le nom d'âme est fort équivoque dans le style des Hébreux', puisqu'il peut désigner indifféremment: l'âme qui anime l'homme; ou une personne vivante; ou l'âme qui anime les bêtes; ou la vie de la bête, ou le désir, l'amour, l'inclinaison; ou parfois même la mort. Calmet ajoute: 'Ame se prend aussi pour la vie: *Mon âme a été sauvée*. Et *Ne tuez point son âme*, ne le faites point mourir. *Mon âme vivra*, vous me conserverez la vie etc. *Ceux qui cherchaient mon âme*, qui en voulaient à ma vie' (*Dictionnaire*, art. 'Ame').

[11] Voltaire s'expliquera mieux dans l'article 'Genèse', l.119-126, en commentant le 'Faisons l'homme à notre image'. Cf. *La Bible enfin expliquée*: 'Le Seigneur se promène; le Seigneur parle; le Seigneur souffle; le Seigneur agit toujours comme

et du corps, l'idée d'une vie après la mort, ne peuvent être que le fruit d'une longue méditation, et d'une philosophie très fine.[12] Demandez aux Hottentots, et aux nègres, qui habitent un pays cent fois plus étendu que le nôtre, s'ils connaissent la vie à venir? Nous avons cru faire assez de persuader à notre peuple, que Dieu punissait les malfaiteurs jusqu'à la quatrième génération, soit par la lèpre, soit par des morts subites, soit par la perte du peu de bien qu'on pouvait posséder.[13]

On répliquerait à cette apologie, Vous avez inventé un système dont le ridicule saute aux yeux, car le malfaiteur qui se portait bien, et dont la famille prospérait, devait nécessairement se moquer de vous.

L'apologiste de la loi judaïque répondrait alors, Vous vous trompez; car pour un criminel qui raisonnait juste, il y en avait cent qui ne raisonnaient point du tout. Celui qui ayant commis un crime ne se sentait puni ni dans son corps, ni dans celui de son fils, craignait pour son petit-fils. De plus, s'il n'avait pas aujourd'hui quelque ulcère puant, auquel nous étions très sujets, il en éprouvait dans le cours de quelques années: il y a toujours des malheurs dans une famille, et nous faisions aisément accroire que ces malheurs étaient envoyés par une main divine, vengeresse des fautes secrètes.

Il serait aisé de répliquer à cette réponse, et de dire, Votre excuse ne vaut rien, car il arrive tous les jours que de très honnêtes gens perdent la santé et leurs biens; et s'il n'y a point de famille à laquelle il ne soit arrivé des malheurs, si ces malheurs sont des châtiments de Dieu, toutes vos familles étaient donc des familles de fripons.

---

s'il était corporel' (M.xxx.10, n.2). Quant aux anges, Voltaire affirme leur caractère corporel dans l'article 'Ange' (l.23-29).

[12] Idée qui sera abondamment développée dans *La Philosophie de l'histoire*, ch.4, où Voltaire affirme que les Grecs eux-mêmes, tout avertis qu'ils étaient d'une survie de l'âme, n'en ont guère soupçonné la spiritualité avant Platon (V 59, p.98-99).

[13] Deutéronome xxviii.15-68; voir aussi xi.17.

Le prêtre juif pourrait répliquer encore; il dirait qu'il y a des malheurs attachés à la nature humaine, et d'autres qui sont envoyés de Dieu expressément. Mais on ferait voir à ce raisonneur combien il est ridicule de penser que la fièvre et la grêle sont tantôt une punition divine, tantôt un effet naturel.

Enfin, les pharisiens et les esséniens chez les Juifs, admirent la créance d'un enfer à leur mode:[14] ce dogme avait déjà passé des Grecs aux Romains, et fut adopté par les chrétiens.

[14] En 1763, pour prouver 'l'extrême tolérance des Juifs' dans le *Traité sur la tolérance*, ch.13, Voltaire a souligné les sérieuses divergences de croyance entre les trois principales sectes, qui néanmoins savaient coexister: 'Enfin lorsque l'immortalité de l'âme fut un dogme reçu [...] la secte des saducéens persista toujours à croire qu'il n'y avait ni peines ni récompenses après la mort [...] Les pharisiens croyaient à la fatalité et à la métempsycose. Les esséniens pensaient que les âmes des justes allaient dans les îles fortunées, et celles des méchants dans une espèce de Tartare' (M.xxv.79-82). Calmet, qui a consacré aux esséniens un substantiel article de son *Dictionnaire* fondé principalement sur Josèphe et Philon, est plus précis: 'Ils tiennent les âmes immortelles et croient qu'elles descendent de l'air le plus élevé dans les corps qu'elles animent, où elles sont attirées par un certain attrait naturel, auquel elles ne peuvent résister. Après la mort, elles retournent avec rapidité au lieu d'où elles étaient venues, comme sortant d'une longue et triste captivité. Ils ont sur l'état des âmes après la mort à peu près les mêmes sentiments que les païens, qui placent les âmes des gens de bien aux Champs Elisiens et celles des impies dans le Tartare et dans le royaume de Pluton où elles sont tourmentées selon la qualité de leurs fautes'; cf. *La Bible enfin expliquée* (M.xxx.294-95). Dans le cas des pharisiens, Voltaire se borne ordinairement à affirmer qu'ils croyaient à la métempsycose et à la résurrection (voir 'Résurrection'): ainsi en 1763 il a spécifié que les pharisiens croyaient au 'roman théologique de la métempsycose' venu de l'Inde et 'expliqué dans l'admirable quinzième livre des *Métamorphoses* d'Ovide' (*Traité sur la tolérance*, M.xxv.82, n.2); ce qui lui vaudra une mise au point de Guénée: 'Les pharisiens croyaient que les âmes des justes passaient dans un lieu de délices, d'où elles pouvaient revenir sur la terre animer d'autres corps humains. Mais en même temps, ils tenaient pour certain que les âmes des méchants renfermées pour toujours dans des cachots ténébreux, y souffraient éternellement des peines proportionnées à leurs crimes. Ces idées ne sont pas tout à fait la même chose que la métempsycose apportée des Indes par Pythagore et chantée par Ovide' (*Lettres de quelques juifs portugais*, Paris 1772, i.367).

Plusieurs Pères de l'Eglise ne crurent point les peines éternelles;[15] il leur paraissait absurde de brûler pendant toute l'éternité un pauvre homme pour avoir volé une chèvre. Virgile a beau dire dans son sixième chant de l'Enéide:

Sedet aeternumque sedebit infelix Theseus.[16]

Il prétend en vain, que Thésée est assis pour jamais sur une chaise, et que cette posture est son supplice. D'autres croyaient que Thésée est un héros qui n'est point assis en enfer, et qu'il est dans les champs Elisées.[17]

[15] Calmet, après avoir précisé que les Juifs ne croyaient à l'éternité des peines que pour 'les infidèles ou les grands scélérats', ajoute: 'Tout le monde sait qu'Origène croyait aussi que les peines des damnés finiraient un jour' (art. 'Enfer'), sans toutefois citer d'autres Pères. D'après les Actes, le retour glorieux du Christ à la fin des temps marquera l'ἀποκατάστασις τῶν ἀπάντων, la restauration de toutes choses. Or Origène (185-253) a fait de cette 'apocatastase' la certitude d'un salut universel, dans lequel seront compris les démons eux-mêmes, alors restaurés dans leur plénitude originelle. Même si elle a fini par être condamnée au concile de Constantinople (553), la doctrine de l'origénisme avait longtemps imprégné la spiritualité de l'Eglise, jugeant au moins (avec saint Irénée et saint Hippolyte) qu'il ne peut y avoir d'enfer définitif avant le Jugement dernier et gardant toujours l'espérance du salut universel dont elle fait même l'objet de sa prière. L'article 'Origéniste' de l'*Encyclopédie* assure que Jérôme, Théophile d'Alexandrie et Jean Chrysostome ont mal caché leur sympathie pour la doctrine d'Origène.

[16] *Enéide*, vi.617-618: 'L'infortuné Thésée est cloué à son siège et y demeurera éternellement cloué' (trad. A. Bellesort). Virgile fait allusion à la fable selon laquelle Thésée résolut avec son ami Pirithoos, roi des Lapithes, de descendre aux enfers pour enlever Perséphone, l'épouse d'Hadès. Celui-ci punit les audacieux en les retenant dans une dure captivité: fatigués de la longue route qu'ils avaient dû parcourir pour arriver jusqu'aux enfers, Thésée et Pirithoos s'assirent sur une pierre. Mais ils y restèrent comme collés, sans plus pouvoir se relever. Bientôt Cerbère se jeta sur Pirithoos et l'étrangla. Seule l'intervention d'Héraclès auprès d'Hadès put procurer enfin à Thésée sa délivrance.

[17] La légende de Thésée ne dit nullement qu'il ait dû demeurer aux enfers: il revint à Athènes, mais son peuple, qui le croyait mort, s'était entre temps donné un autre roi, et Thésée dut s'enfuir à Scyros dont le roi Lycomède le fit traîtreusement mourir en le précipitant du haut d'un rocher. Mais Thésée finit par être divinisé: les Athéniens, sur l'ordre d'un oracle, ramenèrent ses os dans leur ville et construisirent un temple pour les abriter: le Théseion. Il va de soi qu'un héros divinisé se doit d'avoir les Champs Elysées pour séjour plutôt que le Tartare.

Il n'y a pas longtemps qu'un bon honnête ministre huguenot prêcha et écrivit que les damnés auraient un jour leur grâce, qu'il fallait une proportion entre le péché et le supplice, et qu'une faute d'un moment ne peut mériter un châtiment infini. Les prêtres ses confrères déposèrent ce juge indulgent;[18] l'un d'eux lui dit, Mon ami, je ne crois pas plus l'enfer éternel que vous; mais il est bon que votre servante, votre tailleur et même votre procureur le croient.[19]

84 64, 65v: bon et honnête

[18] Ferdinand-Olivier Petitpierre (1722-1790) était en 1758 un pasteur fort estimé dans sa paroisse des Ponts, dans la principauté de Neuchâtel, quand il se mit à prêcher en faveur de la non-éternité des peines, ce qui alarma certains de ses confrères des paroisses voisines, notamment le pasteur Prince qui le dénonça à la Compagnie. Celle-ci se contenta d'inviter l'accusé à plus de prudence, mais Petitpierre, nommé en 1759 à La Chaux de Fonds, y prêcha la même doctrine. Il fut dénoncé une seconde fois à la Compagnie par une douzaine de ses nouveaux paroissiens, probablement inspirés par Prince (mai 1760). Le 5 juin, la Compagnie décida d'enjoindre à Petitpierre de garder sur le problème doctrinal de l'éternité des peines un silence absolu et, en cas de refus, de le démettre de ses fonctions. Sentence confirmée le 1er juillet, quand le pasteur eut déclaré que sa conscience lui interdisait de se soumettre. La Compagnie le destitua à sa séance du 6 août 1760. Soucieux d'apaiser ce conflit et se croyant sur le point d'y parvenir, le Conseil d'Etat de la principauté de Neuchâtel refusa de faire droit à la réquisition d'un de ses membres, le colonel Chaillet, par laquelle il sommait le Conseil de faire faire une enquête juridique sur les intrigues et manœuvres de Prince. Il menaçait, sinon, d'informer la cour de Berlin, puisque Frédéric II était le souverain de la principauté, et il tint parole (voir C. Berthoud, *Les Quatre Petitpierre*, Neuchâtel 1875, p.108 ss.). Voltaire semble avoir suivi l'affaire d'assez près et le début de sa lettre du 26 décembre 1760 à Constant d'Hermenches fait peut-être allusion à la démarche de Chaillet: 'Mon dieu que j'aime votre bon lieutenant colonel! Il me semble monsieur le major des gardes que vous en auriez fait tout autant. Il n'y a que les braves gens qui soient humains, et il n'y a que des prêtres capables de voir avec plaisir dieu occupé pendant l'éternité à faire cuire son monde' (D9497; cf. D9498).

[19] La répartie prêtée à l'un des pasteurs ayant déposé Petitpierre exprime en fait le point de vue personnel de Voltaire sur l'utilité sociale de la croyance à l'enfer, et non celui du Vénérable Consistoire, soucieux seulement de censurer l'hérésie: 'Cependant je pense qu'il eût été tout aussi bon de laisser les choses comme elles étaient. Les peines qui ne sont que comminatoires, ne sauraient être trop fortes. Il faut de l'enfer à la canaille' (D9497).

ENTHOUSIASME[1]

Ce mot grec signifie émotion d'entrailles, agitation intérieure;[2] les Grecs inventèrent-ils ce mot pour exprimer les secousses qu'on éprouve dans les nerfs, la dilatation et le resserrement des intestins, les violentes contractions du cœur, le cours précipité de ces esprits de feu qui montent des entrailles au cerveau, quand on est vivement affecté?

Ou bien donna-t-on d'abord le nom d'enthousiasme, de trouble des entrailles, aux contorsions de cette pythie qui sur le trépied de Delphes recevait l'esprit d'Apollon par un endroit qui ne semble fait que pour recevoir des corps?[3]

a-57 64, article absent

[1] Il est difficile de fixer une date de composition pour cet article, paru en 1765 et repris dans les QE avec d'importantes additions. Il n'a pas de rapport direct avec l'article 'Enthousiasme' de l'*Encyclopédie* qui, lui aussi, associe l'enthousiasme avec le génie artistique et surtout poétique. Voltaire reprendra ce parallèle, en l'illustrant de plusieurs exemples dans les QE.

[2] A. Pierron a remarqué que cette étymologie n'est pas correcte (*Voltaire et ses maîtres, épisode de l'histoire des humanités en France*, p.322). A côté de l'adjectif ἐνθουσιαστικός et du verbe ἐνθουσιάζειν, être inspiré, visité par les dieux (voir Platon, *Le Banquet*, 179a; *Phèdre*, 263d), il y a le substantif ἐνθουσίασις (voir Platon, *Phèdre*, 249e; *Timée*, 71c).

[3] L'oracle d'Apollon à Delphes succéda à l'oracle de Gê, déesse chthonienne. A Egira en Achaïe, en face de Delphes de l'autre côté du golfe de Corinthe, la prêtresse de Gê entrait dans une caverne pour établir un contact plus intime avec la déesse, et on croit que la tradition selon laquelle la pythie de Delphes s'asseyait au-dessus d'une fissure de la terre ou entrait dans une caverne était peut-être la perpétuation de ce rite primitif. Les philosophes, surtout à Rome où les traditions concernant la divination étaient différentes, rationalisaient l'oracle en l'attribuant à des vapeurs sortant d'une crevasse située dans le sol du temple. Diodore de Sicile, xvi.26, par exemple, raconte comment cette fissure et les qualités remarquables des vapeurs qui en sortaient furent découvertes par des bergers dont les chèvres furent intoxiquées en s'en approchant, et comment le trépied fut arrangé comme appareil de sûreté pour empêcher que la pythie n'y tombât. En fait, le trépied et le python

Qu'entendons-nous par enthousiasme? que de nuances dans nos affections! approbation, sensibilité, émotion, trouble, saisissement, passion, emportement, démence, fureur, rage. Voilà tous les états par lesquels peut passer cette pauvre âme humaine.

Un géomètre assiste à une tragédie touchante, il remarque seulement qu'elle est bien conduite. Un jeune homme à côté de lui est ému et ne remarque rien, une femme pleure, un autre jeune homme est si transporté, que pour son malheur il va faire aussi une tragédie. Il a pris la maladie de l'enthousiasme.

Le centurion ou le tribun militaire qui ne regardait la guerre que comme un métier dans lequel il y avait une petite fortune à faire, allait au combat tranquillement comme un couvreur monte sur un toit. César pleurait en voyant la statue d'Alexandre.[4]

Ovide ne parlait d'amour qu'avec esprit. Sapho exprimait l'enthousiasme de cette passion; et s'il est vrai qu'elle lui coûta la vie,[5] c'est que l'enthousiasme chez elle devint démence. L'esprit de parti dispose merveilleusement à l'enthousiasme, il n'est point de faction qui n'ait ses énergumènes.

---

qu'Apollon avait tué et dont la prêtresse portait le nom, étaient des symboles du dieu, et figuraient dans les rites accompagnant les oracles parce qu'Apollon était devenu le nouveau dieu tutélaire du temple. La géologie de Delphes ne se prête pas à des fissures profondes dans la terre ni à l'émission de vapeurs; voir H. W. Parke et D. E. W. Wormell, *The Delphic oracle*, i.10, 17-45. L'allusion aux vapeurs intoxicantes pénétrant dans la pythie par la matrice rappelle les descriptions de cet oracle dans certaines polémiques des Pères contre le paganisme; voir Jean Chrysostome, *In epistula I ad Corinthios*, homilia XXIX (PG, lxi.242), et Origène, *Contre Celse*, vii.3. Pour certains païens, tel Plutarque (*De sera numinis vindicta*, 566d), Thémis Delphes devient enceinte par un rayon de lumière sortant du trépied d'Apollon à Delphes; voir P. Amandry, *La Mantique apollonienne à Delphes: essai sur le fonctionnement de l'oracle*, p.21-23. Voltaire a pu être au courant de cette tradition par l'article de Jean Hardouin, qui avait été un de ses maîtres au collège Louis-le-Grand, 'Première [-troisième] dissertation sur l'oracle de Delphes', *Mémoires de l'Académie royale des inscriptions et belles-lettres* (Paris 1723), p.137-90, qui renvoie à Origène et Jean Chrysostome.

[4] Suétone, *Vie des douze Césars*, vii.1: 'ingemuit'.

[5] Tradition fondée sur Ovide, *Heroïdes* (Sappho), xv.175-184, mais probablement fausse.

L'enthousiasme est surtout le partage de la dévotion mal entendue. Le jeune fakir qui voit le bout de son nez en faisant ses prières,[6] s'échauffe par degrés jusqu'à croire que s'il se charge de chaînes pesant cinquante livres, l'Etre suprême lui aura beaucoup d'obligation.[7] Il s'endort l'imagination toute pleine de Brama, et il ne manque pas de le voir en songe quelquefois même dans cet état où l'on n'est ni endormi ni éveillé, des étincelles sortent de ses yeux, il voit Brama resplendissant de lumière, il a des extases, et cette maladie devient souvent incurable.

La chose la plus rare est de joindre la raison avec l'enthousiasme, la raison consiste à voir toujours les choses comme elles sont. Celui qui dans l'ivresse voit les objets doubles est alors privé de sa raison; l'enthousiasme est précisément comme le vin. Il peut exciter tant de tumulte dans les vaisseaux sanguins, et de si violentes vibrations dans les nerfs, que la raison en est tout à fait détruite.[8] Il peut ne causer que de légères secousses qui ne fassent que donner au cerveau un peu plus d'activité. C'est ce qui arrive dans les grands mouvements d'éloquence, et surtout dans la poésie sublime. L'enthousiasme raisonnable est le partage des grands poètes.

Cet enthousiasme raisonnable est la perfection de leur art, c'est ce qui fit croire autrefois qu'ils étaient inspirés des dieux, et c'est ce qu'on n'a jamais dit des autres artistes.

[6] Dans la *Lettre d'un Turc sur les fakirs et sur son ami Bababec*, publiée en 1750, une note précisait: 'Quand les fakirs veulent voir la lumière céleste, ce qui est très commun parmi eux, ils tournent les yeux vers le bout du nez' (*Romans et contes*, p.132); cf. *Essai sur les mœurs*, ch. 87 (i.799-800). La source probable est François Bernier, *Les Voyages* (Amsterdam 1709), ii.128: 'après avoir jeûné plusieurs jours au pain et à l'eau il faut [...] se tenir seul dans un lieu retiré, les yeux fichés en haut premièrement sans branler aucunement, puis les ramener doucement en bas, et les fixer tous deux à regarder en même temps le bout de son nez, également et autant d'un côté que de l'autre (ce qui est assez difficile), et se tenir là ainsi bandés et attentifs sur le bout du nez jusqu'à ce que cette lumière vienne'.

[7] Sur l'image du fakir chargé de chaînes, voir art. 'Amour-propre', l.9-16.

[8] Sur le processus évoqué et sur les effets de l'enthousiasme, voir les carnets (V 82, p.627-28; cf. p.557, 602).

Comment le raisonnement peut-il gouverner l'enthousiasme? c'est qu'un poète dessine d'abord l'ordonnance de son tableau. La raison alors tient le crayon, mais veut-il animer ses personnages et leur donner le caractère des passions? alors l'imagination s'échauffe, l'enthousiasme agit. C'est un coursier qui s'emporte dans sa carrière, mais la carrière est régulièrement tracée.[9]

[9] Sur l'enthousiasme raisonnable, sur les rapports du goût et du génie selon Voltaire, voir R. Naves, *Le Goût de Voltaire*, p.293-94.

ESPRIT FAUX[1]

Nous avons des aveugles, des borgnes, des bigles, des louches, des vues longues, des vues courtes, ou distinctes, ou confuses, ou faibles, ou infatigables. Tout cela est une image assez fidèle de notre entendement. Mais on ne connaît guère de vue fausse. Il n'y a guère d'hommes qui prennent toujours un coq pour un cheval, ni un pot de chambre pour une maison. Pourquoi rencontre-t-on souvent des esprits assez justes d'ailleurs, qui sont absolument faux sur des choses importantes? Pourquoi ce même Siamois qui ne se laissera jamais tromper quand il sera question de lui compter trois roupies, croit-il fermement aux métamorphoses de Sammonocodom?[2] Par quelle étrange bizarrerie des hommes sensés ressemblent-ils à don Quichote, qui croyait voir des géants où les autres hommes ne voyaient que des moulins à vent?[3] Encore don Quichote était plus excusable que le Siamois qui croit que Sammonocodom est venu plusieurs fois sur la terre, et que le Turc qui est persuadé que Mahomet a mis la moitié de la lune dans sa manche.[4] Car don Quichote frappé de l'idée qu'il doit combattre des géants, peut se figurer qu'un géant doit avoir le corps aussi gros qu'un moulin, et les bras aussi longs que les ailes du moulin:

a-53 64, 65, article absent

[1] Cet article ajouté en 1765 (65v), dont la date de composition est difficile à préciser, ne sera pas repris dans les QE.

[2] Ce sont les légendes siamoises de Bouddha que Voltaire connaissait par Gui Tachard, *Voyage de Siam des pères jésuites* (Paris 1688), p.403. L'ouvrage ne figure pas dans sa bibliothèque, mais l'article 'Sammonocodom' des QE donne à croire que Voltaire le connaissait ou du moins connaissait une source qui y puisait; voir 'Catéchisme chinois', n.84; cf. 'Dogmes', 'Foi'.

[3] *Don Quichotte*, I.viii. Voltaire possédait le roman de Miguel de Cervantès en espagnol (Brucelas 1617) et en traduction française (Lyon 1723).

[4] Sur cette légende, voir ci-dessous, art. 'Sens commun'.

mais de quelle supposition peut partir un homme sensé pour se persuader que la moitié de la lune est entrée dans une manche, et qu'un Sammonocodom est descendu du ciel pour venir jouer au cerf-volant à Siam, couper une forêt, et faire des tours de passe-passe?[5]

Les plus grands génies peuvent avoir l'esprit faux sur un principe qu'ils ont reçu sans examen. Newton avait l'esprit très faux quand il commentait l'Apocalypse.[6]

Tout ce que certains tyrans des âmes désirent, c'est que les hommes qu'ils enseignent, aient l'esprit faux. Un fakir élève un enfant qui promet beaucoup; il emploie cinq ou six années à lui enfoncer dans la tête que le dieu Fo[7] apparut aux hommes en éléphant blanc, et il persuade l'enfant qu'il sera fouetté après sa mort pendant cinq cent mille années, s'il ne croit pas ces métamorphoses.[8] Il ajoute qu'à la fin du monde l'ennemi du dieu Fo viendra combattre contre cette divinité.[9]

L'enfant étudie et devient un prodige; il argumente sur les leçons de son maître, il trouve que Fo n'a pu se changer qu'en éléphant blanc, parce que c'est le plus beau des animaux. Les rois

[5] Sur cet épisode, voir Tachard, *Voyage de Siam*, ii.255-56; cf. 'Catéchisme chinois', l.536.

[6] Isaac Newton, *Observations on the prophecies of Daniel and the Apocalypse of St John*, éd. B. Smith (London 1733). Même condamnation dans *André Destouches à Siam* (V 62A, p.353-54) et dans l'article 'Apocalypse'.

[7] Nom chinois du Bouddha; voir Louis Le Comte, *Nouveaux mémoires sur l'état présent de la Chine* (Paris 1696; BV), p.136; cf. ci-dessus, art. 'Catéchisme chinois', n.13.

[8] Voir ci-dessus, art. 'Dogmes'. Tachard précise seulement que Sammonocodom revint au monde 550 fois sous différentes figures et qu'on révérait un éléphant blanc.

[9] Dans le *Journal du voyage de Siam fait en 1685 et 1686* (Paris 1687), F.-T. de Choisy dit que les Siamois pensent qu'un ange viendra à la fin du monde (p.301); même indication dans Tachard qui a raconté les combats de Sammonocodom et de son frère Thévatat.

de Siam et du Pégu,[10] dit-il, se sont fait la guerre pour un éléphant blanc; certainement si Fo n'avait pas été caché dans cet éléphant, ces rois n'auraient pas été si insensés que de combattre pour la possession d'un simple animal.

L'ennemi de Fo viendra le défier à la fin du monde; certainement cet ennemi sera un rhinocéros, car le rhinocéros combat l'éléphant. C'est ainsi que raisonne dans un âge mûr l'élève savant du fakir, et il devient une des lumières des Indes; plus il a l'esprit subtil, plus il l'a faux, et il forme ensuite des esprits faux comme lui.

On montre à tous ces énergumènes un peu de géométrie, et ils l'apprennent assez facilement; mais, chose étrange! Leur esprit n'est pas redressé pour cela; ils aperçoivent les vérités de la géométrie, mais elle ne leur apprend point à peser les probabilités; ils ont pris leur pli, ils raisonneront de travers toute leur vie, et j'en suis fâché pour eux.

[10] Ancien royaume du sud-est asiatique, situé en basse Birmanie. Son histoire est celle de nombreux conflits avec la Birmanie et la Thaïlande.

ÉTATS, GOUVERNEMENTS[1]

Quel est le meilleur?

Je n'ai jusqu'à présent connu personne qui n'ait gouverné quelque Etat. Je ne parle pas de messieurs les ministres, qui gouvernent en effet, les uns deux ou trois ans, les autres six mois, les autres six semaines; je parle de tous les autres hommes qui à souper ou dans leur cabinet étalent leur système de gouvernement, réformant les armées, l'Eglise, la robe et la finance.

L'abbé de Bourzeis se mit à gouverner la France vers l'an 1645[2] sous le nom de cardinal de Richelieu, et fit ce Testament politique[3]

3-4 65v: mois, d'autres six

[1] Article publié en 1764. Une note des éditeurs de Kehl assure qu'il a été écrit 'vers 1757', sans justifier cette affirmation (M.xix.30, n.1). Ce ne saurait être à cause du renvoi final à l'article 'Genève' de l'*Encyclopédie* paru en 1757, puisque ce renvoi n'a été ajouté par Voltaire qu'en 1767. Il paraît plus approprié de dater cet article du courant de 1763, ou du début de 1764, pour les raisons suivantes: 1) La forte présence de Montesquieu, allusivement pris à partie pour ses *Considérations*, puis quelques-unes des idées avancées dans *De l'esprit des lois*: en 1764 Voltaire juge les *Considérations*, et discute les idées de Montesquieu sur la vertu. 2) La discussion de l'authenticité du *Testament* de Richelieu, sans doute déjà abordée maintes fois par Voltaire, vient d'être reprise en 1763 et le sera en octobre 1764, ainsi qu'à la fin de cette année avec *Arbitrage entre M. de Voltaire et M. de Foncemagne*. 3) L'optimisme confiant du passage sur les effets heureux des 'bons livres' (l.45-54) paraît mieux convenir au militant des années 1763-1764 qu'à l'hôte des Délices cruellement déçu, en 1757, par les réactions des pasteurs à l'article 'Genève'.

[2] C'est-à-dire trois ans après la mort de Richelieu.

[3] Voltaire possédait deux éditions de cet ouvrage: *Recueil des testaments politiques du cardinal de Richelieu, du duc de Lorraine, de M. Colbert et de M. de Louvois* (Amsterdam 1749; BV) et *Maximes d'Etat, ou Testament politique d'Armand Du Plessis, cardinal duc de Richelieu*, éd. F.-L.-C. Marin (Paris 1764; BV). Il a souvent fait valoir que le *Testament politique* n'avait pas été édité avant 1688, soit donc quelque quarante ans après la disparition de Richelieu. Il l'a attribué à l'abbé de Bourzeis dès ses *Conseils à un journaliste* (parus dans le *Mercure* de novembre 1744, mais probablement composés en 1739), sans être toutefois très affirmatif

dans lequel il veut enrôler la noblesse dans la cavalerie pour trois ans,[4] faire payer la taille aux chambres des comptes et aux parlements,[5] priver le roi du produit de la gabelle;[6] il assure surtout que pour entrer en campagne avec cinquante mille hommes, il faut par économie en lever cent mille.[7] Il affirme que *la Provence*

(M.xxii.260). En fait il hésitait entre Jean de Silhon et Bourzeis. Dans le 'Catalogue des écrivains' du *Siècle de Louis XIV* il a écrit: 'Amable de Bourzeis, né en Auvergne en 1606, auteur de plusieurs ouvrages de politique et de controverse. Silhon et lui sont soupçonnés d'avoir composé le *Testament politique* attribué au cardinal de Richelieu. Mort en 1672' (*OH*, p.1143). En mars 1739 il écrit à d'Olivet: 'J'ay de bonnes raisons pour penser que Silhon a fait le testament du Cardinal. L'abbé de Bourzeis n'y a plus de part que vous' (D1934). Mais le 21 juin, remerciant d'Argenson d'avoir jugé que le testament n'était pas de Richelieu, il ajoute: 'Je croy en dépit de toutte l'académie française que cet ouvrage fut fait par l'abbé de Bourzeis dont j'ay cru reconnaître le stile' (D2035); pour plus de détails, voir *Des mensonges imprimés*, éd. M. Waddicor (V 31B, p.317 ss.).

[4] L'auteur analysant les causes de la 'décadence' de la cavalerie française, trouve qu'elle comporte trop de roturiers, souvent jeunes et sans expérience. Il propose de fixer l'effectif des nobles à la moitié de celui de la compagnie et 'd'obliger tous ceux de cette naissance qui auront vingt ans de porter les armes, déclarant qu'ils ne seront jamais capables d'aucunes charges ni dignités, s'ils n'ont au moins servi actuellement trois ans dans les troupes de Votre Majesté' (*Testament politique*, ii.101).

[5] *Testament politique*, ii.175-76. Voltaire relevait déjà dans les *Conseils à un journaliste* (M.xxii.260), puis en 1749 dans *Des mensonges imprimés* cette suggestion comme étant de la plus haute invraisemblance (V 31B, p.362, 419). En 1765, dans *Arbitrage entre M. de Voltaire et M. de Foncemagne*, il expliquera pourquoi il serait très humiliant pour les parlementaires d'être assujettis à la taille (M.xxv.333-34).

[6] *Testament politique*, ii.157. Voltaire demandait déjà: 'Est-il vraisemblable qu'il ait proposé de supprimer les gabelles? et ce projet n'a-t-il pas été fait par un politique oisif plutôt que par un homme nourri dans les affaires?' (*Conseils à un journaliste*, M.xxii.260; cf. *Des mensonges imprimés*, V 31B, p.362).

[7] Le *Testament* n'énonce pas de telles absurdités. Après avoir proposé des réformes de l'infanterie et de la cavalerie, l'auteur se demande si la France 'pourra supporter la dépense d'un si grand corps de gens de guerre'. Sans répondre directement à cette question, il propose six remarques définissant les conditions de l'efficacité plutôt que celle de l'économie (ce que Voltaire n'a pas vu ou a affecté de ne pas voir). Or la première 'est que si l'on veut avoir 50 000 hommes effectifs, il faut en lever cent, n'estimant un régiment de vingt compagnies qui doit avoir

seule a beaucoup plus de beaux ports de mer, que l'Espagne et l'Italie ensemble.[8]

L'abbé de Bourzeis n'avait pas voyagé. Au reste, son ouvrage fourmille d'anachronismes et d'erreurs;[9] il fait signer le cardinal de Richelieu d'une manière dont il ne signa jamais,[10] ainsi qu'il le fait parler comme il n'a jamais parlé.[11] Au surplus, il emploie un chapitre entier à dire que *la raison doit être la règle d'un Etat*, et à

2000 hommes que pour mille' (*Maximes d'Etat*, ii.103). Voltaire était-il donc d'une entière bonne foi en écrivant dans *Des mensonges imprimés*: l'auteur veut 'qu'on lève cent hommes quand on en veut avoir cinquante, et cela apparemment pour qu'il en coûte le double en engagements et en habits. Quel projet pour un ministre!' (V 31B, p.420). Le problème sera discuté plus sérieusement dans les QE (art. 'Soldat', M.xx.430).

[8] *Testament politique*, ii.116. Citation déjà donnée par Voltaire dans *Des mensonges imprimés* en termes un peu différents, avec ce commentaire: 'hyperbole qui ferait soupçonner que le livre serait d'un Provençal, qui ne connaîtrait que Toulon et Marseille, plutôt que d'un homme d'Etat qui connaissait l'Europe' (V 31B, p.421).

[9] Ces deux termes semblent faire écho à ceux qui ont été employés en 1763 dans les *Remarques pour servir de supplément à l'Essai sur les mœurs*, XX: 'Presque personne n'examina ni les méprises, ni les erreurs, ni les anachronismes, ni les indécences, ni les contradictions, ni les incompatibilités dont le livre est rempli' (*Essai*, ii.946). On peut estimer que les deux textes sont contemporains.

[10] C'est l'une des preuves d'inauthenticité que Voltaire a le plus constamment alléguées: *Conseils à un journaliste* (M.xxii.259), *Des mensonges imprimés* (V 31B, p.357, 394), *Remarques pour servir de supplément à l'Essai sur les mœurs* (*Essai*, ii.946). En octobre 1764, dans ses *Doutes nouveaux sur le Testament attribué au cardinal de Richelieu*, il précisera à propos de la signature 'Armand Duplessis': 'cependant il n'a jamais souscrit ses lettres à Louis XIII que de deux manières, ou comme évêque, ou comme cardinal [...] Il n'y en doit point avoir de troisième; et s'il s'en trouve une, ce ne peut être qu'une pièce supposée' (M.xxv.283).

[11] Autre preuve d'inauthenticité fréquemment avancée par Voltaire: outre que le *Testament* 'est d'un style très différent des autres ouvrages du cardinal', beaucoup d'expressions et d'idées sont 'peu convenables à un grand ministre qui parle à un grand roi' et Voltaire en propose de nombreux exemples (*Conseils à un journaliste*, M.xxii.259; cf. *Des mensonges imprimés*, V 31B, p.356, 401).

tâcher de prouver cette découverte;[12] cet ouvrage de ténèbres, ce bâtard de l'abbé de Bourzeis a passé longtemps pour le fils légitime du cardinal de Richelieu, et tous les académiciens, dans leurs discours de réception, ne manquaient pas de louer démesurément ce chef-d'œuvre de politique.[13]

Le sieur Gratien de Courtils voyant le succès du Testament politique de Richelieu, fit imprimer à la Haye le Testament de

26 65v: Gassien de Courtils

[12] Voltaire a déjà ironisé sur les découvertes 'de cette finesse et de cette profondeur' (*Des mensonges imprimés*, V 31B, p.412; cf. p.364). Il y reviendra avec plus d'insistance dans les *Doutes nouveaux*, en se demandant quelle eût été la réaction de Louis XIV si le maréchal de Villars lui avait tenu ces propos: ' "Ecoutez, sire, cette vérité si peu connue: la raison doit être la règle et la conduite d'un Etat; la lumière naturelle fait connaître à chacun que l'homme, ayant été fait raisonnable, ne doit rien faire que par raison." Cette maxime est nouvelle, je l'avoue [...] Si le maréchal de Villars avait parlé ainsi, n'est-il pas vrai que le roi Louis XIV l'aurait cru un peu affaibli du cerveau?' (M.xxv.299). Voltaire, qui vient de mettre dans la bouche de Villars un passage du *Testament*, en donne une idée quelque peu tendancieuse, même s'il est exact que ce chapitre commence par les truismes qu'il dénonce.

[13] On lisait déjà dans *Des mensonges imprimés*: 'C'est un plaisir surtout de voir dans des recueils de harangues, quels éloges on a prodigués à l'*admirable* testament de cet *incomparable* cardinal: on y trouvait toute la profondeur de son génie; et un imbécile qui l'avait bien lu et qui en avait même fait quelques extraits, se croyait capable de gouverner le monde' (V 31B, p.354-55). Voltaire exagère quand il écrit 'tous les académiciens': s'il est exact que tous les récipiendaires ne manquent pas de louer Richelieu, le chancelier Séguier et Louis XIV, Voltaire pense sans doute ici plus particulièrement au discours de réception de La Bruyère: 'Ouvrez son Testament politique, digérez cet ouvrage: c'est la peinture de son esprit; [...] l'on y voit sans peine qu'un homme qui pense si virilement et si juste a pu agir sûrement et avec succès, et que celui qui a achevé de si grandes choses, ou n'a jamais écrit, ou a dû écrire comme il l'a fait' (*Recueil des harangues prononcées par messieurs de l'Académie française, dans leurs réceptions, et en d'autres occasions, depuis l'établissement de l'Académie jusqu'à présent*, 2e éd., Paris 1714-1787, ii.414).

Colbert,[14] avec une belle lettre de M. Colbert au roi.[15] Il est clair que si ce ministre avait fait un pareil testament, il eût fallu l'interdire; cependant ce livre a été cité par quelques auteurs. Un autre gredin, dont on ignore le nom, ne manqua pas de donner le Testament de Louvois,[16] plus mauvais encore, s'il se peut, que celui de Colbert; et un abbé de Chévremont fit tester aussi Charles duc de Lorraine.[17] Nous avons eu les Testaments politiques du

33 65-67: Colbert; un abbé
34-37 64: Lorraine. ¶M. de Boisguilebert

[14] Dans le *Testament politique de messire Jean-Baptiste Colbert, ministre et secrétaire d'Etat* (La Haye 1693), on trouve cet avis du libraire au lecteur: le public 'a reçu si favorablement le *Testament politique* du cardinal de Richelieu qu'on peut espérer que celui-ci ne lui déplaira pas, vu les choses importantes qu'il contient'. Cet avis est précédé d'un Avis au lecteur dans lequel Gatien de Sandras de Courtilz, auteur de ce testament, avertit que Colbert 'avait lu et relu' le testament du cardinal et en approuvait fort les maximes, mais avait cru 'qu'il ne fallait pas rebattre une chose qui était d'un autre et qui lui ferait moins d'honneur que ce qui viendrait de lui'. La première édition du *Testament* de Richelieu datant de 1688, Sandras de Courtilz a mis moins de cinq ans à fabriquer celui de Colbert, pour livrer celui de Louvois deux ans plus tard, ce qui semble prouver en effet le goût du public pour ce genre de production. Dans son 'Catalogue des écrivains' du *Siècle de Louis XIV*, Voltaire présente Sandras de Courtilz (1644-1712) comme un méprisable spécialiste de faux, qui est allé 'en Hollande vendre des mensonges aux libraires' et a ainsi 'mérité l'exécration publique' (*OH*, p.1151).

[15] Il faut lire cette épître pour savourer l'ironie de l'adjectif: outre que le prétendu Colbert semble y reculer les limites connues de la flatterie, il adresse à son maître un véritable réquisitoire contre Louvois et n'hésite pas à féliciter Louis XIV d'être un pécheur saintement repenti des 'faiblesses' qu'il a fait paraître dans sa jeunesse; ou encore de manifester de 'belles inclinations', même après avoir été 'si mal élevé' par Mazarin!

[16] On considère aujourd'hui que le *Testament politique du marquis de Louvois* (Cologne 1695) est lui aussi de Sandras de Courtilz, mais cette attribution semble avoir été relativement tardive; cf. *Des mensonges imprimés* (V31B, p.354).

[17] Cf. *Des mensonges imprimés*: 'On n'a pas été moins trompé au Testament de Charles V duc de Lorraine, on a cru y reconnaître l'esprit de ce prince, mais ceux qui étaient au fait y reconnurent l'esprit de M. de Chévremont qui le composa' (V31B, p.365). *Le Testament politique de Charles duc de Lorraine et de Bar* (Lipsic 1696; BV) est de H. de Straatman; J.-B. de Chèvremont en fut probablement

cardinal Albéroni,[18] du maréchal de Belle-Isle, et enfin, celui de Mandrin.[19]

M. de Boisguilebert, auteur du Détail de la France, imprimé en 1695, donna le projet inexécutable de la dîme royale, sous le nom du maréchal de Vauban.[20]

Un fou nommé la Jonchère, qui n'avait pas de pain, fit en 1720 un projet de finance en quatre volumes,[21] et quelques sots ont cité

l'éditeur. On observera que les quatre testaments politiques pris jusqu'ici comme exemples par Voltaire composent les quatre volumes du *Recueil* cité dessus, n.3.

[18] Lorsque le *Testament politique du cardinal Jules Alberoni* (Lausanne 1753; BV) parut, Voltaire publia dans la *Nouvelle bigarrure* de juillet 1753, un *Examen du Testament politique du cardinal Alberoni* (M.xxiv.11-16). Dans les *Doutes nouveaux*, Voltaire l'attribue à Jean-Henri Maubert de Gouvest, 'capucin échappé de son couvent'. Le véritable auteur serait en fait Joseph-Marie Durey de Morsan.

[19] Le *Testament politique du maréchal duc de Belle-Isle* (Amsterdam 1761; BV) est attribué à François-Antoine Chevrier. *Le Testament politique de Louis Mandrin, généralissime des troupes de contrebandiers, écrit par lui-même dans sa prison* (Genève 1755) est du chevalier Ange Goudar.

[20] Cf. *Doutes nouveaux*: 'M. de Bois-Guillebert s'avisa d'abord d'imprimer la *Dîme royale* sous le nom de *Testament politique du maréchal de Vauban*: ce Bois-Guillebert, auteur du *Détail de la France* [...] n'était pas sans mérite; il avait une grande connaissance des finances du royaume; mais la passion de critiquer toutes les opérations du grand Colbert l'emporta trop loin [...] Le peu de succès de ce livre auprès du ministère lui fit prendre le parti de mettre sa *Dîme royale* à l'abri d'un nom respecté; il prit celui du maréchal de Vauban, et ne pouvait mieux choisir. Presque toute la France croit encore que le projet de la *Dîme royale* est de ce maréchal' (M.xxv.306-307). Voltaire a confondu: c'est *Le Détail de la France sous le règne présent* (s.l. 1707; BV) que Pierre Le Pesant de Boisguilbert a transformé, la même année, en *Testament politique de M. de Vauban* et non pas le *Projet d'une dîme royale* (s.l. 1707; BV). Ce *Projet*, qui est bien de Vauban, préconisait l'établissement d'un impôt fiscal proportionné au revenu et l'abandon par conséquent des privilèges du clergé et de la noblesse. Voltaire a écrit sur son exemplaire personnel: 'Ce livre insensé est de Boisguilbert qui le publia impudemment sous le nom du maréchal de Vauban'.

[21] *Système d'un nouveau gouvernement en France* (Amsterdam 1720) d'Etienne Lécuyer de La Jonchère (1690-1740), dont il était déjà question dans le *Mémoire sur la satire*: 'Je conserve précieusement, parmi plusieurs lettres assez singulières que j'ai reçues dans ma vie, celle d'un écrivain qui a fait imprimer plus d'un ouvrage. La voici: "Monsieur, étant sans ressources, j'ai composé un ouvrage contre

cette production, comme un ouvrage de la Jonchère le trésorier général, s'imaginant qu'un trésorier ne peut faire un mauvais livre de finances.[22]

Mais il faut convenir que des hommes très sages, très dignes peut-être de gouverner, ont écrit sur l'administration des Etats, soit en France, soit en Espagne, soit en Angleterre. Leurs livres ont fait beaucoup de bien;[23] ce n'est pas qu'ils aient corrigé les ministres qui étaient en place quand ces livres parurent, car un ministre ne se corrige point, et ne peut se corriger; il a pris sa croissance, plus d'instructions, plus de conseils, il n'a pas le temps de les écouter, le courant des affaires l'emporte; mais ces bons livres forment les jeunes gens destinés aux places, ils forment les princes, et la seconde génération est instruite.

Le fort et le faible de tous les gouvernements a été examiné de près dans les derniers temps. Dites-moi donc, vous qui avez voyagé, qui avez lu et vu, dans quel Etat, dans quelle sorte de gouvernement voudriez-vous être né? Je conçois qu'un grand seigneur terrien en France ne serait pas fâché d'être né en Allemagne; il serait souverain, au lieu d'être sujet. Un pair de France serait fort aise d'avoir les privilèges de la pairie anglaise, il serait législateur.

---

vous; mais si vous voulez m'envoyer deux cents écus, je vous remettrai fidèlement tous les exemplaires, etc., etc."' (1739; M.xxiii.58).

[22] Voltaire s'expliquera dans ses *Honnêtetés littéraires*: 'les savants auteurs de l'*Histoire de la régence* et de la *Vie du duc d'Orléans régent* [par La Mothe] ont pris ce La Jonchère pour le trésorier général des guerres [Gérard-Michel de La Jonchère], à peu près comme de prétendus esprits fins prennent encore le jeune débauché obscur du *Pétrone* pour le consul Pétrone' (1767; M.xxvi.140, n.2). Cette confusion était déjà signalée à Mme Denis en 1753 (D5595).

[23] Cet optimisme fera place à un scepticisme ironique dans les QE: 'Il faut que le plaisir de gouverner soit bien grand, puisque tant de gens veulent s'en mêler. Nous avons beaucoup plus de livres sur le gouvernement qu'il n'y a de princes sur la terre [...] il serait bien étrange qu'avec trois ou quatre mille volumes sur le gouvernement [...] il y eût encore quelqu'un qui ne sût pas parfaitement tous les devoirs des rois et l'art de conduire les hommes' (art. 'Gouvernement', M.xix.284).

L'homme de robe et le financier se trouveraient mieux en France qu'ailleurs.

Mais quelle patrie choisirait un homme sage, libre, un homme d'une fortune médiocre, et sans préjugés?

Un membre du conseil de Pondichéri,[24] assez savant, revenait en Europe par terre avec un brame, plus instruit que les brames ordinaires. Comment trouvez-vous le gouvernement du Grand Mogol? dit le conseiller. Abominable, répondit le brame: comment voulez-vous qu'un Etat soit heureusement gouverné par des Tartares?[25] Nos raïas, nos omras, nos nababs[26] sont fort contents;

65: quelle partie choisirait

[24] Le conseil supérieur de la Compagnie des Indes qui siégeait aux côtés du gouverneur.

[25] A l'article 'Mogol' de son *Grand dictionnaire*, Bruzen de La Martinière explique que ce nom, à l'origine celui d'une horde de Tartares, a été retenu par les successeurs du Tartare Timur-bec (ou Tamerlan), après que celui-ci eut conquis la plus grande partie de l'Asie et fondé un grand empire. L'empire du Mogol, 'qu'on appelle communément les Indes ou l'Indoustan', a connu dans le premier tiers du dix-septième siècle des troubles dynastiques que Voltaire a évoqués dans l'*Essai sur les mœurs*, ch.194, et qui se sont terminés par la prise du pouvoir par Aurangzeb, après qu'il eut fait assassiner ses trois frères et empoisonner son père. Le même chapitre marque la décadence de cet empire au dix-huitième siècle, qui aboutit à l'humiliante défaite infligée en 1739 par le roi de Perse Nadir Sha au Grand Mogol Mahamad-Sha.

[26] Chacun de ces termes fait l'objet d'un article de l'*Encyclopédie*. Les 'rajahs' sont les anciens rois de l'Indoustan, que la conquête des Mogols a réduits à l'état de vassaux et de tributaires. Ils sont désormais pour la plupart au service du Grand Mogol qui les utilise, en raison de la qualité de leurs troupes, pour surveiller les gouverneurs de province et les omras. Les 'omrahs' sont les 'seigneurs ou officiers qui remplissent les premières places de l'Etat et qui sont chargés du commandement des armées'. Leurs appointements sont ordinairement fort élevés, leur suite très nombreuse. Ils s'enrichissent aussi par la corruption. Les 'nababs' sont 'les gouverneurs préposés à une ville ou un district par le Grand Mogol', qui peut même conférer cette charge à des étrangers. Enfin 'les gouverneurs du premier ordre se nomment soubas; ils ont plusieurs nababs sous leurs ordres'.

mais les citoyens ne le sont guère,[27] et des millions de citoyens sont quelque chose.

Le conseiller et le brame traversèrent en raisonnant toute la haute Asie. Je fais une réflexion, dit le brame, c'est qu'il n'y a pas une république dans toute cette vaste partie du monde. Il y a eu autrefois celle de Tyr,[28] dit le conseiller, mais elle n'a pas duré longtemps; il y en avait encore une autre vers l'Arabie pétrée, dans un petit coin nommé la Palestine, si on peut honorer du nom de république une horde de voleurs et d'usuriers, tantôt gouvernée par des juges, tantôt par des espèces de rois, tantôt par des grands pontifes,[29] devenue esclave sept ou huit fois, et enfin chassée du pays qu'elle avait usurpé.

[27] L'opinion du brame trouvant 'abominable' le gouvernement du Grand Mogol n'est pas nécessairement celle de Voltaire qui a montré que le despotisme prétendu du Grand Mogol avait été, après Aurangzeb du moins, beaucoup plus apparent que réel. Vice-rois et grands de l'empire soustrayaient à son autorité les terres qu'ils avaient reçues de lui; le petit peuple était certes pauvre, comme partout ailleurs, mais libre de ses mouvements (alors que l'Europe a longtemps connu le régime des serfs attachés à la glèbe). Cependant Voltaire reconnaissait qu'il pût être mécontent: l'Inde 'est gouvernée comme un pays de conquête par trente tyrans qui reconnaissent un empereur amolli comme eux dans les délices, et qui dévorent la substance du peuple' (*Essai*, ii.782).

[28] Allusion peu précise. La plus illustre ville de Phénicie était une colonie de Sidon; mais son origine se perd dans une antiquité très reculée et sa constitution semble avoir été monarchique dès le début, même si l'on ignore les noms des rois les plus anciens. Voltaire semble désigner un bref intermède 'républicain' dans l'histoire de la cité; mais il est malaisé de discerner lequel et il n'est pas sûr que l'exemple soit bien pertinent. L'article 'Tyr' de Jaucourt (qu'il a tiré pour une bonne part de l'*Esprit des lois*) n'apporte aucun éclaircissement sur ce point.

[29] De ce second exemple non plus la pertinence n'est pas certaine et Voltaire lui-même paraît cette fois l'avoir senti en introduisant ces réserves. On voit mal comment on pourrait qualifier de républicain le gouvernement des Hébreux: avant tout théocratique, il fut exercé d'abord par des chefs comme Moïse et Josué, puis par des rois, des juges, etc. Dans les QE, Voltaire lui contestera ce caractère théocratique sous Josué, Jephté, Samson, en écrivant: 'La république juive, réduite si souvent en servitude, était anarchique bien plutôt que théocratique' (art. 'Théocratie', M.xx.509). Mais il paraît ici employer le terme de république dans un sens proche de celui du mot Etat.

Je conçois, dit le brame, qu'on ne doit trouver sur la terre que très peu de républiques. Les hommes sont rarement dignes de se gouverner eux-mêmes. Ce bonheur ne doit appartenir qu'à des petits peuples, qui se cachent dans des îles, ou entre des montagnes, comme des lapins qui se dérobent aux animaux carnassiers, mais à la longue ils sont découverts et dévorés.

Quand les deux voyageurs furent arrivés dans l'Asie mineure, le conseiller dit au brame, Croiriez-vous bien qu'il y a eu une république formée dans un coin de l'Italie, qui a duré plus de cinq cents ans, et qui a possédé cette Asie mineure, l'Asie, l'Afrique, la Grèce, les Gaules, l'Espagne, et l'Italie entière? Elle se tourna donc bien vite en monarchie, dit le brame? Vous l'avez deviné, dit l'autre. Mais cette monarchie est tombée, et nous faisons tous les jours de belles dissertations pour trouver les causes de sa décadence et de sa chute.[30] Vous prenez bien de la peine, dit

87-88 64-65v: à de petits
90 65v: longue qui sont

[30] Allusion sans bienveillance aux *Considérations sur les causes de la grandeur des Romains et de leur décadence* publiées par Montesquieu en 1734. Elle contraste avec la présentation élogieuse qu'on en lisait dans le 'Catalogue des écrivains' du *Siècle de Louis XIV* ('matière usée qu'il rendit neuve par des réflexions très fines et des peintures très fortes: c'est une histoire politique de l'empire romain'; *OH*, p.1187). En réalité, Voltaire exprimait de sérieuses réserves dès novembre 1734 (D803), chantait la palinodie neuf ans plus tard (D2748), ainsi qu'en 1752 (D4851), pour finalement porter dans la *Gazette littéraire de l'Europe* en mai 1764 ce jugement plus réservé: 'L'auteur du petit volume sur la grandeur et la décadence des Romains nous en apprend plus que les énormes livres des historiens modernes; il eût seul été digne de faire cette histoire [l'histoire romaine] s'il eût pu résister surtout à l'esprit de système et au plaisir de donner souvent des pensées ingénieuses pour des raisons' (D11871). Ce sont probablement cet esprit de système et ces raisons spécieuses qui nous valent ici l'expression ironique de 'belles dissertations'. Quant à celle de 'trouver les causes', elle est d'une entière justesse, puisque 'Montesquieu avait pour but non un récit historique, mais une étude de causalité historique et la partie narrative n'est que le cadre et la base de sa recherche sur cette causalité' (R. Shackleton, *Montesquieu: biographie critique*, p.122).

l'Indien; cet empire est tombé parce qu'il existait. Il faut bien que tout tombe;[31] j'espère bien qu'il en arrivera tout autant à l'empire du Grand Mogol.

A propos, dit l'Européen, croyez-vous qu'il faille plus d'honneur dans un Etat despotique, et plus de vertu dans une république?[32] L'Indien s'étant fait expliquer ce qu'on entend par honneur,[33] répondit que l'honneur était plus nécessaire dans une république, et qu'on avait bien plus besoin de vertu dans un Etat

[31] C'est en raison de cette persuasion que Marc Aurèle revenu à Rome annonçait déjà à frère Fulgence que 'puisqu'il faut que tout change, puisque l'empire romain est tombé, les récollets pourront avoir leur tour' (*Dialogue entre Marc Aurèle et un récollet*, M.xxiii.482).

[32] Nouvelle allusion à Montesquieu, se rapportant à l'*Esprit des lois*: après y avoir distingué trois espèces de gouvernement (le républicain, le monarchique et le despotique), Montesquieu définit leur 'principe' respectif, c'est-à-dire ce qui fait agir chacun d'eux. Or c'est la vertu principalement qui fait agir le républicain, dans les deux formes qu'il peut prendre: ressort essentiel dans la démocratie, la vertu est encore requise dans l'aristocratie, quoiqu'à un degré moindre. Mais elle n'est pas le principe du gouvernement monarchique, même si elle n'en est point exclue. On supplée au défaut de vertu dans les monarchies par l'honneur. Quant au gouvernement despotique, son seul principe est la crainte. On s'explique mal dans ces conditions qu'en formulant sa question, Voltaire ait opposé 'Etat despotique' (et non Etat monarchique) à Etat républicain: c'est fausser les données selon lesquelles Montesquieu a posé le problème du ressort des différents gouvernements. Mais c'est qu'aux yeux de Voltaire, il n'y a pas entre monarchie et despotisme la différence radicale de nature affirmée par l'*Esprit des lois*: 'le despotisme n'est que l'abus de la monarchie, une corruption d'un beau gouvernement' (*L'A, B, C*, M.xxvii.325). On conçoit dès lors qu'il puisse avoir parfois tendance à employer despotique à la place de monarchique, se prévalant au reste volontiers de l'étymologie du mot despote, pour lui ôter toute la charge négative qu'y avait placée Montesquieu (voir par ex. M.xxvii.323).

[33] Dans les QE, Voltaire soulignera la diversité des acceptions de ce mot, puis passera à la critique des vues de Montesquieu pour qui 'la nature de l'honneur [...] est de demander des préférences, des distinctions' (art. 'Honneur', M.xix.387). Dans une note au *Siècle de Louis XIV* consacrée à la discussion des idées de Montesquieu, Voltaire avait défini l'honneur comme 'le désir d'être honoré, d'être estimé' et la vertu comme 'l'accomplissement des devoirs, indépendamment du désir de l'estime' (*OH*, p.862).

monarchique.[34] Car, dit-il, un homme qui prétend être élu par le peuple, ne le sera pas s'il est déshonoré; au lieu qu'à la cour il pourra aisément obtenir une charge, selon la maxime d'un grand prince, qu'un courtisan pour réussir doit n'avoir ni honneur, ni humeur.[35] A l'égard de la vertu, il en faut prodigieusement dans une cour pour oser dire la vérité. L'homme vertueux est bien plus à son aise dans une république, il n'a personne à flatter.

Croyez-vous, dit l'homme d'Europe, que les lois et les religions soient faites pour les climats,[36] de même qu'il faut des fourrures

[34] Voltaire l'avait affirmé avec force dès 1756 dans la même note au *Siècle de Louis XIV*: 'Il est dit dans l'*Esprit des lois* qu'il faut plus de vertu dans une république; c'est en un sens tout le contraire; il faut beaucoup plus de vertu dans une cour, pour résister à tant de séductions' (*OH*, p.862-63; voir aussi p.1271). Dans *Arbitrage entre M. de Voltaire et M. de Foncemagne*, Voltaire durcira le ton en faisant grief à Montesquieu d'être tombé 'dans une grande erreur, et surtout dans une erreur très odieuse, en supposant que la vertu n'entre jamais dans le gouvernement monarchique [...] C'est encourager au crime que de représenter la vertu comme inutile ou comme impossible' (M.xxv.329). Dans *L'A, B, C* les visées de Montesquieu seront qualifiées de 'chimériques' et 'ridicules' (M.xxvii.322-23).

[35] Cf. QE, art. 'Honneur': 'Le mot célèbre du duc d'Orléans régent suffit pour détruire le fondement de l'*Esprit des lois*: "C'est un parfait courtisan, il n'a ni humeur, ni honneur"' (M.xix.388).

[36] Cette proposition peut étonner, qui semble instituer un même rapport de finalité entre lois et climats d'une part, religions et climats de l'autre. Si l'*Esprit des lois*, XIV, les examine 'dans le rapport qu'elles ont avec la nature du climat', Montesquieu soutient que les lois doivent être faites non pas 'pour' le climat (c'est-à-dire en se soumettant à toutes ses particularités), mais plutôt en fonction de lui, notamment en palliant ses inconvénients. Il montre 'que les mauvais législateurs sont ceux qui ont favorisé les vices du climat et les bons sont ceux qui s'y sont opposés' (ch.5). (Ainsi aux Indes où la chaleur est accablante, le mouvement très pénible et le repos délicieux, Bouddha a eu tort d'enseigner une doctrine prônant le repos et le néant comme la félicité suprême.) Dans le cas des religions en revanche, Montesquieu juge, au livre XXIV, que les lois qu'elles ont édictées répondent raisonnablement au souci de se conformer aux impératifs du climat: la loi religieuse aux Indes défend de tuer le bétail (qui s'y conserve difficilement) et ordonne de ne manger que du riz et des légumes (qui y poussent en abondance). 'Il suit de là', conclut Montesquieu, 'qu'il y a très souvent beaucoup d'inconvénients à transporter une religion d'un pays dans un autre' (ch.25). Il ajoute: 'Il semble,

à Moscou, et des étoffes de gaze à Dély? Oui, sans doute, dit le brame;[37] toutes les lois qui concernent la physique, sont calculées pour le méridien qu'on habite; il ne faut qu'une femme à un Allemand, et il en faut trois ou quatre à un Persan.[38]

Les rites de la religion sont de même nature. Comment voudriez-vous, si j'étais chrétien, que je disse la messe dans ma province, où il n'y a ni pain ni vin?[39] A l'égard des dogmes, c'est autre chose; le climat n'y fait rien. Votre religion n'a-t-elle pas commencé en Asie, d'où elle a été chassée; n'cxiste t-elle pas vers la mer Baltique, où elle était inconnue?

Dans quel Etat, sous quelle domination aimeriez-vous mieux

---

humainement parlant, que ce soit le climat qui a prescrit des bornes à la religion chrétienne et à la religion musulmane' (ch.26).

[37] Cet assentiment du brame reste assez surprenant quant aux religions, car Voltaire prendra dans *L'A, B, C* une position tout autre: 'Sa prétendue influence des climats sur la religion est prise de Chardin et n'en est pas plus vraie; la religion mahométane, née dans le terrain aride et brûlant de la Mecque, fleurit aujourd'hui dans les belles contrées de l'Asie mineure, de la Syrie, de l'Egypte [...] elle a régné en Espagne, et il s'en est fallu de bien peu qu'elle ne soit allée jusqu'à Rome. La religion chrétienne est née dans le terrain pierreux de Jérusalem, et dans un pays de lépreux, où le cochon est un aliment presque mortel, et défendu par la loi. Jésus ne mangea jamais de cochon, et on en mange chez les chrétiens: leur religion domine aujourd'hui dans des pays fangeux où l'on ne se nourrit que de cochons, comme dans la Vestphalie' (M.xxvii.316). Voltaire a-t-il évolué sur ce point précis? On prendra garde que, tout en maintenant que les lois religieuses 'sont calculées pour le méridien qu'on habite', il admet dès cet article une mobilité des religions totalement indépendante des climats et dont il rend compte par le rôle prépondérant du dogme: ne devant rien au climat, celui-ci reste aisément 'exportable'.

[38] L'*Esprit des lois* avait établi un étroit rapport entre polygamie et climat (XVI, ii-iv). Voltaire paraît ici en accord avec Montesquieu, qui avait affirmé: 'Ainsi la loi qui ne permet qu'une femme se rapporte plus au physique du climat de l'Europe qu'au physique du climat de l'Asie'.

[39] Ces idées seront reprises en 1777 dans le *Commentaire sur l'Esprit des lois*: 'L'illustre auteur croit que les religions dépendent du climat. Je pense avec lui que les rites en dépendent entièrement. Mahomet n'aurait défendu le vin et les jambons ni à Bayonne ni à Mayence. On entrait chaussé dans les temples de la Tauride, qui est un pays froid; il fallait entrer nu-pieds dans celui de Jupiter Ammon, au milieu des sables brûlants' (M.xxx.444).

vivre? dit le conseiller. Partout ailleurs que chez moi, dit son compagnon; et j'ai trouvé beaucoup de Siamois, de Tonquinois, de Persans, et de Turcs qui en disaient autant. Mais encore une fois, dit l'Européen, quel Etat choisiriez-vous? Le brame répondit; Celui où l'on n'obéit qu'aux lois.[40] C'est une vieille réponse, dit le conseiller. Elle n'en est pas plus mauvaise, dit le brame. Où est ce pays-là? dit le conseiller. Le brame dit, Il faut le chercher. *Voyez* l'article GENÈVE.[41]

134-135 64-65v: chercher.//

[40] P. Gay a montré que le règne de la loi restait le critère d'après lequel Voltaire a jugé tous les gouvernements existants, y compris la monarchie absolutiste de son propre pays. Un régime politique sera donc d'autant meilleur qu'on y obéit davantage aux lois, l'idéal étant évidemment de n'obéir qu'à elles. Voilà pourquoi ce pays-là est à chercher. Mais cette recherche devrait prendre la forme d'un combat (voir *Voltaire's politics*, p.16-17).

[41] La portée exacte de ce renvoi est malaisée à déterminer. Ajouté seulement en 1767, il peut être considéré comme la réponse finale (et discrète) de Voltaire à la question: 'Quel est le meilleur?' placée en sous-titre de cet article. La conclusion de d'Alembert semble pouvoir cautionner pareille interprétation, Genève représentant bien en 1757, à ses yeux comme à ceux de Voltaire, le pays où l'on n'obéit qu'aux lois: 'Nous ne donnerons peut-être pas d'aussi grands articles aux plus vastes monarchies; mais aux yeux du philosophe la république des abeilles n'est pas moins intéressante que l'histoire des grands empires et ce n'est peut-être que dans les petits Etats qu'on peut trouver le modèle d'une parfaite administration politique' (*Encyclopédie*, vii.578). Mais ces lignes élogieuses sont-elles encore d'actualité dix ans plus tard, alors que la 'république des abeilles' est depuis deux ans en proie aux dissensions les plus graves entre les Négatifs, les Bourgeois et bientôt les Natifs? J. Renwick a bien montré que dans les derniers mois de 1766 et les premiers de 1767, Voltaire qui a tenté en vain de jouer les médiateurs est profondément las de ces querelles, qui l'écœurent d'autant plus que les habitants de Ferney sont les premiers à pâtir du blocus de Genève ordonné par Choiseul (voir V 63A, p.10-30). Comment admettre dès lors qu'il ait pu, dans un tel contexte, ajouter à cet article ce renvoi autrement que par dérision? Comment celui qui est en train de se venger des Genevois en composant *La Guerre civile de Genève*, pourrait-il renvoyer sérieusement ses lecteurs à un article où d'Alembert avait fait dix ans plus tôt l'éloge du système politique de la 'parvulissime'?

ÉVANGILE[1]

C'est une grande question de savoir quels sont les premiers Evangiles. C'est une vérité constante, quoi qu'en dise Abadie, qu'aucun des premiers Pères de l'Eglise inclusivement jusqu'à Irénée, ne cite aucun passage des quatre Evangiles que nous connaissons.[2] Au contraire les alloges, les théodosiens rejetèrent

a-58 64-65v, article absent

[1] En 1764, Voltaire n'avait accordé que peu d'attention aux Evangiles, se bornant à insinuer le caractère tardif de leur composition et à soulever le problème de leurs contradictions ('Christianisme'). Il venait de durcir le ton, en 1766, dans *L'Examen important de milord Bolingbroke*, ch.19, mais n'y avait signalé qu'en passant le fait que les Pères des deux premiers siècles citaient presque uniquement les apocryphes (V 62, p.236). Ici cet argument est repris et développé avec un luxe nouveau de précisions érudites provenant presque toutes de l'*Examen critique des apologistes de la religion chrétienne, par M. Fréret* (s.l. 1766), que Voltaire attendait impatiemment en mai et juin 1766 (D13302, D13307, D13311, D13326, D13336) et dont il a achevé le 13 juin la découverte enthousiaste, car l'auteur est 'plus savant que dom Calmet et a autant de logique que Calmet avait d'imbecillité. Ce livre doit faire un très grand effet; j'en suis émerveillé et j'en rends grâces à dieu' (D13345). C'est sans doute pour accroître cet effet que Voltaire a décidé d'ajouter en 1767 un article 'Evangile', dont les trois quarts sont directement empruntés à l'*Examen critique*, ch.1. L'article a donc été écrit entre juin 1766 et avril 1767.

[2] Cette phrase résume deux paragraphes de l'*Examen*: 'C'est une chose digne de grande attention, que quoique les premiers Pères fassent fréquemment usage des faux évangiles, jamais ils ne nous parlent de ceux qui nous restent. Matthieu, Marc, Luc et Jean ne sont cités ni dans Barnabé, ni dans Clément, ni dans saint Ignace, ni enfin dans aucun des écrivains des premiers siècles [...] Ce qui fait voir combien il faut se défier de la bonne foi ou de la critique des apologistes de la religion chrétienne [...]. "Saint Matthieu, dit Abadie, a été cité par Clément, évêque de Rome, disciple et contemporain des apôtres. Barnabas le cite dans son épître. Ignace et Polycarpe le reçoivent. Les mêmes Pères, qui rendent témoignage à Matthieu, le rendent aussi à Marc." Qui ne s'imaginerait, après ce ton décisif, que les Pères apostoliques parlent souvent de nos Evangiles? Cependant il est certain que leurs noms ne se trouvent dans aucun de ces premiers écrivains' (p.12-14); pour saint Irénée, voir l'*Examen*, p.7-8.

constamment l'Evangile de St Jean, et ils en parlaient toujours avec mépris, comme l'avance St Epiphane dans sa 34e homélie.[3] Nos ennemis[4] remarquent encore que non seulement les plus anciens Pères ne citent jamais rien de nos Evangiles; mais qu'ils rapportent plusieurs passages qui ne se trouvent que dans les évangiles apocryphes rejetés du canon.[5]

St Clément, par exemple, rapporte que notre Seigneur ayant

[3] Voltaire se borne à récrire l'*Examen*: 'Les aloges, Théodote et les théodotiens rejetaient avec mépris l'Evangile de saint Jean; ils en parlaient comme d'un ouvrage de mensonges' (p.8). Une note précise: 'Tillemont, tom.II, p.438. Epiph., Hom. 34, p.462 et 463, no.51, p.424'. On remarquera que 'théodosiens' est une graphie erronée, puisque le mot est formé sur Théodote et non Théodose. La graphie 'alloges' n'est pas plus heureuse, puisque le mot vient de *a-logos*: ces hérétiques du second siècle niaient en effet la divinité du Verbe. On l'inférait du moins de leur mépris pour l'Evangile de Jean. D'après Le Nain de Tillemont, c'est saint Epiphane, suivi par saint Augustin, qui a nommé ces hérétiques 'aloges', 'c'est-à-dire sans raison et sans Verbe' (*Mémoires pour servir à l'histoire ecclésiastique des six premiers siècles*, Paris 1694, ii.499).

[4] Le vague volontaire de cette expression plurielle, reprise par 'nos adversaires', l.29 (désignés par 'les sociniens rigides', l.46), répond probablement au souci de détourner l'attention de celui de ses contemporains que Voltaire croit être le véritable auteur de l'*Examen*. Il écrira à d'Alembert le 31 décembre 1768: 'Je sais très bien qui est l'auteur du livre attribué à Fréret et je lui garde une fidélité inviolable' (D15400). D'après le contexte, il n'est pas impossible qu'il croie alors l'ouvrage de d'Holbach. Mais au moment où il rédigeait cet article, il avouait n'avoir pu percer le mystère de cette identité (voir D13374, D13375, D13376).

[5] L'*Examen* propose plusieurs exemples dont Voltaire retient le plus probant: 'Il est constant, et personne n'en doute, que les Pères apostoliques ont eu connaissance des livres apocryphes. L'auteur de l'épître Barnabé allègue [...] diverses paroles de J.-C. qui ne sont point dans l'Evangile: ce qui donne lieu de croire qu'elles sont tirées de quelques-uns de ces ouvrages qui n'ont pas été jugés dignes d'être conservés à la postérité [...] Ignace rapporte dans l'épître aux Smyrnéens, un discours de J.-C. dont nos Evangiles ne font aucune mention [...] Eusèbe cite l'endroit d'Ignace où se trouve cette citation; mais il ne savait pas dans quel évangile ce disciple des apôtres avait pris le discours de J.-C. Jérôme, plus instruit, nous apprend qu'il se trouvait dans l'évangile selon les Hébreux, ouvrage très fameux dans ces premiers temps [...] Jusqu'à Justin on ne trouve que des livres apocryphes cités; depuis Justin jusqu'à Clément d'Alexandrie les Pères emploient l'autorité des livres supposés et de ceux qui passent maintenant pour canoniques' (p.10-12).

été interrogé sur le temps où son royaume adviendrait, répondit, *ce sera quand deux ne feront qu'un, quand le dehors ressemblera au dedans et quand il n'y aura ni mâle ni femelle*. Or il faut avouer que ce passage ne se trouve dans aucun de nos Evangiles.[6] Il y a cent exemples qui prouvent cette vérité; on les peut recueillir dans l'Examen critique[7] de M. Fréret secrétaire perpétuel de l'Académie des belles-lettres de Paris.[8]

Le savant Fabricius s'est donné la peine de rassembler les anciens évangiles que le temps a conservés,[9] celui de Jacques paraît le premier.[10] Il est certain qu'il a encore beaucoup d'autorité

[6] Cf. l'*Examen*: 'Ce que nous avons de la seconde épître de saint Clément finit par ce passage d'un évangile que Clément d'Alexandrie nous apprend être celui des Egyptiens; le voici: "Quelqu'un interrogea le Seigneur pour lui demander quand son royaume viendrait. Il répondit: lorsque deux ne feront qu'un, lorsque ce qui sera dehors ressemblera à ce qui sera dedans, lorsqu'il n'y aura ni mâle ni femelle". Julien Cassien, auteur du second siècle, cite ces mêmes paroles et nous apprend que ce fut Salomé qui faisait cette demande' (p.10-11).

[7] Par cette indication discrète de ce qui a jusqu'ici été sa source essentielle, Voltaire renvoie à l'*Examen*, ch.1, qui ne propose pas cent mais cinq exemples de citations très proches de passages des quatre Evangiles canoniques, mais qui n'en procèdent pas pour autant. Le chapitre suivant fournit plus généralement une fort longue liste d'évangiles apocryphes, dont il ne reste que les titres pour le plus grand nombre.

[8] Le rappel de ce titre officiel vise probablement à affermir cette vérité officielle que l'auteur de l'*Examen* est bien Nicolas Fréret, mort en 1749 et donc à l'abri de toute poursuite. En réalité Voltaire ne savait trop à qui attribuer cet ouvrage et il n'était même pas sûr, certains jours, que cet ouvrage ne fût pas véritablement de Fréret (voir D13374). La critique s'est longtemps montrée aussi hésitante et l'*Examen* a été attribué tour à tour à d'Holbach, Fréret, l'abbé Morellet, Naigeon et Lévesque de Burigny. On penche aujourd'hui plutôt pour ce dernier, mais uniquement à titre d'auteur indirect: l'*Examen* reprendrait certains passages seulement d'un énorme manuscrit laissé par Lévesque et intitulé *Sur la vérité de la religion*. Mais l'*Examen* dériverait aussi d'un autre manuscrit intitulé *Histoire du christianisme ou examen de la religion chrétienne* (voir J. Vercruysse, *Bibliographie descriptive des écrits du baron d'Holbach*, p.33-36).

[9] Johann Albert Fabricius, *Codex apocryphus Novi Testamenti* (1719-1743; BV). Voltaire a largement utilisé ce recueil dont il traduira un certain nombre de textes en 1769 dans sa *Collection d'anciens évangiles*.

[10] Le premier en importance ou dans l'ordre chronologique? Le 'Protevangelium

dans quelques Eglises d'Orient.[11] Il est appelé premier Evangile. Il nous reste la passion et la résurrection qu'on prétend écrites par Nicodème. Cet Evangile de Nicodème est cité par St Justin et par Tertullien,[12] c'est là qu'on trouve les noms des accusateurs de notre Sauveur, *Annas*, *Caïphas*, *Soumas*, *Dathan*, *Gamaliel*, *Judas*, *Levi*, *Nephtali*; l'attention de rapporter ces noms, donne une apparence de candeur à l'ouvrage.[13] Nos adversaires ont conclu

---

Jacobi', attribué à saint Jacques le Mineur évêque de Jérusalem, a été publié par Fabricius après l'évangile de la nativité de Marie, et Voltaire, dans la *Collection d'anciens évangiles*, suivra le même ordre qu'il regarde bien comme l'ordre chronologique. Calmet pour sa part estimait que le plus ancien était l'évangile selon les Egyptiens, dont il ne reste que quelques fragments (*Dissertations*, iii.239). En fait, la suite du texte paraît indiquer que Voltaire entend plutôt premier en importance: si on l'a appelé protévangile, ce serait précisement en raison de son grand prestige auprès des chrétiens d'Orient.

[11] Détail plusieurs fois spécifié par Fabricius. Le manuscrit de ce protévangile a été ramené d'Orient en 1552 par Guillaume Postel qui témoigna que dans les Eglises d'Orient les chrétiens faisaient des lectures publiques du protévangile sans avoir la moindre doute sur l'identité de son auteur. Postel ajouta que les chrétiens d'Orient l'avaient nommé protévangile, c'est-à-dire le premier Evangile, et le plaçaient parmi les livres canoniques (*Codex apocryphus*, i.48, 57, 58).

[12] C'est simplifier beaucoup les choses et Voltaire aurait pu se montrer plus attentif aux explications de Fabricius, fort bien résumées par Calmet: 'L'*Evangile de Nicodème* n'est point connu des anciens. On ne le trouve point dans les auteurs grecs [...] Les anciens citent souvent les *Actes de Pilate* [en note, références à Justin, Tertullien, Eusèbe, Epiphane, Chrysostome] qui ont fourni le fond de ce faux évangile. On trouve dans l'évangile de Nicodème ce qui était dans les anciens Actes, mais mêlé avec une infinité de circonstances fabuleuses. Du temps de Paul Orose et de Grégoire de Tours, on ne connaissait point l'évangile de Nicodème. Mais ils citent les Actes de Pilate. M. Fabricius conjecture que ce sont les Anglais qui ont forgé l'évangile de Nicodème tel que nous l'avons, depuis qu'ils ont voulu se donner Nicodème pour leur premier apôtre. Ce qui est certain, c'est que l'évangile tel qu'il est, est plus nouveau que les anciens Pères qui ont connu les Actes de Pilate' (*Dissertations*, iii.245-46; cf. *Codex apocryphus*, i.214-15). Dans la *Collection d'anciens évangiles*, Voltaire persistera dans son assimilation abusive en parlant des 'Actes de Pilate, mieux connus sous le nom d'Evangile de Nicodème' (V 69, p.60).

[13] Ces huit noms se rencontrent dès la première phrase de l'évangile de Nicodème: 'Annas enim et Caiphas et Summas et Datam, Gamaliel, Judas, Levi, Nephtalim, Alexander et Cyrius, et reliqui Judaei veniunt ad Pilatum propter Jesum, accusantes eum de multis accusationibus malis' (*Codex apocryphus*, i.238). Fabricius précise en

que puisqu'on supposa tant de faux évangiles reconnus d'abord pour vrais, on peut aussi avoir supposé ceux qui font aujourd'hui l'objet de notre croyance.[14] Ils insistent beaucoup sur la foi des premiers hérétiques qui moururent pour ces évangiles apocryphes.[15] Il y eut donc des faussaires, des séducteurs et des gens séduits qui moururent pour l'erreur; ce n'est donc pas une preuve de la vérité de notre religion que des martyrs soient morts pour elle.[16]

Ils ajoutent de plus qu'on ne demanda jamais aux martyrs: Croyez-vous à l'Evangile de Jean, ou à l'Evangile de Jacques?

---

note qu'il s'agit là de dignitaires appelés dans la suite du texte Anciens, ou Archisynagogi, ou encore Docteurs publics.

[14] Voltaire fait ici retour à l'*Examen*, ch.1: 'Les chrétiens, dont la doctrine contredisait ouvertement nos Evangiles, appelaient-ils à ces Evangiles dans leurs disputes? et ces contradictions ne doivent-elles pas être regardées comme une accusation de faux contre les livres sacrés qui nous restent? On ne saurait trop le répéter, l'histoire des faux évangiles démontre l'illusion et les sophismes de la prétendue impossibilité de la supposition des nôtres [...] Dès qu'il est constant qu'il y a eu, dès les premiers siècles, des évangiles supposés et reçus avec respect, il est donc possible qu'on suppose de pareils ouvrages' (p.20-21).

[15] Cf. l'*Examen*: 'Il semble, à entendre parler Abadie, que tous les premiers chrétiens soient morts pour défendre la religion chrétienne. Je lui accorde que le plus grand nombre était disposé à mourir pour J.-C. et je demande qui sont ceux qui dans le premier siècle ont supposé de faux livres en faveur du christianisme? On ne contestera pas apparemment que ce sont les chrétiens: si tous ceux qui professaient le christianisme étaient dans la résolution de mourir pour leur foi, il faut donc supposer qu'il y a eu des faussaires disposés à mourir pour défendre la gloire de leurs fictions et qui n'étaient pas retenus par la morale de leur secte lorsqu'il s'agissait de faire valoir leur cause' (p.23).

[16] Une bonne partie du chapitre 8 de l'*Examen* est employée à réfuter cette preuve très ancienne, puisque Justin, Lactance, Origène s'en réclamaient déjà: 'On ne peut douter que les premiers chrétiens n'aient été très attachés à leur religion; mais il est aisé de prouver que plusieurs de ceux qui ont professé des cultes méprisables, n'ont pas poussé moins loin leur persuasion. On disputa de la validité de cette preuve dans le premier siècle de l'Eglise. Les montanistes prétendirent autoriser leur parti par la multitude des martyrs qu'ils pouvaient produire' (p.142). L'auteur de l'*Examen* cite ensuite de nombreux autres exemples de religions ou sectes dont les croyants n'ont pas hésité à mourir pour leur foi (p.142-58).

Les païens ne pouvaient fonder des interrogatoires sur des livres qu'ils ne connaissaient pas: les magistrats punirent quelques chrétiens comme perturbateurs du repos public; mais ils ne les interrogèrent jamais sur nos quatre Evangiles.[17] Ces livres ne furent un peu connus des Romains que sous Trajan, et ils ne furent entre les mains du public que dans les dernières années de Dioclétien.[18] Les sociniens rigides[19] ne regardent donc nos quatre Evangiles

[17] A lire les *Mémoires pour servir à l'histoire ecclésiastique des six premiers siècles* de Le Nain de Tillemont, il semble bien que ce soit le cas en effet. Toutes les fois que l'interrogatoire mené par le magistrat impérial est rapporté, son déroulement ne change guère: le chrétien déféré au tribunal se voit ordonner de brûler de l'encens aux dieux, mais refuse en confessant le nom de Jésus-Christ son seul Dieu venu mourir pour lui en lui promettant la vie éternelle. Le gouverneur tente alors en vain de raisonner tant d'obstination, puis finit par se résoudre à prononcer la sentence de mort, à la plus grande joie du martyr que ni les prières, ni les menaces, ni les promesses, ni les supplices n'ont pu ébranler.

[18] Volaire n'est probablement pas très sûr de la datation qu'il propose ici et qu'il maintiendra dans l'*Epître aux Romains* (1768; M.xxvii.91), puisqu'en reproduisant cet article dans les QE, il corrigera et complétera sa pensée en ces termes: 'Ces livres ne furent un peu connus des Romains que sous Dioclétien et ils eurent à peine quelque publicité dans les dernières années de Dioclétien. C'était un crime abominable, irrémissible à un chrétien de faire voir un Evangile à un gentil. Cela est si vrai que vous ne rencontrez le mot d'Evangile dans aucun auteur profane' (M.xix.41-42). De Trajan (règne: 98-117) à Dioclétien (règne: 284-305), ce saut de 167 ans est considérable! Mais la correction n'en est pas moins heureuse dans les perspectives mêmes de Voltaire: comment sous Trajan déjà 'nos quatre Evangiles' auraient-ils pu commencer à être connus des Romains, alors que jusqu'à Dioclétien a régné chez les chrétiens cette loi du silence dont il fait état dans les QE? Y a-t-il la moindre vraisemblance que ces quatre évangiles, attribués à des 'chrétiens hellénistes' en 1766 dans l'*Examen important* (V 62, p.236) et donnés ici comme 'fabriqués environ un siècle après Jésus-Christ', aient déjà commencé à être connus des Romains sous Trajan, c'est-à-dire pratiquement aussitôt après leur fabrication?

[19] Une addition de 1767 à l'article 'Baptême' s'intitulait déjà: 'Idées des unitaires rigides sur le baptême'. Qu'entend Voltaire par unitaires rigides ou sociniens rigides? Il était sans doute conscient de l'extension abusive de l'appellation de socinien, assez courante à la fin du dix-septième siècle (voir R. E. Florida, 'Voltaire and the Socinians', p.44). Naigeon lui-même avait procédé à un élargissement l'amenant à prédire du 'protestantisme en général' qu'il deviendrait nécessairement 'un socinianisme parfait'; mais il était tout de même parti de la 'secte très fameuse qui eut pour fondateur Fauste Socin et qui fleurit longtemps dans la Pologne et la

que comme des ouvrages clandestins fabriqués environ un siècle après Jésus-Christ, et cachés soigneusement aux gentils pendant un autre siècle.[20] Ouvrages, disent-ils, grossièrement écrits par des hommes grossiers qui ne s'adressèrent longtemps qu'à la populace.[21] Nous ne voulons pas répéter ici leurs autres blasphèmes. Cette secte, quoique assez répandue, est aujourd'hui aussi cachée que l'étaient les premiers Evangiles. Il est d'autant plus difficile de les convertir, qu'ils ne croient que leur raison. Les autres chrétiens ne combattent contre eux que par la voix sainte de l'Ecriture: ainsi il est impossible que les uns et les autres étant toujours ennemis, puissent jamais se rencontrer.[22]

Transylvanie' (art. 'Unitaires', *Encyclopédie*, xvii.387) et c'est bien sa doctrine qu'il a exposée. Voilà probablement ce que Voltaire lecteur attentif de Naigeon entend par sociniens rigides.

[20] Voilà qui s'accorde mal avec ce qui précède: en soutenant, l.43-44, que les quatre Evangiles ont commencé à être connus des Romains sous Trajan, Voltaire a désigné la fin du premier siècle et le début du suivant. Mais l'opinion des sociniens qu'il prétend rapporter maintenant est que ces livres n'ont été connus des Romains qu'au début du troisième siècle. On peut donc en bonne logique s'interroger sur la légitimité du 'donc' figurant dans cette phrase. Signalons d'autre part que l'édition de 1680 du *Catechesis ecclesiarum polonicarum unum deum patrem* [...] *confitentium* (publié en 1609 et censé formuler la plus pure doctrine socinienne) ne dit rien à propos des évangiles canoniques de ce qu'avance Voltaire. Il affirme au contraire que dès l'origine du christianisme, tous les chrétiens, dont les opinions sont par ailleurs très divisées, se sont unanimement accordés à reconnaître que les auteurs des écrits du Nouveau Testament étaient bien ceux que désignent ces écrits. Si bien que celui qui refuserait de se rendre à un consensus si unanime et si ancien devrait en apporter les plus fortes raisons (p.2).

[21] L'idée est voltairienne au moins autant que socinienne et Voltaire venait de l'exprimer plusieurs fois dans l'*Examen important*, ch.13-15 (V 62, p.223, 230, 238).

[22] Cette fin, qui marque avec vigueur une irréductible antinomie entre raison et révélation par l'Ecriture, a-t-elle paru trop hardie à Voltaire, lorsqu'il a reproduit cet article 'Evangile' dans les QE? Il a en tout cas cherché à en adoucir l'effet par l'addition de deux paragraphes protestant de son attachement inviolable 'à nos quatre Evangiles avec l'Eglise infaillible' et de sa réprobation des cinquante apocryphes, dans un esprit de soumission 'à nos pasteurs qui sont les seuls sur la terre éclairés du Saint-Esprit'. Les erreurs grossières d'un Abbadie ne peuvent rendre l'Eglise moins éclairée ni les fidèles moins soumis (M.xix.42).

DICTIONNAIRE PHILOSOPHIQUE

(par l'abbé de Tilladet.)[23]

[23] Jean-Marie de La Marque de Tilladet (1650-1715), ancien militaire entré à l'Oratoire et membre de l'Académie des inscriptions à partir de 1701, n'a laissé que quelques dissertations sur les géants, sur Tacite, sur les empereurs romains, sur le culte de Jupiter tonnant, etc. (dont certaines inédites). C'est probablement le caractère effacé du personnage qui fit trouver commode à Voltaire de prendre le pseudonyme de l'abbé de Tilladet: en 1764 (*Dialogue du douteur et de l'adorateur*), en 1767 (*La Défense de mon oncle*, ch.21, 4e diatribe), en 1769 (*Tout en Dieu*), en 1772 (*Il faut prendre un parti*). Le véritable abbé de Tilladet semble avoir toujours été parfaitement orthodoxe dans ses opinions.

D'ÉZÉCHIEL[1]

De quelques passages singuliers de ce prophète, et de quelques usages anciens.

On sait assez aujourd'hui qu'il ne faut pas juger des usages anciens par les modernes: qui voudrait réformer la cour d'Alcinoüs dans l'Odyssée,[2] sur celle du grand Turc, ou de Louis XIV, ne serait pas bien reçu des savants: qui reprendrait Virgile d'avoir représenté le roi Evandre couvert d'une peau d'ours, et accompagné de

[1] Th. Besterman a proposé de dater cet article de 1760: le 9 décembre, Voltaire envoie à Mme Du Deffand 'deux petits manuscrits qui me sont tombez entre les mains' et dont le second 'est une plaisante découverte que j'ay faitte dans mon ami Ezéchiel' (D9452, et n.1). Le 22 décembre, il s'inquiète de n'avoir pas encore reçu d'accusé de réception de ces 'rogatons' (D9487). Mais Mme Du Deffand a fini par écrire, comme on le voit par la réponse ironique que lui fait Voltaire le 15 janvier 1761: 'Vous méprisez trop Ezéchiel, Madame; la manière légère dont vous parlez de ce grand homme, tient trop de la frivolité de vôtre païs. Je vous passe de ne point déjeuner comme lui [...] Mais sachez qu'Ezéchiel fut plus considéré de son temps, qu'Arnauld, et Quesnel du leur. Sçachez qu'il fut le premier qui osât donner un démenti à Moyse; qu'il s'avisa d'assurer que Dieu ne punissait pas les enfans des iniquités de leurs pères, et que cela fit un schisme dans la nation. Et n'est-ce rien s'il vous plaît après avoir mangé de la merde, que de promettre aux Juifs de la part de Dieu, qu'ils mangeront de la chair d'homme tout leur saoul?' (D9542).

[2] Homère, *Odyssée*, vi-vii. Ulysse jeté nu par la tempête au rivage des Phéaciens rencontre d'abord Nausicaa, la fille d'Alcinoos: or la princesse est venue avec ses femmes pour faire la lessive aux lavoirs du fleuve, après que son père a fait atteler les mules au char qui l'a transportée avec le linge, tandis que la reine a préparé à sa fille un panier pour le pique-nique, sans oublier le vin. Nausicaa et ses servantes lavent, rincent et étendent le linge, puis se baignent, se restaurent et jouent au ballon. Quand la reine Arété interroge Ulysse un peu plus tard, dans la grande salle du palais, les servantes sont en train de ranger les couverts du repas. Bref l'"étiquette' à la cour de Phéacie a fort peu à voir avec celle de Versailles.

deux chiens, pour recevoir des ambassadeurs,[3] serait un mauvais critique.

Les mœurs des anciens Egyptiens et Juifs sont encore plus différentes des nôtres, que celles du roi Alcinoüs, de Nausicaa[4] sa fille, et du bonhomme Evandre. Ezéchiel esclave chez les Chaldéens eut une vision près de la petite rivière de Chobar qui se perd dans l'Euphrate.[5]

8 64: des anciens Juifs sont
9 64: Nausicas 65v: Nausicaë 69: Nausica à
10 65v: Evandre. ¶Ezéchiel
12-13 65v, sans alinéa

[3] *Enéide*, viii.457-462. Pour faire face aux attaques imminentes de Turnus, Enée sollicite les secours d'Evandre, roi arcadien de Pallantée, qu'il surprend en train de présider à une cérémonie solennelle. Il n'en est pas moins bien reçu, est convié au festin avec sa suite et dort dans l'humble maison de ce roi très pauvre. A l'aurore, Evandre se lève pour conférer avec Enée: 'il revêt sa tunique, serre autour de ses pieds les courroies tyrrhéniennes. Puis à ses épaules, à son flanc il attache son épée tégéenne, rejetant en arrière la peau de panthère qui tombe sur son côté gauche. Ses deux gardes, ses chiens, quittant le seuil de la demeure, le précèdent, ils accompagnent les pas de leur maître' (trad. J. Perret, ii.136).

[4] Les compositeurs étaient décidément déroutés par l'orthographe du nom Nausicaa (voir l.9*v*). Il est clair qu'il faut lire: 'de Nausicaa sa fille'.

[5] Ezéchiel, fils du prêtre Busi, fut déporté en Babylonie lors de la première attaque de Nabuchodonosor contre Jérusalem en 598-597. Il évoque lui-même sa situation dès les premières lignes: 'étant au milieu des captifs près du fleuve de Chobar' (Ezéchiel i.1). Calmet précise: 'le fleuve Chobar, ou Chaboras, ou Aboras, ainsi qu'il est nommé par les géographes, vient se décharger dans l'Euphrate, un peu au dessus de Thapsaque, après avoir coulé dans la Mésopotamie, de l'orient à l'occident' (*Commentaire*, vi.368). Mais Bruzen de La Martinière (art. 'Chaboras' et 'Chobar') conteste cette assimilation: il y a d'une part le Chaboras, rivière se jetant dans l'Euphrate, et de l'autre le Chobar, simple bras détourné de l'Euphrate par le creusement d'un canal acheminant les eaux vers le Tigre; et enfin le Chabur, ou Chobar, petite rivière se jetant dans le Tigre et non l'Euphrate. Il estime que le Chobar d'Ezéchiel est vraisemblablement le canal royal, qui aurait précisément été creusé sous la direction d'un certain Gobar ou Chobar. Quoi qu'il en soit, l'expression voltairienne de 'petite rivière' paraît peu justifiée (Voltaire dit 'fleuve Cobar' dans *Les Questions de Zapata*; V 62, p.396-97).

On ne doit point être étonné qu'il ait vu des animaux à quatre faces, et à quatre ailes, avec des pieds de veau, ni des roues qui marchaient toutes seules, et qui avaient l'esprit de vie; ces symboles plaisent même à l'imagination; mais plusieurs critiques se sont révoltés contre l'ordre que le Seigneur lui donna de manger pendant trois cent quatre-vingt-dix jours, du pain d'orge, de froment et de millet couvert d'excréments humains.[6]

Le prophète s'écria, Pouah! pouah! pouah! mon âme n'a point été jusqu'ici polluée; et le Seigneur lui répondit, Eh bien, je vous donne de la fiente de bœuf au lieu d'excrément d'homme, et vous pétrirez votre pain avec cette fiente.[7]

19 64: couvert de merde.

[6] Ezéchiel iv.12. Cf. l.19*v*; Voltaire a finalement renoncé au mot peut-être plus vigoureux par sa grossièreté, mais moins précis qu'il avait utilisé en 1764. Cet épisode a fait l'objet de nombreux persiflages de sa part: *Sermon des cinquante*, *Traité sur la tolérance*, *La Philosophie de l'histoire*, *L'Examen important de milord Bolingbroke* (où le prophète est dit avoir dû manger 'un sir révérend sur son pain', V 62, p.207). Nous sommes en présence d'une de ces scies voltairiennes qui étaient guettées comme un refrain et non sans plaisir par le lecteur de Voltaire. Reste à savoir si ces railleries sont justifiées. La Vulgate dit: 'Et quasi subcinericium hordeaceum comedes illud; et stercore, quod egreditur de homine, operies illud in oculis eorum.' Ce que Calmet traduit par: 'Vous le mangerez comme un gâteau d'orge cuit sous la cendre. Vous le couvrirez devant eux de l'ordure qui sort de l'homme' (cf. Lemaître de Sacy). Le verbe 'operio' (qui signifie bien 'recouvrir') introduit une ambiguïté de sens que n'a pas manqué d'exploiter Voltaire en suggérant aussitôt l'idée de confitures mangées par le prophète 'sur son pain', alors qu'il n'ignorait rien des explications très plausibles de Calmet, confirmées par le texte hébreu: 'non pas qu'il doive frotter son pain de cette ordure, dont la nature a horreur; ce précepte enfermerait une chose impossible dans l'exécution. Mais pour le faire cuire, vous vous servirez d'excréments humains desséchés. L'Hébreu: *Vous le ferez cuire sous la cendre, avec de l'excrément d'homme*. Le Chaldéen: *Vous les pétrirez sur des excréments*. Les Septante: *Vous les cacherez* (sous la cendre) *dans de l'ordure de l'homme*. Dans l'Egypte à la campagne encore aujourd'hui, l'on fait du feu avec de la fiente de bœufs desséchée, faute de bois. La chose n'a rien de si fort extraordinaire; mais que l'on soit obligé de cuire son pain sur des excréments humains allumés, c'est ce qu'on ne peut guère concevoir sans horreur' (*Commentaire*, vi.383).

[7] Ezéchiel iv.14-15.

Comme il n'est point d'usage de manger de telles confitures sur son pain, la plupart des hommes trouvent ces commandements indignes de la Majesté divine.[8] Cependant il faut avouer que de la bouse de vache et tous les diamants du Grand Mogol sont parfaitement égaux, non seulement aux yeux d'un être divin, mais à ceux d'un vrai philosophe; et à l'égard des raisons que Dieu pouvait avoir d'ordonner un tel déjeuner au prophète, ce n'est pas à nous de les demander.[9]

Il suffit de faire voir que ces commandements qui nous paraissent étranges, ne le parurent pas aux Juifs. Il est vrai que la Synagogue ne permettait pas du temps de St Jérôme la lecture d'Ezéchiel avant l'âge de trente ans;[10] mais c'était parce que dans le chapitre

[8] A commencer par l'auteur du *Sermon des cinquante* qui les avait dénoncés avec une âpre éloquence (M.xxiv.448).

[9] Les raisons de Dieu paraissent claires à la lecture des versets 12 et 13. Aussi pour l'exégèse orthodoxe, 'tout cela était une figure de ce qui devait arriver dans Jérusalem, où les Israélites devaient être réduits pendant le siège, à manger du pain souillé, et encore en petite quantité, et dans des frayeurs et des inquiétudes continuelles' (Calmet, *Dictionnaire*, art. 'Ezéchiel'). Voltaire n'a que mépris pour ce genre d'interprétation allégorique. Il en avait lu la réfutation en mai 1764 dans la *Défense du paganisme* du marquis d'Argens: 'Ceux qui veulent expliquer la cause d'une nourriture aussi singulière prétendent que le prophète veut signifier par elle la famine du siège de Jérusalem. C'est le sentiment de Sebastianus Munsterus [...] Ce que dit ici Munsterus paraît évidemment démenti par le texte de l'Ecriture, car Dieu distingue expressément la nourriture du prophète de celle des Juifs et après lui avoir directement ordonné de manger des gâteaux, cuits avec de la fiente d'homme, Dieu parle sans allégorie des maux que souffriront les Juifs [...] Cela est clair et n'a pas besoin pour l'expliquer qu'on prenne allégoriquement la nourriture d'Ezéchiel. [...] Mais, disent ceux qui ne veulent pas s'en tenir au sens littéral, il est extraordinaire que Dieu ait ordonné une pareille nourriture à un prophète. Je conviens que cela le paraît d'abord, mais est-ce aux hommes à vouloir pénétrer les secrets de la volonté divine?' (Berlin 1764, p.180-81).

[10] Jérôme, préface à Ezéchiel et commentaire. Il n'est pas certain que Voltaire se soit reporté au texte même de Jérôme; il pourrait bien s'être contenté de ce qu'il a lu dans la préface de Calmet: 'Les Juifs disent [...] que le sanhédrin délibéra longtemps, si l'on rejetterait son livre du canon des Ecritures [...] La Synagogue n'en permettait pas la lecture avant l'âge de trente ans [avec renvoi en note à Jérôme]'.

18 il dit que le fils ne portera plus l'iniquité de son père,[11] et qu'on ne dira plus, Les pères ont mangé des raisins verts, et les dents des enfants en sont agacées.[12]

En cela il se trouvait expressément en contradiction avec Moïse qui au chap. 28 des Nombres, assure que les enfants portent l'iniquité des pères, jusqu'à la troisième et quatrième génération.[13]

Ezéchiel au chap. 20 fait dire encore au Seigneur, qu'il a donné aux Juifs des *préceptes qui ne sont pas bons*.[14] Voilà pourquoi la

40 65v: qui en plusieurs endroits, assure

[11] Ezéchiel xviii.20; cf. Calmet, préface à Ezéchiel: 'Ezéchiel [...] a déclaré, *Que le fils ne porterait plus l'iniquité de son père*; contre ce que Moïse dit expressément: *Que le Seigneur venge l'iniquité des pères sur les enfants, jusqu'à la troisième et quatrième génération*' (*Commentaire*, vi.354). Il est à noter que le 'plus', qui marquerait la conscience d'un changement apporté à un état de choses antérieur, est de Calmet et Voltaire mais non d'Ezéchiel; le texte d'Ezéchiel porte: 'Le fils ne portera point l'iniquité du père'.

[12] Ezéchiel xviii.1-3.

[13] Erreur de référence: Voltaire aurait dû renvoyer à Exode xxxiv.7, où Moïse invoquant le Seigneur lui dit: vous 'devant lequel nul n'est innocent par lui-même, et qui rendez l'iniquité des pères aux enfants et aux petits-enfants, jusqu'à la troisième et quatrième génération'. L'erreur de référence à Nombres xxviii pourrait être due à une lecture trop rapide du *Commentaire*, qui fournit les deux références dans des notes consécutives.

[14] Allusion à Ezéchiel xx.25. Après avoir récapitulé tous ses griefs contre son peuple trop souvent désobéissant et infidèle, le Seigneur conclut: 'C'est pourquoi je leur ai donné des préceptes qui ne sont pas bons et des ordonnances où ils ne trouveront point la vie'. Voltaire qui a marqué ce passage dans le *Commentaire* (CN, ii.227) ne s'est évidemment pas fait faute d'exploiter une difficulté réelle, que l'honnête Calmet n'a nullement esquivée. L'expression 'je leur ai donné des préceptes' n'est pour lui qu'une figure de style: 'Dieu dit quelquefois [...] qu'il donne, et accorde, ce qu'il ne fait qu'abandonner au dérèglement du cœur, et à l'égarement de l'esprit de ceux qui le quittent' (*Commentaire*, vi.453). Le sens est donc: puisqu'Israël a obstinément transgressé les commandements que son Dieu lui avait donnés, celui-ci l'a laissé observer des préceptes qui ne peuvent les mener qu'à sa perte. Calmet assure ensuite que le Chaldéen par sa traduction et saint Jérôme par ses commentaires rejoignent cette explication 'qui nous paraît la plus simple et la plus littérale'. Mais il rapporte aussi l'interprétation d'un certain nombre de Pères pour qui 'praecepta non bona' signifie préceptes imparfaits, 'proportionnés

Synagogue interdisait aux jeunes gens une lecture qui pouvait faire douter de l'irréfragabilité des lois de Moïse.

Les censeurs de nos jours sont encore plus étonnés du chap. 16 d'Ezéchiel; voici comme ce prophète s'y prend pour faire connaître les crimes de Jérusalem. Il introduit le Seigneur parlant à une fille, et le Seigneur dit à la fille: Lorsque vous naquîtes, on ne vous avait point encore coupé le boyau du nombril, on ne vous avait point salée, vous étiez toute nue, j'eus pitié de vous; vous êtes devenue grande, votre sein s'est formé, votre poil a paru, j'ai passé, je vous ai vue, j'ai connu que c'était le temps des amants; j'ai couvert votre ignominie; je me suis étendu sur vous avec mon manteau; vous avez été à moi; je vous ai lavée, parfumée, bien habillée, bien chaussée; je vous ai donné une écharpe de coton, des bracelets, un collier; je vous ai mis une pierrerie au nez, des pendants d'oreilles, et une couronne sur la tête, etc.[15]

Alors, ayant confiance à votre beauté, vous avez forniqué pour votre compte avec tous les passants... Et vous avez bâti un mauvais lieu... et vous vous êtes prostituée jusque dans les places publiques, et vous avez ouvert vos jambes à tous les passants... et vous avez couché avec des Egyptiens... et enfin, vous avez

---

au besoin et à l'infirmité des Juifs': Dieu leur a donné ces préceptes imparfaits en raison de la dureté de leur cœur et de la mauvaise habitude qu'ils avaient prise en Egypte d'accomplir des sacrifices sanglants. Mais aux yeux des Pères ces doutes ne peuvent avoir pour objet que les préceptes cérémoniels et nullement les lois morales énoncées dans le décalogue.

[15] Voltaire résume Ezéchiel xvi.4-12, d'une part en tenant compte de certaines explications de Calmet (par exemple xvi.10, que le schech est le coton et qu'il peut s'agir d'une ceinture ou d'une écharpe; cf. l.56); d'autre part en redonnant au texte de la Vulgate la crudité que la traduction de Lemaître de Sacy tendait à lui faire perdre (tendance accentuée par les quelques modifications introduites par Calmet). Ainsi 'votre poil a paru' rend plus fidèlement 'pilus tuus germinavit' que l'expression de Calmet: 'vous avez été en état d'être mariée'. Voltaire écrivant 'je me suis étendu sur vous avec mon manteau' va un peu plus loin que le texte ('et expandi amictum meum super te'), sans le trahir pour autant, puisque Calmet explique que Ruth demandant à Booz de l'épouser s'est servie d'une expression semblable ('étendez votre manteau sur moi').

payé des amants, et vous leur avez fait des présents, afin qu'ils couchassent avec vous… et en payant au lieu d'être payée, vous avez fait le contraire des autres filles…[16] Le proverbe est, telle mère, telle fille, et c'est ce qu'on dit de vous,[17] etc.

On s'élève encore davantage contre le chapitre 23. Une mère avait deux filles qui ont perdu leur virginité de bonne heure;[18] la plus grande s'appelait Oholla, et la petite Oliba… *Oholla a été folle des jeunes seigneurs, magistrats, cavaliers;*[19] *elle a couché avec des Egyptiens dès sa première jeunesse… Oliba sa sœur a bien plus forniqué encore avec des officiers, des magistrats et des cavaliers bien faits; elle a découvert sa turpitude, elle a multiplié ses fornications,*[20] *elle a recherché avec emportement les embrassements de ceux qui ont leur membre comme un âne, et qui répandent leur semence comme des chevaux…*[21]

Ces descriptions qui effarouchent tant d'esprits faibles ne signifient pourtant que les iniquités de Jérusalem et de Samarie; les expressions qui nous paraissent libres ne l'étaient point alors. La

[16] Ce paragraphe n'est pas un résumé de xvi.15-34, mais un choix de quelques versets, rendus avec le même souci de redonner au texte sa vigueur; par exemple: 'vous avez forniqué pour votre compte' rend 'fornicata es in nomine tuo', devenu chez Lemaître de Sacy 'vous vous êtes abandonnée à la fornication dans votre gloire' (v.15); 'vous avez ouvert vos jambes à tous les passants' rend mieux 'et divisisti pedes tuos omni transeunti' que 'vous vous êtes abandonnée à tous les passants' (v.25).

[17] Ezéchiel xvi.44.

[18] Ezéchiel xxiii.3.

[19] Adaptation de xxiii.6; 'jeunes seigneurs' rend le latin 'principes'. La Vulgate précise que tous ces amants sont Assyriens.

[20] Résumé de xxiii.8, 11-12, 18-19.

[21] Traduction de xxiii.20 qui rend au texte de la Vulgate toute l'énergie que le pudique Lemaître de Sacy en avait ôtée: 'Et elle s'est abandonnée avec fureur à l'impudicité, pour se joindre à ceux dont la chair est comme la chair des ânes, et dont l'alliance est comme celle qu'on aurait avec les chevaux'. Le texte latin est plus concret: 'Et insanivit libidine super concubitum eorum, quorum carnes sunt, ut carnes asinorum: et sicut fluxus equorum, fluxus eorum'. Voltaire n'avait pas manqué d'annoter cet endroit dans son exemplaire du *Commentaire* (CN, ii.227).

même naïveté se montre sans crainte, dans plus d'un endroit de l'Ecriture. Il y est souvent parlé d'ouvrir la vulve. Les termes dont elle se sert pour exprimer l'accouplement de Boos avec Ruth, de Judas avec sa belle-fille, ne sont point déshonnêtes en hébreu, et le seraient en notre langue.[22]

On ne se couvre point d'un voile quand on n'a pas honte de sa nudité; comment dans ces temps-là aurait-on rougi de nommer les génitoires, puisqu'on touchait les génitoires de ceux à qui l'on faisait quelque promesse; c'était une marque de respect, un symbole de fidélité, comme autrefois parmi nous les seigneurs châtelains mettaient leurs mains entre celles de leurs seigneurs paramonts.[23]

Nous avons traduit les génitoires par cuisse.[24] Eliezer met la

81 64: dans un endroit [MS2: β]

[22] Ruth iv.13, Genèse xxxviii.18. Dans le premier cas, la Vulgate dit de Booz: 'Tulit Ruth et accepit uxorem *ingressusque ad eam*', cette dernière expression suggérant l'idée d'une pénétration. Dans le second, elle dit de Thamar qu'un seul rapport sexuel avec son beau-père suffit à la rendre grosse: 'Ad unum igitur coïtum mulier concepit'. Comme le commentaire de Calmet ne s'arrête à aucun des deux passages pour préciser ce que dit exactement le texte hébreu, on se demande d'où vient à Voltaire l'assurance qui est la sienne pour prononcer que les termes utilisés n'ont rien de déshonnête en hébreu, alors qu'il n'entendait pas cette langue.

[23] Archaïsme, puisqu'on ne trouve ce mot dans aucune édition du *Dictionnaire de l'Académie française* (de 1694 à 1762), non plus que dans Furetière ou le *Dictionnaire étymologique* de Ménage. En revanche, il figure dans le *Dictionnaire de l'ancienne langue française et de tous ses dialectes du IX*^{e} *au XV*^{e} *siècle* (F. Godefroy), sous les formes: peramont, paramont, paramount. C'est un adverbe signifiant 'ci-dessus'. Godefroy précise que l'expression 'seigneur paramont' veut dire: seigneur suzerain.

[24] Affirmation surprenante. Outre qu'on peut s'interroger sur la valeur exacte du pronom personnel 'nous', il n'est pas douteux que la Vulgate et les Septante rendent respectivement par 'femur' et '*μηρός*' le mot hébreu 'yârêk', trois termes désignant bien 'les cuisses prises dans leur ensemble que l'on couvre avec le caleçon' (*Dictionnaire de la Bible*, éd. Vigouroux, iii.1113). Au reste, cette forme de serment est rare, puisque Voltaire cite les deux exemples qui se rencontrent dans l'Ecriture. On y a vu parfois une allusion à la génération en rapprochant ce geste de l'expression figurée 'sortir de la cuisse de quelqu'un': plusieurs fois utilisée dans l'Ecriture, elle signifie 'être engendré'. Certains Pères (Ambroise, Jérôme, Augustin) ont vu eux aussi dans cette forme de serment une allusion à la génération; mais il s'agit à leurs

main sous la cuisse d'Abraham:[25] Joseph met la main sous la cuisse de Jacob.[26] Cette coutume était fort ancienne en Egypte. Les Egyptiens étaient si éloignés d'attacher de la turpitude à ce que nous n'osons ni découvrir, ni nommer, qu'ils portaient en procession une grande figure du membre viril nommé phallum, pour remercier les dieux de faire servir ce membre à la propagation du genre humain.[27]

Tout cela prouve assez que nos bienséances ne sont pas les bienséances des autres peuples. Dans quel temps y a-t-il eu chez les Romains plus de politesse que du temps du siècle d'Auguste? Cependant, Horace ne fait nulle difficulté de dire dans une pièce morale,

Nec metuo, nedum futuo vir rure recurrat.[28]

Auguste se sert de la même expression dans une épigramme contre Fulvie.[29]

Un homme qui prononcerait parmi nous le mot qui répond à *futuo*, serait regardé comme un crocheteur ivre; ce mot, et plusieurs autres dont se servent Horace, et d'autres auteurs, nous paraît encore plus indécent que les expressions d'Ezéchiel. Défaisons-nous de tous nos préjugés quand nous lisons d'anciens auteurs,

98 64: les dieux de la bonté qu'ils ont de faire
105-108 64: *recurrat.* ¶Un homme qui

---

yeux de celle du Christ. Calmet, qui emploie toujours le mot 'cuisse', reste muet sur tous ces points.

[25] Genèse xxiv.3.

[26] Genèse xlvii.29.

[27] Reprise d'une idée déjà exprimée dans l'article 'Circoncision' (l.119-123) et sur laquelle Voltaire reviendra dans *La Philosophie de l'histoire* (V 59, p.169).

[28] Horace, *Sermones*, I.ii.127. Opposant le plaisir sans trouble qu'il peut prendre avec une belle affranchie aux risques que court l'amant d'une matrone trompant son mari, le poète s'écrie: 'Et je ne crains pas que, pendant que je la besogne, le mari ne revienne soudain de la campagne'.

[29] Rapporté par Martial, *Epigrammes*, XI.XX. Voltaire la citera dans les QE, art. 'Auguste Octave' (M.xvii.484).

ou que nous voyageons chez des nations éloignées.[30] La nature est la même partout, et les usages partout différents.

Je rencontrai un jour dans Amsterdam un rabbin tout plein de ce chapitre. Ah! mon ami, dit-il, que nous vous avons d'obligation! Vous avez fait connaître toute la sublimité de la loi mosaïque, le déjeuner d'Ezéchiel, ses belles attitudes sur le côté gauche;[31] Oholla et Oliba sont choses admirables, ce sont des types, mon frère, des types,[32] qui figurent qu'un jour le peuple juif sera maître de toute la terre; mais pourquoi en avez-vous omis tant d'autres qui sont à peu près de cette force? pourquoi n'avez-vous pas représenté le Seigneur disant au sage Osée dès le second verset du premier chapitre. *Osée, prends une fille de joie, et fais-lui des fils de fille de joie*.[33] Ce sont ses propres paroles. Osée prit la demoiselle, il en eut un garçon, et puis une fille, et puis encore un garçon, et c'était un type, et ce type dura trois années.[34] Ce n'est pas tout, dit le Seigneur au 3e chapitre. Va-t'en prendre une femme qui soit non seulement débauchée, mais adultère; Osée obéit, mais il lui

113 65v: chez les nations
114-139 64, 65: partout différents.//
115 65v, 67: NB. Je rencontrai

[30] Idée déjà exprimée, sous une forme différente, dans 'Circoncision' (l.124-126).

[31] Allusion à un détail figurant en Ezéchiel iv.4, mais dont Voltaire n'a rien dit en 1764: le Seigneur ordonne à Ezéchiel de dormir 390 jours sur le côté gauche en mettant 'les iniquités de la maison d'Israël sur ce côté-là pour autant de jours que vous dormirez dessus'. Après quoi, il devra dormir quarante jours sur le côté droit, en prenant sur lui, cette fois, les iniquités de Juda. Cette prescription de 390 jours concerne donc son attitude de dormeur et non pas, comme l'a dit Voltaire en 1764 (l.18), le régime alimentaire auquel il est astreint.

[32] 'En parlant de l'Ancien Testament par rapport au Nouveau, type se dit de ce qui est regardé comme la figure, le symbole des mystères de la loi nouvelle. L'agneau pascal est le type de Jésus-Christ. La manne est le type de la sainte Eucharistie' (*Académie 62*).

[33] Osée i.2. Mais Voltaire a retranché la fin du verset: 'parce qu'Israël quittera le Seigneur en s'abandonnant à la prostitution'.

[34] Osée i.3-9.

en coûta quinze écus, et un setier et demi d'orge;[35] car vous savez que dans la terre promise il y avait très peu de froment. Mais savez-vous ce que tout cela signifie? Non, lui dis-je; Ni moi non plus, dit le rabbin.[36]

Un grave savant s'approcha et nous dit que c'était des fictions ingénieuses et toutes remplies d'agrément. Ah, monsieur, lui répondit un jeune homme fort instruit, si vous voulez des fictions, croyez-moi, préférez celles d'Homère, de Virgile[37] et d'Ovide,

[35] Osée iii.1-2: 'Le Seigneur me dit: Allez, et aimez encore une femme adultère, qui est aimée d'un autre que de son mari, comme le Seigneur aime les enfants d'Israël, pendant qu'ils mettent leur confiance en des dieux étrangers, et qu'ils aiment le marc du vin, au lieu du vin même. Je donnai donc à cette femme quinze pièces d'argent et une mesure et demie d'orge' (trad. Lemaître de Sacy). Aux yeux de Calmet, ces quinze pièces valent 'environ huit écus de notre monnaie' (*Commentaire*, vi.772). A la 'mesure et demie' dont parle la Vulgate, Calmet semble préférer la plus grande précision de l'Hébreu et des Septante; le premier dit un chomer et un létec (soit respectivement 298 et 149 pintes), les seconds un gomor (soit 3 pintes). 'Si Osée donna l'argent, et l'orge que nos lisons ici, pour la dot de cette femme, il faut que sa condition ait été des plus viles, puisque son douaire était si peu de chose. Dieu voulait marquer par là l'abjection, et l'état méprisable où les Hébreux étaient réduits, et d'où il voulait bien les tirer'. Le terme 'setier' choisi par Voltaire n'est apparemment guère plus précis que celui de mesure, puisque *Académie 62* définit le setier comme 'une mesure de grain différente selon les lieux'. Ce dictionnaire ajoute toutefois qu''on entend communément par demi-setier la moitié d'une chopine' (une chopine valant une demi-pinte, un setier et demi équivaudraient donc à trois quarts de pinte, ce qui le situe loin du chomer hébreu et près du gomor des Septante).

[36] Voltaire affecte d'ignorer le sens figuratif maintes fois donné par les Pères, dont Calmet s'est naturellement fait l'écho et qui s'inscrit même dans le texte du prophète, puisqu'il est développé dans le reste d'Osée iii (4 et 5). L'aveu d'ignorance de ce rabbin est ici d'autant plus inattendu qu'il n'hésitait pas, quelques lignes plus haut, à donner les aventures d'Oholla et Oliba pour des types figurant 'qu'un jour le peuple juif sera maître de toute la terre', alors que si type il y a dans ce passage, c'est bien plutôt pour annoncer les vengeances du Dieu d'Israël contre son peuple infidèle.

[37] A rapprocher de ce qu'on lisait dès 1764 dans l'article 'Salomon' (l.225-227).

quiconque aime les prophéties d'Ezéchiel mérite de déjeuner avec lui.[38]

[38] Voltaire notait déjà assez crûment dans ses carnets: 'On peut dire d'un homme qui pue de la bouche qu'il a déjeuné avec Ezéchiel' (V 81, p.414).

FABLES[1]

Les plus anciennes fables ne sont-elles pas visiblement allégoriques?[2] La première que nous connaissions dans notre manière de supputer les temps, n'est-ce pas celle qui est rapportée dans le

[1] Article paru en 1764, mais dont la composition pourrait bien être sensiblement antérieure: c'est ce qu'incite à penser le besoin qu'a éprouvé Voltaire de lui ajouter le dernier paragraphe dans 65v, conférant ainsi à l'article une résonance polémique dont il était jusqu'alors dépourvu et le faisant dès lors participer à la campagne contre le peuple élu qui s'inscrit dans le DP.

[2] Par l'emploi de la tournure interronégative et de l'adverbe 'visiblement' le lecteur est pressé de faire sienne la thèse que Voltaire définit dès la première phrase d'un article énonçant sa prise de position personnelle parmi les théories explicatives de la fable avancées de son temps. Celles qui y voyaient essentiellement de l''histoire défigurée' avaient été soutenues entre autres par J. Hardion, Lenglet Dufresnoy et l'abbé Banier. Ils apparaissaient dans une certaine mesure comme les continuateurs du grand courant évhémériste né dès l'antiquité et qui décèle dans les fables une transposition sur le registre mythologique d'événements historiques, comme par exemple la déification de héros mortels. Déjà Bochart, Vossius, Huet, le père Tournemine proposaient de lire dans les légendes de la mythologie païenne la transposition fabuleuse des événements 'historiques' rapportés par la Bible. Dans *La Mythologie et les fables expliquées par l'histoire*, Banier démontre que les fables 'ne sont point de pures allégories et qu'elles renferment d'anciens événements' (Paris 1738, i.16; BV). Aux yeux de Banier, l'explication par l'allégorie n'est pas inutile mais demeure très insuffisante. C'est exactement l'inverse aux yeux de Voltaire: si l'explication historique n'est pas à rejeter absolument, il reste qu'elle ne rend pas compte de la signification essentielle de la fable qui est allégorique. Cette signification serait même d'autant plus riche que la fable est plus ancienne. Voltaire est loin de faire cavalier seul, puisque 'la grille d'interprétation allégorique eut de nombreux partisans au dix-huitième siècle, tant dans les camps orthodoxes que dans celui des franc-tireurs ou des illuministes' (M. Mat-Hasquin, *Voltaire et l'antiquité grecque*, p.210). Toutefois ce tenant de l'allégorisme n'a pas dédaigné de recourir à l'occasion 'à la vieille clé évhémériste', par exemple pour expliquer le phénomène de l'apothéose, ou encore en se demandant si Bacchus n'avait pas été 'un personnage véritable' (*La Philosophie de l'histoire*, V 59, p.183).

neuvième chapitre du livre des Juges;[3] Il fallut choisir un roi parmi les arbres; l'olivier ne voulut point abandonner le soin de son huile, ni le figuier celui de ses figues, ni la vigne celui de son vin, ni les autres arbres celui de leur fruit; le chardon qui n'était bon à rien,[4] se fit roi, parce qu'il avait des épines et qu'il pouvait faire du mal.[5]

[3] Par 'notre manière', il semble qu'il faille entendre la manière officielle, celle donc qui se place de façon très orthodoxe dans les strictes perspectives de la chronologie biblique. Calmet date l'épisode auquel se réfère Voltaire de 1232 av. J.-C. (*Dictionnaire*, art. 'Abimélech'). Si l'on regarde la fable de Joatham (Juges ix.8-15) comme datant véritablement du treizième siècle av. J.-C., elle est en effet une des premières, en raison notamment de son antériorité sur Homère et Hésiode. En récrivant cet article pour les QE, Voltaire se souciera de restituer le contexte de la fable qu'il se contente ici de rapporter: 'Il est donc dit dans les Juges que Gédéon avait soixante et dix fils, qui étaient "sortis de lui parce qu'il avait plusieurs femmes" et qu'il eut d'une servante un autre fils nommé Abimélech. Or cet Abimélech écrasa sous une même pierre soixante et neuf de ses frères selon la coutume; et les Juifs, pleins de respect et d'admiration pour Abimélech, allèrent le couronner roi [...] Joatham, le plus jeune des frères, échappé seul au carnage (comme il arrive toujours dans les anciennes histoires), harangue les Juifs; il leur dit que les arbres allèrent un jour se choisir un roi' (M.xix.60).

[4] La Vulgate parle de 'rhamnus' qui se traduit par 'buisson', mais sans qu'on sache, précise Calmet, 'quelle espèce d'épine, ou de buisson est marquée par le terme de l'original. Quelques-uns sont pour l'églantier; d'autres pour l'aubépine; d'autres pour le prunier sauvage; d'autres pour le risier, ou même pour le chardon' (*Commentaire*, ii.226). L'emploi ici par Voltaire du mot 'chardon' n'est donc pas une fantaisie de sa part; mais il reviendra à la traduction classique dans les QE.

[5] Voltaire en ne rapportant pas la fin de la fable en change de beaucoup la portée. Elle prend ici les accents polémiques d'une remise en cause des fondements du pouvoir monarchique, alors qu'elle n'est dans la bouche de Joatham qu'une contestation du choix qui a été fait d'Abimélech. On lit en effet: 'Le buisson leur répondit: Si vous m'établissez véritablement pour votre roi, venez vous reposer sous mon ombre; que si vous ne le voulez pas, que le feu sorte du buisson, et qu'il dévore les cèdres du Liban' (ix.15). Ce que Calmet interprète ainsi: 'La ronce que les arbres ont choisie pour roi est visiblement Abimélech, à qui les Sichimites ont déféré la souveraine autorité. Joatham marque l'impuissance où est Abimélech de les protéger et de les défendre, en disant que la ronce invite les cèdres, et les autres arbres, à se venir mettre à couvert sous son ombre; et il prédit la ruine de ces ingrats, en disant que le feu sortira du buisson et consumera les cèdres du Liban' (*Commentaire*, ii.226).

L'ancienne fable de Vénus, telle qu'elle est rapportée dans Hésiode,[6] n'est-elle pas une allégorie de la nature entière?[7] Les parties de la génération sont tombées de l'éther sur le rivage de la mer; Vénus naît de cette écume précieuse;[8] son premier nom est celui d'amante de la génération:[9] y a-t-il une image plus sensible? Cette Vénus est la déesse de la beauté; la beauté cesse d'être aimable, si elle marche sans les grâces; la beauté fait naître l'amour; l'amour a des traits qui percent les cœurs; il porte un bandeau qui cache les défauts de ce qu'on aime.

La sagesse est conçue dans le cerveau du maître des dieux sous le nom de Minerve;[10] l'âme de l'homme est un feu divin que

[6] Hésiode décrit le guet-apens que Cronos, à l'instigation de sa mère la Terre, tend à son père le Ciel: Cronos émascule son père avec une faux et jette dans la mer les bourses qu'il vient de trancher. 'Et tout autour une blanche écume sortait du membre divin. De cette écume une fille se forma qui toucha d'abord à Cythère la divine, d'où elle fut ensuite à Chypre qu'entourent les flots; et c'est là que prit terre la belle et vénérable déesse [...] que les dieux aussi bien que les hommes appellent Aphrodite, pour s'être formée d'une écume, ou encore Cythérée, pour avoir abordé à Cythère. Amour et le beau Désir sans tarder lui firent cortège dès qu'elle fut née et se fut mise en route vers les dieux' (*Théogonie*, trad. P. Mazon, p.39).

[7] Voltaire avait déjà écrit dans ses carnets: 'Les belles fables sont les emblêmes de la nature. Proserpine aux enfers, et au ciel, et fille de Ceres, c'est le blé qui est dans la terre, et ensuitte dessus Isis et Thiphon, le bien et le mal. La boete de Pandore, les flèches de l'amour' (V 81-82, p.596; cf. p.354).

[8] Comme le fait remarquer P. Mazon, 'il ne s'agit pas de l'écume de la mer, mais du sperme du dieu mutilé' (*Théogonie*, p.39, n.1).

[9] Voltaire s'explique plus clairement dans les QE: 'Son premier nom est celui d'amante de l'organe de la génération, Philometès' (M.xix.60). Il se réfère ainsi au vers 200 de la *Théogonie*, que P. Mazon regarde comme interpolé, mais dont il propose la traduction suivante: les hommes l'appellent 'encore Philommédée pour être sortie des bourses' (p.39, n.3).

[10] Hésiode raconte la difficile naissance d'Athéna en deux temps: 1) Zeus ayant épousé Mêtis (la Prudence) allait en avoir Athéna, mais engloutit traîtreusement dans ses entrailles et la mère et l'enfant, quand il découvrit que le Destin avait résolu de donner ensuite à Mêtis un fils qui l'eût détrôné (*Théogonie*, 886-900). 2) Zeus épousa ensuite Héra; au cours d'une brouille, chacun de son côté enfanta seul: Héra, Héphaïstos, 'sans union d'amour, par colère et défi à son époux'; et Zeus 'tout seul, de son front, donna le jour à Tritogénie [autre nom d'Athéna] aux yeux pers' (924-926). Banier ajoute, d'après Philostrate et Lucien, des détails que

Minerve montre à Prométhée,[11] qui se sert de ce feu divin pour animer l'homme.

Il est impossible de ne pas reconnaître dans ces fables une peinture vivante de la nature entière.[12] La plupart des autres fables sont ou la corruption des histoires anciennes, ou le caprice de l'imagination. Il en est des anciennes fables comme de nos contes modernes; il y en a de moraux qui sont charmants,[13] il y en a qui sont insipides.

28-39 64, 65: sont insipides.//

---

ne donne pas Hésiode: peu après avoir avalé Mêtis enceinte d'Athéna, 'se sentant une grande douleur de tête, il eut recours à Vulcain, qui d'un coup de hache lui fendit le cerveau, d'où sortit Minerve tout armée' (*La Mythologie et les fables*, ii.133).

[11] En rapportant dans sa *Théogonie*, 521-615, l'histoire de Prométhée, Hésiode ne faisait nulle mention d'Athéna au moment où Prométhée, bravant la décision de Zeus de ne plus envoyer le feu aux mortels, dérobe au creux d'une férule 'l'éclatante lueur du feu infatigable' (même silence dans *Les Travaux et les jours*, 47 ss., ainsi que dans le *Prométhée enchaîné* d'Eschyle, 442 ss.). Mais une tradition ignorée par Hésiode fait de Prométhée non pas seulement le bienfaiteur de l'humanité, mais aussi et d'abord son créateur. Athéna a-t-elle joué aussi un rôle au moment du vol du feu? Oui, selon Banier, qui malheureusement n'indique pas ses sources: 'Prométhée avec l'aide de Minerve, dont les conseils lui avaient déjà servi lorsqu'il forma le corps de l'homme avec de la boue détrempée, monta jusqu'au ciel et s'étant approché du chariot du soleil, y prit le feu sacré qu'il porta sur la terre dans la tige d'une férule' (*La Mythologie et les fables*, ii.118). On voit donc que pour pouvoir proposer son interprétation, Voltaire a dû amalgamer (s'il ne les a pas confondus) deux épisodes très différents de la légende: dans le premier, Athéna et Prométhée créateurs de l'homme lui ont donné le second un corps et la première une âme, sans qu'il fût question de feu; dans le second, Athéna et Prométhée ont agi en bienfaiteurs de l'homme, en organisant un vol qui mît fin au 'blocus' du feu que Zeus, très hostile au genre humain, avait décidé de lui imposer.

[12] Il est difficile d'en être fermement persuadé: des trois exemples que Voltaire vient de citer et interpréter, seul le premier (naissance de Vénus) peut convaincre que nous sommes en présence d'une 'allégorie de la nature entière'. Mais le second (naissance d'Athéna) ne prend déjà plus en compte toutes les spécificités de la déesse, vierge guerrière autant que sage. Quant à la troisième interprétation, on a constaté combien elle est fantaisiste, puisqu'elle ne repose que sur une déformation des données de la légende de Prométhée.

[13] Ce sont évidemment celles-là qui sont hautement allégoriques. Voltaire

Les fables des anciens peuples ingénieux ont été grossièrement imitées par des peuples grossiers,[14] témoin celles de Bacchus, d'Hercule, de Prométhée, de Pandore et tant d'autres; elles étaient l'amusement de l'ancien monde. Les barbares qui en entendirent parler confusément les firent entrer dans leur mythologie sauvage, et ensuite ils osèrent dire, C'est nous qui les avons inventées. Hélas! pauvres peuples ignorés et ignorants,[15] qui n'avez connu aucun art ni agréable, ni utile, chez qui même le nom de géométrie ne parvint jamais,[16] pouvez-vous dire que vous avez inventé

---

suggérera dans *La Philosophie de l'histoire* que ce sont les seules dignes d'attention: 'Excepté les fables visiblement allégoriques, comme celle des Muses, de Vénus, des Grâces, de l'Amour, de Zéphire et de Flore, et quelques-unes de ce genre, toutes les autres sont un ramas de contes qui n'ont d'autre mérite que d'avoir fourni de beaux vers à Ovide et à Quinault' (V 59, p.183). Dans *La Défense de mon oncle*, il expliquera le sens de certaines de ces 'allégories ingénieuses': 'Ainsi Janus a un double visage qui représente l'année passée et l'année commençante. Saturne qui dévore ses enfants est le temps qui détruit tout ce qu'il a fait naître. Les Muses filles de la Mémoire vous enseignent que sans mémoire on n'a point d'esprit et que pour combiner des idées il faut commencer par retenir des idées. Minerve formée dans le cerveau du maître des dieux n'a pas besoin d'explication' (V 64, p.256). On saisit à quel point Voltaire 'considérait certaines fables comme des apologues moraux' dont il évalua la beauté 'en fonction de leur valeur symbolique et lia esthétique et finalité morale' (Mat-Hasquin, *Voltaire et l'antiquité grecque*, p.211). Dans la mythologie, il semble donc avoir trouvé 'avant tout un ensemble de préceptes moraux et philosophiques que la narration et l'affabulation rendent agréables à l'esprit' (R. Trousson, 'Voltaire et la mythologie', p.226).

[14] Ce pluriel relayé par d'autres ne sauraient faire illusion: c'est essentiellement le peuple juif qui est visé dans ce paragraphe aux résonances polémiques, ajouté dans 65v. Dans les carnets, Voltaire notait déjà, après avoir évoqué quelques 'belles fables' comme Proserpine, Isis et Tiphon, la boîte de Pandore, les flèches de l'Amour: 'les Juifs ont imité grossièrement ces allégories' (V 82, p.596). Cette thèse sera abondamment développée après 1764, notamment dans *La Philosophie de l'histoire*, ch.40, et *La Défense de mon oncle* (voir V 64, p.263, et n.74).

[15] Affirmations maintes fois répétées. On les retrouvera notamment dans *La Philosophie de l'histoire*, ch.49, *L'Examen important de milord Bolingbroke*, ch.5, *La Défense de mon oncle*, quatrième diatribe, et dans de nombreux articles du DP.

[16] Dès 1756 Voltaire soulignait vigoureusement le retard culturel et technique du peuple juif (*Des Juifs*, M.xix.521). Dans l'addition de 1769 à l'article 'Job', il reviendra sur l'ignorance des Hébreux en matière d'astronomie et de géométrie.

quelque chose? Vous n'avez su ni trouver des vérités ni mentir habilement.

FANATISME[1]

Le fanatisme est à la superstition, ce que le transport est à la fièvre, ce que la rage est à la colère. Celui qui a des extases, des visions, qui prend des songes pour des réalités, et ses imaginations pour des prophéties, est un enthousiaste;[2] celui qui soutient sa folie par le meurtre, est un fanatique.[3] Jean Barthélemi Diaz, retiré à Nuremberg, qui était fermement convaincu que le pape est

5 64-69: fanatique. Barthélemi Diaz [69* errata: $^{V}\beta$]

[1] En 1764, la *Correspondance littéraire* inséra dans ses livraisons les articles 'Apis' et 'Gloire' le 15 septembre, 'Fanatisme', 'Tyrannie' et 'Convulsions' le 1er octobre (ICL, 64:208 et 64:224). 'Apis' fut envoyé à l'imprimeur en avril 1764 (voir D11829, D11830), puis circule manuscrit peu de temps après. On peut donc supposer qu'il en a été de même pour 'Fanatisme'. La dénonciation du fanatisme est sans cesse présente à l'esprit de Voltaire, surtout depuis l'affaire Calas, si bien que l'on ne peut proposer une date de rédaction précise de ce texte. Voltaire avait écrit *Du fanatisme* dans la foulée de son *Mahomet* publié en 1742. Il a lu attentivement l'article 'Fanatisme' de l'*Encyclopédie* qui avait fait grand bruit (CN, iii.394). Cet article sera repris dans les QE, mais largement modifié. Chaudon y réplique par un texte dont l'intitulé indique la thèse: 'Fanatisme. Il produit plus de vertu que l'irreligion' (p.118).

[2] Voltaire reviendra sur cette condamnation de l'enthousiasme; voir ci-dessus, art. 'Enthousiasme', de 1765. Dès les *Lettres philosophiques*, III, il signalait que 'l'enthousiasme est une maladie qui se gagne' (*Lph*, i.33).

[3] On note les distinctions de Voltaire là où *Trévoux* pratiquait l'amalgame: fanatisme est défini à la fois par les termes de 'vision, inspiration imaginaire, enthousiasme' et fanatique par ceux de 'fou, extravagant, aliéné d'esprit, visionnaire, qui s'imagine avoir des révélations et des inspirations, qui se croit transporté d'une fureur divine' (iii.1367). On y apprend aussi que le fanatisme est 'un reste du calvinisme' et on cite comme exemple les fanatiques des Cévennes. Ce rappel permet d'apprécier la visée de Voltaire qui tirera ses exemples aussi bien de l'histoire du catholicisme que de celle du protestantisme, sans oublier l'histoire juive. Il ajoute aussi une dimension essentielle, celle de l'acte fanatique, du meurtre, que *Trévoux* passait sous silence.

l'Antéchrist de l'Apocalypse, et qu'il a le signe de la bête,[4] n'était qu'un enthousiaste; son frère Alfonse Diaz qui partit de Rome pour aller assassiner saintement son frère, et qui le tua en effet pour l'amour de Dieu, était un des plus abominables fanatiques que la superstition ait pu jamais former.[5]

Polyeucte qui va au temple dans un jour de solennité renverser

8 65v: son frère Diaz
64, 65, 67, 69: frère Barthélemi Diaz [69* errata: $^{V}\beta$]

[4] Au cours des siècles, les antagonistes n'ont pas manqué de se traiter mutuellement d'Antéchrist. Pour les papistes, Luther fut l'Antéchrist; le pape le fut pour l'Eglise réformée. Sur les injures de Luther à l'égard du pape, voir l'*Essai sur les mœurs*, ch.128 (ajout de 1761; ii.219, 221). Dans son article de 1742, Voltaire affirmait que c'était Newton qui avait trouvé dans l'Apocalypse que le pape était l'Antéchrist (M.xix.87). Les deux monstres de l'Apocalypse xiii.1-19 illustrent le déchaînement de l'offensive de l'Antéchrist. Le second, faux prophète au service de la bête, qui a 'deux cornes semblables à celles de l'agneau', mais parle comme le dragon, fait que tous les hommes 'recoivent le caractère de la bête à la main droite ou au front' (xiii.17).

[5] Voltaire s'est trompé sur les prénoms des deux frères (voir l.5*v*, 8*v*). C'est en effet Jean Diaz qui, après avoir fait sa théologie à Paris, se convertit au luthéranisme et se retira à Neubourg. C'est Alfonso Diaz, avocat à la cour de Rome, qui fit assassiner le 27 mars 1546 son frère Jean qui refusait de rentrer dans le sein de l'Eglise. Voltaire a longuement évoqué l'histoire des frères Diaz dans une lettre adressée à Frédéric II (20 [décembre] 1740; D2386), publiée en 1743 comme épître dédicatoire de *Mahomet*. Il confondait déjà les prénoms des deux frères. Voltaire citait un commentaire révoltant d'Antonio de Herrera qui approuvait cet acte: *Comentarios de los hechos de los Españoles, Franceses y Venecianos en Italia y de otras repúblicas* (Madrid 1624). Il s'en tient à cette version des faits (voir D2714) alors que César de Missy, s'appuyant sur Sleidan, *De statu religionis et rei publicae quinto caesare commentarii* (1555), lui fait un certain nombre d'objections: le meurtrier s'appelle Alfonso; la scène s'est passée à Neubourg, et non à Francfort comme l'affirmait Voltaire (D2386); Alfonso ne partit point d'Italie avec l'intention d'assassiner son frère; il s'efforça en vain de le convertir; il le fit assassiner par le porteur d'une lettre qu'il lui adressait (D2689). Voltaire a pourtant repris la même version des faits dans cet article. A-t-il relu sa lettre de 1740 en faisant jouer *Mahomet* en 1760 (voir D9233, D9244, D9268, D9274, D9290, D9291)? Bayle, art. 'Dryander' (rem. Y) rappelle que Jean Diaz fut assassiné par son frère Alphonse. Voltaire a enfin corrigé son erreur dans 69*.

et casser les statues et les ornements, est un fanatique moins horrible que Diaz, mais non moins sot.[6] Les assassins du duc François de Guise, de Guillaume prince d'Orange, du roi Henri III, et du roi Henri IV,[7] de tant d'autres, étaient des énergumènes malades de la même rage que Diaz.

Le plus détestable exemple de fanatisme, est celui des bourgeois de Paris qui coururent assassiner, égorger, jeter par les fenêtres, mettre en pièces la nuit de la St Barthélemi leurs concitoyens qui n'allaient point à la messe.[8]

15-16 65V: Henri III, du roi Henri IV, et de

[6] *Polyeucte*, II.vi et III.ii (récit de Stratonice). Dans ses *Commentaires sur Corneille*, Voltaire rappelle que l'Hôtel de Rambouillet et l'évêque de Vence, Godeau, ont condamné le 'zèle imprudent' de Polyeucte, mais se montre moins sévère que dans cet article: 'le spectateur pardonne à Polyeucte son imprudence, comme celle d'un jeune homme, pénétré d'un zèle ardent, que le baptême fortifie en lui', même si ses actes sont ridicules et coupables (V54, p.317). Voir aussi le 'Discours historique et critique à l'occasion de la tragédie des Guèbres' (1769; M.vi.493).

[7] Voltaire évoque ces meurtres à plusieurs reprises; cf. les carnets (V81, p.401-402). François, duc de Guise (1519-1563), fut assassiné par un gentilhomme protestant, Jean Poltrot de Méré; voir *La Henriade* (V2, p.396), *Essai sur les mœurs*, ch.171 (ii.490). – Guillaume, prince d'Orange, dit le Taciturne (1533-1584), fut assassiné par Balthazar Gérard; voir *Essai sur les mœurs*, ch.164 (ii.447). Il fut récompensé par Philippe II. – Henri III fut assassiné par Jacques Clément; voir surtout *La Henriade* (V2, p.469-77, 480-84). – Henri IV fut assassiné par Jacques Ravaillac; voir *Dissertation sur la mort de Henri IV* (V2, p.339 ss.). Il fut, selon Voltaire, l'instrument aveugle de l'esprit du temps (*Essai*, ii.555-56). Comme Balthazar Gérard et Jacques Clément, il se prépara au crime par la confession (voir *Commentaire sur le livre Des délits et des peines*, M.xxv.564).

[8] La Saint-Barthélemy reste pour Voltaire un crime inexpiable qui le hante au point d'avoir la fièvre le 24 août de chaque année (voir D15855, à d'Argental, 30 août 1769; D19114). D'où de nombreuses références dans son œuvre et dans sa correspondance. Voir en particulier *La Henriade*, II (V2, p.391-414), repris sans grand changement de *La Ligue*, qui a créé, comme l'indique O. R. Taylor, 'un mythe que dès 1724 l'opinion conservatrice s'efforça en vain de discréditer' ('Voltaire et la Saint-Barthélemy', p.837). Voltaire venait d'évoquer ce massacre dans l'*Essai sur les mœurs*, ch.171 (ii.494), lorsqu'en 1758 l'abbé Jean Novi de Caveirac publie son *Apologie de Louis XIV* [...] *Avec une dissertation sur la journée de la Saint-Barthélemy* (s.l. 1758; BV) qui condamne les huguenots, et s'efforce de

Il y a des fanatiques de sang-froid; ce sont les juges qui condamnent à la mort ceux qui n'ont d'autre crime que de ne pas penser comme eux;[9] et ces juges-là sont d'autant plus coupables, d'autant plus dignes de l'exécration du genre humain, que n'étant pas dans un accès de fureur, comme les Cléments, les Châtels,[10] les Ravaillacs, les Damiens,[11] il semble qu'ils pourraient écouter la raison.

Lorsqu'une fois le fanatisme a gangrené un cerveau, la maladie est presque incurable. J'ai vu des convulsionnaires, qui en parlant des miracles de St Pâris, s'échauffaient par degrés malgré eux; leurs yeux s'enflammaient, leurs membres tremblaient, la fureur défigurait leur visage; et ils auraient tué quiconque les eût contredits.[13]

27 64, 65: les Ravaillacs, les Gérards,[12] les Damiens

---

minimiser le nombre des victimes, argumentation que reprend Nonnotte en 1762 dans ses *Erreurs de Voltaire*. Dans ces années où Voltaire s'engage dans l'affaire Calas, l'évocation de la Saint-Barthélemy est une référence obligée de ses écrits contre le fanatisme.

[9] Allusion en relation sans doute avec l'affaire Calas. Voltaire condamne sans appel les 'assassinats juridiques'; voir QE, 'Arrêts notables', 'Crimes', 'Supplices' (Mxvii.388-91, xviii.273-74, xx.456), ainsi que les *Fragments historiques sur l'Inde* (Mxxix.160).

[10] Jean Châtel, le 27 décembre 1594, tenta d'assassiner Henri IV; voir *Essai sur les mœurs*, ch.174 (ii.551-52); *Le Président de Thou justifié* (M.xxv.486).

[11] Robert-François Damiens, janséniste, blessa Louis XV d'un coup de couteau le 5 janvier 1757. Sur les réactions de Voltaire, on se reportera à R. Pomeau et Ch. Mervaud, *De la Cour au jardin*, p.313-15.

[12] Le nom de Gérard a-t-il été supprimé parce qu'il faisait ombrage à ces quatre noms autrement célèbres?

[13] Voltaire va écrire ou vient d'écrire l'article 'Convulsions'. Il évoque le diacre Pâris dans les carnets (V 82, p.650), *Le Siècle de Louis XIV*, ch.37 (*OH*, p.1086-87), *Histoire du Parlement de Paris* (M.xvi.74). On ne trouve aucune anecdote sur les convulsionnaires dans la correspondance, seulement une allusion (D445). Voltaire a peut-être vu des convulsionnaires qui s'échauffaient par degrés. Son frère Armand hébergeait des jansénistes (voir R. Pomeau, *La Religion de Voltaire*, p.155). Peut-être s'agit-il d'un souvenir de celui qu'il appelle le 'fanatique Arouet' (D1469) et qui avait tant de goût pour le martyre (D19501).

Il n'y a d'autre remède à cette maladie épidémique que l'esprit philosophique, qui répandu de proche en proche adoucit enfin les mœurs des hommes, et qui prévient les accès du mal; car dès que ce mal fait des progrès, il faut fuir, et attendre que l'air soit purifié. Les lois et la religion ne suffisent pas contre la peste des âmes; la religion loin d'être pour elles un aliment salutaire, se tourne en poison dans les cerveaux infectés. Ces misérables ont sans cesse présent à l'esprit l'exemple d'Aod, qui assassine le roi Eglon;[14] de Judith, qui coupe la tête d'Holopherne en couchant avec lui;[15] de Samuel qui hache en morceaux le roi Agag:[16] ils ne voient pas que ces exemples qui sont respectables dans l'antiquité, sont abominables dans le temps présent; ils puisent leurs fureurs dans la religion même qui les condamne.

47 65v: condamne aujourd'hui.

[14] Dans ses carnets, Voltaire dresse des listes d'assassinats sacrés, dans lesquelles figure le meurtre d'Eglon, roi des Moabites, par Aod (V 81-82, p.401, 610). Libérant les Israélites asservis aux Moabites, Aod figure parmi les 'Juges', sauveurs d'Israël (Juges iii.15-31). Pour Voltaire, ce 'Ravaillac hébreux' (*La Pucelle*, V 7, p.509) est un assassin dont l'exemple justifie les régicides; cf. *Sermon des cinquante* (M.xxiv.442), *L'Examen important de milord Bolingbroke* et *Les Questions de Zapata* (V 62, p.197, 392-93).

[15] Judith xiii.9-10. L'interpolation de Voltaire: 'en couchant avec lui' mérite commentaire. Voltaire s'en tient toujours à cette version piquante: cette 'beauté saintement homicide' 'si purement de son corps fit folie' (*La Pucelle*, V 7, p.286, 510; cf. *La Bible enfin expliquée*, M.xxx.252). Le texte biblique s'efforce de prévenir une telle interprétation. Certes Holopherne est amoureux (x.17, xii.16) et ses intentions ne sont pas pures (xii.11), mais il est ivre mort (xii.20, xiii.4). Judith, dont la piété a été soulignée (viii.1-8), a obtenu pendant son séjour chez les Assyriens la permission de se retirer hors du camp la nuit pour prier Dieu (xii.6-7). Après le meurtre, elle assure qu'elle n'a pas été souillée par Holopherne (xiii.20).

[16] I Samuel xv.33. Ce meurtre horrible révolte particulièrement Voltaire qui parle du 'hâchis' (*La Pucelle*, V 7, p.510), du ragoût fait par les Juifs (*Lettre de M. Clocpicre à M. Eratou*, M.xxiv.237). Saül, en ne tuant pas son prisonnier, s'était conduit humainement (*Sermon des cinquante*, M.xxiv.443). Le meurtre commis par Samuel montre que les Juifs pratiquaient des sacrifices humains (*Traité sur la tolérance*, M.xxv.72; *La Bible enfin expliquée*, M.xxx.176).

Les lois sont encore très impuissantes contre ces accès de rage; c'est comme si vous lisiez un arrêt du conseil à un frénétique. Ces gens-là sont persuadés que l'esprit saint qui les pénètre, est au-dessus des lois, que leur enthousiasme est la seule loi qu'ils doivent entendre.

Que répondre à un homme qui vous dit qu'il aime mieux obéir à Dieu qu'aux hommes,[17] et qui en conséquence est sûr de mériter le ciel en vous égorgeant?

Ce sont d'ordinaire les fripons qui conduisent les fanatiques, et qui mettent le poignard entre leurs mains; ils ressemblent à ce Vieux de la montagne qui faisait, dit-on, goûter les joies du paradis à des imbéciles, et qui leur promettait une éternité de ces plaisirs, dont il leur avait donné un avant-goût, à condition qu'ils iraient assassiner tous ceux qu'il leur nommerait.[18] Il n'y a eu qu'une seule religion dans le monde qui n'ait pas été souillée par le fanatisme, c'est celle des lettrés de la Chine.[19] Les sectes des philosophes étaient non seulement exemptes de cette peste, mais elles en étaient le remède.

Car l'effet de la philosophie est de rendre l'âme tranquille, et

[17] Réponse de saint Pierre à ceux qui l'accusent de prêcher dans le temple bien que ce fût interdit (Actes v.29).

[18] Voltaire à plusieurs reprises traite de fable l'histoire du Vieux de la montagne qui aurait voulu faire assassiner saint Louis, puis qui aurait décommandé ce meurtre: *Histoire de Charles XII*, préface de 1748 (M.xvi.125), *Remarques pour servir de supplément à l'Essai sur les mœurs* (*Essai* ii.901). Il reprendra la question dans les QE, art. 'Assassin' (M.xvii.440-45). Dans son exemplaire de l'*Histoire de France* de Gabriel Daniel (Paris 1729), un signet annoté 'assassin' marque le récit qui évoque ce 'prince assassin' (CN, iii.39). Depuis les croisades, on désignait sous le nom de 'vieux de la montagne' le chef d'une secte chiite née au onzième siècle, les hachchachin. Les Ismaïliens en 1024 s'étaient scindés en deux sectes: les nizarites, partisans de Nizar, qui s'opposaient à ceux d'Al Musta'li, les mustaliens. Les 'assassins' faisaient partie des nizarites. L'article 'Assassins' de l'*Encyclopédie* (i.765), de Toussaint, rappelle l'origine du mot et évoque le Vieux de la montagne. Il ne doit pourtant pas être la source de Voltaire.

[19] Leitmotiv voltairien: voir *La Philosophie de l'histoire* (V 59, p.155), *Le Philosophe ignorant* (V 62, p.91), *Le Dîner du comte de Boulainvilliers* (V 63A, p.390-91).

le fanatisme est incompatible avec la tranquillité. Si notre sainte religion a été si souvent corrompue par cette fureur infernale, c'est à la folie des hommes qu'il faut s'en prendre.

Ainsi du plumage qu'il eut
Icare pervertit l'usage;
Il le reçut pour son salut,
Il s'en servit pour son dommage.

BERTAUD, *évêque de Sées*.[20]

[20] Voltaire n'a point les œuvres de Jean Bertaut, évêque de Sées (1552-1611), dans sa bibliothèque. Il recopie quelques-uns de ses vers dans ses carnets (V81, p.270-71, 274), le cite dans l'article 'Esprit' destiné à l'*Encyclopédie* (V33, p.54) et dans une lettre de 1752 (D5083). Ces vers sont extraits de 'La défense de l'amour accusé par M. D. P.' (*Œuvres poétiques*, Paris 1633, p.478). On remarque que Voltaire ne se réfère qu'à des poèmes classés dans la seconde partie de l'ouvrage, intitulée 'Recueil de quelques vers amoureux'. Il ne veut voir en Jean Bertaut que l'homme d'esprit et néglige ses poèmes religieux.

FAUSSETÉ DES VERTUS HUMAINES[1]

Quand le duc de la Rochefoucault eut écrit ses pensées sur l'amour-propre,[2] et qu'il eut mis à découvert ce ressort de l'homme, un monsieur *Esprit*, de l'Oratoire, écrivit un livre captieux, intitulé, *De la fausseté des vertus humaines*.[3] Cet Esprit dit qu'il n'y a point de vertu; mais par grâce il termine chaque chapitre en renvoyant

[1] Les racines de cet article sont anciennes; tant en ce qui concerne l'oratorien Jacques Esprit qui sert de point de départ à ce billet d'humeur, qu'en ce qui concerne le thème principal. Si Voltaire évoque dès 1751 l'hypothèse d'écrire 'sur la vérité des vertus humaines' en réponse à 'l'épître d'Aller [Haller] sur la fausseté des vertus humaines' (D4621), cet article ne semble toutefois pas être antérieur à 1755. Voltaire fournit à l'*Encyclopédie* 'Fausseté' peu après la mi-décembre 1755 (V 33, p.69); or il n'y est pas fait la moindre allusion à la prétendue fausseté des vertus humaines. Les indices convergent vers octobre 1763. Le 1er octobre, sa colère éclate contre 'l'insolence fanatique de quelques pères de l'oratoire, chargés aujourd'hui de l'éducation de la jeunesse Lyonnaise. Ces énergumènes plus intolérants et plus intolérables que les Jésuites voulaient faire regarder l'intérêt de l'argent comme un péché et immoler Lyon au Jansénisme' (D11440). Thème principal, thèmes annexes, exemples se retrouvent dans des œuvres et lettres de 1763. Le catalyseur pourrait avoir été *De l'esprit* d'Helvétius – ouvrage qui n'est à ses yeux 'qu'une paraphrase des pensées du duc de la Rochfoucalt' (D10522) – à qui Voltaire écrit alors avec une fréquence particulière. Le ton d'allusion aux jésuites laisse supposer qu'il n'est plus besoin de les attaquer et confirme toute datation postérieure à 1762.

[2] Effectivement Voltaire réduit ainsi les *Maximes* de La Rochefoucauld; voir *Le Siècle de Louis XIV*, ch.32: 'Quoiqu'il n'y ait presque qu'une vérité dans ce livre, qui est que *l'amour-propre est le mobile de tout*' (*OH*, p.1004); cf. le *Prix de la justice et de l'humanité* (M.xxx.560).

[3] La première édition des *Réflexions, sentences et maximes morales* de La Rochefoucauld parut en 1665, la cinquième en 1678 (BV: Paris 1725). *La Fausseté des vertus humaines* de Jacques Esprit, dont l'approbation par la Sorbonne est datée du 24 mai 1674, parut en 1677-1678. Voltaire, qui avait dans sa bibliothèque le premier volume (Paris 1678; CN, iii.431), avait fait mention d'Esprit dans le 'Catalogue des écrivains' du *Siècle de Louis XIV* en tant qu'auteur 'du livre *de la Fausseté des vertus humaines*, qui n'est qu'un commentaire du duc de La Rochefoucauld' (*OH*, p.1161).

à la charité chrétienne. Ainsi selon le sieur Esprit, ni Caton, ni Aristide, ni Marc-Aurèle, ni Epictète, n'étaient des gens de bien: mais on n'en peut trouver que chez les chrétiens.[4] Parmi les chrétiens il n'y a de vertu que chez les catholiques; parmi les catholiques, il fallait encore en excepter les jésuites, ennemis des oratoriens; partant la vertu ne se trouvait guère que chez les ennemis des jésuites.[5]

Ce M. Esprit commence par dire, que la prudence n'est pas une vertu; et sa raison est qu'elle est souvent trompée.[6] C'est comme

[4] Esprit montre que, si elles n'ont pas leur source et leur but dans la religion chrétienne, les vertus qu'il étudie (Prudence, Amour de la vérité, Sincérité, Amitié, etc.) se réduisent à des comportements vertueux motivés par des considérations personnelles et des sentiments qui ne sont même pas toujours louables, et que par suite elles ne sont pas constantes et fiables. Il termine souvent un chapitre par une phrase du type: 'Au contraire les chrétiens', 'Il n'y a que les chrétiens qui'; le chapitre de l'Indulgence par exemple se conclut ainsi: 'Quant à l'indulgence humaine, il serait malaisé de trouver une vertu plus fausse, plus politique et plus intéressée [...] Au contraire les chrétiens sont véritablement indulgents' (i.347, 349). Mais il lui arrive de finir un chapitre par une phrase d'Aristote, d'Epicure, de Platon, voire une phrase de Platon et une d'Aristote.

[5] Esprit distingue les vrais chrétiens des autres. Les vraies vertus sont un don de Dieu. Certaines conclusions comportent quelque réserve: 'Il n'y a que les *vrais* chrétiens qui souhaitent sincèrement les avantages de leur prochain [...] Dieu leur donne des inclinations nouvelles, qui les portent à faire tous les plaisirs qu'ils peuvent aux autres sans retour vers eux-mêmes' (i.224); 'sans doute un grand nombre [de chrétiens] ne sentent point [encore] en eux [la] disposition vertueuse' à la pitié (i.388). D'autre part, dans le chapitre 26, 'La fidélité des sujets envers leur souverain', Esprit écrit: 'J'ai fait le portrait des chrétiens des premiers siècles de l'Eglise afin que les chrétiens de notre temps y voient la condamnation de [...] leur conduite: qu'ils apprennent que les Français qui firent la guerre à Henri III parce qu'ils le croyaient huguenot, et qui s'opposèrent ensuite à Henri IV [...] étaient criminels de lèse-majesté' (i.566-67; CN, iii.431, avec signet).

[6] En réalité l'auteur 'commence par dire': 'la prudence vient [...] s'offrir à [l'homme] pour lui montrer incessamment le but unique où il doit tendre [...] Cet objet important [...] suffit pour la relever infiniment au-dessus des autres vertus', 'quoique toutes les vertus soient précieuses dans leur nature [...] il faut [...] demeurer d'accord qu'elles seraient aveugles, errantes et incertaines si la prudence n'était leur guide' (i.5-6). Ensuite seulement il montre que la prudence peut être non seulement inutile, mais néfaste: 'la prudence humaine est incertaine et aveugle,

si on disait que César n'était pas un grand capitaine, parce qu'il fut battu à Dirrachium.[7]

Si M. Esprit avait été philosophe, il n'aurait pas examiné la prudence comme une vertu, mais comme un talent, comme une qualité utile, heureuse; car un scélérat peut être très prudent, et j'en ai connu de cette espèce. O la rage de prétendre que

Nul n'aura de vertu que nous et nos amis![8]

Qu'est-ce que la vertu, mon ami? C'est de faire du bien. Fais-

19 69*: utile, V↑et+ heureuse

et [...] par conséquent l'on ne peut s'assurer par elle d'aucun succès' (i.15-16); l'homme 'offense' la Providence 'lorsque par son ignorance ou par sa vanité il attribue à sa prudence les heureux événements de sa vie' (i.81). Cette idée, assez banale, il est vrai, que la prudence est assez souvent trompée et n'est pas l'apanage des gens de bien se rencontre aussi dans *Le Triumvirat*, II.ii, dont il est question dans la correspondance à partir de juin 1763 (D11276), ce qui semble confirmer les hypothèses proposées quant à la date de la composition de cet article.

[7] César fut battu à Dirrachium en 48 avant J.-C. par Pompée qui occupait des positions plus avantageuses et recevait sans difficulté troupes, vivres, argent; voir Plutarque, *Pompée*, LXV; *César*, XXXIX. Esprit fait lui-même allusion à la bataille de Dirrachium dans le chapitre sur la Prudence (i.22), mais pour montrer que, malgré cette victoire et tous ses atouts, Pompée a subi à Pharsale une défaite qui est 'un coup de la main du Très Haut [...] pour apprendre aux grands capitaines et aux admirateurs aveugles de leurs exploits qu'ils [...] ne gagnent les combats que par les conseils et le courage qu'Il leur inspire' (i.28-29).

[8] Adaptation de Molière, *Les Femmes savantes*, III.ii.924: 'Nul n'aura de l'esprit hors nous et nos amis'; cf. les *Lettres à S. A. Mgr le prince de* ***: 'Le comble de l'insolence fanatique est de dire: "Nul n'aura de vertu que nous et nos amis; Socrate, Confucius, Marc Aurèle, Epictète, ont été des scélérats, puisqu'ils n'étaient pas de notre communion"' (M.xxvi.499).

nous-en, et cela suffit. Alors nous te ferons grâce du motif.[9] Quoi! selon toi, il n'y aura nulle différence entre le président de Thou,[10] et Ravaillac? entre Cicéron et ce Popilius auquel il avait sauvé la vie, et qui lui coupa la tête pour de l'argent?[11] et tu déclareras Epictète et Porphyre[12] des coquins, pour n'avoir pas suivi nos

27-29 69*: ⟨des coquins […] dogmes⟩ V↑le jeuneur et marc aurele des coquins parce qu'ils ont eu le malheur de ne pas connaître nos dogmes

[9] Esprit en effet ne fait pas 'grâce du motif', mais il en donne la raison: 'parce que les vertus morales ne sont que des vertus imparfaites, et qu'elles ne peuvent être parfaites et accomplies, que si on les accomplit par des motifs divins et surnaturels' (i.278); d'autre part il préfère une vertu humaine imparfaite à l'absence de vertu: 's'il y a des chrétiens […] qui ne sentent point en eux cette disposition vertueuse', il faut leur dire: 'faites par un mouvement de pitié ce que vous ne pouvez faire encore pour l'amour de Dieu et par charité' (i.388). Ce thème, qui domine l'article, rappelle la présentation ironique par Voltaire du *Catéchisme de l'honnête homme*: 'On renouvelle tous les jours les attaques que l'empereur Julien, les philosophes Celse et Porphire, livrèrent dès les premiers temps à nos saintes vérités […]. On prêche je ne sçais quelle vertu, qui ne consistant qu'à faire du bien aux hommes est entièrement mondaine, et de nulle valeur. On oppose au pédagogue chrétien et au pensez-y bien […] je ne sais quel catéchisme de l'honnête homme fait par un certain abbé Durand. Quel titre […] que le catéchisme de l'honnête homme, comme s'il pouvait y avoir de la vertu hors de la religion catholique!' (25 août 1763, à Helvétius; D11383).

[10] Voltaire pense au président à mortier Jacques-Auguste de Thou (1553-1617), contemporain de Ravaillac et, contrairement à lui, fidèle serviteur de la royauté, qui fut un des rédacteurs de l'Edit de Nantes et l'auteur d'une *Histoire de mon temps*, mise à l'index sur une liste où figurait aussi l'arrêt contre Jacques Clément, régicide comme Ravaillac.

[11] Quand il ajoute au *Triumvirat* des 'remarques sur les proscriptions', Voltaire joint la note suivante: 'Je remarquerai, sur le meurtre de Cicéron, qu'il fut assassiné par un tribun militaire nommé Popilius Laenus, pour lequel il avait daigné plaider, et auquel il avait sauvé la vie. Ce meurtrier reçut d'Antoine 200 000 livres de notre monnaie pour la tête et les deux mains de Cicéron, qu'il lui apporta dans le forum' (M.vi.209); cf. QE, art. 'Cicéron'. Il a pu trouver les détails, notamment celui des 200 000 écus (qui y figure alors qu'il ne figure ni dans Moreri ni dans Plutarque), dans Conyers Middleton, *Histoire de Cicéron*, trad. Prévost (Paris 1743), iv.284, par laquelle la vie de Cicéron nous est bien connue, écrit-il dans sa note.

[12] Voltaire écrit à Lévesque de Burigny qu'il fait plus de cas de Porphyre que de Bossuet (D10003); voir également D11383, citée ci-dessus, n.9. Rappelons

dogmes? Une telle insolence révolte. Je n'en dirai pas davantage, car je me mettrais en colère.

---

qu'Esprit cite parfois les sages de l'antiquité pour étayer ses affirmations (voir ci-dessus, n.4).

FIN, CAUSES FINALES[1]

Il paraît qu'il faut être forcené pour nier que les estomacs soient faits pour digérer, les yeux pour voir, les oreilles pour entendre.

D'un autre côté il faut avoir un étrange amour des causes finales pour assurer que la pierre a été formée pour bâtir des maisons, et que les vers à soie sont nés à la Chine afin que nous ayons du satin en Europe.

Mais, dit-on, si Dieu a fait visiblement une chose à dessein, il a donc fait toutes choses à dessein. Il est ridicule d'admettre la Providence dans un cas, et de la nier dans les autres. Tout ce qui est fait a été prévu, a été arrangé. Nul arrangement sans objet, nul effet sans cause; donc tout est également le résultat, le produit d'une cause finale; donc il est aussi vrai de dire que les nez ont été faits pour porter des lunettes, et les doigts pour être ornés de diamants, qu'il est vrai de dire que les oreilles ont été formées pour entendre les sons, et les yeux pour recevoir la lumière.[2]

Je crois qu'on peut aisément éclaircir cette difficulté, quand les

[1] Voltaire négocie ici un chemin philosophique délicat entre les thèses du docteur Pangloss (*Candide*, ch.1), l'abbé Noël-Antoine Pluche (*Le Spectacle de la nature*) et les *Institutions de physique* de Mme Du Châtelet, ch.2, d'une part, et le monde sans finalité des épicuriens comme Lucrèce de l'autre. Les thèses de ces derniers le tentaient, malgré l'athéisme de Lucrèce, parce qu'elles présentaient la possibilité de sauver le contingent dans les affaires humaines et ainsi de sauver la liberté humaine d'un fatalisme si bénin fût-il. Ce sont des thèmes abordés entre 1734 et 1738 dans le *Traité de métaphysique*, ch.2 (V 14, p.511-12) et dans les *Eléments de la philosophie de Newton*, I.i-iv (V 15, p.195-232). Comme nous le verrons, sa solution était des plus classiques. Il est difficile de surestimer le poids de la philosophie classique et de la théologie dans la pensée de Voltaire, soit comme corpus d'idées reçues et assimilées, soit comme source d'idées à réfuter et à écarter; voir B. E. Schwarzbach, 'Coincé entre Pluche et Lucrèce: Voltaire et la théologie naturelle', p.1072-84. Cet article est devenu, dans les QE, 'Causes finales' II.

[2] Cf. Aristote, *La Physique*, II.5.197a.5. Voltaire avait déjà proposé la même solution dans le *Traité de métaphysique*, ch.2 (V 14, p.436).

effets sont invariablement les mêmes, en tout lieu et en tout temps; quand ces effets uniformes sont indépendants des êtres auxquels ils appartiennent, alors il y a visiblement une cause finale.[3]

Tous les animaux ont des yeux, et ils voient; tous ont des oreilles, et ils entendent; tous une bouche par laquelle ils mangent; un estomac, ou quelque chose d'approchant, par lequel ils digèrent; tous un orifice qui expulse les excréments, tous un instrument de la génération: et ces dons de la nature opèrent en eux sans qu'aucun art s'en mêle. Voilà des causes finales clairement établies, et c'est pervertir notre faculté de penser, que de nier une vérité si universelle.

Mais les pierres en tout lieu et en tout temps, ne composent pas des bâtiments; tous les nez ne portent pas des lunettes; tous les doigts n'ont pas une bague; toutes les jambes ne sont pas couvertes de bas de soie. Un ver à soie n'est donc pas fait pour couvrir mes jambes, comme votre bouche est faite pour manger, et votre derrière pour aller à la garde-robe. Il y a donc des effets produits par des causes finales, et des effets en très grand nombre qu'on ne peut appeler de ce nom.

Mais les uns et les autres sont également dans le plan de la Providence générale: rien ne se fait sans doute malgré elle, ni même sans elle. Tout ce qui appartient à la nature est uniforme, immuable, est l'ouvrage immédiat du maître; c'est lui qui a créé les lois par lesquelles la lune entre pour les trois quarts dans la cause du flux et du reflux de l'océan, et le soleil pour son quart:[4] c'est lui qui a donné un mouvement de rotation au soleil, par lequel cet astre envoie en cinq minutes et demie[5] des rayons de lumière dans les yeux des hommes, des crocodiles et des chats.

[3] Lucrèce, *De rerum natura*, iv.823-857. L'argument de Voltaire doit être particulièrement fin pour tenir le milieu entre Lucrèce et Pangloss car ils invoquent tous les trois les mêmes autorités pour soutenir des thèses opposées. Thème repris dans *Des singularités de la nature* (M.xxviii.138-39), QE, art. 'Dieu, dieux' (M.xviii.368).

[4] Voir les *Eléments de la philosophie de Newton*, III.xi (V 15, p.477-89).

[5] Un calcul rapide portant sur la vitesse de la lumière (300 000 km par seconde) et la distance moyenne du soleil à la terre (150 000 000 km) montre que l'estimation

Mais, si après bien des siècles nous nous sommes avisés d'inventer des ciseaux et des broches, de tondre avec les uns la laine des moutons, et de les faire cuire avec les autres pour les manger, peut-on en inférer autre chose, sinon, que Dieu nous a faits de façon qu'un jour nous deviendrions nécessairement industrieux et carnassiers?

Les moutons n'ont pas sans doute été faits absolument pour être cuits et mangés, puisque plusieurs nations s'abstiennent de cette horreur. Les hommes ne sont pas créés essentiellement pour se massacrer, puisque les brames et les quakers ne tuent personne; mais la pâte dont nous sommes pétris produit souvent des massacres, comme elle produit des calomnies, des vanités, des persécutions et des impertinences. Ce n'est pas que la formation de l'homme soit précisément la cause finale de nos fureurs et de nos sottises; car une cause finale est universelle et invariable en tout temps et en tout lieu. Mais les horreurs et les absurdités de l'espèce humaine n'en sont pas moins dans l'ordre éternel des choses.[6] Quand nous battons notre blé, le fléau est la cause finale de la séparation du grain; mais si ce fléau en battant mon grain écrase mille insectes, ce n'est pas par ma volonté déterminée, ce n'est pas non plus par hasard; c'est que ces insectes se sont trouvés cette fois sous mon fléau, et qu'ils devaient s'y trouver.

C'est une suite de la nature des choses, qu'un homme soit ambitieux, que cet homme enrégimente quelquefois d'autres hom-

47-48 64-69: manger, que peut-on [69* errata: β]
59 65v: finale et universelle est invariable

était fort bonne pour l'époque. Dans les *Eléments de la philosophie de Newton*, II.i, ii (V 15, p.261, 274), Voltaire avait estimé ce temps à huit minutes. Dans les QE, il porte ce temps à sept minutes, ce qui est l'approximation citée par Newton, *Opticks* (London 1704), p.2. Pourtant la raison du rayonnement de la lumière du soleil que donne Voltaire ici et dans les *Eléments de la philosophie de Newton*, II.ii (V 15, p.276) n'est pas sa rotation.

[6] Voir l'argumentation du *Traité de métaphysique*, ch.2 (V 14, p.437).

mes, qu'il soit vainqueur, ou qu'il soit battu; mais jamais on ne pourra dire, L'homme a été créé de Dieu pour être tué à la guerre.

Les instruments que nous a donnés la nature ne peuvent être toujours des causes finales en mouvement qui aient leur effet immanquable. Les yeux donnés pour voir ne sont pas toujours ouverts; chaque sens a ses temps de repos. Il y a même des sens dont on ne fait jamais d'usage. Par exemple, une malheureuse imbécile enfermée dans un cloître à quatorze ans, ferme pour jamais chez elle la porte dont devait sortir une génération nouvelle; mais la cause finale n'en subsiste pas moins, elle agira dès qu'elle sera libre.

FOI[1]

Un jour le prince Pic de la Mirandole[2] rencontra le pape Alexandre VI[3] chez la courtisane Emilia[4] pendant que Lucrèce fille du Saint-

a-86 64, 65, article absent
1-40a 65V, section absente

[1] La première section de cet article parue en 1767 paraît liée à la rédaction des *Droits des hommes et les usurpations des papes* (1768) qui évoque Alexandre VI. Ce texte est-il, comme le pense B. E. Schwarzbach, une illustration de l'article reproduit par les éditeurs de Kehl (M.xix.156-58)? Voir 'The problem of the Kehl additions to the *Dictionnaire philosophique*: sources, dating and authenticity', p.37-38. Cette section sera reprise dans les QE.

[2] Le nom de Giovanni Pico della Mirandola (1463-1494) reste le symbole d'une érudition universelle. Après des études dans les universités de France et d'Italie, il se fixe à Florence près de Laurent de Médicis. Il fréquente l'académie platonicienne de Marsile Ficin, apprend l'hébreu et l'arabe, s'initie à la cabale. Il publie à Rome en 1486 les *Conclusiones philosophicae, cabalisticae et theologicae*, ouvrage qui tende à montrer la vérité du christianisme en tant que point de convergence de toutes les formes antérieures de la pensée, et qui fut condamné par la curie romaine. Poursuivi pour hérésie, Mirandola s'enfuit en France. De retour à Florence, il se lie avec Savonarole sur lequel il exerce une grande influence. Il consacre sa vie à la science et à la piété, et publie en 1489 son *Heptaplus*, ou commentaire sur le début de la Genèse. Il est possible qu'il soit mort empoisonné. Voltaire lui a consacré tout un chapitre dans l'*Essai sur les mœurs* (ch.109; ii.87-89); il évoque son érudition, mais pense qu'il n'est qu'un 'écolier de génie', 'guidé en aveugle par des maîtres aveugles'. Il rappelle que certaines de ses thèses furent censurées par Innocent VIII, mais réhabilitées par Alexandre VI un an après son élection.

[3] Alexandre VI (Rodrigo Borgia), pape de 1492 à 1503, mena une vie dissolue. Voltaire a évoqué ses débauches, ses intrigues en faveur de son bâtard, César Borgia (1475-1507), dans l'*Essai sur les mœurs*, ch.111 (ii.96-99). Ses sources sont Francesco Guicciardini, *La Historia d'Italia* (Geneva 1621; BV) et Alexander Gordon, *La Vie du pape Alexandre VI et de son fils César Borgia* (Amsterdam 1732; BV). Gordon campe les Borgia dès sa préface: Alexandre qui élève l'empire de Satan, Lucrèce célèbre par ses débauches, César coupable de fratricide et d'inceste. Voltaire possède aussi *La Vie de César Borgia* de Tomaso Tomasi (Leyde 1712).

[4] On sait le rôle important joué par les courtisanes à la cour pontificale. Jean Buckard, maître de cérémonies, a laissé un journal, où il note que dans l'église des

Père était en couche et qu'on ne savait dans Rome si l'enfant était du pape ou de son fils le duc de Valentinois, ou du mari de Lucrèce Alphonse d'Arragon, qui passait pour impuissant.[5] La conversation fut d'abord fort enjouée. Le cardinal Bembo[6] en

---

Ermites de saint Augustin, lors d'une messe solennelle, les filles publiques et les maîtresses des prélats occupaient le premier rang (voir I. Cloulas, *Les Borgia*, p.187). Le 31 octobre 1501 est resté célèbre: cinquante filles de joie dansent nues au Vatican la veille de la Toussaint. Emilia ne paraît pas avoir laissé son nom dans les annales de la galanterie.

[5] Voltaire fait ici allusion à la naissance de l'*infans romanus*, pour lequel les recherches en paternité se sont avérées vaines. Lucrèce Borgia (1480-1519), fille du pape Alexandre VI et de Vannoza Catanei, a épousé en 1493 Giovanni Sforza. Celui-ci avait dû s'enfuir de Rome en mars 1497; l'enfant, né en mars 1498, ne peut donc pas être son fils. Sforza refuse de se soumettre à une 'épreuve de virilité', mais à la suite de maintes pressions, il signe le 18 novembre l'attestation de sa carence maritale (voir Gordon, *La Vie du pape Alexandre VI*, ii.142-43), et le 22 décembre leur mariage est annulé. C'est donc lui qui passa pour impuissant, et non, comme le prétend Voltaire, Alphonse d'Aragon, duc de Bisceglie. Quand l'enfant naît, Lucrèce vient d'être déclarée vierge au cours de la cérémonie d'annulation de son premier mariage et n'épouse Alphonse que le 21 juillet 1498. Alphonse ne pouvait pas passer pour impuissant, ayant eu un enfant de Lucrèce. (Il fut assassiné en 1500, sur ordre de César Borgia.) César démissionne du cardinalat en 1498, épouse Charlotte d'Albret et devient duc de Valentinois en 1499. Aventurier sans scrupule, bon soldat, diplomate adroit, il passait pour avoir des relations incestueuses avec sa sœur Lucrèce. Notons une inexactitude historique de plus: César Borgia n'est pas encore duc de Valentinois lorsque naît l'*infans romanus*. Les contemporains ont attribué comme père à cet enfant le duc de Gandia, fils d'Alexandre VI, assassiné le 15 juin 1497, ou Alexandre VI lui-même, ou César Borgia, alors cardinal. L'enfant fut légitimé par Alexandre VI le 1er septembre 1501: dans une première bulle le pape le reconnaissait pour le fils de César et d'une femme non mariée; et dans une seconde, destinée à rester secrète, pour son propre fils. Cf. *Essai sur les mœurs* (ii.90), *Les Droits des hommes* (M.xxvii.208).

[6] Pietro Bembo (1470-1547), latiniste éminent, vécut à la cour d'Alphonse d'Este que Lucrèce Borgia avait épousé en troisièmes noces en 1501, et dédie ses célèbres dialogues sur l'amour *Gli Asolani* à Lucrèce. Il écrira une histoire de son temps (*Opera historica*, 1567), mais Voltaire lui attribue malicieusement ce récit qui aurait eu lieu au temps des débauches de Lucrèce, alors qu'il a chanté ses vertus et ses mérites. Voltaire cite Bembo lorsqu'il veut faire un compliment à un ecclésiastique, et dresse de lui des portraits flatteurs (D3348, D15636, D15681; cf. *L'Examen important de milord Bolingbroke*, V 62, p.224).

rapporte une partie. Petit Pic,[7] dit le pape, qui crois-tu le père de mon petit-fils? je crois que c'est votre gendre, répondit Pic. Eh comment peux-tu croire cette sottise? Je la crois par la foi. Mais ne sais-tu pas bien qu'un impuissant ne fait point d'enfants? la foi consiste, repartit Pic, à croire les choses parce qu'elles sont impossibles; et de plus l'honneur de votre maison exige que le fils de Lucrèce ne passe point pour être le fruit d'un inceste. Vous me faites croire des mystères plus incompréhensibles. Ne faut-il pas que je sois convaincu qu'un serpent a parlé,[8] que depuis ce temps tous les hommes furent damnés, que l'ânesse de Balaam parla aussi fort éloquemment,[9] et que les murs de Jérico tombèrent au son des trompettes![10] Pic enfila tout de suite une kyrielle de toutes les choses admirables qu'il croyait. Alexandre tomba sur son sofa à force de rire.[11] Je crois tout cela comme vous, disait-il, car je sens bien que je ne peux être sauvé que par la foi et que je ne le serai pas par mes œuvres.[12] Ah! Saint-Père, dit Pic, vous n'avez besoin ni d'œuvres ni de foi; cela est bon pour de pauvres profanes comme nous, mais vous qui êtes vice-Dieu,[13] vous pouvez croire

[7] En italien, *piccolo*. Jeu de mots?

[8] Genèse iii.1-5. Voltaire mettra en scène le serpent de la Genèse dans *Le Taureau blanc*. Il lui consacre une note dans son poème *Le Marseillois et le lion* (M.x.141), et il s'interroge sur la langue qu'il parlait (*Les Systèmes*, M.x.170n; *La Bible enfin expliquée*, M.xxx.9). *La Philosophie de l'histoire* lui consacre quelques allusions malignes (V 59, p.254-55).

[9] Nombres xxii.28-30. Voltaire la mettra en scène dans *Le Taureau blanc*; voir aussi *Le Marseillois et le lion* (M.x.141), *La Bible enfin expliquée* (M.xxx.107-108).

[10] Josué vi.20. Voltaire minimise cette victoire de la foi en assurant que Jéricho n'était qu'un modeste village (*La Bible enfin expliquée*, M.xxx.124). Il s'en était déjà moqué dans *La Pucelle*, XVII (V 7, p.530).

[11] Sur le rire des papes, voir *Les Lettres d'Amabed*, XVIII (*Romans et contes*, p.522).

[12] Le thème chrétien du salut par la foi et/ou les œuvres est l'occasion ici d'un jeu de mots: on dit d'une femme enceinte qu'elle est 'grosse des œuvres de ...'; ici, Lucrèce l'est de celles du pape.

[13] Même usage malicieux du terme 'vice-Dieu' dans *Les Lettres d'Amabed* (*Romans et contes*, p.496, 498, 509-10, 514, 520).

et faire tout ce qu'il vous plaira, vous avez les clefs du ciel; et sans doute St Pierre ne vous fermera pas la porte au nez.[14] Mais pour moi, je vous avoue, que j'aurais besoin d'une puissante protection, si n'étant qu'un pauvre prince j'avais couché avec ma fille, et si je m'étais servi du stylet et de la cantarella[15] aussi souvent que Votre Sainteté. Alexandre VI entendait raillerie. Parlons sérieusement, dit-il, au prince de la Mirandole. Dites-moi quel mérite on peut avoir à dire à Dieu qu'on est persuadé de choses dont en effet on ne peut être persuadé? quel plaisir cela peut-il faire à Dieu? entre nous, dire qu'on croit ce qu'il est impossible de croire, c'est mentir.

Pic de la Mirandole fit un grand signe de croix. Eh Dieu paternel, s'écria-t-il, que Votre Sainteté me pardonne, vous n'êtes pas chrétien.[16] Non, sur ma foi, dit le pape. Je m'en doutais, dit Pic de la Mirandole.

(*par un descendant de Rabelais.*)[17]

[14] Allusion aux pouvoirs donnés par le Christ à Pierre: 'Et je vous donnerai les clefs du royaume des cieux; et tout ce que vous lierez sur la terre sera aussi lié dans les cieux, et tout ce que vous délierez sur la terre sera aussi délié dans les cieux' (Matthieu xvi.19).

[15] La cantarella ou cantharide, coléoptère fréquent dans les pays méditerranéens, appelée aussi mouche d'Espagne, était douée, pensait-on, de propriétés aphrodisiaques. Mais il se peut que Voltaire donne ici au mot une autre acception. Dans *Les Droits des hommes*, il évoque la cour des Borgia: 'on connaît le poison dont ils se servaient: il s'appelait la cantarella' (M.xxvii.208); sur les propriétés de la cantharide en poudre, voir *Encyclopédie*, art. 'Cantharide' (ii.622).

[16] Pic de La Mirandole, accusé d'hérésie, est ici promu au rang de juge en matière de foi chrétienne. Sans doute la conduite d'Alexandre VI bafoue-t-elle la morale chrétienne, mais la foi de cet Espagnol reste vive, et en particulier sa dévotion à la Vierge Marie. Il prend des libertés avec la liturgie, donne la communion si distraitement que par deux fois, l'hostie tombe à ses pieds. Sa politique religieuse à l'égard de Savonarole et de l'Inquisition est ici passée sous silence (voir J. Lucas-Dubreton, *Les Borgia*).

[17] Réduit à cinq ou six feuilles dans *Le Temple du Goût* (éd. Carcassonne, p.92), 'l'extravagant et inintelligible livre' de Rabelais est jugé sévèrement dans les *Lettres philosophiques* (*Lph*, ii.135). Mais Voltaire le relit en 1759, puis en 1760, se repent d'avoir dit du mal de lui (D8533, D8846). En 1767, il fera amende honorable dans

II[18]

Qu'est-ce que la foi? Est-ce de croire ce qui paraît évident? Non; il m'est évident qu'il y a un Etre nécessaire, éternel, suprême, intelligent. Ce n'est pas là de la foi, c'est de la raison. Je n'ai aucun mérite à penser que cet Etre éternel, infini, qui est la vertu, la bonté même, veut que je sois bon et vertueux. La foi consiste à croire non ce qui semble vrai, mais ce qui semble faux à notre entendement. Les Asiatiques ne peuvent croire que par la foi le voyage de Mahomet dans les sept planètes,[19] les incarnations du dieu Fo,[20] de Vitsnou, de Xaca, de Brama, de Sammonocodom,

---

ses *Lettres à S. A. Mgr le Prince de* ***. Il cherche la substantifique moelle et la trouve dans la satire sanglante du pape et de l'Eglise (M.xxvi.469-75). Voltaire se dit donc descendant de celui qui se moqua si bien des papimanes en traitant comme il fait le 'papegaut' Alexandre.

[18] Cette section II, parue en 1765 (65V), devient la première section dans les QE. Les métamorphoses des dieux et le voyage de Mahomet sont également évoqués dans les articles 'Dogmes' et 'Esprit faux', parus aussi dans 65V, d'où l'hypothèse plausible de la rédaction de ces trois articles en 1764-1765.

[19] A la suite de *Mahomet*, Voltaire avait fait paraître en 1748 un texte *Alcoran ou plutôt le Coran* qui fait allusion à la fois au voyage nocturne du prophète de La Mecque à Jérusalem évoqué par le Coran (xvii.1) et au voyage de planète en planète qui est rapporté par la Sunna (voir M.xvii.103). La Sunna de Muhammad, ensemble de récits (hadîts) sur Mahomet, transmis d'abord oralement, puis fixés ensuite par écrit, a valeur normative. Les musulmans sont censés croire à ce voyage fabuleux que Voltaire a sans doute lu dans *La Vie de Mahomet, traduite et compilée de l'Alcoran, des traditions authentiques de la Sonna, et des meilleurs auteurs arabes* de Jean Gagnier (Amsterdam 1732; BV). Il a mis un signet au début du récit de ce voyage, longuement évoqué (i.194-95; CN, iv.23); voir D. Hadidi, *Voltaire et l'Islam*, p.34-35. Voltaire fait parfois allusion à la jument Al Burāk (D4595, D8765) et au voyage nocturne (*L'Examen important de milord Bolingbroke*, V 62, p.228). En 1770, dans les QE, il dénonce les 'faussetés' sur Mahomet que Gagnier s'est plu à débiter (art. 'Arot et Marot', et 'Alcoran') et déclare que ces fables ont été rapportées plus de sept cents ans après Mahomet. Donc la religion de Mahomet a été corrompue.

[20] Dans l'énumération qui suit, Voltaire mêle des références à l'hindouisme (Vishnu, Brama) et au bouddhisme (Fo, Xaca, Sammonocodom). Il ne paraît pas soupçonner que le dieu Fo, dont il parle dans l'*Essai sur les mœurs*, ch.2 (i.223), comme d'une idole adorée par les Japonais et les Tartares, est le nom chinois du Bouddha. Les pages consacrées par Du Halde dans sa *Description de la Chine* (Paris 1735) à la secte de Fo ne pouvait que l'inciter à la mépriser (iii.19-26; CN, iii.279;

etc. etc. etc. Ils soumettent leur entendement, ils tremblent d'examiner, ils ne veulent être ni empalés, ni brûlés; ils disent, Je crois.

Il y a la foi sur les choses étonnantes, et la foi sur les choses contradictoires et impossibles.

Vitsnou s'est incarné cinq cents fois,[21] cela est fort étonnant; mais enfin, cela n'est pas physiquement impossible. Car si Vitsnou a une âme, il peut avoir mis son âme dans cinq cents corps pour se réjouir. L'Indien, à la vérité, n'a pas une foi bien vive, il n'est pas intimement persuadé de ces métamorphoses; mais enfin, il dira à son bonze, J'ai la foi; vous voulez que Vitsnou ait passé par

---

cf. i.332, ii.323, 496). Voltaire a pu lire que Fo naquit huit mille fois et parut sous forme de singe, de dragon et d'éléphant (i.20). Il n'a pas toujours été aussi sévère à l'égard de la métempsycose (voir V 59, p.147-48). Il paraît n'avoir eu qu'une connaissance sommaire du Bouddha, dont la vie de sage n'est qu'une de ses incarnations: il avait vécu d'innombrables vies antérieures, racontées dans le Jätakam, et atteint l'état de bodhisattva, prêt à descendre sur terre afin d'aider les hommes à progresser vers le bien et d'obtenir la qualité d'Eveillé spirituel (Bouddha). Depuis son parinirvana, il a regagné la lignée des bouddhas des temps passés. Au cours de la nuit de l'illumination, grâce à 'l'œil divin', il a vu se dérouler des 'centaines de milliers de millions' d'existences antérieures, les siennes et celles de l'humanité. Il se remémore celles où il fut un animal (oiseaux variés, antilopes, buffle, etc.) ou bien un homme (tailleur, brahmane, prince royal, etc.); voir J. Auboyer et J.-L. Nou, *Buddha* (Paris 1982). A noter que la source de Voltaire ne signalait que les incarnations sous forme d'animal, senties comme particulièrement ridicules par la conscience occidentale et chrétienne.

Sur Vishnu, voir 'Catéchisme chinois', n.83.

Xaca, Saka ou Siaka est le nom japonais du Bouddha. Jaucourt, dans l'*Encyclopédie*, croit savoir que Siaka est le même que le Foë des Chinois, le Vishnu, le Bouddha des Indous, le Sammonocodon des Siamois (art. 'Siaka'; xv.147).

Brama, dieu créateur, associé à Vishnu le conservateur et Siva le destructeur dans la trinité hindoue, est demeuré voisin de la notion abstraite qu'il désignait à l'origine: le brahman, mot neutre, désigne l'absolu. Il n'y a pas d'incarnation de Brama.

Sur Sammonocodom, voir 'Catéchisme chinois', n.84.

[21] Le chiffre de 550 réincarnations se trouve chez les voyageurs cités à propos du Bouddha. Dans l'*Encyclopédie* Jaucourt attribue 550 incarnations à Vishnu, lequel serait venu sur terre sous la forme d'un nègre Sammana Codom (art. 'Siam', xv.149). Pourquoi Voltaire a-t-il retenu le chiffre de 500 réincarnations?

cinq cents incarnations, cela vous vaut cinq cents roupies de rente; à la bonne heure; vous irez crier contre moi, vous me dénoncerez, vous ruinerez mon commerce si je n'ai pas la foi; eh bien, j'ai la foi, et voilà de plus dix roupies que je vous donne. L'Indien peut jurer à ce bonze qu'il croit, sans faire un faux serment; car après tout il ne lui est pas démontré que Vitsnou n'est pas venu cinq cents fois dans les Indes.

Mais si le bonze exige de lui qu'il croie une chose contradictoire, impossible, que deux et deux font cinq, que le même corps peut être en mille endroits différents, qu'être et n'être pas c'est précisément la même chose, alors, si l'Indien dit qu'il a la foi, il a menti; et s'il jure qu'il croit, il fait un parjure. Il dit donc au bonze, Mon révérend père, je ne peux vous assurer que je crois ces absurdités-là, quand elles vous vaudraient dix mille roupies de rente au lieu de cinq cents.

Mon fils, répond le bonze, donnez vingt roupies, et Dieu vous fera la grâce de croire tout ce que vous ne croyez point.

Comment voulez-vous, répond l'Indien, que Dieu opère sur moi ce qu'il ne peut opérer sur lui-même? Il est impossible que Dieu fasse ou croie les contradictoires;[22] autrement il ne serait plus Dieu. Je veux bien vous dire, pour vous faire plaisir, que je crois ce qui est obscur; mais je ne peux vous dire que je crois l'impossible. Dieu veut que nous soyons vertueux, et non pas que nous soyons absurdes. Je vous ai donné dix roupies, en voilà encore vingt, croyez à trente roupies, soyez homme de bien si vous pouvez, et ne me rompez plus la tête.

86 69*, sur un feuillet: [W]Il n'en est pas ainsi des chretiens. la foi qu'ils ont pour des choses qu'ils n'entendent pas est fondée sur ce qu'ils entendent. il[s] ont des motifs de crédibilité. Jesu christ a fait des miracles dans la Galilée donc nous devons croire tout ce qu'il a dit. pour savoir ce qu'il a dit il faut consulter l'Eglise. l'Eglise a prononcé que les livres qui nous annoncent Jesu christ sont autentiques. il faut donc croire ces livres. Ces livres nous disent que qui n'écoute pas l'église

[22] Article de foi de Voltaire.

doit être regardé comme un publicain ou comme un païen;[27] donc nous devons écouter l'Eglise; donc, nous devons lui soumettre nôtre raison, non par une crédulité enfantine ou aveugle; mais par une croiance docile que la raison même autorise, telle est la foi chretienne

[23] Agents du fisc qui percevaient les droits de douane et d'octroi à l'époque romaine, les publicains étaient détestés de la population. C'est pourquoi ils sont associés aux païens (Matthieu xviii.17), bien qu'il y ait des publicains estimables, tel celui de la parabole du pharisien et du publicain (Luc xviii.9-14). Même allusion dans la *Conversation de M. l'intendant des menus avec l'abbé Grizel* (M.xxiv.244-45).

FOLIE[1]

Il n'est pas question de renouveler le livre d'Erasme,[2] qui ne serait aujourd'hui qu'un lieu commun assez insipide.

Nous appelons folie cette maladie des organes du cerveau qui empêche un homme nécessairement de penser et d'agir comme les autres; ne pouvant gérer son bien,[3] on l'interdit; ne pouvant avoir des idées convenables à la société, on l'en exclut;[4] s'il est dangereux, on l'enferme; s'il est furieux, on le lie.

Ce qu'il est important d'observer, c'est que cet homme n'est point privé d'idées; il en a comme tous les autres hommes pendant la veille, et souvent quand il dort. On peut demander comment son âme spirituelle, immortelle, logée dans son cerveau, recevant toutes les idées par les sens très nettes et très distinctes, n'en porte cependant jamais un jugement sain? Elle voit les objets comme l'âme d'Aristote et de Platon, de Loke et de Newton les voyaient; elle entend les mêmes sons, elle a le même sens du toucher; comment donc recevant les perceptions que les plus sages éprou-

[1] Cet article présente diverses réflexions sur la folie qui est tout d'abord supposée organique, puis, après une digression, à nouveau réduite à une maladie (organique) du cerveau. Cette définition sert à Voltaire d'argument supplémentaire contre la thèse chrétienne qui associe la faculté de penser à une âme à la fois immatérielle et immortelle car, contrairement à l'*Encyclopédie*, art. 'Folie' (1757), Voltaire ne peut imaginer de maladie organique de quelque chose d'immatériel comme l'âme. L'article sera repris, avec des additions, dans les QE; le premier alinéa sera alors remplacé par un développement qui ne cite point Erasme (M.xix.159).

[2] Erasme, *Encomium moriae* (1511). Voltaire fait plusieurs fois mention d'Erasme vers cette époque: *Conversation de Lucien, Erasme et Rabelais* (1765), *Lettres à S. A. Mgr le prince de* ***, VI (1767). Voir ci-dessus, 'Athée', n.33.

[3] C'est l'exemple donné par Socrate, au début de *La République*, 331C, comme épreuve d'une définition naïve de la justice.

[4] Voir Michel Foucault, *Histoire de la folie à l'âge classique*, ch.I, qui montre comment 'l'internement fait suite à l'embarquement' sur les nefs des fous, les *Narrenschiffe*.

vent, en fait-elle un assemblage extravagant sans pouvoir s'en dispenser? Si cette substance simple et éternelle a pour ses actions les mêmes instruments qu'ont les âmes des cerveaux les plus sages, elle doit raisonner comme eux. Qui peut l'en empêcher? Je conçois bien à toute force que si mon fou voit du rouge, et les sages du bleu; si quand les sages entendent de la musique, mon fou entend le braiment d'un âne; si quand ils sont au sermon, mon fou croit être à la comédie; si quand ils entendent oui, il entend non; alors son âme doit penser au rebours des autres. Mais mon fou a les mêmes perceptions qu'eux; il n'y a nulle raison apparente pour laquelle son âme ayant reçu par ses sens tous ses outils, ne peut en faire d'usage. Elle est pure, dit-on, elle n'est sujette par elle-même à aucune infirmité; la voilà pourvue de tous les secours nécessaires: quelque chose qui se passe dans son corps, rien ne peut changer son essence: cependant on la mène dans son étui[5] aux Petites-Maisons.

Cette réflexion peut faire soupçonner que la faculté de penser donnée de Dieu à l'homme, est sujette au dérangement comme les autres sens. Un fou est un malade dont le cerveau pâtit, comme le goutteux est un malade qui souffre aux pieds et aux mains;[6] il

36 65V: pieds ou aux

[5] Que le corps est l'étui de l'âme est une idée platonicienne que Voltaire évoque ailleurs; voir une lettre à Collini, 26 janvier 1778 (D21011).

[6] Cf. la thèse de l'article 'Folie' de l'*Encyclopédie*, selon laquelle les facultés de perception des fous sont défaillantes, ce qui est mis en évidence par le fait que la victime de la folie ne reconnaît pas les 'vérités' évidentes de faits ni de morale. 'S'écarter de la raison sans le savoir, parce qu'on est privé d'idées, c'est être imbécile [...] mais s'en écarter avec confiance, et dans la ferme persuasion qu'on la suit, voilà, ce qui me semble, ce qu'on appelle être fou [...] la folie n'est qu'une privation'. Aumont, rédacteur de cet article, auteur de maintes contributions médicales dans l'*Encyclopédie*, précise que 'la folie paraît venir quelquefois de l'altération de l'âme qui se communique aux organes du corps, quelquefois du dérangement des organes du corps qui influe sur les opérations de l'âme' (vii.43-44). Voltaire met l'accent sur les dérangements de la faculté de penser, liés à des maladies du cerveau.

pensait par le cerveau, comme il marchait avec les pieds, sans rien connaître ni de son pouvoir incompréhensible de marcher, ni de son pouvoir non moins incompréhensible de penser. On a la goutte au cerveau comme aux pieds. Enfin après mille raisonnements, il n'y a peut-être que la foi seule qui puisse nous convaincre qu'une substance simple et immatérielle puisse être malade.[7]

Les doctes ou les docteurs diront au fou, Mon ami, quoique tu aies perdu le sens commun, ton âme est aussi spirituelle, aussi pure, aussi immortelle que la nôtre; mais notre âme est bien logée, et la tienne l'est mal; les fenêtres de la maison sont bouchées pour elle; l'air lui manque, elle étouffe. Le fou, dans ses bons moments, leur répondrait, Mes amis, vous supposez à votre ordinaire ce qui est en question, mes fenêtres sont aussi bien ouvertes que les vôtres, puisque je vois les mêmes objets, et que j'entends les mêmes paroles: il faut donc nécessairement que mon âme fasse un mauvais usage de ses sens, ou que mon âme ne soit elle-même qu'un sens vicié, une qualité dépravée. En un mot, ou mon âme est folie par elle-même, ou je n'ai point d'âme.

Un des docteurs pourra répondre: Mon confrère, Dieu a créé

54 64, 65v: est folle par

[7] Voltaire suit l'analyse de Locke pour qui les aliénés présentent des défauts de facultés intellectuelles, ayant soit une incapacité à établir des 'connexions' entre les idées à partir des perceptions qu'ils reçoivent, qui sont d'ailleurs les mêmes sensations que celles que reçoivent les sages, cas de ceux qui sont dépourvus de raison, soit une hyperactivité mentale qui amène à mal combiner certaines idées, cas des personnes atteintes de folie, qui sont pourtant parfois capables de penser d'une manière conséquente à partir de ces mauvaises connexions; voir *An essay concerning human understanding*, II.xi.13.

peut-être des âmes folles, comme il a créé des âmes sages.[8] Le fou répliquera, Si je croyais ce que vous me dites, je serais encore plus fou que je ne le suis. De grâce, vous qui en savez tant, dites-moi pourquoi je suis fou?

Si les docteurs ont encore un peu de sens, ils lui répondront, Je n'en sais rien. Ils ne comprendront pas pourquoi une cervelle a des idées incohérentes; ils ne comprendront pas mieux pourquoi une autre cervelle a des idées régulières et suivies. Ils se croiront sages, et ils seront aussi fous que lui.[9]

[8] Ce dialogue entre les doctes et le fou met l'accent sur les difficultés théologiques posées par le problème de la folie. De façon générale, dans ce texte, Voltaire reprend la thèse défendue dans sa lettre 'Sur Locke' (*Lph*, i.166-76, 191-203): Dieu accorde la faculté de penser là à la matière, ici au cerveau. Comme dans le *Traité de métaphysique*, ch.2, où il s'était efforcé de répondre aux reproches d'injustice ou de cruauté faits à Dieu (V 14, p.436-37), Voltaire ne se résout pas à imaginer un Dieu dont les créations seraient défectueuses, un Dieu créateur d'âmes folles.

[9] Le mot d'esprit final ne résout pas les difficultés. La démarche de Voltaire reste celle d'un philosophe ignorant, marquant les bornes de l'esprit humain, celles des connaissances accessibles. Dans les QE, deux paragraphes seront ajoutés, dont le dernier fait état de 'plaisantes recettes' pour guérir la folie (M.xix.161).

FRADUDE[1]

S'il faut user de fraudes pieuses avec le peuple?[2]

Le fakir Bambabef rencontra un jour un des disciples de Confutsée,

[1] Article publié en 1764 et que Voltaire reconnaît comme étant de lui (voir D12180). Il est difficile de préciser la date de composition, peut-être vers 1757-1759/1760. En effet Voltaire ne paraît pas encore saisi, pour l'Inde et pour son peu authentique Ezour-Veidam, de l'enthousiasme qu'il manifeste dans ses lettres de fin 1760-début 1761 (voir par ex. D9643) et dans certaines additions faites à l'*Essai sur les mœurs* en 1761. D'autre part sa position semblera plus dure en 1761, où il prendra la peine d'ajouter au chapitre 2 à propos de 'la superstition des bonzes': 'il semble en effet que la populace ne mérite pas une religion raisonnable' (i.224). Au contraire Voltaire parle comme Ouang quand il écrit à Théodore Tronchin le 15 janvier 1758 après s'être référé à la 'relligion simple des lettrez' chinois: 'Les scélérats de la populace, et les princes disent qu'il n'y a point de relligion par ce que leurs bonzes prêchent une relligion ridicule. Ils ne tireraient point cette conclusion funeste, si les bonzes se contentaient de crier qu'il y a un dieu rémunérateur et vangeur. Quel est l'homme qui oserait s'élever contre un dogme si naturel, si saint et si utile?' (D7584). Pendant cette période où d'Alembert fait paraître son article 'Genève', Voltaire est amené à prendre parti pour une simplification de la religion, à s'intéresser à la croyance à l'enfer (voir D9497); on peut même se demander si les villes évoquées l.106 ss. ne sont pas Genève et Lausanne telles qu'il les voit alors. L'exemple de l'optique peut de plus laisser penser que la réédition des *Eléments de la philosophie de Newton* est encore présente à son esprit. Peut-être aussi la parution en 1757, dans l'*Encyclopédie*, du double article 'Fraude', 'Fraude, Contravention, Contrebande' qui ne comporte que définitions et informations juridiques a-t-elle contribué à l'inciter à en écrire un autre sur les 'fraudes religieuses', qu'il situe dans le cadre oriental que ses rééditions de l'*Essai sur les mœurs* lui rendent familier.

[2] Voltaire s'intéresse depuis longtemps à cette question, et à celle, plus générale, de savoir dans quelle mesure il faut éclairer et instruire le peuple. Sa réponse est le plus souvent nuancée et présente quelques variantes. L'expression 'fraudes pieuses' figure déjà en 1745 dans l'esquisse du futur *Essai sur les mœurs* (i.225). En 1756 Voltaire ajoute à ses *Œuvres* un texte *Jusqu'à quel point on doit tromper le peuple*, 'très grande question, mais peu agitée' à laquelle il répond par de petites paraboles; il s'en dégage l'idée qu'on peut débarrasser le peuple de ses préjugés progressivement en ne les heurtant pas de front et que les prêtres, pour continuer à être respectés,

que nous nommons Confucius,[3] et ce disciple s'appelait Ouang;[4] et Bambabef soutenait que le peuple a besoin d'être trompé, et Ouang prétendait qu'il ne faut jamais tromper personne; et voici le précis de leur dispute.

BAMBABEF

Il faut imiter l'Etre suprême, qui ne nous montre pas les choses telles qu'elles sont; il nous fait voir le soleil sous un diamètre de deux ou trois pieds, quoique cet astre soit un million de fois plus gros que la terre; il nous fait voir la lune et les étoiles attachées sur un même fond bleu, tandis qu'elles sont à des distances différentes. Il veut qu'une tour carrée nous paraisse ronde de loin; il veut que le feu nous paraisse chaud, quoiqu'il ne soit ni chaud ni froid; enfin il nous environne d'erreurs convenables à notre nature.

OUANG

Ce que vous nommez erreur n'en est point une. Le soleil tel

doivent évoluer avec leur temps et devenir plus philosophes (M.xxiv.71-73); bien qu'il aboutisse à la même conclusion, ce texte est par le ton et la portée assez éloigné de cet article 'Fraude'. Malgré des points communs essentiels, les circonstances imposeront au chapitre 20 du *Traité sur la tolérance*, écrit en 1762-1763 au moment de l'affaire Calas, 'S'il est utile d'entretenir le peuple dans la superstition', un début et une conclusion tout différents: 'n'est-il pas évident qu'il serait encore plus raisonnable d'adorer le saint nombril, le saint prépuce, le lait et la robe de la Vierge Marie, que de détester et de persécuter son frère?' Sur les idées discutées par Bambabef et Ouang (la pureté de la religion des lettrés chinois, la question de la ségrégation peuple/lettrés en matière de religion, celle de l'utilité de la crainte d'un châtiment après la mort), voir *Essai sur les mœurs*, ch.1, 4; *La Philosophie de l'histoire*, ch.17, 18.

[3] Expression toute faite qu'on retrouve dans l'*Essai sur les mœurs*, ch.1 (i.219), *La Philosophie de l'histoire*, ch.18 (V 59, p.156).

[4] Ouang est le type du lettré chinois; voir les carnets, où Voltaire a consigné une anecdote où figure 'le lettré Ouang' (V 81, p.261).

qu'il est placé à des millions de millions de lis (*a*) au-delà de notre globe, n'est pas celui que nous voyons. Nous n'apercevons réellement, et nous ne pouvons apercevoir que le soleil qui se peint dans notre rétine, sous un angle déterminé. Nos yeux ne nous ont point été donnés pour connaître les grosseurs et les distances, il faut d'autres secours et d'autres opérations pour les connaître.[6]

Bambabef parut fort étonné de ce propos. Ouang qui était très patient lui expliqua la théorie de l'optique;[7] et Bambabef qui avait de la conception, se rendit aux démonstrations du disciple de Confutsée; puis il reprit la dispute en ces termes.

BAMBABEF

Si Dieu ne nous trompe pas par le ministère de nos sens, comme je le croyais, avouez au moins que les médecins trompent toujours les enfants pour leur bien; ils leur disent qu'ils leur donnent du sucre, et en effet ils leur donnent de la rhubarbe.[8] Je peux donc moi, fakir, tromper le peuple qui est aussi ignorant que les enfants.

OUANG

J'ai deux fils, je ne les ai jamais trompés; je leur ai dit quand ils ont été malades, voilà une médecine très amère, il faut avoir le courage de la prendre; elle vous nuirait si elle était douce; je n'ai

(*a*) Un li est de 124 pas.[5]

[5] Voir 'Catéchisme chinois', n.15.

[6] Cf. *Eléments de la philosophie de Newton* (que Voltaire a revus pour w56), II.vii: 'Nous apprenons à voir précisément comme nous apprenons à parler et à lire' (V 15, p.322).

[7] Voir *Eléments de la philosophie de Newton*, II (V 15, p.253-395).

[8] La rhubarbe de Chine était employée pour ses qualités purgatives (*Encyclopédie*, xiv.261-62). On en composait un sirop pour les enfants.

jamais souffert que leurs gouvernantes et leurs précepteurs leur fissent peur des esprits, des revenants, des lutins, des sorciers; par là j'en ai fait de jeunes citoyens courageux et sages.

BAMBABEF

Le peuple n'est pas né si heureusement que votre famille.

OUANG

Tous les hommes se ressemblent; ils sont nés avec les mêmes dispositions.[9] Ce sont les fakirs qui corrompent la nature des hommes.

BAMBABEF

Nous leur enseignons des erreurs, je l'avoue, mais c'est pour leur bien.[10] Nous leur faisons accroire que s'ils n'achètent pas de nos clous bénits, s'ils n'expient pas leurs péchés en nous donnant de l'argent,[11] ils deviendront dans une autre vie, chevaux de poste, chiens, ou lézards. Cela les intimide, et ils deviennent gens de bien.

OUANG

Ne voyez-vous pas que vous pervertissez ces pauvres gens? Il y en a parmi eux bien plus qu'on ne pense, qui raisonnent, qui se

[9] Sur les réserves de Voltaire, voir ci-dessous, n.17.

[10] Cf. *Essai sur les mœurs*, ch.4, à propos de l'Inde: 'L'ancienne pureté de la religion des premiers brachmanes ne subsiste plus que chez quelques-uns de leurs philosophes; et ceux-là ne se donnent pas la peine d'instruire un peuple qui ne veut pas être instruit, et qui ne le mérite pas. Il y aurait même du risque à vouloir le détromper: les brames ignorants se soulèveraient [...] les femmes [...] crieraient à l'impiété' (ajout de 1761; i.243-44).

[11] Cf. *Lettre d'un Turc sur les fakirs et sur son ami Bababec*, en ce qui concerne les clous. Sur la vente des indulgences également visée ici, voir *Essai sur les mœurs*, ch.127 (ii.212-16).

moquent de vos miracles, de vos superstitions, qui voient fort bien qu'ils ne seront changés ni en lézards ni en chevaux de poste.[12] Qu'arrive-t-il? Ils ont assez de bon sens pour voir que vous leur prêchez une religion impertinente, et ils n'en ont pas assez pour s'élever vers une religion pure, et dégagée de superstition, telle que la nôtre.[13] Leurs passions leur font croire qu'il n'y a point de religion, parce que la seule qu'on leur enseigne est ridicule;[14] vous devenez coupables de tous les vices dans lesquels ils se plongent.

BAMBABEF

Point du tout, car nous ne leur enseignons qu'une bonne morale.

OUANG

Vous vous feriez lapider par le peuple, si vous enseigniez une morale impure. Les hommes sont faits de façon, qu'ils veulent bien commettre le mal, mais ils ne veulent pas qu'on le leur prêche. Il faudrait seulement ne point mêler une morale sage avec

51 64: moquent de vos clous, de vos miracles
64-65 65v: le mal, mais il faudrait

[12] Voltaire écrira au contraire dans *La Philosophie de l'histoire*: 'C'était un grand frein pour les pervers que la crainte d'être condamnés par Visnou, et Brama, à devenir les plus vils et les plus malheureux des animaux' (V 59, p.147).

[13] Sur la religion 'pure' des lettrés de la Chine, voir *Essai sur les mœurs*, ch.2 (i.223-24); *La Philosophie de l'histoire*, ch.18 (V 59, p.156-57); ci-dessus, art. 'Catéchisme chinois', 'Chine'.

[14] Cf. D7584, 15 janvier 1758, au moment de la polémique suscitée à Genève par l'article 'Genève' de l'*Encyclopédie*. Même conclusion après l'évocation des disputes théologiques dans les carnets: 'Si la relligion se contentoit de dire soyez juste, il n'y auroit pas un incrédule sur la terre. Mais les prêtres disent croyez etc. et on ne croit point' (V 81, p.71); cf. *Essai sur les mœurs*, passage ajouté en 1761: 'Ils faisaient tous ce détestable raisonnement: "Les hommes m'ont enseigné des mensonges, donc il n'y a point de Dieu"' (ii.71).

des fables absurdes, parce que vous affaiblissez par vos impostures, dont vous pourriez vous passer, cette morale que vous êtes forcés d'enseigner.

BAMBABEF

Quoi! vous croyez qu'on peut enseigner la vérité au peuple sans la soutenir par des fables.

OUANG

Je le crois fermement. Nos lettrés sont de la même pâte que nos tailleurs, nos tisserands, et nos laboureurs. Ils adorent un Dieu créateur, rémunérateur, et vengeur. Ils ne souillent leur culte, ni par des systèmes absurdes, ni par des cérémonies extravagantes, et il y a bien moins de crimes parmi les lettrés que parmi le peuple.[15] Pourquoi ne pas daigner instruire nos ouvriers comme nous instruisons nos lettrés?

BAMBABEF

Vous feriez une grande sottise; c'est comme si vous vouliez qu'ils eussent la même politesse, qu'ils fussent jurisconsultes; cela n'est ni possible ni convenable. Il faut du pain blanc pour les maîtres, et du pain bis pour les domestiques.[16]

[15] Dans l'*Essai sur les mœurs*, ch.2, après avoir dit que les 'sectes sont tolérées à la Chine pour l'usage vulgaire [...] tandis que les magistrats et les lettrés [...] se nourrissent d'une substance plus pure', que 'Confucius gémissait pourtant [...] La secte de Laokium avait déjà introduit les superstitions chez le peuple', c'est à Confucius lui-même que Voltaire prête la question et la réponse au sujet de la criminalité: 'Pourquoi, dit-il [Confucius] dans un de ses livres, y a-t-il plus de crimes chez la populace ignorante que parmi les lettrés? c'est que le peuple est gouverné par les bonzes' (i.223-24); c'est une utilisation très libre de ce que dit Confucius dans la *Description de la Chine* de Du Halde (ii.330).

[16] C'est ce que Voltaire fait en 1756 quand il commande à J.-R. Tronchin 'un baril d'huile très commune pour vos jardiniers qui mangent touttes vos salades, et qui ne méritent pas de l'huile fine' (D6880).

OUANG

J'avoue que tous les hommes ne doivent pas avoir la même science; mais il y a des choses nécessaires à tous. Il est nécessaire que chacun soit juste;[17] et la plus sûre manière d'inspirer la justice à tous les hommes, c'est de leur inspirer la religion sans superstition.

BAMBABEF

C'est un beau projet; mais il est impraticable. Pensez-vous qu'il suffise aux hommes de croire un Dieu qui punit et qui récompense? Vous m'avez dit qu'il arrive souvent que les plus déliés d'entre le peuple se révoltent contre mes fables; ils se révolteront de même contre votre vérité; ils diront: Qui m'assurera que Dieu punit et récompense? où en est la preuve? Quelle mission avez-vous? Quel miracle avez-vous fait pour que je vous croie? Ils se moqueront de vous bien plus que de moi.

OUANG

Voilà où est votre erreur. Vous vous imaginez qu'on secouera le joug d'une idée honnête, vraisemblable, utile à tout le monde, d'une idée dont la raison humaine est d'accord, parce qu'on rejette

[17] Cf. l'assertion de Confucius que Voltaire citera à Damilaville en avril 1766: 'Confucius a dit qu'il avait connu des gens incapables de sciences, mais aucun incapable de vertu' (D13232). Quant à lui, il pense, pour des raisons économiques et idéologiques, que tous ne peuvent pas et ne doivent pas être éclairés et instruits de même; il s'oppose sur ce point à Damilaville: 'il est à propos que le peuple soit guidé, et non pas qu'il soit instruit. Il n'est pas digne de l'être' (D13212; cf. D12249); il reprochera d'autre part à Helvétius, dans l'article 'Esprit' des QE, de prétendre que les esprits sont égaux, alors qu''on a toujours vu le contraire' (M.xix.23); voir ce que dit exactement Helvétius dans *De l'esprit*, II.xxiv, III.i (1758). Toutefois dans la version donnée dans le *Commentaire historique* d'une lettre à Linguet, il exceptera 'les artisans plus relevés', qu'il a sans doute appris à connaître à Genève et dans ses manufactures de Ferney (D14039).

des choses malhonnêtes, absurdes, inutiles, dangereuses, qui font frémir le bon sens?

Le peuple est très disposé à croire ses magistrats: quand ses magistrats ne leur proposent qu'une créance raisonnable, ils l'embrassent volontiers. On n'a point besoin de prodiges pour croire un Dieu juste, qui lit dans le cœur de l'homme; cette idée est trop naturelle pour être combattue. Il n'est pas nécessaire de dire précisément comment Dieu punira et récompensera; il suffit qu'on croie à sa justice.[18] Je vous assure que j'ai vu des villes entières qui n'avaient presque point d'autres dogmes, et que ce sont celles où j'ai vu le plus de vertu.

BAMBABEF

Prenez garde; vous trouverez dans ces villes des philosophes qui vous nieront et les peines et les récompenses.[19]

OUANG

Vous m'avouerez que ces philosophes nieront bien plus fortement vos inventions; ainsi vous ne gagnez rien par là. Quand il y aurait des philosophes qui ne conviendraient pas de mes principes,

[18] Cf. les carnets: 'Le petit peuple ne raisonnera jamais: on ne raisonne que dans l'oisiveté [...] Quand les gens éclairés annonceront un seul dieu rémunérateur et vengeur, nul ne rira; tout obéira' (V 82, p.534).

[19] Helvétius par exemple en conteste pour le moins l'efficacité: 'Tous ces exemples [ceux des Turcs, des Chinois, des Saducéens, des gymnosophistes] [...] prouvent que l'espoir ou la crainte des peines ou des plaisirs temporels sont aussi efficaces, aussi propres à former des hommes vertueux, que ces peines et ces plaisirs éternels qui [...] font communément une impression trop faible pour y sacrifier des plaisirs criminels, mais présents' (*De l'esprit*, II.xxiv). Dans l'*Essai sur les mœurs*, Voltaire écrit que la religion des Chinois 'n'admet point de peines et de récompenses éternelles' (i.221), et, après avoir repris cette assertion, il précisera dans *La Philosophie de l'histoire*, ch.18: 'ils n'ont point voulu affirmer ce qu'ils ne savaient pas [...] La doctrine de l'enfer était utile [...] Ils crurent qu'une police exacte, toujours exercée, ferait plus d'effet' (V 59, p.157); voir aussi ci-dessus, 'Catéchisme chinois' III.

ils n'en seraient pas moins gens de bien; ils n'en cultiveraient pas moins la vertu, qui doit être embrassée par amour, et non par crainte. Mais, de plus, je vous soutiens qu'aucun philosophe ne serait jamais assuré que la Providence ne réserve pas des peines aux méchants et des récompenses aux bons; car s'ils me demandent qui m'a dit que Dieu punit? je leur demanderai qui leur a dit que Dieu ne punit pas? Enfin, je vous soutiens que les philosophes m'aideront, loin de me contredire.[20] Voulez-vous être philosophe?

BAMBABEF

Volontiers; mais ne le dites pas aux fakirs.[21]

122 69*: fakirs. [V]songez surtout qu'un philosophe doit[21]

[20] C'est la solution proposée à la fin de *Jusqu'à quel point on doit tromper le peuple*.
[21] Voltaire complétera la phrase dans l'article des QE.

GENÈSE[1]

Nous ne préviendrons point ici ce que nous disons de Moïse à son article; nous suivrons quelques principaux traits de la Genèse, l'un après l'autre.

Au commencement Dieu créa le ciel et la terre.

C'est ainsi qu'on a traduit; mais la traduction n'est pas exacte.

a-389 64, 65, article absent

[1] On ne peut guère tenter de déterminer la date de composition de cet article, paru dans 65v, sans examiner d'abord le problème de la dette de Voltaire à l'égard du marquis d'Argens, qui semble bien être le 'très habile homme, favorisé de l'estime et de la confiance d'un grand prince' auquel Voltaire attribue cet article dans la 'Préface' (l.31-32). La lettre que d'Argens adressait le 4 janvier 1766 à Frédéric II semble confirmer cette attribution: 'V. M. a-t-elle vu la nouvelle édition du *Dictionnaire philosophique* de Voltaire? Il m'a mis dans la préface comme auteur de l'article Genèse. Il a été chercher dans mon *Timée* ce que j'ai dit sur Moïse et le Pentateuque; il a ajouté à cela sept ou huit bonnes impiétés. Ce qui l'a engagé à me faire ce tour, c'est que son livre a été mis par l'assemblée du clergé sous l'anathème éternel [...] Je ne puis pas nier que le fond de son article Genèse ne soit de moi, puisqu'il est extrait de mes notes sur Timée, mais je ne lui ai rien envoyé' (Frédéric II, *Œuvres*, éd. J. D. E. Preuss, xix, no.300). Si l'on conçoit que d'Argens ait tenu à se disculper auprès de Frédéric, on comprend moins qu'il affirme entre ses notes sur Timée de Locres et l'article 'Genèse' l'existence d'un rapport de filiation qui, à l'examen des textes, n'apparaît pas. Il est profondément inexact que 'le fond' de l'article soit de d'Argens, en dépit d'un certain nombre d'emprunts de Voltaire à l'éditeur d'*Ocellus Lucanus* (Utrecht 1762; BV) et de *Timée de Locres* (Berlin 1763; BV). En réalité, la vanité du marquis trouvait à exagérer l'étendue de la dette, autant de satisfaction que la prudence de Voltaire y trouvait d'intérêt. Il reste toutefois que l'article 'Genèse' a été rédigé par un Voltaire qui venait de découvrir toute l'œuvre éditoriale de d'Argens: d'abord la *Défense du paganisme* en mai 1764 (dont il donna un compte rendu à la *Gazette littéraire de l'Europe*, le 23 de ce mois); puis *Ocellus Lucanus* et *Timée* à partir de juillet-août vraisemblablement (voir D11931). On peut en conclure que l'article n'a pas été rédigé, du moins sous sa forme actuelle, avant l'été de 1764. Mais on se souviendra que la réflexion exégétique de Voltaire sur la Genèse remonte au temps de Cirey.

Il n'y a point d'homme un peu instruit qui ne sache que le texte porte, *Au commencement les dieux firent, ou les dieux fit, le ciel et la terre.*[2] Cette leçon d'ailleurs est conforme à l'ancienne idée des Phéniciens, qui avaient imaginé que Dieu employa des dieux inférieurs pour débrouiller le chaos, le Chaut Ereb.[3] Les Phéniciens étaient depuis longtemps un peuple puissant qui avait sa théogonie avant que les Hébreux se fussent emparés de quelques villages vers son pays. Il est bien naturel de penser que quand les Hébreux eurent enfin un petit établissement vers la Phénicie, ils commencèrent à apprendre la langue, surtout lorsqu'ils y furent esclaves.[4] Alors, ceux qui se mêlèrent d'écrire copièrent quelque

[2] Calmet lui-même avait fait la remarque, sans qu'elle eût à ses yeux le caractère troublant que lui donne Voltaire: 'Dans l'Hébreu, au lieu de *Dieu créa*, on lit à la lettre, *les Dieux créa*, d'où quelques-uns ont tiré une preuve de la Trinité des personnes, dans l'unité de l'essence divine [...] On trouve de semblables expressions irrégulières en hébreu, comme dans toutes les autres langues; et cela dans des endroits où il ne paraît aucun mystère. Il y a des noms pluriers, qui sans changer le sens, se mettent dans la construction tantôt avec un plurier, tantôt avec un singulier, comme *Adonim*, les Seigneurs, *Panim*, les faces' (*Commentaire*, i.2).

[3] Affirmation surprenante quand on la rapproche de ce que Voltaire écrit cette même année dans *La Philosophie de l'histoire*, ch.13: 'Sanchoniaton, en rapportant l'ancienne cosmologie de son pays, parle d'abord du chaos enveloppé d'un air ténébreux, Chaut Ereb [...] Du chaos sortit Muth ou Moth, qui signifie la matière. Or qui arrangea la matière? C'est Colpi Iaho, l'esprit de Dieu [...] la voix de Dieu. C'est à la voix de Dieu que naquirent les animaux et les hommes' (V 59, p.135). Ce compte rendu de la cosmogonie phénicienne ferait plutôt ressortir des similitudes avec celle de la Genèse, sans qu'y soit évoqué l'emploi de dieux inférieurs. Dans *La Défense de mon oncle* (1767), Voltaire donnera au contraire la cosmogonie phénicienne comme 'absolument contraire à la Genèse' (V 64, p.249). C'est qu'entre-temps Larcher, dans son *Supplément à la Philosophie de l'histoire*, a dénombré toutes les bévues de Voltaire: Chaut Ereb et Colpi Iaho ne sont pas dans Sanchoniaton, mais seulement dans un commentaire de Bochart, *Geographia sacra*, que Voltaire n'a pas compris; confusion entre Moth, le limon, et Muth, le dieu des morts en phénicien (p.125-33). La fragilité des divers rapprochements auxquels a procédé Voltaire entre cosmogonie de Moïse et cosmogonie phénicienne est donc à la mesure de la fragilité de son information sur la seconde. Il maintiendra tout de même dans *La Bible enfin expliquée* (1776) que le 'tohu bohu' de la Genèse 'est proprement le Chaut-ereb de Sanchoniaton le Phénicien' (M.xxx.4, n.2).

[4] Calmet faisant remarquer que dans les livres de l'Ecriture en hébreu, on

chose de l'ancienne théologie de leurs maîtres;[5] c'est la marche de l'esprit humain.

Dans le temps où l'on place Moïse, les philosophes phéniciens en savaient probablement assez pour regarder la terre comme un point, en comparaison de la multitude infinie de globes que Dieu a placés dans l'immensité de l'espace qu'on nomme *le ciel*. Mais cette idée si ancienne et si fausse, que le ciel a été fait pour la terre, a presque toujours prévalu chez le peuple ignorant. C'est à peu près comme si on disait que Dieu créa toutes les montagnes et un grain de sable, et qu'on s'imaginât que ces montagnes ont été faites pour ce grain de sable.[6] Il n'est guère possible que les Phéniciens si bons navigateurs n'eussent pas de bons astronomes: mais les vieux préjugés prévalaient, et ces vieux préjugés furent la seule science des Juifs.

---

n'emploie pas le nom de Phénicie, mais celui de Chanaan, la prise de quelques villages 'vers' la Phénicie constitue probablement une allusion aux premières conquêtes de Josué (Jéricho, Aï). Quant à la servitude des Hébreux en Phénicie, elle représente peut-être une allusion à la domination exercée par les Philistins au temps de Samuel et de Saül. Dans son *Dictionnaire anti-philosophique*, Chaudon en tout cas assimile les Phéniciens aux Philistins: 'M. de Voltaire [...] soutient d'abord que les Phéniciens ou Philistins, ennemis implacables de la nation judaïque, furent les précepteurs de cette nation; c'est comme si on prétendait que M. de V. a pris des leçons de l'abbé des Fontaines ou de St Hyacinthe' (Avignon 1774; i.183). Voltaire lui-même précisera dans un ajout de 1767 à *L'Examen important de milord Bolingbroke* que les Juifs ont donné aux Phéniciens le nom de Philistins (V 62, p.191).

[5] Cf. *La Philosophie de l'histoire*, ch.13: 'Le peuple le plus ancien est toujours imité par ceux qui viennent après lui; ils apprennent sa langue, ils suivent une partie de ses rites, il s'approprient ses antiquités et ses fables [...] Il est très avéré que les Phéniciens occupaient depuis longtemps leur pays avant que les Hébreux s'y présentassent. Les Hébreux purent-ils apprendre la langue phénicienne quand ils erraient loin de la Phénicie, dans le désert [...]? Les Hébreux après Josué, devenus longtemps esclaves dans ce même pays qu'ils avaient mis à feu et à sang, n'apprirent-ils pas alors un peu de la langue de leurs maîtres, comme depuis ils apprirent un peu de chaldéen, quand ils furent esclaves à Babylone?' (V 59, p.135-36).

[6] La naïveté de cette vision anthropocentrique a déjà été dénoncée en termes voisins dans l'article 'Ciel des anciens' (l.57-59). Elle était attribuée aux anciens en général; mais ici, elle devient 'la seule science des Juifs'.

La terre était tohu bohu et vide; les ténèbres étaient sur la face de l'abîme, et l'esprit de Dieu était porté sur les eaux.

Tohu bohu signifie précisément chaos, désordre;[7] c'est un de ces mots imitatifs qu'on trouve dans toutes les langues, comme sens dessus dessous, tintamarre, trictrac. La terre n'était point encore formée telle qu'elle est; la matière existait, mais la puissance divine ne l'avait point encore arrangée.[8] L'esprit de Dieu signifie le souffle, le vent qui agitait les eaux. Cette idée est exprimée dans les fragments de l'auteur phénicien Sanchoniaton.[9] Les Phéniciens

[7] Genèse i.2: 'Terra autem erat inanis et vacua', ce que Calmet rend par: 'Or la terre était sans ornement et toute nue', en ajoutant: 'L'Hébreu porte: *elle était tohu et bohu.* Ces termes sont employés dans Jérémie, pour marquer un pays désolé, ravagé par les ennemis. Quelques-uns les traduisent par une vaste et affreuse solitude. Les Septante: elle était invisible et toute en désordre; ou bien elle était informe, et toute dans la confusion [...] Rien ne revient mieux à l'idée de Moïse, que le chaos des anciens, décrit par les poètes' (*Commentaire*, i.2).

[8] Voltaire paraît suivre de près Calmet: 'Ce qu'il vient de nommer la terre, et qui dans la suite fut appelé de ce nom, n'était pas alors ce qu'elle a été depuis. C'était une masse informe, dénuée de tous les ornements qui la rendent aujourd'hui si belle' (*Commentaire*, i.2).

[9] Les seuls fragments qui nous soient parvenus de cet historien phénicien se trouvent dans la *Praeparatio evangelica* d'Eusèbe de Césarée. Citons la traduction française de Larcher: *La Préparation évangélique*, I.x: 'Le principe de cet univers est, suivant Sanchoniaton [...] un souffle d'un air ténébreux et un chaos trouble, ténébreux. Ces choses étaient infinies et n'eurent point de bornes pendant un grand nombre de siècles [...] Ce souffle d'un air obscur étant devenu amoureux de ses propres principes, se mêla avec eux. Ces embrassements, qui furent appelés Pothos, l'Amour, devinrent le principe, l'origine de toutes choses. Ce vent, ce souffle d'air ténébreux engendrait sans en avoir aucune connaissance et de ses embrassements il naquit Mot' (*Supplément*, p.127-28). On a vu combien ce rapprochement paraissait à Larcher dépourvu de tout fondement et que Voltaire lui-même y a dès lors entièrement renoncé (cf. n.3). Précisons qu'il en avait trouvé l'idée dans le *Commentaire*. Calmet rapporte d'après Sanchoniaton ce qu'a établi Thaut, 'auteur de la théologie phénicienne', puis la cosmogonie évoquée par Aristophane. Il ajoute: 'On trouve dans ces deux derniers systèmes le Chaos qui [...] est mis en mouvement par l'Esprit, qui produit sans le connaître toutes les créatures de l'univers. L'amour ou la sympathie qui réunit les parties homogènes, et qui en compose les corps naturels, a été connu des anciens philosophes. Il y a plusieurs choses dans tout cela qu'on peut appliquer au récit de Moïse; et d'autres qui n'y peuvent convenir,

croyaient comme tous les autres peuples la matière éternelle. Il n'y a pas un seul auteur dans l'antiquité qui ait jamais dit qu'on eût tiré quelque chose du néant.[10] On ne trouve même dans toute la Bible aucun passage où il soit dit que la matière ait été faite de rien.[11]

---

comme ce repos et cette inaction de la matière' (i.4). On voit que Voltaire est parti de Calmet, qu'il se contente de suivre dans cet article (cf. CN, ii.43). Mais dans *La Philosophie de l'histoire*, il tentera de préciser le rapprochement indiqué par Calmet à l'aide de la *Geographia sacra* de Bochart. On peut probablement en conclure que 'Genèse' a été rédigé avant le chapitre 13 de *La Philosophie de l'histoire*.

[10] La lecture récente qu'a faite Voltaire de l'édition de *Timée de Locres* qu'avait procurée d'Argens, a dû renforcer sa conviction. On y lit: 'le sentiment de Timée de Locres sur la matière première, éternelle, sans forme et sans figure avait été également soutenu par les philosophes qui l'avaient précédé et par ceux qui l'avaient suivi; nous examinerons donc actuellement si les seuls philosophes païens ont admis l'existence de la matière avant la création du monde. Il paraît que les anciens Juifs n'ont pas eu des idées bien nettes et bien claires sur cet article. Ce qu'il y a de certain, c'est que Philon parle comme s'il avait cru que la matière avait préexisté avant la création du monde [...] Les philosophes pythagoriciens, platoniciens et stoïciens qui ont cru cette préexistence de la matière avant l'arrangement que Dieu lui donna, lorsqu'il fit le monde, ne se sont pas expliqués plus clairement que Philon' (p.65, 67).

[11] On peut croire ici aussi à une réminiscence du *Timée de Locres* de d'Argens qui avait posé le problème de l'exactitude de la Vulgate traduisant le premier verset de la Genèse par 'Deus *creavit* caelum et terram': 'Il paraît que les Septante ont favorisé le sentiment de ceux qui croient que la matière avait préexisté à la création, car ils ne se sont point servis du terme κτίζω, je crée, mais du mot ποιέω, je fais [...] Les Pères de l'Eglise et plusieurs rabbins ont expliqué le mot hébreu *bara*, qui répond au mot grec κτίζειν, par le terme latin *creare*, créer, faire quelque chose de rien: mais ce mot *bara* signifie plutôt faire quelque chose avec magnificence et c'est de quoi conviennent plusieurs savants versés dans l'hébreu. [...] Calmet convient que le mot *bara* peut signifier également tirer du néant et donner la forme à quelque chose et qu'il a été pris dans ce dernier sens par quelques rabbins et quelques interprètes, quoique leur nombre soit moins considérable que celui de ceux qui l'entendent dans le sens que lui donne la Vulgate' (p.67-68). D'Argens reprend à son compte la remarque judicieuse déjà faite par le jésuite Mariana et reprise par Richard Simon que les anciens Hébreux et les Grecs n'avaient pas la moindre notion d'une création *ex nihilo*. Un tel concept n'est apparu chez les rabbins qu'après la destruction de Jérusalem. Il est donc tout à fait impossible que le sens de 'faire

Les hommes furent toujours partagés sur la question de l'éternité du monde, mais jamais sur l'éternité de la matière.

Ex nihilo nihil, in nihilum nil posse reverti.[12]

Voilà l'opinion de toute l'antiquité.

Dieu dit, Que la lumière soit faite, et la lumière fut faite; et il vit que la lumière était bonne; et il divisa la lumière des ténèbres, et il appela la lumière jour, et les ténèbres nuit; et le soir et le matin furent un jour. Et Dieu dit aussi, Que le firmament soit fait au milieu des eaux, et qu'il sépare les eaux des eaux; et Dieu fit le firmament; et il divisa les eaux au-dessus du firmament des eaux au-dessous du firmament, et Dieu appela le firmament ciel; et le soir et le matin fit le second jour etc. et il vit que cela était bon.[13]

Commençons par examiner si l'évêque d'Avranche Huet, et le Clerc, n'ont pas évidemment raison contre ceux qui prétendent trouver ici un tour d'éloquence sublime.[14]

---

quelque chose de rien' ait pu s'attacher au verbe hébreu *bara* dans l'esprit de celui qui a rédigé la Genèse.

[12] Citation légèrement tronquée de Perse, *Satires*, iii.83-84: 'gigni / De nihilo nihilum, in nihilum nil posse reverti' ('rien ne peut naître de rien, rien retourner à rien'). C'est probablement en effet l'opinion de toute l'antiquité; c'est à coup sûr celle d'Epicure et Lucrèce.

[13] Genèse i.3-8, 10. Probablement parti de la traduction de Calmet, Voltaire la modifie avec un souci d'allègement ou de plus grande exactitude. Ainsi 'factumque est vespere et mane dies unus', que Calmet avait rendu par: 'et du soir et du matin se fit le premier jour' est devenu: 'et le soir et le matin furent un jour'.

[14] Allusion à la querelle sur la sublimité du 'Fiat lux' de la Genèse qui s'est élevée d'abord entre Boileau et Pierre-Daniel Huet (1630-1721) et à laquelle fut bientôt mêlé le célèbre protestant Jean Leclerc (1657-1736). Boileau publia en 1674 une traduction française du *Traité du sublime* du rhéteur grec Longin. Or Longin avait écrit: 'Ainsi le législateur des Juifs qui n'était pas un homme du commun, ayant connu la puissance de Dieu selon sa dignité, il l'a exprimée de même, ayant écrit au commencement de ses lois en ces termes: Dieu dit: quoi? Que la lumière soit faite; que la terre soit faite, et elle fut faite' (ch.6). Cet exemple de sublime parut à Huet bien mal choisi, qui s'en explique dans sa *Démonstration évangélique* (1679): 'ce que Longin rapporte ici de Moïse comme une expression sublime et figurée, pour prouver l'élévation de son discours, me semble très simple. Il est vrai que Moïse rapporte une chose qui est grande, mais il l'exprime d'une façon qui ne

Cette éloquence n'est affectée dans aucune histoire écrite par les Juifs. Le style est ici de la plus grande simplicité, comme dans le reste de l'ouvrage.[15] Si un orateur pour faire connaître la puissance de Dieu employait seulement cette expression, *Il dit, Que la lumière soit, et la lumière fut*, ce serait alors du sublime.[16]

---

l'est nullement'. Boileau profita d'une réédition de ses ouvrages en 1683 pour riposter aigrement: 'Mais que dirons-nous d'un des plus savants hommes de notre siècle qui, éclairé des lumières de l'Evangile, ne s'est pas aperçu de la beauté de cet endroit, qui a osé, dis-je, avancer [...] que Longin s'était trompé, lorsqu'il avait cru que ces paroles étaient sublimes?' Huet s'abstint de répondre publiquement et se borna à adresser le 26 mars 1683 une longue lettre au duc de Montausier, dans laquelle il lui demandait son arbitrage, après lui avoir exposé ses motifs: le sublime tient à la chose rapportée mais nullement à l'expression, qui représente un tour des plus communs dans la langue hébraïque, ce qui a échappé au grec Longin. Jean Leclerc, venant à avoir connaissance de cette lettre la publia assortie de ses propres commentaires dans sa *Bibliothèque choisie*, x (1706). Il prenait assez vivement le parti de Huet pour que Boileau décidât, en 1710, d'y répondre sans ménagement aucun. Affectant de ne s'adresser qu'à Leclerc 'fameux protestant de Genève réfugié en Hollande' et de douter de l'authenticité de la lettre 'qu'on attribue à Huet', Boileau réfute en fait le prélat tout autant que l'exilé, qu'il invite dans les dernières pages à ne plus défendre 'une cause aussi odieuse' et à se défaire 'de cette hauteur calviniste et socinienne'. Cette réponse de Boileau forme la dixième réflexion ajoutée en 1710 à sa traduction du *Traité du sublime* (voir Huet, *Mémoires*, trad. C. Nisard, p.275-307).

[15] Voltaire reprend ici un argument que Huet avait développé longuement dans sa lettre à Montausier: 'y a-il rien de plus simple que l'entrée du récit de la création du monde? [...] Pourquoi donc, après avoir rapporté la création du ciel et de la terre d'une manière si peu étudiée, [Moïse] serait-il sorti tout d'un coup de sa simplicité pour narrer la création de la lumière d'une manière sublime? [...] Pourquoi serait-il retombé dans sa simplicité pour n'en plus sortir? [...] Dieu forma le firmament de la même manière qu'il a formé la lumière, c'est-à-dire par sa parole. Le récit que Moïse fait de la création de la lumière n'est point d'un autre genre que celui de la création du firmament [...] Toute la suite répond à ce commencement; il se tient toujours dans sa simplicité' (*Mémoires*, p.279).

[16] Pour deux raisons: d'une part ce serait parole d'orateur (dont on attend qu'il recoure à la rhétorique, alors que Moïse n'a été qu'un narrateur); d'autre part ce serait 'un trait unique en cet endroit', comme Voltaire le dit (l.65-67). Le sublime exclut donc l'uniformité et en bonne rhétorique, comme l'avait rappelé Huet, le trait de sublime doit au contraire offrir avec le contexte le contraste le plus accusé:

Tel est ce passage d'un psaume, *Dixit, et facta sunt.*[17] C'est un trait qui étant unique en cet endroit, et placé pour faire une grande image, frappe l'esprit et l'enlève. Mais ici, c'est le narré le plus simple. L'auteur juif ne parle pas de la lumière autrement que des autres objets de la création; il dit également à chaque article, *Et Dieu vit que cela était bon.* Tout est sublime dans la création sans doute; mais celle de la lumière ne l'est pas plus que celle de l'herbe des champs; le sublime est ce qui s'élève au-dessus du reste, et le même tour règne partout dans ce chapitre.[18]

C'était encore une opinion fort ancienne, que la lumière ne venait pas du soleil. On la voyait répandue dans l'air avant le lever et après le coucher de cet astre; on s'imaginait que le soleil ne servait qu'à la pousser plus fortement:[19] aussi l'auteur de la Genèse se conforme-t-il à cette erreur populaire, et par un singulier renversement de l'ordre des choses, il ne fait créer le soleil et la

---

il faut 'que les entrées des ouvrages [...] les plus sublimes soient simples pour faire sortir la flamme du milieu de la fumée' (*Mémoires*, p.280).

[17] Psaumes cxlviii.5: 'Quia ipse dixit et facta sunt' ('Parce qu'il a parlé, et que toutes ces choses ont été faites').

[18] Ce tour est celui de la plus grande simplicité, comme Huet l'avait démontré: Moïse ne s'en est à aucun moment départi, pas même en rapportant la création de la lumière. Si celle-ci était sublime, tout le reste le serait aussi. Or il est trop clair que le sublime trouvé partout n'existe en fait nulle part.

[19] Dans les *Eléments de la philosophie de Newton*, Voltaire avait précisé dès 1738: 'Selon Descartes, la lumière ne vient point à nos yeux du Soleil; mais c'est une matière globuleuse répandue partout, que le Soleil pousse, et qui presse nos yeux comme un bâton poussé par un bout presse à l'instant à l'autre bout'. Après avoir réfuté cette thèse, Voltaire s'en prend à l'abbé Pluche: 'L'auteur du Spectacle de la nature [...] dit [...] pour prouver que Dieu créa la lumière avant le Soleil, *que la lumière est répandue par toute la nature et qu'elle se fait sentir, quand les astres lumineux la poussent*; mais il est démontré qu'elle arrive des étoiles fixes en un temps très long. Or, si elle fait ce chemin, elle n'était donc point répandue auparavant. Il est bon de se précautionner contre ces erreurs, que l'on répète tous les jours dans beaucoup de livres qui sont l'écho les uns des autres' (V 15, p.257-58, 261-62); cf. *La Bible enfin expliquée* (M.xxx.4, n.3).

lune que quatre jours après la lumière.[20] On ne peut concevoir comment il y a un matin et un soir avant qu'il y ait un soleil. Il y a là une confusion qu'il est impossible de débrouiller. L'auteur inspiré se conformait aux préjugés vagues et grossiers de la nation.[21] Dieu ne prétendait pas enseigner la philosophie aux Juifs. Il pouvait élever leur esprit jusqu'à la vérité, mais il aimait mieux descendre jusqu'à eux.

La séparation de la lumière et des ténèbres n'est pas d'une meilleure physique; il semble que la nuit et le jour fussent mêlés ensemble comme des grains d'espèces différentes que l'on sépare les uns des autres. On sait assez que les ténèbres ne sont autre chose que la privation de la lumière,[22] et qu'il n'y a de lumière en effet qu'autant que nos yeux reçoivent cette sensation; mais on était alors bien loin de connaître ces vérités.

86 65v*1: eux. [v]et cela est bien étrange.[+]

[20] Genèse i.3,14-19. Calmet n'a pas esquivé cette difficulté: 'On demande quelle était cette lumière que Dieu créa au premier jour. Les rabbins enseignent que c'était le soleil; ils soutiennent que ce qui est dit au verset 7 [16] de la création du soleil y est mis par récapitulation. Origène dit qu'il n'y a point de raison de croire que les trois premiers jours du monde aient été sans soleil, sans lune et sans étoiles. Quelques-uns, persuadés qu'il faut prendre le texte de Moïse à la lettre [...] veulent que pour éclairer pendant les trois premiers jours, Dieu forma exprès un corps lumineux, comme il forma la colonne de lumière pour éclairer pendant la nuit des Israélites dans le désert. D'autres conjecturent que cette lumière des trois premiers jours pouvait être une lumière encore faible et une lueur imparfaite, semblable à celle qui éclaire la terre, lorsque le soleil est couvert de nuages, ou pareille à la lumière de l'aurore. Chacun peut choisir parmi ces opinions, car sur cela il n'y a rien de certain' (*Commentaire*, i.4).

[21] Sur la cosmogonie hébraïque, voir ci-dessus, 'Ciel des anciens' (l.91-104).

[22] Cf. Calmet, qui s'accommode cependant fort bien de l'idée d'une séparation: 'La lumière est une qualité réelle et sensible, et les ténèbres ne sont que la privation ou l'absence de lumière. Moïse dit que la lumière a été créée, mais il n'en dit pas de même des ténèbres. Dieu sépare ces deux choses par les qualités qu'il donne à la lumière, qui sont contraires et incompatibles avec les ténèbres, et qui causent entre elles une séparation nécessaire, et une opposition de nature' (*Commentaire*, i.4).

L'idée d'un firmament est encore de la plus haute antiquité. On s'imaginait que les cieux étaient très solides,[23] parce qu'on y voyait toujours les mêmes phénomènes. Les cieux roulaient sur nos têtes; ils étaient donc d'une matière fort dure. Le moyen de supputer combien les exhalaisons de la terre et des mers pouvaient fournir d'eau aux nuages? Il n'y avait point de Halley qui pût faire ce calcul.[24] Il y avait donc des réservoirs d'eau dans le ciel. Ces réservoirs ne pouvaient être portés que sur une bonne voûte; on voyait à travers cette voûte, elle était donc de cristal. Pour que les eaux supérieures tombassent de cette voûte sur la terre, il était nécessaire qu'il y eût des portes, des écluses, des cataractes qui s'ouvrissent et se fermassent.[25] Telle était l'astronomie juive; et puisqu'on écrivait pour des Juifs, il fallait bien adopter leurs idées.

Dieu fit deux grands luminaires, l'un pour présider au jour, l'autre à la nuit; il fit aussi les étoiles.[26]

Toujours la même ignorance de la nature. Les Juifs ne savaient pas que la lune n'éclaire que par une lumière réfléchie.[27] L'auteur parle ici des étoiles comme d'une bagatelle, quoiqu'elles soient

94-95 65v: On s'imagine que [65v*¹: ᵛβ]

[23] Cf. Calmet, *Dissertations*; voir 'Ciel des anciens', n.20, 23.

[24] Voltaire cite ordinairement avec grand éloge le nom d'Edmund Halley (1656-1742), célèbre astronome et mathématicien anglais; voir *Eléments de la philosophie de Newton* (V 15, p.524), *Le Siècle de Louis XIV* (*OH*, p.1025).

[25] On lira une description très semblable du firmament dans *La Bible enfin expliquée*, Voltaire précisant que cette croyance des Juifs fut aussi celle 'd'Origène, de saint Augustin, de saint Cyrille, de saint Ambroise, et d'un nombre considérable de docteurs' (M.xxx.5, n.1).

[26] Genèse i.16.

[27] Protestation de Chaudon: 'Mais qui lui a dit qu'ils ne le savaient pas? Et d'ailleurs qu'elle emprunte sa lumière d'un corps étranger ou qu'elle la tire d'elle-même, l'auteur sacré n'a-t-il pas pu dire qu'elle préside à la nuit?' (p.84).

autant de soleils dont chacun a des mondes roulant autour de lui.[28] L'esprit saint se proportionnait à l'esprit du temps.

Dieu dit aussi, Faisons l'homme à notre image, et qu'il préside aux poissons,[29] etc.

Qu'entendaient les Juifs par Faisons l'homme à notre image? ce que toute l'antiquité entendait.

Finxit in effigiem moderantum cuncta deorum.[30]

On ne fait des images que des corps. Nulle nation n'imagina un dieu sans corps, et il est impossible de se le représenter autrement. On peut bien dire, Dieu n'est rien de ce que nous connaissons, mais on ne peut avoir aucune idée de ce qu'il est. Les Juifs crurent Dieu constamment corporel,[31] comme tous les autres peuples. Tous les premiers Pères de l'Eglise crurent aussi

113 65V*[1]: temps. [V]il était bien bon.[+]

[28] Autre protestation de Chaudon: 'Mais je demande à tout lecteur non prévenu si des mots du texte sacré on peut inférer que l'auteur parle des étoiles comme d'une bagatelle […] l'auteur sacré, racontant simplement les merveilles de la création, n'avait pas besoin d'avertir que les étoiles étaient autant de soleils. Il voulait faire une histoire et non un commentaire de physique' (p.185).

[29] Genèse i.26.

[30] Ovide, *Métamorphoses*, i.83: 'Il le façonna à l'image des dieux qui gouvernent tout'.

[31] Calmet en avait convenu, même s'il manifestait ensuite une belle confiance dans la raison humaine: 'L'Ecriture dans plusieurs de ses expressions attribue à la Divinité ce qui ne convient qu'à l'homme. Elle lui donne un corps, des yeux, des bras, des passions. L'homme a peine à se figurer un être sans figure et sans corps, et il ne croit pas lui en pouvoir donner un plus beau, ni un plus majestueux que le sien. L'on sait la grossièreté des Juifs: Moïse ne pouvait fournir à l'homme une plus haute idée de lui-même […] L'homme, pour peu qu'il raisonnât, devait bientôt comprendre, que Dieu n'a ni corps ni aucune des infirmités humaines; et Dieu en créant l'homme avait gravé au fond de sa nature combien il lui est supérieur et par sa nature et par ses qualités infinies' (*Commentaire*, i.12).

Dieu corporel,[32] jusqu'à ce qu'ils eussent embrassé les idées de Platon.

Il les créa mâle et femelle.[33]

Si Dieu, ou les dieux secondaires,[34] créèrent l'homme mâle et femelle à leur ressemblance, il semble en ce cas que les Juifs croyaient Dieu, et les dieux mâles et femelles. On ne sait d'ailleurs si l'auteur veut dire que l'homme avait d'abord les deux sexes,[35]

125-126 65v*[1]: corporel.//

[32] C'est très probablement chez d'Argens que Voltaire venait d'en trouver les plus fortes assurances. Dans son édition d'*Ocellus Lucanus* le marquis avait expliqué que les premiers Pères de l'Eglise 'ont tous prétendu que les anges étaient formés d'une matière plus subtile et moins crasse que celle dont les hommes sont composés, mais plus grossière que celle qui faisait la nature divine. Ainsi ils étaient spirituels eu égard aux hommes et corporels eu égard à Dieu qui cependant était lui-même corporel mais composé d'une matière ignée, d'un feu épuré et subtil. Origène établit cette distinction de la nature de Dieu, de celle des anges et de celle des hommes' (p.97). D'Argens a repris et développé ces idées dans son *Timée de Locres* (p.17).

[33] Genèse i.27.

[34] Bien que le nom de Platon vienne d'être prononcé, il ne s'agit pas là de quelque réminiscence platonicienne, ni même d'une allusion à l'hénothéisme des anciens Juifs (voir art. 'Religion' II). Cette évocation d'un panthéon groupant Divinité et dieux secondaires s'inscrit plutôt dans le droit fil de l'hypothèse formulée en début d'article: conformité des cosmogonies hébraïque et phénicienne. Dès 1761, dans un article sur le polythéisme, Voltaire avait rangé dans cette catégorie tout système religieux reconnaissant 'un être céleste maître des autres êtres célestes' et aussitôt évoqué la tradition judéo-chrétienne entourant Dieu de neuf chœurs hiérarchisés d'esprits célestes (M.xx.243-44). Mais il ne va pas jusqu'à supposer que les anges aient pu aider Dieu à créer l'homme ou le créer par délégation.

[35] Brève allusion à l'interprétation de ce verset donnée par un grand nombre de rabbins et que Bayle avait exposée: ils 'ont cru que le corps d'Adam fut créé double, mâle d'un côté, femelle de l'autre; et que l'un des corps était joint à l'autre par les épaules: les têtes regardaient les lieux directement opposés, comme les têtes de Janus. Or ils prétendent que Dieu, lorsqu'il fit Eve, n'eut besoin d'autre chose que de diviser ce corps en deux: celui où était le sexe masculin fut Adam; celui où était le sexe feminin fut Eve' (*Dictionnaire*, art. 'Adam', rem. F). Calmet a rapporté cette interprétation rabbinique, pour la réfuter: 'Moïse lui-même réfute ici ce ridicule sentiment, quand il dit, que Dieu les créa homme et femme, *creavit eos*, et non pas qu'il le créa, comme il aurait fallu dire, si les corps de l'homme et de la femme eussent été joints ensemble dans leur création' (*Commentaire*, i.13).

ou s'il entend que Dieu fit Adam et Eve le même jour:[36] le sens le plus naturel est que Dieu forma Adam et Eve en même temps, mais ce sens contredirait absolument la formation de la femme faite d'une côte de l'homme longtemps après les sept jours.[37]

Et il se reposa le septième jour.

Les Phéniciens, les Chaldéens, les Indiens, disaient que Dieu avait fait le monde en six temps, que l'ancien Zoroastre appelle les six gambahars si célèbres chez les Perses.[38]

Il est incontestable que tous ces peuples avaient une théologie avant que la horde juive habitât les déserts d'Oreb et de Sinaï,

139 65v*1: ⟨gambaars⟩V↑ghambaars

[36] Aux yeux de Calmet cette seule hypothèse est la bonne (sans que puisse l'ébranler l'objection d'une seconde version que va rapporter Voltaire; voir n.60).

[37] Allusion au second récit de la création de la femme, qu'on lit en Genèse ii.21-23. Genèse i ayant rapporté les grandes étapes de la création au cours des six premiers jours et ii.2-3 ayant célébré le repos et la sanctification du septième jour, il est exact que le second récit de la création d'Eve la place après le septième jour, mais rien dans le texte n'autorise à dire 'longtemps après', comme le fait Voltaire pour donner plus de relief à la contradiction. 'Les Pères de l'Eglise se sont partagés sur cette question. Origène, saint Chrysostome, saint Thomas et quelques autres croient que la femme ne fut créée que le septième jour [...] Mais le sentiment qui met la création d'Adam et Eve au sixième jour, est le plus suivi' (*Timée de Locres*, éd. d'Argens, p.253).

[38] Voltaire a plus d'une fois fait le rapprochement entre la création en six temps des Phéniciens, Chaldéens et Indiens et celle en six jours des Hébreux. Il l'a trouvé notamment dans Thomas Hyde, *Veterum Persarum et Parthorum et Medorum religionis historia*, qu'il a utilisé durant l'été de 1764 (voir D11924, D12087). Voltaire écrit en marge du sommaire du chapitre 9: 'creatio 6 gaham bars', et répète 'les 6 gaambars' en marge du passage suivant: 'Loco ejus quod Hexaëmeron vocamus, veteres Persae credunt Deum creâsse Mundum in sex [...] Ghâhân, seu Temporibus: quae etiam in Ph. Gj. vocantur [...] exacronon, respiciendo ad [...] sex dies quae in [...] Libris caelestibus seu Bibliis sacris memorantur. Hanc quidem doctrinam hauserunt a Zerdhust [...] A Zerdhust habuerunt traditionem quod Deus excelsus creavit Mundum in sex Temporibus. Horum VI Temporum festivalis observatio rigide injungebatur. Nam in Libro Sadder, ab Espintamân (i.e. a Zerdhust) mandatum est ut quisque observet [...] Consuetudinem seu ritum Gahambâr' (p.159, 162; CN, iv.578).

avant qu'elle pût avoir des écrivains. Il est donc de la plus grande vraisemblance que l'histoire des six jours est imitée de celle des six temps.[39]

Du lieu de volupté sortait un fleuve qui arrosait le jardin, et de là se partageait en quatre fleuves; l'un s'appelle Phison, qui tourne dans le pays d'Evilath où vient l'or... Le second s'appelle Gehon, qui entoure l'Ethiopie...[40] *Le troisième est le Tigre, et le quatrième l'Euphrate.*[41]

Suivant cette version le paradis terrestre contenait près du tiers de l'Asie et de l'Afrique. L'Euphrate et le Tigre ont leur source à plus de soixante grandes lieues l'un de l'autre,[42] dans des montagnes horribles qui ne ressemblent guère à un jardin. Le fleuve qui borde l'Ethiopie, et qui ne peut être que le Nil ou le Niger,[43]

151-152 65v*1: source à ⟨plus⟩ V↑pres+ de

[39] Cette conclusion n'était évidemment pas celle de Hyde: après avoir multiplié les rapprochements, il montrait que la religion perse, qui se rencontre en de nombreux points avec la religion juive, en était dérivée (p.168).

[40] Genèse ii.10-11, 13.

[41] Version abrégée de Genèse ii.14.

[42] Calmet juge que cet éloignement actuel des sources peut être intervenu bien après la création, à la suite des bouleversements géologiques entraînés par le déluge ou encore de tremblements de terre. Il souligne aussi que plusieurs anciens donnaient une même source au Tigre et à l'Euphrate et laisse entendre qu'une hydrographie exacte est d'autant moins facile que le Tigre change de nom selon les régions qu'il traverse (*Commentaire*, i.27).

[43] Calmet fait valoir que ce verset 13 se lit dans l'Hébreu: 'qui tournoie dans le pays de Chus'. Les Septante, suivis par saint Jérôme, ont ordinairement traduit 'pays de Chus' par Ethiopie, sens qui s'impose dans de nombreux cas, mais qui sont tous postérieurs à l'époque de Moïse. L'Ecriture parle en fait de plusieurs pays de Chus, et celui dont il est question ici pourrait être celui qu'arrose le fleuve Araxe, qui prend sa source dans le mont Ararat pour se jeter dans la mer Caspienne. Le mot hébreu *Géhon* venant d'une racine qui signifie 'couler avec impétuosité', l'Araxe, au cours impétueux et rapide, répond tout à fait à cette caractéristique (*Commentaire*, i.25). Cette acrobatique dépense d'ingéniosité n'a pas convaincu Voltaire, trop heureux de pouvoir exploiter l'assimilation traditionnelle du pays de Chus à l'Ethiopie. Il y reviendra dans *La Bible enfin expliquée* (M.xxx.7, n.3).

commence à plus de sept cents lieues des sources du Tigre et de l'Euphrate; et si le Phison est le Phase,[44] il est assez étonnant de mettre au même endroit la source d'un fleuve de Scythie et celle d'un fleuve d'Afrique.

Au reste, le jardin d'Eden[45] est visiblement pris des jardins d'Eden à Saana dans l'Arabie heureuse, fameuse dans toute l'antiquité. Les Hébreux, peuple très récent, étaient une horde arabe. Ils se faisaient honneur de ce qu'il y avait de plus beau dans le meilleur canton de l'Arabie. Ils ont toujours employé pour eux les anciennes traditions des grandes nations au milieu desquelles ils étaient enclavés.

155 65v*1: cents V↑grandes+ lieues
159 65v*1: d'Eden Vou Aden+

[44] C'est ce qu'affirme Calmet sans hésitation: il s'agit du Phase, 'fleuve célèbre de la Colchide' qui prend sa source dans les montagnes d'Arménie et se jette dans le Pont-Euxin. La Colchide est bien connue pour ses mines d'or précisément. Dans *La Bible enfin expliquée*, Voltaire admettra plus volontiers que le Phison soit le Phase: 'Les commentateurs conviennent assez que le Phison est le Phase: c'est un fleuve de la Mingrélie qui a sa source dans une des branches les plus inaccessibles du Caucase' (M.xxx.7, n.2).

[45] Genèse ii.8 se lit dans la Vulgate: 'Plantaverat autem Dominus Deus Paradisium voluptatis a principio'; mais l'expression 'Paradisium voluptatis' (un jardin délicieux) est une interprétation donnée par les Septante, puis par saint Jérôme du texte hébreu: 'un jardin dans Eden'. Calmet s'est efforcé de localiser ce pays d'Eden dont l'Ecriture parle en plusieurs autres endroits et s'est finalement déterminé pour 'une partie de la Mésopotamie, la Sophène, l'Adiabène et une partie de l'Arménie et de la Colchide', c'est-à-dire pas trop loin des sources du Tigre et de l'Euphrate (*Commentaire*, i.22). N'ayant cure de tels présupposés, Voltaire propose ici un tout autre rapprochement, mais que cette même année, il suggère seulement dans *La Philosophie de l'histoire*, ch.15, après avoir décrit dans l'Arabie Heureuse 'le pays le plus agréable de la terre': 'C'est surtout dans ces pays que le mot de jardin, paradis, signifia la faveur céleste. Les jardins de Saana, vers Aden, furent plus fameux chez les Arabes que ne le furent depuis ceux d'Alcinoüs chez les Grecs [...] La félicité dans ces climats brûlants était l'ombrage' (V 59, p.140). Dans *La Bible enfin expliquée* Voltaire se bornera à souligner que le mythe d'un jardin-paradis terrestre figure dans la plupart des anciennes religions (voir M.xxx.6, n.5).

Le Seigneur prit donc l'homme, et le mit dans le jardin de volupté, afin qu'il le cultivât.[46]

C'est fort bien fait de cultiver son jardin, mais il est difficile qu'Adam cultivât un jardin de sept à huit cents lieues de long, apparemment qu'on lui donna des aides.

Ne mangez point du fruit de la science du bien et du mal.[47]

Il est difficile de concevoir qu'il y ait eu un arbre qui enseignât le bien et le mal, comme il y a des poiriers et des abricotiers.[48] D'ailleurs, pourquoi Dieu ne veut-il pas que l'homme connaisse le bien et le mal? Le contraire n'était-il pas beaucoup plus digne de Dieu, et beaucoup plus nécessaire à l'homme? Il semble à notre pauvre raison que Dieu devait ordonner de manger beaucoup de ce fruit;[49] mais il faut soumettre sa raison.

178 65v*1: raison. Vc'est la reponse a tout.+

[46] Genèse ii.15.

[47] Genèse ii.17.

[48] Cet état de choses est plus surprenant encore, si l'on admet avec Calmet qu'il y avait en fait deux arbres: celui de la science du bien et du mal dont il est question en ii.17, et celui de la vie dont Dieu parlera en iii.22. Mais Calmet reconnaît qu'un certain nombre de commentateurs jugent qu'il s'agit d'un seul et même arbre (*Dictionnaire*, art. 'Arbres'). Voltaire a dédaigné d'exploiter le ridicule de cette querelle d'exégètes.

[49] En lisant en 1764 dans la traduction de d'Argens la diatribe de l'empereur Julien, Voltaire avait pu remarquer sous sa plume une protestation semblable, mais beaucoup plus véhémente: 'N'est-ce pas la plus grande des absurdités de dire que Dieu, ayant créé Adam et Eve, leur interdit la connaissance du bien et du mal?' (éd. Moureaux, p.147). Il en fait mention dans *La Philosophie de l'histoire* (V 59, p.121*n*) et ne manquera pas de la commenter en rééditant en 1769 la traduction de d'Argens sous le titre *Discours de l'empereur Julien contre les chrétiens*: 'L'empereur a très grande raison. Rien n'est plus absurde que la défense de manger du fruit de l'arbre prétendu de la science du bien et du mal. Il fallait au contraire ordonner d'en manger beaucoup, afin que l'homme et la femme apprissent à éviter le mal et à faire le bien. Qui ne voit que la fable de la pomme est une grossière et plate imitation de la boîte de Pandore?' (éd. Moureaux, p.147); cf. *La Bible enfin expliquée* (M.xxx.8, n.1).

Dès que vous en aurez mangé vous mourrez.[50]

Cependant Adam en mangea et n'en mourut point. Plusieurs Pères ont regardé tout cela comme une allégorie.[51] En effet, on pourrait dire que les autres animaux ne savent pas qu'ils mourront, mais que l'homme le sait par sa raison. Cette raison est l'arbre de la science qui lui fait prévoir sa fin. Cette explication serait peut-être la plus raisonnable.

Le Seigneur dit aussi, Il n'est pas bon que l'homme soit seul, faisons-lui une aide semblable à lui.[52]

On s'attend que le Seigneur va lui donner une femme: point du tout; le Seigneur lui amène tous les animaux.[53]

Et le nom qu'Adam donna à chacun des animaux est son véritable nom.

Ce qu'on peut entendre par le véritable nom d'un animal serait un nom qui désignerait toutes les propriétés de son espèce, ou du

179 $65v^{*1}$: *mourrez.* ^{V}tres certainement^{+}
180 $65v^{*1}$: ⟨n'en mourut point⟩ $^{V\uparrow}$vécut encore neuf cent trente années

[50] Genèse ii.17. La Vulgate dit 'morte morieris', que Calmet rend par: 'vous mourrez très certainement'. Mais il signale que le syriaque Symmaque et les rabbins ont compris: 'Vous serez mortels, d'immortels que vous étiez' (*Commentaire*, i.31).

[51] Probable allusion à Origène, pour qui la mort signifiée ici est celle de l'âme, et à saint Augustin qui ne lisait dans le 'morte morieris' que 'la nécessité de mourir un jour et un commencement de mort par l'affaiblissement qu'il [Adam] ressentit dans tout son corps, et qui devait aboutir à une mort réelle à quelque temps de là' (Calmet, *Commentaire*, i.31). Mais l'interprétation allégorique qui suit est de l'invention de Voltaire, comme le suggère le conditionnel.

[52] Genèse ii.18. Calmet est probablement plus fidèle à la Vulgate en traduisant 'adjutorium simile sibi' par: '*un* aide semblable à lui'; mais il signale que la plupart des interprètes ont bien compris que Dieu jugeait urgent de donner à Adam un partenaire de l'autre sexe, alors que chez les animaux chaque mâle avait déjà sa femelle.

[53] Le verset 19 se lit en effet: 'Le Seigneur Dieu ayant donc formé de la terre tous les animaux terrestres et tous les oiseaux du ciel, il les amena devant Adam, afin qu'il vît comment il les appellerait. Et le nom', etc.

moins les principales;[54] mais il n'en est ainsi dans aucune langue. Il y a dans chacune quelques mots imitatifs, comme *coq* en celte, qui désigne un peu le cri du coq. *Loupous* en latin,[55] etc. Mais ces mots imitatifs sont en très petit nombre. De plus, si Adam eût ainsi connu toutes les propriétés des animaux, ou il avait déjà mangé du fruit de la science, ou Dieu n'avait pas besoin de lui interdire ce fruit.

Observez que c'est ici la première fois qu'Adam est nommé dans la Genèse. Le premier homme, chez les anciens brachmanes, prodigieusement antérieurs aux Juifs, s'appelait *Adimo*, l'enfant de la terre, et sa femme *Procriti*, la vie;[56] c'est ce que dit le *Védam*,

196 67: *Laupus*

[54] Ces réflexions paraissent bien inspirées par celles de Calmet: 'C'est une preuve d'une sagesse profonde de savoir nommer chaque chose par son nom; il a fallu que le premier homme fût rempli d'une connaissance parfaite de la nature des choses, pour pouvoir leur donner des noms conformes à leurs propriétés. Les anciens philosophes ont admiré avec raison l'invention du langage et la pénétration de celui qui l'a formé et qui a nommé le premier les créatures [...] Saint Clément d'Alexandrie croit que ce fut par un esprit prophétique qu'Adam donna le nom aux animaux' (*Commentaire*, i.81).

[55] La liste des exemples sera enrichie dans les QE: 'Il y a dans chacune quelques mots imitatifs, comme *coq* et *coucou* en celte, qui désignent un peu le cri du coq et du coucou; *tintamarre*, *trictrac*, *alali* en grec, *loupous* en latin, etc.' (M.xix.232).

[56] Ces précisions seront reprises et développées en 1767: d'une part dans l'article 'Adam' (mais Adimo y est donné comme signifiant 'l'engendreur' et non plus 'l'enfant de la terre'); d'autre part et surtout dans *La Défense de mon oncle*, ch.13, où se trouvent citées de l'Ezour-Vedam 'ces propres paroles du Védam attribué à Brama [...] *Adimo (c'est le nom du premier homme) sortit des mains de Dieu. Procriti est le nom de son épouse. D'Adimo naquit Brama, qui fut le législateur des nations et le père des brames*' (V 64, p.221-22). Mais en 1770 Voltaire marquera les limites de ce rapprochement (QE, art. 'Adam', M.xvii.55).

qui est peut-être le plus ancien livre du monde.[57] Adam et Eve signifiaient ces mêmes choses dans la langue phénicienne.[58]

Lorsque Adam était endormi, Dieu prit une de ses côtes, et mit de la chair à la place, et de la côte qu'il avait tirée d'Adam il bâtit une femme, et il amena la femme à Adam.[59]

Le Seigneur (un chapitre auparavant) avait déjà créé le mâle et la femelle; pourquoi donc ôter une côte à l'homme pour en faire une femme qui existait déjà? On répond que l'auteur annonce dans un endroit ce qu'il explique dans l'autre.[60]

Or le serpent était le plus rusé de tous les animaux de la terre, etc. il dit à la femme, etc.[61]

Il n'est fait dans tout cet article aucune mention du diable, tout y est physique.[62] Le serpent était regardé, non seulement comme

213 65v*1: l'autre. Vc'est bien répondre.+

[57] Voir *La Défense de mon oncle* (V 64, p.221, 332-35).

[58] Cette affirmation s'accorde malaisément avec celle que fera Voltaire dans *La Défense de mon oncle* que le Phénicien Sanchoniaton, qui énumère pourtant les dix premières générations humaines, ignore totalement les noms d'Adam et Eve (V 64, p.249; cf. QE, art. 'Adam').

[59] Genèse ii.21-22.

[60] C'est à peu près la position de Calmet, même s'il ne l'a pas aussi clairement formulée, pour qui ce second récit de la création n'est que la reprise détaillée du récit plus sommaire de Genèse i: ce qui signifie qu'Adam et Eve ont été créés le même jour (le sixième); sinon Dieu n'aurait pu les bénir ensuite en leur disant 'Croissez et multipliez-vous; remplissez la terre; assujettissez-la' (i.28). Calmet, sans le dire, admet l'existence d'une anomalie textuelle en écrivant: 'Il créa les deux sexes au sixième jour, quoique Moïse rapporte la manière dont la femme fut créée séparément, et après l'histoire du sixième jour', donnant ainsi à penser que Dieu ait pu créer quelque chose 'depuis le repos du septième jour' (*Commentaire*, i.13).

[61] Genèse iii.1.

[62] Calmet, en reconnaissant lui-même que le texte ne fait aucune mention explicite du démon, cherche à convaincre de l'existence de désignations implicites: 'La manière dont Moïse raconte cette histoire de la chute de nos premiers pères, est tout à fait remarquable. Il se sert d'expressions figurées et énigmatiques, et il cache sous une espèce de parabole, le récit d'une chose très réelle [...] Il nous représente un serpent, le plus rusé de tous les animaux, qui parle, qui raisonne avec Eve, qui la séduit, et qui attire sur lui-même les malédictions de Dieu. Il semble que

le plus rusé des animaux par toutes les nations orientales, mais encore comme immortel.[63] Les Chaldéens avaient une fable d'une querelle entre Dieu et le serpent; et cette fable avait été conservée par Phérécide.[64] Origène la cite dans son livre 6 contre Celse.[65] On portait un serpent dans les fêtes de Bacchus.[66] Les Egyptiens

---

l'historien sacré ait oublié le démon, qui était la première cause du mal; et que toute la peine que le serpent invisible méritait, soit retombée sur un animal, qui n'était que l'instrument dont le démon s'était servi. Moïse dans tout cela ménage si bien ses expressions, qu'on s'aperçoit aisément qu'il veut marquer un autre serpent, que celui qui parla à Eve; et entre les malédictions dont Dieu frappe le serpent, il y en a qui ne peuvent tomber que sur le démon: par exemple, ce qu'il dit de l'inimitié qu'il mettra entre la femme et le serpent' (*Commentaire*, i.34).

[63] L'idée sera développée dans *La Philosophie de l'histoire*: 'Parmi les animaux, le serpent dut leur paraître doué d'une intelligence supérieure, parce que, voyant muer quelquefois sa peau, ils durent croire qu'il rajeunissait. Il pouvait donc, en changeant de peau, se maintenir toujours dans sa jeunesse; il était donc immortel. Aussi fut-il en Egypte et en Grèce, le symbole de l'immortalité' (V 59, p.105).

[64] Phérécyde, philosophe grec du sixième siècle av. J.-C., est l'auteur d'une théogonie intitulée *L'Antre aux sept* (*ou cinq*) *replis* dont nous n'avons plus que des fragments. On y voit Zeus se métamorphoser en Eros pour former le monde, mais se heurter à l'opposition d'Ophionée, qui sera vaincu par les dieux que conduit Cronos. Ophionée représenterait le dieu-serpent dont les cohortes figurent les forces inférieures de la nature.

[65] En fait, c'est Celse cité par Origène qui y rapporte la fable: 'Phérécyde [...] représente, dans une fable mystérieuse, deux armées ennemies, dont l'une a pour chef Saturne et l'autre Ophionée: il raconte leurs défis et leurs combats, suivis de cette convention mutuelle: que celui des deux partis qui serait repoussé dans l'Océan, se confesserait vaincu; et que les autres [...] demeureraient, comme vainqueurs, les maîtres du Ciel' (*Traité d'Origène contre Celse*, p.252). Sur l'assimilation d'Ophionée à un dieu-serpent, Origène se borne à cette rapide allusion: Celse 'ne considère pas que le malin Esprit et sa chute du ciel en terre se trouvent dans les écrits de Moïse, beaucoup plus ancien, non seulement qu'Héraclite et que Phérécyde, mais qu'Homère même. Car le serpent de Moïse, d'où Phérécyde a emprunté son Ophionée, nous représente quelque chose de semblable' (p.253); cf. *La Philosophie de l'histoire*, ch.6 (V 59, p.106).

[66] Idée précisée dans *La Philosophie de l'histoire*: 'On pensa bientôt qu'ils [les serpents] gardaient les trésors. Ainsi un serpent gardait les pommes d'or hespérides; un autre veillait autour de la toison d'or; et dans les mystères de Bacchus on portait l'image d'un serpent qui semblait garder une grappe d'or' (V 59, p.105-106; voir Calmet, *Commentaire*, i.35). Mais Voltaire avait pu lire aussi dans *La Préparation*

attachaient une espèce de divinité au serpent, au rapport d'Eusèbe dans sa Préparation évangélique livre premier chap. x.[67] Dans l'Arabie et dans les Indes, à la Chine même, le serpent était regardé comme le symbole de la vie;[68] et de là vint que les empereurs de la Chine, antérieurs à Moïse, portèrent toujours l'image d'un serpent sur leur poitrine.

Eve n'est point étonnée que le serpent lui parle. Les animaux ont parlé dans toutes les anciennes histoires, et c'est pourquoi lorsque Pilpay et Lockman[69] firent parler les animaux, personne n'en fut surpris.

évangélique, II.iii, l'évocation que faisait Eusèbe des orgies de Bacchus où l'on donne aux dévots des viandes crues à manger et où l'on 'accomplit ce partage de viandes offertes en tribut en se couronnant de serpents, en poussant les cris furieux d'Eva'; mot qui veut dire 'serpent femelle dans l'exacte prononciation hébraïque'. Comme 'le serpent consacré est le symbole des orgies bachiques' ce cri pouvait servir à le désigner (trad. Séguier de Saint-Brisson, i.65).

[67] 'Taautos et d'après lui les Phéniciens et les Egyptiens ont divinisé l'espèce des dragons et des serpents, comme étant de tous les animaux rampants celui dont la respiration est la plus forte [...] Il est doué en outre de la plus grande longévité et non seulement il rajeunit en se dépouillant de sa vieillesse, mais il acquiert un accroissement toujours plus grand, jusqu'à ce qu'ayant atteint la mesure déterminée, il se résout en soi-même de la manière que Taautos a marquée dans les écritures sacrées; c'est ce qui fait que cet animal entre comme partie essentielle dans les temples et dans les mystères [...] Les Phéniciens l'appellent Agathodemon, le bon génie, et les Egyptiens nomment le même Kneph; ils lui ajoutent une tête d'épervier à cause de l'énergie de cet oiseau' (*La Préparation évangélique*, i.42-43).

[68] Voltaire l'explique ainsi de l'Inde dans *La Philosophie de l'histoire*: 'Le serpent passait donc pour le plus habile des animaux, et de là cette ancienne fable indienne, que Dieu, ayant créé l'homme, lui donna une drogue qui lui assurait une vie saine et longue; que l'homme chargea son âne de ce présent divin, mais qu'en chemin l'âne ayant eu soif, le serpent lui enseigna une fontaine, et prit la drogue pour lui, tandis que l'âne buvait; de sorte que l'homme perdit l'immortalité par sa négligence, et le serpent l'acquit par son adresse' (V 59, p.106).

[69] Le traducteur Antoine Galland avait fait paraître en 1724 *Les Contes et fables indiennes de Bidpaï et de Lokman traduites d'Ali Tchelebi-Ben-Saleh, auteur turc*. Il présente dans sa préface Bidpaï comme un Bramine, 'c'est-à-dire un de ces Sages ou philosophes indiens que nous appelons Brachmanes', dont le nom est 'composé de deux mots indiens Bid et Païi, qui signifient Philosophe charitable', et qu'il ne faut donc pas écrire Pilpay, mot perse signifiant 'pied d'éléphant' et qui ne convient

Toute cette aventure est si physique et si dépouillée de toute allégorie, qu'on y rend raison pourquoi le serpent rampe depuis ce temps-là sur son ventre, pourquoi nous cherchons toujours à l'écraser, et pourquoi il cherche toujours à nous mordre;[70] précisément comme on rendait raison dans les anciennes métamorphoses pourquoi le corbeau qui était blanc autrefois est noir aujourd'hui, pourquoi le hibou ne sort de son trou que de nuit, pourquoi le loup aime le carnage, etc.

Je multiplierai vos misères et vos grossesses, vous enfanterez dans la douleur, vous serez sous la puissance de l'homme, et il vous dominera.[71]

On ne conçoit guère que la multiplication des grossesses soit une punition; c'était au contraire une très grande bénédiction, et surtout chez les Juifs. Les douleurs de l'enfantement ne sont considérables que dans les femmes délicates; celles qui sont accoutumées au travail accouchent très aisément, surtout dans les climats chauds. Il y a quelquefois des bêtes qui souffrent beaucoup dans leur gésine; il y en a même qui en meurent. Et quant à la supériorité de l'homme sur la femme, c'est une chose entièrement naturelle, c'est l'effet de la force du corps et même de celle de l'esprit. Les hommes en général ont des organes plus capables d'une attention

---

nullement à un indien. Quant à Luqmān (ou Lokman), il est aujourd'hui regardé comme un personnage légendaire du paganisme arabe dont le nom apparaît dans le Coran et qu'on donne pour l'auteur de 41 fables, qui ne sont en fait que la traduction en arabe de fables d'Esope.

[70] Allusion à Genèse iii.14-15. Voltaire reviendra dans *La Bible enfin expliquée* sur l'absence de toute valeur allégorique de l'épisode: 'Une preuve indubitable que la Genèse est donnée pour une histoire réelle, c'est que l'auteur rend ici raison pourquoi le serpent rampe. Cela suppose qu'il avait eu avant des jambes et des pieds avec lesquels il marchait. On rend aussi raison de l'aversion qu'ont presque tous les hommes pour les serpents' (M.xxx.11, n.1). Calmet avait au contraire souligné la valeur allégorique du passage: 'Tout cela est devenu symbolique et figuratif des malédictions qui sont retombées sur le démon comme sur la cause principale du mal. Moïse sous l'idée du serpent insinuait aux Israélites cette punition du démon' (*Commentaire*, i.39).

[71] Genèse ii.16.

suivie que les femmes, et sont plus propres aux travaux de la tête et du bras. Mais quand une femme a le poignet et l'esprit plus fort que son mari, elle en est partout la maîtresse; c'est alors le mari qui est soumis à la femme.[72]

Le Seigneur leur fit des tuniques de peau.[73]

Ce passage prouve bien que les Juifs croyaient Dieu corporel, puisqu'ils lui font exercer le métier de tailleur.[74] Un rabbin nommé Elieser a écrit que Dieu couvrit Adam et Eve de la peau même du serpent qui les avait tentés,[75] et Origène prétend que cette tunique de peau était une nouvelle chair, un nouveau corps, que Dieu fit à l'homme.[76]

Et le Seigneur dit, Voilà Adam qui est devenu comme l'un de nous.[77]

Il faut renoncer au sens commun pour ne pas convenir que les Juifs admirent d'abord plusieurs dieux. Il est plus difficile de savoir ce qu'ils entendent par ce mot Dieu, *Eloim*. Quelques commentateurs ont prétendu que ce mot, *l'un de nous*, signifie la Trinité; mais il n'est pas assurément question de la Trinité dans la Bible. La Trinité n'est pas un composé de plusieurs dieux, c'est le même Dieu triple, et jamais les Juifs n'entendirent parler d'un

[72] Ces propos sont singulièrement démentis par l'opuscule *Femmes, soyez soumises à vos maris* (M.xxvi.564-65).

[73] Genèse iii.21.

[74] Voltaire ignore délibérément la remarque de Calmet que l'Ecriture emploie parfois le verbe 'faire' avec valeur factitive: 'Dieu leur ordonna apparemment de tuer quelques animaux, et de se couvrir de leurs peaux. L'Ecriture dit quelquefois, que Dieu fait ce qu'il permet, ou ce qu'il fait faire' (*Commentaire*, i.42).

[75] Cette savante précision vient de Calmet: 'Le rabbin Eliezer s'est imaginé qu'il les avait revêtus des dépouilles du serpent qui les avait tentés' (*Commentaire*, i.42).

[76] Ce n'est pas tout à fait ce que dit Origène: quand 'l'homme est chassé hors du paradis avec sa femme, couvert de peaux de bêtes dont Dieu leur avait fait des habits, à cause de leur péché; cela aussi cache un sens mystique bien plus excellent que celui de Platon, qui nous représente l'âme comme perdant ses ailes et tombant en bas jusqu'à ce qu'elle rencontre quelque chose de ferme où elle s'arrête' (*Traité d'Origène contre Celse*, p.157).

[77] Genèse iii.22.

Dieu en trois personnes. Par ces mots, *semblable à nous*, il est très vraisemblable que les Juifs entendaient les anges Eloïm,[78] et qu'ainsi ce livre ne fut écrit que quand ils adoptèrent la créance de ces dieux inférieurs.

Le Seigneur le mit hors du jardin de volupté, afin qu'il cultivât la terre.[79]

Mais le Seigneur l'avait mis dans le jardin de volupté *afin qu'il cultivât ce jardin*. Si Adam de jardinier devint laboureur, il faut avouer qu'en cela son état n'empira pas beaucoup. Un bon laboureur vaut bien un bon jardinier.

Toute cette histoire en général se rapporte à l'idée qu'eurent tous les hommes, et qu'ils ont encore, que les premiers temps valaient mieux que les nouveaux. On a toujours plaint le présent, et vanté le passé. Les hommes surchargés de travaux ont placé le bonheur dans l'oisiveté, ne songeant pas que le pire des états est celui d'un homme qui n'a rien à faire. On se vit souvent malheureux, et on se forgea l'idée d'un temps où tout le monde avait été heureux: c'est à peu près comme si on disait, il fut un temps où il ne périssait aucun arbre, où nulle bête n'était ni malade, ni faible, ni dévorée par une autre. De là l'idée du siècle d'or, de l'œuf percé par Arimane,[80] du serpent qui déroba à l'âne la recette

[78] L'indication de ces interprétations possibles était donnée par Calmet: 'Ces paroles font voir que les trois personnes de la Trinité concoururent dans la création de l'homme [référence en note à saint Augustin]. Grotius et les rabbins croient qu'il parle aux anges' (*Commentaire*, i.42). Voltaire pour sa part préfère naturellement en revenir à l'hypothèse des dieux inférieurs, formulée dès le début de l'article.

[79] Genèse iii.23. C'est probablement à dessein que Voltaire omet la fin du verset: 'dont il avait été tiré', pour faciliter le rapprochement qui suit entre ii.15 et iii.23. En fait, le passage de l'état de jardinier à celui de laboureur ne marque pas un simple changement de statut 'professionnel', mais scelle le destin de la créature déchue, désormais condamnée à cultiver, avant d'y retourner, la glèbe dont elle est sortie.

[80] Voltaire avait pu lire dans le *Dictionnaire* de Bayle: 'Les Perses nommaient Oromasdes la divinité qu'ils reconnaissaient pour le principe de tout bien et pour l'auteur du premier état où les choses furent produites; et ils appelaient Arimanius la divinité qu'ils reconnaissaient pour le principe du mal et pour l'auteur de la

de la vie heureuse et immortelle que l'homme avait mise sur son bât,[81] de là ce combat de Typhon contre Osiris,[82] d'Ophionée contre les dieux,[83] et cette fameuse boîte de Pandore,[84] et tous ces vieux contes dont quelques-uns sont amusants, et dont aucun n'est instructif.

Et il mit devant le jardin de volupté un chérubin avec un glaive tournoyant et enflammé pour garder l'entrée de l'arbre de vie.[85]

Le mot *kerub* signifie *bœuf*.[86] Un bœuf armé d'un sabre enflammé

---

corruption dans laquelle la première nature est tombée. Ils disaient qu'Oromasdes, ayant produit les bons esprits et les étoiles, enferma celles-ci dans un œuf; et qu'Arimanius produisit les mauvais génies qui cassèrent cet œuf d'où sortit la confusion et le mélange du bien et du mal' (art. 'Arimanius'). Bayle renvoie en note à Plutarque, *Isis et Osiris*.

[81] Voir ci-dessus, n.68.

[82] Typhon est un autre nom de Seth, le dieu frère d'Osiris. Il est le démon de la tempête et des ténèbres, alors qu'Osiris personnifie la lumière. Les deux frères se livrent un combat qui demeure longtemps à l'avantage de Seth, dont les ruses mettent au désespoir Isis, femme d'Osiris. Seth est finalement vaincu par Horus, fils d'Isis et d'Osiris, qui personnifie l'aurore. Selon d'autres versions de la légende, Seth tue Osiris, mais celui-ci retrouve la vie par les soins des déesses Isis et Nephthys.

[83] Voir ci-dessus, n.65.

[84] Voltaire croit le mythe de la boîte de Pandore d'origine égyptienne (cf. V 81, p.355) et y voit ordinairement une des sources possibles de la 'fable de la pomme' mangée par Eve plutôt que, comme ici, l'opposition des misères présentes de l'humanité à un âge d'or malheureusement révolu.

[85] Genèse iii.24.

[86] Dans l'article 'Ange', Voltaire décrit les deux chérubins du temple comme ayant chacun deux têtes, l'une de bœuf et l'autre d'aigle (l.61-62), sans indiquer, comme ici, la signification du mot 'kerub'. En 1767, dans *Les Questions de Zapata*, il précisera que 'selon les rabbins, chérubin signifie bœuf' (V 62, p.385). Selon Calmet, plusieurs commentateurs affirment que 'Cherub vient d'une racine, qui en chaldéen et en syriaque signifie *labourer*, ce qui est le principal ouvrage des bœufs. Cherub signifie *fort*, et *puissant*. La force du bœuf est connue'. En fait, il signale qu'on 'a peine à trouver dans l'hébreu la véritable racine de Cherub, ce qui pourrait faire croire que ce terme est égyptien, et qu'il signifie une figure symbolique et figurative, telle qu'étaient les hiéroglyphes dans la théologie des Egyptiens'. Calmet envisage donc la représentation du chérubin comme une figure composite où 'la figure du bœuf marquait la force; celle de l'aigle, l'agilité; celle du lion, la magnanimité et la vitesse; celle de l'homme, la sagesse et l'intelligence' (*Commentaire*, i.43).

fait une étrange figure à une porte; mais les Juifs représentèrent depuis des anges en forme de bœufs et d'éperviers, quoiqu'il leur fût défendu de faire aucune figure: ils prirent visiblement ces bœufs et ces éperviers, des Egyptiens, dont ils imitèrent tant de choses. Les Egyptiens vénérèrent d'abord le bœuf comme le symbole de l'agriculture, et l'épervier comme celui des vents, mais ils ne firent jamais un portier d'un bœuf.

Les dieux Eloïm voyant que les filles des hommes étaient belles, prirent pour épouses celles qu'ils choisirent.[87]

Cette imagination fut encore celle de tous les peuples; il n'y a aucune nation, excepté la Chine, où quelque dieu ne soit venu faire des enfants à des filles.[88] Ces dieux corporels descendaient souvent sur la terre pour visiter leurs domaines; ils voyaient nos filles, ils prenaient pour eux les plus jolies: les enfants nés du commerce de ces dieux et des mortelles devaient être supérieurs aux autres hommes; aussi la Genèse ne manque pas de dire que ces dieux qui couchèrent avec nos filles produisirent des géants.[89]

Et je ferai venir sur la terre les eaux du déluge.[90]

(Voyez l'article *'Inondation'*.) Je remarquerai seulement ici que St Augustin, dans sa Cité de Dieu, n° 8, dit: *maximum illud*

[87] Genèse vi.2. La Vulgate dit en fait: 'Videntes *filii Dei*', expression visant à rendre l'hébreu Elohim, dont Calmet signale que le Chaldéen le traduit par 'les fils des princes'. Voltaire, en lisant dans Calmet que quelques exemplaires des Septante portaient 'les Anges voyant les filles des hommes', n'a pas hésité à écrire 'les dieux Eloïm', probablement parce que Calmet avait spécifié que ce mot hébreu peut signifier également 'des dieux, des anges, des princes, des grands' (*Commentaire*, i.60). Ce choix s'explique peut-être par le désir de rappeler et renforcer l'hypothèse des dieux inférieurs avancée au début de l'article.

[88] Calmet lui-même avait fait un rapprochement avec l'antiquité païenne: 'Platon, dans son dialogue intitulé *Cratyle*, croit que les héros sont descendus des dieux épris de l'amour des femmes, ou des déesses éprises de l'amour des hommes; et que c'est du mot grec *Eros*, qui signifie l'amour, que le nom de Héros est dérivé. L'antiquité fait descendre Enée de Vénus et d'Anchise; Remus et Romulus du dieu Mars et de Rhea Sylvia, qui était mortelle' (*Commentaire*, i.60).

[89] Allusion à Genèse vi.4.

[90] Début de Genèse vi.17.

diluvium graeca nec latina novit historia: ni l'histoire grecque ni la latine ne connaissent ce grand déluge.[91] En effet on n'a jamais connu que ceux de Deucalion et d'Ogigès en Grèce,[92] regardés comme universels dans les fables recueillies par Ovide,[93] mais totalement ignorés dans l'Asie orientale.[94]

Dieu dit à Noé, Je vais faire alliance avec vous et avec votre semence après vous, et avec tous les animaux.[95]

Dieu faire alliance avec les bêtes! quelle alliance![96] mais s'il

323 65V: *dilivium nec graeca nec latina*

[91] *La Cité de Dieu*, XVIII.viii.

[92] Voltaire les évoquera comme étant 'd'une vérité historique' dans *La Philosophie de l'histoire*, ch.24: il date celui d'Ogygès de 1200 ans avant la première Olympiade, en assurant qu'il fit de la Grèce un désert pour deux siècles et mentionne celui de Deucalion comme ayant fait disparaître tous les 'habitants de ces climats', à l'exception de Deucalion et Pyrrha (V 59, p.171-72). Dans son *Supplément à la Philosophie de l'histoire*, Larcher le reprendra sur la date du premier (967 ans avant la première Olympiade et non 1200) et sur sa prétendue universalité: Jules l'Africain, qui a rapporté l'événement, n'a parlé que de l'Attique (p.192-95). Aussi dans *La Défense de mon oncle*, Voltaire n'en parlera-t-il plus que comme de 'déluges particuliers' (V 64, p.251).

[93] Ovide, *Métamorphoses*, i.263-312.

[94] C'est-à-dire en Inde et en Chine. L'absence de tout déluge dans l'histoire d'un empire 'formé il y a plus de quatre mille ans', sera soigneusement soulignée dans *La Philosophie de l'histoire* (V 59, p.153). Voltaire a très probablement puisé l'information dans les *Anciennes relations des Indes et de la Chine* d'Eusèbe Renaudot (Paris 1718), dont son exemplaire porte des traces de lecture et qu'il a utilisé dans l'*Essai sur les mœurs* (i.228-29).

[95] Résumé de Genèse ix.8-10.

[96] Cet étonnement fait écho à celui de Calmet: 'On s'étonne en lisant ce passage, que Dieu déclare qu'il va faire alliance avec l'homme et avec les animaux, comme si les animaux étaient capables d'intelligence, et propres à entrer dans une alliance, et à en remplir les conditions. On a déjà pu remarquer [...] que Dieu semble mettre une espèce d'égalité entre l'homme et la bête, en défendant à l'homme de manger le sang des animaux, et s'engageant à tirer la vengeance des bêtes qui répandraient le sang humain. On voit de semblables manières de parler répandues dans toute l'Ecriture de l'Ancien Testament par lesquelles il semblerait que l'on suppose dans les bêtes quelque sorte de connaissance' (*Commentaire*, i.84-85). Calmet donne ensuite un nombre d'exemples suffisamment élevé pour en persuader et conclut derechef que 'l'Ecriture semble supposer quelque sorte d'intelligence des bêtes'.

s'allie avec l'homme, pourquoi pas avec la bête? elle a du sentiment, et il y a quelque chose d'aussi divin dans le sentiment que dans la pensée la plus métaphysique. D'ailleurs, les animaux sentent mieux que la plupart des hommes ne pensent.[97] C'est apparemment en vertu de ce pacte que François d'Assise, fondateur de l'ordre séraphique, disait aux cigales et aux lièvres, Chantez, ma sœur la cigale, broutez, mon frère le levraut. Mais quelles ont été les conditions du traité? que tous les animaux se dévoreraient les uns les autres, qu'ils se nourriraient de notre sang et nous du leur, qu'après les avoir mangés nous nous exterminerions avec rage, et qu'il ne nous manquerait plus que de manger nos semblables égorgés par nos mains.[98] S'il y avait eu un tel pacte, il aurait été fait avec le diable. Probablement tout ce passage ne veut dire autre chose sinon que Dieu est également le maître absolu de tout ce qui respire.[99]

Et je mettrai mon arc dans les nuées, et il sera un signe de mon pacte, etc.

Remarquez que l'auteur ne dit pas, j'ai mis mon arc dans les nuées, il dit, je mettrai.[100] Cela suppose évidemment que l'opinion

[97] Voltaire l'a fort bien montré dans l'article 'Bêtes'.

[98] L'anthropophagie est ici présentée comme le terme dernier du malheur des hommes, une horreur plus grande encore que celle de l'extermination par les guerres et que l'humanité n'est pas toujours certaine de savoir s'éviter. On notera que dans l'article 'Anthropophages', Voltaire juge l'anthropophagie plus excusable que les massacres sur les champs de bataille, dans la mesure où elle a répondu le plus souvent à une nécessité biologique.

[99] Cette explication, à laquelle il n'est pas certain que Voltaire lui-même croie beaucoup, est assez proche de celle de Calmet faisant valoir que Moïse avait à prémunir les Hébreux contre la contagion égyptienne, celle d'un peuple qui croyait à la métempsychose et avait tendance à diviniser presque tous les animaux de son pays: 'Moïse se contente de représenter les animaux comme des créatures du Dieu des Hébreux, des créatures dont il dispose' (*Commentaire*, i.85).

[100] Genèse ix.13. Calmet fait remarquer que si la Vulgate emploie le futur, l'Hébreu et le Septante utilisent le présent (ce qui ne change rien à l'objection de Voltaire).

commune était que l'arc-en-ciel n'avait pas toujours existé.[101] C'est un phénomène causé par la pluie, et on le donne ici comme quelque chose de surnaturel qui avertit que la terre ne sera plus inondée. Il est étrange de choisir le signe de la pluie pour assurer qu'on ne sera pas noyé; mais aussi on peut répondre que dans le danger de l'inondation on est rassuré par l'arc-en-ciel.

Et sur le soir les deux anges arrivèrent à Sodome, etc.[102]

Toute l'histoire des deux anges que les Sodomites voulurent violer, est peut-être la plus extraordinaire que l'antiquité ait inventée.[103] Mais il faut considérer que presque toute l'Asie croyait qu'il y avait des démons incubes et succubes,[104] que de plus ces deux anges étaient des créatures plus parfaites que les hommes, et

[101] Calmet avait reconnu que ce verset semblait insinuer qu'auparavant l'arc-en-ciel ne paraissait pas; mais il avait rejeté l'hypothèse comme incompatible avec les données de la physique (*Commentaire*, i.86). Il expliquait que de ce signe naturel de la pluie qui existait déjà, Dieu avait décidé de faire aussi désormais le signe surnaturel de son alliance avec la terre, donnant 'l'assurance de la bonté de Dieu envers les hommes'; ce que Voltaire traduit ici par: 'qui avertit que la terre ne sera plus inondée', précision qui lui permet l'opposition ironique de la phrase suivante. C'est seulement dans *La Bible enfin expliquée* qu'il réfutera l'explication de Calmet (M.xxx.18, n.2).

[102] Début de Genèse xix.1.

[103] Voir Genèse xix.1-10. Dans une note ajoutée en 1771 à l'*Examen important*, Voltaire fait éclater son indignation: 'Si jamais il y eut des abominations extravagantes dans l'histoire du peuple juif, celle des anges que les magistrats, les portefaix, et jusqu'aux petits garçons d'une ville veulent absolument violer, est une horreur dont aucune fable païenne n'approche [...] Et on ose commenter ces abominations? et on les fait respecter à la jeunesse? et on a l'insolence de plaindre les brames de l'Inde et les mages de Perse, à qui Dieu n'avait pas révélé ces choses, et qui n'étaient pas le peuple de Dieu!' (V 62, p.197); cf. *La Bible enfin expliquée* (M.xxx.28, n.1).

[104] Il est probable que Voltaire s'est ici souvenu d'une longue note que d'Argens avait consacrée, dans son édition d'*Ocellus Lucanus*, à la nature corporelle des anges et des démons selon les premiers Pères de l'Eglise qui croyaient fermement qu'ils avaient connu des femmes charnellement. Il avait cité le commentaire sur *La Cité de Dieu* de Louis de Vives (1762) expliquant qu'il y a des démons mâles et femelles appelés respectivement incubes et succubes, qu'il y a eu des démons 'qui ont connu des femmes sous des formes humaines ou qui se sont accouplés avec des hommes sous la figure des femmes' (p.106).

qu'ils devaient être plus beaux, et allumer plus de désirs chez un peuple corrompu, que des hommes ordinaires.

Pour Loth qui propose ses deux filles aux Sodomites à la place des deux anges, et la femme de Loth changée en statue de sel, et tout le reste de cette histoire, qu'en peut-on dire? L'ancienne fable arabique de Cinira et de Mirra[105] a quelque rapport à l'inceste de Loth et de ses filles: et l'aventure de Philémon et de Baucis n'est pas sans ressemblance avec les deux anges qui apparurent à Loth et à sa femme.[106] Pour la statue de sel, nous ne savons pas à quoi elle ressemble; est-ce à l'histoire d'Orphée et d'Euridice?[107]

Il s'est trouvé quelques savants qui ont prétendu qu'on devait retrancher des livres canoniques toutes ces choses incroyables qui scandalisent les faibles;[108] mais on a dit que ces savants étaient des cœurs corrompus, des hommes à brûler, et qu'il est impossible d'être honnête homme si on ne croit pas que les Sodomites

105 Ovide, *Métamorphoses*, x. Cinyras, roi de Chypre, eut une fille Myrrha qui se mit à brûler d'une flamme incestueuse pour son père, par l'effet d'un châtiment infligé par Aphrodite. Aidée d'une vieille nourrice, Myrrha partagea plusieurs nuits le lit de son père, à qui la nourrice avait fait croire qu'une fille du même âge que Myrrha était éperdument amoureuse de lui. Une nuit, à la lueur d'une lampe, Cyniras reconnut sa fille et voulut la tuer. Myrrha réussit à s'enfuir et gagner le sud de l'Arabie, où les dieux la transformèrent en arbre à myrrhe. Comme elle était enceinte, la déesse de l'enfantement fit sortir son bébé, Adonis, du tronc de l'arbre.

106 Calmet aussi avait fait le rapprochement; il affirme que 'l'histoire fabuleuse a conservé quelques traces' de l'histoire de Loth (i.173); cf. Ovide, *Métamorphoses*, viii.616-710.

107 L'hypothèse sera reprise dans *Les Questions de Zapata* (V 62, p.387). Calmet en a tiré des conclusions tout opposées: 'La fable d'Orphée et d'Eurydice sont [*sic*] des imitations de l'histoire de Lot et de sa femme' (*Commentaire*, i.168). Il voit encore dans la métamorphose de Niobé en statue de pierre une imitation de celle de la femme de Loth en statue de sel, mais Voltaire n'a pas retenu ce rapprochement.

108 Dans les *Homélies prononcées à Londres* (1767), Voltaire qualifiera tout cet épisode de 'pierre de scandale pour les examinateurs qui n'écoutent que leur raison [...] Tous ces événements rassemblés forment une image révoltante' (V 62, p.471).

voulurent violer deux anges.[109] C'est ainsi que raisonne une espèce de monstre qui veut dominer sur les esprits.

Quelques célèbres Pères de l'Eglise ont eu la prudence de tourner toutes ces histoires en allégories,[110] à l'exemple des Juifs, et surtout de Philon.[111] Des papes plus prudents encore voulurent empêcher qu'on ne traduisît ces livres en langue vulgaire, de peur

[109] Dans l'*Examen important*, Voltaire laissera éclater son indignation: 'Et il se trouve encore parmi nous des âmes de boue assez lâches à la fois, et assez impudentes, pour nous dire, Croyez ces infamies, croyez, ou le courroux d'un Dieu vengeur tombera sur vous; croyez, ou nous vous persécuterons, soit dans le consistoire soit dans le conclave [...] Jusqu'à quand des coquins feront-ils trembler des sages! Quel est l'homme de bien qui ne se sente ému de tant d'horreurs?' (V62, p.197, n.*a*).

[110] Dans les *Homélies prononcées à Londres*, Voltaire conclura ironiquement de l'histoire de Loth: 'si nous sommes raisonnables, nous conviendrons avec saint Clément d'Alexandrie [...] que tout est ici allégorique. Souvenons-nous que c'était la manière d'écrire dans tout l'Orient' (V62, p.471). Mais l'ironie aura disparu dans *La Bible enfin expliquée*: 'Cette histoire de ces deux anges n'est point traitée ici en allégorie, en apologue, tout est au pied de la lettre; et on ne voit pas quelle allégorie on en pourrait tirer pour l'explication du Nouveau Testament, dont l'Ancien est une figure, selon tous les Pères de l'Eglise' (M.xxx.29). Au reste on prendra garde que Voltaire a donné à sa phrase une portée générale dépassant le seul épisode de Loth. Car à la lecture du *Commentaire* de Calmet, on est au contraire frappé par la rareté des explications allégoriques proposées à ce sujet par les Pères. Si beaucoup s'emploient à justifier Loth, plongé par ses filles dans l'ivresse, de les avoir engrossées, il n'y a guère que saint Irénée pour assurer que Dieu 'permit que les filles de Loth conçussent de leur père, pour figurer la fécondité que Jésus-Christ donna à la Synagogue et à l'Eglise' (i.171). Pour saint Augustin, ces actions, 'qui sont figuratives dans l'Ecriture [...], sont des crimes quand on les regarde dans la vie de ceux qui les ont commises' (i.172). Il n'a donc pas eu la 'prudence' que dit Voltaire, puisque tout en reconnaissant la valeur allégorique de l'épisode, il se refuse à y trouver quoi que ce soit pouvant excuser le comportement des protagonistes.

[111] Philon d'Alexandrie (mort en 45) est le représentant le plus prestigieux de l'école philosophique juive d'Alexandrie, qui s'efforçait de jeter un pont entre la révélation biblique et la philosophie grecque. Son œuvre, essentiellement exégétique, a beaucoup influencé l'école chrétienne d'Alexandrie et certains des premiers Pères de l'Eglise, notamment Origène et Clément d'Alexandrie. Son nom est lié à l'exégèse allégorique du Pentateuque.

qu'on ne mît les hommes à portée de juger ce qu'on leur proposait d'adorer.[112]

On doit certainement en conclure que ceux qui entendent parfaitement ce livre doivent tolérer ceux qui ne l'entendent pas; car si ceux-ci n'y entendent rien, ce n'est pas leur faute; mais ceux qui n'y comprennent rien, doivent tolérer aussi ceux qui comprennent tout.

[112] On peut penser aux réactions hostiles de Léon x à la traduction allemande entreprise à partir de l'hébreu par Luther, ou au bref de Grégoire XIII approuvant le 3 octobre 1575 la censure décrétée par la Sorbonne huit ans plus tôt contre la traduction française publiée en 1566 par René Benoît. Voltaire avait aussi rappelé dans l'*Essai sur les mœurs*, ch.62, la défense faite par le concile de Toulouse dès 1229 'aux chrétiens laïques de lire l'ancien et le nouveau Testament' (i.631). Dans l'article 'Livres' destiné à *L'Opinion en alphabet*, il citera la cinquième règle de la Congrégation de l'Index réglementant sévèrement la lecture de la Bible traduite en langue vulgaire (M.xix.599). Cette défense, qualifiée d''extravagante tyrannie' dans *Le Dîner du comte de Boulainvilliers*, y est ainsi expliquée: 'Les papes et leurs suppôts ont tellement senti que leur pouvoir n'est fondé que sur l'ignorance, qu'ils ont toujours défendu la lecture du seul livre qui annonce leur religion' (V 63A, p.402).

GLOIRE[1]

Ben-al-bétif, ce digne chef des derviches leur disait un jour: Mes frères, il est très bon que vous vous serviez souvent de cette sacrée formule de notre Koran, *Au nom de Dieu très miséricordieux*;[2] car Dieu use de miséricorde, et vous apprenez à la faire en répétant souvent les mots qui recommandent une vertu, sans laquelle il resterait peu d'hommes sur la terre. Mais, mes frères, gardez-vous bien d'imiter ces téméraires qui se vantent à tout propos de travailler à la gloire de Dieu.[3] Si un jeune imbécile soutient une

[1] Article publié en 1764. Il fut envoyé aux abonnés de la *Correspondance littéraire* dans la livraison du 1er septembre (ICL, i.145). C'est un des articles que Voltaire avoue au moment de la parution (D12180). Il le cite alors parmi ceux qu'il 'avait destinés autrefois au dictionnaire encyclopédique' (D12159). Il y développe effectivement un paragraphe de l'article 'Gloire' paru en 1757 dans l'*Encyclopédie*. Mais il est peu probable qu'il ait voulu y inclure la dissertation–conte philosophique que constitue cet article; ce serait contraire au 'protocole' qu'il proposait à d'Alembert (voir D7093, en envoyant 'Gloire' précisément). Il est possible toutefois qu'il l'ait écrite dans la foulée. Un passage au moins suppose une rédaction très antérieure à 1764. A travers la formule *Ad majorem Dei gloriam*, Voltaire s'en prend aux jésuites et, d'après le contexte, aux jésuites dominant: il a dû écrire avant l'arrêt du 6 août 1761 qui condamnait leurs livres à être brûlés et leurs écoles à être fermées. On peut donc penser que, tenant au sujet, mais considérant ce développement comme une digression, il l'aura gardé dans ses papiers et l'aura livré à l'imprimeur tel quel en 1764, laissant au présent la phrase qui concerne les thèses ayant à leur 'tête' la devise des jésuites qui n'est plus d'actualité. Voltaire a repris l'article dans les QE, en y ajoutant des exemples de gloire humaine remontant à novembre 1757.

[2] Dans l'article 'Alcoran ou plutôt le Koran' des QE, Voltaire écrit: 'Voici les premières lignes de ce livre: "Louanges à Dieu, le souverain de tous les mondes, au Dieu de miséricorde, au souverain du jour de la justice"' (M.xvii.99); il a lu le Coran dans la traduction de George Sale: *The Koran, commonly called the Alcoran of Mohammed* (London 1734); il possédait également de George Sale, *Observations historiques et critiques sur le mahométisme* (Genève 1751).

[3] Cf. 'Gloire', paru dans l'*Encyclopédie*: 'On a osé dire la *gloire* de Dieu; il travaille pour la *gloire* de Dieu, Dieu a créé le monde pour sa *gloire*: ce n'est pas que l'Etre suprême puisse avoir de la *gloire*; mais les hommes n'ayant point

thèse sur les catégories, thèse à laquelle préside un ignorant en fourrure, il ne manque pas d'écrire en gros caractères à la tête de sa thèse, *Ek allhà abron doxa: Ad majorem Dei gloriam.*[4] Un bon musulman a-t-il fait blanchir son salon, il grave cette sottise sur sa porte; un saka[5] porte de l'eau pour la plus grande gloire de Dieu. C'est un usage impie qui est pieusement mis en usage. Que diriez-vous d'un petit chiaoux,[6] qui en vidant la chaise percée de notre sultan, s'écrierait, A la plus grande gloire de notre invincible monarque? Il y a certainement plus loin du sultan à Dieu, que du sultan au petit chiaoux.

Qu'avez-vous de commun, misérables vers de terre appelés hommes avec la gloire de l'Etre infini? Peut-il aimer la gloire? Peut-il en recevoir de vous? Peut-il en goûter? Jusqu'à quand, animaux à deux pieds sans plumes, ferez-vous Dieu à votre image? Quoi! parce que vous êtes vains, parce que vous aimez la gloire, vous voulez que Dieu l'aime aussi![7] S'il y avait plusieurs dieux, chacun d'eux peut-être voudrait obtenir les suffrages de ses semblables. Ce serait là la gloire d'un dieu. Si l'on peut comparer la grandeur infinie avec la bassesse extrême, ce dieu serait comme le roi Alexandre ou Scander, qui ne voulait entrer en lice qu'avec

d'expressions qui lui conviennent, emploient pour lui celles dont ils sont les plus flattés' (V 33, p.124-25).

[4] C'est la devise des jésuites expliquée par saint Ignace de Loyola dans les *Exercices spirituels* (889).

[5] 'Saca. Ce mot qui signifie en arabe un échanson, etc., un porteur d'eau [...] est le nom que l'on donne, aussi bien que saki, à celui qui donne à boire dans un festin' (Herbelot, *Bibliothèque orientale*, Paris 1697; BV).

[6] L'*Encyclopédie* donne la forme *chiaous* avec cette définition: 'officier de la cour du Grand Seigneur, qui fait l'office d'huissier. Ce mot dans son origine signifie *envoyé*', et ajoute que les envoyés auprès des princes étrangers étaient choisis parmi eux (iii.326).

[7] Cf. *Remarques pour servir de supplément à l'Essai sur les mœurs*, IX (1763): 'Si les mahométans écrasèrent la religion des mages et des Arabes, on ne voit pas quelle gloire en revint à Dieu. Les hommes ont toujours été portés à croire Dieu glorieux, parce qu'ils le sont; car [...] ils ont fait Dieu à leur image' (*Essai*, ii.917).

des rois:[8] Mais vous, pauvres gens, quelle gloire pouvez-vous donner à Dieu? Cessez de profaner son nom sacré. Un empereur nommé Octave Auguste, défendit qu'on le louât dans les écoles de Rome, de peur que son nom ne fût avili.[9] Mais vous ne pouvez ni avilir l'Etre suprême, ni l'honorer. Anéantissez-vous, adorez et taisez-vous.

Ainsi parlait Ben-al-bétif, et les derviches s'écrièrent, Gloire à Dieu! Ben-al-bétif a bien parlé.

35 69: s'écrient [69* errata: β]

[8] 'Scander', forme de 'Alexandre' signalée implicitement par Moreri à l'article 'Scanderberg', ou plutôt 'Scanderbeg', dit-il, qui signifie 'Alexandre seigneur'. Plutarque raconte (*Alexandre*, IV.x) que 'comme les gens de son entourage demandaient à Alexandre s'il ne voudrait pas disputer le prix du stade à Olympie', il répondit: 'Oui […] si je devais avoir pour concurrents des rois' (*Vies*, trad. R. Flacelière et E. Chambry, ix.34).

[9] Voir Suétone, *Vies des douze Césars*, Auguste, 53; mais le fait prend un autre sens: 'Considérant le titre de "maître" comme une injure infamante, il le repoussa toujours avec horreur […] il ne se laissa jamais appeler maître, fût-ce par ses enfants ou ses petits-enfants, ni sur un ton sérieux, ni pour plaisanter […] pour sortir d'une ville […] il attendait le soir ou la nuit, afin que personne ne se dérangeât pour le saluer' (trad. H. Ailloud, i.108).

GRÂCE[1]

Sacrés consulteurs de Rome moderne, illustres et infaillibles théologiens, personne n'a plus de respect que moi pour vos divines décisions; mais si Paul Emile, Scipion, Caton, Cicéron, César, Titus, Trajan, Marc-Aurèle, revenaient dans cette Rome[2] qu'ils mirent autrefois en quelque crédit, vous m'avouerez qu'ils seraient un peu étonnés de vos décisions sur la grâce.[3] Que diraient-ils,

[1] Cet article parut en 1764. Voltaire avait les éléments nécessaires pour le composer dès le début de l'année 1758. En effet, nous le voyons encore attendre, le 7 décembre 1757, le tome VII de l'*Encyclopédie*, paru en novembre (D7500). Mais le 27, il a enfin pu lire l'article 'Genève' (D7536). Rien ne prouve, évidemment, qu'il ait lu l'article 'Grâce' dans le même volume: nous n'avons ni indices dans la correspondance, ni notes marginales. Toutefois, il avait été chargé de la partie de 'Grammaire, littérature et mythologie', qu'il avait envoyée à d'Alembert le 29 novembre 1756 (D7067). Il serait bien surprenant qu'ayant le volume en mains il n'ait pas eu la curiosité d'aller voir l'article dans sa totalité, avec la partie théologique, qui ne lui avait pas été confiée. Il a pu y trouver une documentation sérieuse, complète, aussi claire qu'il était possible en un tel domaine, sans la moindre réflexion critique de la part de l'auteur, resté anonyme. Encore imprégné du souvenir des querelles religieuses analysées pour les derniers chapitres du *Siècle de Louis XIV*, il pouvait, en jonglant avec ces nouveaux matériaux, mêler le burlesque à la véhémence et réaliser une spirituelle vengeance d'encyclopédiste déçu. En 1761, il dit avoir chez lui 'saint Thomas' (peut-être depuis fin 1757? voir D7450) et l'avoir lu (D10234). Cette lecture a peut-être contribué également à susciter la dérision, à la découverte de tant de termes scolastiques (voir n.4).

[2] Voltaire oppose souvent la grandeur de la Rome antique (qu'il symbolise ici par le rappel de quelques philosophes et hommes d'Etat, du troisième siècle avant J.-C. au deuxième siècle après), à sa dégénérescence sous la domination des prêtres; voir *Dialogue entre Marc Aurèle et un récollet* (1751) ou *L'Examen important de milord Bolingbroke* (1766): 'Pendant que les descendants des Camilles, des Brutus, des Scipions, des Catons, mêlés aux Grecs et aux barbares, barbotaient ainsi dans la fange de la théologie' (V 62, p.337).

[3] Les querelles sur la grâce ont commencé au cinquième siècle. Les traités de saint Augustin sur la grâce, représentant la doctrine de l'Eglise, affirment que, par suite du péché d'Adam, tous les hommes naissent exposés à l'ignorance et à la concupiscence. Sans le secours de Dieu, gratuit, efficace, qui vient l'éclairer et le

s'ils entendaient parler de la grâce de santé selon St Thomas, et de la grâce médicinale selon Cajetan;[4] de la grâce extérieure, et

---

fortifier, l'homme ne peut rien faire qui soit utile à son salut. Or voici que Pélage affirme que le péché d'Adam n'a exercé aucune influence sur la nature de ses descendants, que la liberté de l'homme est en parfait équilibre entre le bien et le mal. Pélage fut condamné par le concile de Carthage (412), puis par ceux de Jérusalem et d'Antioche (416). Mais les sociniens reprirent sa doctrine. Le concile d'Orange (529) et le pape Félix IV sanctionnèrent aussi l'enseignement du semi-pélagianisme, représenté par Cassien, Faustus. Selon eux, si Dieu prédestinait les justes au salut et leur accordait sa grâce, c'était en récompense de leurs mérites, que prévoyait sa prescience infinie. Au seizième siècle, la question de l'équilibre entre grâce divine, d'une part, et liberté et mérites de l'homme, d'autre part, est encore soulevée par l'ouvrage de Molina, *Accord du libre arbitre avec le don de la grâce, la prescience divine, la Providence, la prédestination et la réprobation* (1588). La thèse selon laquelle l'homme tantôt seconde la grâce par la prière, la vertu, les sacrements, tantôt lui résiste trouve des partisans chez les jésuites. Au contraire, les dominicains, thomistes, accordent moins à la liberté de l'homme. La discussion dure dix ans et, en 1607, Paul V permet aux deux partis de continuer à soutenir leurs opinions respectives. Si l'on ajoute la position des calvinistes, pour qui les hommes sont prédestinés au salut ou à la damnation, adoucie par les arminiens, au grand scandale, cependant, des gomaristes, et déclarée hérétique; si l'on ajoute l'*Augustinus* de Jansenius (1640), qui s'en rapproche, partiellement condamné en 1653, avant que toute la doctrine ne le soit, en 1713, par la bulle *Unigenitus*, on voit que discussions et décisions sur la grâce n'ont pas manqué. Et nous n'avons rien dit du *Traité de la nature et de la grâce*, publié par Malebranche en 1680, critiqué par Arnauld, réfuté par Fénelon. Sur les disputes à propos de la prédestination et de la grâce, voir les carnets (V 81, p.252).

[4] Avant de condamner les extrêmes, pélagiens et calvinistes, Chaudon a jeté le discrédit sur l'article de Voltaire: 'On ne peut porter plus loin l'insulte et la dérision que le fait M. de Voltaire dans cet article. Que gagnerions-nous à répondre à des turlupinades? Rien' (p.127). Turlupinades? Oui et non. Oui dans la mesure où la terminologie, hors de tout contexte explicatif, est aussitôt rendue absurde. Mais chacun des termes, cependant, est réellement emprunté à la théologie. Aucun n'est de l'invention de Voltaire. Et son alerte satire s'intègre à une véhémente défense de sa propre conception de Dieu. *Grâce de santé*: selon l'*Encyclopédie*, c'est la grâce de Dieu donnée aux anges, ou à Adam avant la chute. La *grâce médicinale* est la grâce du Christ, conférée en considération des mérites du rédempteur. L'*Encyclopédie* renvoie à saint Thomas, et à Cajetan (1468-1534) qui a composé des commentaires de la *Somme théologique* de 1507 à 1522, considérés comme l'interprétation classique de saint Thomas. Quand Voltaire évoque sa lecture de saint Thomas, il l'assimile à 'un cours de Petites maisons' (D10234). Cependant, il a annoté son exemplaire

intérieure, de la gratuite,[5] de la sanctifiante, de l'actuelle, de l'habituelle,[6] de la coopérante,[7] de l'efficace qui quelquefois est sans effet, de la suffisante qui quelquefois ne suffit pas,[8] de la

---

de la *Summa theologica*. Dans la deuxième partie, il a marqué la question 114 de la première sous-partie, qui traite du mérite, effet de la grâce coopérante.

[5] D'après l'*Encyclopédie*, la *grâce extérieure* est celle qui nous est donnée par la Loi, par la prédication; c'est la seule que reconnaissent les pélagiens. La *grâce intérieure* touche l'homme par de saints désirs et des résolutions pieuses. La *grâce donnée gratuitement*, ou *gratis data*, correspond à un don accordé pour la sanctification des autres, comme le don des langues, le don de faire des miracles ou de prophétiser. Inversement, le don destiné au salut de celui qui la reçoit correspond à la *grâce qui rend agréable à Dieu*, ou *gratum faciens*, que Voltaire ne mentionne pas explicitement, mais dont il évoque plusieurs aspects, avec les trois termes suivants. Ces distinctions se trouvent chez saint Thomas.

[6] La *grâce sanctifiante* ou *justifiante*, par laquelle l'homme devient formellement juste, se rattache, en effet, à la *grâce habituelle*, don inhérent à l'âme, grâce permanente, dépendant de la *grâce qui rend agréable à Dieu*, de même que l'*actuelle*, qui est un secours transitoire. La *grâce actuelle* est accordée par une motion passagère, pour la réalisation de quelque œuvre particulière. C'est elle qui divise les théologiens.

[7] La *grâce actuelle* se subdivise, en effet, en *opérante* et *coopérante* (ou *prévenante* et *subséquente* ou *excitante* et *aidante*, d'après l'*Encyclopédie*, qui abrège saint Thomas). La *grâce actuelle opérante* meut la volonté humaine par une inspiration spéciale. Dieu opère en nous sans nous. La *grâce actuelle coopérante* se joint à la volonté, aux bonnes dispositions humaines pour l'accomplissement du bien. Dans la première, l'âme est mue; dans la seconde, elle se meut elle-même en même temps qu'elle est mue.

[8] La *grâce efficace* et la *grâce suffisante* sont deux subdivisions de la *grâce opérante*, notées également dans l'*Encyclopédie*. La *grâce efficace* opère infailliblement le consentement de la volonté. La *grâce suffisante* donne à la volonté de l'homme les forces suffisantes pour faire le bien, mais ce dernier n'en use pas toujours. Les théologiens se sont divisés sur cette distinction. Voir Pascal, *Lettres provinciales*, II. Pour les jésuites, une seule grâce: la *grâce suffisante*, donnée à tous les hommes, est soumise au libre arbitre, qui la rend *efficace* ou inefficace. Pour les jansénistes, une seule: toute grâce réellement *suffisante* est grâce *efficace*. Les nouveaux thomistes, eux, admettent deux grâces de nature différente: la *grâce suffisante* est donnée à tous, mais c'est la *grâce efficace*, qui n'est pas donnée à tous, qui détermine réellement la volonté à l'action. D'où la raillerie du narrateur, dans les *Lettres provinciales*, à la vue de son interlocuteur thomiste, sur cette grâce qui suffit, quoiqu'elle ne suffise pas, suffisante de nom et insuffisante en réalité. Voltaire reprend cette plaisanterie et l'étend abusivement à la grâce *efficace*.

versatile,[9] et de la congrue?[10] en bonne foi, y comprendraient-ils plus que vous et moi?[11]

Quel besoin auraient ces pauvres gens, de vos sublimes instructions? Il me semble que je les entends dire:

Mes révérends pères, vous êtes de terribles génies: nous pensions sottement que l'Etre éternel ne se conduit jamais par des lois particulières comme les vils humains, mais par ses lois générales, éternelles comme lui. Personne n'a jamais imaginé parmi nous, que Dieu fût semblable à un maître insensé qui donne un pécule à un esclave, et refuse la nourriture à l'autre; qui ordonne à un manchot de pétrir de la farine, à un muet de lui faire la lecture, à un cul-de-jatte d'être son courrier.[12]

Tout est grâce de la part de Dieu; il a fait au globe que nous habitons la grâce de le former; aux arbres, la grâce de les faire croître; aux animaux celle de les nourrir;[13] mais dira-t-on que si un loup trouve dans son chemin un agneau pour son souper, et

[9] La *grâce versatile* est définie dans *Trévoux* comme la grâce des molinistes, qui attend la détermination de la volonté. La volonté humaine la rend à son gré efficace ou inefficace.

[10] La *grâce congrue* est la grâce appropriée aux circonstances et à l'état de l'âme de celui qui la reçoit. Puisque l'homme peut résister à la grâce *suffisante*, mais coopère à l'action de la grâce *efficace* pour produire un acte vertueux, Bellarmin, Vasquez, Suarez ont cherché à établir ce qui rendait la grâce efficace. Pour eux, c'est le fait que Dieu la donne de la manière et sous la forme qu'il prévoit être opportunes pour que le libre consentement de la volonté humaine s'ensuive.

[11] Cf. QE, art. 'Grâce': 'Nous félicitons ceux qui croient avoir des grâces prévenantes; nous compatissons de tout notre cœur à ceux qui se plaignent de n'en avoir que de versatiles; et nous n'entendons rien au congruisme' (M.xix.303).

[12] Ce refus de l'anthropomorphisme aboutissant à imaginer une Providence injuste, voire un Dieu bourreau, se trouve déjà dans le *Mémoire* de Meslier (voir ii.334-43, 374-98) et dans des traités déistes comme les *Difficultés sur la religion proposées au père Malebranche*: l'auteur refuse d'assimiler Dieu à un père monstrueux qui ferait mourir de coups et de misère certains de ses enfants; cf. la fable concernant Malei-Ismaël, qui honore deux de ses enfants et fait rouer et brûler les 498 autres (QE, art. 'Grâce', M.xix.304-305).

[13] Cf. QE, art. 'Grâce': 'Toute la nature, tout ce qui existe, est une grâce de Dieu' (M.xix.302).

qu'un autre loup meure de faim, Dieu a fait à ce premier loup une grâce particulière?[14] S'est-il occupé par une grâce prévenante à faire croître un chêne, préférablement à un autre chêne à qui la sève a manqué?[15] Si dans toute la nature, tous les êtres sont soumis aux lois générales, comment une seule espèce d'animaux n'y seraitelle pas soumise?

Pourquoi le maître absolu de tout, aurait-il été plus occupé à diriger l'intérieur d'un seul homme, qu'à conduire le reste de la nature entière? Par quelle bizarrerie changerait-il quelque chose

28 69*: Dieu ⟨a⟩ ^{V}a t il^{+} fait

[14] A côté de la grâce universelle que Dieu présente à tous les hommes, la *grâce particulière* ne concerne que les chrétiens ou même, parmi les chrétiens, seulement les élus. D'Holbach usera d'une métaphore comparable, dans *Le Bon sens* (Londres 1774; BV), pour ridiculiser cette notion de Providence particulière: Un dervis découvre une plaine couverte de cent mille cadavres, à la suite d'une sanglante bataille. Aigles, vautours, corbeaux et loups les dévorent à l'envi. Et il entend un loup, 'gorgé de chair humaine, qui dans l'excès de sa joie, s'écriait: *O Allah! que tes bontés sont grandes pour les enfants des loups!*' (p.115; CN, iv.414-15).

[15] La grâce *prévenante* est, comme l'*opérante*, une subdivision de la grâce *actuelle*. Selon saint Thomas, entre la *prévenante* et la *subséquente* la distinction repose sur un ordre de priorité ou de postériorité. Ainsi, si l'on veut délibérément un bien salutaire, il s'agit de grâce *prévenante*; il s'agit de grâce *subséquente* quand on exécute cette détermination. Seul l'homme, doué de conscience, de libre arbitre, occupant une place particulière dans le plan divin, peut bénéficier de la grâce. Les transpositions de ce système, par Voltaire, dans le monde des animaux et des végétaux lui ôtent toute signification. Elles traduisent le refus, de la part du philosophe, d'une dimension transcendante chez l'homme-insecte. Saint Thomas insiste au contraire (qu.114) sur la différence entre la créature raisonnable qui se porte d'elle-même à l'action par son libre arbitre, ce qui peut lui conférer un caractère méritoire, et les autres créatures, qui parviennent par leurs seuls mouvements, au but auquel Dieu les a ordonnés.

dans le cœur d'un Courlandais ou d'un Biscaïen,[16] pendant qu'il ne change rien aux lois qu'il a imposées à tous les astres?

Quelle pitié de supposer qu'il fait, défait, refait continuellement des sentiments dans nous! et quelle audace de nous croire exceptés de tous les êtres! Encore n'est-ce que pour ceux qui se confessent, que tous ces changements sont imaginés. Un Savoyard, un Bergamasque[17] aura le lundi la grâce de faire dire une messe pour douze sous; le mardi il ira au cabaret, et la grâce lui manquera; le mercredi il aura une grâce coopérante qui le conduira à confesse; mais il n'aura point la grâce efficace de la contrition parfaite; le jeudi ce sera une grâce suffisante qui ne lui suffira point, comme on l'a déjà dit. Dieu travaillera continuellement dans la tête de ce Bergamasque, tantôt avec force, tantôt faiblement, et le reste de la terre ne lui sera de rien! il ne daignera pas se mêler de l'intérieur des Indiens et des Chinois![18] S'il vous reste un grain de raison, mes

[16] Pour accentuer encore la disproportion avec le Dieu de Newton, Voltaire choisit ses bénéficiaires de la Providence dans des petits peuples représentant des minorités. La Courlande est une région de la Lettonie située entre la Baltique et la Dvina. Primitivement habité par des Finnois, des Koures, le pays a subi les invasions suédoises, danoises, allemandes. Le duché a été annexé par la Russie à la fin du dix-huitième siècle. La Biscaye est une province basque d'Espagne, qui a longtemps vécu comme un Etat ayant ses coutumes, ses tribunaux, ses impôts, ses assemblées propres. Voltaire s'est intéressé aux particularités de la langue biscaïenne, puisqu'il a annoté ce qui concerne ce sujet dans les *Annales d'Espagne et de Portugal* de Juan Alvarez de Colmenar (Amsterdam 1741; CN, i.91). Dans *Candide*, un Biscaïen est victime de l'autodafé, pour avoir épousé sa commère.

[17] Le choix se porte ici, semble-t-il, avec les possessions montagneuses du royaume de Sardaigne et Bergame, 'le pays d'Arlequin', sur des contrées qui ne représentent pas, pour Voltaire, de hauts lieux de civilisation; cf. l'article 'Abraham': 'certainement la triomphante Rome n'imita rien de la Biscaye, de Cornouailles, ni de Bergame' (l.120). Leurs habitants sont donc d'autant plus portés à la superstition, comme les Juifs à qui on les compare dans ce même article.

[18] On retrouve ici le refus, si répandu également dans la littérature clandestine, d'une Révélation dont la plupart des hommes sont exclus; cf. l'article 'Grâce', destiné à *L'Opinion en alphabet*, qui lie cette théologie à l'esprit de secte et de domination, les théologiens ne voulant le salut que pour ceux qui leur seraient soumis (M.xix.301). Là encore les exemples choisis sont révélateurs, Indiens et Chinois appartenant à de grandes civilisations.

révérends pères, ne trouvez-vous pas ce système prodigieusement ridicule?

Malheureux, voyez ce chêne qui porte sa tête aux nues, et ce roseau qui rampe à ses pieds; vous ne dites pas que la grâce efficace a été donnée au chêne, et a manqué au roseau. Levez les yeux au ciel, voyez l'éternel Démiurgos créant des millions de mondes qui gravitent tous les uns vers les autres, par des lois générales et éternelles. Voyez la même lumière se réfléchir du Soleil à Saturne, et de Saturne à nous; et dans cet accord de tant d'astres emportés par un cours rapide, dans cette obéissance générale de toute la nature,[19] osez croire, si vous pouvez, que Dieu s'occupe de donner une grâce versatile à sœur Thérèse et une grâce concomitante à sœur Agnès![20]

Atome, à qui un sot atome a dit que l'Eternel a des lois particulières pour quelques atomes de ton voisinage, qu'il donne sa grâce à celui-là, et la refuse à celui-ci; que tel qui n'avait pas la grâce hier, l'aura demain; ne répète pas cette sottise. Dieu a fait l'univers, et ne va point créer des vents nouveaux pour remuer quelques brins de paille dans un coin de cet univers. Les théologiens sont comme les combattants chez Homère, qui croyaient que les dieux s'armaient tantôt contre eux, tantôt en leur faveur. Si Homère n'était pas considéré comme poète, il le serait comme blasphémateur.[21]

61 69: rapide dans [69* errata: β]

[19] Voltaire reprend à Platon le terme qui désigne le grand Ouvrier, le grand Architecte, et à Newton les lois physiques qui prouvent l'ordre de l'univers.

[20] La grâce *concomitante* est la grâce que Dieu accorde à l'homme pendant le cours d'une action pour la faire et la rendre méritoire. Cf. sœur Fessue et sœur Confite (QE, art. 'Providence', M.xx.294-96). Il semble donc bien que des religieuses représentent, mieux encore que des religieux, le parfait exemple de la crédulité.

[21] Cf. l'article 'Grâce' des QE (M.xix.302-304), qui cite les propos de Pâris à Hector dans l'*Iliade*, iii.63-66, et qui montre en Sarpédon et Patrocle des barbares à qui la grâce a manqué. En outre, l'article précise que c'est Platon qui, dans *La République*, a appelé Homère blasphémateur, pour avoir transporté les vices et les ridicules de la terre dans le ciel.

C'est Marc-Aurèle qui parle, ce n'est pas moi; car Dieu qui vous inspire, me fait la grâce de croire tout ce que vous dites, tout ce que vous avez dit, et tout ce que vous direz.[22]

[22] En fait, depuis 1721, avec sa réponse au poème de *La Grâce* de Louis Racine, Voltaire a refusé de croire à un Dieu caché, aux desseins obscurs et tyranniques (M.x.479). D'autres déistes, bien avant lui, ont opposé les mêmes refus, comme l'auteur des *Difficultés sur la religion proposées au père Malebranche*, mais en insistant davantage sur les dangers que cette doctrine de la grâce fait courir à la morale. L'optique de Voltaire, qui défend la grandeur de l'Etre suprême et l'égalité morale de tous les hommes, est différente.

GUERRE[1]

La famine, la peste et la guerre sont les trois ingrédients les plus fameux de ce bas monde. On peut ranger dans la classe de la famine toutes les mauvaises nourritures où la disette nous force

1-18 69*, feuillet collé sur texte biffé: tous les animaux sont perpetuellement en guerre. chaque espece est née pour en dévorér un autre. il n'y à pas jusqu'aux moutons et aux colombes qui n'avalent une quantité prodigieuse d'animaux imperceptibles. les males même de la même espèce se font la guerre pour des femeles comme ménelas et Paris. l'air la terre et les eaux sont des champs de destruction. ¶il semble que dieu ayant donné la raison aux hommes, cette raison doive les avertir de ne pas s'avilir à imiter les animaux surtout quand la nature ne leur a donné ny armes pour tuer leurs semblables ny instinct qui les porte a succer leur sang. ¶Cependant la guerre meurtrière est tellement le partage affreux de l'homme qu'excepté deux ou trois Nations il n'en est point que leurs anciennes histoires ne representent armées les unes contre les autres. vers le canada homme et guerrier sont sinonimes.[2]

[1] Voltaire inclut cet article dans la liste de ceux qu'il reconnaît comme étant de lui (D12180). Quoiqu'il écrive alors que la plupart des articles du DP étaient destinés à l'*Encyclopédie*, on ne trouve aucune trace de celui-ci dans sa correspondance de 1756 avec d'Alembert; on ne l'en avait vraisemblablement pas chargé; quand il envoie la lettre G, le 29 novembre 1756, il n'y fait aucune allusion; il parle seulement de 'Guerre littéraire' qu'on lui a apparemment proposé et qu'il préférerait placé sous la rubrique *Littéraire*, car 'consacré au ridicule, [il] ferait peut-être un mauvais effet à côté de l'horreur des véritables guerres' (D7067). Certes Voltaire s'est élevé à maintes reprises contre l'absurdité de la guerre. L'article porte toutefois assez nettement la marque de la guerre de Sept Ans dont les témoins ont décrit les massacres, les épidémies, les dévastations, les pillages à travers toute l'Allemagne (voir *Précis du siècle de Louis XV*), et qui est très présente non seulement dans *Candide*, mais dans ses lettres de l'époque, dans ses *Mémoires* et évidemment dans son histoire prolongée jusqu'en 1762 dans le tome 8 publié en 1763. Des éléments secondaires révèlent des préoccupations très visibles chez Voltaire en 1760-1762; voir n.12, 20. Ils confirment l'hypothèse que l'article est antérieur à la paix de 1763 et permettent peut-être de supposer qu'il a été écrit au cours des années 1761-1762.

[2] Ce texte a été repris dans les QE.

d'avoir recours pour abréger notre vie dans l'espérance de la soutenir.[3]

On comprend dans la peste, toutes les maladies contagieuses, qui sont au nombre de deux ou trois mille. Ces deux présents nous viennent de la Providence; mais la guerre qui réunit tous ces dons, nous vient de l'imagination de trois ou quatre cents personnes, répandues sur la surface de ce globe, sous le nom de princes ou de ministres;[4] et c'est peut-être pour cette raison que dans plusieurs dédicaces on les appelle les images vivantes de la Divinité.

Le plus déterminé des flatteurs conviendra sans peine, que la guerre traîne toujours à sa suite la peste et la famine, pour peu qu'il ait vu les hôpitaux des armées d'Allemagne,[5] et qu'il ait passé dans quelques villages où il se sera fait quelque grand exploit de guerre.[6]

C'est sans doute un très bel art que celui qui désole les campagnes, détruit les habitations, et fait périr année commune quarante mille hommes sur cent mille. Cette invention fut d'abord cultivée par des nations assemblées pour leur bien commun; par exemple, la diète des Grecs déclara à la diète de la Phrygie et des

[3] Cf. *La Henriade*, x: 'On les vit se nourrir des cendres de leurs pères, / Ce détestable mets avança leur trépas' (V 2, p.607). Voltaire raconte ensuite que pendant le siège de Sancerre une femme égorgea et mangea son enfant.

[4] Cf. les carnets: 'Le Roi de Prusse dit, que quand les princes jouent des provinces, les hommes leur servent de jettons' (V 81, p.200).

[5] Allusion sans doute aux maladies qui décimaient l'armée française pendant la guerre de Sept Ans, à partir de la déroute de Rosbach.

[6] Tableau que fait Voltaire de la situation à la date du 30 août 1762: 'Quel fut le résultat de cette multitude innombrable de combats [...]? Rien que du sang inutilement versé dans des pays incultes et désolés, des villages ruinés, des familles réduites à la mendicité' (*Précis du siècle de Louis XV*, ch.33; *OH*, p.1494). Allusion peut-être aussi à la visite qu'il a faite lui-même autrefois, en juillet 1734, au camp de Philippsburg (voir D766).

peuples voisins, qu'elle allait partir sur un millier de barques de pêcheurs, pour aller les exterminer si elle pouvait.[7]

Le peuple romain assemblé jugeait qu'il était de son intérêt d'aller se battre avant la moisson, contre le peuple de Veïes, ou contre les Volsques:[8] Et quelques années après, tous les Romains étant en colère contre tous les Carthaginois, se battirent longtemps sur mer et sur terre.[9] Il n'en est pas de même aujourd'hui.

Un généalogiste prouve à un prince qu'il descend en droite ligne d'un comte, dont les parents avaient fait un pacte de famille il y a trois ou quatre cents ans avec une maison dont la mémoire même ne subsiste plus. Cette maison avait des prétentions éloignées sur une province dont le dernier possesseur est mort d'apoplexie. Le prince et son conseil concluent sans difficulté que cette province qui est à quelques centaines de lieues de lui, a beau protester qu'elle ne le connaît pas, qu'elle n'a nulle envie d'être gouvernée par lui; que pour donner des lois aux gens, il faut au

37 64: province lui appartient de droit divin. Cette province qui est à
65v: de lui, lui appartient de droit divin, qu'elle a beau [65v*: ^{V}divin. Elle]

[7] Voltaire pense sans doute au congrès panhellénique de Corinthe avant la seconde guerre médique, à l'automne 481 av. J.-C.

[8] L'allusion à la saison est peut-être due à une réminiscence de Tite-Live: au début du livre v il raconte que les tribuns de la plèbe protestent en 403 contre le projet de continuer (contrairement aux habitudes) le siège de Véies pendant l'hiver, car le soldat plébéien serait ainsi éloigné trop longtemps de sa famille et de sa terre, et surtout de la vie politique; ils échouèrent: un incendie ayant détruit les travaux d'approche déjà exécutés, chevaliers et plébéiens décidèrent d'un commun accord de ne pas interrompre la guerre. Le siège, commencé après 406 av. J.-C., dura une dizaine d'années; après la prise de Véies, les Romains firent la paix avec les Volques, mais la guerre reprit et les Volques furent battus en 341.

[9] Les causes des guerres puniques ne sont pas simples et les historiens en discutent encore. Les comices centuriates décidèrent en 264 av. J.-C. que les armées romaines iraient au secours des Mamertins de Messine assiégés par les Carthaginois; ce fut le commencement de la première guerre punique. Carthage ne fut détruite qu'en 146 av. J.-C.

moins avoir leur consentement:[10] ces discours ne parviennent pas seulement aux oreilles du prince, dont le droit est incontestable. Il trouve incontinent un grand nombre d'hommes qui n'ont rien à perdre; il les habille d'un gros drap bleu à cent dix sous l'aune, borde leurs chapeaux avec du gros fil blanc, les fait tourner à droite et à gauche, et marche à la gloire.[11]

Les autres princes qui entendent parler de cette équipée, y prennent part chacun selon son pouvoir, et couvrent une petite étendue de pays de plus de meurtriers mercenaires, que Gengis-Kan, Tamerlan, Bajazet n'en traînèrent à leur suite.

49 65v*: Bajazet n⟨'en⟩e trainèrent $^{V\uparrow}$de bandits^{+} à

[10] Cf. ce que Voltaire a imprimé en 1756 dans ce qui sera le chapitre 5 du *Précis du siècle de Louis XV*: 'La politique des princes chrétiens est venue au point que, dans les successions aux Etats, on consulte moins les droits allégués que la convenance publique, et ce que l'on consulte moins encore, c'est la voix des peuples qu'il s'agit de gouverner. Ce sont eux qui ont le plus d'intérêt dans ces grandes querelles. Des armées étrangères donnent souvent des souverains à des nations qui devraient les nommer par leurs seuls suffrages' (*OH*, p.1740-41).

[11] Voltaire pense particulièrement à Frédéric II. Il a écrit lui-même en 1740, à la demande du roi lors de leur première rencontre, un *Sommaire des droits de S. M. le roi de Prusse sur Herstall*, 'terre libre de l'Empire dévolue par succession à la maison de Prusse' (M.xxiii.157), que Frédéric faisait occuper par ses troupes: 'ne doutant pas qu'un roi avec qui je soupais, et qui m'appelait son ami, ne dût avoir toujours raison', écrit-il dans ses *Mémoires* (M.i.17). Mais dans l'article il doit viser plus exactement l'invasion et l'occupation de la Silésie depuis décembre 1740. Il présente ainsi les prétentions de Frédéric: 'Il prétendait en Silésie quatre duchés. Ses aïeux avaient renoncé à toutes leurs prétentions par des transactions réitérées, parce qu'ils étaient faibles: il se trouva puissant, et il les réclama' (*Précis du siècle de Louis XV*; *OH*, p.1331). En vertu d'une autorisation de Ladislas en cas d'absence d'héritiers mâles, le duc Frédéric II de Liegnitz, Brieg et Wohlau avait conclu avec l'électeur Joachim II de Brandebourg un pacte de succession en 1537: le roi de Bohême d'alors, Frédéric Ier de Habsbourg, déclara ces arrangements nuls. En 1675 le dernier duc de la maison des Piasts mourut, laissant vacants ses duchés de Liegnitz, Brieg et Wohlau. L'électeur de Brandebourg les réclama en vertu du pacte de 1537, mais il dut se contenter du Cercle de Schwiebus en 1686, qu'il revendit huit ans après. A la mort de l'empereur Charles VI, Frédéric II revendiqua les principautés de Liegnitz, Brieg, Wohlau, et celle de Jaegerndorf dont le prince avait été un Hohenzollern.

Des peuples assez éloignés entendent dire qu'on va se battre, et qu'il y a cinq ou six sous par jour à gagner pour eux, s'ils veulent être de la partie; ils se divisent aussitôt en deux bandes comme des moissonneurs, et vont vendre leurs services à quiconque veut les employer.

Ces multitudes s'acharnent les unes contre les autres, non seulement sans avoir aucun intérêt au procès, mais sans savoir même de quoi il s'agit.[12]

Il se trouve à la fois cinq ou six puissances belligérantes, tantôt trois contre trois, tantôt deux contre quatre, tantôt une contre cinq, se détestant toutes également les unes les autres, s'unissant et s'attaquant tour à tour;[13] toutes d'accord en un seul point, celui de faire tout le mal possible.

Le merveilleux de cette entreprise infernale, c'est que chaque

[12] Cf. *Le Monde comme il va*, ch.1; *Candide*, ch.2. Voir aussi ce que Voltaire dit des mercenaires dans l'*Ode sur la paix de 1736*, l'*Eloge funèbre des officiers qui sont morts dans la guerre de 1741* (1748) et dans les notes d'*Olympie*, dont il est question justement dans des lettres de 1762 (voir D10316, D10342): il y écrit au moment du suicide d'Olympie: 'Si le suicide fait tort à la société, je demande si ces homicides volontaires, et légitimés par toutes les lois, qui se commettent dans la guerre, ne font pas un peu plus de tort au genre humain [...] je parle de ce nombre prodigieux de guerriers auxquels il est indifférent de servir sous une puissance ou sous une autre, qui trafiquent de leur sang comme un ouvrier vend son travail et sa journée, qui combattront demain pour celui contre qui ils étaient armés hier, et qui, sans considérer ni leur patrie ni leur famille, tuent et se font tuer pour des étrangers [...] Tel soldat, et même tel officier a combattu tour à tour pour la France, pour l'Autriche et pour la Prusse' (M.vi.162-63). Cf. QE, art. 'Xénophon'.

[13] Allusions notamment aux péripéties de la guerre de Sept Ans. Elle commença par un renversement d'alliances. Après quoi la Prusse et son alliée l'Angleterre eurent contre elle en principe cinq puissances: la France, l'Autriche, la plupart des Etats de l'Empire germanique, la Suède, la Russie. Mais le nombre des armées en opérations varia, et parfois même les alliances. Les troupes anglo-hanovriennes, après la capitulation de Closter-Seven en 1757, furent mises hors de combat pendant quelques mois, laissant presque seule la Prusse. En revanche, en 1762, les Russes, qui combattaient Frédéric, devinrent ses alliés pendant le court règne de Pierre III. Il arrivait aux adversaires du roi de Prusse, aux Russes notamment, de se retirer au lieu d'exploiter leur victoire.

chef des meurtriers fait bénir ses drapeaux et invoque Dieu solennellement, avant d'aller exterminer son prochain.[14] Si un chef n'a eu que le bonheur de faire égorger deux ou trois mille hommes, il n'en remercie point Dieu; mais lorsqu'il y en a eu environ dix mille d'exterminés par le feu et par le fer, et que pour comble de grâce quelque ville a été détruite de fond en comble, alors on chante à quatre parties une chanson assez longue, composée dans une langue inconnue à tous ceux qui ont combattu, et de plus toute farcie de barbarismes.[15] La même chanson sert pour les mariages et pour les naissances, ainsi que pour les meurtres; ce qui n'est pas pardonnable, surtout dans la nation la plus renommée pour les chansons nouvelles.

La religion naturelle a mille fois empêché des citoyens de commettre des crimes. Une âme bien née n'en a pas la volonté, une âme tendre s'en effraie. Elle se représente un Dieu juste et vengeur; mais la religion artificielle encourage à toutes les cruautés qu'on exerce de compagnie, conjurations, séditions, brigandages,

75-83 64, 65: nouvelles. ¶On paie

[14] Cf. *Eloge funèbre des officiers qui sont morts dans la guerre de 1741*: 'Des bords du Pô jusqu'à ceux du Danube, on bénit de tous côtés, au nom du même Dieu, ces drapeaux sous lesquels marchent des milliers de meurtriers mercenaires, à qui l'esprit de débauche, de libertinage et de rapine a fait quitter leurs campagnes' (M.xxiii.251). Voltaire prendra dans *L'A, B, C* l'exemple de la bénédiction du régiment de Catinat par Massillon: 'il prie Dieu d'envoyer l'ange exterminateur au-devant du régiment de Catinat: "O mon Dieu! faites-le précéder toujours de la victoire et de la mort" [...] J'ignore si la victoire peut précéder un régiment [...] mais je sais que les prédicateurs autrichiens en disaient autant aux cuirassiers de l'empereur, et que l'ange exterminateur ne savait auquel entendre' (M.xxvii.375); voir aussi *La Tactique* (M.x.190). Il signale que Frédéric au contraire 'raya *pro Deo*' sur la devise qu'on voulait mettre sur ses drapeaux, 'disant qu'il ne fallait point ainsi mêler le nom de Dieu dans les querelles des hommes' (*Précis du siècle de Louis XV*, ch.5; *OH*, p.1333).

[15] Sur les *Te Deum*, voir *Candide*, ch.3; *L'A, B, C* (M.xxvii.374).

embuscades, surprises de villes, pillages, meurtres. Chacun marche gaiement au crime sous la bannière de son saint.[16]

On paie partout un certain nombre de harangueurs pour célébrer ces journées meurtrières; les uns sont vêtus d'un long justaucorps noir, chargé d'un manteau écourté; les autres ont une chemise par-dessus une robe; quelques-uns portent deux pendants d'étoffe bigarrée, par-dessus leur chemise.[17] Tous parlent longtemps; ils citent ce qui s'est fait jadis en Palestine, à propos d'un combat en Vétéravie.[18]

Le reste de l'année ces gens-là déclament contre les vices. Ils prouvent en trois points et par antithèses[19] que les dames qui étendent légèrement un peu de carmin sur leurs joues fraîches, seront l'objet éternel des vengeances éternelles de l'Eternel; que Polyeucte et Athalie sont les ouvrages du démon;[20] qu'un homme qui fait servir sur sa table pour deux cents écus de marée un jour de carême, fait immanquablement son salut; et qu'un pauvre

94 65v: *Polyeucte*, *Athalie*, *Zaïre* et *Alzire*, sont

16 Voir le *Poème sur la religion naturelle*, III; cf. les carnets: 'Si les prêtres s'étoient contentez de dire, adorez un dieu et soyez justes, il n'y auroit jamais eu ny d'incrédules, ny de guerres de religion'; et: 'en 1745, les protestants des montagnes de la haute Silésie, suplièrent le Roi de Prusse de leur permettre d'égorger les catholiques – Mais, s'ils me demandaient la même permission, leur dit le roi? – Oh! celà est bien différent, répondirent-ils, nous sommes les vrais chrétiens' (V81, p.347, 207).

17 C'est-à-dire respectivement les prédicateurs protestants et catholiques.

18 Wetteravie (Wetterau), contrée d'Allemagne arrosée par la Wetter et située dans la Hesse entre Francfort et Giessen.

19 Voir *Le Siècle de Louis XIV*, ch.32: 'L'habitude de diviser toujours en deux ou trois points des choses qui, comme la morale, n'exigent aucune division, ou qui en demanderaient davantage, comme la controverse, est encore une coutume gênante, que le P. Bourdaloue trouva introduite, et à laquelle il se conforma' (*OH*, p.1005).

20 *Polyeucte* et *Athalie*: exemples assez souvent choisis par Voltaire pour montrer l'absurdité de la condamnation du théâtre par l'Eglise; voir D9492 (23 décembre 1760), D9498 (26 décembre), D9562 (21 janvier 1761).

homme qui mange pour deux sous et demi de mouton va pour jamais à tous les diables.[21]

De cinq ou six mille déclamations de cette espèce, il y en a trois ou quatre tout au plus, composées par un Gaulois nommé Massillon, qu'un honnête homme peut lire sans dégoût;[22] mais dans tous ces discours, à peine en trouverez-vous deux où l'orateur ose dire quelques mots contre ce fléau et ce crime de la guerre, qui contient tous les fléaux et tous les crimes.[23] Les malheureux

102-103 64-67: discours, il n'y en a pas un seul où l'orateur ose s'élever contre ce fléau

[21] Voir ci-dessus, art. 'Carême'; cf. la *Requête à tous les magistrats du royaume* (M.xxviii.342-45).

[22] Quand Voltaire, ayant chassé Mme Denis, les Dupuits, les La Harpe, se retrouvera presque seul à Ferney, il se fera lire à table les sermons de Massillon (7 juillet 1769; D15737). Il avait pourtant dit de Bourdaloue dans *Le Siècle de Louis XIV* que même des 'orateurs de la chaire, comme le P. Massillon, [...] qui ont répandu dans leurs discours plus de grâces, des peintures plus fines et plus pénétrantes des mœurs du siècle' ne l'ont pas fait oublier (*OH*, p.1004).

[23] Dans le *Mandement pour faire chanter le Te Deum en actions de grâces pour la prise de la ville de Fontarabie*, 17 juillet 1719, Massillon dit: 'L'Eglise a toujours regardé les guerres qui s'élèvent entre les princes chrétiens comme les châtiments de Dieu sur les peuples et sur les royaumes; et si elle ordonne des cantiques de joie et d'actions de grâces pour les victoires qu'ils remportent les uns sur les autres, c'est dans l'espérance que ces événements les conduiront à une paix plus prompte et plus durable' (*Œuvres complètes*, xi.II.388); et dans le *Mandement pour faire chanter le Te Deum en actions de grâces de la victoire remportée en Italie sur les Impériaux par les troupes du roi et celles du roi de Sardaigne*, du 28 juillet 1734: 'Laissons à ceux qui [...] à s'enorgueillir et à ne chanter que des chants d'allégresse sur nos victoires. Pour nous [...] pensons avec une sainte frayeur que la colère de Dieu doit être bien irritée contre les hommes, puisque malgré le désir universel de la paix que les longues calamités des dernières guerres avaient inspiré à tous les peuples de l'Europe, et aux souverains qui les gouvernent, le fléau terrible de la discorde leur a remis les armes à la main avec une nouvelle fureur, et inonde encore la terre du sang de ses habitants [...] Quels trophées pourrions-nous donc élever sur un champ de bataille tout couvert des corps entassés et des membres épars [...]?' (xi.II.433-34); voir aussi le *Mandement pour faire chanter le Te Deum en actions de grâces de la prise de la ville et du château de Saint-Sébastien*, 20 septembre 1719 (xi.II.390-91).

harangueurs parlent sans cesse contre l'amour qui est la seule consolation du genre humain, et la seule manière de le réparer; ils ne disent rien des efforts abominables que nous faisons pour le détruire.[24]

Vous avez fait un bien mauvais sermon sur l'impureté, ô Bourdaloue![25] mais aucun sur ces meurtres variés en tant de façons, sur ces rapines, sur ces brigandages, sur cette rage universelle qui désole le monde.[26] Tous les vices réunis de tous les âges et de tous les lieux n'égaleront jamais les maux que produit une seule campagne.

Misérables médecins des âmes, vous criez pendant cinq quarts

114 65v: campagne. [avec note: Un polisson a imprimé qu'il y a des guerres justes. On le sait bien. Celui qui se défend contre un ravisseur a raison; donc l'autre a tort; et c'est de celui-là qu'on parle.][27]

[24] Cf. *L'A, B, C*: 'ils n'ont jamais seulement osé prêcher contre la guerre. Ils déclament contre les appétits sensuels après avoir pris leur chocolat. Ils anathématisent l'amour' (M.xxvii.374).

[25] Voltaire pense sûrement au *Sermon pour le dimanche de la troisième semaine [du Carême] Sur l'impureté* (*Véritables sermons du R. P. Bourdaloue*, éd. Bretonneau, Brussels 1708-1709, iii.76-125). On a aussi de Bourdaloue le plan d'un autre sermon sur l'impureté; et il traite encore de la pureté de mœurs dans les deux parties du *Sermon pour le premier jeudi du Carême. Sur la communion* (ii.79-117), et de la pureté de corps dans la deuxième partie du *Sermon sur l'Annonciation de la Sainte Vierge* (vi.66-79).

[26] Cf. ce que dira B dans *L'A, B, C*: 'Je ne me souviens point [...] d'avoir lu dans le prolixe et argumentant Bourdaloue [...] une seule page contre la guerre' (M.xxvii.374). Effectivement il ne semble pas avoir abordé le sujet.

[27] Ce 'polisson' pourrait être Montesquieu puisque Voltaire ajoutera en 1771 à la fin de l'article des QE: 'Le célèbre Montesquieu, qui passait pour humain, a pourtant dit qu'il est juste de porter le fer et la flamme chez ses voisins, dans la crainte qu'ils ne fassent trop bien leurs affaires [*De l'esprit des lois*, x.ii]. Si c'est là l'esprit des lois, c'est celui des lois de Borgia et de Machiavel. Si malheureusement il a dit vrai, il faut écrire contre cette vérité, quoiqu'elle soit prouvée par les faits' (M.xix.321-22). A moins qu'il ne pense à Grotius dont il a *Le Droit de la guerre et de la paix* dans sa bibliothèque (Basle 1746), dont il parlera dans une note de *La Tactique*, et auquel renvoyait le comte de Tressan dans l'article 'Guerre' de l'*Encyclopédie*.

d'heure sur quelques piqûres d'épingles,[28] et vous ne dites rien sur la maladie qui nous déchire en mille morceaux! Philosophes moralistes, brûlez tous vos livres. Tant que le caprice de quelques hommes fera loyalement égorger des milliers de nos frères, la partie du genre humain consacrée à l'héroïsme sera ce qu'il y a de plus affreux dans la nature entière. Que deviennent et que m'importent l'humanité, la bienfaisance, la modestie, la tempérance, la douceur, la sagesse, la piété, tandis qu'une demi-livre de plomb tirée de six cents pas me fracasse le corps, et que je meurs à vingt ans dans des tourments inexprimables, au milieu de cinq ou six mille mourants, tandis que mes yeux qui s'ouvrent pour la dernière fois voient la ville où je suis né détruite par le fer et par la flamme, et que les derniers sons qu'entendent mes oreilles sont les cris des femmes et des enfants expirant sous des ruines, le tout pour les prétendus intérêts d'un homme que nous ne connaissons pas?

Ce qu'il y a de pis, c'est que la guerre est un fléau inévitable. Si l'on y prend garde, tous les hommes ont adoré le dieu Mars. Sabaoth chez les Juifs signifie le dieu des armes: mais Minerve chez Homère appelle Mars un dieu furieux, insensé, infernal.[29]

130 64: pour des prétendus [MS2: β]

132 65, 67: Ce qu'il a de

135 69*: infernal. ^{V}le nombre des guerres est aussi difficile a compter que celui des livres. ne nous arretons qu'aux dernieres guerres de la f^{+}

[28] Allusion sans doute à l'hostilité à l'égard de l'inoculation de la petite vérole; le Parlement prit encore un arrêt le 8 juin 1763 pour l'interdire au voisinage de la cour (voir D11268).

[29] *Iliade*, v.29-31: 'Athèna [...] prend la main de l'ardent Arès et lui adresse ces mots: "Arès, Arès, fléau des hommes, buveur de sang, assailleur de remparts!"' (trad. P. Mazon).

HISTOIRE DES ROIS JUIFS, ET PARALIPOMÈNES[1]

Tous les peuples ont écrit leur histoire dès qu'ils ont pu écrire. Les Juifs ont aussi écrit la leur. Avant qu'ils eussent des rois, ils vivaient sous une théocratie; ils étaient censés gouvernés par Dieu même.

Quand les Juifs voulurent avoir un roi comme les autres peuples leurs voisins,[2] le prophète Samuel très intéressé à n'avoir point de roi,[3] leur déclara de la part de Dieu, que c'était Dieu lui-même

6-7 64: Samuël leur déclara [MS2: β]

[1] Article publié en 1764. Aucun détail personnel, aucune référence à l'actualité ne permet d'en dater la composition. On peut penser qu'il a été écrit vers 1763; Voltaire alors est plongé dans les recherches hébraïques qu'il fait et fait faire par le pasteur Moultou pour préparer notamment *La Philosophie de l'histoire*; il discute avec certains de ses correspondants de l'ancienneté, de la valeur des livres de la Bible (par ex. avec d'Argence, 11 octobre 1763; D11453); il est tellement imprégné de ces textes que les noms de David et d'Absalon sont ceux qui lui viennent à l'esprit pour parler d'un de ses amis et de son fils à Ruffey (14 janvier 1763; D10910). Voltaire et Calmet suivent la division de la Vulgate en quatre livres des Rois: I et II Rois (pour les actuels I et II Samuel) et III et IV Rois (pour I et II Rois). Le texte donné dans les notes de cet article est celui fourni par Calmet dans son *Commentaire*.

[2] I Samuel viii.4-5: 'Tous les anciens d'Israël s'étant donc assemblés, vinrent trouver Samuel à Ramatha, et lui dirent: Vous voyez que vous êtes devenu vieux, et que vos enfants ne marchent point dans vos voies. Etablissez donc sur nous un roi, comme en ont toutes les nations'. Calmet commente: 'ils prennent prétexte de l'âge de Samuel, et de la mauvaise conduite de ses fils, pour éloigner du gouvernement, par une ingratitude signalée, un sage vieillard, et un saint prophète, auquel ils avaient les dernières obligations. La crainte qu'ils avaient de Naas roi des Ammonites [...] put aussi contribuer à leur faire faire cette démarche' (*Commentaire*, ii.378).

[3] Remarque ajoutée par Voltaire en 1765. I Samuel viii.6 porte: 'Cette proposition déplut à Samuel'. Voltaire a dû lire le commentaire de Calmet: 'sans parler de l'outrage et du mépris de sa personne, et de sa famille, comment put-il voir

qu'ils rejetaient;[4] ainsi la théocratie finit chez les Juifs, lorsque la monarchie commença.

On pourrait donc dire, sans blasphémer, que l'histoire des rois juifs a été écrite comme celle des autres peuples, et que Dieu n'a pas pris la peine de dicter lui-même l'histoire d'un peuple qu'il ne gouvernait plus.

On n'avance cette opinion qu'avec la plus extrême défiance.[5] Ce qui pourrait la confirmer, c'est que les Paralipomènes contredisent très souvent le livre des Rois dans la chronologie et dans les faits, comme nos historiens profanes se contredisent quelquefois.[6] De plus, si Dieu a toujours écrit l'histoire des Juifs,

---

l'ingratitude des Israélites envers Dieu, et leur aveuglement sur leurs propres intérêts? [...] Israël, le plus glorieux et le plus illustre de tous les peuples, par la distinction que Dieu en avait faite, veut se rendre semblable aux autres nations; [...] au lieu d'un Etat tout divin, et d'un gouvernement théocratique, ils veulent une monarchie dure et absolue'.

[4] I Samuel viii.7-8, 10. Dieu dit effectivement à Samuel: 'Ecoutez la voix de ce peuple dans tout ce qu'ils vous disent; car ce n'est pas vous, mais c'est moi qu'ils rejettent, afin que je ne règne point sur eux. C'est ainsi qu'ils ont toujours fait depuis le jour que je les ai tirés d'Egypte [...] Comme ils m'ont abandonné, et qu'ils ont servi des dieux étrangers, ils vous traitent aussi de même', et 'Samuel rapporta au peuple [...] tout ce que le Seigneur lui avait dit'.

[5] Calmet ne dit pas le contraire: il ne prétend pas que Dieu est l'auteur: 'les deux premiers livres des Rois ont été composés sur des mémoires originaux, authentiques, et du même temps. [...] l'auteur n'était pas contemporain [...] le temps auquel il a écrit est incertain, et [...] il a écrit assez tard. [...] l'écrivain, quant à sa personne, est inconnu'. Il fait toutefois la différence entre l'histoire profane et cette histoire sacrée: 'nous y remarquons Dieu toujours juste, toujours sage [...] tout y est du choix du Saint-Esprit, tout y porte le caractère de la vérité toute pure; l'écrivain ne fait que prêter sa main pour écrire ce que l'Esprit de Dieu lui dicte, et lui inspire' (ii.318).

[6] Voir les carnets (V 81, p.423-26). Calmet reconnaît ces divergences, quand il conteste l'opinion selon laquelle l'auteur des deux livres pourrait être le même: 'si c'était un même écrivain, pourquoi ces répétitions d'un même fait [...] pourquoi ces variétés dans les dates, dans les circonstances, dans les généalogies, dans les noms propres?' Il ajoute toutefois que les époques sont 'différentes, mais non pas contraires, ni contradictoires'; les différences s'expliquent, selon lui, parce que l'auteur des Paralipomènes 'n'était pas contemporain, ni auteur original, mais compilateur, et abréviateur' (iii.1, 11).

il faut donc croire qu'il l'écrit encore; car les Juifs sont toujours son peuple chéri. Ils doivent se convertir un jour, et il paraît qu'alors ils seront aussi en droit de regarder l'histoire de leur dispersion comme sacrée, qu'ils sont en droit de dire que Dieu écrivit l'histoire de leurs rois.

On peut encore faire une réflexion; c'est que Dieu ayant été leur seul roi très longtemps, et ensuite ayant été leur historien, nous devons avoir pour tous les Juifs le respect le plus profond. Il n'y a point de fripier juif qui ne soit infiniment au-dessus de César et d'Alexandre. Comment ne se pas prosterner devant un fripier qui vous prouve que son histoire a été écrite par la Divinité même, tandis que les histoires grecques et romaines ne nous ont été transmises que par des profanes? [7]

Si le style de l'histoire des Rois et des Paralipomènes est divin, il se peut encore que les actions racontées dans ces histoires ne soient pas divines. [8] David assassine Urie. Isboseth, et Miphiboseth sont assassinés. [9] Absalon assassine Ammon, Joab assassine Absa-

22-23 65v: Dieu dicta l'histoire

[7] Voltaire répond-il à Isaac Pinto? Au nom de ses coreligionnaires, Pinto a envoyé à Voltaire en juillet 1762 une lettre de protestation courtoise contre *Des Juifs* paru en 1756 (D10579).

[8] Voltaire semble répondre à Calmet: 'Dans l'histoire sainte nous remarquons Dieu [...] disposant de tout, et employant les passions, et la malice même de l'homme, pour exercer ses jugements, et pour accomplir ses desseins' (ii.318). Voir dans les notes ci-dessous les circonstances de ces 'actions', qui ne sont pas toutes des assassinats à proprement parler, et l'explication qu'en donne Calmet.

[9] David/Urie: II Samuel xi. David, après avoir couché avec la femme d'Urie, Bethsabée, 'envoya à Joab, par Urie même, une lettre, écrite en ces termes: Mettez Urie dans la bataille, à l'endroit où le combat sera le plus rude; et faites en sorte [...] qu'il y périsse. [...] Urie [...] demeura mort sur la place' (14-15, 17); puis David épousa Bethsabée. 'Et cette action que David avait faite déplut au Seigneur' (27). Calmet commente: 'On ne reconnaît point ici David [...] Quel droit avait David d'exposer ainsi la vie d'un de ses fidèles sujets, pour [...] contenter avec plus de liberté une passion criminelle?'; et: 'Il y a plusieurs crimes dans l'action de David [...] Les rabbins ont prétendu justifier absolument David dans toute cette action. Ils ont pour cela inventé des lois, et des usages'. Il rapporte aussi l'indignation

lon, Salomon assassine Adonias son frère,[10] Baza assassine Nadab, Zimri assassine Ela, Hamri assassine Zimri,[11] Achab assassine

---

des ennemis vaincus par David: 'Comment Dieu peut-il favoriser un meurtrier, et un adultère?' (sur II Rois xii.14) et ajoute: 'Les Israélites eux-mêmes furent ébranlés d'un exemple si scandaleux. Les impies [...] en prirent occasion de mépriser les lois de Dieu [...]. Enfin on parla partout avec mépris d'une religion, où il se commettait des crimes si énormes, et si criants'.

Isboseth: II Samuel iv.1-2, 6. 'Isboseth fils de Saül [...] avait à son service deux chefs de voleurs [...] Baana et [...] Réchab [...] Ils vinrent [...] secrètement dans la maison [...] et ils frappèrent Isboseth dans l'aîne, et s'enfuirent'. David fit ensuite tuer les meurtriers (10-12). Quant à Miphiboseth, fils de Saül et de Respha, David le livra aux Gabaonites, pour être crucifié 'devant le Seigneur' en expiation de la cruauté exercée par Saül contre eux (II Samuel xxi.8-9).

[10] Absalon/Amnon: II Samuel xiii.28 ss. Jonadab dit à David: 'Absalon avait résolu de perdre [Amnon], depuis le jour qu'il avait fait violence à sa sœur Thamar' (32).

Joab/Absalon: II Samuel xviii.14-15. Joab prit 'en sa main trois dards, dont il perça le cœur d'Absalon: et lorsqu'il respirait encore, toujours pendu au chêne, dix jeunes écuyers de Joab accoururent, le percèrent de coups, et l'achevèrent'. Calmet commente: 'Absalon était un perfide, un rebelle [...] On a toujours loué les pères, qui ont sacrifié leur tendresse paternelle, aux intérêts de leurs Etats. Ce sont là les raisons qui durent déterminer Joab à tuer Absalon, comme ennemi du roi, et de sa patrie. Ce jeune prince avait déjà mérité la mort, par le meurtre d'Amnon'.

Salomon/Adonias: I Rois ii.22, 24. Adonias ayant fait demander Abisag pour femme par sa mère, 'le roi Salomon répondit à sa mère [...]: Pourquoi demandez-vous Abisag de Sunam pour Adonias? Demandez donc aussi pour lui le royaume [...] Et maintenant je jure par le Seigneur, qui [...] m'a fait asseoir sur le trône de David mon père [...] qu'Adonias sera mis à mort aujourd'hui'. Calmet commente: selon la coutume des Hébreux et de la plupart des rois d'Orient, les femmes du roi défunt 'ne pouvaient épouser qu'un roi [...] Demander qu'il [Adonias] épouse une femme du feu roi, c'est demander qu'il règne'; en y prétendant, Adonias 'se rendait coupable de mort'.

[11] Baasa/Nadab: I Rois xv.25-27. 'Nadab fils de Jéroboam [...] fit le mal devant le Seigneur, et il marcha dans les voies de son père, et dans les péchés qu'il fit commettre à Israël. Mais Baasa fils d'Ahias, de la tribu d'Issachar [...] le tua près de Gebbethon'.

Zimri/Ela: I Rois xvi.9-13. Zimri se révolta et tua Ela, et 'détruisit toute la maison de Baasa, selon la parole que le Seigneur avait fait dire à Baasa par le prophète Jéhu, à cause de tous les péchés de Baasa et de son fils Ela, qui avaient péché et fait pécher tout Israël, en irritant le Dieu d'Israël par leurs idoles'.

Omri/Zimri: I Rois xvi.16-19. 'Et ayant appris que Zambri s'était révolté, et

Naboth; Jéhu assassine Achab, et Joram;[12] les habitants de Jérusalem assassinent Amasias fils de Joas.[13] Sélom fils de Jabès assassine Zacharias fils de Jéroboam. Manahaim assassine Sélom fils de Jabès. Phacée fils de Roméli assassine Phaceia fils de Manahaim. Ozée fils d'Ela assassine Phacée fils de Roméli.[14] On passe sous

---

avait tué le roi, tout Israël établit roi Amri [qui] vint assiéger Thersa. Zambri voyant que la ville allait être prise, entra dans le palais, et se brûla avec la maison royale: il mourut dans les péchés qu'il avait commis [...] et dans le péché par lequel il avait fait pécher Israël'. Calmet commente: 'Quelques-uns veulent que ce soit Amri qui ait mis le feu au palais, pour y brûler Zambri qui s'y était retiré. On peut entendre l'hébreu en ce sens; mais l'autre explication est plus naturelle'. Voltaire donne la version de l'assassinat.

[12] Achab/Naboth: I Rois xxi.1 ss. Naboth avait refusé de céder à Achab sa vigne. Jézabel, au nom d'Achab, fait réunir les notables et obtenir le faux témoignage de deux enfants qui diraient que Naboth a blasphémé contre Dieu et contre le roi, 'ensuite de ce témoignage, ils le firent mener hors de la ville, et le lapidèrent' (13).

Jéhu/Achab: I Rois xxii.31-34. Le roi de Syrie Bénadad avait donné ordre de 'n'attaquer que le seul roi d'Israël', Achab. Achab dit à Josaphat de garder son costume, mais que lui-même se déguiserait. Les ennemis prirent Josaphat pour le roi d'Israël, mais ils le reconnurent à temps. Cependant, un archer tua Achab, ayant tiré 'au hasard'. Calmet ajoute: 'Josèphe dit que celui qui blessa Achab, était un nommé Aman, un des serviteurs du roi de Syrie'. Ce n'est pas Jéhu qui le tua.

Jéhu/Joram: II Rois ix.22, 24. 'Joram ayant vu Jéhu lui dit: Apportez-vous la paix? Jéhu lui répondit: Quelle peut être cette paix, pendant que les fornications de Jezabel votre mère, et ses sorcelleries subsistent encore en tant de manières? [...] Jéhu banda son arc et frappa Joram d'une flèche entre les épaules. La flèche lui perça le cœur, et il tomba mort dans son chariot'; obéissant à la prophétie d'Elie, Jéhu extermina ensuite la maison d'Achab. Calmet commente dans l'article 'Jéhu' de son *Dictionnaire*: 'Jéhu avait à la vérité exercé la vengeance du Seigneur sur la maison d'Achab, mais [...] il l'avait fait dans un esprit d'animosité et d'ambition. [...] Dieu récompense son obéissance, mais il punit son injustice et son ambition; il punit son idolâtrie, et le sang qu'il avait injustement répandu' (ii.672).

[13] Amasias: II Rois xiv.19. 'Il se forma une conjuration contre [Amasias] à Jérusalem, qui l'obligea de s'enfuir à Lachis [...] ils le tuèrent en ce même lieu'. Calmet commente: 'Il y en a qui croient que ce fut en haine de sa défaite par Joas, et de la démolition des murs de Jérusalem, que l'on conspira contre lui; ce qui engage à dire qu'il vécut douze ans comme en exil à Lachis, n'ayant osé depuis sa défaite se trouver à Jérusalem. Mais Usserius ne met cette conspiration qu'en la dernière année d'Amasias'.

[14] Sélom/Zacharie: II Rois xv.9-10. Zacharie 'fit le mal devant le Seigneur,

silence beaucoup d'autres menus assassinats. Il faut avouer que si le Saint-Esprit a écrit cette histoire, il n'a pas choisi un sujet fort édifiant.[15]

---

comme avaient fait ses pères, et il ne se retira point des péchés de Jéroboam fils de Nabat, qui avait fait pécher Israël. Sellum fils de Jabès, fit une conspiration contre lui; il l'attaqua et le tua publiquement, et il régna en sa place'. Calmet commente: Sellum 'ne se cacha point, assuré apparemment de l'approbation du peuple'.

Manahem/Sélom: II Rois xv.14. 'Manahem fils de Gadi, étant venu de Thersa à Samarie, attaqua Sellum fils de Jabès, le tua dans la même ville, et régna en sa place'. Selon Calmet, c'est pour venger la mort de Zacharie que Manahem général des troupes de Zacharie quitta Thersa et 'vint avec ses troupes attaquer Sellum dans Samarie; Sellum [...] fut vaincu, pris et tué; Manahem proclamé roi par son armée, retourna bientôt à Thersa'; toutefois 'il n'y a point de cruauté qu'il n'exerçât' par la suite.

Phacée/Phacéia: II Rois xv.24-25. Phacéia 'fit le mal devant le Seigneur, et il ne se retira point des péchés de Jéroboam fils de Nabat, qui avait fait pécher Israël. Phacée fils de Romélie, général de ses troupes, fit une conspiration contre lui; il l'attaqua à Samarie [...] et il le tua, et régna en sa place'.

Osée/Phacée: II Rois xv.28, 30. Phacée 'fit le mal devant le Seigneur, et il ne se retira point des péchés de Jéroboam [...] Mais Osée fils d'Ela, fit une conspiration contre Phacée fils de Romélie, pour le surprendre; il l'attaqua, le tua, et régna en sa place'.

[15] Réponse au *Commentaire* de Calmet notamment; voir ci-dessus, les citations de Calmet, n.5 et n.8.

IDÉE[1]

Qu'est-ce qu'une idée?

C'est une image qui se peint dans mon cerveau.[2]

Toutes vos pensées sont donc des images?

Assurément; car les idées les plus abstraites ne sont que les filles de tous les objets que j'ai aperçus.[3] Je ne prononce le mot d'*être* en général que parce que j'ai connu des êtres particuliers. Je ne prononce le nom d'infini, que parce que j'ai vu des bornes, et que je recule ces bornes dans mon entendement autant que je le puis; je n'ai d'idées que parce que j'ai des images dans la tête.

Et quel est le peintre qui fait ce tableau?

a-51 64, 65, article absent

[1] Cet article paraît en 1765 (65v). Il fait suite à l'article 'Ame', où Voltaire a examiné les opinions des philosophes grecs sur ce sujet, puis s'est mis à démontrer que l'âme, au sens chrétien du terme, n'était pas connue des Juifs de l'époque biblique. Ici il continue cet examen par une étude des thèses patristiques sur la nature de l'âme. L'auteur de l'article 'Ame' de l'*Encyclopédie*, l'abbé Yvon, admettait que 'pour les Pères, rien n'est plus aisé que d'alléguer des témoignages de leur hétérodoxie sur ce sujet' (i.331); il cite Isaac de Beausobre, *Histoire critique de Manichée et du manichéisme* (Amsterdam 1734-1739; BV), qui avait employé précisément ce moyen pour montrer que, sur bien des points, les manichéens étaient restés dans les limites de l'orthodoxie, malgré les reproches que les Pères avaient formulés à leur encontre. La démonstration de Voltaire est très proche du texte de l'*Encyclopédie*. L'article sera repris dans les QE, avec diverses intercalations, mais sans que les modifications proposées par Voltaire dans 69* soient retenues.

[2] Selon *Trévoux*, iv.1154, l'idée est 'l'image des objets qui se présentent à l'entendement', formulation plus abstraite que celle de Voltaire qui met l'accent sur la physiologie, sur le théâtre de l'entendement. En marge de son exemplaire annoté du livre d'Helvétius, *De l'esprit*, Voltaire répète la même définition (CN, iv.283).

[3] Ces thèses d'inspiration anglaise pourraient mener à John Locke, mais celui-ci admettait aussi que des idées venaient de la 'réflexion' (*An essay concerning human understanding*, II.i.8, 24; BV).

Ce n'est pas moi, je ne suis pas assez bon dessinateur: c'est celui qui m'a fait, qui fait mes idées.

Vous seriez donc de l'avis de Mallebranche, qui disait que nous voyons tout en Dieu?[4]

Je suis bien sûr au moins que si nous ne voyons pas les choses en Dieu même, nous les voyons par son action toute-puissante.

Et comment cette action se fait-elle?

Je vous ai dit cent fois dans nos entretiens que je n'en savais pas un mot, et que Dieu n'a dit son secret à personne. J'ignore ce qui fait battre mon cœur, courir mon sang dans mes veines: j'ignore le principe de tous mes mouvements; et vous voulez que je vous dise comment je sens, et comment je pense? cela n'est pas juste.

Mais vous savez au moins si votre faculté d'avoir des idées est jointe à l'étendue?

Pas un mot. Il est bien vrai que Tatien dans son discours aux Grecs, dit que l'âme est composée manifestement d'un corps.[5] Irénée dans son chapitre 62 du second livre, dit, que le Seigneur a enseigné que nos âmes gardent la figure de notre corps pour en conserver la mémoire.[6] Tertullien assure dans son second livre

18 69*: fois ⟨dans nos entretiens⟩ que
26-35 69*: Pas un mot. ⟨Il est [...] Pour moi⟩ je n'ose

[4] Malebranche, *De la recherche de la vérité* (Paris 1674-1678). C'est le titre de III.ii.6, 'Que nous voyons toutes choses en Dieu', à la fin duquel Malebranche cite le verset de Paul, Actes xvii.28, que Voltaire cite souvent et associe aux expressions les plus profondes de son propre théisme. Voltaire a largement annoté ses exemplaires (Paris 1700, 1721); voir en particulier CN, v.488, annoté: 'luy qui voit tout en dieu', page dans Malebranche où l'expression 'tout en Dieu' ne figure pas.

[5] Tatien, *Oratio adversus Græcos*, xii-xiii (PG, vi.830-35). Voir Beausobre, *Histoire critique de Manichée*, ii.351, qui étudie, lui aussi, les 'variations' dans les opinions patristiques. Voltaire a annoté Tatien, inscrivant en marge: 'ame/faitte/de pieces/et de/morceaux' (CN, iv.640).

[6] Irénée, *Contra haereses*, II.xxxiii.4 (PG, vii.833). Voltaire, comme l'auteur de l'article 'Ame' de l'*Encyclopédie*, renvoie à l'édition d'Erasme, *Opus eruditissimus divi Irenaei* (Basileæ 1526), où le texte est divisé en chapitres très nombreux.

de *l'Ame*, qu'elle est un corps.[7] Arnobe,[8] Lactance,[9] Hilaire,[10] Grégoire de Nice,[11] Ambroise[12] n'ont point une autre opinion. On prétend que d'autres Pères de l'Eglise assurent que l'âme est sans aucune étendue, et qu'en cela ils sont de l'avis de Platon, ce qui est très douteux.[13] Pour moi je n'ose être d'aucun avis; je ne vois qu'incompréhensibilité dans l'un et dans l'autre système; et après y avoir rêvé toute ma vie, je suis aussi avancé que le premier jour.

Ce n'était donc pas la peine d'y penser?

Il est vrai; celui qui jouit, en sait plus que celui qui réfléchit, ou du moins il sait mieux, il est plus heureux; mais que voulez-

36 69*: dans ⟨l'un et dans l'autre⟩ V↑les+ système↑s et
39 65v, 67: d'y penser.

[7] Tertullien, *De anima*, vii (PL, ii.656-57). Il n'existe pas de second 'livre' de cet ouvrage. L'*Encyclopédie* cite plutôt *De anima*, xxii (PL, ii.685-86). Voltaire a mis un signet 'ame corporelle' pour marquer un développement consacré à Tertullien dans son exemplaire de l'*Histoire ecclésiastique* de l'abbé Fleury (CN, iii.479).

[8] Arnobe, *Adversus nationes*, II.xiv-xvi (PL, v.831-35).

[9] Lactance, *Divinae institutiones*, iii.18 (PL, vi.405-10). Beausobre parle de ces deux Pères dans son *Histoire critique de Manichée*, ii.330-31. Voltaire a annoté les *Œuvres* de Lactance (CN, v.116-18).

[10] Hilaire, *Commentarius in Matthaeum*, v.8 (PL, ix.946). Helvétius, dans *De l'esprit* (Paris 1758; BV), p.5, note *c*, cite Tertullien, Ambroise et Hilaire parmi des Pères qui avaient soutenu la matérialité de l'âme. Voltaire aurait pu dresser sa bibliographie grâce aux renvois donnés par Beausobre, l'*Encyclopédie* et Helvétius, bien que la discussion de ce sujet figurât dans un texte que ce dernier dut supprimer. On voit cependant que Voltaire savait quels étaient les Pères qui avaient soutenu la matérialité de l'âme dès les *Lettres philosophiques*, XIII, 'Sur Locke'. Il a alors pu trouver les renvois et citations pertinentes, sauf celle de saint Irénée, dans Gilbert-Charles Le Gendre, *Traité de l'opinion* (Paris 1733; BV), ii.264 (voir *Lph*, i.179-80).

[11] Il s'agit plutôt de Grégoire de Nysse, probablement *De anima et resurrectione* (PG, xlvi.30) ou un souvenir de l'article 'Ame', l.96, qui cite ce Père dans un contexte semblable (voir, dans cet article, n.15).

[12] Ambroise, *De Abrahamo*, II.viii.57 (PL, xiv.481-82).

[13] Voir ci-dessus, art. 'Ame', l.35.

vous? il n'a pas dépendu de moi, ni de recevoir ni de rejeter dans ma cervelle toutes les idées qui sont venues y combattre les unes contre les autres, et qui ont pris mes cellules médullaires pour leur champ de bataille.

Quand elles se sont bien battues, je n'ai recueilli de leurs dépouilles que l'incertitude.

Il est bien triste d'avoir tant d'idées, et de ne savoir pas au juste la nature des idées.

Je l'avoue, mais il est bien plus triste, et beaucoup plus sot de croire savoir ce qu'on ne sait pas.

49 69: des idées? [69*: β]

IDOLE, IDOLÂTRE, IDOLÂTRIE[1]

Idole, vient du grec eidos, figure, eidolos,[2] représentation d'une figure, latreuein, servir, révérer, adorer. Ce mot adorer est latin, et a beaucoup d'acceptions différentes: il signifie porter la main à la bouche en parlant avec respect: se courber, se mettre à genoux, saluer, et enfin communément, rendre un culte suprême.

Il est utile de remarquer ici que le Dictionnaire de Trévoux commence cet article par dire que tous les païens étaient idolâtres, et que les Indiens sont encore des peuples idolâtres.[3] Première-

[1] Destiné d'abord à l'*Encyclopédie* (voir D7139*, D7757, D7768), cet article, dont Voltaire avait lui-même pris l'initiative (D7098*), fut envoyé à d'Alembert le 4 février 1757. La publication de l'*Encyclopédie* étant suspendue, il parut en premier dans le DP en 1764, avec quelques variantes; voir V 33, p.187-200 (sigle E). Un résumé de l'article forme en 1765 le chapitre 30, 'De l'idolâtrie', de *La Philosophie de l'histoire* (V 59, p.187-90). Il fut repris dans les QE. Pour un thème aussi central, traité par tous les commentateurs, étroitement lié aux nombreuses lectures de Voltaire pour la composition de l'*Essai sur les mœurs*, les sources possibles sont innombrables, à commencer par Antoine van Dale, *Dissertationes de origine ac progressu idololatriae et superstitionum* (Amstelodami 1696), que Voltaire n'a pas dans sa bibliothèque, mais qu'il a probablement consulté (voir D12087). Installé aux Délices depuis 1755, Voltaire était en train de reconstituer sa bibliothèque à l'époque de la composition de cet article, et il est difficile de savoir exactement quels ouvrages y figuraient alors. Les suivants s'y trouvaient sans doute déjà: Antoine Banier, *La Mythologie et les fables expliquées par l'histoire* (Paris 1738-1740); Calmet, 'Dissertation sur l'origine de l'idolâtrie', *Dissertations qui peuvent servir de prolégomènes*, i.423-27; Jean Lévesque de Burigny, *Histoire de la philosophie païenne* (La Haye 1724); Conyers Middleton, *Lettre écrite de Rome* (Amsterdam 1744); William Warburton, *The Divine legation of Moses* (London 1755).

[2] Dans les éditions publiées de son vivant, Voltaire n'a jamais changé ce 'εἴδωλος', quoique Guénée lui ait fait remarquer dans ses *Lettres de quelques juifs* (Paris 1772), ii.367-68, que la forme correcte est 'εἴδωλον'.

[3] *Trévoux*: 'Idolâtre [...] Qui adore de faux dieux, des créatures, des ouvrages de main d'homme, et leur rend des honneurs qui ne sont dus qu'à Dieu [...] Tous les païens ont été idolâtres. Les Indiens d'Orient sont encore des peuples idolâtres' (iii.1161).

ment, on n'appela personne païen avant Théodose le jeune; ce nom fut donné alors aux habitants des bourgs d'Italie, *pagorum incolae pagani*, qui conservèrent leur ancienne religion.[4] Secondement, l'Indoustan est mahométan, et les mahométans sont les implacables ennemis des images et de l'idolâtrie. Troisièmement, on ne doit point appeler idolâtres beaucoup de peuples de l'Inde qui sont de l'ancienne religion des Parsis, ni certaines castes qui n'ont point d'idole.

EXAMEN,

S'il y a jamais eu un gouvernement idolâtre?

Il paraît que jamais il n'y a eu aucun peuple sur la terre qui ait pris ce nom d'idolâtre. Ce mot est une injure, un terme outrageant,[5] tel

15 E: des Perses, ni certaines côtes qui
16 64-67: point d'idoles.
16-16b E: d'idoles. *S'il y a*
16b 64-67: *idolâtre*.
17-18 E: pris le nom
18-21 E: injure que les gentils, les polythéistes semblaient mériter; mais il est bien certain que si on

[4] Cf. *Essai sur les mœurs*, ch.10: les temples 'subsistèrent jusqu'à Théodose, et les peuples de la campagne persistèrent longtemps après lui dans leur ancien culte. C'est ce qui fit donner aux sectateurs de l'ancienne religion le nom de *païens*, *pagani*, du nom des bourgades appelés *pagi*, dans lesquelles on laissa subsister l'idolâtrie jusqu'au VIIIe siècle; de sorte que le nom de païen ne signifie que paysan, villageois' (i.300); cf. les carnets (V81, p.113). Le *Codex theodosianus*, VII.xxi.2, nomme 'pagani' les habitants de la campagne; cf. Cicéron, *De domo sua*, xxviii.74. Le sens chrétien de 'païen' est apparu avec Tertullien, *De corona*, xi.4. Une source possible est Du Cange, *Glossarium ad scriptores mediae et infimae latinitatis* (Parisiis 1733-1736), v.5-6, art. 'Pagani. Paganae gentes', marqué d'un signet dans l'exemplaire de Voltaire (CN, iv.242).

[5] Cf. *La Philosophie de l'histoire*, ch.30: 'C'est un terme de reproche, un mot injurieux. Jamais aucun peuple n'a pris la qualité d'idolâtre, jamais aucun gouvernement n'ordonna qu'on adorât une image comme le dieu suprême de la nature' (V59, p.188).

que celui de *gavache* que les Espagnols donnaient autrefois aux Français, et celui de *maranes* que les Français donnaient aux Espagnols.[6] Si on avait demandé au sénat de Rome, à l'aréopage d'Athènes, à la cour des rois de Perse, *Etes-vous idolâtres?* ils auraient à peine entendu cette question. Nul n'aurait répondu, Nous adorons des images, des idoles. On ne trouve ce mot, idolâtre, idolâtrie, ni dans Homère, ni dans Hésiode, ni dans Hérodote,[7] ni dans aucun auteur de la religion des gentils. Il n'y a jamais eu aucun édit, aucune loi qui ordonnât qu'on adorât des idoles, qu'on les servît en dieux, qu'on les regardât comme des dieux.

Quand les capitaines romains et carthaginois faisaient un traité, ils attestaient tous leurs dieux. C'est en leur présence, disaient-ils, que nous jurons la paix. Or les statues de tous ces dieux, dont le dénombrement était très long, n'étaient pas dans la tente des généraux; ils regardaient les dieux comme présents aux actions des hommes, comme témoins, comme juges, et ce n'est pas assurément le simulacre qui constituait la divinité.

De quel œil voyaient-ils donc les statues de leurs fausses divinités dans les temples? Du même œil, s'il est permis de s'exprimer ainsi, que nous voyons les images des objets de notre

28-29 E: dieux, qu'on les crût des dieux.
31 E: attestaient toutes les divinités; c'est
35 E: ce n'était pas
38 E: s'il était permis
39 E: des vrais objets

[6] 'Gavache' vient de l'espagnol (cf. 'gavascho fuerco') et signifie 'lâche', 'sale', 'ivrogne'. On appelle 'maranes' les juifs qui malgré leur apparente conversion au christianisme pratiquaient secrètement le judaïsme; signifie par extension 'personnage faux, malhonnête'.

[7] Chez Homère (*Odyssée*, iv.791) et Hérodote (*Relation*, v.xcii.92) le mot εἴδωλον signifie 'image', 'portrait'. Le sens d'image d'un dieu apparaît dans les Septante (IV Rois xvii.12, I Maccabées i.47), dans le Nouveau Testament (par exemple I Corinthiens xii.2) et chez les apologistes avec de nombreux dérivés.

vénération. L'erreur n'était pas d'adorer un morceau de bois ou de marbre, mais d'adorer une fausse divinité représentée par ce bois et ce marbre. La différence entre eux et nous n'est pas qu'ils eussent des images et que nous n'en ayons point; la différence est que leurs images figuraient des êtres fantastiques dans une religion fausse, et que les nôtres figurent des êtres réels dans une religion véritable. Les Grecs avaient la statue d'Hercule, et nous celle de St Christophe:[8] ils avaient Esculape et sa chèvre, et nous St Roch et son chien; Jupiter armé du tonnerre, et nous St Antoine de Padoue, et St Jacques de Compostelle.

Quand le consul Pline adresse les prières *aux dieux immortels*, dans l'exorde du Panégyrique de Trajan,[9] ce n'est pas à des images qu'il les adresse; ces images n'étaient pas immortelles.

Ni les derniers temps du paganisme, ni les plus reculés, n'offrent pas un seul fait qui puisse faire conclure qu'on adorât une idole.[10] Homère ne parle que des dieux qui habitent le haut Olimpe. Le

42 E: bois et par ce

43 E: point; qu'ils aient fait des prières devant des images, et que nous n'en faisions point: la différence

46-49 E: véritable.//

49 64: de Compostela.

50 E, 64-65V, : adresse ses prières

54 E: adorât réellement une

[8] Cette statue en bois – 'le plus vilain monument de barbarie', à en croire Voltaire – avait plus de dix mètres de haut et se dressait à l'entrée de Notre-Dame de Paris (voir *Le Dîner du comte de Boulainvilliers*, V 63A, p.363).

[9] Pline le Jeune, *Panegyricus Traiani*, exorde, i.1: 'nihil providenter homines sine deorum immortalium ope, consilio, honore auspicarentur quo magis aptum priumque est te, Iuppiter optime, antea conditorem, nunc conservatorem imperii nostri praecari'.

[10] Voltaire en était intimement persuadé: 'Jamais on n'a adoré les idoles. Jamais culte public n'a été institué pour du bois et de la pierre. Le peuple les a traittez comme il traitte nos saints', écrit-il à d'Alembert le 28 décembre 1756 en lui proposant l'article 'Idole' pour l'*Encyclopédie*, et il ajoute: 'Le sujet est délicat mais il comporte de bien bonnes véritez qu'on peut dire' (D7098*).

palladium, quoique tombé du ciel, n'était qu'un gage sacré de la protection de Pallas; c'était elle qu'on vénérait dans le palladium.[11]

Mais les Romains et les Grecs se mettaient à genoux devant des statues, leur donnaient des couronnes, de l'encens, des fleurs, les promenaient en triomphe dans les places publiques. Nous avons sanctifié ces coutumes, et nous ne sommes point idolâtres.[12]

Les femmes en temps de sécheresse portaient les statues des dieux, après avoir jeûné. Elles marchaient pieds nus; les cheveux épars, et aussitôt il pleuvait à seaux, comme dit Pétrone, *et statim urceatim pluebat*.[13] N'avons-nous pas consacré cet usage illégitime chez les gentils, et légitime sans doute parmi nous? Dans combien

57 E: qu'on adorait dans
61 65V*1: nous ⟨ne sommes⟩ V↑pretendons n'etre+ point idolâtres. [avec note: on voit bien que c'est un homme elevé dans le papisme qui parle.]
62-63 E: des faux dieux
64 E: dit ironiquement Pétrone
65 E: Nous avons consacré cet
66 E: légitime parmi

[11] Sur cette statue divine, censée représenter Pallas protectrice de Troie, voir Banier, *La Mythologie et les fables*: 'Le palladium, que les Troyens gardaient soigneusement dans le temple de Minerve [...] était une statue de cette déesse [...] Les anciens parlent d'une façon si vague de cette statue qu'on ne sait pas trop auquel s'arrêter. Les uns disent que Jupiter l'avait fait tomber du ciel près de la tente d'Ilus, lorsqu'il bâtissait la citadelle d'Ilium. Hérodien assure qu'elle était tombée à Persinunte ville de Phrygie' (ii.407-408).

[12] Ici et dans ce qui suit, Voltaire s'inspire des arguments et des exemples de Conyers Middleton qui, dans sa *Letter from Rome* (*Miscellaneous works*, v.83-183), compare les rites des païens et ceux des catholiques pour conclure à l'idolâtrie de ceux-ci. Voltaire a lu et annoté la traduction française (Amsterdam 1744) qu'il possédait également. Cf. Middleton: 'What opinion then can we have of the present practice of the *Church of Rome*, but that by a change only of *name*, they have found means to retain the *thing*; and by substituting *their Saints* in the place of *the old Demigods*, have but set up *Idols of their own*, instead of those of their *Forefathers*?' (v.113-14).

[13] Pétrone, *Satyricon*, XLIV.XVIII.

de villes ne porte-t-on pas nu-pieds des charognes[14] pour obtenir les bénédictions du ciel par leur intercession? Si un Turc, un lettré chinois était témoin de ces cérémonies, il pourrait par ignorance nous accuser d'abord de mettre notre confiance dans les simulacres que nous promenons ainsi en procession, mais il suffirait d'un mot pour le détromper.

On est surpris du nombre prodigieux de déclamations débitées dans tous les temps contre l'idolâtrie des Romains, et des Grecs; et ensuite on est plus surpris encore quand on voit qu'ils n'étaient pas idolâtres.

Il y a des temples plus privilégiés que les autres. La grande Diane d'Ephèse[15] avait plus de réputation qu'une Diane de village. Il se faisait plus de miracles dans le temple d'Esculape à Epidaure,[16] que dans un autre de ses temples. La statue de Jupiter Olimpien[17] attirait plus d'offrandes que celle de Jupiter Paphlagonien.[18] Mais puisqu'il faut toujours opposer ici les coutumes d'une religion vraie, à celles d'une religion fausse, n'avons-nous pas eu depuis plusieurs siècles plus de dévotion à certains autels qu'à d'autres? Ne portons-nous pas plus d'offrandes à Notre-Dame de Lorette,

67 E, 64-67: nu-pieds les châsses des saints pour obtenir

68 E: les bontés de l'Etre suprême par

73-74 E: débitées contre

75-76 E: voit qu'en effet ils n'étaient point *idolâtres*; que leur loi ne leur ordonnait point du tout de rapporter leur culte à des simulacres.//

76 65v*ı: pas $^{V\uparrow}$plus^{+} idolâtres $^{V\uparrow}$que nous^{+}

77 E, 64-65v: Il y avait des

78-80 E: village, que dans un autre

84-87 E: d'autres? Ne serait-il pas ridicule de saisir

[14] Le propos est plus radical que dans les versions antérieures où Voltaire parle de 'châsses des saints' (voir l.67*v*).

[15] Sur le temple de la Diane d'Ephèse, 'qui a passé pour une des sept merveilles du monde', voir Banier, *La Mythologie et les fables*, i.208-10.

[16] Voir Banier, ii.561-62.

[17] Sur le temple de Jupiter Olympien, à Athènes, voir Banier, i.210-14.

[18] La Paphlagonie était un pays d'Asie mineure, voisin du Pont.

qu'à Notre-Dame des Neiges?[19] C'est à nous à voir si on doit saisir ce prétexte pour nous accuser d'idolâtrie?

On n'avait imaginé qu'une seule Diane, un seul Apollon, un seul Esculape; non pas autant d'Apollons, de Dianes et d'Esculapes qu'ils avaient de temples et de statues. Il est donc prouvé, autant qu'un point d'histoire peut l'être, que les anciens ne croyaient pas qu'une statue fût une divinité, que le culte ne pouvait être rapporté à cette statue, à cette idole,[20] et que par conséquent les anciens n'étaient point idolâtres.

Une populace grossière et superstitieuse qui ne raisonnait point, qui ne savait ni douter, ni nier, ni croire, qui courait aux temples par oisiveté, et parce que les petits y sont égaux aux grands, qui portait son offrande par coutume, qui parlait continuellement de miracles sans en avoir examiné aucun, et qui n'était guère au-dessus des victimes qu'elle amenait; cette populace, dis-je, pouvait bien, à la vue de la grande Diane, et de Jupiter tonnant, être frappée d'une horreur religieuse, et adorer sans le savoir, la statue même; c'est ce qui est arrivé quelquefois dans nos temples à nos paysans grossiers, et on n'a pas manqué de les instruire que c'est aux bienheureux, aux immortels reçus dans le ciel, qu'ils doivent demander leur intercession, et non à des figures de bois et de pierre, et qu'ils ne doivent adorer que Dieu seul.

Les Grecs et les Romains augmentèrent le nombre de leurs

88 E: Apollon, et un

[19] Le 10 décembre 1294, la maison de la Sainte Famille (la *Santa Casa*) fut portée par les airs de Dalmatie à Lorette en Italie; cette pieuse légende a donné lieu à un culte très populaire, devenu une des cibles favorites de Voltaire; voir par ex. *Le Dîner du comte de Boulainvilliers* (V 63A, p.404), *Dieu et les hommes*, ch.33 (V 69, p.427). Marie des Neiges est fêtée le 5 août en souvenir du miracle de 532 où une chute de neige fixa les limites de la future basilique de Santa Maria Maggiore à Rome.

[20] Cf. les carnets: 'Ils [les chrétiens] ne cessaient de reprocher aux Romains des dieux de plâtre. Ils se trompaient en cela. Jupiter était dans le ciel, on l'adorait dans sa statue et on n'adorait pas le métal' (V 82, p.617).

dieux par des apothéoses; les Grecs divinisaient les conquérants, comme Bacchus, Hercule, Persée. Rome dressa des autels à ses empereurs. Nos apothéoses sont d'un genre différent. Nous avons des saints au lieu de leurs demi-dieux, de leurs dieux secondaires; mais nous n'avons égard ni au rang, ni aux conquêtes. Nous avons élevé des temples à des hommes simplement vertueux, qui seraient la plupart ignorés sur la terre, s'ils n'étaient placés dans le ciel. Les apothéoses des anciens sont faites par la flatterie, les nôtres par le respect pour la vertu. Mais ces anciennes apothéoses sont encore une preuve convaincante que les Grecs et les Romains n'étaient point proprement idolâtres. Il est clair qu'ils n'admettaient pas plus une vertu divine dans la statue d'Auguste et de Claudius, que dans leurs médailles.

Cicéron dans ses ouvrages philosophiques ne laisse pas soupçonner seulement qu'on puisse se méprendre aux statues des dieux et les confondre avec les dieux mêmes.[21] Ses interlocuteurs foudroient la religion établie, mais aucun d'eux n'imagine d'accuser les Romains de prendre du marbre et de l'airain pour des divinités. Lucrèce ne reproche cette sottise à personne, lui qui reproche tout aux superstitieux. Donc, encore une fois, cette opinion n'existait pas, on n'en avait aucune idée. Il n'y avait point d'idolâtre.[22]

Horace fait parler une statue de Priape; il lui fait dire, *J'étais autrefois un tronc de figuier; un charpentier ne sachant s'il ferait de*

111-113 E: genre bien plus sublime; nous n'avons égard
117 65v*[1]: pour ⟨la⟩ V↑ce que nous avons cru+
119 E: point idolâtres.
129 E: pas, et l'erreur du polythéisme n'était pas erreur d'*idolâtrie*||.
64-65v: d'idolâtres.

[21] Cicéron, *De natura deorum*, *passim*, et surtout *De haruspicum responso*.

[22] Voltaire semble attacher beaucoup d'importance à cette argumentation. Dans ses carnets (V 82, p.627), on trouve en germe des arguments voisins de ceux de Middleton et développés ici.

moi un dieu ou un banc, se détermina enfin à me faire dieu, etc.[23] Que conclure de cette plaisanterie? Priape était de ces petites divinités subalternes, abandonnées aux railleurs; et cette plaisanterie même est la preuve la plus forte que cette figure de Priape qu'on mettait dans les potagers pour effrayer les oiseaux,[24] n'était pas fort révérée.

Dacier en se livrant à l'esprit commentateur n'a pas manqué d'observer[25] que Baruch avait prédit cette aventure, en disant, *Ils ne seront que ce que voudront les ouvriers*;[26] mais il pouvait observer aussi qu'on en peut dire autant de toutes les statues.

On peut d'un bloc de marbre tirer tout aussi bien une cuvette qu'une figure d'Alexandre, ou de Jupiter,[27] ou de quelque autre chose plus respectable. La matière dont étaient formés les chérubins du Saint des Saints aurait pu servir également aux fonctions les plus viles. Un trône, un autel en sont-ils moins révérés, parce que l'ouvrier en pouvait faire une table de cuisine?

Dacier au lieu de conclure que les Romains adoraient la statue de Priape, et que Baruch l'avait prédit, devait donc conclure que les Romains s'en moquaient. Consultez tous les auteurs qui parlent

138 E: Dacier, en digne commentateur, n'a
141 65v*: statues [V]de nos saints
143-144 E: quelque chose de plus

23 'Olim truncus eram ficulnus, inutile lignum, / Cum fata, incertus scamnum faceretne Priapum, / Maluit esse deum' (Horace, *Sermones*, I.viii.1-3).

24 Sur Priape, qui était parmi les Romains le dieu des jardins, voir Banier, *La Mythologie et les fables*, ii.377-79.

25 *Œuvres d'Horace en latin et en français, avec des remarques critiques et historiques par M. Dacier* (Amsterdam 1727; BV), vi.325-27. André Dacier avait conclu de ces vers d'Horace que la statue de Priape était adorée pour elle-même.

26 Baruch vi.45, dans la traduction du texte grec. Lemaître de Sacy et Calmet donnent: 'Ils ont été faits par des ouvriers en bois et en or. Ils sont ce que les prêtres veulent qu'ils soient, et rien de plus'.

27 Réminiscence de La Fontaine, 'Le Statuaire et la statue de Jupiter', *Fables*, ix.6: 'Un bloc de marbre était si beau / Qu'un statuaire en fit l'emplette. / Qu'en fera, dit-il, mon ciseau? / Sera-t-il Dieu, table ou cuvette?'

Dacier au lieu de conclure que les Romains adoraient la statue d'idolâtrie; ils disent expressément le contraire. Vous voyez dans Martial:

Qui finxit sacros auro vel marmore vultus,
Non facit ille deos.[28]

Dans Ovide:

Colitur pro Jove forma Jovis.[29]

Dans Stace:

Nulla autem effigies, nulli commissa metallo.
Forma Dei mentes habitare ac numina gaudet.[30]

Dans Lucain:

Estne Dei sedes, nisi terra et pontus et aer?[31]

On ferait un volume de tous les passages qui déposent que des images n'étaient que des images.

Il n'y a que le cas où les statues rendaient des oracles, qui ait pu faire penser que ces statues avaient en elles quelque chose de divin. Mais certainement l'opinion régnante était que les dieux avaient choisi certains autels, certains simulacres pour y venir résider quelquefois, pour y donner audience aux hommes, pour leur répondre. On ne voit dans Homère et dans les chœurs des tragédies grecques, que des prières à Apollon qui rend ses oracles sur les montagnes, en tel temple, en telle ville; il n'y a pas dans

162 E: *Dei nisi*

[28] Martial, *Epigrammaton libri*, VIII.xxiv.5-6: 'L'artisan ne fait point les dieux, / C'est celui qui les prie' (traduction donnée par Voltaire dans les QE, comme celles qui suivent).

[29] Ovide, *Epistulae ex Ponto*, II.viii (à Cotta Maximus), 62: 'Dans l'image de Dieu c'est Dieu seul qu'on adore.'

[30] Stace, *Thebaïs*, XII.493: 'Les dieux ne sont jamais dans une arche enfermés: / Ils habitent nos cœurs.'

[31] Lucain, *Pharsalia*, ix.578: 'L'univers est de Dieu la demeure et l'empire.'

toute l'antiquité la moindre trace d'une prière adressée à une statue.

Ceux qui professaient la magie, qui la croyaient une science, ou qui feignaient de le croire, prétendaient avoir le secret de faire descendre les dieux dans les statues, non pas les grands dieux, mais les dieux secondaires, les génies. C'est ce que Mercure Trismégiste appelait faire des dieux;[32] et c'est ce que St Augustin réfute dans sa Cité de Dieu.[33] Mais cela même montre évidemment que les simulacres n'avaient rien en eux de divin, puisqu'il fallait qu'un magicien les animât. Et il me semble qu'il arrivait bien rarement qu'un magicien fût assez habile pour donner une âme à une statue pour la faire parler.

En un mot, les images des dieux n'étaient point des dieux, Jupiter, et non pas son image, lançait le tonnerre; ce n'était pas la statue de Neptune qui soulevait les mers, ni celle d'Apollon qui donnait la lumière. Les Grecs et les Romains étaient des gentils, des polythéistes, et n'étaient point des idolâtres.

180-181 E: évidemment qu'on ne croyait pas que les simulacres eussent rien

[32] Hermès Trismégiste, *Asclepius*, XXXVII (*Corpus hermeticum*, éd. A. D. Nock, ii.347).

[33] Saint Augustin, *La Cité de Dieu*, VIII.xxiii: 'Il dit que des dieux, les uns ont été faits par le Dieu suprême, et les autres par les hommes. Quiconque entend ce que je viens de dire, l'explique sans doute des simulacres, qui sont l'ouvrage des mains des hommes. Mais Trismégiste dit que les simulacres que l'on voit et que l'on touche, sont comme les corps des dieux, et qu'il y a au dedans des esprits qui y sont appelés, et qui ont la puissance ou de nuire, ou d'accomplir les désirs de ceux qui leur défèrent les honneurs divins; que l'art joint ces esprits invisibles aux corps visibles, et que les simulacres dédiés et soumis à ces esprits, sont comme des corps vivants de la vie de l'âme qui les anime. C'est ce que ce personnage appelle faire des dieux' (trad. L. Giry, Paris 1665-1667, ii.257-58); passage marqué de signets annotés dans l'exemplaire de Voltaire: 'mercure trismegiste / faire des dieux' (CN, i.172-73).

Si les Perses, les Sabéens, les Egyptiens, les Tartares, les Turcs ont été idolâtres? et de quelle antiquité est l'origine des simulacres appelés idoles. Histoire de leur culte.

C'est une grande erreur d'appeler idolâtres les peuples qui rendirent un culte au soleil et aux étoiles. Ces nations n'eurent longtemps ni simulacres ni temples. Si elles se trompèrent, c'est en rendant aux astres ce qu'elles devaient au créateur des astres: encore le dogme de Zoroastre ou Zerdust, recueilli dans le Sadder,[34] enseigne-t-il un Etre suprême, vengeur et rémunérateur; et cela est bien loin de l'idolâtrie. Le gouvernement de la Chine n'a jamais eu aucune idole; il a toujours conservé le culte simple du maître du ciel Kingtien.[35] Gengis-Kan chez les Tartares n'était point idolâtre, et n'avait aucun simulacre. Les musulmans qui remplissent la Grèce, l'Asie mineure, la Syrie, la Perse, l'Inde et l'Afrique, appellent les chrétiens idolâtres, giaours, parce qu'ils croient que les chrétiens rendent un culte aux images. Ils brisèrent plusieurs statues qu'ils trouvèrent à Constantinople dans Sainte

189c E: *idoles; histoire abrégée de*
190 E: C'est un abus de termes d'appeler
193 64-69: ce qu'ils devaient
194-195 E, 65v: encore les dogmes de [...] recueillis [...] enseignent-ils
198 E: Kingtien, en tolérant les pagodes du peuple. Gengis-Kan
202-203 E: brisèrent toutes les statues

[34] Voltaire connaît le Sadder surtout par l'ouvrage de Thomas Hyde, *Veterum Persarum et Parthorum et Medorum religionis historia* (Oxonii 1760; BV) qui en contient une traduction latine. Il a d'ailleurs toujours cru au monothéisme des peuples anciens, à la suite de commentateurs aussi divers que Bayle, *Dictionnaire*, art. 'Zoroastre', rem. G; Andrew Michael Ramsay, 'Discours sur la mythologie', dans *Voyages de Cyrus* (Paris 1727); Banier, *La Mythologie et les fables*, iii; voir R. Pomeau, *La Religion de Voltaire*, p.161-62; F. J. Carmody, 'Voltaire et la renaissance indo-iranienne', p.345-54.

[35] Voir ci-dessus, art. 'Chine', l.76-77 et n.29.

Sophie, et dans l'église des Saints Apôtres, et dans d'autres qu'ils convertirent en mosquées. L'apparence les trompa comme elle trompe toujours les hommes, et leur fit croire que des temples dédiés à des saints qui avaient été hommes autrefois, des images de ces saints révérées à genoux, des miracles opérés dans ces temples, étaient des preuves invincibles de l'idolâtrie la plus complète. Cependant il n'en est rien. Les chrétiens n'adorent en effet qu'un seul Dieu, et ne révèrent dans les bienheureux que la vertu même de Dieu qui agit dans ses saints. Les iconoclastes et les protestants ont fait le même reproche d'idolâtrie à l'Eglise, et on leur a fait la même réponse.

Comme les hommes ont eu très rarement des idées précises, et ont encore moins exprimé leurs idées par des mots précis, et sans équivoque, nous appelâmes du nom d'*idolâtres* les gentils, et surtout les polythéistes. On a écrit des volumes immenses, on a débité des sentiments divers sur l'origine de ce culte rendu à Dieu, ou à plusieurs dieux sous des figures sensibles: cette multitude de livres et d'opinions ne prouve que l'ignorance.

On ne sait pas qui inventa les habits et les chaussures, et on veut savoir qui le premier inventa les *idoles*? Qu'importe un passage de *Sanchoniaton* qui vivait avant la guerre de Troye? que nous apprend-il, quand il dit que le chaos, l'esprit, c'est-à-dire le souffle, amoureux de ses principes, en tira le limon, qu'il rendit l'air lumineux, que le vent Colp et sa femme Baü engendrèrent Eon, qu'Eon engendra Genos? que Cronos leur descendant avait deux yeux par derrière comme par devant, qu'il devint dieu, et qu'il donna l'Egypte à son fils Taut?[36] Voilà un des plus respectables monuments de l'antiquité.

213 65V: l'Eglise romaine, et
219 E: sentiments différents sur

[36] Résumé de Sanchoniaton, cité par Eusèbe, *Préparation évangélique*, I.x (CN, iv.449). Voltaire connaissait l'ouvrage de Richard Cumberland, *Sanchoniatho's Phenician history* (London 1720; BV), voir p.1-2, 23-24, 39; voir aussi de William

Orphée antérieur à Sanchoniaton, ne nous en apprendra pas davantage, dans sa Théogonie, que Damascius nous a conservée. Il représente le principe du monde sous la figure d'un dragon à deux têtes, l'une de taureau, l'autre de lion, un visage au milieu, qu'il appelle visage dieu, et des ailes dorées aux épaules.[37]

Mais vous pouvez de ces idées bizarres tirer deux grandes vérités, l'une que les images sensibles et les hiéroglyphes sont de l'antiquité la plus haute; l'autre que tous les anciens philosophes ont reconnu un premier principe.

Quant au polythéisme, le bon sens vous dira que dès qu'il y a eu des hommes, c'est-à-dire des animaux faibles, capables de raison et de folie, sujets à tous les accidents, à la maladie et à la mort, ces hommes ont senti leur faiblesse et leur dépendance: ils ont reconnu aisément qu'il est quelque chose de plus puissant qu'eux. Ils ont senti une force dans la terre qui fournit leurs aliments; une dans l'air qui souvent les détruit; une dans le feu qui consume, et dans l'eau qui submerge. Quoi de plus naturel dans des hommes ignorants que d'imaginer des êtres qui présidaient à ces éléments? Quoi de plus naturel que de révérer la force invisible qui faisait luire aux yeux le soleil et les étoiles? Et dès qu'on voulut se former une idée de ces puissances supérieures à l'homme, quoi de plus naturel encore que de les figurer d'une manière sensible? Pouvait-

242-243 E: raison, sujets
246 E: qui produit leurs
249 65v*1: d'imaginer V↑à la longue+ des
E: qui président à
253-254 E: sensible? La religion

Warburton, *The Divine legation of Moses*, i.168-70, d'où Voltaire a tiré ce résumé simplifié; cf. les carnets (V 82, p.487).

[37] *Orphicorum fragmenta*, éd. O. Kern, p.54-59. Sur les différentes versions de la théogonie d'Orphée, voir W. K. Chambers Guthrie, *Orpheus and Greek religion*, p.78-130. Voltaire cite trois fois des extraits d'Orphée dans ses carnets (V 81-82, p.184, 488, 529) par l'intermédiaire de saint Justin dont il a annoté les *Opera* (Venetiis 1747; CN, iv.638-42).

on même s'y prendre autrement? La religion juive qui précéda la nôtre, et qui fut donnée par Dieu même, était toute remplie de ces images sous lesquelles Dieu est représenté. Il daigne parler dans un buisson le langage humain;[38] il paraît sur une montagne.[39] Les esprits célestes qu'il envoie viennent tous avec une forme humaine;[40] enfin le sanctuaire est rempli de chérubins, qui sont des corps d'hommes avec des ailes et des têtes d'animaux;[41] c'est ce qui a donné lieu à l'erreur de Plutarque, de Tacite, d'Appien, et de tant d'autres, de reprocher aux Juifs d'adorer une tête d'âne.[42] Dieu malgré sa défense de peindre, et de sculpter aucune figure, a donc daigné se proportionner à la faiblesse humaine, qui demandait qu'on parlât aux sens par des images.

Isaïe dans le chap. VI voit le Seigneur assis sur un trône, et le bas de sa robe qui remplit le temple.[43] Le Seigneur étend sa main, et touche la bouche de Jérémie, au chap. Ier de ce prophète.[44] Ezéchiel au chap. III voit un trône de saphir, et Dieu lui paraît comme un homme assis sur ce trône.[45] Ces images n'altèrent point

261 E: l'erreur grossière de
E: d'Appion
270-271 65v*1: point ⟨la pureté de⟩ la religion

[38] Exode iii.4-iv.17.
[39] Exode xix.3-24.
[40] Voir ci-dessus, art. 'Ange'.
[41] I Rois vi.23-29; il s'agit du temple de Salomon.
[42] Plutarque, *Symposium*, IV.v.2-3; Tacite, *Histoires*, V.iv; une erreur a été rectifiée dans E: il s'agit non pas de l'historien grec Appien (fin du Ier siècle) mais du rhéteur alexandrin Apion (début du Ier siècle), cité par Flavius Josèphe dans son *Contre Apion*, II.vii. Voltaire a-t-il trouvé ces exemples dans Pierre Jurieu, *Histoire critique des dogmes et des cultes, bons et mauvais, qui ont été dans l'Eglise depuis Adam jusqu'à Jésus-Christ, où l'on trouve l'origine de toutes les idolâtries de l'ancien paganisme, expliquées par rapport à celles des Juifs* (Amsterdam 1704), p.747, 794, qui cite d'ailleurs d'autres exemples donnés par Voltaire dans cet article? Il a l'ouvrage dans sa bibliothèque, mais ne l'a pas annoté.
[43] Isaïe vi.1.
[44] Jérémie i.9.
[45] Ezéchiel i.26 (et non pas iii).

la pureté de la religion juive, qui jamais n'employa les tableaux, les statues, les idoles, pour représenter Dieu aux yeux du peuple.

Les lettrés chinois, les Parsis, les anciens Egyptiens n'eurent point d'idoles; mais bientôt Isis et Osiris furent figurés; bientôt Bel à Babilone fut un gros colosse. Brama fut un monstre bizarre dans la presqu'île de l'Inde. Les Grecs surtout multiplièrent les noms des dieux, les statues et les temples; mais en attribuant toujours la suprême puissance à leur Zeus nommé par les Latins Jupiter, maître des dieux et des hommes. Les Romains imitèrent les Grecs. Ces peuples placèrent toujours tous les dieux dans le ciel, sans savoir ce qu'ils entendaient par le ciel et par leur Olimpe: il n'y avait pas d'apparence que ces êtres supérieurs habitassent dans les nuées, qui ne sont que de l'eau. On en avait placé d'abord sept dans les sept planètes, parmi lesquelles on comptait le soleil; mais depuis, la demeure de tous les dieux fut l'étendue du ciel.[46]

Les Romains eurent leurs douze grands dieux; six mâles et six femelles, qu'ils nommèrent *dii majorum gentium*. Jupiter, Neptune, Apollon, Vulcain, Mars, Mercure; Junon, Vesta, Minerve, Cérès, Vénus, Diane. Pluton fut alors oublié; Vesta prit sa place.

Ensuite venaient les dieux *minorum gentium*, les dieux indigètes, les héros, comme Bacchus, Hercule, Esculape; les dieux infernaux, Pluton, Proserpine; ceux de la mer, comme Thétis, Amphitrite, les Néréides, Glaucus; puis les Dryades, les Naïades; les dieux des jardins, ceux des bergers; il y en avait pour chaque profession, pour chaque action de la vie, pour les enfants, pour les filles nubiles, pour les mariées, pour les accouchées; on eut le dieu *Pet*. On divinisa enfin les empereurs. Ni ces empereurs, ni le dieu *Pet*, ni la déesse Pertunda, ni Priape, ni Rumilia la déesse des tétons,

273 E: les Perses
285 E: demeure ordinaire de

[46] Voir ci-dessus, art. 'Ciel des anciens', l.19-21 et note.

ni Stercutius le dieu de la garde-robe,[47] ne furent à la vérité regardés comme les maîtres du ciel et de la terre. Les empereurs eurent quelquefois des temples, les petits dieux pénates n'en eurent point, mais tous eurent leur figure, leur idole.

C'étaient de petits magots dont on ornait son cabinet. C'étaient les amusements des vieilles femmes et des enfants, qui n'étaient autorisés par aucun culte public. On laissait agir à son gré la superstition de chaque particulier. On retrouve encore ces petites idoles dans les ruines des anciennes villes.

Si personne ne sait quand les hommes commencèrent à se faire des idoles, on sait qu'elles sont de l'antiquité la plus haute. Tharé père d'Abraham en faisait à Ur en Caldée.[48] Rachel déroba et emporta les idoles de son beau-père Laban.[49] On ne peut remonter plus haut.

Mais quelle notion précise avaient les anciennes nations de tous

[47] Le dieu Crepitus (cf. *La Philosophie de l'histoire*, ch.22; V 59, p.168) est cité par l'*Encyclopédie*, art. 'Pet' (xii.459), et par Caylus dans son *Recueil d'antiquités* (Paris 1752-1767), vi, planche 9. Bien que ce nom ne figure pas chez les mythographes, il est attesté à la suite de Desmolets par Banier (*La Mythologie et les fables*, i.186, ii.597). Pertunda, déesse des accouchements, est entre autres citée par saint Augustin (*La Cité de Dieu*, vi.9), et Voltaire a noté son nom (V 82, p.451). Rumilia, déesse de l'allaitement, est citée par entre autres Varron (*Rerum rusticarum*, II.xi.5) et saint Augustin (*La Cité de Dieu*, iv.11). Stercutus, ou Sterculinus, est un ancien roi du Latium identifié avec Saturne, inventeur de l'art de fumer la terre (cf. V 59, p.168). Il est cité entre autres par Macrobe (*Saturnales*, I.vii.25), Tertullien (*Apologétique*, xxv), Prudence (*Peristephanon*, ii.450) et Pline (*Histoire naturelle*, XVII.50). On trouve plusieurs listes de ces divinités dans saint Augustin, *La Cité de Dieu*, iv.8, 11, 16, 23-24, vi.9, vii.3. Cf. également Moreri, *Le Grand dictionnaire*, art. 'Dieux'.

[48] Selon les légendes juives conservées dans les *midraschim*; voir L. Ginzberg, *The Legends of the Jews*, i.209-15. Josué xxiv.2 dit seulement que Terah était alors idolâtre. Terah, père d'Abraham, Nahor et Harân, selon le Sefer Hayacher, était officier. Selon Rachi, Abraham détruisit les idoles paternelles et fut sauvé de la fournaise ardente où le roi Nimrod l'avait jeté. Voir *La Voix de la Torah*, éd. E. Munk, i.117. A Ur régnait Nounar, le dieu-lune, lui-même à la tête d'un peuple innombrable de divinités. Voir Genèse xi.24-28, 31-32; Josué xxiv.2.

[49] Genèse xxxi.19; exemple cité par tous les commentateurs.

ces simulacres? Quelle vertu, quelle puissance leur attribuait-on? croyait-on que les dieux descendaient du ciel pour venir se cacher dans ces statues? ou qu'ils leur communiquaient une partie de l'esprit divin, ou qu'ils ne leur communiquaient rien du tout? c'est encore sur quoi on a très inutilement écrit;[50] il est clair que chaque homme en jugeait selon le degré de sa raison, ou de sa crédulité, ou de son fanatisme. Il est évident que les prêtres attachaient le plus de divinité qu'ils pouvaient à leurs statues, pour s'attirer plus d'offrandes. On sait que les philosophes réprouvaient ces superstitions, que les guerriers s'en moquaient, que les magistrats les toléraient, et que le peuple toujours absurde ne savait ce qu'il faisait. C'est en peu de mots l'histoire de toutes les nations à qui Dieu ne s'est pas fait connaître.

On peut se faire la même idée du culte que toute l'Egypte rendit à un bœuf, et que plusieurs villes rendirent à un chien, à un singe, à un chat, à des oignons. Il y a grande apparence que ce furent d'abord des emblèmes.[51] Ensuite un certain bœuf Apis, un certain chien, nommé Anubis, furent adorés; on mangea toujours du bœuf et des oignons; mais il est difficile de savoir ce que pensaient les vieilles femmes d'Egypte, des oignons sacrés et des bœufs.

Les idoles parlaient assez souvent. On faisait commémoration

314-315 E: on? Croira-t-on
322 E: philosophes détestaient ces

[50] Voltaire pense sans doute à Banier qui revient à plusieurs reprises sur ces questions, aussi bien qu'à Moreri, dont l'article 'Idoles' est mentionné plus bas.

[51] Distinction qui remonte à Eusèbe selon lequel les animaux adorés par les Egyptiens furent d'abord des symboles que le peuple prit ensuite pour des dieux (*Préparation évangélique*, ii.2). Au dix-huitième siècle les commentateurs, orthodoxes ou non, s'accordent là-dessus, entre autres Matthew Tindal, *Christianity as old as creation* (London 1730; BV), p.153; Nicolas Lenglet Dufresnoy, *Méthode pour étudier l'histoire* (Paris 1729; BV), i.38-39, et *Supplément à la Méthode pour étudier l'histoire* (Paris 1741), p.64, 121; A. M. Ramsay, 'Discours sur la mythologie', *Voyages de Cyrus*; Banier, *La Mythologie et les fables*, i.503-15.

à Rome le jour de la fête de Cibèle, des belles paroles que la statue avait prononcées, lorsqu'on en fit la translation du palais du roi Attale.

Ipsa pati volui, ne sit mora, mitte volentem,
Dignus Roma locus, quo deus omnis eat.[52]

'J'ai voulu qu'on m'enlevât, emmenez-moi vite; Rome est digne que tout dieu s'y établisse'.

La statue de la Fortune avait parlé; les Scipions, les Cicérons, les Césars, à la vérité, n'en croyaient rien; mais la vieille à qui Encolpe donna un écu pour acheter des oies et des dieux,[53] pouvait fort bien le croire.

Les idoles rendaient aussi des oracles, et les prêtres cachés dans le creux des statues parlaient au nom de la divinité.

Comment au milieu de tant de dieux et de tant de théogonies différentes, et de cultes particuliers, n'y eut-il jamais de guerre de religion chez les peuples nommés idolâtres? Cette paix fut un bien qui naquit d'un mal, de l'erreur même. Car chaque nation reconnaissant plusieurs dieux inférieurs, trouva bon que ses voisins eussent aussi les leurs. Si vous exceptez Cambyse à qui on reproche d'avoir tué le bœuf Apis,[54] on ne voit dans l'histoire profane aucun conquérant qui ait maltraité les dieux d'un peuple vaincu. Les gentils n'avaient aucune religion exclusive, et les prêtres ne songèrent qu'à multiplier les offrandes et les sacrifices.

339 E: *Ipsa peti volui*
353 E: trouvait bon
357-358 E: ne songeaient qu'à

[52] Ovide, *Fastes*, iv.269-270; cité par Jurieu, *Histoire critique des dogmes et des cultes*, p.467.
[53] Pétrone, *Satyricon*, CXXXVII.6.
[54] Hérodote, *Histoires*, III.xxix; voir ci-dessus, art. 'Apis'.

Les premières offrandes furent des fruits.[55] Bientôt après il fallut des animaux pour la table des prêtres; ils les égorgeaient eux-mêmes; ils devinrent bouchers et cruels; enfin ils introduisirent l'usage horrible de sacrifier des victimes humaines; et surtout des enfants et de jeunes filles. Jamais les Chinois, ni les Parsis, ni les Indiens ne furent coupables de ces abominations. Mais à Hiéropolis en Egypte, au rapport de Porphyre,[56] on immola des hommes.

Dans la Tauride on sacrifiait des étrangers.[57] Heureusement les prêtres de la Tauride ne devaient pas avoir beaucoup de pratiques. Les premiers Grecs, les Cypriotes, les Phéniciens, les Tyriens, les Carthaginois, eurent cette superstition abominable. Les Romains eux-mêmes tombèrent dans ce crime de religion; et Plutarque rapporte qu'ils immolèrent deux Grecs et deux Gaulois, pour expier les galanteries de trois vestales.[58] Procope, contemporain du roi des Francs Théodebert, dit que les Francs immolèrent des hommes quand ils entrèrent en Italie avec ce prince.[59] Les Gaulois,

363 E: et des jeunes
E: les Perses
364 E: Héliopolis
366 E, 64-67: sacrifiait les étrangers.

[55] Voir Lévesque de Burigny, *Histoire de la philosophie païenne*: 'Dans les premiers temps on offrait aux dieux dans la Grèce, les prémices des fruits. Porphyre nous a conservé la loi que Dracon fit sur ce sujet' (ii.40); Banier cite Porphyre, *De l'abstinence*, I.ix, pour montrer que les Egyptiens offraient 'de l'herbe verte qu'ils cueillaient avec les mains et qu'ils présentaient comme les premières productions de la nature' (*La Mythologie et les fables*, i.238).

[56] *De l'abstinence*, II.lv, qui renvoie à Manéthon au sujet des sacrifices humains à Héliopolis. Comme l'indique une note des carnets (V 82, p.588-89), cet exemple de même que ceux qui sont mentionnés à l'alinéa suivant sont tirés de Banier, *La Mythologie et les fables*, i.242-43; voir aussi les carnets (V 81, p.176).

[57] Cf. Banier, *La Mythologie et les fables*: 'On sait qu'ils honoraient Diane [...] et qu'on lui immolait tous les étrangers qui arrivaient dans le pays; circonstances qu'on apprend d'Hérodote, d'Euripide, et de plusieurs autres anciens' (i.664).

[58] Plutarque, 'Questiones romanae', *Moralia*, 283 f.

[59] Procope, *Historia bellorum Justiniani*, VI.XXV.9-10.

les Germains faisaient communément de ces affreux sacrifices.[60] On ne peut guère lire l'histoire sans concevoir de l'horreur pour le genre humain.

Il est vrai que chez les Juifs Jephté sacrifia sa fille, et que Saül fut prêt d'immoler son fils.[61] Il est vrai que ceux qui étaient voués au Seigneur par anathème ne pouvaient être rachetés ainsi qu'on rachetait les bêtes, et qu'il fallait qu'ils périssent.[62] Samuël prêtre juif hacha en morceaux avec un saint couperet le roi Agag prisonnier de guerre à qui Saül avait pardonné,[63] et Saül fut réprouvé pour avoir observé le droit des gens avec ce roi; mais Dieu maître des hommes, peut leur ôter la vie quand il veut, comme il le veut, et par qui il veut; et ce n'est pas aux hommes à se mettre à la place du maître de la vie et de la mort, et à usurper les droits de l'Etre suprême.

Pour consoler le genre humain de cet horrible tableau, de ces pieux sacrilèges, il est important de savoir que chez presque toutes

381-385 E: périssent: mais Dieu qui a créé les hommes, peut
386 E: comme il veut: et ce
389 E: de l'horrible tableau de ces pieux

[60] Voir César, *De bello gallico*, VI.XVI; Diodore de Sicile, *Historia universalis*, V.XX.

[61] Juges xi.39; I Rois xiv.38-39.

[62] Lévitique xxvii.28-29. Idée que développe Voltaire à plusieurs reprises, notamment ci-dessous, à l'article 'Jephté', dans *La Philosophie de l'histoire*, ch.36, le *Sermon des cinquante*, *Un chrétien contre six juifs*, *La Bible enfin expliquée*. Il suit alors l'argument de Matthew Tindal (*Christianity as old as creation*, p.86-89), qui dresse une liste des sacrifices humains, y inclus celui de la fille de Jephté, et cite le Lévitique sur l'impossibilité de racheter ceux qui ont été voués au Seigneur. Guénée (*Lettres*, ii.77-102) reprochera plus tard à Voltaire de trancher bien légèrement une question sur laquelle la plupart des commentateurs bibliques, Grotius, Leclerc, Marsham, Vatable, etc., hésitent encore. Seul Calmet (*Commentaire*, ii.243) croit en un sacrifice véritable. Mais c'est à Calmet que Voltaire se réfère à l'article 'Jephté' des QE, tout en altérant d'ailleurs le sens de son texte. Voir A. Ages, 'Voltaire, Calmet and the Old Testament', p.162.

[63] I Rois xv.33.

les nations nommées idolâtres, il y avait la théologie sacrée et l'erreur populaire, le culte secret et les cérémonies publiques, la religion des sages et celle du vulgaire. On n'enseignait qu'un seul Dieu aux initiés dans les mystères:[64] il n'y a qu'à jeter les yeux sur l'hymne attribué à l'ancien Orphée, qu'on chantait dans les mystères de Cérès Eleusine, si célèbre en Europe et en Asie, 'Contemple la nature divine, illumine ton esprit, gouverne ton cœur, marche dans la voie de la justice, que le Dieu du ciel et de la terre soit toujours présent à tes yeux; il est unique, il existe seul par lui-même, tous les êtres tiennent de lui leur existence: il les soutient tous; il n'a jamais été vu des mortels, et il voit toutes choses.'

Qu'on lise encore ce passage du philosophe Maxime de Madaure, dans sa lettre à St Augustin: 'Quel homme est assez grossier, assez stupide pour douter qu'il soit un Dieu suprême éternel, infini, qui n'a rien engendré de semblable à lui-même, et qui est le père commun de toutes choses?'[65]

395 E: à Orphée
396 E: si célèbres en
401 E: des yeux mortels

[64] Idée tirée de Warburton, *The Divine legation*, i.154-57, où se trouve aussi (i.177) la citation de l'hymne attribué à Orphée donnée plus bas. Mais Voltaire a transformé la suggestion de Warburton que l'hymne avait pu être chanté dans les mystères d'Eleusis en affirmation qu'il l'avait été, ce que lui reproche Warburton dans une note de l'édition de 1765 de la *Divine legation* (i.234); voir J. H. Brumfitt, 'Voltaire and Warburton', p.42, 49-50. Voltaire a inscrit cet hymne dans ses carnets dans une version légèrement différente (V 82, p.488), et un signet annoté 'himne d'orphée' marque le passage de la *Théologie païenne* (Paris 1754), i.127-28, de Lévesque de Burigny où il en est question (CN, i.67).

[65] *Les Lettres de S. Augustin*, trad. Ph. Dubois-Goibaud (Paris 1684; BV), i.74 (PL, xxxiii.82). Voltaire a récrit la traduction de Dubois qu'il donnera textuellement en 1771 dans l'article 'Dieu' des QE (M.xviii.361-62), quand il publie la lettre en entier. Dans *Sophronime et Adélos, traduit de Maxime de Madaure* (publié en 1776), où la lettre figure aussi intégralement, il en donne une troisième version, légèrement différente (M.xxv.460-61). Il s'agit de toute évidence d'un texte auquel Voltaire attachait beaucoup d'importance.

Il y a mille témoignages que les sages abhorraient non seulement l'idolâtrie, mais encore le polythéisme.

Epictète, ce modèle de résignation et de patience, cet homme si grand dans une condition si basse, ne parle jamais que d'un seul Dieu. Voici une de ses maximes: 'Dieu m'a créé, Dieu est au-dedans de moi, je le porte partout. Pourrais-je le souiller par des pensées obscènes, par des actions injustes, par d'infâmes désirs? Mon devoir est de remercier Dieu de tout, de le louer de tout, et de ne cesser de le bénir, qu'en cessant de vivre'.[66] Toutes les idées d'Epictète roulent sur ce principe.

Marc-Aurèle, aussi grand peut-être sur le trône de l'empire romain, qu'Epictète dans l'esclavage, parle souvent, à la vérité, des dieux, soit pour se conformer au langage reçu, soit pour exprimer des êtres mitoyens entre l'Etre suprême et les hommes; mais en combien d'endroits ne fait-il pas voir qu'il ne reconnaît qu'un Dieu éternel, infini? 'Notre âme, dit-il, est une émanation de la divinité. Mes enfants, mon corps, mes esprits me viennent de Dieu.'[67]

Les stoïciens, les platoniciens, admettaient une nature divine et universelle: les épicuriens la niaient. Les pontifes ne parlaient que d'un seul Dieu dans les mystères. Où étaient donc les idolâtres?

Au reste c'est une des grandes erreurs du Dictionnaire de Moréri de dire que du temps de Théodose le jeune, il ne resta

412-417 69*: Dieu. ⟨Voici [...] principe.⟩

[66] Epictète, *Dissertations*, II.xii-xiv. Voltaire a utilisé *Le Manuel d'Epictète*, trad. André Dacier (Paris 1715), ii.79, passage marqué d'un signet annoté dans son exemplaire (CN, iii.427-28). Il ne reproduit cependant pas la traduction de Dacier, mais fournit lui-même une version légèrement différente. La citation sera reprise, sous différentes formes, dans le *Dialogue du douteur et de l'adorateur* (M.xxv.135), *Le Dîner du comte de Boulainvilliers* (V 63A, p.348), la fin de l'entretien entre *Sophronime et Adélos* (M.xxv.468); cf. les carnets (V 82, p.615).

[67] Marc Aurèle, *Meditationes*, XII.xxvi. Voltaire a utilisé ses *Réflexions morales* (Paris 1691; BV). Il associe volontiers les noms d'Epictète et de Marc Aurèle; voir ci-dessous, art. 'Philosophe', n.16, 17.

plus d'idolâtres que dans les pays reculés de l'Asie et de l'Afrique.[68] Il y avait dans l'Italie beaucoup de peuples encore gentils, même au septième siècle.[69] Le nord de l'Allemagne depuis le Vézer, n'était pas chrétien du temps de Charlemagne.[70] La Pologne et tout le septentrion restèrent longtemps après lui dans ce qu'on appelle idolâtrie.[71] La moitié de l'Afrique, tous les royaumes au-delà du Gange, le Japon, la populace de la Chine, cent hordes de Tartares ont conservé leur ancien culte. Il n'y a plus en Europe que quelques Lapons, quelques Samoyèdes, quelques Tartares, qui aient persévéré dans la religion de leurs ancêtres.

Finissons par remarquer que dans les temps qu'on appelle parmi nous le moyen âge, nous appelions le pays des mahométans *la Paganie*. Nous traitions d'idolâtres, d'adorateurs d'images, un peuple qui a les images en horreur. Avouons encore une fois, que les Turcs sont plus excusables de nous croire idolâtres, quand ils voient nos autels chargés d'images et de statues.[72]

440-446 E: ancêtres.//

[68] Moreri, *Le Grand dictionnaire*, art. 'Idoles' (iv.660).

[69] Voir *Essai sur les mœurs*, ch.12, à propos de la Lombardie, nation 'composée de païens et d'ariens', où un édit du roi Rotharis, publié vers 640, laissa 'vivre paisiblement les peuples nommés idolâtres, répandus encore dans les villages' (i.308).

[70] Sur les Saxons, qui 'étaient païens ainsi que tout le septentrion', voir *Essai sur les mœurs*, ch.15 (i.325).

[71] Cf. *Essai historique et critique sur les dissensions des Eglises de Pologne*: 'La Pologne proprement dite ne fut chrétienne qu'à la fin du dixième siècle. Boleslas en l'an 1001 de notre ère vulgaire fut le premier roi chrétien' (V 63A, p.271-72).

[72] Cf. *Essai sur les mœurs*, ch.4: 'Il n'y a pas deux siècles que nous appelions toutes ces nations *la paganie*, tandis que les Arabes, les Turcs, les Indiens, ne nous connaissaient que sous le nom d'idolâtres' (ajout de 1769; i.245).

INONDATION[1]

Y a-t-il eu un temps où le globe ait été entièrement inondé? cela est physiquement impossible.[2] Il se peut que successivement la mer ait couvert tous les terrains l'un après l'autre; et cela ne peut être arrivé que par une gradation lente, dans une multitude prodigieuse de siècles. La mer en cinq cents années de temps, s'est retirée d'Aiguemortes, de Fréjus, de Ravenne qui étaient de grands ports, et a laissé environ deux lieues de terrain à sec.[3] Par cette

[1] Dès 1746, Voltaire avait déjà dit son mot sur les principaux thèmes de cet article dans son *Saggio intorno ai cambiamenti avvenuti su'l globo della terra*, suivi en 1751 d'une 'Digression sur la manière dont notre globe a pu être inondé' (*Dissertation sur les changements arrivés dans notre globe*, M.xxiii.219-30). La lecture de Buffon dont la théorie de la terre figure dans le premier tome de son *Histoire naturelle* (BV), paru en 1749, n'ébranla pas ses certitudes. Une addition de 1761 à l'avant-propos de l'*Essai sur les mœurs* (i.202) expose ses arguments contre une inondation universelle. Avant de revenir sur la question des fossiles dans *La Philosophie de l'histoire* (V 59, p.89-92), il réaffirme ses convictions dans cet article qu'il fut peut-être incité à écrire par la lecture en janvier 1763 du *Dictionnaire universel des fossiles propres et des fossiles accidentels* d'Elie Bertrand (La Haye 1763; BV) qu'il estime 'très bien fait' (D10894). Cf. aussi *Des singularités de la nature* (M.xxvii.146-48); QE, art. 'Déluge universel' (M.xviii.327-31).

[2] L'argumentation de Voltaire s'appuie sur la notion d'invraisemblance, relayée par celle d'impossibilité. Il l'exprime volontiers (*Dissertation*, M.xxiii.229; 'Déluge universel', M.xviii.327). Ces objections sont pour lui essentielles, d'un double point de vue scientifique et religieux, à la fois contre Buffon ou le *Telliamed* de Benoît de Maillet et contre le déluge. Il souligne dans son exemplaire du *Commentaire* de Calmet les objections d'Isaac Vossius, auteur d'une *Dissertatio de vera aetate mundi* (Hagae-Comitis 1659) qui met en cause le déluge (CN, ii.43-45). Dans son exemplaire de l'*Histoire naturelle* de Buffon qu'il a lue en 1749 (D3926, D3972), il rejette l'idée que les montagnes aient pu être formées par la mer; 'ce systeme tres ridicule de Teliamed ne meritait pas detre ramassé par un aussi beau genie que Mr de buffon' (CN, i.561).

[3] Dans la *Dissertation*, les exemples étaient Fréjus, Narbonne, Ferrare (M.xxiii.224), liste que Voltaire a pu trouver dans le *Telliamed*, et qui sera modifiée dans *La Philosophie de l'histoire*, ch.1.

progression il est évident qu'il lui faudrait deux millions deux cent cinquante mille ans pour faire le tour de notre globe. Ce qui est très remarquable, c'est que cette période approche fort de celle qu'il faut à l'axe de la terre pour se relever et pour coïncider avec l'équateur; mouvement très vraisemblable, qu'on commence depuis cinquante ans à soupçonner, et qui ne peut s'effectuer que dans l'espace de deux millions et plus de trois cents mille années.[4]

Les lits, les couches de coquilles qu'on a découverts à quelques lieues de la mer, sont une preuve incontestable qu'elle a déposé peu à peu ces productions maritimes sur des terrains qui étaient autrefois les rivages de l'Océan;[5] mais que l'eau ait couvert

15-16 64-67: découverts de tous côtés à soixante, à quatre-vingt, à cent lieues même de la mer

[4] Voltaire fait ici allusion aux calculs du chevalier de Louville auxquels il s'était intéressé dès 1737 (voir D1327). Jacques-Eugène d'Allonville de Louville (1661-1732) proposa une nouvelle méthode pour le calcul des éclipses et exposa une théorie de l'obliquité de l'écliptique par rapport à l'équateur qu'il regardait comme décroissante d'une minute en cent ans. Il prit part à la discussion sur les forces vives (voir Fontenelle, *Eloge de M. de Louville*). Dans l'édition de 1738 des *Eléments de la philosophie de Newton*, Voltaire avait évoqué ces travaux (V 15, p.477-89). Il peut les dater de cinquante ans ici puisque c'est en 1714 que le chevalier de Louville se rendit à Marseille pour vérifier si l'obliquité de l'écliptique était la même que celle que Pythéas avait observée il y avait deux mille ans. Cet angle était diminué de 20 minutes, d'où le calcul de deux millions et plus de trois cent mille années pour que l'axe de la terre coïncide avec l'équateur. Fontenelle avait rendu compte des observations de Louville dans l'*Histoire de l'Académie royale des sciences*, 1716 (Paris 1718), p.48-53, et Louville les présenta lui-même dans les *Acta eruditorum* de Leipzig, 1719, p.281-94.

[5] Sur les ouvrages du temps sur les 'coquilles', voir V 64, p.370, n.18. Voltaire a donné à la *Gazette littéraire de l'Europe* un compte rendu élogieux du *Dictionnaire des fossiles* d'Elie Bertrand qui paraît le 18 avril 1764 (M.xxv.166-67). Sa polémique sur les coquilles, amorcée dès la *Dissertation* (M.xxiii.222), se développera après cet article de 1764. Sa réaction est à mettre en relation avec l'argumentation défendue par les esprits religieux. *Trévoux* affirme que la présence des fossiles prouve le déluge (art. 'Déluge', ii.998). Sur la question des fossiles au dix-huitième siècle et sur les réactions de Voltaire, voir J. Roger, *Les Sciences de la vie dans la pensée française du XVIIIe siècle*.

entièrement tout le globe à la fois, c'est une chimère absurde en physique, démontrée impossible par les lois de la gravitation, par les lois des fluides, par l'insuffisance de la quantité d'eau.[6] Ce n'est pas qu'on prétende donner la moindre atteinte à la grande vérité du déluge universel rapporté dans le Pentateuque;[7] au contraire, c'est un miracle, donc il le faut croire; c'est un miracle, donc il n'a pu être exécuté par les lois physiques.[8]

Tout est miracle dans l'histoire du déluge. Miracle que quarante jours de pluie aient inondé les quatre parties du monde, et que l'eau se soit élevée de quinze coudées au-dessus de toutes les plus hautes montagnes; miracle qu'il y ait eu des cataractes, des portes, des ouvertures dans le ciel; miracle que tous les animaux se soient rendus dans l'arche de toutes les parties du monde; miracle que Noé ait trouvé de quoi les nourrir pendant dix mois; miracle que tous les animaux aient tenu dans l'arche avec leurs provisions; miracle que la plupart n'y soient pas morts; miracle qu'ils aient trouvé de quoi se nourrir en sortant de l'arche;[9] miracle encore,

[6] Cette argumentation ressemble à celle de Vossius, telle que la rapporte Calmet (*Dictionnaire*, art. 'Déluge'). Elle avait déjà été exposée dans la *Dissertation* (M.xxiii.229-30). Voltaire combat, sans les nommer, les thèses de Thomas Burnet, *Telluris theoria sacra* (Londini 1681) et de John Woodward, *Naturalis historia telluris illustrata* (Londini 1714), dont les systèmes sont exposés dans l'article 'Déluge' de Calmet (ii.223-24).

[7] Genèse vi-viii. Voltaire n'a de cesse de contester le déluge; voir la *Lettre sur les panégyriques* (M.xxvi.342-43), *Dieu et les hommes* (V 69, p.397-98), QE, art. 'Ignorance' (M.xix.419), *La Bible enfin expliquée* (M.xxx.17).

[8] Sur la notion de miracle chez Voltaire, voir ci-dessous, art. 'Miracles'. Comme ce 'terrible événement renferme des difficultés presque inexplicables', Calmet, après avoir essayé de réfuter les objections formées contre l'universalité du déluge, avoue: 'On ne prétend pas toutefois par toutes ces raisons, prouver que le déluge universel se soit fait sans miracle'. Il recommande alors de s'en tenir au 'sentiment commun des Pères' (art. 'Déluge', ii.223).

[9] Références à la Genèse: les quarante jours de pluie, vii.4; les quinze coudées d'eau, vii.17-20; les cataractes, vii.11; les animaux dans l'arche, vii.8-9, 14-16; la nourriture des animaux, vi.21.

mais d'une autre espèce, qu'un nommé Pelletier ait cru expliquer comment tous les animaux ont pu tenir et se nourrir naturellement dans l'arche de Noé.[10]

Or l'histoire du déluge étant la chose la plus miraculeuse dont on ait jamais entendu parler, il serait insensé de l'expliquer; ce sont de ces mystères qu'on croit par la foi, et la foi consiste à croire ce que la raison ne croit pas, ce qui est encore un autre miracle.[11]

Ainsi l'histoire du déluge universel est comme celle de la tour de Babel, de l'ânesse de Balaam, de la chute de Jérico au son des trompettes, des eaux changées en sang, du passage de la mer Rouge, et de tous les prodiges que Dieu daigna faire en faveur

36 69: Palletier [69* errata: β]

[10] Dans les *Dissertations sur l'arche de Noé et sur l'hémine et la livre de S. Benoist* (Rouen 1700), Jean Le Pelletier (1633-1711), archéologue et alchimiste de Rouen, a effectivement prévu comment tous les animaux ont pu tenir et se nourrir dans l'arche. Il se livre à de savants calculs pour évaluer la contenance de l'arche (ch.1) d'où il s'ensuit que les animaux s'y trouvaient à leur aise. Il évalue leurs besoins en eau et en nourriture (ch.12, 13). La contenance du réservoir d'eau douce qu'il situe dans la carène est quatre fois supérieure à ce qui était nécessaire; celle du grenier, situé au premier étage, est une fois et demie supérieure à ce qu'il fallait. Voltaire a-t-il consulté cet ouvrage qu'il cite dans l'article 'Déluge universel' des QE (M.xviii.328)? Il a mis un signet dans le *Dictionnaire* de Calmet à l'article 'Arche de Noé' (CN, ii.323); or Calmet reproduit deux planches empruntées à Le Pelletier, celle de la coupe et du profil de l'arche, celle des trois étages avec la répartition des animaux dans des étables et l'espace réservé à Noé et à sa famille. Calmet résume Le Pelletier dans son article, où il va même jusqu'à prévoir la place pour les 3650 brebis destinées à la nourriture des carnassiers (i.277-78). La délicate question des excréments de tous ces animaux est évoquée. Précisons que Jean Le Pelletier n'a pas mauvaise presse au dix-huitième siècle. Il est cité fort sérieusement par *Trévoux*, art. 'Arche' (i.626-27).

[11] Distinction de la foi et de la raison qui est un leitmotiv voltairien.

des élus de son peuple.[12] Ce sont des profondeurs que l'esprit humain ne peut sonder.

[12] La tour de Babel, Genèse xi.4; l'ânesse de Balaam, Nombres xxii.21-35; la chute de Jéricho, Josué vi.11-20; les eaux changées en sang, Exode vii.17-21; le passage de la mer Rouge, Exode xiv.16-29. Toutes ces références ont été maintes fois citées par Voltaire.

INQUISITION[1]

L'Inquisition est, comme on sait, une invention admirable et tout à fait chrétienne, pour rendre le pape et les moines plus puissants et pour rendre tout un royaume hypocrite.

On regarde d'ordinaire St Dominique comme le premier à qui l'on doit cette sainte institution. En effet nous avons encore une patente donnée par ce grand saint, laquelle est conçue en ces propres mots: *Moi, frère Dominique, je réconcilie à l'Eglise le nommé Roger porteur des présentes, à condition qu'il se fera fouetter par un*

a-117 64-67, article absent

[1] Voltaire avait déjà consacré à l'historique et aux méthodes de l'Inquisition un chapitre de l'*Essai sur les mœurs* (ch.140; ii.294-302), repris par le chevalier de Jaucourt dans l'*Encyclopédie* (viii.773-76). Cet article paru en 1769 constitue un résumé, émaillé de quelques commentaires bien voltairiens, de la seconde partie (p.169-96) de l'ouvrage d'André Morellet, *Le Manuel des inquisiteurs, à l'usage des Inquisitions d'Espagne et de Portugal, ou abrégé de l'ouvrage intitulé: Directorium Inquisitorium, composé vers 1358 par Nicolas Eymeric, grand inquisiteur dans le royaume d'Arragon. On y a joint une courte histoire de l'établissement de l'Inquisition dans le royaume de Portugal, tirée du latin de Louis à Paramo* (Lisbonne [Paris] 1762). Voltaire l'a reçu de Damilaville en janvier 1762 (D10284); il l'a lu de suite (D10287, D10290) – 'Oh le bon livre que le manuel des monstres inquisitoriaux' (D10315). Il est probable que c'est alors qu'il prit des notes abondantes en en copiant mot à mot de nombreux passages que les éditeurs de Kehl inséreront comme 'Section première' de l'article 'Inquisition', l'article présenté ici en constituant 'Section II'. L'essentiel de l'article a pu être composé à ce moment-là, avec une addition plus tardive sur le comte d'Aranda; mais Voltaire a également pu se rappeler ses notes sur l'ouvrage de Morellet, en mai 1768, lors de la visite à Ferney du marquis de Mora, gendre du comte d'Aranda, au moment de l'introduction des mesures restrictives aux pouvoirs de l'Inquisition en Espagne, quand le nom d'Aranda était d'actualité. Dans la correspondance du mois de mai (voir ci-dessous, n.18) on trouve en effet plusieurs variantes de l'image appliquée à l'œuvre du comte d'Aranda évoquée ici dans le dernier alinéa. L'article ne sera pas repris dans les QE.

prêtre trois dimanches consécutifs depuis l'entrée de la ville jusqu'à la porte de l'église, qu'il fera maigre toute sa vie, qu'il jeûnera trois carêmes dans l'année, qu'il ne boira jamais de vin, qu'il portera le san-benito *avec des croix, qu'il récitera le bréviaire tous les jours, dix* pater *dans la journée et vingt à l'heure de minuit, qu'il gardera désormais la continence et qu'il se présentera tous les mois au curé de sa paroisse, etc. Tout cela sous peine d'être traité comme hérétique, parjure et impénitent.*[2]

Quoique Dominique soit le véritable fondateur de l'Inquisition, cependant Louis de Paramo l'un des plus respectables écrivains et des plus brillantes lumières du Saint-Office, rapporte au titre second de son second livre, que Dieu fut le premier instituteur du Saint-Office, et qu'il exerça le pouvoir des frères prêcheurs contre Adam. D'abord Adam est cité au tribunal, *Adam, ubi es?* et en effet, ajoute-t-il, le défaut de citation aurait rendu la procédure de Dieu nulle.

Les habits de peau que Dieu fit à Adam et à Eve furent le modèle du *san-benito* que le Saint-Office fait porter aux hérétiques. Il est vrai que par cet argument on prouve que Dieu fut le premier tailleur; mais il n'est pas moins évident qu'il fut le premier inquisiteur.

Adam fut privé de tous les biens immeubles qu'il possédait dans le paradis terrestre, c'est de là que le Saint-Office confisque les biens de tous ceux qu'il a condamnés.

Louis de Paramo remarque que les habitants de Sodome furent brûlés comme hérétiques, parce que la sodomie est une hérésie

[2] Traduction tirée *verbatim* de Morellet, *Le Manuel*, p.191-92, qui renvoie au livre II, titre I, ch.2 de l'ouvrage de Luis de Paramo, *De origine et progressu sanctae inquisitionis eiusque dignitate et utilitate* (Matriti 1598). Les six alinéas suivants (l.16-41) résument Morellet, p.182-93 (CN, v.784), en employant souvent les mêmes termes.

formelle.[3] De là il passe à l'histoire des Juifs; il y trouve partout le Saint-Office.[4]

Jésus-Christ est le premier inquisiteur de la nouvelle loi, les papes furent inquisiteurs de droit divin, et enfin ils communiquèrent leur puissance à St Dominique.

Il fait ensuite le dénombrement de tous ceux que l'Inquisition a mis à mort, et il en trouve beaucoup au delà de cent mille.

Son livre fut imprimé en 1589[5] à Madrid avec l'approbation des docteurs, les éloges de l'évêque et le privilège du roi. Nous ne concevons pas aujourd'hui des horreurs si extravagantes à la fois et si abominables; mais alors rien ne paraissait plus naturel et plus édifiant. Tous les hommes ressemblent à Louis de Paramo quand ils sont fanatiques.

Ce Paramo était un homme simple, très exact dans les dates, n'omettant aucun fait intéressant, et supputant avec scrupule le nombre des victimes humaines que le Saint-Office a immolées dans tous les pays.[6]

Il raconte avec la plus grande naïveté l'établissement de l'Inquisition en Portugal, et il est parfaitement d'accord avec quatre autres historiens qui ont tous parlé comme lui.[7] Voici ce qu'ils rapportent unanimement.

[3] 'Les Sodomites se rendirent coupables d'hérésie [...] Aussi Dieu les punit-il des peines employées contre les hérétiques, c'est-à-dire, de la confiscation des biens; [...] et ensuite de la peine du feu' (Morellet, p.184-85). Cf. Genèse iii.9, 21; xix.24.

[4] Voltaire réduit à une phrase les six pages consacrées aux Juifs dans l'ouvrage de Morellet (p.185-90).

[5] L'ouvrage de Paramo parut en 1598. Voltaire suit Morellet qui donne à tort la date de 1589 (p.169).

[6] Voir Morellet, p.192-96.

[7] Morellet donne en note (p.181) les noms de cinq historiens obscurs: Illiescas, Salasar, Mendoça, Fernandès et Placentinus. Il signale toutefois qu'un autre historien, Antonio de Sousa, ne partage pas leur version de l'histoire de l'établissement de l'Inquisition au Portugal, fait omis par Voltaire. De nos jours c'est la version donnée par Sousa dans ses *Aphorismi inquisitorum* (1630), où Saavedra ne joue aucun rôle (voir l.65 ss.), qui est généralement acceptée. Les lignes 56-101 récapitulent la version que donne Morellet (p.169-80) de Paramo, livre II, titre II, ch.15.

Il y avait longtemps que le pape Boniface IX,[8] au commencement du quinzième siècle, avait délégué des frères prêcheurs qui allaient en Portugal de ville en ville brûler les hérétiques, les musulmans et les juifs; mais ils étaient ambulants, et les rois mêmes se plaignirent quelquefois de leurs vexations. Le pape Clément VII[9] voulut leur donner un établissement fixe en Portugal comme ils en avaient en Arragon et en Castille. Il y eut des difficultés entre la cour de Rome et celle de Lisbonne, les esprits s'aigrirent, l'Inquisition en souffrait et n'était point établie parfaitement.

En 1539 il parut à Lisbonne[10] un légat du pape, qui était venu, disait-il, pour établir la Sainte Inquisition sur des fondements inébranlables. Il apporte au roi Jean III des lettres du pape Paul III.[11] Il avait d'autres lettres de Rome pour les principaux officiers de la cour; ses patentes de légat étaient dûment scellées et signées; il montra les pouvoirs les plus amples de créer un grand inquisiteur et tous les juges du Saint-Office. C'était un fourbe nommé *Savedra*[12] qui savait contrefaire toutes les écritures, fabriquer et appliquer de faux sceaux et de faux cachets. Il avait appris ce métier à Rome et s'y était perfectionné à Séville dont il arrivait avec deux autres fripons. Son train était magnifique, il était composé de plus de cent vingt domestiques. Pour subvenir à cette énorme dépense, lui et ses deux confidents empruntèrent à Séville des sommes immenses au nom de la chambre apostolique de Rome; tout était concerté avec l'artifice le plus éblouissant.

Le roi de Portugal fut étonné d'abord que le pape lui envoyât un légat *à latere* sans l'en avoir prévenu. Le légat répondit

[8] Boniface IX (Pietro Tomacelli), pape de 1389 à 1404.

[9] Clément VII (Jules de Médicis), pape de 1523 à 1534.

[10] Voltaire a lu trop vite. Morellet écrit: 'L'an 1539 il [Saavedra] vint dans l'Andalousie' (p.173), et non pas à Lisbonne. Selon Juan Antonio Llorente, l'événement se situe plutôt en 1540 (*Histoire critique de l'Inquisition d'Espagne*, trad. A. Pellier, Paris 1817-1818, ii.102).

[11] Paul III (Alessandro Farnese), pape de 1534 à 1549.

[12] Sur Juan Pérez de Saavedra, que Voltaire connaît par Morellet et Paramo, voir J. A. Llorente, *Histoire*, ii.88-103; *Enciclopedia universal ilustrada*, xliii.708.

fièrement que dans une chose aussi pressante que l'établissement fixe de l'Inquisition, Sa Sainteté ne pouvait souffrir les délais, et que le roi était assez honoré que le premier courrier qui lui en apportait la nouvelle fût un légat du Saint-Père. Le roi n'osa répliquer. Le légat dès le jour même établit un grand inquisiteur, envoya partout recueillir des décimes, et avant que la cour pût avoir des réponses de Rome, il avait déjà fait brûler deux cents personnes et recueilli plus de deux cent mille écus.

Cependant le marquis de Villanova, seigneur espagnol de qui le légat avait emprunté à Séville une somme très considérable sur de faux billets, jugea à propos de se payer par ses mains, au lieu d'aller se compromettre avec le fourbe à Lisbonne. Le légat faisait alors sa tournée sur les frontières de l'Espagne. Il y marche avec cinquante hommes armés, l'enlève et le conduit à Madrid.

La friponnerie fut bientôt découverte à Lisbonne, le conseil de Madrid condamna le légat Savedra au fouet et à dix ans de galères; mais ce qu'il y eut d'admirable, c'est que le pape Paul IV confirma depuis tout ce qu'avait établi ce fripon;[13] il rectifia par la plénitude de sa puissance divine toutes les petites irrégularités des procédures, et rendit sacré ce qui avait été purement humain.

Qu'importe de quel bras Dieu daigne se servir?[14]

Voilà comme l'Inquisition devint sédentaire à Lisbonne, et tout le royaume admira la Providence.

Au reste on connaît assez toutes les procédures de ce tribunal, on sait combien elles sont opposées à la fausse équité et à l'aveugle raison de tous les autres tribunaux de l'univers. On est emprisonné

[13] L'Inquisition fut définitivement établie au Portugal par la bulle *Meditatio cordis* du 16 juillet 1547, de Paul III et non Paul IV, pape de 1555 à 1559.

[14] Voltaire, *Zaïre*, II.i.138 (V 8, p.453). Cf. Morellet (d'après Paramo): 'Mais que le Seigneur est admirable dans ses voies! Ce que les empereurs et les souverains pontifes n'avaient pu obtenir par tant d'instances, le roi Jean l'accorda de lui-même à un fripon adroit dont Dieu se servit pour cette bonne œuvre. En effet, les méchants sont souvent des instruments utiles des desseins de Dieu, et il ne réprouve pas ce qu'ils font de bien' (p.171-72).

sur la simple dénonciation des personnes les plus infâmes, un fils peut dénoncer son père, une femme son mari; on n'est jamais confronté avec ses accusateurs, les biens sont confisqués au profit des juges;[15] c'est ainsi du moins que l'Inquisition s'est conduite jusqu'à nos jours; il y a là quelque chose de divin: car il est incompréhensible que les hommes aient souffert ce joug patiemment.[16]

Enfin le comte d'Aranda[17] a été béni de l'Europe entière en rognant les griffes et en limant les dents du monstre;[18] mais il respire encore.[19]

[15] La première et la plus longue partie du *Manuel des inquisiteurs* (p.27-168), l'abrégé de l'ouvrage de Nicolas Eymeric, est résumée en ces quelques lignes.

[16] Cf. les carnets: 'Ce que l'inquisition a craint le plus, c'est la philosophie [...] Pays d'inquisition, pays d'ignorance' (V 82, p.519; cf. p.700).

[17] Don Pedro Pablo Abarca y Bolea, comte d'Aranda (1718-1798), diplomate et ministre espagnol, président du conseil de Castille en 1765, joua un rôle prépondérant dans l'expulsion des jésuites en 1767 et dans les restrictions apportées aux pouvoirs de l'Inquisition en Espagne en 1768 et en 1770. Voltaire lui consacrera un article ('Aranda') dans les QE.

[18] Cf. des expressions semblables utilisées dans la correspondance du mois de mai 1768: 'on a coupé les griffes au monstre de l'inquisition' (D14991); 'on a arraché les dents à ce monstre et on lui a coupé les griffes' (D14992); 'rogné les griffes de l'inquisition' (D14996); 'arrache les dents et les ongles à l'inquisition' (D15002); 'rogné jusqu'aux griffes de l'inquisition' (D15003).

[19] Créée en 1231 (constitution *Excommunicamus*), l'Inquisition sera officiellement supprimée en France au dix-huitième siècle après avoir subsisté nominalement, depuis la Réforme, à Toulouse et à Perpignan. Le comtat Venaissin, terre papale, avait son propre inquisiteur.

JEPHTÉ

Ou des sacrifices de sang humain.[1]

Il est évident par le texte du livre des Juges que Jephté promit de sacrifier la première personne qui sortirait de sa maison[2] pour

[1] Paru en 1764, cet article ne contient aucune référence à l'actualité politique ou personnelle qui permette de préciser la date de sa composition. Toutefois les thèmes qui y sont abordés – existence des sacrifices humains chez les Juifs, discussions sur l'ancienneté de l'Ancien Testament – sont traités notamment dans *La Philosophie de l'histoire*, ch.36 et 49. On peut penser que l'article a été écrit au cours des recherches que Voltaire fait et fait faire en vue de cet ouvrage, et dont on trouve des traces dans sa correspondance à partir de mars 1763 (voir D11087). Il est question également des sacrifices de la fille de Jephté et d'Agag dans le *Traité sur la tolérance*, ch.12, écrit dans les premiers mois de 1763. Voltaire avait déjà fait dans l'*Essai sur les mœurs* ('Avant-propos', i.199) une allusion à Jephté qui avait indigné Charles Bonnet (voir D8049). Il reviendra souvent sur la question des sacrifices de la fille de Jephté et d'Agag; voir par ex. *Un chrétien contre six juifs* (M.xxix.533), *La Bible enfin expliquée* (M.xxx.142).

[2] Cf. Calmet: Jephté 'dit clairement qu'il offrira en holocauste la première personne de sa maison [...] Remarquez qu'il ne dit pas *la première chose, le premier animal*, mais *la première personne*. De plus il ne dit pas simplement qu'il vouera, qu'il consacrera, qu'il offrira au Seigneur [...] mais il ajoute affirmativement qu'il le lui offrira en holocauste [...] C'est le véritable sens du texte, et les Pères l'ont ainsi expliqué'. Après quoi il ajoute: 'Cependant malgré l'évidence du texte, quelques nouveaux interprètes l'expliquent d'une autre manière, et traduisent ainsi l'hébreu: *Et la chose qui sortira des portes de ma maison* [...] *elle sera au Seigneur, et je la lui offrirai en holocauste*. Jephté voue au Seigneur, disent-ils, ce qui viendra au devant de lui, soit homme, soit bête; mais non pas de la même manière; c'est-à-dire, si c'est un homme, ou une femme, je les consacrerai au Seigneur [...]; si c'est un animal pur et propre au sacrifice, je l'immolerai au Seigneur; si c'est un animal immonde [...] je le ferai mourir, ou je le rachèterai'; ils ont allégué aussi que Jephté ne pouvait ignorer 'que les sacrifices de victimes humaines étaient odieux aux yeux de Dieu' (Deutéronome xii.31) et que la Loi 'lui permettait de la racheter pour une somme d'argent assez modique' (Lévitique xxvii.2-3). Calmet répond à ces objections: 1) 'Que mal à propos on veut détourner le sens du texte [...] Il parle d'une personne, et non d'une bête'; 2) 'On ne prétend pas justifier ni le vœu précipité, ni son exécution littérale'; 3) 'Le rachat des choses dévouées que la Loi

venir le féliciter de sa victoire contre les Ammonites. Sa fille unique vint au-devant de lui; il déchira ses vêtements, et il l'immola après lui avoir permis d'aller pleurer sur les montagnes le malheur de mourir vierge. Les filles juives célébrèrent longtemps cette aventure, en pleurant la fille de Jephté pendant quatre jours. (Voyez chap. 12 des Juges.)[3]

En quelque temps que cette histoire ait été écrite, qu'elle soit imitée de l'histoire grecque, d'Agamemnon et d'Idoménée, ou qu'elle en soit le modèle,[4] qu'elle soit antérieure ou postérieure à de pareilles histoires assyriennes,[5] ce n'est pas ce que j'examine; je m'en tiens au texte: Jephté voua sa fille en holocauste, et accomplit son vœu.

Il était expressément ordonné par la loi juive, d'immoler les hommes voués au Seigneur. *Tout homme voué ne sera point racheté,*

---

permet, n'est pas des choses dévouées par l'anathème' (Lévitique xxviii.28-29). Les Pères et des commentateurs 'n'ont pas fait difficulté de reconnaître que Jephté avait réellement offert sa fille en holocauste': Josèphe, saint Ambroise, saint Augustin, saint Jérôme, saint Chrysostome, saint Julien le Martyr et Théodoret; que d'autres ont même 'loué et approuvé' ce sacrifice (*Dictionnaire*, art. Jephté).

[3] Il s'agit en réalité de Juges xi.30-40 (CN, i.331).

[4] Voir la rubrique 'Parallèles' dans les carnets (V 81, p.174). Calmet fait aussi le rapprochement avec Iphigénie, mais il place évidemment Jephté avant Iphigénie: 'Il semble que la fable d'Iphigénie fille d'Agamemnon, est tirée de l'histoire de la fille de Jephté' (*Dictionnaire*, ii.674). Sur l'ancienneté des Juifs et de leurs livres, voir par ex. *La Philosophie de l'histoire*, ch.38 ss., *Dieu et les hommes*.

[5] Il est difficile de préciser quelles 'histoires assyriennes' Voltaire évoque. On pourrait croire qu'il s'agit des sacrifices à Moloch, qu'il associe dans *La Henriade* à ceux de la fille de Jephté et d'Iphigénie (V 2, p.473): Moloch était connu sous d'autres noms à l'ouest de la Chaldée. Mais peut-être inclut-il simplement les sacrifices humains prêtés notamment par Plutarque et Hérodote au roi des Perses Xerxès ou à son épouse Amestris, et plus généralement par Hyde par exemple au Moyen-Orient, où on imitait parfois, dit-il, le sacrifice d'Isaac par Abraham, immolant le fils aîné, puis n'importe quel fils ou n'importe quel homme quand on avait une grâce importante à obtenir du ciel (*Veterum Persarum et Parthorum et Medorum religionis historia*, p.29-30; BV).

mais sera mis à mort sans rémission. La Vulgate traduit, *non redimetur, sed morte morietur*. Lévitique, chap. 27, verset 29.[6]

C'est en vertu de cette loi que Samuël coupa en morceaux le roi Agag, à qui (comme nous l'avons déjà dit)[7] Saül avait pardonné; et c'est même pour avoir épargné Agag, que Saül fut réprouvé du Seigneur, et perdit son royaume.[8]

Voilà donc les sacrifices de sang humain clairement établis; il n'y a aucun point d'histoire mieux constaté; on ne peut juger d'une nation que par ses archives, et par ce qu'elle rapporte d'elle-même.[9]

20 *64-67*: à qui Saül

[6] Cf., dans les carnets, la rubrique 'Assassinats sacrez', où Voltaire renvoie au Lévitique xxvii.28-29 (V 82, p.610); Calmet, *Commentaire*, avec signet annoté: 'que tout ce qui est voué meure' (CN, ii.54-55); voir aussi *La Philosophie de l'histoire*, ch.36 (V 59, p.214).

[7] Voir *Saül*, I (1762; M.v.575-81); cf. *La Pucelle*, XVI, où Voltaire a ajouté en 1762 les notes suivantes: 'Samuel coupa en morceaux le roi Agag, que Saül avait mis à rançon', et 'Achab avait eu une grosse rançon [...] Saül en avait eu une d'Agag, et fut tué pour avoir pardonné' (V 7, p.510).

[8] Voir I Samuel xv. Calmet raconte ainsi l'histoire: le Seigneur ordonna à Samuel de commander à Saül de marcher contre Amalec et de lui dire: 'faites passer au fil de l'épée tout ce qui a vie; hommes, femmes, enfants, et les animaux mêmes'. Saül 'prit vif Agag [...] et le conserva, avec ce qu'il y avait de meilleur dans les troupeaux'. Alors le Seigneur dit à Samuel: 'Je me repens d'avoir fait Saül roi; parce qu'il [...] n'a point exécuté mes ordres'. Samuel alla trouver Saül qui lui dit: 'J'ai accompli la parole du Seigneur. Samuel lui répondit: D'où vient donc ce bruit de troupeaux [...]? Saül lui dit: On les a amenés [...] pour en offrir des holocaustes au Seigneur notre Dieu [...] Alors Samuel lui signifia la résolution que le Seigneur avait prise de le rejeter, et de donner la royauté a un autre [car] Dieu ne lui demandait ni hosties, ni holocaustes; mais [...] voulait une parfaite obéissance [...] Après cela, il dit: Qu'on m'amène Agag [à qui] Samuel dit: Comme votre épée a ravi les enfants à tant de mères, ainsi votre mère parmi les femmes sera sans enfants; et il le tailla en pièces devant le Seigneur à Galgal' (*Dictionnaire*, art. 'Agag').

[9] Cf. *La Philosophie de l'histoire*, ch.36: 'Si nous lisions l'histoire des Juifs écrite par un auteur d'une autre nation [...] nous ne croirions pas qu'un peuple aussi abominable eût pu exister sur la terre. Mais comme cette nation elle-même nous rapporte tous ces faits dans ses livres saints, il faut la croire' (V 59, p.213).

JOB[1]

Bonjour, mon ami Job, tu es un des plus anciens originaux dont les livres fassent mention; tu n'étais point Juif: on sait que le livre qui porte ton nom est plus ancien que le Pentateuque. Si les Hébreux qui l'ont traduit de l'arabe,[2] se sont servis du mot Jéhova

a-124 64-65v, article absent
1-7 69*: 〈Bonjour [...] assez〉 Vmon cher ami Job de quel pays etais tu de tres savans hommes prétendent que tu étais arabe//

[1] A première vue, on est tenté de dater de 1763-1764 la première partie de cet article (l.1-67, 124) publiée en 1767. Non seulement on retrouve certains des thèmes abordés dans les *Remarques pour servir de supplément à l'Essai sur les mœurs* (1763), ou *La Philosophie de l'histoire* qui se prépare en mars 1763, mais quelques détails semblent significatifs. Au printemps 1764, Voltaire se compare à Job, se dit 'lépreux' comme un personnage biblique, donc assimilable aussi à 'un malade aux eaux d'Aix-la-Chapelle' (l.124): 'Je suis lépreux come Naaman et triste comme Job', écrit-il à Théodore Tronchin (D11903). C'est une époque où il s'intéresse suffisamment à l'élevage pour calculer la valeur du cheptel de Job. On note également que l'exemple de Balaam donné par Pope est alors présent à son esprit: il le cite avec précision en 1763 (voir n.12). En 1764 il dénonce comme ici l'emprunt des Juifs au phénicien (D12087; cf. n.3). Mais Voltaire parle de sa grande fortune au passé (l.27), et bien qu'il se plaigne à maintes reprises d'avoir 'perdu une grande partie de mon bien' par suite de mauvaises opérations financières, de banqueroutes, etc., ce n'est qu'à partir de 1767 qu'il semble connaître de réelles difficultés (voir par ex. D14016, D14374). Ce passage ne semble donc pouvoir dater de 1763-1764, période d'ascension sociale. Peut-être Voltaire aurait-il repris et mis au point pour l'édition de 1767 un article écrit vers 1764? La seconde partie (l.68-123), plus péremptoire et agressive, semble porter la marque de la polémique avec Larcher, et présente des points communs avec des œuvres et des faits de la période 1767-1769. En octobre 1770, Voltaire aura Job assez présent à l'esprit pour comparer son histoire à la sienne (voir n.18). C'est en 1770 aussi qu'il fait paraître dans les QE l'article 'Arabes, et, par occasion, du livre de Job', où est reprise presque toute l'argumentation de cet article.

[2] Cf. Calmet, *Dictionnaire*, art. 'Job': après avoir signalé que 'les uns ont cru que Job lui-même l'avait écrit d'abord en syriaque, ou en arabe, et qu'ensuite Moïse ou quelque autre Israélite l'avait mis en hébreu; [que] d'autres l'ont attribué à Eliu,

pour signifier Dieu, ils empruntèrent ce mot des Phéniciens et des Egyptiens, comme les vrais savants n'en doutent pas.[3] Le mot de Satan n'était point hébreu, il était chaldéen, on le sait assez.[4]

Tu demeurais sur les confins de la Caldée.[5] Des commentateurs dignes de leur profession, prétendent que tu croyais à la résurrection, parce qu'étant couché sur ton fumier, tu as dit dans ton 19e chapitre, *que tu t'en relèverais* quelque jour.[6] Un malade qui espère

---

l'un des amis de Job, ou à ses autres amis, ou à Moïse, ou à Salomon, ou à Isaïe, ou à quelque autre écrivain encore plus récent', il écrit: 'Ce qui paraît incontestable, est que celui qui l'a composé, quel qu'il soit, était juif de religion, et postérieur au temps de Job [...] La langue originale du livre de Job est l'hébraïque, mais mêlée de plusieurs expressions arabes et chaldéennes, et de plusieurs tours qui ne sont pas connus dans l'hébreu'. La plupart des exégètes datent la rédaction des sixième–quatrième siècles avant J.-C. et tendent à l'attribuer à un Juif cultivé qui utilise une langue difficile, peut-être traduite en partie de l'araméen.

[3] Cf. 'Tout est phénicien, ou égyptien chez ces misérables Hébreux. Le nom de Jehovah même était phénicien' (à Moultou, 15 septembre 1764; D12087); cf. *La Philosophie de l'histoire*, ch.13 (V 59, p.134). Il faut croire que Voltaire ne compte pour 'vrais savants' ni les auteurs de l'*Encyclopédie*, qui définissent ainsi Jéhovah: 'nom propre de Dieu dans la langue hébraïque. Son étymologie, sa force, sa signification, ses voyelles et sa prononciation ont enfanté des volumes; il vient du mot *être*; Jéhovah est celui qui est', ni Moreri qui en donne la définition suivante: Jéhovah 'est le grand nom de Dieu, qu'on appelait ordinairement *Tetragrammaton*, parce qu'il est composé de quatre lettres dans la langue hébraïque. Les Juifs [...] n'en savent pas la prononciation, et [...] ils l'expliquent par le nom *Adonaï*, Seigneur, bien que le nom hébraïque, selon son étymologie, signifie *qui est*, étant tiré du verbe *hava*, être'. *Jéhovah* est une transcription de la prononciation du tetragramme sacré YHVH, auquel sont ajoutées les voyelles d'*Adonaï*.

[4] Selon Moreri, Calmet et l'*Encyclopédie*, c'est un terme hébreu qui signifie adversaire, ennemi, etc. Dans *La Philosophie de l'histoire*, Voltaire répète que le mot de Satan n'était point hébreu (V 59, p.255). Sa lecture de Hyde, *Veterum Persarum et Parthorum et Medorum religionis historia* (Oxonii 1760; BV) l'a persuadé que les Juifs avaient beaucoup emprunté aux Chaldéens et aux Perses.

[5] Il vivait au pays de Ouç, dit Job i.1; c'est-à-dire, selon Moreri, entre l'Idumée et l'Arabie; Calmet le dit Iduméen dans le *Commentaire*. La localisation d'Ouç reste discutée.

[6] Job xix.25: 'in novissimo die de terra surrecturus sum'; ce que Lemaître de Sacy, suivi par Calmet, traduit par: 'je ressusciterai de la terre au dernier jour'; mais Calmet ajoute: 'Les sentiments sont partagés sur ce passage. Les uns l'expliquent à la lettre du rétablissement de Job dans son premier état [...] D'autres le rapportent

sa guérison, n'espère pas pour cela la résurrection; mais je veux te parler d'autres choses.

Avoue que tu étais un grand bavard, mais tes amis l'étaient davantage.[7] On dit que tu possédais sept mille moutons, trois mille chameaux, mille bœufs et cinq cents ânesses.[8] Je veux faire ton compte.

Sept mille moutons, à trois livres dix sous pièce, font vingt-

14 69*: ⟨mais⟩ V↑et moi aussi mais+
18 69*: ⟨trois livres dix⟩ V↑cinq livres
18-19 69*: ⟨vingt deux mille cinq cent livres⟩

à la résurrection de Jésus-Christ, et d'autres, à la résurrection de Job, et des autres justes, qui, selon la foi de l'Eglise, doivent ressusciter au dernier jour. Quelques-uns joignent ce dernier sens à celui qui l'entend de celui de Job en santé, et en sa première prospérité. Ce renouvellement temporel, et passager, signifiait la résurrection des corps, que la foi nous apprend; et cette dernière explication est celle que nous suivons, puisqu'elle conserve d'une part la certitude d'un article indubitable de notre foi, qui est la résurrection des morts; et que de l'autre, elle est fondée sur un événement réel, et effectif de la vie de Job. Rien n'est plus ordinaire dans l'Ecriture que ces sortes de [...] prophéties à double face', et aussi: 'Les Juifs, qui croient comme nous à la résurrection des morts, ne se servent pourtant point de cet endroit, pour la prouver; ils se bornent à ce dernier sens du retour de Job dans son premier état. C'est apparemment pour n'être point obligés de reconnaître la résurrection du Rédempteur, qui y est si clairement expliquée' (*Commentaire*, iii.697). Voltaire fonde son interprétation sur le *surrecturus sum* de la Vulgate, mais le texte hébreu se traduit ainsi: 'Je sais [...] que Lui, le dernier, se lèvera sur la terre. Après mon éveil il me dressera près de lui et, de ma chair, je verrai Dieu'. Il sera encore question de cette 'prétendue' croyance à la résurrection dans *Dieu et les hommes*, ch.20 (V 69, p.121).

[7] Ils se disputent effectivement la parole. Sophar dit à Job en la prenant: 'Celui qui se répand en tant de paroles, n'écoutera-t-il point à son tour?' (Job xi.2); Job répondra: 'Demeurez un peu dans le silence, afin que je dise tout' (xiii.13); puis Baldad à son tour: 'Jusqu'à quand vous répandrez-vous en tant de paroles? Comprenez auparavant, et après cela nous parlerons' (xviii.2); voir encore xix.2. Comme l'écrit Calmet après avoir résumé la pensée de Job: 'C'est là le principe de Job, ses amis étaient dans un système tout différent. Voilà sur quoi roule tout le livre de Job, et tous les discours que l'on y lit' (*Dictionnaire*, art. 'Job').

[8] C'est effectivement l'inventaire que l'on trouve dans Job i.3.

deux mille cinq cents livres tournois, pose	22 500 liv.
J'évalue les trois mille chameaux, à cinquante écus pièce,	450 000 –:–
Mille bœufs ne peuvent être estimés l'un portant l'autre moins de	80 000 –:–
Et cinq cents ânesses, à vingt francs l'ânesse,	10 000 –:–
Le tout se monte à	562 500 –:–

Sans compter tes meubles, bagues et joyaux.[9]

J'ai été beaucoup plus riche que toi,[10] et quoique j'aie perdu une grande partie de mon bien, et que je sois malade comme toi, je n'ai point murmuré contre Dieu, comme tes amis semblent te le reprocher quelquefois.[11]

Je ne suis point du tout content de Satan, qui pour t'induire au péché et pour te faire oublier Dieu, demande la permission de t'ôter ton bien et de te donner la gale. C'est dans cet état que les hommes ont toujours recours à la Divinité. Ce sont les gens heureux qui l'oublient. Satan ne connaissait pas assez le monde; il s'est formé depuis; et quand il veut s'assurer de quelqu'un, il en fait un fermier général, ou quelque chose de mieux, s'il est possible. C'est ce que notre ami Pope nous a clairement montré dans l'histoire du chevalier Balaam.[12]

20 69*: ⟨cinquante écus⟩ V↑deux cent francs+

19-25 69*, résultat corrigé: 35000/ 60000/ 10000/ 745000// 295000

[9] Job i.3 porte: 'Il avait de plus un très grand nombre de domestiques'.

[10] Le banquier lyonnais Jean-Robert Tronchin, à lui seul, avait en dépôt 456 000 livres en 1758 (voir D7901).

[11] Voir Job i.11; ii.5.

[12] *Epistles*, iii.342-402; cf. la lettre à Simon Gilly: 'si vous savez l'anglais, je vous exhorte à lire dans Pope l'histoire de sir Balaam. Le diable voulait absolument acquérir l'âme de Sir Balaam, il ne trouva point de meilleur secrêt pour s'en assurer que de le faire supercargo de la Compagnie des Indes de Londres' (12 août 1763; D11355).

Ta femme était une impertinente,[13] mais tes prétendus amis Eliphaz natif de Théman en Arabie, Baldad de Suez, et Sophar de Nahamath étaient bien plus insupportables qu'elle.[14] Ils t'exhortent à la patience d'une manière à impatienter le plus doux des hommes. Ils te font de longs sermons plus ennuyeux que ceux que prêche le fourbe V...e à Amsterdam,[15] et le etc.

Il est vrai que tu ne sais ce que tu dis quand tu t'écries, Mon Dieu! *Suis-je une mer ou une baleine pour avoir été enfermé par vous comme dans une prison?* mais tes amis n'en savent pas davantage quand ils te répondent, *que le jonc ne peut reverdir sans humidité, et que l'herbe des prés ne peut croître sans eau.*[16] Rien n'est moins consolant que cet axiome.

Sophar de Nahamath te reproche d'être un babillard,[17] mais aucun de ces bons amis ne te prête un écu. Je ne t'aurais pas traité ainsi. Rien n'est plus commun que gens qui conseillent, rien de plus rare que ceux qui secourent. C'est bien la peine d'avoir trois

44-45 67: que prêchent à Genève les V..., et le fourbe V...e à Amsterdam.
49 69: que le jour ne [69* errata: Vβ]

[13] Job ii.9-10: 'sa femme lui vint dire: Quoi! vous demeurez encore dans votre simplicité! Maudissez Dieu, et puis vous mourrez'; Job lui répond qu'elle parle 'comme une femme qui n'a point de sens' (trad. Lemaître de Sacy du *stultis verbis* latin). Il convient de donner ici à 'impertinente' le sens de 'qui agit contre la raison et contre les bienséances' (*Trévoux*, 1771). Dans la langue populaire 'femme à Job' signifie actuellement 'femme accariâtre'.

[14] Job ii.11; voir ci-dessous, n.24-26.

[15] Dans l'édition de 1767 Voltaire mentionne 'à Genève les V': il s'agit certainement du pasteur et professeur Jacob Vernet, contre lequel il éprouve un regain de colère après la publication des *Lettres critiques d'un voyageur anglais sur l'article Genève du Dictionnaire encyclopédique, et sur la lettre de M. d'Alembert à M. Rousseau* (3e éd; Coppenhague [Genève] 1766; BV), auxquelles il répond par la *Lettre curieuse de M. Robert Covelle* [...] *à la louange de M. Vernet* (1766); voir par ex. D13320 (26 mai 1766), D13345 (13 juin), D13702 (13 novembre). Mais qui est 'le fourbe V...e à Amsterdam'?

[16] Job vii.12; viii.11.

[17] Voir ci-dessus, n.7.

amis pour n'en pas recevoir une goutte de bouillon quand on est malade. Je m'imagine que quand Dieu t'eut rendu tes richesses et ta santé, ces éloquents personnages n'osèrent pas se présenter devant toi; aussi, *les amis de Job* ont passé en proverbe.[18]

Dieu fut très mécontent d'eux, et leur dit tout net au chap. 42, *qu'ils sont ennuyeux et imprudents*; et il les condamne à une amende de sept taureaux et de sept béliers pour avoir dit des sottises.[19] Je les aurais condamnés pour n'avoir point secouru leur ami.[20]

Je te prie de me dire s'il est vrai que tu vécus cent quarante ans après cette aventure.[21] J'aime à voir que les honnêtes gens vivent longtemps; mais il faut que les hommes d'aujourd'hui soient de grands fripons tant leur vie est courte.

67-123 67: est courte.//

[18] Voltaire écrira à Grimm: 'je suis le bonhomme Job, mais j'ai eu des amis qui sont venus me consoler sur mon fumier, et qui valent mieux que les amis de cet Arabe' (10 octobre 1770; D16693). 'Les amis de Job' désignent 'ceux qui adressent des reproches à un homme malheureux' (Littré).

[19] Cf. Job xlii.8, où Yahvé condamne effectivement les amis de Job à offrir 'sept taureaux et sept béliers': 'parce que vous n'avez point parlé devant moi dans la droiture de la vérité, comme mon serviteur Job'; mais il se contente de parler de *stultitia* que Lemaître de Sacy traduit par 'imprudence', il ne parle pas d'ennui, et l''amende' est évidemment un holocauste.

[20] C'est précisément ce qu'il fait en décembre 1766-janvier 1767; il s'emporte – fugitivement, il est vrai – contre ses amis d'Argental et leur ami le duc de Praslin qui ne sont pas encore intervenus en sa faveur dans une affaire locale de contrebande de livres, et il leur donne une leçon d'amitié: 'Je ne puis m'imaginer qu'on n'ait de chaleur que pour des vers de Tragédie, et qu'on n'en mette pas dans les choses les plus intéressantes pour des amis [...] Est-il possible que dans une affaire aussi importante vôtre ami qui pouvait tout, soit demeuré tranquile?' (à d'Argental, 12 janvier 1767; D13833).

[21] C'est le chiffre que donne Job xlii.16. Calmet commente: 'On croit qu'il en avait veçu soixante et dix dans la prospérité, et qu'après sa disgrâce, Dieu lui doubla ce nombre; en sorte qu'il vécut en tout deux cent et dix ans [...] Tout cela suppose que le temps de sa disgrâce ne fut que d'un an. Ce qui est contraire à l'opinion d'un nombre d'interprètes, qui lui donnent un bien plus long temps d'affliction, et d'épreuve'.

Au reste le livre de Job est un des plus précieux de toute l'antiquité.[22] Il est évident que ce livre est d'un Arabe qui vivait avant le temps où nous plaçons Moïse.[23] Il est dit qu'Eliphaz l'un des interlocuteurs est de Théman; c'est une ancienne ville d'Arabie.[24] Baldad était de Sué autre ville d'Arabie;[25] Sophar était de Naamath, contrée d'Arabie encore plus orientale.[26]

Mais ce qui est bien plus remarquable, et ce qui démontre que cette fable ne peut être d'un Juif, c'est qu'il y est parlé des trois constellations que nous nommons aujourd'hui l'Ourse, l'Orion et les Hyades.[27] Les Hébreux n'ont jamais eu la moindre connaissance de l'astronomie, ils n'avaient pas même de mot pour exprimer cette science; tout ce qui regarde les arts de l'esprit leur était inconnu jusqu'au terme de géométrie.[28]

[22] Voltaire s'intéresse depuis longtemps à Job; l'Electeur palatin lui écrivait en 1759 qu'il le lui avait 'entendu louer souvent' (D8572).

[23] Voltaire écrivait dans les *Remarques pour servir de supplément à l'Essai sur les mœurs*: 'Job [...] vivait certainement sur les confins de l'Arabie, et [...] plusieurs savants [le] croient avec raison antérieur à Moïse d'environ sept générations' (*Essai*, ii.917). Sur l'origine arabe, l'affirmation est aussi catégorique dans les *Homélies prononcées à Londres*: 'Job est un personnage arabe; c'est en arabe que cette allégorie fut écrite. Il reste encore dans la traduction hébraïque des phrases entières arabes' (V 62, p.465; cf. QE, art. 'Arabes').

[24] Job ii.11; cf. Calmet: 'Eliphaz [...] prenait son nom de la ville de Théman, située dans l'Idumée, à quatre lieues, ou environ, de Pétra en Arabie'.

[25] Job ii.11. Selon Moreri, 'il est appelé Suhite, d'un pays de l'Arabie déserte, habité par des descendants de Sué, fils d'Abraham et de Céthura'; mais Calmet écrit: 'Baldad de Sueh, était un des descendants de Sué, ou Suach [...] qui habitait dans l'Arabie déserte. Nous ne réfutons pas ceux qui font sortir Baldad de Suète, dans la Célé-Syrie, ou dans la Trachonite. Ce sentiment n'a pas la moindre bonne preuve, quoiqu'il soit suivi par un assez bon nombre'.

[26] Job ii.11. Moreri définit Naamath 'ville d'Idumée, d'où était Sophar, l'un des amis de Job' mais Calmet écrit: 'Sophar de Naamath. On ne sait si ce dernier nom est celui du père, ou du pays, ou de la ville de Sophar'.

[27] Job ix.9.

[28] Cf. *Encyclopédie*, art. 'Juif', IX: 'Personne n'ignore que les Juifs n'ont jamais passé pour un peuple savant. Il est certain qu'ils n'avaient aucune teinture des sciences exactes, et qu'ils se trompaient grossièrement'.

Les Arabes au contraire habitant sous des tentes, étant continuellement à portée d'observer les astres, furent peut-être les premiers qui réglèrent leurs années par l'inspection du ciel.[29]

Une observation plus importante, c'est qu'il n'est parlé que d'un seul Dieu dans ce livre. C'est une erreur absurde d'avoir imaginé que les Juifs fussent les seuls qui reconnussent un Dieu unique;[30] c'était la doctrine de presque tout l'Orient, et les Juifs en cela ne furent que des plagiaires comme ils le furent en tout.[31]

Dieu dans le 38e chapitre parle lui-même à Job du milieu d'un tourbillon, et c'est ce qui a été imité depuis dans la Genèse.[32] On ne peut trop répéter que les livres juifs sont très nouveaux. L'ignorance et le fanatisme crient que le Pentateuque est le plus ancien livre du monde. Il est évident que ceux de Sanchoniaton, ceux de Thaut antérieurs de huit cents ans à ceux de Sanchoniaton; ceux du premier Zerdust, le Shasta, le Védam des Indiens que nous avons encore, les cinq Kings des Chinois, enfin le livre de Job, sont d'une antiquité beaucoup plus reculée qu'aucun livre juif.[33] Il est démontré que ce petit peuple ne put avoir des

[29] Calmet, après avoir cité Job ix.9, enchaîne sur les connaissances des Arabes en astronomie et les explique, partiellement, par le mode de vie.

[30] Voltaire a toujours défendu la thèse d'un monothéisme primitif; voir 'Religion' II.

[31] Thème de *L'Examen important de milord Bolingbroke*, ch.5: 'Que les Juifs ont tout pris des autres nations' (V 62, p.190-92).

[32] Job xxxviii.1. Calmet renvoie à Exode xix.9; I Rois xix.11; Ezéchiel i.4. Dans la Genèse, Yahvé s'adresse à Abraham dans une vision (xv.1); un ange l'appelle du ciel (xxii.11).

[33] Sur l'ancienneté relative de Moïse, de Sanchoniaton, de Thot, du premier Zoroastre, voir *La Défense de mon oncle* (V 64, p.213, 249-50, 402-403); sur l'ancienneté des civilisations de l'Inde et de la Chine, voir *La Philosophie de l'histoire*, ch.17-18, auxquels Voltaire ajoutera tardivement un passage concernant le Shasta (V 59, p.149), dont il ne prend connaissance qu'à la fin de 1767 quand Peacock lui envoie les *Interesting historical events relative to the provinces of Bengal and the empire of Indostan* de J. Z. Holwell (voir D14579). Voltaire s'est fait des illusions sur l'authenticité du prétendu Ezour-Vedam; voir Hawley, 'L'Inde de Voltaire', p.139-78. Larcher avait précisément contesté dans son *Supplément à la Philosophie de l'histoire*, dès 1767, l'ancienneté que Voltaire prête à Sanchoniaton, à Zerdust, et à

annales que lorsqu'il eut un gouvernement stable; qu'il n'eut ce gouvernement que sous ses rois; que son jargon ne se forma qu'avec le temps d'un mélange de phénicien et d'arabe.[34] Il y a des preuves incontestables que les Phéniciens cultivaient les lettres très longtemps avant eux.[35] Leur profession fut le brigandage et le courtage; ils ne furent écrivains que par hasard. On a perdu les livres des Egyptiens et des Phéniciens; les Chinois, les brames, les Guèbres,[36] les Juifs ont conservé les leurs. Tous ces monuments sont curieux; mais ce ne sont que des monuments de l'imagination humaine dans lesquels on ne peut apprendre une seule vérité, soit

---

la civilisation chinoise: 'Où M. l'abbé Bazin a-t-il pris que Sanchoniaton fût si ancien? Il n'a d'autre garant de son opinion que Porphyre, qui vivait sur la fin du troisième siècle' (p.105); et: 'L'abbé saisit avec avidité tout ce qui lui paraît contraire aux livres saints [...] Ce Zerdusert, qui n'est autre que Zoroastre, n'est pas si ancien qu'il voudrait nous le persuader' (p.85-86); puis, après avoir fait référence à la chronologie proposée par Hyde et par l'abbé Foucher: 'Ainsi quand on supposerait que le Zend serait aussi ancien, cet ouvrage serait très moderne en comparaison de nos livres saints'; il déclare ensuite que les Chinois ne sont pas même autochtones et renvoie au *Mémoire dans lequel on prouve que les Chinois sont une colonie égyptienne* de J. de Guignes (p.293). Dans l'édition de 1769, Larcher s'attaquera aussi à Thot: 'Il est très vraisemblable que tout ce qu'on nous a dit de Thot est fabuleux' (p.254). La date et l'origine du Pentateuque font encore l'objet de discussions. La version 'yahviste' pourrait dater de la période 950-850 avant J.-C., et la version 'elohiste' serait postérieure d'un siècle. Selon l'école documentaliste, c'est à la suite d'une série de continuations et compilations que le recueil aurait pris sa forme actuelle vers le deuxième siècle av. J.-C.; l'école mosaïste tient pour l'unicité du Pentateuque, et considère Moïse comme l'auteur principal.

[34] Cf. déjà la réponse aux critiques d'Isaac Pinto en 1762 (D10600). L'hébreu appartient au groupe sémitique et est voisin du cananéen et du phénicien. Il était déjà parlé à l'arrivée d'Abraham. Les tablettes de Ras Shamra (quinzième–quatorzième siècles av. J.-C.) sont rédigées dans un hébreu primitif noté avec des caractères cunéiformes.

[35] Cf. *La Défense de mon oncle* (V 64, p.250). Voltaire précisera dans un ajout à *La Philosophie de l'histoire* en 1769 que 'Sanchoniathon écrivait en Phénicie' (V 59, p.164).

[36] Voltaire compose précisément en 1768 une tragédie intitulée *Les Guèbres* qu'il fait imprimer en 1769.

physique, soit historique.[37] Il n'y a point aujourd'hui de petit livre de physique, qui ne soit plus utile que tous les livres de l'antiquité.

Le bon Calmet ou dom Calmet (car les bénédictins veulent qu'on leur donne du dom) ce naïf compilateur de tant de rêveries et d'imbécilités, cet homme que sa simplicité a rendu si utile à quiconque veut rire des sottises antiques,[38] rapporte fidèlement les opinions de ceux qui ont voulu deviner la maladie dont Job fut attaqué, comme si Job eût été un personnage réel.[39] Il ne balance point à dire que Job avait la vérole, et il entasse passage sur passage à son ordinaire pour prouver ce qui n'est pas.[40] Il

[37] Echo de la polémique avec Larcher sur l'histoire ancienne, ses méthodes, sa crédibilité (cf. *La Défense de mon oncle*).

[38] En 1754 Voltaire a travaillé avec Calmet et ses moines près de trois semaines à l'abbaye de Senones, où il a vécu 'délicieusement'; voir Pomeau et Mervaud, *De la cour au jardin*, p.208-209. Le président de Brosses écrit en 1764 qu'il 'passe sa vie à lire le commentaire de Calmet où il prend son érudition et ajuste ses épigrammes' (31 décembre; D12277), ce qui n'empêche point Voltaire de se montrer bien ingrat. Il précise ici l'usage qu'il fait de dom Calmet.

[39] La question de la réalité du personnage et de son histoire est ainsi posée et résolue dans le *Dictionnaire* de Moreri: 'Les talmudistes Rabbi Moïse, Maimonides, et quelques autres critiques, tant juifs que chrétiens ont prétendu que cette relation était entièrement feinte. D'autres au contraire, soutiennent que ce n'est qu'une simple narration d'un fait de la manière qu'il s'est passé. Mais il paraît plus raisonnable de prendre un milieu entre ces opinions, en reconnaissant que Job n'est pas une personne feinte [...] et en avouant en même temps que celui qui a écrit cette histoire l'a traitée d'une manière poétique'. Quant à Calmet, il écrit: 'Quelques-uns ont douté de l'existence de la personne de Job [...] Mais on ne peut nier l'existence de Job sans démentir Ezéchiel, Tobie, et saint Jacques qui en parlent comme d'un saint homme [...] Le fond de l'histoire et ses circonstances sont dans l'exacte vérité' (*Dictionnaire*, art. 'Job').

[40] Dire que Calmet 'ne balance point' semble exagéré. Dans la 'Dissertation sur la maladie de Job' qui précède son commentaire sur Job, après avoir comparé les symptômes de Job avec ceux de la lèpre telle qu'elle a été décrite par Pline, Gallien, Celse, et par les 'nouveaux voyageurs', et l'éloignement imposé à Job avec celui des lépreux, il écrit: 'L'assemblage de toutes ces circonstances a déterminé la plupart des Pères et des commentateurs à soutenir [...] que Job avait été lépreux. [...] on peut même avancer que c'est l'opinion commune de l'Eglise'; il continue: 'On implore aussi son intercession contre le mal de Naples [...] Il y a plus d'un

n'avait pas lu l'histoire de la vérole par Astruc: car Astruc n'étant 120
ni un Père de l'Eglise ni un docteur de Salamanque, mais un médecin très savant, le bonhomme Calmet ne savait pas seulement qu'il existât;[41] les moines compilateurs sont de pauvres gens.

(*Par un malade aux eaux d'Aix-la-Chapelle.*)[42]

---

commentateur [...] qui soutiennent que Job a été attaqué de ce honteux mal'. Mais il dit aussi que Bartholin n'est pas de cet avis, et en donne les raisons. Il conclut, il est vrai: 'mais ces raisons ne sont pas sans répliques; il est aisé de faire voir que la maladie honteuse [...] n'est dans le fond que la maladie marquée autrefois sous le nom de lèpre', ajoutant: 'Le mal de Naples n'est pas toujours une suite de l'intempérance, et de la débauche [...] Cette maladie est fort contagieuse'; Job 'a éprouvé tout ce que le mal vénérien a de plus honteux [...] quoiqu'il n'eût commis aucune action qui lui eût pu attirer ce fléau' (*Commentaire*, iii.609-11). On lit dans le *Dictionnaire* de Bayle que 'c'est une impudence scandaleuse, que de dire que la maladie de Job était la grosse vérole', et aussi que la vérole n'implique pas forcément la débauche.

[41] *De morbis venereis* (Paris 1736), réédité par la suite en latin, en français, en anglais; Voltaire en possède un exemplaire: *Traité des maladies vénériennes* (trad. A.-F. Jault et B. Boudon, Paris 1764). Astruc tenait pour l'origine américaine de la maladie. Il est d'autant plus présent à l'esprit de Voltaire qu'il a publié des *Conjectures sur les mémoires originaux dont il paraît que Moïse s'est servi pour composer le livre de Genèse* (Bruxelles [Paris] 1753) que Servan lui a envoyées en 1766 (voir D13243). Calmet ne pouvait évidemment pas connaître le traité d'Astruc quand il publiait, en 1712, le *Commentaire*. On notera toutefois que (bien qu'il pense lui-même que le 'mal honteux' est la lèpre, très ancienne maladie) il signale qu'on dit que 'ce mal n'est pas à beaucoup près si ancien que Job, puisqu'il n'est connu dans l'Europe, que depuis la découverte de l'Amérique' (*Commentaire*, iii.610). Voltaire reprendra sa critique de Calmet en s'appuyant sur Astruc dans *La Bible enfin expliquée* (M.xxx.94).

[42] Cette signature figurait déjà dans l'édition de 1767. Les sources alcalines chaudes d'Aix-la-Chapelle étant utilisées depuis l'antiquité pour traiter les maladies de peau, elle est sans doute inspirée à Voltaire par une de ses propres maladies, et par une des versions données par Calmet de la guérison de Job: 'les Orientaux la racontent ainsi: [...] l'Ange Gabriel [...] lui ordonna [...] de se rafraichir par un bain d'eau fraîche, et en buvant du vin. Job [...] fut guéri sur le champ. En même temps il vit sourdre à ses pieds une fontaine aussi forte, et aussi abondante qu'un torrent, dont les eaux étaient plus blanches que le lait, plus douces que le miel, et d'une odeur très agréable; Job en but, et nul ver n'osa plus approcher de son corps' (*Commentaire*, iii.612).

JOSEPH[1]

L'histoire de Joseph, à ne la considérer que comme un objet de curiosité et de littérature, est un des plus précieux monuments de l'antiquité, qui soient parvenus jusqu'à nous.[2] Elle paraît être le modèle de tous les écrivains orientaux; elle est plus attendrissante que l'Odyssée d'Homère; car un héros qui pardonne, est plus touchant que celui qui se venge.[3]

Nous regardons les Arabes comme les premiers auteurs de ces fictions ingénieuses qui ont passé dans toutes les langues; mais je ne vois chez eux aucune aventure comparable à celle de Joseph.[4] Presque tout en est merveilleux, et la fin peut faire répandre des

2 69: et littérature [69*: Vβ]

[1] Il est difficile de fixer la date de composition de cet article, publié dès 1764, qui s'inspire en partie du *Commentaire* de Calmet. Voltaire renvoie (l.66) à l'article 'Songes', où il fait référence au rêve de Joseph; les deux articles pourraient être contemporains; voir ci-dessous, n.15.

[2] Voltaire écrivait déjà à Mme Du Deffand le 13 octobre 1759: 'vous ne voulez pas lire l'ancien Testament. Dites-moi donc, s'il vous plaît, où vous trouverez une histoire plus intéressante que celle de Joseph, devenu contrôleur général en Egypte, et reconnaissant ses frères?' (D8533). Toutefois en 1769 il jugera 'l'histoire de Joseph et de la Putiphar' inférieure aux récits de l'Arioste (à Mme Du Deffand; D15605). En 1771 il a l'histoire de Joseph à nouveau assez présente à l'esprit pour évoquer à Catherine II la prédiction faite au grand panetier (D17008).

[3] Même appréciation dans *La Bible enfin expliquée* (M.xxx.63-64).

[4] Pour Calmet l''histoire du patriarche Joseph [...] nous fournira [...] l'exemple le plus surprenant, le plus sensible de la Providence de Dieu, qui soit dans l'histoire, tant de l'Ancien que du Nouveau Testament, après celle de Jésus-Christ, dont Joseph n'était que l'ombre et la figure [...]; ce jeune homme [...] représente parfaitement Jésus-Christ' (*Commentaire*, i.282-83).

larmes d'attendrissement. C'est un jeune homme de seize ans dont ses frères sont jaloux; il est vendu par eux à une caravane de marchands ismaélites, conduit en Egypte, et acheté par un eunuque du roi.[5] Cet eunuque avait une femme, ce qui n'est point du tout étonnant; le Kislar-aga eunuque parfait, à qui on a tout coupé, a aujourd'hui un sérail à Constantinople:[6] on lui a laissé ses yeux et ses mains, et la nature n'a point perdu ses droits dans son cœur. Les autres eunuques, à qui on n'a coupé que les deux accompagnements de l'organe de la génération, emploient encore souvent cet organe; et Putiphar à qui Joseph fut vendu, pouvait très bien être du nombre de ces eunuques.[8]

11 65v: d'attendrissement. Elle est unique en son genre. C'est la seule histoire hébraïque qui soit dans ce goût, la seule où l'on trouve un acte de générosité et de clémence. Quelques savants ont cru qu'elle est une imitation d'un ancien conte arabe;[7] mais sans entrer dans cette discussion, voyons cette histoire. C'est un jeune

12 65v: dont les frères

[5] Genèse xxxvii.2-36. Voltaire ne retient que l'essentiel ici; dans son *Commentaire* Calmet discute en détail la part de responsabilité que peut avoir Joseph dans l'hostilité de ses frères, et dans son *Dictionnaire* il ajoute qu'il attisa peut-être la jalousie de ses frères par des maladresses, par exemple en racontant des songes où il apparaissait en dominateur (art. 'Joseph').

[6] Voltaire mentionne aussi dans *La Bible enfin expliquée* les sérails que 'les eunuques [...] ont aujourd'hui à Constantinople et à Agra' (M.xxx.58).

[7] Voir ci-dessous, l.28-45, où il est question de la version donnée par le Coran; cf. *La Bible enfin expliquée*, où Voltaire écrit que 'les lords Herbert et Bolingbroke, les savants Fréret et Boulanger' ont supposé 'que toute l'histoire de Joseph ne peut être qu'un roman', et qu'on a pensé 'quc l'auteur a tiré ce conte de quelques prêtres d'Egypte' (M.xxx.66, 67).

[8] Sur le terme d'eunuque, Calmet écrit: 'Ce terme à la lettre, et selon la force de l'étymologie tirée du grec, ne signifie qu'un homme qui est chargé de la garde du lit, ou de la chambre. Mais comme les eunuques se trouvèrent dans la suite dans les premiers emplois de la cour, on donna ce nom aux grands officiers des princes. C'est en ce sens qu'il est dit que Putiphar était eunuque de Pharaon: on verra dans la suite qu'il était marié' (*Commentaire*, i.282). Voltaire prendra nettement le contre-pied dans *La Bible enfin expliquée*: 'Il se peut que dans des temps très postérieurs [...] les peuples, accoutumés à voir ces hommes, dépouillés des marques de l'homme, parvenus aux plus grandes places pour avoir gardé des femmes, se soient accoutumés enfin à donner le nom d'eunuques aux principaux officiers des rois orientaux [...]

La femme de Putiphar devient amoureuse du jeune Joseph, qui fidèle à son maître et à son bienfaiteur, rejette les empressements de cette femme. Elle en est irritée, et accuse Joseph d'avoir voulu la séduire.[9] C'est l'histoire d'Hippolite et de Phèdre, de Bellérophon et de Stenobée, d'Hébrus et de Damasippe, de Tanis et de Péribée, de Mirtil et d'Hipodamie, de Pélée et de Demenette.[10]

Il est difficile de savoir quelle est l'originale de toutes ces histoires; mais chez les anciens auteurs arabes, il y a un trait touchant l'aventure de Joseph et de la femme de Putiphar, qui est fort ingénieux. L'auteur suppose que Putiphar incertain entre sa femme et Joseph, ne regarda pas la tunique de Joseph que sa

30-31 65v: est assez ingénieux

mais cela ne peut être arrivé dans des temps voisins du déluge. Il faut donc croire que Putiphar, et ses deux officiers qualifiés eunuques, l'étaient véritablement' (M.xxx.59). Selon une version haggidique, Joseph, ayant épousé la veuve de Putiphar, 'la trouva vierge, Putiphar n'ayant pu la toucher par suite de sa déficience physique' (voir la note du cheik Si Boubakeur Hamza dans sa traduction du Coran, Joseph, s.54).

[9] Genèse xxxix.7 ss.

[10] A la suite de Calmet, qui fait encore d'autres rapprochements (*Commentaire*, i.291), Voltaire énumère des légendes bien connues (l'histoire de Phèdre amoureuse d'Hippolyte, celle de Sthénébée qui, repoussée par Bellérophon, l'accuse d'avoir voulu la séduire), d'autres qui le sont moins. Damasippe, belle-mère d'Hébrus, fils du roi de Thrace Cassandre conçoit pour lui une passion criminelle qu'il repousse et l'accuse auprès de son père d'un attentat dont elle seule avait eu l'idée. Hébrus se jette dans un fleuve. – Tanis et Péribée: il s'agit sans doute de Philonomé, femme de Cycnos, qui accusa son beau-fils Ténès d'avoir voulu lui faire violence, alors qu'en réalité il était resté insensible à ses avances. – Hippodamie est la fille du roi de Pise en Elide Oenomaos. Myrtilos, fils d'Hermès, est le cocher de son père au concours duquel elle a eu recours pour faire gagner à Pélops la course de chars dont elle est l'enjeu. Selon une des versions elle aurait accusé Myrtilos de vouloir la séduire auprès de Pélops qui le jette dans la mer. – S'agit-il de Pélée et d'Astydamie? Cette dernière est la femme d'Acaste, roi d'Iolcos, chez qui s'est réfugié Pélée. Amoureuse de Pélée qui refuse ses avances, elle fait dire à la femme de Pélée, Antigone, qu'il veut épouser la fille d'Acaste; puis, après le suicide d'Antigone, elle accuse Pélée auprès d'Acaste qui l'envoie à la chasse pour le faire périr.

femme avait déchirée comme une preuve de l'attentat du jeune homme.[11] Il y avait un enfant au berceau dans la chambre de la femme; Joseph disait qu'elle lui avait déchiré et ôté sa tunique en présence de l'enfant; Putiphar consulta l'enfant dont l'esprit était fort avancé pour son âge; l'enfant dit à Putiphar, Regardez si la tunique est déchirée par devant ou par derrière; si elle l'est par devant, c'est une preuve que Joseph a voulu prendre par force votre femme qui se défendait; si elle l'est par derrière, c'est une preuve que votre femme courait après lui. Putiphar, grâce au génie de cet enfant, reconnut l'innocence de son esclave. C'est ainsi que cette aventure est rapportée dans l'Alcoran d'après l'ancien auteur arabe. Il ne s'embarrasse point de nous instruire à qui appartenait l'enfant qui jugea avec tant d'esprit. Si c'était un fils de la Putiphar, Joseph n'était pas le premier à qui cette femme en avait voulu.[12]

Quoi qu'il en soit, Joseph, selon la Genèse, est mis en prison, et il s'y trouve en compagnie de l'échanson et du panetier du roi d'Egypte. Ces deux prisonniers d'Etat rêvent tous deux pendant la nuit; Joseph explique leurs songes, il leur prédit que dans trois jours l'échanson rentrera en grâce, et que le panetier sera pendu, ce qui ne manqua pas d'arriver.[13]

[11] Voir Genèse xxxix, 11-18.

[12] Calmet (*Dictionnaire*, art. 'Joseph') renvoie à l'Alcoran, sourate XII, aux notes de Maraccius sur l'Alcoran, et à la *Bibliothèque orientale* d'Herbelot qui précise: 'Mahomet raconte l'histoire de Joseph d'une façon assez différente de Moyse [...] Seigneur, dit Joseph, c'est elle qui me sollicite, cet enfant qui est dans le berceau en sera témoin. L'enfant qui était au berceau dit: Si la chemise de Joseph est déchirée par-devant, elle dit la vérité; et si la chemise est déchirée par derrière, Joseph a dit vrai, et elle est menteuse. Le mari ayant vu la chemise de Joseph déchirée par derrière, reconnut l'innocence de celui-ci, et la malice de sa femme' (art. 'Jousouph'). Noter toutefois que le cheik Si Boubakeur Hamza traduit: 'Un témoin de la famille (de Putiphar) [et non: un enfant] intervint, disant', et qu'il ajoute seulement en note: 'Ce témoin serait un enfant ou un courtisan ou un conseiller de l'intendant (Ibnu Jarîr at-Taberi, XII, 194). Selon la Haggada, il s'agirait d'Asénath, sa fille adoptive' (Coran, Joseph, s.26).

[13] Genèse xxxix.19-23, xl.1-22; cf. CN, ii.47-48, avec signet annoté.

Deux ans après le roi d'Egypte rêve aussi; son échanson lui dit qu'il y a un jeune Juif en prison, qui est le premier homme du monde pour l'intelligence des rêves;[14] le roi fait venir le jeune homme, qui lui prédit sept années d'abondance, et sept années de stérilité.

Interrompons un peu ici le fil de l'histoire, pour voir de quelle prodigieuse antiquité est l'interprétation des songes.[15] Jacob avait vu en songe l'échelle mystérieuse au haut de laquelle était Dieu lui-même:[16] il apprit en songe une méthode de multiplier les troupeaux; méthode qui n'a jamais réussi qu'à lui.[17] Joseph lui-

[14] Voltaire simplifie le récit de la Genèse xli.1-27, où Joseph n'intervient qu'après l'échec de 'tous les devins et tous les sages d'Egypte': 'le grand-échanson s'étant enfin souvenu de Joseph' dit au roi qu'un jeune Hébreu qui était dans la même prison que le grand-panetier et lui-même et à qui ils racontèrent leurs songes leur 'dit tout ce que l'événement confirma depuis'.

[15] Cf. ce qu'écrit Voltaire dans la *Gazette littéraire* du 20 juin 1764: 'Les songes me paraissent encore l'origine sensible des premières prédictions'. Et il donne des songes une explication rationnelle: 'Qu'y a-t-il de plus naturel et de plus commun que de rêver à une personne chère qui est en danger de mort, et de la voir expirer en songe? Quoi de plus naturel encore que cette personne meure après le rêve funeste de son ami? [...] On ne tient point compte des rêves qui n'auront point eu leur effet; un seul songe accompli fait plus d'effet que cent qui ne l'auront pas été. L'antiquité est pleine de ces exemples' (M.xxv.194); voir aussi *La Philosophie de l'histoire*, ch.4 (V 59, p.98).

[16] Genèse xxviii.12-13; échelle effectivement 'mystérieuse': Lemaître de Sacy traduit: 'le Seigneur appuyé sur le haut de l'échelle', mais Calmet indique d'autres traductions qui attribuent au Seigneur une autre position; il signale aussi les différentes significations qu'on a trouvées à l'échelle et au songe.

[17] Genèse xxx.32-41: 'mettez à part [...] toutes les brebis dont la laine est de diverses couleurs; et [...] tout ce qui naîtra d'un noir mêlé de blanc ou tacheté de couleurs différentes, soit dans les brebis ou dans les chèvres, sera ma récompense. [...] Jacob prenant [...] des branches vertes [...] en ôta une partie de l'écorce [...] Ainsi ces branches devinrent de diverses couleurs. Il les mit ensuite dans les canaux qu'on remplissait d'eau [...]. Ainsi il arriva que les brebis étant en chaleur, et ayant conçu à la vue des branches, eurent des agneaux tachetés [...] Jacob [mit] ces branches dans les canaux devant les yeux des béliers [...] Lors donc que les brebis devaient concevoir au printemps, Jacob mettait les branches dans les canaux [...] Mais lorsqu'elles devaient concevoir en automne, il ne les mettait point devant elles. Ainsi ce qui était conçu en automne fut pour Laban, et ce qui était conçu au

même avait appris par un songe qu'il dominerait un jour sur ses frères.[18] Abimélec, longtemps auparavant, avait été averti en songe que Sara était femme d'Abraham.[19] (Voyez l'article *Songe*.)

Revenons à Joseph. Dès qu'il eut expliqué le songe de Pharaon, il fut sur-le-champ premier ministre. On doute qu'aujourd'hui on trouvât un roi, même en Asie, qui donnât une telle charge pour un rêve expliqué.[20] Pharaon fit épouser à Joseph une fille de Putiphar. Il est dit, que ce Putiphar était grand-prêtre d'Héliopolis; ce n'était donc pas l'eunuque son premier maître; ou si c'était lui, il avait encore certainement un autre titre que celui de grand-prêtre, et sa femme avait été mère plus d'une fois.[21]

Cependant, la famine arriva, comme Joseph l'avait prédit, et Joseph pour mériter les bonnes grâces de son roi, força tout le peuple à vendre ses terres à Pharaon, et toute la nation se fit esclave pour avoir du blé. C'est là apparemment l'origine du pouvoir despotique. Il faut avouer que jamais roi n'avait fait un meilleur marché; mais aussi le peuple ne devait guère bénir le premier ministre.[22]

---

printemps fut pour Jacob. Il devint de cette sorte extrêmement riche'. Calmet dit que le passage est 'd'une obscurité que toute la diligence des commentateurs n'a pu encore débrouiller'.

[18] Genèse xxxvii.6-10; c'est en fait par *deux* songes que Joseph l'apprit.

[19] Genèse xx.2-3.

[20] Mais on ne donne pas à Joseph cette charge seulement 'pour un rêve expliqué'; il a aussi trouvé le remède; voir Genèse xli.33-41.

[21] Genèse xli.45. Calmet discutait l'identité de ce Putiphar: 'il y a quelque différence entre la manière dont Putiphar est écrit ici, et celle dont il est écrit aux chapitres 37 et 39. Ce qui n'empêche pas que la plupart des Hébreux aussi bien que quelques commentateurs anciens, comme Origène, St Jérôme et l'abbé Rupert, et quelques nouveaux, comme Tostat, ne soutiennent que c'est la même personne. [...] Mais la plupart des [...] interprètes sont d'un sentiment contraire'.

[22] D'après le récit de la Genèse (xli.55-57, xlvii.14-24), ce n'est pas 'pour mériter les bonnes grâces de son roi' que Joseph agit ainsi: 'Le peuple [...] cria à Pharaon, et lui demanda de quoi vivre [...] Joseph, ouvrant les greniers, vendait du blé aux Egyptiens' (xli.55-57); 'Joseph, ayant amassé tout l'argent qu'il avait reçu des Egyptiens [...] pour le blé qu'il leur avait vendu, le porta au trésor du roi. Et lorsqu'il ne restait plus d'argent à personne pour en acheter, tout le peuple de

Enfin, le père et les frères de Joseph eurent aussi besoin de blé, car *la famine désolait alors toute la terre*.[23] Ce n'est pas la peine de raconter ici comment Joseph reçut ses frères, comment il leur pardonna et les enrichit.[24] On trouve dans cette histoire tout ce

---

l'Egypte vint dire à Joseph: Donnez-nous du pain [...] Joseph leur répondit: Si vous n'avez plus d'argent, amenez vos troupeaux, et je vous donnerai du blé en échange. Ils lui amenèrent donc leurs troupeaux [...]: et il les nourrit cette année-là [...] Ils revinrent l'année d'après, et lui dirent: [...] excepté nos corps et nos terres, nous n'avons rien [...] Nous nous donnons à vous, nous et nos terres: achetez-nous pour être les esclaves du roi, et donnez-nous de quoi semer [...] Ainsi Joseph acheta toutes les terres d'Egypte [...]: et il acquit de cette sorte à Pharaon toute l'Egypte. Avec tous les peuples, [...] excepté les seules terres des prêtres [...] Après cela Joseph dit au peuple: [...] Je m'en vais donc vous donner de quoi semer [...] Afin que vous puissiez recueillir des grains. Vous en donnerez la cinquième partie au roi' (xlvii.14-24). Commentaire de Calmet: 'Le peuple se vit obligé de vendre son bétail, et ensuite les héritages; Joseph conserva les uns et les autres jusqu'à la dernière année de la famine; et pour lors il les rendit au peuple avec des grains pour semer', mais il ajoute: 'sous cette condition qu'ils rendraient au roi la cinquième partie des fruits ou des revenus de leurs terres. Et de crainte que cette nouvelle imposition ne causât quelque sédition [...] il les fit passer d'une ville dans une autre, afin de leur en ôter les prétextes et l'occasion; le roi les envoya et les distribua dans ses terres, comme un maître qui envoie ses esclaves pour cultiver ses champs' (*Commentaire*, i.326). Voltaire condamne Joseph sans ménagement: 'quel ministre pendable! il fit donc aussi ses enfans esclaves! et il fit tous les habitans esclaves du Roy. ainsi tout ministre il rend ses propres enfans esclaves' (CN, ii.48).

[23] Traduction que donne Calmet de *oppresserat fames terram* dans xlvii.13; celle de Lemaître de Sacy est: 'la famine affligeait toute la terre'; cf. Calmet: 'Le terme hébreu [...] est traduit diversement [...] *La terre* [...] *était affligée*, tourmentée, ruinée, appauvrie par la famine'.

[24] Genèse xlii-xlvii. Les péripéties sont ainsi résumées en tête des chapitres dans le *Commentaire* de Calmet: 'xlii. Arrivée des frères de Joseph en Egypte. Il les traite d'espions, fait arrêter Siméon, et ne renvoie les autres qu'à condition qu'ils lui amènent Benjamin. xliii. Retour des frères de Joseph en Egypte avec Benjamin. Joseph leur fait un festin. xliv. Joseph fait mettre sa coupe [d'argent] dans le sac de Benjamin, il fait ramener ses frères, et les traite comme s'ils eussent été des voleurs; Juda s'offre à demeurer prisonnier en la place de Benjamin. xlv. Joseph se fait connaître à ses frères. Ils s'en retournent chargés de présents vers Jacob, pour le faire venir en Egypte avec sa famille. xlvi. Jacob vient en Egypte avec sa famille. Joseph étant venu au-devant de lui, lui conseille de déclarer au roi que lui et ses

qui constitue un poème épique intéressant; exposition, nœud, reconnaissance, péripétie, et merveilleux. Rien n'est plus marqué au coin du génie oriental.

Ce que le bonhomme Jacob père de Joseph répondit à Pharaon, doit bien frapper ceux qui savent lire. Quel âge avez-vous? lui dit le roi. J'ai cent trente ans, dit le vieillard, et je n'ai pas eu encore un jour heureux dans ce court pèlerinage.[25]

---

enfants sont pasteurs de profession. xlvii. Arrivée de Jacob et de sa famille en Egypte; ils sont présentés au roi, qui leur donne la terre de Gessen'.

[25] Genèse xlvii.8-9. La réponse que Voltaire prête à Jacob ici et dans *La Bible enfin expliquée* n'est pas exactement celle que rapporte la Vulgate: 'Dies peregrationis meae centum triginta annorum sunt, parvi et mali; et non pervenerunt usque ad dies patrum meorum quibus peregrinati sunt'; Calmet la traduit par: 'Le temps de mon pèlerinage est de cent trente ans; temps court et mauvais; et je ne suis point encore parvenu à l'âge de mes pères'. Voltaire la commente ainsi dans *La Bible enfin expliquée*: 'Cette réponse [...] est d'une triste vérité; elle est commune à tous les hommes [...] Presque tout le monde en peut dire autant; et il n'y a peut-être point de passage, dans aucun auteur, plus capable de nous faire rentrer en nous-mêmes avec amertume. Si on veut bien y faire réflexion, on verra que tous les pharaons du monde, et tous les Jacobs, et tous les Josephs, et tous ceux qui ont des blés et des troupeaux, et surtout ceux qui n'en ont pas, ont des années très malheureuses, dans lesquelles on goûte à peine quelques moments de consolation et de vrais plaisirs' (M.xxx.66).

JUDÉE[1]

Je n'ai pas été en Judée, Dieu merci, et je n'irai jamais. J'ai vu des gens de toute nation qui en sont revenus. Ils m'ont tous dit que la situation de Jérusalem est horrible; que tout le pays d'alentour est pierreux; que les montagnes sont pelées;[2] que le

a-39 64-65v, article absent

[1] Article publié en 1767. Les variations sur le thème de l'aridité de la Judée et surtout deux détails laissent penser que Voltaire l'a écrit quelques années auparavant. Tout d'abord il a ajouté en 1761 à l'*Essai sur les mœurs*, ch.53, un passage insistant sur la stérilité du pays et l'exception que constitue Jéricho (i.555-56). L'article ne saurait être postérieur de beaucoup à la visite du baron de Broukana dont la mémoire est encore si vivace chez Voltaire (voir n.13). D'autre part, il a les Landes et le Languedoc présents à l'esprit. Or en 1764, il écrit au duc de Richelieu, gouverneur de Guyenne depuis 1755: 'On me parle beaucoup de vos landes qu'on a voulu défricher, et de vôtre mer qu'on a voulu dessaller' (D12002), faisant allusion au projet de Pierre-Isaac Poissonnier, *Moyens de dessaler l'eau de mer* (1764). Voltaire pourrait ainsi avoir écrit 'Judée' vers 1764, comme d'autres articles du DP sur les Juifs et la Bible, et certains chapitres de *La Philosophie de l'histoire*.

[2] Cf. *La Bible enfin expliquée*: 'nous avons vu plus de vingt voyageurs qui ont été à Jérusalem, et qui nous ont tous assuré que ce pays est encore plus mauvais qu'il ne l'était du temps de saint Jérôme, parce qu'il n'y a plus personne qui le cultive' (M.xxx.74). Dans son *Dictionnaire*, Calmet oppose situation passée et situation présente: l'Ecriture décrit la Judée comme 'un pays le plus beau et le plus fertile qui soit au monde [...] Joseph nous en parle à peu près de même. Les voyageurs ne racontent qu'avec admiration la fertilité de certaines contrées de ce pays. Il est vrai qu'il y a des endroits arides et pierreux, et qu'en général le pays est aujourd'hui assez stérile; mais c'est qu'il manque d'habitants qui le cultivent. La Judée est presque partout montueuse, mais [...] presque toutes [ses montagnes] étaient autrefois bien cultivées et très fécondes', et il renvoie à Exode iii.8; Ezéchiel xx.6; Nombres xiii.28; Deutéronome viii.7; Isaïe xxxvi.17 (art. 'Judée'). Il précise que Jérusalem 'était tout environnée de montagnes [...] et dans un terrain pierreux et assez stérile' (d'après Strabon, XVI). 'Le territoire et les environs [...] étaient assez arrosés, ayant les fontaines de Géhon et de Siloé, et le torrent de Cédron' (art. 'Jérusalem').

fameux fleuve du Jourdain n'a pas plus de quarante-cinq pieds de largeur,[3] que le seul bon canton de ce pays est Jérico.[4] Enfin ils parlent tous comme parlait St Jérôme qui demeura si longtemps dans Bethléem, et qui peint cette contrée comme le rebut de la nature. Il dit qu'en été il n'y a pas seulement d'eau à boire.[5] Ce

[3] Cf. *Les Questions de Zapata*: 'Que répondrai-je à ceux qui seront étonnés qu'il ait fallu un miracle pour faire passer le Jourdain, qui dans sa plus grande largeur n'a pas plus de quarante-cinq pieds' (V62, p.390). Moreri précise que le Jourdain 'est bas en hiver et se déborde en été [...]; on y pèche rarement, la plupart du pays par lequel il coule étant désert'; Calmet que 'Maundrel dans son *Voyage* [1698], dit que la largeur du Jourdain à l'endroit de Jéricho, au temps qu'il le vit, était d'environ soixante pieds, et que sa rapidité était telle, qu'un homme n'aurait pu le passer à la nage [... Flavius Josèphe] ajoute qu'il y a aux deux côtés une grande plaine [qui] est extrêmement aride pendant l'été' (*Dictionnaire*, art. 'Jourdain').

[4] Sur la fertilité de la région de Jéricho, 'la ville des palmiers', sur son arbre balsamifère, voir Calmet, *Dictionnaire*, art. 'Jéricho', qui se réfère au Deutéronome xxxiv.3, et à Flavius Josèphe, *Antiquités judaïques*, IV.v; l'*Encyclopédie* ajoute: 'les choses ont bien changé: il n'y a plus de jardins à Jéricho, ni de baume en Judée'.

[5] Voltaire se réfère probablement à une lettre attribuée à saint Jérôme où on lit que la Terre promise 'n'est pas arrosée comme l'Egypte d'en bas mais d'en haut' et 'ne produit pas des légumes, nourriture des malades [...] mais attend du ciel une pluie saisonnière et une pluie tardive', qu'elle est montagneuse, et que 'si elle est dépourvue des délices du siècle, elle offre d'autant plus grandes délices spirituelles' (*Paulae et Eustochii ad Marcellam: De Sanctis locis*, no.46); saint Jérôme rapporte aussi ces paroles, où l'abondance prêtée à Bethléem prend un sens figuré: 'Salut Bethléem maison du pain, dans laquelle est né ce pain qui est descendu du ciel. Salut Ephrata, région très riche et porteuse de fruits, dont la fertilité est Dieu' (*Ad Eustochium, Epitaphium sanctae Paulae*, no.108). On a d'autant plus de raisons de penser au premier de ces textes que l'article 'Juif' des QE renvoie à une lettre de saint Jérôme 'à une de ses dévotes, où il dit qu'il n'y a que des cailloux et point d'eau à boire de Jérusalem à Bethléem' (M.xix.540). Dans *La Bible enfin expliquée*, Voltaire signalera qu''un docteur anglican nommé Shaw, qui n'a fait que passer à Jérusalem' ose 'être d'un avis contraire à saint Jérôme qui demeura vingt ans à Jérusalem', en 's'appuyant des mensonges d'un voyageur tel que Pietro della Valle', auteur de *Viaggi*, 1650 (M.xxx.74). Dans son *Dictionnaire*, Moreri fait un tableau riant de la situation de la ville (art. 'Bethléem'); Bruzen de La Martinière, après s'être référé au *Voyage de la Terre sainte* du père Nau, écrit: '[Bethléem] a une situation avantageuse et une vue fort agréable de vallées et de collines, qui sont en partie incultes, et en partie labourées'.

pays cependant devait paraître aux Juifs un lieu de délices en comparaison des déserts dont ils étaient originaires. Des misérables qui auraient quitté les Landes pour habiter quelques montagnes du Lampourdan[6] vanteraient leur nouveau séjour, et s'ils espéraient pénétrer jusque dans les belles parties du Languedoc, ce serait là pour eux la terre promise.

Voilà précisément l'histoire des Juifs. Jérico, Jérusalem sont Toulouse et Montpellier, et le désert de Sinaï est le pays entre Bordeaux et Bayonne.[7]

Mais si le Dieu qui conduisait les Juifs, voulait leur donner une bonne terre, si ces malheureux avaient en effet habité l'Egypte, que ne les laissait-il en Egypte? à cela on ne répond que par des phrases théologiques.[8]

La Judée, dit-on, était la terre promise. Dieu dit à Abraham, *Je vous donnerai tout ce pays depuis le fleuve d'Egypte jusqu'à l'Euphrate*. (Genèse chap. 15)[9]

Hélas mes amis! vous n'avez jamais eu ces rivages fertiles de l'Euphrate et du Nil.[10] On s'est moqué de vous. Les maîtres du

[6] Les Landes, type du pays déshérité. Le Lampourdan, en basque *laphur-duy* (solitude), est l'ancien nom du pays situé entre le golfe de Gascogne, l'Adour, la basse Navarre et les Pyrénées.

[7] Dans les QE, ce sera à la Champagne pouilleuse que le désert de Sinaï sera comparé (art. 'Juif', M.xix.540).

[8] Cf. *La Philosophie de l'histoire*, ch.39: 'Ils demandent encore pourquoi Dieu ne donna pas la fertile Egypte à son peuple chéri, au lieu de le faire errer quarante ans dans d'affreux déserts? On n'a qu'une seule réponse [...] et cette réponse est: Dieu l'a voulu; l'Eglise le croit, et nous devons le croire' (V 59, p.222); voir aussi *La Bible enfin expliquée* (M.xxx.74).

[9] Genèse xv.18. Dans son *Commentaire*, Calmet traite la question de l'identification du 'fleuve d'Egypte' sur laquelle se sont penchés les exégètes, et conclut qu'il s'agit du Nil.

[10] Explication de Calmet: 'Si les Israélites n'ont pas vu durant un long temps leur domination établie sur tous ces vastes pays, ils n'ont à s'en prendre qu'à leur infidélité. Dieu ne s'oblige envers eux, que sous la condition qu'ils seront eux-mêmes fidèles à garder son alliance. David et Salomon virent sous leur règne l'effet de ce que Dieu promet ici' (*Commentaire*, Genèse xv.18). Dans *La Bible enfin expliquée*, Voltaire citera les questions que saint Jérôme pose à propos de la Terre

Nil et de l'Euphrate ont été tour à tour vos maîtres. Vous avez été presque toujours esclaves. Promettre et tenir sont deux, mes pauvres Juifs. Vous avez un vieux rabbin qui en lisant vos sages prophéties qui vous annoncent une terre de miel et de lait, [11] s'écria qu'on vous avait promis plus de beurre que de pain. Savez-vous bien que si le grand Turc m'offrait aujourd'hui la seigneurie de Jérusalem, je n'en voudrais pas?

Frédéric second en voyant ce détestable pays, dit publiquement que Moïse était bien malavisé d'y mener sa compagnie de lépreux; que n'allait-il à Naples, disait Frédéric. [12] Adieu, mes chers Juifs;

36 67, 69: de mener

---

promise dans sa lettre à Dardanus (M.xxx.74); cf. CN, iv.394: Jérôme, *Lettres*, trad. G. Roussel (Paris 1743), iii.416-18, avec signet annoté: 'portrait de la palestine'.

[11] Expression fréquente dans l'Ecriture; voir par ex. Exode iii.8, 17; xiii.5; Jérémie xi.5. Commentaire de saint Jérôme à propos de Jérémie xi.5: 'nous devons l'entendre comme une hyperbole pour l'abondance de toutes choses' comme dans Virgile (*Eglogues*, iii); 'au figuré cette terre [...] est l'Eglise du Christ, dans laquelle tendres nourrissons à la mamelle, nous sommes élevés avec le lait de la foi pour être capables de prendre ensuite une nourriture solide'; Calmet, *Commentaire*, Exode iii.8, écrit seulement: 'Expression hyperbolique, pour marquer un territoire fécond en fruits excellents et délicats, et d'une culture aisée' et il signale 'une semblable figure' chez Homère (*Iliade*, i), Virgile (*Enéide*, iii), Euripide (*Bacchantes*).

[12] L'empereur Frédéric II, en conflit avec le pape, excommunié, marié avec la fille du roi de Jérusalem qui lui avait apporté la ville en dot, alla en Terre sainte pour accomplir un vœu, se couronna lui-même à Jérusalem en 1229 et rentra en Italie après avoir conclu avec le soudan d'Egypte un traité qu'on jugea trop favorable aux musulmans. On l'accusait – entre autres choses – d'avoir entretenu avec les mécréants des relations d'amitié indignes d'un chrétien, d'avoir plaisanté sur la stérilité du sol de la Palestine, et d'avoir eu l'impiété de dire que si Jéhovah eût connu le royaume de Naples, il n'aurait pas choisi la Palestine pour l'héritage de son peuple chéri. Cette anecdote, qui sera reproduite par Gibbon, se trouve dans une addition à la *Grande chronique* de Matthieu Pâris (1571), à laquelle Voltaire se réfère dans un ajout de 1761 à l'*Essai sur les mœurs*, ch.61. Voltaire ne la raconte cependant ni dans les *Annales de l'Empire*, ni dans l'*Essai sur les mœurs*. Il est vrai que l'empereur avait une préférence pour l'Italie et plus particulièrement pour Naples, où il fonda une université, construisit des édifices et vécut le plus possible. Mais on remarque l'association lépreux/Naples, sachant qu'au dix-huitième siècle

je suis fâché que terre promise soit terre perdue.

(*par le baron de Broukana.*)[13]

39 69: Broukans

on assimilait souvent la vérole à la lèpre et qu'on appelait la vérole 'le mal de Naples' (cf. art. 'Job').

[13] Beuchot reproduit cette note de Wagnière: 'Il est très vrai que le baron de Broukana, dont l'auteur emprunte ici le nom, avait demeuré longtemps en Palestine, et qu'il raconta tous ces détails à M. de Voltaire, en conversant avec lui aux Délices, moi étant présent' (M.xix.511). Or Voltaire qui date encore des lettres des Délices jusqu'en novembre 1764, rend officiellement la maison aux Tronchin le 12 janvier 1765 (cf. D12314). Si le souvenir de Wagnière est aussi précis qu'il semble l'être, l'entretien avec Broukana serait antérieur à 1765.

JULIEN LE PHILOSOPHE EMPEREUR ROMAIN[1]

On rend quelquefois justice bien tard. Deux ou trois auteurs ou mercenaires, ou fanatiques parlent du barbare et de l'efféminé Constantin comme d'un Dieu, et traitent de scélérat le juste, le sage, le grand Julien. Tous les auteurs copistes des premiers, répètent la flatterie et la calomnie;[2] elles deviennent presque un

a-134 64-65v, article absent

[1] Paru en 1767, cet article a dû être envoyé à Frédéric II en octobre 1766, puisque celui-ci en accuse réception le 3 novembre (D13649). Il peut avoir été composé en octobre ou quelques mois plus tôt, dans le même temps que les deux chapitres de *L'Examen important de milord Bolingbroke* consacrés à Julien. Le texte sera réutilisé par Voltaire dans son édition du *Discours de l'empereur Julien contre les chrétiens* (1769): allongé d'un tiers, il prendra le titre de 'Portrait de l'empereur Julien'.

[2] Il est malaisé de déterminer la valeur allusive de ces phrases évoquant cette tradition établie par différents historiens ecclésiastiques: Philostorge (360-430), Socrate (379-440), Sozomène (395?-443), Théodoret (393-460), Zosime (ve siècle), Zonare (xiie siècle) et Nicéphore Calliste (xive siècle). Ces historiens, que Voltaire avait pu lire, à l'exception du dernier, dans les traductions qu'en avait publiées le président Cousin de 1675 à 1678 (voir BV1250 et 3858), ont tous évoqué les figures antithétiques de Constantin et de Julien. Des quatre premiers, on peut dire qu'ils ne ménagent pas leurs éloges à Constantin, surtout Sozomène et Théodoret. Sans être jamais traité de 'scélérat', Julien a été jugé par ces historiens avec une sévérité proportionnelle à l'admiration que leur avait inspirée Constantin. C'est donc Philostorge le plus indulgent. Pour Socrate, Julien est un ambitieux travaillé très tôt par le désir de régner et à qui son 'insupportable vanité' a interdit d'être bon philosophe autant que bon empereur. Sozomène et Théodoret, plus malveillants, extraient du passé de Julien les anecdotes censées établir sa précoce hypocrisie d'apostat ou encore l'abominable pacte que ce jeune ambitieux n'a pas craint de passer avec les démons pour s'assurer un jour du pouvoir. En ranimant le paganisme, il n'a pu être qu'un fauteur de troubles et s'est montré un persécuteur d'autant plus ingénieux et efficace qu'il avait parfaitement compris le danger de faire des martyrs. La mort d'un si diabolique personnage, que son goût de la divination a trop souvent porté jusqu'aux sacrifices humains, ne peut être évidemment que l'ouvrage du ciel. Ni Sozomène ni Théodoret ne doutent qu'il ne soit tombé sur le champ

article de foi. Enfin, le temps de la saine critique arrive; et au bout de quatorze cents ans des hommes éclairés revoient le procès que l'ignorance avait jugé.[3] On voit dans Constantin un heureux ambitieux qui se moque de Dieu et des hommes. Il a l'insolence de feindre que Dieu lui a envoyé dans les airs une enseigne qui lui assure la victoire.[4] Il se baigne dans le sang de tous ses parents,

---

de bataille en jetant son sang contre ce Galiléen qui venait de le vaincre. Quant aux historiens qui ont suivi, ils semblent bien avoir été pour la plupart 'copistes des premiers'; mais on s'étonne que Voltaire n'ait pas signalé l'éclatante exception que constitue Zosime, qui n'a guère ménagé Constantin dont il a dénoncé les principaux crimes. L'attitude de Zosime représente donc l'inverse de celle que dénonce Voltaire, qui pourtant avait lu (et exploité: voir V62, p.310) son *Histoire romaine* dans la traduction de Cousin.

[3] Un simple calcul permet de déterminer quand est apparu aux yeux de Voltaire ce 'temps de la saine critique': 363 (mort de Julien) + 1400 = 1763. Voltaire songe essentiellement à d'Argens et lui-même en évoquant ces 'hommes éclairés', se refusant à compter parmi ce nombre Jean-Philippe-René de La Bléterie, qui a publié en 1735 sa *Vie de l'empereur Julien*. L'édition de Timée de Locres, dans laquelle d'Argens a vivement dénoncé les crimes de Constantin, est de 1763; sa *Défense du paganisme par l'empereur Julien*, où l'on retrouve l'opposition au vertueux apostat des souverains chrétiens mais très criminels qu'ont été Constantin et Clovis, date de 1764; Voltaire lui-même en 1766 a vigoureusement flétri Constantin et réhabilité Julien dans l'*Examen important*. Cette vision des choses est toutefois quelque peu simplificatrice, puisque déjà Montaigne (*Essais*, II, 19), La Mothe Le Vayer (*De la vertu des païens*, II, 1642), l'auteur du *Militaire philosophe*, Montesquieu (*Considérations*, ch.17), Diderot et l'abbé de La Porte avaient, bien avant les années 1760, œuvré pour la révision du procès 'que l'ignorance avait jugé' (voir M.-H. Cotoni et L. Viglieno, 'Julien au siècle des Lumières en France', dans *L'Empereur Julien: de la légende au mythe*, p.11-31).

[4] Dès les premiers textes qu'il a consacrés à Constantin (*Essai sur les mœurs*, ch.10, et surtout *De Constantin*, d'abord écrit pour Mme Du Châtelet, puis paru en 1756), Voltaire a souligné la chance et la réussite de cet ambitieux qui voulait 'être le maître en tout' (M.xviii.250) et qui s'est moqué de Dieu et des hommes en faisant accréditer par Eusèbe la fable du 'labarum'. Celui-ci raconte, dans la *Vie de l'empereur Constantin*, I, ch.29-31, comment l'empereur en difficulté contre Maxence implora la protection du dieu des chrétiens et vit alors apparaître une croix lumineuse dans le ciel; passage marqué d'un signet annoté: 'labarum' (CN, iii.444). L'érudit Jacobus Oiselius, frappé par les divergences d'Eusèbe et Lactance, en avait conclu dans son *Thesaurus selectorum numismatum* (Amsterdam 1677), p.463, que le prodige du labarum était 'une fraude pieuse des anciens', et Voltaire avait pris

et il s'endort dans la mollesse;[5] mais il était chrétien, on le canonisa.[6]

Julien est sobre, chaste, désintéressé, valeureux, clément,[7] mais il n'était pas chrétien, on l'a regardé longtemps comme un monstre.[8]

---

sa défense en 1756 (M.xviii.248). Certains esprits avaient en effet jugé préférable de proposer une explication naturelle du phénomène, comme l'a remarqué Warburton: 'Le savant Fabricius nous a conservé dans sa bibliothèque grecque un grand nombre d'observations sur les croix lumineuses aperçues dans le ciel. Il prétend même que la croix que Constantin vit dans les cieux [...] n'était qu'un météore' (*Dissertation sur les tremblements de terre*, Paris 1754, i.193). Même s'il a pu avoir connaissance de cet essai d'explication par la physique (il possédait l'original anglais de cet ouvrage: *Julian or a discourse concerning the earthquake and fiery eruption, which defeated that emperor's attempt to rebuild the temple at Jerusalem*, London 1751), Voltaire s'en est résolument tenu à la contestation d'un fait rapporté par le naïf Eusèbe, mais, selon toute vraisemblance, entièrement forgé par Constantin (voir 'Vision de Constantin', M.xx.587).

[5] Dès ses premiers textes évoquant Constantin, Voltaire n'a pas manqué de donner tout leur relief aux crimes du premier empereur chrétien: en 1752 il faisait remarquer à d'Argens qu'il avait logé Constantin à côté de Clovis dans l'enfer évoqué dans *La Pucelle* (D4927). Il récapitulait dans l'*Essai sur les mœurs* les principaux crimes de Constantin en les donnant pour l'une des causes de son impopularité (i.298); voir ci-dessus, 'Arius', n.8.

[6] S'il ne semble pas que Constantin ait jamais fait l'objet d'une canonisation officielle, il n'en a pas moins été longtemps vénéré comme un saint en de nombreux endroits de la chrétienté: 'La mémoire de cet empereur était en si grande vénération dans l'Eglise que dès le ve siècle on en parlait comme d'un saint [...] Les Grecs et les Moscovites font sa fête le 21 mai' (Moreri, *Dictionnaire*, art. 'Constantin'); cf. *Acta sanctorum maii* (Antwerpiae 1685), v.12-28, 'De Sancto Constantino Magno imperatore romano commentarius historicus'.

[7] Cette liste des qualités de Julien rappelle celle qu'avait dressée d'Argens en 1756: 'chaste, sobre, savant, libéral, clément' (voir *Défense du paganisme*, Berlin 1764, p.XXIII). On notera que Voltaire a remplacé les adjectifs 'savant' et 'libéral' (qui définissent plutôt des qualités intellectuelles) par 'désintéressé' et 'valeureux' qui soulignent davantage la haute valeur morale de Julien.

[8] On pourra s'en convaincre en se reportant au précis qu'a dressé La Mothe Le Vayer des calomnies dont Pères de l'Eglise et historiens ecclésiastiques ont à l'envi chargé la mémoire de Julien (voir *De la vertu des païens*, II, *Œuvres*, Dresde 1757, v.358-60).

Aujourd'hui, après avoir comparé les faits, les monuments, les écrits de Julien et ceux de ses ennemis, on est forcé de reconnaître que s'il n'aimait pas le christianisme, il fut excusable de haïr une secte souillée du sang de toute sa famille; qu'ayant été persécuté, emprisonné, exilé, menacé de mort par les Galiléens sous le règne du barbare Constance,[9] il ne les persécuta jamais;[10] qu'au contraire, il pardonna à dix soldats chrétiens qui avaient conspiré contre sa vie.[11] On lit ses lettres, et on admire. *Les Galiléens*, dit-il, *ont*

[9] Affirmations trop allusives et quelque peu tendancieuses: en désignant le christianisme comme une 'secte souillée du sang de toute sa famille', Voltaire évoque le massacre de la famille impériale perpétré en septembre 337 par l'armée révoltée, quelques mois après la mort de Constantin (22 mai 337). Mais ce carnage toléré – ou décidé – par les trois fils de Constantin avait eu un caractère plus dynastique que religieux. Quant aux vexations que les Galiléens auraient fait subir à Julien 'sous le règne du barbare Constance', elles paraissent quelque peu exagérées, et imputables essentiellement à l'empereur lui-même: c'est Constance qui prescrivit la 'retraite' (et non l'incarcération) de Julien et Gallus à Macellum et y peupla leur entourage de prêtres ariens; qui infligea à Julien une réclusion de sept mois, après avoir fait exécuter Gallus, puis l'exila à Athènes et le contraignit à dissimuler ses options religieuses par la surveillance étroite dont il en avait fait l'objet. Aussi est-il très vraisemblable que le jeune homme ait reporté sur la religion de son impérial et ombrageux cousin une partie de la haine que lui inspirait celui qui fut probablement le meurtrier de son père, puis son persécuteur résolu, avant de se décider, non sans réticence, à l'appeler au pouvoir.

[10] Ce n'était l'avis ni des Pères de l'Eglise, ni des historiens ecclésiastiques et de leurs modernes héritiers (Fleury, La Bléterie, Le Beau), ni même de La Mothe Le Vayer confessant que Julien fut un persécuteur d'autant plus redoutable qu'il était moins violent. On peut aujourd'hui estimer avec René Braun que si Julien n'a jamais ordonné de persécution à la manière de Dioclétien, il n'en est pas moins vrai qu'après quelques mois de règne au cours desquels il s'efforça sincèrement de pratiquer la tolérance, il inaugura, avec sa loi scolaire du 17 juin 362 (interdisant aux maîtres chrétiens l'enseignement des auteurs païens), une politique vexatoire qui a favorisé des violences dont Julien porte indirectement la responsabilité ('Julien et le christianisme', dans *L'Empereur Julien*, i.173-74).

[11] L'épisode, qui se situe en 362, peu après l'arrivée à Antioche, mais dont Ammien Marcellin n'a dit mot, est raconté brièvement par La Bléterie (*Vie de l'empereur Julien*, Paris 1746, p.331; BV); la source paraît être Libanios, qui rapporte l'anecdote; mais ni l'un ni l'autre ne précisent que ces gardes fussent chrétiens. Voltaire pour sa part l'a affirmé dès 1756 (*De Julien*, M.xix.543) et complètera l'anecdote en 1776 dans l'*Histoire de l'établissement du christianisme* (M.xxxi.100).

souffert sous mon prédécesseur l'exil et les prisons; on a massacré réciproquement ceux qui s'appellent tour à tour hérétiques. J'ai rappelé leurs exilés, élargi leurs prisonniers; j'ai rendu leurs biens aux proscrits; je les ai forcés de vivre en paix. Mais telle est la fureur inquiète des Galiléens qu'ils se plaignent de ne pouvoir plus se dévorer les uns les autres. Quelle lettre![12] quelle sentence portée par la philosophie contre le fanatisme persécuteur!

Enfin en discutant les faits on a été obligé de convenir que Julien avait toutes les qualités de Trajan, hors le goût si longtemps pardonné aux Grecs et aux Romains;[13] toutes les vertus de Caton, mais non pas son opiniâtreté et sa mauvaise humeur; tout ce qu'on admira dans Jules César, et aucun de ses vices; il eut la continence

---

Dans ses *Observations sur les savants incrédules, et sur quelques-uns de leurs écrits* (Genève 1762; BV), Jacques-François De Luc n'a pas hésité à accuser Voltaire d'avoir ajouté là par pure malveillance un détail de son cru pour à la fois réhausser la clémence et la modération de Julien et rendre les chrétiens encore plus antipathiques (voir ch.16).

[12] Il s'agit de la lettre datée du 1er août 362 et adressée d'Antioche par Julien à la cité de Bostra. Moitié chrétienne, moitié païenne, cette métropole de l'Arabie Pétrée avait été le théâtre d'affrontements religieux: des païens avaient détruit des tombeaux de martyrs et des chrétiens s'en étaient pris à des temples et à leurs idoles. Tenant le clergé des Galiléens pour le principal responsable de ces troubles, Julien rappelle à l'ordre Titus, évêque de Bostra, dans une lettre adressée à tous les habitants de cette ville, qu'il essaie de brouiller avec Titus en dénaturant sciemment le sens d'une réflexion du prélat à leur sujet et en les incitant à l'expulser de leur ville. Au reste, il s'agit moins d'une véritable citation que d'un condensé fort libre de la traduction utilisée par Voltaire, probablement celle de La Bléterie: *Histoire de l'empereur Jovien et traduction de quelques ouvrages de l'empereur Julien* (Paris 1748; BV), ii.286-87.

[13] Dans l'article 'Amour nommé socratique', Voltaire avait en 1764 relevé son caractère très répandu (l.76-83). En 1777 Voltaire accusera César, 'vainqueur de Rome corrompue', d'avoir placé 'cette débauche sur la chaire du dictateur' et Adrien de l'avoir 'divinisée' (*Prix de la justice et de l'humanité*, M.xxx.569). De Trajan, Moreri avait remarqué: 'Au reste ses admirateurs n'ont pu justifier sa cruauté envers les chrétiens, son incontinence dans l'amour des garçons et ses excès dans le vin' (art. 'Trajan').

de Scipion. Enfin il fut en tout égal à Marc-Aurèle le premier des hommes.[14]

On n'ose plus répéter aujourd'hui après le calomniateur Théodoret, qu'il immola une femme dans le temple de Carres pour se rendre les dieux propices.[15] On ne redit plus qu'en mourant il jeta de sa main quelques gouttes de son sang au ciel, en disant à Jésus-

39 67: On ose plus

[14] Dès 1756, Voltaire a souvent éprouvé le besoin, pour donner plus de relief aux insignes qualités de Julien et en confirmer l'entière réhabilitation, de le comparer à ce que la sagesse, l'héroïsme ou le pouvoir ont compté de plus grand; il se montra 'partout égal à Marc Aurèle' (*De Julien*, M.xix.542). 'En un mot, nul philosophe dans l'antiquité qui n'ait voulu rendre les hommes meilleurs', assure Voltaire dix ans plus tard dans *Le Philosophe ignorant*; dans l'*Examen important*, Julien est félicité d'être stoïcien, c'est-à-dire d'appartenir à la secte 'plus divine qu'humaine' des 'Caton, des Marc-Aurèle et des Epictète' (V62, p.95, 321). En 1769, il prendra même le pas sur 'le premier des hommes': 'Nul empereur ne fut plus équitable et ne rendit la justice plus impartialement, non pas même Marc Aurèle. Nul philosophe ne fut plus sobre et plus continent' (*Essai sur les mœurs*, ch.11; i.303). Le rapprochement avec Marc Aurèle était devenu classique: on le trouvait déjà chez Ammien (*Histoire*, XVI, i.4). Joseph de La Porte avait repris le parallèle en 1764 dans *L'Esprit des monarques philosophes, Marc Aurèle, Julien, Stanislas et Frédéric*. Ce qui est ici nouveau sous la plume de Voltaire est, outre la référence à Scipion, le soin de marquer cette supériorité de Julien sur Trajan, Caton et César qui consiste à avoir les mêmes qualités qu'eux tout en étant exempt de leurs défauts.

[15] La Blétérie avait évoqué, mais comme 'plus souvent hasardées que prouvées', les nombreuses accusations de magie lancées contre Julien. 'On ajoute que lorsqu'il eut pris la route de Perse, étant à Carres en Mésopotamie, il s'enferma dans le temple de la lune [...] il scella les portes et y posa une garde qui ne devait être levée qu'à son retour. Ceux qui entrèrent dans le temple, sous le règne de Jovien son successeur, virent une femme pendue par les cheveux, les mains étendues et le ventre ouvert, Julien ayant voulu chercher dans son foie quel serait le succès de la guerre' (*Vie*, p.349-50). Voltaire avait dès 1756 dénoncé l'invraisemblance de ce 'conte infâme' (M.xix.545). De Luc répondra à Voltaire, avec l'étonnante partialité qui est la sienne, que l'accusation est au contraire des plus crédibles (*Observations sur les savants incrédules*, ch.19).

Christ: Tu as vaincu Galiléen,[16] comme s'il eût combattu contre Jésus en faisant la guerre aux Perses; comme si ce philosophe qui mourut avec tant de résignation, avait reconnu Jésus; comme s'il eût cru que Jésus était en l'air, et que l'air était le ciel! ces inepties de gens qu'on appelle Pères de l'Eglise, ne se répètent plus aujourd'hui.[17]

On est enfin réduit à lui donner des ridicules, comme faisaient les citoyens frivoles d'Antioche. On lui reproche sa barbe mal peignée et la manière dont il marchait.[18] Mais, monsieur l'abbé de la Bléterie, vous ne l'avez pas vu marcher,[19] et vous avez lu ses

[16] C'est plus de soixante ans après la mort de Julien que l'évêque Théodoret de Cyr avait rapporté ce trait dans son *Histoire ecclésiastique*, III.xxv, au reste comme une simple rumeur; mais elle fut colportée de siècle en siècle comme une certitude, ainsi que l'atteste une curieuse dissertation de C. A. Heumann, publiée à Göttingen en 1740 (*Dissertatio in qua fabulam de Juliani imperatoris voce extrema vicisti Galilaee certis argumentis confutat*). Pour le seul seizième siècle l'auteur recense six historiens qui ont donné cette fable pour une vérité bien établie; pour le dix-septième il en compte sept. Il montre ensuite que le scepticisme n'a commencé à poindre qu'à la fin du siècle (chez Arnold, Basnage, Ensius et Weismann) pour s'affirmer avec éclat chez un La Bléterie (*Vie*, p.496-98). Le Beau lui-même ne rapportera pas cette 'tradition fort commune', sans préciser que 'ce fait n'est soutenu d'aucun témoignage suffisant' (*Histoire du Bas-Empire*, Paris 1757-1817, iii.375; BV).

[17] De Luc juge plausible la dernière parole mise par Théodoret dans la bouche de Julien et regarde comme sans fondement les objections faites ici par Voltaire: 'Il faut que M. de Voltaire soit aussi prévenu contre le christianisme qu'en faveur de Julien l'Apostat pour n'avoir pas compris la liaison de cette action et de ces paroles avec l'obstacle insurmontable qui l'empêcha de rebâtir le temple de Jérusalem et de ruiner l'Eglise chrétienne' (*Observations sur les savants incrédules*, p.182-83).

[18] Cf. La Bléterie: 'Son excessive superstition, les marques d'idolâtrie empreintes sur sa monnaie et sur ses médailles, sa barbe, sa démarche, sa personne, ce qu'il faisait, ce qu'il ne faisait pas, les malheurs publics, la sécheresse, la stérilité de la terre, tout était pour un peuple déchaîné un fonds inépuisable de railleries, de chansons, de satires et d'injures' (*Vie*, p.373). A ces Antiochéens sarcastiques lui reprochant son physique disgracieux ou les désordres de sa toilette, Julien a fini par répondre dans un libelle composé en février 363 et intitulé *Misopogon* ('l'ennemi de la barbe').

[19] Après avoir rappelé que lorsqu'il rencontra Julien pour la première fois, Grégoire de Nazianze 'aperçut le dérèglement de son esprit dans sa physionomie et dans son maintien', La Bléterie propose ce portrait peu flatteur: 'Il avait une

lettres et ses lois, monuments de ses vertus. Qu'importe qu'il eût la barbe sale et la démarche précipitée, pourvu que son cœur fût magnanime et que tous ses pas tendissent à la vertu.

Il reste aujourd'hui un fait important à examiner. On reprocha à Julien d'avoir voulu faire mentir la prophétie de Jésus-Christ en rebâtissant le temple de Jérusalem. On dit qu'il sortit de terre des feux qui empêchèrent l'ouvrage. On dit que c'est un miracle, et que ce miracle ne convertit ni Julien, ni Alipius intendant de cette entreprise, ni personne de sa cour, et là-dessus l'abbé de la Bléterie s'exprime ainsi. 'Lui et les philosophes de sa cour mirent sans doute en œuvre ce qu'ils savaient de physique pour dérober à la Divinité un prodige si éclatant. La nature fut toujours la ressource des incrédules, mais elle sert la religion si à propos qu'ils devraient au moins la soupçonner de collusion'.[20]

Premièrement, il n'est pas vrai qu'il soit dit dans l'Evangile que jamais le temple juif ne serait rebâti. L'Evangile de Matthieu, écrit visiblement après la ruine de Jérusalem par Titus, prophétise, il est vrai, qu'il ne resterait pas pierre sur pierre[21] de ce temple de

taille médiocre, le corps bien formé agile et vigoureux, la démarche peu assurée, des épaules larges qui se haussaient et se baissaient tour à tour, le cou fort gros et penché, la tête toujours en mouvement, les cheveux naturellement arrangés, les sourcils et les yeux parfaitement beaux, le regard d'un feu surprenant [...] le nez droit, la lèvre inférieure allongée, l'air railleur, une barbe hérissée qui finissait en pointe' (*Vie*, p.79-80). Ailleurs, La Bléterie peint Julien présidant à une fête de Vénus: 'Entre ces deux troupes infâmes [...] marchait le réformateur du paganisme avec une gravité comique, réhaussant le mieux qu'il pouvait sa petite taille, présentant une longue barbe pointue et affectant la démarche d'un géant' (p.346). Voltaire qui n'aime décidément pas La Bléterie, le reprendra de nouveau sur le même sujet en 1770, sans toutefois le nommer (QE, art. 'Apostat', M.xvii.317-18).

[20] La Bléterie, *Vie*, p.400; citation exacte.

[21] Matthieu xxiv.2: 'En vérité je vous le dis, il ne restera pas ici pierre sur pierre, tout sera détruit'. Selon les Pères de l'Eglise (Ambroise, Chrysostome, Grégoire de Nazianze), repris par Calmet (*Commentaire*, vii.210), La Bléterie et bien d'autres, c'est paradoxalement Julien lui-même qui exécuta cette prophétie, en donnant pour premier ordre de 'nettoyer l'emplacement de l'ancien temple et de démolir les vieux fondements'. 'La démolition était achevée et sans y penser on avait accompli dans la dernière rigueur la parole de Jésus-Christ qu'il ne resterait pas pierre sur pierre.

l'Iduméen Hérode,[22] mais aucun évangéliste ne dit qu'il ne sera jamais rebâti.

Secondement, qu'importe à la Divinité qu'il y ait un temple juif, ou un magasin, ou une mosquée au même endroit où les Juifs tuaient des bœufs et des vaches?

Troisièmement, on ne sait pas si c'est de l'enceinte des murs de la ville, ou de l'enceinte du temple que partirent ces prétendus feux qui, selon quelques-uns, brûlaient les ouvriers. Mais on ne voit pas pourquoi Jésus aurait brûlé les ouvriers de l'empereur Julien, et qu'il ne brûla point ceux du calife Omar qui longtemps après bâtit une mosquée sur les ruines du temple;[23] ni ceux du grand Saladin qui rétablit cette même mosquée.[24] Jésus avait-il tant de prédilection pour les mosquées des musulmans?

On voulut placer les nouveaux fondements. Mais il sortit de l'endroit même d'effroyables tourbillons de flammes dont les élancements redoutables consumèrent les ouvriers' (La Bléterie, *Vie*, p.395-96).

[22] Vers 17 av. J.-C. Hérode entreprit de rebâtir entièrement le temple de Jérusalem qui ne subsista dans cet état qu'environ 75 ans (jusqu'à sa destruction par Titus en 70). D'après Calmet s'appuyant sur Flavius Josèphe et Eusèbe le père d'Hérode 'était selon quelques-uns Iduméen de nation' (*Dictionnaire*, art. 'Hérode', ii.566). L'Idumée étant une province d'Arabie, les Juifs considérèrent toujours Hérode comme un étranger; c'est une des raisons qu'allègue Calmet pour expliquer leur antipathie pour ce souverain.

[23] Voltaire avait évoqué dans l'*Essai sur les mœurs* la figure d'Omar Ibn Al-Dhattâb, devenu deuxième calife en 634. Il rappelle sa conquête de la Syrie et de la Phénicie entreprise en 635, puis le siège qu'il vint mettre devant Jérusalem en juillet 637: 'Il reçoit à composition, après un long siège, la ville de Jérusalem [...] ce qui mérite la plus grande attention, c'est qu'il laissa aux juifs et aux chrétiens, habitants de Jérusalem, une pleine liberté de conscience' (i.262). Moreri déjà avait loué la modération du vainqueur demandant 'même avec une fort grande modestie au patriarche une place où il pût faire bâtir une mosquée, ne voulant pas permettre aux siens de se saisir d'aucune des églises des chrétiens' (art. 'Omar').

[24] C'est le 2 octobre 1187 que le sultan d'Egypte et de Syrie Salah-Eddyn fit une entrée triomphale dans Jérusalem. Saladin mit ainsi fin à 88 années de domination chrétienne. Voltaire avait déjà rapporté quel fut l'un des premiers soins du vainqueur: 'Saladin fit laver avec de l'eau rose, par les mains même des chrétiens, la mosquée qui avait été changée en église; il y plaça une chaire magnifique, à laquelle Noradin, soudan d'Alep, avait travaillé lui-même, et fit graver sur la porte

Quatrièmement, Jésus ayant prédit qu'il ne resterait pas pierre sur pierre dans Jérusalem, n'avait pas empêché de la rebâtir.

Cinquièmement, Jésus a prédit plusieurs choses dont Dieu n'a pas permis l'accomplissement; il a prédit la fin du monde et son avènement dans les nuées avec une grande puissance et une grande majesté, à la fin de la génération qui vivait alors. Cependant, le monde dure encore, et durera vraisemblablement assez longtemps. (*Luc. I, chap. 2*)

Sixièmement, si Julien avait écrit ce miracle, je dirais qu'on l'a trompé par un faux rapport ridicule; je croirais que les chrétiens ses ennemis mirent tout en œuvre pour s'opposer à son entreprise, qu'ils tuèrent les ouvriers, et firent accroire que ces ouvriers étaient morts par miracle. Mais Julien n'en dit mot. La guerre contre les Perses l'occupait alors. Il différa pour un autre temps l'édification du temple, et il mourut avant de pouvoir commencer cet édifice.

Septièmement, ce prodige est rapporté dans Ammien Marcellin qui était païen.[25] Il est très possible que ce soit une interpolation des chrétiens;[26] on leur en a reproché tant d'autres qui ont été avérées.

---

ces paroles: "Le roi Saladin, serviteur de Dieu, mit cette inscription après que Dieu eut pris Jérusalem par ses mains"' (*Essai*, i.576-77).

25 Après avoir précisé que Julien avait chargé de la reconstruction du temple Alypius d'Antioche, Ammien écrit: 'Le dit Alypius poussait donc énergiquement les travaux avec l'aide du gouverneur de la province, quand de terrifiantes boules de feu, jaillissant en assauts répétés auprès des fondations, rendirent cet emplacement inaccessible aux ouvriers qui furent parfois brûlés vifs' (*Histoire*, XXIII.i.3, trad. J. Fontaine, IV, I, p.79).

26 Pour Frédéric II cette hypothèse est plutôt une certitude: 'Le passage d'Ammien Marcellin est interpolé sans doute; vous n'avez, pour vous en convaincre, qu'à lire ce qui précède et ce qui suit. Ces deux phrases se lient si bien que la fraude saute aux yeux' (3 novembre 1766; D13649). On regrette que le roi n'ait pas précisé quelles étaient à ses yeux les limites exactes de l'interpolation; elle serait très vraisemblablement constituée de tout le § 3 (voir ci-dessus, n.3). Or le § 4 traitant d'un tout autre sujet, on aperçoit mal où est cette liaison, pour Frédéric si évidente que 'la fraude saute aux yeux'. Voltaire en tout cas n'a pas dû se laisser convaincre, puisqu'il n'a pas modifié son texte.

Mais il n'est pas moins vraisemblable que dans un temps où on ne parlait que de prodiges et de contes des sorciers, Ammien Marcellin ait rapporté cette fable sur la foi de quelque esprit crédule. Depuis Tite-Live jusqu'à de Thou inclusivement, toutes les histoires sont infectées de prodiges.[27]

Huitièmement, si Jésus faisait des miracles, serait-ce pour empêcher qu'on ne rebâtît un temple où lui-même sacrifia, et où il fut circoncis, ne ferait-il pas des miracles pour rendre chrétiennes tant de nations qui se moquent du christianisme, ou plutôt, pour rendre plus doux et plus humains ses chrétiens qui depuis Arius et Athanase jusqu'aux Roland et aux Cavalier des Cévennes ont versé des torrents de sang, et se sont conduits en cannibales?[28]

De là je conclus que la nature n'est point *en collusion avec le*

111 67, 69: chrétiens

[27] On ne sera surpris outre mesure par cette sévérité à l'égard de Tite-Live: cette même annéee 1767, Voltaire citera dans *La Défense de mon oncle* l'anecdote du caillou que l'augure Attus Navius coupa avec un rasoir comme le type même d'extravagance à laquelle le moindre esprit critique porte à refuser toute crédibilité (V 64, p.230). Mais les réserves sur de Thou étonnent davantage de la part de celui qui, en 1766, avait pris vigoureusement sa défense contre les accusations de Richard de Bury dans la préface de son *Histoire de la vie d'Henri IV* et l'avait proclamé 'un des plus grands hommes que nous ayons jamais eus dans la magistrature et dans les lettres' (*Le Président de Thou justifié*, M.xxv.477). Jacques-Auguste de Thou (1533-1616) était à l'époque de Richelieu 'le seul bon historien dont la France pouvait se vanter' (*Commentaire sur le livre Des délits et des peines*, M.xxv.563).

[28] C'est-à-dire du quatrième siècle au dix-huitième, puisque l'arianisme a été condamné pour la première fois au concile de Nicée en 325 et que la révolte des camisards dans les Cévennes a duré de 1702 à 1705. Voltaire a plusieurs fois évoqué les troubles, émeutes et persécutions sanglants qui accompagnèrent les querelles de l'arianisme (voir par ex. art. 'Hérésie', M.xix.337-38). Voltaire a raconté les horreurs de la révolte des camisards dans *Le Siècle de Louis XIV*, ch.36. Il y évoque Jean Cavalier (1680-1740), 'le plus accrédité de leurs chefs' (*OH*, p.1060), sans nommer alors l'autre grand chef camisard, Roland Laporte (1675-1704), plus connu sous son seul prénom.

christianisme, comme le dit la Bléterie;[29] mais que la Bléterie est en collusion avec des contes de vieilles, comme dit Julien, *Quibus cum stolidis aniculis negotium erat.*[30]

La Bléterie, après avoir rendu justice à quelques vertus de Julien, finit pourtant l'histoire de ce grand homme, en disant que sa mort fut un effet de la vengeance divine.[31] Si cela est, tous les héros morts jeunes depuis Alexandre jusqu'à Gustave-Adolphe, ont donc été punis de Dieu. Julien mourut de la plus belle des morts en poursuivant ses ennemis après plusieurs victoires. Jovien qui lui succéda régna bien moins longtemps que lui, et régna avec honte.[32] Je ne vois point la vengeance divine, et je ne vois plus

[29] 'La nature fut toujours la ressource des incrédules. Mais elle sert la religion si à propos, qu'ils devraient au moins la soupçonner de collusion' (*Vie*, p.400; CN, v.46).

[30] Littéralement: 'qui avaient affaire à de stupides petites vieilles'. Voltaire cite ici dans sa traduction latine la fin d'une phrase d'une lettre de Julien, écrite vers janvier 363 au grand-prêtre Théodore (cf. *Œuvres complètes*, éd. J. Bidez, i.162). Il en reproduira un paragraphe entier en 1773 dans le *Fragment sur l'histoire générale* (M.xxix.24).

[31] La Bléterie s'était targué dans sa *Vie* de Julien d'une scrupuleuse impartialité qui le portait à reconnaître à l'empereur de 'grandes qualités', mais aussi de 'grands défauts': 'je trouve qu'il ne fut point un grand homme, mais un homme singulier' (p.20). En fait, le biographe rapporte ses étonnantes vertus humaines, mais en laissant planer le doute sur leur entière authenticité: 'C'est qu'il n'appartient qu'à la véritable religion de produire de véritables vertus. Il n'en faut point chercher dans ceux qui l'ignorent; beaucoup moins dans ceux qui l'ont abandonnée' (p.122; CN, v.42). Dieu peut certes concéder des 'vertus humaines' à 'ses plus grands ennemis' (p.15), mais cela ne saurait empêcher qu'il ne les mette hors d'état de nuire le moment venu: 'De quelque main que soit parti le trait qui lui ôta la vie, elle fut l'instrument de la vengeance divine sur cet apostat et d'une providence particulière sur l'Eglise qu'il persécutait avec la haine la plus profonde' (p.500).

[32] Jovien, qu'on trouva mort dans la nuit du 16 au 17 février 364, ne régna pas plus de sept mois et vingt jours. Voltaire fait allusion à la paix que lui imposa Shâpuhr II, le roi des Perses (309-379), qui tenait pratiquement à sa merci l'armée romaine harcelée, épuisée, affamée et désormais privée de sa flotte. Outre que la retraite des légions prit souvent l'allure d'une honteuse déroute, Jovien dut se résigner à accepter les conditions déshonorantes du vainqueur. Ammien rapportant les clauses de ce traité (livre XXXV) les avait déjà qualifiées d'infâmes, fatales et impies, en faisant grief à Jovien, qu'il regarde comme timoré, de les avoir acceptées.

dans la Bléterie qu'un déclamateur de mauvaise foi; mais où sont les hommes qui osent dire la vérité?

Le stoïcien Libanius fut un de ces hommes rares; il célébra le brave et clément Julien devant Théodose le meurtrier des Thessaloniciens;[33] mais le Beau et la Bléterie tremblent de le louer devant des habitués de paroisse.[34]

129 67: vérité? (vous; mais il n'est pas à propos de vous imiter.)//[35]

[33] La source de Voltaire est ici Charles Le Beau: 'On peut dire qu'il s'exposa même à devenir son martyr [celui de Julien], s'il avait eu affaire à des princes moins modérés: il eut la hardiesse d'adresser à Valentinien et à Valens un discours dans lequel il les blâmait vivement de leur négligence à venger la mort de Julien; et il osa fatiguer encore des louanges de ce prince odieux le grand Théodose, le plus zélé destructeur de l'idolâtrie' (*Histoire du Bas-Empire*, iii.417). En fait selon Paul Petit, Libanios fut tenu en vive suspicion par Jovien et surtout Valens, mais plutôt protégé par Théodose dont il reçut en 383 le titre de préfet du prétoire honoraire (voir Libanios, *Discours*, 1979, i.XII-XIII; P. Petit, 'Recherches sur la publication et la diffusion des discours de Libanius', p.493, 508 ss.).

[34] *Académie 62* précise qu'habitué 'se dit aussi d'un ecclésiastique qui n'a point de charge ni de dignité dans une église, mais qui assiste à l'office divin et qui est employé aux fonctions d'une paroisse'. A en croire Voltaire, c'est donc la crainte de trop vives réactions du clergé qui aurait empêché ces deux historiens de rendre justice à Julien. Frédéric avait fait savoir à Voltaire qu'il le trouvait trop sévère: 'J'ai lu votre article de *Julien* avec plaisir. Cependant j'aurais désiré que vous eussiez plus ménagé cet abbé de La Bletterie; tout dévot, tout janséniste qu'il est, il a rendu, le premier, hommage à la vérité; il a rendu justice, quoiqu'avec des ménagements qui lui convenaient de garder, il a rendu justice, dis-je, au caractère de Julien. Il ne l'a point appelé *apostat*. Il faut tenir compte à un janséniste de sa sincérité. Je crois qu'il aurait peut-être été plus adroit de lui donner des éloges, comme on applaudit à un enfant qui commence à balbutier, pour l'encourager à mieux faire' (D13649). Quant à Le Beau, qui avait consacré à Julien les livres VIII à XIV de son *Histoire du Bas-Empire*, il le considère comme 'le problème de son siècle et de la postérité' (iii.373). Il ne lui conteste pas des 'qualités brillantes' qui 'éblouissent les yeux'. Mais toutes ces brillantes qualités n'ont eu que la vanité pour principe. Julien n'a été vertueux que par avidité de la gloire: sa tempérance, son courage, sa générosité, le plus souvent excessives et spectaculaires, demeuraient des 'vertus de théâtre'. La Bléterie et Le Beau ont donc en commun (le second s'inspirant beaucoup du premier) une prétention déclarée à l'impartialité, en même temps qu'une répulsion manifeste pour l''apostat'.

[35] On comprend que cette insolite parenthèse ait disparu, car les lecteurs ont dû

(*Tiré de M. Boulanger.*)[36]

s'interroger sur l'identité de la personne qu'elle interpelle brusquement. Seuls les plus avisés ont pu se douter qu'il s'agissait de Frédéric II, qui avait lu ce texte en manuscrit. Le maintien de cette interpellation dans le texte imprimé de 1767 a peut-être représenté pour Voltaire une façon discrète de faire savoir que le premier à avoir lu l'article 'Julien' était précisément le Julien moderne, qui en était presque de droit le destinataire premier. La valeur allusive de cette parenthèse pourrait bien, d'autre part, être expliquée par cette lettre à Mme Du Deffand du 21 novembre 1766: 'Connaissez vous, Madame, un petit abrégé de l'histoire de l'Eglise orné d'une préface du Roi de Prusse? Il parle en homme qui est à la tête de cent quarante mille vainqueurs, et s'exprime avec plus de fierté et de mépris que l'empereur Julien' (D13684).

[36] Voir ci-dessus, art. 'Baptême', n.10. Boulanger mentionne Julien dans *L'Antiquité dévoilée par ses usages* (Amsterdam 1766).

DU JUSTE ET DE L'INJUSTE[1]

Qui nous a donné le sentiment du juste et de l'injuste? Dieu, qui nous a donné un cerveau et un cœur. Mais quand votre raison vous apprend-elle qu'il y a vice et vertu? quand elle nous apprend que deux et deux font quatre. Il n'y a point de connaissance innée, par la raison qu'il n'y a point d'arbre qui porte des feuilles et des fruits en sortant de la terre. Rien n'est ce qu'on appelle inné, c'est-à-dire, né développé:[2] mais, répétons-le encore, Dieu nous fait naître avec des organes qui à mesure qu'ils croissent nous font sentir tout ce que notre espèce doit sentir pour la conservation de cette espèce.[3]

a-53 64, 65, article absent

[1] Article publié en 1765 (65v); on retrouve sensiblement les mêmes thèmes dans *Le Philosophe ignorant* (1766) et dans l'article 'Morale' (1767).

[2] Critique des idées innées de Descartes et de son école; cf. déjà *Lettres philosophiques*, XIII; *Traité de métaphysique*, ch.3; *Eléments de la philosophie de Newton*, I.V: Newton 'n'admettait [...] aucune notion innée avec nous, ni idées, ni sentiments, ni principes. Il était persuadé avec Locke que toutes les idées nous viennent par les sens, à mesure que les sens se développent; mais il croyait que Dieu ayant donné les mêmes sens à tous les hommes, il en résulte chez eux les mêmes besoins, les mêmes sentiments, par conséquent les mêmes notions grossières qui sont partout le fondement de la société' (V 15, p.219). Voir notamment *Le Philosophe ignorant*: 'Nous apportons en naissant le germe de tout ce qui se développe en nous; mais nous n'avons pas réellement plus d'idées innées que Raphaël et Michel-Ange n'apportèrent, en naissant, de pinceaux et de couleurs' (V 62, p.35; cf. p.83-86). La comparaison avec l'acquisition de l'arithmétique se retrouve dans *Le Philosophe ignorant* (p.87). Etymologiquement 'inné' signifie seulement: né dans, c'est-à-dire, qu'on a en naissant.

[3] Cf. *Le Philosophe ignorant*, ch.31: '[les hommes] ont tous une notion grossière du juste et de l'injuste, sans savoir un mot de théologie; ils ont tous acquis cette même notion dans l'âge où la raison se déploie, comme ils ont tous acquis naturellement l'art de soulever des fardeaux avec des bâtons, et de passer un ruisseau sur un morceau de bois, sans avoir appris les mathématiques. Il m'a donc paru que cette idée du juste et de l'injuste leur était nécessaire [...] L'Intelligence suprême

Comment ce mystère continuel s'opère-t-il? dites-le-moi, jaunes habitants des îles de la Sonde, noirs Africains, imberbes Canadiens,[4] et vous Platons, Cicérons, Epictètes. Vous sentez tous également qu'il est mieux de donner le superflu de votre pain, de votre riz ou de votre manioc au pauvre qui vous le demande humblement, que de le tuer ou de lui crever les deux yeux.[5] Il est évident à toute la terre qu'un bienfait est plus honnête qu'un outrage, que la douceur est préférable à l'emportement.

Il ne s'agit donc plus que de nous servir de notre raison pour discerner les nuances de l'honnête et du déshonnête. Le bien et le mal sont souvent voisins; nos passions les confondent:[6] qui nous éclairera? nous-mêmes quand nous sommes tranquilles. Quiconque a écrit sur nos devoirs a bien écrit dans tous les pays du monde, parce qu'il n'a écrit qu'avec sa raison. Ils ont tous dit la même chose: Socrate et Epicure, Confutzée et Cicéron, Marc-Antonin et Amurath second[7] ont eu la même morale.

qui nous a formés a donc voulu qu'il y eût de la justice sur la terre, pour que nous puissions y vivre un certain temps [...] Comment l'Egyptien [...] et le Scythe [...] auraient-ils eu les mêmes notions fondamentales du juste et de l'injuste, si Dieu n'avait donné de tout temps à l'un et à l'autre cette raison qui, en se développant, leur fait apercevoir les mêmes principes nécessaires, ainsi qu'il leur a donné des organes qui, lorsqu'ils ont atteint le degré de leur énergie, perpétuent nécessairement et de la même façon la race du Scythe et de l'Egyptien?' (V 62, p.76).

[4] Caractéristique souvent signalée par Voltaire; cf. *La Philosophie de l'histoire*, ch.2: 'le menton toujours imberbe des Américains' (V 59, p.93), ou la section de l'article 'Homme' des QE qui porte le même titre.

[5] Cf. *Le Philosophe ignorant*, ch.31: 'Plus j'ai vu des hommes différents par le climat, les mœurs, le langage, les lois, le culte, et par la mesure de leur intelligence, et plus j'ai remarqué qu'ils ont tous le même fond de morale: ils ont tous une notion grossière du juste et de l'injuste' (V 62, p.76); et ch.32: 'il n'y a aucun peuple chez lequel il soit juste, beau, convenable, honnête de refuser la nourriture à son père et sa mère quand on peut leur en donner' (p.78).

[6] Cf. *Le Philosophe ignorant*, ch.32: 'Les limites du juste et de l'injuste sont très difficiles a poser [...] Ce sont des nuances qui se mêlent, mais les couleurs tranchantes frappent tous les yeux' (V 62, p.80).

[7] Voltaire, dans l'*Essai sur les mœurs* (i.810-13) et dans les *Annales de l'Empire* (M.xiii.449), a fait de grands éloges d'Amurat II (1401-1451), prince éclairé et philosophe qui fut aussi un héros. Il avait signé la paix avec les chrétiens qui

Redisons tous les jours à tous les hommes, La morale est une, elle vient de Dieu; les dogmes sont différents, ils viennent de nous.[8]

Jésus n'enseigna aucun dogme métaphysique, il n'écrivit point de cahiers théologiques; il ne dit point, Je suis consubstantiel, j'ai deux volontés et deux natures avec une seule personne;[9] il laissa aux cordeliers et aux jacobins qui devaient venir douze cents ans après lui, le soin d'argumenter pour savoir si sa mère a été conçue dans le péché originel;[10] il n'a jamais dit que le mariage est le signe visible d'une chose invisible;[11] il n'a pas dit un mot de la grâce concomitante;[12] il n'a institué ni moines ni inquisiteurs; il n'a rien ordonné de ce que nous voyons aujourd'hui.

Dieu avait donné la connaissance du juste et de l'injuste dans

---

violèrent leur serment. Les janissaires supplièrent Amurat de quitter la solitude où il s'était retiré après avoir abdiqué l'empire et il remporta en 1444 la bataille de Varna où le roi Ladislas VI de Pologne fut vaincu.

[8] Cf. *Le Philosophe ignorant*, ch.31, et ch.38: 'La morale me paraît tellement universelle, tellement calculée par l'Etre universel qui nous a formés [...] que, depuis Zoroastre jusqu'au lord Shaftesbury, je vois tous les philosophes enseigner la même morale [...] Chaque nation eut des rites religieux particuliers, et souvent d'absurdes et révoltantes opinions [...] mais s'agit-il de savoir s'il faut être juste, tout l'univers est d'accord' (V 62, p.88-89). Dans *L'A, B, C*, à B qui demande 'qu'appelez-vous juste et injuste?' A ira jusqu'à répondre: 'Ce qui paraît tel à l'univers entier' (M.xxvii.338); voir aussi ci-dessous, art. 'Morale'.

[9] Sur les questions de la divinité de Jésus, des deux natures dans une seule personne, voir par exemple le *Sermon des cinquante*, III, le *Sermon du rabbin Akib*, *L'Examen important de milord Bolingbroke*, ch.35, et ci-dessus, art. 'Divinité de Jésus', 'Christianisme', 'Conciles'.

[10] Voir notamment *Essai sur les mœurs*, ch.139: 'Leur querelle théologique roulait sur la naissance de la mère de Jésus-Christ. Les dominicains [ou jacobins] assuraient qu'elle était née livrée au démon comme les autres; les cordeliers [ou franciscains] prétendaient qu'elle avait été exempte du péché originel' (ii.284-85); et ch.129, ajout de 1761 (ii.228-29); voir aussi la 'Digression sur les sacrilèges qui amenèrent la réformation de Berne', *Avis au public sur les parricides imputés aux Calas et aux Sirven* (M.xxv.529-30).

[11] Voir l'historique du sacrement de mariage, QE, art. 'Droit canonique', VI.

[12] Voir ci-dessus, art. 'Grâce'.

tous les temps qui précédèrent le christianisme.[13] Dieu n'a point changé et ne peut changer: le fond de notre âme, nos principes de raison et de morale seront éternellement les mêmes. De quoi servent à la vertu des distinctions théologiques, des dogmes fondés sur ces distinctions, des persécutions fondées sur ces dogmes? La nature effrayée et soulevée avec horreur contre toutes ces inventions barbares, crie à tous les hommes, Soyez justes, et non des sophistes persécuteurs.[14]

Vous lisez dans le *Sadder*, qui est l'abrégé des lois de Zoroastre, cette sage maxime. Quand il est incertain si une action qu'on te propose est juste ou injuste, abstiens-toi. Qui jamais a donné une règle plus admirable? quel législateur à mieux parlé? Ce n'est pas là le système des opinions probables inventé par des gens qui s'appelaient *la société de Jésus*.[15]

47-53 65v, 67: persécuteurs.//

[13] Cf. *Le Philosophe ignorant*, ch.41, 43.

[14] En 1765 Voltaire vient juste d'obtenir la reconnaissance de l'innocence des Calas, et il lutte pour obtenir celle de Sirven (voir D12468, D12498); son refrain est 'Ecrasez l'infâme'.

[15] Paragraphe ajouté en 1769; la même année Voltaire a ajouté dans l'*Essai sur les mœurs*, ch.5, des citations du Sadder (d'après Thomas Hyde, *Veterum Persarum et Parthorum et Medorum religionis historia*), et notamment celle qu'on retrouve ici en substance, suivie de la même allusion aux 'opinions probables': 'Il est certain que Dieu dit à Zoroastre: Quand on sera dans le doute si une action est bonne ou mauvaise, qu'on ne la fasse pas. *N.B.* Ceci est un peu contre la doctrine des opinions probables' (i.250). Sur les 'opinions probables' des jésuites, voir Pascal, *Lettres provinciales*, v. Voltaire parle au passé de la Société de Jésus. L'ordre n'a été aboli par le pape que le 21 juillet 1773. Mais dès le 6 août 1762 le Parlement de Paris avait décidé sa suppression, et ordonné la saisie de ses biens et la dispersion des pères; le 9 mars 1764 il avait condamné les pères à quitter la France; toutefois l'édit royal de novembre 1764 les autorisait à rester en tant que particuliers.

LETTRES, GENS DE LETTRES, OU LETTRÉS[1]

Dans nos temps barbares, lorsque les Francs, les Germains, les Bretons, les Lombards, les Mosarabes espagnols, ne savaient ni lire ni écrire, on institua des écoles, des universités, composées presque toutes d'ecclésiastiques, qui ne sachant que leur jargon enseignèrent ce jargon à ceux qui voulurent l'apprendre; les académies ne sont venues que longtemps après;[2] elles ont méprisé les sottises des écoles, mais elles n'ont pas toujours osé s'élever contre elles, parce qu'il y a des sottises qu'on respecte, attendu qu'elles tiennent à des choses respectables.

Les gens de lettres qui ont rendu le plus de service au petit nombre d'êtres pensants répandus dans le monde, sont les lettrés isolés, les vrais savants renfermés dans leur cabinet, qui n'ont ni argumenté sur les bancs des universités, ni dit les choses à moitié dans les académies; et ceux-là ont presque tous été persécutés. Notre misérable espèce est tellement faite que ceux qui marchent dans le chemin battu jettent toujours des pierres à ceux qui enseignent un chemin nouveau.

Montesquieu dit que les Scythes crevaient les yeux à leurs

a-58 64, 65, article absent

[1] Cet article a été ajouté en 1765 (65v). Il est reproduit sans changements dans les QE, sauf l'omission de la dernière phrase. L'article 'Gens de lettres' que Voltaire avait publié dans l'*Encyclopédie* (V 33, p.121-23) est indépendant de celui-ci, qui est polémique.

[2] Voltaire consacrera un article des QE aux académies (M.xvii.50-53), traitant de l'origine et de la signification du mot, de l'institution des académies, des services qu'elles ont rendus.

esclaves, afin qu'ils fussent moins distraits en battant leur beurre;[3] c'est ainsi que l'Inquisition en use, et presque tout le monde est aveugle dans les pays où ce monstre règne.[4] On a deux yeux depuis plus de cent ans en Angleterre; les Français commencent à ouvrir un œil; mais quelquefois il se trouve des hommes en place qui ne veulent pas même permettre qu'on soit borgne.[5]

Ces pauvres gens en place sont comme le docteur Balouard de la comédie italienne,[6] qui ne veut être servi que par le balourd arlequin, et qui craint d'avoir un valet trop pénétrant.

Faites des odes à la louange de monseigneur *Superbus fadus*,[7] des madrigaux pour sa maîtresse, dédiez à son portier un livre de géographie, vous serez bien reçu; éclairez les hommes, vous serez écrasé.

Descartes est obligé de quitter sa patrie,[8] Gassendi est calom-

[3] Montesquieu, *Considérations sur les causes de la grandeur des Romains et de leur décadence* (Lausanne 1750; BV), XXXII, parle de lait battu et emprunte ce détail à Hérodote, *Histoires*, IV.ii.

[4] L'Inquisition, formellement établie en 1233, était une des obsessions de Voltaire; voir *Candide*, ch.5 et 6, le *Sermon du rabbin Akib* (1761), et ci-dessus, art. 'Inquisition'. Voir aussi les carnets (V 82, p.700).

[5] Sur l'importance du thème du borgne dans l'imaginaire voltairien, voir ses contes: *Le Crocheteur borgne*, *Zadig*, *Memnon*, *Candide*.

[6] Le rôle du 'docteur' Balouard avait été particulièrement illustré par Marc-Antoine Romagnesi (1690-1742). Voltaire a souvent été très sévère à l'égard de la comédie italienne.

[7] Fadus est une personnalisation, dans le style de Molière ou des moralistes, de l'adjectif 'fade', qui s'employait en français depuis le treizième siècle et surtout, à en juger d'après les citations de Littré, aux dix-septième et dix-huitième siècles.

[8] Descartes vécut hors de France à partir de 1628 mais apparemment par choix et par prudence, ce qui ne l'empêcha pas d'y faire plusieurs visites au cours des années. Sur les persécutions encourues par Descartes, voir les *Lettres philosophiques*, XIV, 'Sur Descartes et Newton' (*Lph*, i.3-4) et le 'Catalogue des écrivains' du *Siècle de Louis XIV* (*OH*, p.1155-56).

nié,[9] Arnauld traîne ses jours dans l'exil;[10] tout philosophe est traité comme les prophètes chez les Juifs.[11]

Qui croirait que dans le dix-huitième siècle un philosophe ait été traîné devant les tribunaux séculiers et traité d'impie par les tribunaux d'arguments, pour avoir dit que les hommes ne pourraient exercer les arts s'ils n'avaient pas de mains?[12] Je ne désespère pas qu'on ne condamne bientôt aux galères le premier qui aura l'insolence de dire qu'un homme ne penserait pas s'il était sans tête; car, lui dira un bachelier, l'âme est un esprit pur, la tête n'est que de la matière; Dieu peut placer l'âme dans le talon, aussi bien que dans le cerveau; partant, je vous dénonce comme un impie.

[9] Voltaire exagère ici. Pierre Gassendi (1592-1655) semble avoir mené une vie savante et sans tracasseries sauf une querelle sur l'astronomie avec Jean-Baptiste Morin, polémiste religieux, hébraïsant, astrologue et adversaire du mouvement de la terre. Morin dénonça Gassendi, avec François Bernier, en 1653 à Mazarin pour leur impiété. L'affaire se prolongeait jusqu'en 1654 mais sans conséquences fâcheuses pour Gassendi; voir B. Rochet, 'La vie, le caractère et la formation intellectuelle', dans *Pierre Gassendi: sa vie et son œuvre 1592-1655*, p.39. Voltaire rappelle qu'on l'a accusé d'athéisme ('Catalogue des écrivains', *OH*, p.1165).

[10] Antoine Arnauld (1612-1694) s'exila en Flandres et aux Pays-Bas à la reprise des persécutions contre les jansénistes en 1679. Voir 'Catalogue des écrivains' (*OH*, p.1134).

[11] Allusion entre autres à Matthieu xiii.57, Luc iv.24, Jean iv.44.

[12] Il s'agit d'Helvétius dont *De l'esprit* souffrit en 1758 des condamnations du Parlement, de la Sorbonne et des instances royales; voir D. W. Smith, *Helvétius, a study in persecution*, p.38-44. Voltaire abrège et déforme quelque peu: 'Si la nature, au lieu de mains et de doigts flexibles, eut terminé nos poignets par un pied de cheval; qui doute que les hommes, sans arts, sans habitations, sans défense contre tous les animaux, tout occupés du soin de pourvoir à leur nourriture et d'éviter les bêtes féroces, ne fussent encore errants dans les forêts comme des troupeaux fugitifs. Or, dans cette supposition, il est évident que la police n'eut, dans aucune société, été portée au degré de perfection où maintenant elle est parvenue' (*De l'esprit*, Paris 1758, p.2-3). Ce passage offensa l'avocat général Omer Joly de Fleury: 'Selon le livre *De l'esprit*, la faculté de penser n'est dans l'homme qu'une puissance passive que l'auteur appelle *sensibilité physique*, et qu'il nous rend commun avec les animaux. *La cause de l'infériorité de leur âme* n'est que dans *la différence du physique*; ceux-ci ont des *pattes*, et l'homme a des *mains*, voilà le principe ridicule de cette infériorité' (*Arrêts de la cour de Parlement portant condamnation de plusieurs livres et autres ouvrages imprimés: extrait des registres de Parlement du 23 janvier 1759*, p.5).

Le plus grand malheur d'un homme de lettres n'est peut-être pas d'être l'objet de la jalousie de ses confrères, la victime de la cabale, le mépris des puissants du monde, c'est d'être jugé par des sots. Les sots vont loin quelquefois, surtout quand le fanatisme se joint à l'ineptie, et à l'ineptie l'esprit de vengeance.[13] Le grand malheur encore d'un homme de lettres est ordinairement de ne tenir à rien. Un bourgeois achète un petit office, et le voilà soutenu par ses confrères.[14] Si on lui fait une injustice, il trouve aussitôt des défenseurs. L'homme de lettres est sans secours; il ressemble aux poissons volants; s'il s'élève un peu, les oiseaux le dévorent; s'il plonge, les poissons le mangent.

Tout homme public paie tribut à la malignité, mais il est payé en deniers et en honneurs. L'homme de lettres paie le même tribut sans rien recevoir, il est descendu pour son plaisir dans l'arène, il s'est lui-même condamné aux bêtes.[15]

[13] Cf. les carnets, à propos des jésuites persécuteurs des gens de lettres (V 81, p.154-55).

[14] Cf. les carnets: 'Reward for Surgeons, not for good books' (V 81, p.107).

[15] Depuis sa lettre 'Sur la considération qu'on doit aux gens de lettres' (*Lph*, ii.157-62), Voltaire n'a cessé de réclamer pour eux liberté et dignité.

DE LA LIBERTÉ[1]

A. Voilà une batterie de canons qui tire à nos oreilles, avez-vous la liberté de l'entendre ou de ne l'entendre pas?

B. Sans doute, je ne peux pas m'empêcher de l'entendre.

A. Voulez-vous que ce canon emporte votre tête, et celles de votre femme et de votre fille qui se promènent avec vous?

B. Quelle proposition me faites-vous là? je ne peux pas tant que je suis de sens rassis vouloir chose pareille, cela m'est impossible.[2]

A. Bon, vous entendez nécessairement ce canon, et vous voulez nécessairement ne pas mourir vous et votre famille d'un coup de canon à la promenade, vous n'avez ni le pouvoir de ne pas entendre, ni le pouvoir de vouloir rester ici?

B. (*a*) Cela est clair.

(*a*) Un pauvre d'esprit dans un petit écrit honnête, poli, et surtout bien raisonné, objecte que si le prince ordonne à B. de rester exposé au canon, il y restera.[3] Oui, sans doute, s'il a plus de courage, ou plutôt plus de crainte de la honte que d'amour de la vie, comme il arrive très souvent. Premièrement il s'agit ici d'un cas tout différent. Secondement, quand l'instinct de la crainte de la honte l'emporte sur l'instinct de la conservation de soi-même, l'homme est autant nécessité à demeurer

12 64-67: rester ici.
n.*a* 64, 65, note *a* absente

[1] Ce dialogue, publié dès 1764, est repris dans les QE avec une introduction de six lignes et une addition à la fin.

[2] Cf. les carnets: 'Il n'y a point de proverbe plus faux que celuy cy, *les volontez sont libres*', fortement souligné (V 82, p.703). Voir aussi les ironies du chapitre 2 de *Candide* (V 48, p.123-24).

[3] Le 'pauvre d'esprit' est sans doute J.-A. Rosset de Rochefort, professeur à Lausanne, auteur de la première critique du DP, *Remarques sur un livre intitulé Dictionnaire philosophique portatif* (Lausanne 1765); voir son article 'Liberté' (p.95).

A. Vous avez en conséquence fait une trentaine de pas pour être à l'abri du canon, vous avez eu le pouvoir de marcher avec moi ce peu de pas?

B. Cela est encore très clair.

A. Et si vous aviez été paralytique, vous n'auriez pu éviter d'être exposé à cette batterie, vous n'auriez pas eu le pouvoir d'être où vous êtes, vous auriez nécessairement entendu et reçu un coup de canon, et vous seriez mort nécessairement?

B. Rien n'est plus véritable.

A. En quoi consiste donc votre liberté, si ce n'est dans le pouvoir que votre individu a exercé de faire ce que votre volonté exigeait d'une nécessité absolue?

B. Vous m'embarrassez; la liberté n'est donc autre chose que le pouvoir de faire ce que je veux.[4]

A. Réfléchissez-y, et voyez si la liberté peut être entendue autrement?

---

exposé au canon, qu'il est nécessité à fuir quand il n'est pas honteux de fuir. Le pauvre d'esprit était nécessité à faire des objections ridicules, et à dire des injures; et les philosophes se sentent nécessités à se moquer un peu de lui, et à lui pardonner.

21 64-67: nécessairement.
25 64, 65, 67: nécessité absolue.
29 64-67: autrement.

[4] Voir Locke, *An essay concerning human understanding*, II.xxi, 'Of Power', et le *Traité de métaphysique*, ch.7 (V 14, p.460-62). Dans les *Eléments de la philosophie de Newton*, I.iv, Voltaire défend l'idée que 'l'être infiniment libre a communiqué à l'homme sa créature une portion limitée de cette liberté'; il précise qu'il entend par là non seulement 'la faculté de vouloir, mais celle de vouloir très librement avec une volonté pleine et efficace, et de vouloir même quelquefois sans autre raison que sa volonté' (V 15, p.213). Voltaire était plus proche de Clarke que de Locke ici, mais le *Discours en vers sur l'homme*, II (1738), définit également la liberté comme 'le pouvoir de faire ce qu'on veut', renvoyant à Locke qui 'a si bien défini puissance' (V 17, p.471), dans *An essay concerning human understanding*, II.xxi, surtout sections 8 à 32.

B. En ce cas mon chien de chasse est aussi libre que moi; il a nécessairement la volonté de courir quand il voit un lièvre, et le pouvoir de courir s'il n'a pas mal aux jambes. Je n'ai donc rien au-dessus de mon chien, vous me réduisez à l'état des bêtes?

A. Voilà les pauvres sophismes des pauvres sophistes qui vous ont instruit. Vous voilà bien malade d'être libre comme votre chien! Eh ne ressemblez-vous pas à votre chien en mille choses? la faim, la soif, la veille, le dormir, les cinq sens ne vous sont-ils pas communs avec lui? voudriez-vous avoir l'odorat autrement que par le nez? pourquoi voulez-vous avoir la liberté autrement que lui?

B. Mais j'ai une âme qui raisonne beaucoup, et mon chien ne raisonne guère. Il n'a presque que des idées simples, et moi j'ai mille idées métaphysiques.

A. Eh bien, vous êtes mille fois plus libre que lui, c'est-à-dire, vous avez mille fois plus de pouvoir de penser que lui, mais vous n'êtes pas libre autrement que lui. [5]

B. Quoi? je ne suis pas libre de vouloir ce que je veux?

A. Qu'entendez-vous par là?

B. J'entends ce que tout le monde entend. Ne dit-on pas tous les jours, les volontés sont libres? [6]

A. Un proverbe n'est pas une raison; expliquez-vous mieux.

B. J'entends que je suis libre de vouloir comme il me plaira.

33 64-67: des bêtes.
49 65-67: monde entend?

[5] Passage réfuté par le 'pauvre d'esprit': 'Quelle rare découverte! quel bonheur pour l'humanité! Il fallait un *Dictionnaire philosophique portatif*, pour venir enfin nous apprendre que nous avons l'honneur d'être libres, à peu près comme les chiens, et même un peu plus qu'eux, quoique pas autrement qu'eux. Voilà vraiment une admirable théorie; ce qu'elle ôte à l'homme, elle le rend aux animaux: que ne peuvent-ils exprimer leur reconnaissance à l'illustre auteur!' (Rosset de Rochefort, *Remarques sur un livre intitulé Dictionnaire philosophique portatif*, p.97).

[6] 'se dit quand quelqu'un refuse de faire une chose, à quoi on l'oblige' (A.-J. Panckoucke, *Dictionnaire portatif des proverbes français*, Utrecht 1751, p.413).

A. Avec votre permission, cela n'a pas de sens; ne voyez-vous pas qu'il est ridicule de dire, je veux vouloir. Vous voulez nécessairement en conséquence des idées qui se sont présentées à vous. Voulez-vous vous marier, oui ou non?

B. Mais si je vous disais que je ne veux ni l'un ni l'autre?

A. Vous répondriez comme celui qui disait, les uns croient le cardinal Mazarin mort, les autres le croient vivant, et moi je ne crois ni l'un ni l'autre.

B. Eh bien, je veux me marier.

A. Ah! c'est répondre cela. Pourquoi voulez-vous vous marier?

B. Parce que je suis amoureux d'une jeune fille, belle, douce, bien élevée, assez riche, qui chante très bien, dont les parents sont de très honnêtes gens, et que je me flatte d'être aimé d'elle, et fort bien venu de sa famille.

A. Voilà une raison. Vous voyez que vous ne pouvez vouloir sans raison. Je vous déclare que vous êtes libre de vous marier, c'est-à-dire, que vous avez le pouvoir de signer le contrat.

B. Comment! je ne peux vouloir sans raison? Eh que deviendra cet autre proverbe, *sit pro ratione voluntas*;[7] ma volonté est ma raison, je veux parce que je veux?

A. Cela est absurde, mon cher ami; il y aurait en vous un effet sans cause.[8]

[7] Juvénal, *Satires*, vi.223: 'Hoc volo, sic iubeo, sit pro ratione voluntas'.

[8] C'est précisément ce que nient Pangloss (*Candide*, ch.1) et Mme Du Châtelet, *Institutions de physique* (Paris 1740; BV), i.8, qui soutiennent qu'il y a une 'raison suffisante' pour tout effet. Dans *Le Philosophe ignorant*, ch.13, Voltaire renvoie à Locke et à un traité d'Anthony Collins, évidemment *A philosophical inquiry concerning human liberty* (1717) qu'il possédait dans un *Recueil de diverses pièces, sur la philosophie, le religion naturelle, l'histoire, les mathématiques* (Amsterdam 1720; BV), publié par Pierre Desmaizeaux; il admet là que la volonté est déterminée, et il détourne la question de la psychologie vers la politique, à la capacité de faire ce que veut cette volonté (V 62, p.43-45). En 1756 il ajoute un chapitre aux *Eléments de la philosophie de Newton*, 'Doutes sur la liberté qu'on nomme d'indifférence' (I.v), thème qu'il évoque ici.

B. Quoi! lorsque je joue à pair ou non, j'ai une raison de choisir pair plutôt qu'impair?

A. Oui, sans doute.

B. Et quelle est cette raison, s'il vous plaît?

A. C'est que l'idée d'impair s'est présentée à votre esprit plutôt que l'idée opposée. Il serait plaisant qu'il y eût des cas où vous voulez parce qu'il y a une cause de vouloir, et qu'il y eût quelques cas où vous voulussiez sans cause. Quand vous voulez vous marier, vous en sentez la raison dominante évidemment; vous ne la sentez pas quand vous jouez à pair ou non; et cependant il faut bien qu'il y en ait une.

B. Mais encore une fois, je ne suis donc pas libre?

A. Votre volonté n'est pas libre, mais vos actions le sont; vous êtes libre de faire quand vous avez le pouvoir de faire.[9]

B. Mais tous les livres que j'ai lus sur la liberté d'indifférence…[10]

A. Sont des sottises; il n'y a point de liberté d'indifférence; c'est un mot destitué de sens, inventé par des gens qui n'en avaient guère.[11]

86 67: libre!

[9] Voir les carnets (V 82, p.438, 608).

[10] Entre autres Jean Astruc, 'Dissertation sur la liberté', *Dissertations sur l'immatérialité et l'immortalité de l'âme* (Paris 1755); David-Renaud Boullier, *Discours philosophiques* (Amsterdam 1759) et *Essai philosophique sur l'âme des bêtes* (Amsterdam 1728; BV).

[11] Les opinions de Voltaire sur la liberté d'indifférence ont varié: on opposera ce qu'il soutient dans les *Eléments de la philosophie de Newton*, I.iv (V 15, p.215), que dans certaines circonstances 'indifférentes' la volonté n'est déterminée ni par l'entendement, ni par une recherche d'avantage mais qu'elle choisit en fait arbitrairement, et dans un texte écrit pour Frédéric II, voir *Traité de métaphysique*, appendice I (V 14, p.484-502).

LIBERTÉ DE PENSER[1]

Vers l'an 1707, temps où les Anglais gagnèrent la bataille de Sarragosse,[2] protégèrent le Portugal,[3] et donnèrent pour quelque

a-97 64, article absent

[1] Il est difficile de dater la composition de cet article ajouté en 1765. Il traite de thèmes habituels à Voltaire: liberté de penser, supériorité des pays du Nord, libéraux, sur les pays du Midi, soumis encore au fanatisme catholique symbolisé par l'Inquisition. Le cadre historique choisi lui reste longtemps familier. *Le Siècle de Louis XIV*, où est racontée la guerre de Succession d'Espagne, reçoit corrections et additions en 1756, 1761 et 1763. En choisissant la date de 1707, Voltaire exclut les personnages et événements portugais qui l'ont frappé entre 1755 et 1761 (tremblement de terre de Lisbonne, l'assassinat du roi de Portugal, le père Malagrida). Il ne semble plus s'y intéresser. Il ne lance ici aucune pique même contre les jésuites, ce qui confirme l'hypothèse selon laquelle l'article a été composé après 1764, date à laquelle les jésuites, ayant perdu leur puissance, ne constituent plus une cible pour Voltaire. Les allusions dans la correspondance aux derniers bastions du fanatisme que sont aux yeux des philosophes l'Espagne et le Portugal (voir par ex. D12575, D13096) et la référence aux galériens à la fin de l'article (voir n.17) confirmeraient qu'il a pu être composé en 1764-1765. L'article sera repris dans les QE.

[2] Voltaire n'a qu'un souvenir un peu flou des péripéties et des dates de la guerre de Succession d'Espagne. Il semble confondre deux batailles de Saragosse: celle du 24 mai 1707, perdue par les Anglais et leurs alliés, et celle d'août 1710 qu'ils gagnent. Dans *Le Siècle de Louis XIV*, ch.22, il date bien de 1710 la victoire des Anglais et de leurs alliés et l'entrée de l'archiduc à Madrid qui en est la conséquence (*OH*, p.866-67).

[3] En 1703, après la victoire navale anglo-hollandaise de Vigo (octobre 1702), Pierre II, roi de Portugal (allié à la France depuis 1701), mécontent de la France qui n'a pas envoyé de vaisseaux sur ses côtes, et soupçonnant l'Espagne d'en vouloir à son indépendance, signe deux traités avec les Puissances maritimes (Angleterre et Hollande): par le premier, le 16 mai, elles lui promettent la protection de leurs bateaux et d'obtenir pour lui quatre villes espagnoles en Estremadure, quatre autres en Galice et un territoire en Amérique, moyennant engagement de sa part de reconnaître pour roi d'Espagne l'archiduc Charles, de le recevoir en Portugal et de lui fournir une armée de 27 000 hommes; le deuxième, le 27 décembre, est un traité de commerce, qui ouvre le marché de l'Angleterre aux vins portugais, et le

temps un roi à l'Espagne,[4] milord Boldmind officier général qui avait été blessé, était aux eaux de Barège.[5] Il y rencontra le comte Médroso,[6] qui étant tombé de cheval derrière le bagage,[7] à une lieue et demie du champ de bataille, venait prendre les eaux aussi. Il était familier de l'Inquisition, milord Boldmind n'était familier que dans la conversation;[8] un jour après boire il eut avec Médroso cet entretien.

---

marché du Portugal et de ses colonies aux draps et produits manufacturés anglais. Le Portugal devint ainsi dès 1703 une annexe commerciale de l'Angleterre. Cette situation rend tout à fait vraisemblable une rencontre et un dialogue entre un officier anglais et un officier portugais.

[4] Chronologie réelle: en 1705, une flotte anglaise conduit l'archiduc Charles en Catalogne; Barcelone capitule, puis les royaumes de Valence et de Murcie le proclament roi sous le nom de Charles III; en 1706 les Anglais entrent à Madrid le 25 juin et y proclament effectivement Charles III; mais les Castillans restent fidèles à Philippe V, et en août 1706 ses troupes rentrent à Madrid; en 1707 les Franco-Espagnols sont vainqueurs à Almansa le 25 avril, prennent Saragosse le 24 mai, Lérida en novembre; les Anglais, leurs alliés et l'archiduc n'occupent plus que Barcelone et quelques autres places; mais en 1710 ils battent les troupes de Philippe V près de Lérida en juillet, près de Saragosse en août, et entrent à nouveau à Madrid avec Charles le 28 septembre; Philippe V se replie à Valladolid; mais Charles est obligé de reculer vers Tolède, puis vers Saragosse et enfin vers Barcelone, qui reste seule en sa possession. Les traités d'Utrecht, qui assureront à Philippe V l'Espagne et ses colonies, seront signés entre le 26 mars et le 13 juin 1713.

[5] Bruzen de La Martinière signale que les eaux de Barèges 'acquirent une nouvelle réputation par le voyage que fit Louis le Grand pour les aller prendre sur les lieux'.

[6] Les personnages de cet apologue portent des noms symboliques: l'anglais éclairé s'appelle Esprit-Hardi (Boldmind), et le Portugais asservi Peureux (Medroso).

[7] Il y a peut-être là une allusion précise: une des causes de la défaite des Anglo-Portugais à Almanza le 25 avril 1707 fut la déroute de la cavalerie portugaise. En lisant dans *Le Siècle de Louis XIV* le récit des combats terrestres en Espagne, on remarque que Voltaire parle toujours des Anglais, rarement de leurs alliés portugais, placés, il est vrai, sous haut commandement anglais; il ne signale guère à leur actif qu'une série de victoires apparemment faciles en 1706 (*OH*, p.847).

[8] Dans la première occurrence, 'familier' a le sens technique, ainsi défini dans l'*Encyclopédie*: 'nom que l'on donne en Espagne et en Portugal aux officiers de l'Inquisition, dont la fonction est de faire arrêter les accusés. Il y a des Grands, et d'autres personnes considérables, qui, à la honte de l'humanité, se font gloire de ce titre odieux, et vont même jusqu'à en exercer les fonctions'; cf. le rôle que Voltaire fait jouer aux familiers dans *La Princesse de Babylone* (ch.11), dans *Candide* (ch.5).

BOLDMIND

Vous êtes donc sergent des dominicains? vous faites là un vilain métier.

MÉDROSO

Il est vrai; mais j'ai mieux aimé être leur valet que leur victime, et j'ai préféré le malheur de brûler mon prochain à celui d'être cuit moi-même.

BOLDMIND

Quelle horrible alternative! vous étiez cent fois plus heureux sous le joug des Maures qui vous laissaient croupir librement dans toutes vos superstitions, et qui tout vainqueurs qu'ils étaient ne s'arrogeaient pas le droit inouï de tenir les âmes dans les fers.[9]

MÉDROSO

Que voulez-vous! il ne nous est permis ni d'écrire, ni de parler, ni même de penser.[10] Si nous parlons, il est aisé d'interpréter nos paroles, encore plus nos écrits. Enfin, comme on ne peut nous

17 65v*1: étaient^{V}, $^{+}$ ne

[9] Sur la tolérance des Maures et sur l'Inquisition dans la péninsule ibérique, voir l'*Essai sur les mœurs*, ch.64 (i.640 ss.) et surtout ch.140: 'les Arabes, maîtres de l'Espagne, n'avaient jamais forcé les chrétiens régnicoles à recevoir le mahométisme'; en Espagne, 'l'Inquisition procéda contre [les juifs] et contre les musulmans [...]. Mais bientôt [les Espagnols] eux-mêmes devinrent victimes [...] La forme des procédures devint un moyen infaillible de perdre qui on voulait. On ne confronte point les accusés aux délateurs, et il n'y a point de délateur qui ne soit écouté [...] enfin l'accusé est obligé d'être lui-même son propre délateur, de deviner et d'avouer le délit qu'on lui suppose, et que souvent il ignore [...] Les plus adroits s'empressèrent d'être les archers de l'Inquisition sous le nom de ses familiers, aimant mieux être satellites que suppliciés' (ii.297-99).

[10] De 1707 à 1750 règne Jean v, que Voltaire appelle 'le prêtre-roi' (D3514).

condamner dans un autodafé pour nos pensées secrètes, on nous menace d'être brûlés éternellement par l'ordre de Dieu même, si nous ne pensons pas comme les jacobins. Ils ont persuadé au gouvernement que si nous avions le sens commun, tout l'Etat serait en combustion, et que la nation deviendrait la plus malheureuse de la terre.[11]

BOLDMIND

Trouvez-vous que nous soyons si malheureux nous autres Anglais qui couvrons les mers de vaisseaux, et qui venons gagner pour vous des batailles au bout de l'Europe?[12] Voyez-vous que les Hollandais qui vous ont ravi presque toutes vos découvertes dans l'Inde,[13] et qui aujourd'hui sont au rang de vos protecteurs,

[11] Au Portugal, l'Inquisition est devenue, comme en Espagne, une institution royale: à partir de 1531 sous Jean III, le Saint-Office est une administration d'Etat, dont le roi nomme le chef, le Grand Inquisiteur, qui réside à Lisbonne; mais il devient si puissant qu'il échappe parfois à l'autorité royale; il persécute tout ce qui n'est pas dominicain (jacobin) ou jésuite. A l'époque où écrit Voltaire, Pombal, ministre depuis 1750, s'appuie sur les dominicains, donne à l'Inquisition le titre de Majesté; mais c'est surtout pour éliminer ses ennemis politiques qu'il se sert d'elle: il a décidé que ses condamnations seraient soumises à l'approbation royale; il lui a ôté la censure des livres; enfin, en 1767, il lui 'rognera les griffes'. Elle ne sera totalement abolie au Portugal qu'en 1820.

[12] La marine anglaise intervient pendant la guerre de Succession d'Espagne contre Philippe V et ses Espagnols, ennemis des Portugais: elle remporte devant Gibraltar entre août 1704 et mars 1705 des victoires qui lui assurent la maîtrise de la Méditerranée; en 1705 encore, c'est une flotte anglaise qui amène le rival de Philippe V dans la péninsule; en 1710 c'est une flotte anglo-hollandaise qui amène à l'archiduc Charles et à ses alliés les renforts envoyés par l'empereur Joseph.

[13] Effectivement, grâce à Vasco de Gama, qui avait découvert la route des Indes par le cap de Bonne-Espérance, à Albuquerque, etc., les Portugais avaient régné sur les côtes de l'Inde pendant presque tout le seizième siècle. Mais la corruption qui régnait, l'exploitation des indigènes, à partir du règne de Jean III le prosélytisme religieux et l'Inquisition (établie à Goa en 1560) leur valurent l'hostilité des habitants. D'autre part après la réunion du Portugal à l'Espagne, en 1580, les ports du Portugal furent fermés aux navires hollandais qui avaient jusque-là assuré la distribution en Europe des produits rapportés des Indes par les Portugais. Les Hollandais résolurent alors d'aller les chercher eux-mêmes; ils fondèrent à partir

soient maudits de Dieu pour avoir donné une entière liberté à la presse, et pour faire le commerce des pensées des hommes? L'empire romain en a-t-il été moins puissant parce que Cicéron a écrit avec liberté?

MÉDROSO

Quel est ce Cicéron? je n'ai jamais entendu parler de cet homme-là; il ne s'agit pas ici de Cicéron, il s'agit de notre Saint-Père le pape, et de St Antoine de Padouë,[14] et j'ai toujours ouï dire que la religion romaine est perdue si les hommes se mettent à penser.

BOLDMIND

Ce n'est pas à vous à le croire, car vous êtes sûrs que votre religion est divine, et que les portes d'enfer ne peuvent prévaloir contre elle:[15] si cela est, rien ne pourra jamais la détruire.

MÉDROSO

Non; mais on peut la réduire à peu de chose, et c'est pour avoir pensé que la Suède, le Dannemarck, toute votre île, la moitié de l'Allemagne gémissent dans le malheur épouvantable de n'être plus sujets du pape, on dit même que si les hommes continuent à suivre leurs fausses lumières, ils s'en tiendront bientôt à l'adoration simple de Dieu et à la vertu; si les portes de l'enfer prévalent jamais jusque-là, que deviendra le Saint-Office?

---

de 1594 des compagnies, qui fusionnèrent en 1602; aidés par les indigènes, ils chassèrent les Portugais: de Ceylan entre 1632 et 1657, puis à partir de 1660 des côtes de l'Inde; en 1686, au moment du voyage de Tavernier, les Portugais ne possédaient plus dans l'Indoustan que Goa, l'île de Diu, l'îlot de Salsette, les ports de Damão et Margão. Les Hollandais seront supplantés à leur tour par les Anglais à la fin du dix-septième siècle.

[14] Saint Antoine de Padoue était né à Lisbonne; Voltaire se moque de son sermon aux poissons (voir D9754, D13651).

[15] Matthieu xvi.18.

BOLDMIND

Si les premiers chrétiens n'avaient pas eu la liberté de penser, n'est-il pas vrai qu'il n'y eût point eu de christianisme?

MÉDROSO

Que voulez-vous dire? Je ne vous entends point.

BOLDMIND

Je le crois bien, je veux dire que si Tibère et les premiers empereurs avaient eu des jacobins, qui eussent empêché les premiers chrétiens d'avoir des plumes et de l'encre, s'il n'avait pas été longtemps permis dans l'empire romain de penser librement[16] il eût été impossible que les chrétiens établissent leurs dogmes; si donc le christianisme ne s'est formé que par la liberté de penser, par quelle contradiction, par quelle injustice voudrait-il anéantir aujourd'hui cette liberté sur laquelle seule il est fondé?

Quand on vous propose quelque affaire d'intérêt n'examinez-vous pas longtemps avant de conclure? quel plus grand intérêt y a-t-il au monde que celui de notre bonheur ou de notre malheur éternel? il y a cent religions sur la terre qui toutes vous damnent si vous croyez à vos dogmes, qu'elles appellent absurdes et impies; examinez donc ces dogmes.

MÉDROSO

Comment puis-je les examiner? je ne suis pas jacobin.

BOLDMIND

Vous êtes homme, et cela suffit.

[16] Sur la tolérance des Romains, voir notamment le *Traité sur la tolérance*, ch.8; *La Philosophie de l'histoire*, ch.50. Sur le 'prétendu édit' de Tibère mettant Jésus au nombre des dieux, voir par ex. *Questions sur les miracles*, I (M.xxv.360); *L'Examen important de milord Bolingbroke*, ch.20 (V 62, p.253).

MÉDROSO

Hélas! vous êtes bien plus homme que moi.

BOLDMIND

Il ne tient qu'à vous d'apprendre à penser; vous êtes né avec de l'esprit; vous êtes un oiseau dans la cage de l'Inquisition, le Saint-Office vous a rogné les ailes, mais elles peuvent revenir. Celui qui ne sait pas la géométrie peut l'apprendre; tout homme peut s'instruire; il est honteux de mettre son âme entre les mains de ceux à qui vous ne confieriez pas votre argent: osez penser par vous-même.

MÉDROSO

On dit que si tout le monde pensait par soi-même ce serait une étrange confusion.

BOLDMIND

C'est tout le contraire, quand on assiste à un spectacle, chacun en dit librement son avis, et la paix n'est point troublée; mais si quelque protecteur insolent d'un mauvais poète voulait forcer tous les gens de goût à trouver bon ce qui leur paraît mauvais, alors les sifflets se feraient entendre et les deux partis pourraient se jeter des pommes à la tête comme il arriva une fois à Londres. Ce sont ces tyrans des esprits, qui ont causé une partie des malheurs du monde; nous ne sommes heureux en Angleterre que depuis que chacun jouit librement du droit de dire son avis.

MÉDROSO

Nous sommes aussi fort tranquilles à Lisbonne où personne ne peut dire le sien.

BOLDMIND

Vous êtes tranquilles, mais vous n'êtes pas heureux; c'est la tranquillité des galériens qui rament en cadence et en silence.

MÉDROSO

Vous croyez donc que mon âme est aux galères?

BOLDMIND

Oui, et je voudrais la délivrer.

MÉDROSO

Mais si je me trouve bien aux galères?[17]

BOLDMIND

En ce cas vous méritez d'y être.

[17] La remarque de Médroso est vraisemblablement inspirée par le souvenir du refus que les protestants condamnés aux galères pourraient opposer, puis opposent effectivement à la proposition que leur avait fait faire Voltaire au printemps 1764 de devenir colons en Guyane (voir D11785, D11786). Il parle ainsi des réfractaires éventuels à Louis Necker: 'Ceux qui préfèrent une chaîne de galérien à un climat qui est sous la ligne, sont bien les maîtres de rester aux galères' (6 avril 1764; D11813), et quand ils ont refusé il écrit aux d'Argental le 17 juin: 'Croiriez-vous que ces drôles-là quand il a fallu tenir leur parole ont fait comme les compagnons d'Ulisse qui aimèrent mieux rester cochons que de redevenir hommes? Mes gens ont préféré les galères à la Guiane' (D11930).

DES LOIS

Première section. [1]

Les moutons vivent en société fort doucement, leur caractère passe pour très débonnaire, parce que nous ne voyons pas la prodigieuse quantité d'animaux qu'ils dévorent. Il est à croire même qu'ils les mangent innocemment et sans le savoir, comme lorsque nous mangeons d'un fromage de Sassenage. [2] La république des moutons est l'image fidèle de l'âge d'or. [3]

Un poulailler est visiblement l'Etat monarchique le plus parfait. Il n'y a point de roi comparable à un coq. [4] S'il marche fièrement

b-74 64-65v, section absente

[1] Cette section, bien qu'ajoutée en 1767, précède celle de 1764. Elle ne semble pas avoir été écrite avant 1766: c'est l'année du *Commentaire sur le livre Des délits et des peines*; mais un détail infime, l'exemple du fromage de Sassenage (l.5), paraît plus révélateur encore: la famille Rochefort d'Ally envoie de ce fromage à Voltaire: 'Venez manger de votre sassenage', écrira-t-il au chevalier (21 novembre 1768; D15330; cf. D15234, D15286, D15951); or leurs relations ne datent apparemment que de 1766. On peut supposer que l'idée de cet exemple est liée à la visite du chevalier à Ferney, vers juin 1766, où l'exemple a déjà pu servir dans leurs conversations philosophiques (voir D13341, D13382). Les préoccupations qui apparaissent dans cette section se retrouvent dans divers écrits parus entre 1765 et 1768; voir les notes ci-dessous.

[2] C'est un fromage bleu.

[3] Sur le prétendu 'âge d'or' et sur l'origine de ce mythe, voir art. 'Genèse', l.289-293. Se plaçant cette fois du point de vue du confort et du luxe, Voltaire commençait déjà *Le Mondain* par ces vers: 'Regrettera qui veut le bon vieux temps / Et l'âge d'or' (M.x.83).

[4] Cf. QE, art. 'Abeilles': 'S'il est quelque apparence d'une royauté et d'une cour, c'est dans un coq; il appelle ses poules, il laisse tomber pour elles le grain qu'il a dans le bec; il les défend, il les conduit; il ne souffre pas qu'un autre roi partage son petit Etat; il ne s'éloigne jamais de son sérail. Voilà une image de la vraie royauté' (M.xvii.28).

au milieu de son peuple, ce n'est point par vanité. Si l'ennemi approche, il ne donne point d'ordre à ses sujets d'aller se faire tuer pour lui en vertu de sa certaine science et pleine puissance:[5] il y va lui-même, range ses poules derrière lui et combat jusqu'à la mort. S'il est vainqueur, c'est lui qui chante le *Te Deum.*[6] Dans la vie civile, il n'y a rien de si galant, de si honnête, de si désintéressé. Il a toutes les vertus. A-t-il dans son bec royal un grain de blé, un vermisseau, il le donne à la première de ses sujettes qui se présente. Enfin Salomon dans son sérail n'approchait pas d'un coq de basse-cour.[7]

S'il est vrai que les abeilles soient gouvernées par une reine à qui tous ses sujets font l'amour, c'est un gouvernement plus parfait encore.[8]

Les fourmis passent pour une excellente démocratie. Elle est au-dessus de tous les autres Etats; puisque tout le monde y est égal, et que chaque particulier y travaille pour le bonheur de tous.[9]

[5] Idée exprimée notamment dans *Le Monde comme il va*, ch.1; *Candide*, ch.2.

[6] Pour l'opinion de Voltaire sur le *Te Deum*, voir ci-dessus, art. 'Guerre' et n.15.

[7] 'Il a sept cents femmes et trois cents concubines', écrit Voltaire dans *L'Examen important de milord Bolingbroke*, ch.9 (V 62, p.202).

[8] Voltaire fera le point de la question dans *Des singularités de la nature*, ch.6, après la lecture de Jean-Baptiste Simon, *Le Gouvernement admirable, ou la république des abeilles* (Paris 1742; BV); l'auteur, dit-il, 'en sait plus que M. le prieur Jonval et que M. le comte du *Spectacle de la nature*. Il prétend qu'[...] il y a dans chaque ruche une espèce de roi et de reine qui perpétuent cette race royale et qui président aux ouvrages; il les a vus, il les a dessinés, et il renvoie aux *Mille et une nuits* et à l'*Histoire de la reine d'Achem* la prétendue reine abeille avec son sérail. Il y a ensuite la race des bourdons [...] et enfin la grande famille des abeilles ouvrières, partagées en mâles et femelles' (M.xxvii.133-34); il fait allusion dans sa correspondance aux recherches très vaines que l'on fait pour savoir 'si cette nation vit sous les loix d'une prétendue Reine' (7 juin 1769; D15679). Il a lui-même des ruches et se trouve à portée de faire des observations (cf. QE, art. 'Abeilles'; D13399, D15910, D16525).

[9] Voltaire disserte sur les trois régimes notamment dans les *Idées républicaines par un membre d'un corps* (1762) qui répondent au *Contrat social* de Rousseau, et dans *L'A, B, C*, VI. Pendant qu'il compose, et surtout qu'il augmente le DP, la

La république des castors est encore supérieure à celle des fourmis, du moins si nous en jugeons par leurs ouvrages de maçonnerie.

Les singes ressemblent plutôt à des bateleurs qu'à un peuple policé,[10] et ils ne paraissent pas être réunis sous des lois fixes et fondamentales, comme les espèces précédentes.

Nous ressemblons plus aux singes qu'à aucun autre animal par le don de l'imitation, par la légèreté de nos idées, et par notre inconstance qui ne nous a jamais permis d'avoir des lois uniformes et durables.

Quand la nature forma notre espèce, et nous donna quelques instincts, l'amour-propre pour notre conservation,[11] la bienveillance pour la conservation des autres, l'amour qui est commun avec toutes les espèces,[12] et le don inexplicable de combiner plus

27-29 67: leurs ouvrages. ¶Les

---

république de Genève est troublée. Représentants (partisans d'une démocratisation) et Négatifs (qui refusent leurs 'représentations') s'opposent en particulier de 1765 à 1768, et Voltaire est amené à se poser des questions sur les régimes aristocratique et démocratique: 'Je vous avoue que je penche àprésent assez pour la Démocratie, malgré mes anciens principes, parce qu'il me semble que les magnates ont eu tort dans plusieurs points' (14 octobre 1765; D12933). Les publications de livres où est notamment commenté l'*Esprit des lois* lui donnent aussi matière à réflexion; voir sa réponse du 14/15 mars 1767 à Linguet (D14039), qui lui a envoyé sa *Théorie des lois civiles ou principes fondamentaux de la société* (Londres 1767).

[10] Les singes lui servent parfois de point de comparaison pour déprécier la politique ou la société françaises: 'On dit qu'un naturaliste fait actuellement l'histoire des singes. Si cet auteur est à Paris, il doit avoir d'excellents mémoires' (30 janvier 1764; D11669); 'je propose aux singes, mes compatriotes, de ne pas toujours mordre et de se contenter de danser' (1er mars 1764; D11738). On sait aussi que Voltaire eut un singe, Luc, et qu'il donnait souvent ce nom au roi de Prusse.

[11] Cf. *Traité de métaphysique*: 'L'amour-propre et toutes ses branches sont aussi nécessaires à l'homme que le sang qui coule dans ses veines' (V 14, p.472); voir aussi art. 'Amour-propre' et n.7.

[12] Voir ci-dessus, art. 'Amour'.

d'idées que tous les animaux ensemble;[13] après nous avoir ainsi donné notre lot, elle nous dit: Faites comme vous pourrez.

Il n'y a aucun bon code dans aucun pays.[14] La raison en est évidente, les lois ont été faites à mesure selon les temps, les lieux, les besoins, etc.

Quand les besoins ont changé, les lois qui sont demeurées sont devenues ridicules. Ainsi la loi qui défendait de manger du porc et de boire du vin, était très raisonnable en Arabie, où le porc et le vin sont pernicieux; elle est absurde à Constantinople.

La loi qui donne tout le fief à l'aîné, est fort bonne dans un temps d'anarchie et de pillage. Alors l'aîné est le capitaine du château que des brigands assailliront tôt ou tard; les cadets seront ses premiers officiers, les laboureurs ses soldats. Tout ce qui est à craindre, c'est que le cadet n'assassine ou n'empoisonne le seigneur salien son aîné, pour devenir à son tour le maître de la masure; mais ces cas sont rares, parce que la nature a tellement combiné nos instincts et nos passions, que nous avons plus d'horreur d'assassiner notre frère aîné que nous n'avons d'envie d'avoir sa place.[15] Or cette loi convenable à des possesseurs de donjons du temps de Chilpéric, est détestable quand il s'agit de partager des rentes dans une ville.

A la honte des hommes, on sait que les lois du jeu sont les seules qui soient partout justes, claires, inviolables et exécutées. Pourquoi l'Indien qui a donné les règles du jeu d'échecs,[16] est-il obéi de bon gré dans toute la terre, et que les décrétales des papes,

[13] Sur le problème de la formation des idées, voir ci-dessus, art. 'Idée'; *Le Philosophe ignorant*, II, III et, sur la comparaison avec les animaux, VI (V 62, p.32-33, 36).

[14] Frédéric II a refait un code, Catherine II va essayer de convoquer au printemps 1767 un 'Comité' qui en refasse un (voir D13433, D14091, D14219). Voltaire recevra le projet en mars 1769 (D15520).

[15] Sur le droit d'aînesse, voir ci-dessous, l.183-190.

[16] Voir l'*Essai sur les mœurs*, ch.3 (i.231-32), et l'allusion dans *La Philosophie de l'histoire*, ch.17 (V 59, p.146). On sait que Voltaire jouait aux échecs avec le père Adam.

par exemple, sont aujourd'hui un objet d'horreur et de mépris?[17] c'est que l'inventeur des échecs combina tout avec justesse pour la satisfaction des joueurs, et que les papes dans leurs décrétales, n'eurent en vue que leur seul avantage. L'Indien voulut exercer également l'esprit des hommes et leur donner du plaisir; les papes ont voulu abrutir l'esprit des hommes. Aussi le fond du jeu des échecs a subsisté le même depuis cinq mille ans, il est commun à tous les habitants de la terre; et les décrétales ne sont reconnues qu'à Spolette, à Orviette, à Lorette,[18] où le plus mince jurisconsulte les déteste et les méprise en secret.

Seconde section.[19]

Du temps de Vespasien et de Tite, pendant que les Romains éventraient les Juifs, un Israélite fort riche qui ne voulait point

[17] Voltaire consacre un article de *L'Opinion en alphabet* aux décrétales que son sous-titre définit ainsi: 'Lettres des papes qui règlent les points de doctrine ou de discipline, et qui ont force de loi dans l'Eglise latine'. Il traite uniquement du recueil de fausses décrétales d'Isidore Mercator dont l'objet a été 'd'étendre l'autorité du pape et des évêques'. Il énumère les arguments contestant l'authenticité de ces textes (M.xviii.319-23).

[18] Ces trois villes faisaient partie des Etats de l'Eglise; les décrétales y avaient donc force de loi.

[19] Article publié en 1764, et reconnu par Voltaire (D12180). Il n'était certainement pas destiné à l'*Encyclopédie*: il ne correspond pas aux critères que Voltaire veut imposer aux articles de dictionnaires. Il est difficile de déterminer la date de sa composition. La plupart des thèmes sont généraux et souvent traités par Voltaire. Les faits et préoccupations qui semblent avoir trait à sa vie personnelle, qu'on retrouve dans sa correspondance ou dans une œuvre particulière, s'échelonnent de 1756 à 1763; voir les notes ci-dessous. Toutefois un certain nombre d'éléments convergent vers 1763-1764: *De l'esprit des lois* sur le titre duquel Voltaire joue (l.224-225) revient à l'ordre du jour au début de 1764; son procès personnel pour dîmes commence en 1763; en Russie, l'avènement presque successif en 1763 de deux impératrices qu'il apprécie, ravive son désir d'attaquer la loi salique; on retrouve aussi l'association d'idées Indes/Juifs et 'semence d'Abraham' à perpétuer, dans une lettre sur la Compagnie des Indes du 12 août 1763 (D11355), et plusieurs thèmes (la diversité des lois, l'opposition entre lois de convention et loi naturelle) dans les *Remarques pour servir de Supplément à l'Essai sur les mœurs*, XVII (1763).

être éventré, s'enfuit avec tout l'or qu'il avait gagné à son métier d'usurier,[20] et emmena vers Eziongaber[21] toute sa famille, qui consistait en sa vieille femme, un fils et une fille; il avait dans son train, deux eunuques,[22] dont l'un servait de cuisinier, l'autre était laboureur et vigneron. Un bon essénien qui savait par cœur le Pentateuque lui servait d'aumônier:[23] tout cela s'embarqua dans

On pourrait donc supposer que Voltaire l'a écrit à la fin de 1763, gardant à l'esprit certains faits antérieurs de quelques années.

[20] Situation historiquement vraisemblable. On envoya Vespasien en Judée pour écraser la révolte en 66, des milliers de Juifs furent tués dans les combats; quand il devint empereur en 69, Vespasien laissa le commandement à son fils Titus; en plus de la guerre contre les Romains, les dissensions internes faisaient des victimes. Titus assiégea Jérusalem, et les habitants moururent plus encore de la famine et de la peste que de blessures; on s'entretua parfois pour de la nourriture; et la prise du temple et du palais d'Hérode (en 70) fut très sanglante. Des Juifs qui survécurent, des milliers furent déportés pour combattre les bêtes féroces dans les amphithéâtres de Césarée et d'Antioche, ou pour devenir esclaves dans les mines du Sinaï, où ils moururent. Ceux qui le purent s'enfuirent certainement.

[21] Asion-Gaber ou Ezion-Gaber, 'ville de l'Idumée sur le bord de la mer Rouge, où Salomon fit construire une flotte qu'il envoya à Ophir, d'où elle lui apporta cent-vingts talents d'or' (Moreri, *Dictionnaire*); voir I Rois ix.26.

[22] Calmet pose la question de l'existence légale, de l'origine et du rôle des eunuques chez les Juifs: 'Dieu avait défendu à son peuple de faire des eunuques… [Lévitique xxii.24] Il avait dit dans le Deutéronome [xxiii.1] que [l'eunuque] *n'entrera point dans l'assemblée du Seigneur* […] Les uns croient que par là Dieu défend aux eunuques de se marier à des Israëlites […] Mais il est plus croyable que Dieu les excluait simplement des prérogatives extérieures attachées à la qualité d'Israëlite […] Il y avait des eunuques dans la cour des rois de Juda et d'Israël […] mais c'étaient apparemment des esclaves des peuples étrangers, ou si c'étaient des Hébreux, le nom d'eunuques qu'on leur donne, marque simplement leur office et leur dignité. Notre sauveur dans l'Evangile parle d'une sorte d'eunuque différente […]; ce sont ceux *qui se sont faits eunuques pour le royaume des cieux*, c'est-à-dire, qui par un motif de religion, ont renoncé au mariage' (*Dictionnaire*, art. 'Eunuque', ii.402). Voir ci-dessus, art. 'Joseph', n.8.

[23] Ce personnage est conforme au portrait que fait Calmet des esséniens, à cela près qu'ils vivaient en communauté, et exceptionnellement se mariaient. 'Voici la peinture que Joseph [*De bello*, II.xii] fait des esséniens. Ils […] ont en horreur la volupté, comme le plus dangereux poison. Ils ne se marient pas, mais ils nourrissent les enfants des autres, comme s'ils étaient à eux, et leur inspirent de bonne heure leur esprit et leurs maximes […] Ils sont très religieux, observateurs de leurs

le port d'Eziongaber, traversa la mer qu'on nomme Rouge, et qui ne l'est point,[24] et entra dans le golfe Persique, pour aller chercher la terre d'Ophir,[25] sans savoir où elle était.[26] Vous croyez bien qu'il

---

paroles, et leur simple promesse vaut les serments les plus sacrés [...] Ils lisent avec soin les ouvrages des Anciens [...] ils s'engagent par les serments les plus horribles, à observer les lois de la piété, de la justice, de la modestie; la fidélité à Dieu, et aux princes [...] Ils font paraître une fermeté incroyable dans les tourments. Il y en a parmi eux quelques-uns qui sont mariés [...] Dès que leurs femmes sont enceintes, ils ne s'en approchent plus. L'esclavage passe dans leur esprit comme une injure faite à la nature humaine [...] Leurs études n'étaient ni la logique, ni la physique, mais la morale et les lois de Moïse' (*Dictionnaire*, art. 'Esséniens', ii.380-83). Effectivement, les esséniens étudient les lois de Moïse, pour qui 'ils ont un souverain respect'.

[24] Cf. Calmet: 'Ceux qui ont voyagé sur cette mer disent qu'elle paraît rouge en quelques endroits, à cause d'un sable rouge qui est au fond [...] Jean de Castro [...] croit que le nom *mer rouge* vient de ce qu'il y a beaucoup de corail rouge au fond de cette mer. [...] le texte hébreu des livres de l'Ancien Testament ne l'appelle jamais *mer rouge*, mais *mer de Suph*. Pline dit qu'on lui donna le nom de *mer Rouge*, en grec, *Erythrea*, à cause d'un certain roi Erythros, qui régna dans l'Arabie [...] Plusieurs savants croient que ce roi Erythros n'est autre qu'Esaü ou Edom. Edom en hébreu signifie roux ou rouge'. Toutefois Calmet ne croit pas qu'Edom ait jamais demeuré sur la mer Rouge: ce 'nom de mer rouge ne lui a été donné que depuis que les Iduméens descendus d'Edom se répandirent de l'orient au couchant jusqu'à la mer Rouge. Alors on put lui donner le nom de *mer d'Edom*, que les Grecs rendirent par mer Rouge, *Thalassa Erythrea*' (*Dictionnaire*, iii.246).

[25] On note que Voltaire a choisi pour son Juif 'usurier' la destination d'Ophir: 'L'or d'Ophir est le plus estimé de tous les ors dont il est parlé dans l'Ecriture, et [...] le pays d'Ophir était le plus abondant en or que l'on connût', écrit Calmet (*Dictionnaire*, iii.455). D'autre part, selon Moreri et Calmet, certains ont dit qu'Ophir était le Pégu, et que les Péguans prétendent venir des Juifs (que Salomon envoyait travailler aux mines de ce pays).

[26] En effet, depuis l'antiquité, on s'interroge sur l'emplacement de l'Ophir de Salomon; sachant que ses vaisseaux s'équipaient sur la mer Rouge à Asion-Gaber, qu'il leur fallait trois ans pour faire l'aller et retour, et quels produits ils rapportaient, on a fait les hypothèses les plus diverses (cf. Moreri, Calmet). On a situé Ophir notamment dans les Indes, à Ceylan, au Pégu, au Siam; en Amérique, dans l'île nommée Espagnole, ou au Pérou; en Afrique, sur la côte orientale de l'Ethiopie, etc. Calmet pense qu'il s'agit du pays peuplé par Ophir, fils de Jectan, vers l'Arménie, les sources du Tigre et de l'Euphrate (iii.455-56).

survint une horrible tempête,[27] qui poussa la famille hébraïque vers les côtes des Indes; le vaisseau fit naufrage à une des îles Maldives, nommée aujourd'hui Padrabranca, laquelle était alors déserte.[28]

Le vieux richard et la vieille se noyèrent; le fils, la fille, les deux eunuques et l'aumônier se sauvèrent; on tira comme on put quelques provisions du vaisseau, on bâtit des petites cabanes dans l'île, et on y vécut assez commodément. Vous savez que l'île de Padrabranca est à cinq degrés de la ligne, et qu'on y trouve les plus gros cocos et les meilleurs ananas du monde;[29] il était fort doux d'y vivre dans le temps qu'on égorgeait ailleurs le reste de

[27] Allusion à la tempête qui détruisit à Asion-Gaber la flotte équipée à destination d'Ophir, par Josaphat, roi de Juda, conjointement avec Ochozias, roi d'Israël; voir II Chroniques xx.36-37 et dom Calmet.

[28] Cf. l'*Encyclopédie*: 'C'est vraisemblablement un peuple mêlé de diverses nations, qui s'y sont établies après y avoir fait naufrage' et 'entre ces îles il y en a beaucoup d'inhabitées' (art. 'Maldives', ix.941-42); François Pyrard écrit dans ses *Voyages* qu''on lui a dit que les Maldives ne sont habitées que depuis 400 ans'; on pense en général qu'elles ont été peuplées vers 500 ans après J.-C., par des émigrants venus du Sri-Lanka.

[29] Pour la description des Maldives, Moreri renvoie notamment à Linschot et à Pyrard. Voltaire a dans sa bibliothèque l'*Histoire de la navigation de Jean Hugues de Linschot Hollandais, aux Indes orientales* (Amsterdam 1638). Il y puise peut-être quelques détails: ces îles 's'étendent depuis le 7 d° vers le nord jusques au 3 d° vers le midi' et il 'ne s'y trouve rien de singulier sinon des noix d'Inde qu'ils appellent cocos' (ch.13, p.24); il est question 'du fruit appelé ananas' (ch.49) et – coïncidence plus convaincante – des huîtres en grand nombre (ch.48), encore Linschot parle-t-il alors des Indes. Dans un des traités qui sont conjoints aux *Voyages* de François Pyrard, une partie de chapitre est consacrée à 'l'arbre admirable qui porte la noix d'Inde, appelé Cocos, qui seul produit les commodités et les choses nécessaires pour la vie de l'homme', et aussi à l'ananas. Le récit de Voltaire présente quelques points communs avec celui de Pyrard qui décrit le naufrage du navire (ch.5); 'l'arrivée de l'auteur en île de Malé' et l'exécution de quatre Français (ch.8), ce qui rappelle les aventures de l'essénien à Attole; puis, les mœurs aux Maldives: 'Ce n'est rien qu'adultères, qu'incestes, que sodomie, nonobstant la sévérité des lois et des peines' (p.141); enfin, l'arrivée d'un Juif qui 'avec les Anglais [...] était de leur religion, et avec les mahométans de la leur, encore qu'il fût vraiment juif, et [qui] se mariait partout où il trouvait, de sorte qu'il avait quatre ou cinq femmes aux Indes' (ch.20); on ne saurait dire si Voltaire s'est inspiré de Pyrard.

la nation chérie; mais l'essénien pleurait en considérant que peut-être il ne restait plus qu'eux de Juifs sur la terre, et que la semence d'Abraham allait finir.[30]

Il ne tient qu'à vous de la ressusciter,[31] dit le jeune Juif, épousez ma sœur. Je le voudrais bien, dit l'aumônier, mais la loi s'y oppose. Je suis essénien, j'ai fait vœu de ne me jamais marier, la loi porte qu'on doit accomplir son vœu; la race juive finira si elle veut, mais certainement je n'épouserai point votre sœur, toute jolie qu'elle est.

Mes deux eunuques ne peuvent pas lui faire d'enfants, reprit le Juif; je lui en ferai donc s'il vous plaît, et ce sera vous qui bénirez le mariage.

J'aimerais mieux cent fois être éventré par les soldats romains, dit l'aumônier, que de servir à vous faire commettre un inceste; si c'était votre sœur de père, encore passe, la loi le permet; mais elle est votre sœur de mère, cela est abominable.[32]

100 64-67: la susciter

[30] Même expression dans une lettre à Simon Gilly du 12 août 1763 (D11355).

[31] Cf. Genèse xix.32: 'Vivifions la semence de notre père', disent les filles de Loth (trad. A. Chouraqui).

[32] Voltaire fait sans doute allusion aux paroles d'Abraham: '[Sara] est véritablement ma sœur, étant fille de mon père, quoiqu'elle ne soit pas fille de ma mère, et je l'ai épousée' (Genèse xx.12), ou à la réplique de Thamar à son frère Amnon (II Samuel xiii.13) sur laquelle il se fonde dans *L'A, B, C*, IV. Mais le Lévitique, partie du Pentateuque que l'essénien 'connaît par cœur', dit que la loi de Moïse interdit le mariage entre frère et sœur dans tous les cas. Calmet écrit: 'Au commencement du monde [...] les mariages entre frères et sœurs, entre tante et neveu et entre cousins germains ont été permis. Les fils d'Adam et d'Eve n'ont pu se marier autrement, non plus que les fils et filles des enfants de Noé, jusqu'à un certain temps [...]. Il y a des auteurs qui croient que les mariages entre frères et sœurs et autres proches parents ont été permis, ou du moins tolérés jusqu'au temps de la loi de Moïse, que ce législateur est le premier qui les ait défendus aux Hébreux [...]. Ce que nous savons certainement, c'est que le Seigneur [...] défend à son peuple de se souiller *par ces sortes d'infamies*'; il cite alors le Lévitique xviii..24-25, et énumère les neuf mariages défendus par la Loi comme incestueux: d'abord le mariage 'entre le fils et sa mère, ou entre le père et sa fille', ensuite 'entre les frères et sœurs, soit qu'ils soient frère de père et de mère ou de l'un ou l'autre seulement';

Je conçois bien, répondit le jeune homme, que ce serait un crime à Jérusalem, où je trouverais d'autres filles; mais dans l'île de Padrabranca, où je ne vois que des cocos, des ananas et des huîtres, je crois que la chose est très permise.[33] Le Juif épousa donc sa sœur, et en eut une fille malgré les protestations de l'essénien; ce fut l'unique fruit d'un mariage que l'un croyait très légitime, et l'autre abominable.

Au bout de quatorze ans, la mère mourut; le père dit à l'aumônier, Vous êtes-vous enfin défait de vos anciens préjugés? voulez-vous épouser ma fille? Dieu m'en préserve, dit l'essénien. Oh bien je l'épouserai donc moi, dit le père, il en sera ce qui pourra, mais je ne veux pas que la semence d'Abraham soit réduite à rien.[34] L'essénien épouvanté de cet horrible propos ne voulut plus demeurer avec un homme qui manquait à la loi, et s'enfuit. Le nouveau marié avait beau lui crier, Demeurez, mon ami, j'observe la loi naturelle, je sers la patrie, n'abandonnez pas vos amis; l'autre le laissait crier, ayant toujours la loi dans la tête, et s'enfuit à la nage dans l'île voisine.

C'était la grande île d'Attole,[35] très peuplée, et très civilisée; dès qu'il aborda, on le fit esclave. Il apprit à balbutier la langue d'Attole; il se plaignit très amèrement de la façon inhospitalière dont on l'avait reçu; on lui dit que c'était la loi, et que depuis que

---

puis il continue: 'Moïse défend tous ces mariages incestueux sous la peine du retranchement' (*Dictionnaire*, art. 'Inceste', ii.760-61). Voltaire reviendra sur la question notamment dans *La Défense de mon oncle*, ch.6; *Le Dîner du comte de Boulainvilliers*, II; QE, art. 'Inceste'; et *Le Prix de la justice et de l'humanité*.

33 Dans *Le Prix de la justice et de l'humanité*, après avoir parlé des incestes commis et permis au commencement du monde, et immédiatement après le déluge, Voltaire ajoute 'que l'inceste était alors un devoir. Si un frère et une sœur, ou un père et sa fille, restés seuls sur terre, négligeaient la propagation, ils trahiraient le genre humain' (M.xxx.566).

34 Dans les QE, Voltaire précisera que nulle part on n'a eu permission d'épouser sa fille (art. 'Inceste'); et dans *La Défense de mon oncle*: 'jamais [...] chez les nations policées' (V 64, p.206).

35 Moreri cite Atollon parmi les îles découvertes en 1507 par le fils d'Almeida.

l'île avait été sur le point d'être surprise par les habitants de celle d'Ada,[36] on avait sagement réglé que tous les étrangers qui aborderaient dans Attole, seraient mis en servitude. Ce ne peut être une loi, dit l'essénien, car elle n'est pas dans le Pentateuque;[37] on lui répondit qu'elle était dans le digeste du pays, et il demeura esclave: il avait heureusement un très bon maître fort riche, qui le traita bien, et auquel il s'attacha beaucoup.

Des assassins vinrent un jour pour tuer le maître, et pour voler ses trésors; ils demandèrent aux esclaves s'il était à la maison, et s'il avait beaucoup d'argent? Nous vous jurons, dirent les esclaves, qu'il n'a point d'argent, et qu'il n'est point à la maison; mais l'essénien dit, La loi ne permet pas de mentir,[38] je vous jure qu'il est à la maison, et qu'il a beaucoup d'argent; ainsi le maître fut volé et tué; les esclaves accusèrent l'essénien devant les juges, d'avoir trahi son patron; l'essénien dit qu'il ne voulait mentir, et qu'il ne mentirait pour rien au monde, et il fut pendu.

On me contait cette histoire, et bien d'autres semblables dans le dernier voyage que je fis des Indes en France. Quand je fus arrivé, j'allai à Versailles pour quelques affaires, je vis passer une belle femme, suivie de plusieurs belles femmes. Quelle est cette belle femme? dis-je à mon avocat en parlement, qui était venu avec moi, car j'avais un procès en parlement à Paris, pour mes habits qu'on m'avait faits aux Indes, et je voulais toujours avoir mon avocat à mes côtés. C'est la fille du roi,[39] dit-il, elle est charmante et bienfaisante, c'est bien dommage que dans aucun cas

[36] Adou figure dans la même liste qu'Atollon chez Moreri.

[37] Selon Calmet, 'l'esclavage passe dans l'esprit [des esséniens] comme une injure faite à la nature humaine' (*Dictionnaire*, ii.381).

[38] La première des 'trois maximes fondamentales de la morale' des esséniens est 'l'amour de Dieu' dont 'ils donnent des preuves', notamment 'dans un grand éloignement du jurement, du mensonge'; 'l'amour du prochain' est aussi une de leur 'maximes fondamentales' (voir Calmet, *Dictionnaire*, ii.380).

[39] Des filles du roi Louis XV survivaient, depuis la mort de Louise-Elisabeth en 1759: madame Adélaïde, née en 1732 et connue pour son esprit; madame Victoire, née en 1733; madame Sophie, en 1734; et madame Louise, en 1737.

elle ne puisse jamais être reine de France. Quoi, lui dis-je, si on avait le malheur de perdre tous ses parents, et les princes du sang, (ce qu'à Dieu ne plaise) elle ne pourrait hériter du royaume de son père?[40] Non, dit l'avocat, la loi salique s'y oppose formellement.[41] Et qui a fait cette loi salique? dis-je à l'avocat. Je n'en sais rien, dit-il, mais on prétend que chez un ancien peuple nommé les Saliens, qui ne savaient ni lire ni écrire, il y avait une loi écrite qui disait qu'en terre salique fille n'héritait pas d'un alleu, et cette loi a été adoptée en terre non salique.[42] Et moi, lui dis-je, je la casse; vous m'avez assuré que cette princesse est charmante et bienfaisante, donc elle aurait un droit incontestable à la couronne, si le malheur arrivait qu'il ne restât qu'elle du sang royal; ma mère a hérité de son père, et je veux que cette princesse hérite du sien.

Le lendemain mon procès fut jugé en une chambre du parlement, et je perdis tout d'une voix; mon avocat me dit que je l'aurais gagné tout d'une voix en une autre chambre. Voilà qui est bien comique, lui dis-je; ainsi donc chaque chambre chaque loi. Oui,

[40] La descendance masculine de Louis XV était assurée. Mais Voltaire évoque peut-être incidemment la mort du Grand Dauphin et de trois de ses fils en quelques années, à la fin du règne de Louis XIV dont il réédite l'histoire.

[41] Aux Maldives aussi, selon Moreri, la succession du trône ne se faisait que par les mâles.

[42] Le texte primitif du *Recueil des coutumes des Francs saliens* fut sans doute rédigé sous le règne de Clovis, mais il fut remanié à plusieurs reprises. La dernière révision, dite *Lex salica emendata*, date de Charlemagne. Elle contient le titre 'De Alodis', qui exclut les femmes de la succession à la terre des ancêtres (*terra salica*) parce que les femmes en se mariant quittent leur famille pour entrer dans celle de leur mari. Ce titre ne réglait que les successions privées, et ne fut jamais invoqué au moyen âge pour justifier le principe de masculinité appliqué à la succession au trône. La première mention de la loi salique à ce propos ne se trouve qu'après 1358, dans un mémoire envoyé par Jean Lescot à Jean Le Bon. Le 28 juin 1593, le Parlement, pour éviter toute tentation de porter sur le trône de France l'infante Isabelle, fille de Philippe II, qui descendait de Henri II par sa mère, rendit l'arrêt dit de la loi salique, qui rappelait le principe de masculinité. Voir *Essai sur les mœurs*, ch.22, 75 (i.369-70, 712 ss.); QE, art. 'Loi salique' et 'Franc, France, François, Français'. L'accession de Catherine II au trône de Russie met la question à l'ordre du jour; on en trouve trace dans la correspondance (voir D10981 et D11210).

dit-il, il y a vingt-cinq commentaires sur la coutume de Paris; c'est-à-dire, on a prouvé vingt-cinq fois que la coutume de Paris est équivoque; et s'il y avait vingt-cinq chambres de juges, il y aurait vingt-cinq jurisprudences différentes.[43] Nous avons, continua-t-il, à quinze lieues de Paris une province nommée Normandie, où vous auriez été tout autrement jugé qu'ici. Cela me donna envie de voir la Normandie. J'y allai avec un de mes frères: nous rencontrâmes à la première auberge un jeune homme qui se désespérait; je lui demandai quelle était sa disgrâce? il me répondit que c'était d'avoir un frère aîné. Où est donc le grand malheur d'avoir un frère? lui dis-je; mon frère est mon aîné, et nous vivons très bien ensemble. Hélas, monsieur, me dit-il, la loi donne tout ici aux aînés, et ne laisse rien aux cadets.[44] Vous avez raison, lui dis-je, d'être fâché; chez nous on partage également, et quelquefois les frères ne s'en aiment pas mieux.

Ces petites aventures me firent faire de belles et profondes réflexions sur les lois, et je vis qu'il en est d'elles comme de nos vêtements;[45] il m'a fallu porter un doliman à Constantinople, et un justaucorps à Paris.

[43] Cf. le *Commentaire sur le livre Des délits et des peines*, ch.23: 'il y a autant de jurisprudences que de villes, et dans le même parlement la maxime d'une chambre n'est pas celle de la chambre voisine'; et dans une note, Voltaire renvoie au président Bouhier (M.xxv.577). Voir aussi notamment le *Dialogue entre un plaideur et un avocat* (M.xxiii.495-96); *Remarques pour servir de supplément à l'Essai sur les mœurs*, XVII (*Essai*, ii.935-37); *André Destouches à Siam* (V 62, p.117 ss.); QE, art. 'Coutumes', où il fait allusion à la *Coutume de Paris en vers français* de 1769. Aussi donne-t-il ce conseil à l'héritier de Prusse: 'Que ce qui est vrai et juste dans une de vos villes ne soit pas faux et injuste dans une autre: cette contradiction anarchique est intolérable' (*Fragment des instructions pour le prince royal de* ***, IV; M.xxvi.444-45).

[44] Montesquieu explique l'introduction du droit d'aînesse (*De l'esprit des lois*, xxxi.33). Le principe n'en fut jamais absolu; il n'était théoriquement pas en vigueur dans les pays de droit écrit, l'avantage réservé à l'aîné variait beaucoup suivant les régions. Le droit d'aînesse fut aboli par les lois de mars 1790 et avril 1791.

[45] Même comparaison entre les lois et les vêtements dans le *Dialogue entre un plaideur et un avocat*, où le sens est inversé: 'Est-il plus difficile d'avoir les mêmes lois que les mêmes habits?' (M.xxiii.495); cf. *André Destouches à Siam* (V 62, p.119).

Si toutes les lois humaines sont de convention,[46] disais-je, il n'y a qu'à bien faire ses marchés. Les bourgeois de Déli et d'Agra disent qu'ils ont fait un très mauvais marché avec Tamerlan:[47] les bourgeois de Londres se félicitent d'avoir fait un très bon marché avec le roi Guillaume d'Orange.[48] Un citoyen de Londres me disait un jour, C'est la nécessité qui fait les lois, et la force les fait observer. Je lui demandai si la force ne faisait pas aussi quelquefois des lois, et si Guillaume le bâtard et le conquérant ne leur avait pas donné des ordres sans faire de marché avec eux. Oui, dit-il, nous étions des bœufs alors, Guillaume nous mit un joug, et nous fit marcher à coups d'aiguillons; nous avons depuis été changés en hommes, mais les cornes nous sont restées, et nous en frappons quiconque veut nous faire labourer pour lui, et non pas pour nous.[49]

Plein de toutes ces réflexions, je me complaisais à penser qu'il y a une loi naturelle indépendante de toutes les conventions humaines: le fruit de mon travail doit être à moi; je dois honorer mon père et ma mère; je n'ai nul droit sur la vie de mon prochain,

[46] Cf. *Remarques pour servir de supplément à l'Essai sur les mœurs*, XVII: 'On a dit dans l'*Essai sur les mœurs*, qu'il n'y a point en rigueur de loi positive fondamentale; les hommes ne peuvent faire que des lois de convention' (*Essai*, ii.936).

[47] Sur Tamerlan, voir l'*Essai sur les mœurs*, ch.88 (i.803 ss.) et les *Fragments historiques sur l'Inde* (M.xxix.196 ss.).

[48] Un passage des *Fragments historiques sur l'Inde* éclaire l'association d'idées Tamerlan/Guillaume d'Orange: 'Il est arrivé en Angleterre [...] qu'un poète de ce pays [Nicolas Rowe], ayant composé une tragédie sur Tamerlan et Bajazet [*Tamerlan*] dans laquelle Tamerlan est peint comme un libérateur, et Bajazet comme un tyran, les Anglais font jouer tous les ans cette tragédie, le jour où l'on célèbre le couronnement du roi Guillaume III, prétendant que Tamerlan est Guillaume, et que Bajazet est Jacques II. Il est clair cependant que Tamerlan est encore plus usurpateur que Bajazet' (M.xxix.197). Sur Guillaume III d'Orange-Nassau, voir *Le Siècle de Louis XIV*, ch.15, où Voltaire écrit notamment qu'après avoir détrôné son beau-père Jacques II, 'Guillaume fit publier un pardon général'; mais dans ses carnets il note: 'Le roi Guillaume avait un caractère fait pour les anglais, et ne leur plaisait point' (V 82, p.562).

[49] Sur l'accession au trône de Guillaume le Conquérant, et sur son despotisme, voir les *Lettres philosophiques*, IX (*Lph*, i.101), et l'*Essai sur les mœurs*, ch.42, 50.

et mon prochain n'en a point sur la mienne, etc.[50] Mais quand je songeai que depuis Cordolaomor[51] jusqu'à Mentzel, colonel de housards,[52] chacun tue loyalement et pille son prochain avec une patente dans sa poche, je fus très affligé.

On me dit que parmi les voleurs il y avait des lois, et qu'il y en avait aussi à la guerre. Je demandai ce que c'était que ces lois de la guerre? C'est, me dit-on, de pendre un brave officier qui aura tenu dans un mauvais poste sans canon contre une armée royale;[53] c'est de faire pendre un prisonnier, si on a pendu un des

[50] Cf. *Remarques pour servir de supplément à l'Essai sur les mœurs*, XVII: 'La seule loi fondamentale et immuable qui soit chez les hommes est celle-ci: "Traite les autres comme tu voudrais être traité"; c'est que cette loi est de la nature même [...] C'est de toutes les lois la plus mal exécutée'. Voltaire ajoute toutefois: 'mais elle s'élève toujours contre celui qui la transgresse; il semble que Dieu l'ait mise dans l'homme pour servir de contrepoids à la loi du plus fort, et pour empêcher le genre humain de s'exterminer par la guerre, par la chicane et par la théologie scolastique' (ii.937). Sur la loi naturelle, voir aussi les *Eléments de la philosophie de Newton*, I.V (V 15, p.221); le *Poème sur la loi naturelle*; QE, art. 'Loi naturelle'. On pourrait penser qu'en mentionnant le droit à la propriété – propriété du travail, il est vrai – Voltaire vise le *Contrat social* de Rousseau (1762), comme il le fera explicitement dans *L'A, B, C*, IV (M.xxvii.339). Mais il pense plutôt aux 'vexations exercées sur de pauvres cultivateurs, à qui on fait payer pour la taille le tiers au moins de ce que produisent leurs sueurs et leurs larmes' (D8284).

[51] Kedorlaomer, roi d'Elam (Genèse xiv.1-17), 'un des quatre rois ligués, qui firent la guerre aux cinq rois de la Pentapole de Sodome, et qui les ayant vaincus, et fait un grand butin, furent poursuivis et dissipés par Abraham' (Calmet, *Dictionnaire*, art. 'Chodorlahomor'). Calmet énumère tous les pays qu'ils envahirent et pillèrent (*Commentaire*, i.138).

[52] Mentzel, chef de partisans autrichiens pendant la guerre de 1741, fit avec 5 000 hommes, capituler Munich le 13 février 1742; voir les allusions à Mentzel dans les lettres de 1743 (D2820, D2854, D2896); cf. le *Précis du siècle de Louis XV*, ch.10: en quittant Augsbourg, au mois de juin 1743, Charles VII 'eut la douleur d'y voir entrer un colonel de houssards, nommé Mentzel, fameux par ses férocités et ses brigandages, qui le chargea d'injures dans les rues' (*OH*, p.1354; cf. p.1359).

[53] Voltaire pense peut-être entre autres à l'amiral Byng que, après la chute de Minorque en 1756, le conseil de guerre 'a déclaré *brave homme et fidèle*', puis 'a condamné à mort en vertu de je ne sçai quelle vieille loy' (à Richelieu, 13 février 1757: D7154); il avait fait intervenir en sa faveur le vainqueur, le duc de Richelieu.

vôtres;[54] c'est de mettre à feu et à sang les villages qui n'auront pas apporté toute leur subsistance au jour marqué, selon les ordres du gracieux souverain du voisinage. Bon, dis-je, voilà *l'Esprit des lois*.[55]

Après avoir été bien instruit, je découvris qu'il y a de sages lois par lesquelles un berger est condamné à neuf ans de galères pour avoir donné un peu de sel étranger à ses moutons.[56] Mon voisin a été ruiné par un procès pour deux chênes qui lui appartenaient qu'il avait fait couper dans son bois, parce qu'il n'avait pu observer une formalité qu'il n'avait pu connaître;[57] sa femme est morte dans la misère, et son fils traîne une vie plus malheureuse. J'avoue que ces lois sont justes, quoique leur exécution soit un peu dure; mais je sais mauvais gré aux lois qui autorisent cent mille hommes à aller loyalement égorger cent mille voisins. Il m'a paru que la plupart des hommes ont reçu de la

227 64-65v: de galère

Il revient à plusieurs occasions, créées ou fortuites, sur cette condamnation légale et 'diabolique' (voir *Candide*, ch.23; D9635, D13471, D16873).

[54] Cf. ce que Voltaire écrira dans le *Commentaire sur le livre Des délits et des peines*, ch.14, en illustrant par un exemple, mais qui ne comporte point de nom, le droit de représailles (M.xxv.561).

[55] L'ouvrage de Montesquieu est particulièrement présent à l'esprit de Voltaire en 1764: Jean-Baptiste-Louis Crevier publie des *Observations sur le livre De l'esprit des lois* (Paris 1764; BV). Voltaire les commente (D11667, D11709).

[56] Cf. 'Des infortunez qui ont à peine de quoy manger un peu dc pain noir sont arrétez tous les jours, dépouillez, emprisonnez pour avoir mis sur ce pain noir un peu de sel qu'ils ont acheté auprès de leurs chaumières' (18 novembre 1758; D7946). Le pays de Gex a un procès pour sel en 1760 (voir D9190, D9332, D9438). Les problèmes de l'importation du sel et du rachat du monopole du sel, pour lequel il rédigera aussi des mémoires, reviennent souvent dans la correspondance de Voltaire.

[57] Allusion sans doute au procès que le président de Brosses a fait à Voltaire pour 'douze moules de bois'; Voltaire, propriétaire du terrain où ils avaient été coupés, refusait de les payer, mais il n'en avait le droit que si l'acquisition était postérieure à la signature du contrat d'achat de Tournay (4 novembre 1761; D10130); il y avait déjà eu quelque désaccord à propos de chênes coupés, Voltaire n'ayant acheté le domaine qu'à vie (voir D8580).

nature assez de sens commun pour faire des lois; mais que tout le monde n'a pas assez de justice pour faire de bonnes lois.

Assemblez d'un bout de la terre à l'autre les simples et tranquilles agriculteurs: ils conviendront tous aisément, qu'il doit être permis de vendre à ses voisins l'excédent de son blé, et que la loi contraire est inhumaine et absurde;[58] que les monnaies représentatives des denrées ne doivent pas plus être altérées que les fruits de la terre;[59] qu'un père de famille doit être le maître chez soi; que la religion doit rassembler les hommes pour les unir, et non pour en faire des fanatiques et des persécuteurs; que ceux qui travaillent, ne doivent pas se priver du fruit de leurs travaux pour en doter la superstition et l'oisiveté;[60] ils feront en une heure trente lois de cette espèce, toutes utiles au genre humain.

Mais que Tamerlan arrive et subjugue l'Inde; alors vous ne verrez plus que des lois arbitraires. L'une accablera une province pour enrichir un publicain de Tamerlan; l'autre fera un crime de lèse-majesté d'avoir mal parlé de la maîtresse du premier valet de chambre d'un raïa; une troisième ravira la moitié de la récolte de l'agriculteur, et lui contestera le reste; il y aura enfin des lois par lesquelles un appariteur tartare viendra saisir vos enfants au berceau, fera du plus robuste un soldat, et du plus faible un eunuque, et laissera le père et la mère sans secours et sans consolation.

58 Sur la question de la liberté du commerce et du blé, et plus généralement de sa libre circulation, sur les difficultés et les efforts de Voltaire entre 1759 et 1762, voir ci-dessous, art. 'Luxe'.

59 Pour les réflexions de Voltaire sur les variations de la monnaie, voir par ex. *Observations sur MM. Jean Lass, Melon et Dutot* (M.xxii.359 ss.); *Essai sur les mœurs*, ch.84 (i.780); *Le Siècle de Louis XIV*, ch.30 (*OH*, p.988-89).

60 Voltaire vise comme d'habitude l'entretien de moines inutiles, mais peut-être songe-t-il plus particulièrement aux dîmes réclamées chez lui: il se plaint en 1758 que le curé de Moëns exige des *pauvres* de Ferney une dîme de novailles sans délais et en leur faisant payer les frais du procès (25 décembre 1758; D7996). A partir de 1763, il est lui-même en procès avec le curé de Ferney pour une raison similaire (voir D11255).

Or lequel vaut le mieux d'être le chien de Tamerlan ou son sujet? Il est clair que la condition de son chien est fort supérieure.

LOIS CIVILES ET ECCLÉSIASTIQUES

On a trouvé dans les papiers d'un jurisconsulte ces notes, qui méritent peut-être un peu d'examen.[1]

Que jamais aucune loi ecclésiastique n'ait de force, que lorsqu'elle aura la sanction expresse du gouvernement.[2] C'est par ce

[1] Il est difficile de savoir si ce 'jurisconsulte' est une simple fiction littéraire, si Voltaire se désigne lui-même, ou qui il désigne. On pourrait penser au pasteur Bertrand à qui est attribué l'article 'Droit canonique' des QE. On a sans doute plus de raisons de supposer qu'il fait référence à l'édition de Claude Fleury, *Institution au droit ecclésiastique* (Paris 1762-1763; BV), procurée par Antoine-Gaspard Boucher d'Argis, que Voltaire demande à Damilaville le 11 décembre 1763, parce qu''on dit que c'est un fort bon livre, et qu'il y a beaucoup à profiter', et qu'il a dans sa bibliothèque le 18 janvier 1764 (D11549, D11651). On y lit dans les notes de Boucher d'Argis que 'suivant la dernière jurisprudence le juge d'Eglise ne peut pas ordonner la saisie et annotation des biens d'un accusé absent [...] La raison en est que l'Eglise n'a point de territoire matériel; elle n'a aucune puissance sur les biens' (Paris 1767; ii.154); et que 'toute justice [est] émanée [de celle] du roi' (ii.139); et dans le texte même: 'Nous ne souffrons point que le pape fasse aucune levée de deniers en France, ni sur le peuple, comme aumônes pour les indulgences, ni sur le clergé comme emprunts, ni autrement, si ce n'est de l'autorité du roi, et du consentement du clergé' (ii.221); 'les personnes consacrées à Dieu ne laissent pas d'être des hommes et des citoyens, soumis comme les autres au roi et à la puissance séculière, en tout ce qui regarde le temporel' (ii.222); il y est question aussi du prêt à intérêt (voir l.15-16). Si c'est bien à cette édition annotée que Voltaire se réfère pour introduire ses préceptes, l'article ne serait pas antérieur à décembre 1763, bien que certains problèmes évoqués – comme ceux de la soumission de tous les ecclésiastiques au gouvernement, ou du travail les jours de fête – se soient posés particulièrement, au pays ou à Voltaire, en 1761-1762.

[2] Depuis 1695, écrit Boucher d'Argis, les juges ecclésiastiques n'ont plus besoin de préavis pour faire exécuter leurs jugements (ii.150). Voltaire s'élève souvent, d'une façon générale, contre le principe des deux puissances; voir par ex. *La Voix du sage et du peuple* (M.xxiii.467); le *Mandement du révérendissime père en Dieu Alexis* (M.xxv.347-51), réplique aux *Actes de l'Assemblée générale du clergé de France* (août-septembre 1765), qui contenaient une Exposition sur les droits de la puissance spirituelle; *Le Cri des nations* (1769; M.xxvii.572-74). En 1766, il louera Catherine II

moyen qu'Athènes et Rome n'eurent jamais de querelles religieuses.

Ces querelles sont le partage des nations barbares, ou devenues barbares.

Que le magistrat seul puisse permettre ou prohiber le travail les jours de fête, parce qu'il n'appartient pas à des prêtres de défendre à des hommes de cultiver leurs champs.[3]

Que tout ce qui concerne les mariages dépende uniquement du magistrat, et que les prêtres s'en tiennent à l'auguste fonction de les bénir.[4]

---

de l'avoir aboli dans son empire (D13134). La plupart des préceptes de cet article seront énumérés au magistrat Servan quand Voltaire élaborera un projet de réforme du code en 1769 (D15924).

[3] Voltaire aborde cette question du chômage le dimanche et les jours fériés dans *Des embellissements de la ville de Cachemire* (1749; V 31B, p.259-60), mais surtout quand il est devenu propriétaire terrien, et qu'elle touche ses intérêts: voir l'opuscule *Des fêtes* imprimé en 1764, mais daté de 1759 (M.xix.114-15); la *Requête à tous les magistrats du royaume* (1769; M.xxviii.345-46); QE, art. 'Fêtes des saints'; cf. ci-dessus, art. 'Catéchisme du curé'. C'est pendant la période 1760-1761 qu'il se sent particulièrement concerné par le problème: 'Il est triste qu'un parlement ne soit pas le maître de la police, et qu'il soit de droit divin de s'enivrer et de gagner la chaude pisse le jour de s[t] Simon, s[t] Jude et s[t] André' (à de Brosses, 20 février 1760; D8767); 'Je demande [au pape] une belle Bulle pour moi tout seul, portant permission de cultiver la terre les jours de fête, sans être damné. Mon Evêque est un sot qui n'a pas voulu [...]; le roy devrait, je ne dis pas permettre les travaux champêtres ces jours là, mais les ordonner. C'est un reste de nôtre ancienne barbarie, de laisser cette grande partie de L'œconomie de l'Etat entre les mains des prêtres' (aux d'Argental, 21 juin 1761; D9837). Il écrit effectivement au pape et au cardinal Passionei le 23 juin (D9841, D9842). On notera que se plaçant, il est vrai, à un autre point de vue, même l'abbé de Saint-Pierre juge néfaste pour les pauvres le repos du dimanche (voir M.xviii.80*n*).

[4] Cf. la lettre à Servan du 28 septembre 1769: 'Qu'ils bénissent nos mariages, à la bonne heure; mais leur apartient-il de décider des empêchements? Tout celà ne doit-il pas être du ressort des magistrats?' (D15924); voir aussi QE, art. 'Droit canonique'. Voltaire critique souvent les dispenses tarifiées par Rome; voir notamment *L'A, B, C* (M.xxvii.384-85), *Le Cri des nations* (M.xxvii.566-67), QE, art. 'Mariage' II.

Que le prêt à l'intérêt soit purement un objet de la loi civile, parce qu'elle seule préside au commerce.[5]

Que tous les ecclésiastiques soient soumis en tous les cas au gouvernement, parce qu'ils sont sujets de l'Etat.[6]

Que jamais on n'ait le ridicule honteux de payer à un prêtre étranger la première année du revenu d'une terre, que des citoyens ont donnée à un prêtre concitoyen.[7]

Qu'aucun prêtre ne puisse jamais ôter à un citoyen la moindre prérogative, sous prétexte que ce citoyen est pécheur, parce que le prêtre pécheur doit prier pour les pécheurs, et non les juger.

Que les magistrats, les laboureurs et les prêtres, payent également les charges de l'Etat, parce que tous appartiennent également à l'Etat.[8]

15 64-65v: prêt à intérêt

[5] Dans l'ouvrage de Claude Fleury, le texte dit que le prêt est gratuit, mais Boucher d'Argis ajoute en note: 'de nos jours le prêt n'est pas toujours gratuit [...] il y a des pays où l'on peut stipuler l'intérêt de l'argent comme en Bresse [...] et à Lyon, où ces sortes de stipulations ont été permises en faveur du commerce' (ii.125). Dans les QE, art. 'Intérêt', Voltaire renvoie à l'*Encyclopédie*: à l'article de d'Alembert pour le calcul, à celui de Boucher d'Argis pour la jurisprudence. On sait que Voltaire prêtait à intérêt à des grands seigneurs et même à des princes (voir une liste de ses débiteurs en 1737 dans D1299).

[6] Voir déjà *La Voix du sage et du peuple* (M.xxiii.467); *Poème sur la loi naturelle*, IV (M.ix.459). Le problème de la soumission des ecclésiastiques au pouvoir temporel se posa en France à propos des jésuites en 1761-1762: Choiseul envoya à Rome le cardinal de Rochechouart dire au Général que son autorité était incompatible avec les lois du royaume, et lui demander de nommer un vicaire résidant en France; il refusa; alors le roi, dans sa déclaration du 9 mars 1762, fit savoir qu'aucun ordre du Général ne serait exécutoire sans être revêtu de 'lettres d'attache registrées'.

[7] Sur la question des annates payées au pape, voir par ex. le *Traité sur la tolérance*, ch.3 (M.xxv.28), *Le Cri des nations* (M.xxvii.566), QE, art. 'Annates'.

[8] Voltaire a pris position en 1749 pour le 'vingtième' controversé de Machault d'Arnouville, impôt proportionnel sur les revenus payé par tous y compris par l'Eglise; voir *Lettre à l'occasion de l'impôt du vingtième* (V 31B, p.289-314), *La Voix du sage et du peuple* (M.xxiii.467).

Qu'il n'y ait qu'un poids, une mesure, une coutume.[9]

Que les supplices des criminels soient utiles. Un homme pendu n'est bon à rien, et un homme condamné aux ouvrages publics sert encore la patrie, et est une leçon vivante.[10]

Que toute loi soit claire, uniforme et précise. L'interpréter, c'est presque toujours la corrompre.

Que rien ne soit infâme que le vice.

Que les impôts ne soient jamais que proportionnels.[11]

Que la loi ne soit jamais en contradiction avec l'usage. Car si l'usage est bon, la loi ne vaut rien.(*a*)

(*a*) *Voyez* le Poème de la loi naturelle.[12]

n.*a* 64-67, note absente

[9] Dès 1750, Voltaire avait consacré à la question de la diversité des lois et des mesures le *Dialogue entre un plaideur et un avocat* (M.xxiii.494-96); cf. *André Destouches à Siam* (V 62, p.119).

[10] Voltaire rappellera cette phrase quand il aura lu *Dei delitti e delle pene* (Monaco 1762; BV) de Beccaria. Il écrira dans le *Commentaire sur le livre Des délits et des peines*, ch.10: 'On a dit, il y a longtemps, qu'un homme pendu n'est bon à rien, et que les supplices inventés pour le bien de la société doivent être utiles à cette société' (M.xxv.555); voir aussi le *Fragment des instructions pour le prince royal de **** (1767) où il donne l'exemple des impératrices de Russie Elisabeth et Catherine qui ont rendu les supplices utiles: 'Des pays affreux, défrichés par des mains criminelles, n'en ont pas moins été fertiles. Les grands chemins réparés par leurs travaux toujours renaissants ont fait la sûreté et l'embellissement de l'empire' (M.xxvi.445).

[11] Voir déjà les *Lettres philosophiques*, IX (*Lph*, i.106-107).

[12] *Poème sur la loi naturelle*, II (M.iv.446).

LUXE[1]

On a déclamé contre le luxe depuis deux mille ans, en vers et en prose, et on l'a toujours aimé.

Que n'a-t-on pas dit des premiers Romains, quand ces brigands ravagèrent et pillèrent les moissons; quand pour augmenter leur pauvre village, ils détruisirent les pauvres villages des Volsques, et des Samnites? c'étaient des hommes désintéressés et vertueux; ils n'avaient pu encore voler ni or, ni argent, ni pierreries, parce qu'il n'y en avait point dans les bourgs qu'ils saccagèrent. Leurs bois ni leurs marais ne produisaient ni perdrix, ni faisans, et on loue leur tempérance.[2]

1 65v*[1], sur un feuillet sans appel de note: je connais dans un petit pays une fort bonne loy somptuaire. elle permet aux dames les diamants et les perles, mais elle deffend séverement les diamants faux et les perles fausses. par ce moyen les pauvres familles ne peuvent se ruiner en voulant imiter les riches. c'est un tres bon reglement que d'encourager l'opulence a depenser, et l'indigence a epargner

4 64: les moissons de leurs voisins; quand

6 65, 67: Samnites; c'était des

[1] Article publié en 1764 et avoué par Voltaire (D12180). Il a toujours préconisé un certain luxe. Lors de son installation en Suisse en 1755-1756, son train de vie choqua ou du moins étonna certains de ses voisins (voir D6646, D6673). Dès 1736-1738 il avait fait l'apologie explicite du luxe dans *Le Mondain*, la *Défense du Mondain ou l'apologie du luxe*, la *Lettre de M. de Melon*, et les *Observations sur MM. Jean Lass, Melon et Dutot sur le commerce, le luxe, les monnaies et les impôts*. Il décrit le développement et les bienfaits du luxe dans l'*Essai sur les mœurs*, ch.81 et 121, et revient sur la question notamment dans les *Idées républicaines* (1762), écrites explicitement en réponse au *Contrat social* de J.-J. Rousseau, publié en 1762. Ce '*Contrat social* ou insocial' que Voltaire demande à Damilaville le 25 juin 1762 (D10527) pourrait avoir servi de détonateur également à cet article, dont les points communs sont évidents avec les *Idées républicaines*. Un autre article sur le luxe, de forme anecdotique, sera inclus dans les QE.

[2] Cf. la *Défense du Mondain* à propos des anciens Romains: 'N'allez donc pas, avec simplicité, / Nommer vertu ce qui fut pauvreté' (M.x.93).

Quand de proche en proche ils eurent tout pillé, tout volé du fond du golfe Adriatique à l'Euphrate, et qu'ils eurent assez d'esprit pour jouir du fruit de leurs rapines pendant sept à huit cents ans; quand ils cultivèrent tous les arts, qu'ils goûtèrent tous les plaisirs, et qu'ils les firent même goûter aux vaincus, ils cessèrent alors, dit-on, d'être sages et gens de bien.

Toutes ces déclamations se réduisent à prouver qu'un voleur ne doit jamais ni manger le dîner qu'il a pris, ni porter l'habit qu'il a dérobé, ni se parer de la bague qu'il a volée. Il fallait, dit-on, jeter tout cela dans la rivière, pour vivre en honnêtes gens; dites plutôt qu'il ne fallait pas voler.[3] Condamnez les brigands quand ils pillent; mais ne les traitez pas d'insensés quand ils jouissent. (*a*) De bonne foi, lorsqu'un grand nombre de marins

(*a*) Le pauvre d'esprit que nous avons déjà cité,[4] ayant lu ce passage dans une mauvaise édition où il y avait un point après ce mot *bonne foi*, crut que l'auteur voulait dire que les voleurs jouissaient de bonne foi. Nous savons bien que ce pauvre d'esprit est méchant, mais de bonne foi il ne peut être dangereux.

23 64: jouissent de bonne foi. Lorsqu'un [MS2: β]
n.*a* 64, 65, note absente

[3] Cf. la remarque des carnets (postérieure à 1760 si l'on se fie à l'ordre des notes): 'Tous les auteurs louent la tempérance des Spartiates, des anciens Romains. Cela veut dire, sages et honnêtes citoyens privez-vous de tout pour aller vous baigner dans le sang des nations voisines, allez ravir, saccager tout le fruit de leur industrie et quand vous aurez tout pillé, manquez de tout p[r] votre peine' (V 81, p.187); voir aussi, dans l'article 'Luxe' des QE, les paroles prêtées à Caton et la réponse de Lucullus (M.xx.15).

[4] Voir ci-dessus, art. 'Liberté', n.*a*. Le 'pauvre d'esprit' est J.-A. Rosset de Rochefort, auteur des *Remarques sur un livre intitulé Dictionnaire philosophique portatif* (Lausanne 1765).

anglais se sont enrichis à la prise de Pondichéri, et de la Havane,[5] ont-ils eu tort d'avoir ensuite du plaisir à Londres, pour prix de la peine qu'ils avaient eue au fond de l'Asie et de l'Amérique?

Les déclamateurs voudraient-ils qu'on enfouît les richesses qu'on aurait amassées par le sort des armes, par l'agriculture, par le commerce et par l'industrie?[6] Ils citent Lacédémone; que ne citent-ils aussi la république de Saint Marin?[7] Quel bien Sparte fit-elle à la Grèce? eut-elle jamais des Démosthènes, des Sophocles, des Appelles, et des Fidias? Le luxe d'Athènes a fait de grands hommes en tout genre;[8] Sparte a eu quelques capitaines, et encore en moins grand nombre que les autres villes. Mais à la bonne

[5] Pondichéry a été prise par les Anglais le 16 janvier 1761, et La Havane le 14 août après un siège de deux mois; elles ont été restituées, la première à la France, la seconde à l'Espagne, en 1763. Voltaire a donc écrit au plus tôt en 1762, et sans doute avant la paix de 1763. Dans les *Remarques pour servir de supplément à l'Essai sur les mœurs*, XVIII, publiées en 1763, après avoir parlé de la prise de Pondichéry par les Anglais, il évoque aussi leur enrichissement par les guerres lointaines: 'L'Angleterre est le seul pays où les particuliers se soient enrichis par le sort des armes; ce que de simples armateurs ont gagné par des prises, ce que l'île de Cuba et les grandes Indes ont valu aux officiers généraux, passe de bien loin tout l'argent comptant qui circulait en Angleterre, aux treizième et quatorzième siècles' (*Essai*, ii.941).

[6] Cf. *Idées républicaines*: 'Une loi somptuaire, qui est bonne dans une république pauvre et destituée des arts, devient absurde quand la ville est devenue industrieuse et opulente. C'est priver les artistes du gain légitime qu'ils feraient avec les riches; c'est priver ceux qui ont fait des fortunes du droit naturel d'en jouir; c'est étouffer toute industrie, c'est vexer à la fois les riches et les pauvres' (M.xxiv.417).

[7] Voltaire prend aussi Saint-Marin comme exemple de petite république qu'on ne gouverne pas comme une grande dans les *Idées républicaines* (M.xxiv.419); il la citera dans *La Guerre civile de Genève* (V 63A, p.138).

[8] Sur les heureux effets du luxe sur les arts et l'économie, voir notamment les *Observations sur MM. Jean Lass, Melon et Dutot*: 'C'est sous Charlemagne, sous François Ier, sous le ministère du grand Colbert, et sous celui-ci, que les dépenses ont été les plus grandes, c'est-à-dire que les arts ont été les plus cultivés'; et la critique qu'y fait Voltaire de La Bruyère (*Caractères*, XXII, 'De la ville') parce que 'l'argent est fait pour circuler, pour faire éclore tous les arts, pour acheter l'industrie des hommes' (M.xxii.364). Sur les lois somptuaires et le tort qu'elles font à l'industrie, voir l'*Essai sur les mœurs*, ch.121 (ii.167 ss.).

heure qu'une aussi petite république que Lacédémone conserve sa pauvreté. On arrive à la mort aussi bien en manquant de tout, qu'en jouissant de ce qui peut rendre la vie agréable. Le sauvage du Canada subsiste et atteint la vieillesse, comme le citoyen d'Angleterre qui a cinquante mille guinées de revenu. Mais qui comparera jamais le pays des Iroquois à l'Angleterre?

Que la république de Raguse et le canton de Zug fassent des lois somptuaires, ils ont raison, il faut que le pauvre ne dépense point au-delà de ses forces;[9] mais j'ai lu quelque part:

Sachez surtout que le luxe enrichit
Un grand Etat, s'il en perd un petit.[10]

Si par luxe vous entendez l'excès, on sait que l'excès est pernicieux en tout genre, dans l'abstinence comme dans la gourmandise, dans l'économie comme dans la libéralité. Je ne sais comment il est arrivé que dans mes villages où la terre est ingrate, les impôts lourds, la défense d'exporter le blé qu'on a semé intolérable,[11] il n'y a guère pourtant de colon qui n'ait un bon habit de drap, et qui ne soit bien chaussé et bien nourri. Si ce colon laboure avec son bel habit, avec du linge blanc, les cheveux frisés et poudrés, voilà certainement le plus grand luxe, et le plus

49 65v: dans des villages

[9] Cf. *Lettre de M. de Melon*: 'Il est bon que dans un canton suisse on fasse des lois somptuaires, par la raison qu'il ne faut pas qu'un pauvre vive comme un riche' (M.x.89).

[10] *Défense du Mondain*, v.53-54 (M.x.91).

[11] La 'défense d'exporter le blé qu'on a semé' est une préoccupation constante de Voltaire depuis l'achat de Ferney. Le 9 mars 1759, par exemple, il demande à Choiseul le maintien des privilèges attachés à la seigneurie et notamment 'la faculté de vendre son bled à Geneve ou en Suisse' (D8164); en 1760 il demande et fait demander par Fabry le commerce libre du blé 'qui enrichirait le pays [de Gex] et le Roy' (17 février; D8762); en novembre 1761, à la veille de passer l'hiver aux Délices, il doit écrire et récrire pour obtenir des passeports pour son blé qu'il veut faire venir de Ferney: 'je ne peux vivre aux Délices sans pain, et [...] il est juste que je mange le blé que j'ai semé' (D10153).

impertinent; mais qu'un bourgeois de Paris ou de Londres paraisse au spectacle vêtu comme ce paysan, voilà la lésine la plus grossière et la plus ridicule.

Est modus in rebus, sunt certi denique fines,
Quos ultra citraque nequit consistere rectum.[12]

Lorsqu'on inventa les ciseaux, qui ne sont certainement pas de l'antiquité la plus haute, que ne dit-on pas contre les premiers qui se rognèrent les ongles, et qui coupèrent une partie des cheveux qui leur tombaient sur le nez? On les traita sans doute de petits-maîtres et de prodigues, qui achetaient chèrement un instrument de la vanité, pour gâter l'ouvrage du Créateur. Quel péché énorme d'accourcir la corne que Dieu fait naître au bout de nos doigts! C'était un outrage à la Divinité.[13] Ce fut bien pis quand on inventa les chemises et les chaussons.[14] On sait avec quelle fureur

[12] Horace, *Satires*, I.i.106-107.

[13] Ces deux exemples des ongles et des cheveux, et l'accusation à leur propos d'outrage à la divinité, dénotent peut-être une réminiscence du *Mondain* – où il a écrit: 'Il leur manquait [à nos aïeux] l'industrie et l'aisance: / Est-ce vertu? c'était pure ignorance. / [...] Avouez-moi que vous aviez tous deux [Adam et Eve] / Les ongles longs, un peu noirs et crasseux, / La chevelure un peu mal ordonnée' (M.x.84-85) – et du reproche qu'on lui a fait d'avoir écrit un ouvrage scandaleux, et de la manière dont il tournait ses détracteurs en ridicule, écrivant par exemple à Cideville: 'Faire à un homme un crime d'avoir dit qu'Adam avoit les ongles longs, et traiter cela sérieusement d'hérésie!' (D1220).

[14] Exemple déjà utilisé dans les *Observations sur MM. Jean Lass, Melon et Dutot*: 'Qu'est-ce en effet que le luxe? c'est un mot sans idée précise [...] Transportons-nous au temps où nos pères ne portaient point de chemises. Si quelqu'un leur eût dit: Il faut que vous portiez sur la peau des étoffes plus fines et plus légères que le plus fin drap [...] tout le monde se serait écrié: Ah! quel luxe! quelle mollesse! [...] vous voulez corrompre nos mœurs et perdre l'Etat' (M.xxii.363). Il figure aussi dans les plaintes que Voltaire attribue à La Flamma dans l'*Essai sur les mœurs* (i.759): 'La Flamma se plaint au XIVe siècle, selon l'usage des auteurs peu judicieux, que la frugale simplicité a fait place au luxe; il regrette le temps de Frédéric Barberousse et de Frédéric II, lorsque [...] les chemises étaient de serge, et non de linge' (en réalité Voltaire amalgame, sous le nom de La Flamma, ce que disent dans les *Rerum italicarum scriptores* de Muratori La Flamma, Ricobaldus, Villani). Voir aussi QE, art. 'Luxe'.

les vieux conseillers qui n'en avaient jamais porté, crièrent contre les jeunes magistrats qui donnèrent dans ce luxe funeste.

MAÎTRE[1]

Comment un homme a-t-il pu devenir le maître d'un autre homme, et par quelle espèce de magie incompréhensible a-t-il pu devenir le maître de plusieurs autres hommes?[2] On a écrit sur ce phénomène un grand nombre de bons volumes; mais je donne la préférence à une fable indienne parce qu'elle est courte,[3] et que les fables ont tout dit.

a-47 64-65v, article absent

[1] La rédaction de cet article, ajouté en 1767, ne doit pas être antérieure de beaucoup à la publication; voir les notes ci-dessous.

[2] Dans l'article 'Fables' (1764), Voltaire raconte déjà, d'après l'apologue de Joatham dans Juges ix.8-15, comment 'le chardon, qui n'était bon à rien, se fit roi, parce qu'il avait des épines et qu'il pouvait faire du mal' (l.7-9).

[3] Voltaire a sans doute une certaine fable présente à l'esprit, qu'il accommode pour soutenir sa thèse; mais il est difficile de l'identifier. On rencontre toutefois un certain nombre des éléments du récit dans des légendes orientales. Voltaire a trouvé les noms d'Adimo et de Procriti (voir n.4) dans un ouvrage sur l'ancienneté et l'authenticité duquel il se fait des illusions: *Ezour-Vedam ou ancien commentaire du Vedam*. Il y a trouvé aussi des naissances, méfaits, succès et échecs de géants (comme on en rencontre d'ailleurs dans d'autres mythologies): par exemple v.i-ii, où Vishnu cette fois fait vieillir au travail les géants et épouse les belles filles qui naissent; VI.vi, où naissent deux géants qui sèment la terreur chez les dieux et les hommes; et surtout VIII.i, où naît encore un redoutable géant à qui Chib, se trouvant seul devant lui, dit: 'Seigneur, ne me faites aucun mal, je serai votre esclave'. Johan Lucas Niecamp raconte aussi des histoires de géants et d'incestes entre frères et sœurs qui courent chez des Malabares, et que Vishnu dut prendre 'la figure de l'enfant d'un bramin [...] pour arracher le monde des mains du géant Mabéli qui s'en était emparé' (*Histoire de la mission danoise dans les Indes orientales*, Genève 1745, i.118-24; BV). D'Herbelot et Calmet (*Dictionnaire*, art. 'Abel') signalent cette version orientale du conflit d'Abel et Caïn: Abel et Caïn avaient chacun une jumelle; Adam voulut, suivant la volonté de Dieu, donner à chacun pour femme la jumelle de l'autre; Caïn, qui trouvait sa jumelle plus belle, refusa; pour résoudre le problème, Adam décida que cette fille reviendrait à celui des deux dont le sacrifice plairait le plus à Dieu; ce fut celui d'Abel qui fut consumé, donc

Adimo, le père de tous les Indiens, eut deux fils et deux filles de sa femme Procriti.[4] L'aîné était un géant vigoureux, le cadet était un petit bossu, les deux filles étaient jolies. Dès que le géant sentit sa force, il coucha avec ses deux sœurs, et se fit servir par le petit bossu. De ses deux sœurs, l'une fut sa cuisinière, l'autre sa jardinière. Quand le géant voulait dormir il commençait par enchaîner à un arbre son petit frère le bossu, et lorsque celui-ci s'enfuyait, il le rattrapait en quatre enjambées, et lui donnait vingt coups de nerf de bœufs.

Le bossu devint soumis, et le meilleur sujet du monde. Le géant satisfait de le voir remplir ses devoirs de sujet, lui permit de coucher avec une de ses sœurs dont il était dégoûté. Les enfants qui vinrent de ce mariage ne furent pas tout à fait bossus; mais ils eurent la taille assez contrefaite. Ils furent élevés dans la crainte de Dieu et du géant. Ils reçurent une excellente éducation; on leur apprit que leur grand-oncle était géant de droit divin, qu'il pouvait faire de toute sa famille ce qui lui plaisait; que s'il avait quelque jolie nièce, ou arrière-nièce, c'était pour lui seul sans difficulté, et que personne ne pouvait coucher avec elle que quand il n'en voudrait plus.

Le géant étant mort, son fils qui n'était pas à beaucoup près si fort ni si grand que lui, crut cependant être géant comme son père de droit divin. Il prétendit faire travailler pour lui tous les hommes,

---

agréé; c'est pourquoi Caïn tua Abel. Structure et 'morale' sont différentes. Une tradition démentie par le *Dictionnaire* voulait qu'Adam fût un géant.

[4] Voltaire a trouvé ces noms dans l'*Ezour-Vedam*; voir ci-dessus, art. 'Adam' et n.8. Une légende hindoue toute différente est rapportée par Calmet d'après l'*Histoire de la religion des Banians, traduite de l'anglais de Henri Lord* (Paris 1667): Adam (c'est-à-dire Pourous, mari de Parcontée) aurait eu seulement quatre fils; Dieu ne lui donna pas de filles 'de peur que leurs frères vivant avec elles, ne se souillassent de quelque inceste; mais il créa quatre femmes pour les quatre fils' (*Dictionnaire*, art. 'Adam').

et coucher avec toutes les filles.[5] La famille se ligua contre lui, il fut assommé, et on se mit en république.

Les Siamois au contraire prétendaient que la famille avait commencé par être républicaine,[6] et que le géant n'était venu qu'après un grand nombre d'années et de dissensions;[7] mais tous les auteurs de Bénarès et de Siam[8] conviennent que les hommes vécurent une infinité de siècles avant d'avoir l'esprit de faire des lois; et ils le prouvent par une raison sans réplique, c'est

[5] Cf. le tableau que Samuel fait du 'jus regis' aux Juifs qui lui demandent un roi. I Samuel viii.13: 'Il prendra de vos filles pour en faire ses parfumeuses, ses cuisinières et ses boulangères'; 16: 'Il prendra vos serviteurs, vos servantes et les jeunes gens les plus forts, avec vos ânes, et il les fera travailler pour lui'; 17: 'Il prendra aussi la dîme de vos troupeaux, et vous serez ses serviteurs' (trad. Calmet, *Commentaire*); ce que Calmet commente ainsi: 'Les peuples d'Orient étaient soumis à leurs princes, comme des esclaves à leurs maîtres'. Voltaire pense-t-il quelque peu à Louis xv, successeur du géant Louis xiv? Sans parler des vers désavoués d'une édition désavouée de *La Pucelle*, xv: 'Tel que n'en eut Louis le quatorzième / Aïeul d'un roi qu'on méprise et qu'on aime' (V 7, p.618), et de tous les passages où il déplore l'infériorité du siècle de Louis xv par rapport à celui de Louis xiv, on notera dans *Les Guèbres* (publiée en 1769) ces vers qu'on a considérés comme un portrait de Louis xv: 'Que fait votre César invisible aux humains? / De quoi lui sert un sceptre oisif entre ses mains? / Est-il comme vos dieux, indifférent, tranquille / Des maux du monde entier spectateur inutile?' (v.ii).

[6] Les 'Siamois' soutiennent une opinion très différente de celle de Calmet, qui commente ainsi I Samuel viii.5: 'L'Etat monarchique est la plus ancienne forme de gouvernement qu'on ait vue en Orient [...] Au commencement des peuples et des nations, les rois étaient les seuls chargés de la conduite des peuples' (*Commentaire*, ii.378). La question est posée sous une forme plus générale dans *L'A, B, C*: 'comment imaginez-vous que se soient établis tous ces gouvernements [...]: monarchique, despotique, tyrannique, oligarchique, aristocratique, démocratique, anarchique, théocratique, diabolique, et les autres qui sont mêlés de tous les précédents?' et C répond: 'Oui, chacun fait son roman, parce que nous n'avons point d'histoire véritable' (M.xxvii.342-43).

[7] Voltaire pense sans doute aux dissensions de Genève dont il fut le témoin actif ou passif de 1763 à 1767; il compose *La Guerre civile de Genève*, qui sera publiée en 1768 (V 63A, p.1-152).

[8] Allusion sans doute au dialogue d'*André Destouches à Siam* qui porte surtout sur la jurisprudence et qui paraît en 1766, à la suite du *Philosophe ignorant* (V 62, p.107-26).

qu'aujourd'hui même où tout le monde se pique d'avoir de l'esprit, on n'a pas trouvé encore le moyen de faire une vingtaine de lois passablement bonnes.[9]

C'est encore, par exemple, une question insoluble dans l'Inde, si les républiques ont été établies avant ou après les monarchies, si la confusion a dû paraître aux hommes plus horrible que le despotisme.[10] J'ignore ce qui est arrivé dans l'ordre des temps; mais dans celui de la nature il faut convenir que les hommes naissant tous égaux, la violence et l'habileté, ont fait les premiers maîtres;[11] les lois ont fait les derniers.

[9] Voir ci-dessus, art. 'Lois', l.42 ss. et notes correspondantes.

[10] Sur Voltaire et les types de gouvernement, voir ci-dessus, art. 'Lois' I, paru en 1767.

[11] Dans *L'A, B, C*, l'Anglais A répond à la question reproduite ci-dessus (n.7): 'J'imagine [...] deux petites peuplades [...] Comme chaque individu a reçu également de la nature deux bras, deux jambes et une tête, il me paraît impossible que les habitants de ce petit canton n'aient pas d'abord été tous égaux [...] J'ai dans la tête que la guerre offensive a fait les premiers rois, et que la guerre défensive a fait les premières républiques [...] Et enfin la terre appartint partout au plus fort et au plus habile' (M.xxvii.343-45).

MARTYRE[1]

On nous berne de martyres à faire pouffer de rire. On nous peint les Titus, les Trajans, les Marc-Aurèles, ces modèles de vertu,

a-59 64, 65, article absent

[1] Article publié en 1765 (65v). Il est difficile de savoir quand il a été composé: Voltaire a souvent écrit sur la question entre 1756 et 1771, en prenant comme exemples Théodote et Romain, confondant dès le début le diacre Romain et le petit Barolas (voir n.8), et critiquant à l'occasion l'*Histoire ecclésiastique* de l'abbé Fleury. Toutefois en décembre 1762–janvier 1763, cette préoccupation émerge dans la correspondance avec le pasteur Moultou. Voltaire se documente sérieusement. Le 25 décembre 1762, il remercie le pasteur des livres qu'il lui a prêtés et qui traitent des martyrs: les *Dissertationes Cyprianicae* de Henry Dodwell et la réfutation du bénédictin Ruinart, *Acta primorum martyrum sincera et selecta* […] *praemittitur praefatio* […] *in qua repellitur dissertatio X, cyprianica Henrici Dodwelli de paucitate martyrum* (Paris 1689; trad. Drouet de Maupertuy, *Les Véritables actes des martyrs*, Paris 1708; BV); il les juge ainsi: 'Doduel me paraît avoir bien raison et le compilateur Ruinard avec ses actes sincères est sincèrement un imbécile' (D10857). Le 5 janvier 1763, il écrit: 'Plus je relis les actes des martirs, plus je les trouve semblables aux mille et une nuits'; il est déjà 'tenté de croire qu'il n'y a que les crétiens qui aient été persécuteurs pour la seule cause de la religion' (D10885): or c'est l'idée centrale de cet article. A la même époque, dans le *Traité sur la tolérance*, les idées s'enchaînent comme ici: après avoir réhabilité des empereurs romains qu'on a prétendus persécuteurs (ch.9), Voltaire écrit qu'il 'est temps qu'on connaisse le peu de vérités qu'on peut démêler à travers ces nuages de fables qui couvrent l'histoire romaine'; puis il introduit l'histoire de Théodote sous la même forme qu'ici, avec le même argument et des termes analogues: 'Comment peut-on croire […] que les Romains […] aient condamné des vierges chrétiennes, des filles de qualité à la prostitution? C'est bien mal connaître l'austère dignité de nos législateurs, qui punissaient si sévèrement les faiblesses des vestales'; raconte les 'martyres' de Théodote et de Romain en en montrant l'invraisemblance, et, après avoir cité deux autres exemples, il fait la comparaison avec les traitements infligés par les chrétiens aux Vaudois, aux Albigeois, aux protestants, et demande s'il y a 'dans les relations avérées des persécutions anciennes, un seul trait qui approche de la Saint-Barthélemy et des massacres d'Irlande' (ch.10; M.xxv.56-59): mêmes exemples que dans l'article; même conclusion. Dans d'autres occurrences, il se contente de montrer l'absurdité des récits et de prétendre éventuellement qu'ils font tort à la véritable religion. Il

comme des monstres de cruauté. Fleuri abbé du Loc-Dieu[2] a déshonoré son Histoire ecclésiastique par des contes qu'une vieille femme de bon sens ne ferait pas à des petits enfants.[3]

Peut-on répéter sérieusement que les Romains condamnèrent sept vierges de soixante et dix ans chacune à passer par les mains de tous les jeunes gens de la ville d'Ancire,[4] eux qui punissaient de mort les vestales pour la moindre galanterie?[5]

5 65V: pas assurément à

---

pourrait bien avoir conçu l'article du DP à cette époque – fin 1762-début 1763 –, où il a pris en main la cause des Calas. Il y semble plongé à nouveau en novembre 1764. Dans une lettre à d'Argental du 27 novembre, le DP est associé à l'idée de martyre et, par Omer Joly de Fleury interposé, à l'*Histoire ecclésiastique* de l'abbé Fleury: 'j'ai bien peur que m[e] Omer ne veuille me procurer la couronne du martyre. Ces Omer sont très capables de joindre au portatif, la tragédie sainte de Saül et David [...]; je n'ai jamais été content d'aucun Fleury, [...] pas même du confesseur du roi auteur de l'histoire ecclésiastique; je ne conçois pas comment il a pu faire de si excellents discours, et une histoire si puérile' (D12210); l'association d'idées est révélatrice. Voltaire semble imprégné de son sujet; prépare-t-il son article pour la publication? S'il se décide à le publier en 1765, c'est peut-être parce qu'il se sent lui-même, une fois de plus, 'martyr' d'un Fleury (le réquisitoire d'Omer Joly de Fleury contre le DP est prononcé le 9 mars); et parce qu'il s'occupe plus que jamais de ces victimes de la persécution religieuse, les protestants, qu'il appelle 'martyrs', qu'il compare aux premiers chrétiens 'qui aimaient à la folie les coups de bâtons et la corde' (D11637): il termine l'affaire Calas, et commence le procès Sirven.

[2] Claude Fleury (1640-1723) a été effectivement nommé abbé du Loc-Dieu, de l'ordre de Cîteaux, dans le diocèse de Rodez, en 1684; il a également été sous-précepteur des enfants de France, puis confesseur de Louis XV de 1716 à 1722; il a succédé à La Bruyère à l'Académie française en 1696.

[3] Par ailleurs, Voltaire estimait l'abbé Fleury: sa modestie, ses Discours, où il s'attaque aux 'usurpations papales'. La bibliothèque de Ferney contenait un exemplaire annoté de l'*Histoire ecclésiastique* (CN, iii.479-610); voir le 'Catalogue des écrivains', *Le Siècle de Louis XIV*.

[4] *Histoire ecclésiastique*, VIII.XXXV (ii.435-44). Fleury se réfère aux *Acta primorum martyrum sincera* de Ruinart (*Les Véritables actes des martyrs*, i.552-90). Ruinart lui-même présente le récit comme 'écrit par Nilus, témoin oculaire' – ce que répète Fleury – et 'tiré de Bollandus'. Dans le *Traité sur la tolérance*, Voltaire introduit l'histoire de Théodote sous la même forme qu'ici. Voir n.1.

[5] Voir par exemple, au temps de la seconde guerre Punique, la condamnation, signalée par Tite-Live (XXII.lvii.2), de deux vestales, Opimia et Floronia, dont

C'est apparemment pour faire plaisir aux cabaretiers qu'on a imaginé qu'un cabaretier chrétien nommé Théodote, pria Dieu de faire mourir ces sept vierges plutôt que de les exposer à perdre le plus vieux des pucelages. Dieu exauça le cabaretier pudibond, et le proconsul fit noyer dans un lac les sept demoiselles. Dès qu'elles furent noyées, elles vinrent se plaindre à Théodote du tour qu'il leur avait joué, et le supplièrent instamment d'empêcher qu'elles ne fussent mangées des poissons.[6] Théodote prend avec lui trois buveurs de sa taverne, marche au lac avec eux, précédé d'un flambeau céleste, et d'un cavalier céleste, repêche les sept vieilles, les enterre, et finit par être pendu.[7]

Dioclétien rencontre un petit garçon nommé St Romain, qui était bègue;[8] il veut le faire brûler parce qu'il était chrétien; trois Juifs se trouvent là et se mettent à rire de ce que Jésus-Christ

---

l'une fut 'selon la coutume, enterrée vivante à la porte Colline' et l'autre se donna la mort; ou, en 114 av. J.-C., celle d'Aemilia, Licinia et Marcia, racontée notamment par Dion Cassius (XXXVI.lxxviii.3 ss.) et à laquelle Cicéron fait allusion (*Brutus*, xliii, 160). Toutefois les deux premières étaient convaincues d'inceste, et dans le deuxième cas l'affaire semble avoir été politique autant que morale et religieuse.

6 C'est, selon Ruinart et Fleury à sa suite, la plus vieille seulement, Técuse – celle qui a déjà convaincu les jeunes gens de ne pas les violer –, qui apparaît en songe à Théodote pour lui faire cette prière.

7 Récit très abrégé (nettement plus que dans d'autres occurrences), sans doute fait de mémoire. Théodote fut en réalité condamné à être décapité et brûlé, pour avoir dérobé et enterré les corps des sept vierges et avoir refusé d'abjurer.

8 Romanus n'était pas un enfant: il était diacre et exorciste de Césarée, dit Fleury, mais l'histoire racontée par Voltaire est la sienne à quelques détails près. La confusion s'explique: Ruinart raconte successivement 'Le martyre de saint Romain, tiré d'Eusèbe, 17 novembre 303' (i.596-604), et l''Histoire du martyre d'un jeune enfant [Barolas], qui souffrit avec saint Romain. Ecrite en vers par Prudence. Hymne dixième du livre des Couronnes' (p.605-16). Fleury, qui fait référence aux *Acta sincera* (p.379) et à l'hymne 10, raconte, et assez brièvement, les deux histoires en même temps (VIII.XXXI; ii.424-26). D'où la confusion que fait toujours Voltaire. Il écrit son récit, semble-t-il, d'après le souvenir qu'il a gardé d'une lecture rapide de Fleury. D'ailleurs un signet annoté marque la page dans l'*Histoire ecclésiastique*: 'petit Romain langue coupée' (CN, iii.488). Cf. ci-dessus, art. 'Christianisme' (l.637-651).

laisse brûler un petit garçon qui lui appartient; ils crient que leur religion vaut bien mieux que la chrétienne, puisque Dieu a délivré Sidrac, Mizac et Abdenago[9] de la fournaise ardente. Aussitôt les flammes qui entouraient le jeune Romain, sans lui faire mal, se séparent, et vont brûler les trois Juifs.[10]

L'empereur tout étonné dit qu'il ne veut rien avoir à démêler avec Dieu; mais un juge de village moins scrupuleux condamne le petit bègue à avoir la langue coupée. Le premier médecin de l'empereur est assez honnête pour faire l'opération lui-même; dès qu'il a coupé la langue au petit Romain, cet enfant se met à jaser avec une volubilité qui ravit toute l'assemblée en admiration.[11]

On trouve cent contes de cette espèce dans les martyrologes. On a cru rendre les anciens Romains odieux, et on s'est rendu ridicule. Voulez-vous de bonnes barbaries bien avérées, de bons massacres bien constatés, des ruisseaux de sang qui aient coulé en effet, des pères, des mères, des maris, des femmes, des enfants à la mamelle réellement égorgés et entassés les uns sur les autres? Monstres persécuteurs, ne cherchez ces vérités que dans vos annales: vous les trouverez dans les croisades contre les Albigeois, dans les massacres de Mérindol et de Cabrière, dans l'épouvantable journée de la St Barthélemi, dans les massacres de l'Irlande, dans les vallées des Vaudois.[12] Il vous sied bien, barbares que vous êtes,

44 65v: d'Irlande

[9] Cf. Daniel iii.12-94. Fleury et Ruinart ne précisent pas leurs noms.

[10] Voir Fleury, *Histoire ecclésiastique*: 'Il y avait des Juifs qui disaient: Chez nous les trois enfants furent sauvés de la fournaise: mais ceux-ci brûlent. Aussitôt le ciel se couvrit, et il vint une si grande pluie, qu'on ne put pas même allumer le feu' (ii.424). Voltaire a dû lire trop vite: les Juifs moqueurs ne sont pas brûlés; dans l'article 'Christianisme', il précise lui-même qu''un orage [...] éteignit le feu' (l.644).

[11] Chez Fleury et Ruinart le 'juge de village' est Asclépiade d'Antioche; le médecin est un renégat qui se trouvait là; c'est en prison que Romain, qui était bègue quand il avait une langue, se met à parler distinctement.

[12] Sur la condamnation au feu des Vaudois à Mérindol en 1545 et leur massacre à Cabrières, voir l'*Essai sur les mœurs*, ch.138 (i.275-77), et *Des conspirations contre les peuples* (1766), où Voltaire enchaîne, comme ici, les massacres de Mérindol, de

d'imputer aux meilleurs des empereurs des cruautés extravagantes, vous qui avez inondé l'Europe de sang, et qui l'avez couverte de corps expirants, pour prouver que le même corps peut être en mille endroits à la fois, et que le pape peut vendre des indulgences![13] Cessez de calomnier les Romains vos législateurs,[14] et demandez pardon à Dieu des abominations de vos pères.

Ce n'est pas le supplice, dites-vous, qui fait le martyre, c'est la cause. Eh bien, je vous accorde que vos victimes ne doivent point être appelées du nom de martyr, qui signifie témoin;[15] mais quel nom donnerons-nous à vos bourreaux? Les Phalaris et les Busiris[16] ont été les plus doux des hommes en comparaison de vous: votre Inquisition[17] qui subsiste encore, ne fait-elle pas frémir la raison, la nature, la religion? Grand Dieu! Si on allait mettre en cendres ce tribunal infernal,[18] déplairait-on à vos regards vengeurs?

---

la Saint-Barthélemy et d'Irlande; cf. aussi l'*Essai sur les mœurs*, ch.180: 'La religion et la liberté [...] précipitèrent [les Irlandais] dans une entreprise horrible dont il n'y a d'exemple que dans la Saint-Barthélemy. Ils complotèrent d'assassiner tous les protestants de leur île, et en effet ils en égorgèrent plus de quarante mille' (ii.661).

[13] Voir *Essai sur les mœurs*, ch.127.

[14] Cf. *Traité sur la tolérance*; voir n.1.

[15] Cf. le début de l'article 'Martyrs' des QE: 'Martyr, témoin; *martyrion*, témoignage. La société chrétienne naissante donna d'abord le nom de *martyrs* à ceux qui annonçaient nos nouvelles vérités devant les hommes, qui rendaient témoignage à Jésus, qui confessaient Jésus [...] Le nom de *martyrs* dans la suite ne fut plus donné qu'aux chrétiens morts ou tourmentés dans les supplices' (M.xx.36).

[16] Phalaris: tyran d'Agrigente qui brûlait ses victimes dans un taureau d'airain. Busiris: roi légendaire d'Egypte, qui sacrifiait les étrangers. Voltaire y fait référence notamment à propos du procès des Calas (8 juillet 1762; D10566).

[17] Cf. ci-dessus, art. 'Inquisition'. En Espagne, même Charles III (roi de 1759 à 1788) et ses conseillers n'osèrent pas la supprimer; ils se contentèrent de lui 'rogner les griffes' (D14991) pour un temps: ils soumirent ses décrets à l'approbation du Conseil royal et ils adoucirent procédures et pénalités.

[18] Voltaire en rêve: il fait jeter dans le feu les inquisiteurs 'anthropokaies' dans *La Princesse de Babylone* (M.xxi.426).

MATIÈRE[1]

Les sages à qui on demande ce que c'est que l'âme, répondent qu'ils n'en savent rien. Si on leur demande ce que c'est que la matière, ils font la même réponse.[2] Il est vrai que des professeurs, et surtout des écoliers, savent parfaitement tout cela; et quand ils ont répété que la matière est étendue et divisible,[3] ils croient avoir tout dit; mais quand ils sont priés de dire ce que c'est que cette chose étendue, ils se trouvent embarrassés. Cela est composé de parties, disent-ils; et ces parties de quoi sont-elles composées? Les éléments de ces parties sont-ils divisibles? Alors ou ils sont muets, ou ils parlent beaucoup, ce qui est également suspect. Cet être presque inconnu qu'on nomme matière, est-il éternel? Toute l'antiquité l'a cru.[4] A-t-il par lui-même la force active? Plusieurs philosophes l'ont pensé.[5] Ceux qui le nient sont-ils en droit de le nier? Vous ne concevez pas que la matière puisse avoir rien par elle-même. Mais comment pouvez-vous assurer qu'elle n'a pas par elle-même les propriétés qui lui sont nécessaires? Vous ignorez quelle est sa nature, et vous lui refusez des modes qui sont pourtant dans sa nature; car enfin, dès qu'elle est, il faut bien qu'elle soit d'une certaine façon, qu'elle soit figurée;[6] et dès qu'elle est nécessairement figurée, est-il impossible qu'il n'y ait d'autres

[1] Cet article, publié en 1764, n'est pas repris dans les QE.

[2] Ce sont les propres termes de Voltaire, notés déjà dans ses carnets (V 81, p.95); voir également le *Poème sur la loi naturelle*, I, note de Voltaire de 1756 (M.ix.443).

[3] C'est la définition cartésienne; voir les *Méditations*, V.

[4] C'était l'opinion d'Aristote; voir les articles de Wolfson cités ci-dessous, n.12.

[5] Voir Isaac de Beausobre, *Histoire critique de Manichée et du manichéisme* (Amsterdam 1734-1739; BV), ii.149-50, pour un compte rendu des opinions des philosophes de l'antiquité sur l'éternité de la matière.

[6] Voltaire contredit ici la thèse des *Méditations*, III, où Descartes montre que la matière dans une boule de cire n'a pas de configuration propre.

modes attachées[7] à sa configuration?[8] La matière existe, vous ne la connaissez que par vos sensations. Hélas! de quoi servent toutes les subtilités de l'esprit depuis qu'on raisonne? La géométrie nous a appris bien des vérités, la métaphysique bien peu. Nous pesons la matière, nous la mesurons, nous la décomposons et au-delà de ces opérations grossières, si nous voulons faire un pas, nous trouvons dans nous l'impuissance, et devant nous un abîme.

Pardonnez de grâce à l'univers entier qui s'est trompé en croyant la matière existante par elle-même.[9] Pouvait-il faire autrement? comment imaginer que ce qui est sans succession n'a pas toujours été? S'il n'était pas nécessaire que la matière existât, pourquoi existe-t-elle? Et s'il fallait qu'elle fût, pourquoi n'aurait-elle pas été toujours? Nul axiome n'a jamais été plus universellement reçu que celui-ci: *Rien ne se fait de rien.*[10] En effet le contraire est incompréhensible. Le chaos a chez tous les peuples précédé l'arrangement qu'une main divine a fait du monde entier. L'éternité de la matière n'a nui chez aucun peuple au culte de la Divinité. La religion ne fut jamais effarouchée qu'un Dieu éternel fût reconnu comme le maître d'une matière éternelle.[11] Nous sommes assez heureux pour savoir aujourd'hui par la foi, que Dieu tira la matière du néant; mais aucune nation n'avait été instruite de ce dogme; les Juifs même l'ignorèrent.[12] Le premier verset de la

[7] Au seizième siècle on accordait mode, comme terme de philosophie, au féminin (voir Littré). L'accord ici est un archaïsme.

[8] C'est la thèse de Locke, que la matière possède des qualités primaires et qu'elles sont un phénomène indépendant de la perception (*An essay concerning human understanding*, II.viii.9-19).

[9] C'est la thèse de Platon selon qui le monde fut formé de matière préexistante.

[10] Perse, *Satires*, iii.84: 'De nihilo nihilum, in nihilum nil posse reverti'.

[11] Ni Maimonide, *More nevukhim*, ii.25.55a, ni Judah Halevi, *Cuzari*, i.67, ne considèrent cette thèse, que d'ailleurs ils rejettent, comme incompatible avec la religion. Voltaire devait connaître de réputation ces deux classiques de la philosophie juive (voir *Lettres à S. A. Mgr le prince de* ***, IX).

[12] En effet, la création *ex nihilo* de la matière n'était qu'une des doctrines juives concernant les modalités de la création. Elle paraît, pour la première fois semble-t-il, dans II Maccabées vii.28, mais elle n'est devenue normative qu'avec Maimonide

Genèse dit que les dieux Eloïm, non pas Eloï, firent le ciel et la terre;[13] il ne dit pas que le ciel et la terre furent créés de rien.[14]

Philon qui est venu dans le seul temps où les Juifs aient eu quelque érudition, dit dans son chapitre de la création, 'Dieu étant bon par sa nature n'a point porté envie à la substance, à la matière, qui par elle-même n'avait rien de bon, qui n'a de sa nature, qu'inertie, confusion, désordre. Il daigna la rendre bonne de mauvaise qu'elle était.'[15]

43 65v: Eloa

---

et Judah Halevi. Voir E. E. Urbach, *Hazal*, ch.9, qui ne signale pas dans le talmud de discussions de cet aspect de la création, et H. A. Wolfson, 'The meaning of *ex nihilo* in the Church Fathers, Arabic and Hebrew philosophy, and St Thomas' et 'The Platonic, Aristotelian and stoic theories of creation in Hallevy and Maimonides', dans *Studies in the history of philosophy and religion*, p.207-21, 234-49, qui raconte comment Maimonide et Halevi ont adopté et adapté cette thèse du Kalam. Voltaire aurait pu connaître les opinions des Juifs à ce sujet par Beausobre, *Histoire critique de Manichée*, ii.150-51, 182-84.

[13] Voir ci-dessus, 'Genèse', n.2. Voltaire n'est guère exact ici. Calmet, chez qui Voltaire puise si souvent des renseignements techniques sur la Bible, traduit littéralement dans ses notes sur Genèse i.1, 'les Dieux créa', avec l'explication que le mot *Elohim*, écrit en caractères hébraïques, est du singulier malgré sa forme censément pluriel. Voltaire renchérit ici. Non seulement il rejette l'explication donnée par Calmet, qui a raison cette fois, *Elohim* étant très rarement accordé au pluriel quand le mot désigne le dieu d'Israël ou de l'univers (exceptions par ex. Genèse xx.13, xxxv.7), mais il invente une forme 'Eloï' qui n'est jamais attestée dans la Bible où pourtant la forme *Elo'a*, un singulier, se trouve parfois (par ex. Deutéronome xxxii.15, 17). L'éditeur ou le compositeur du 65v corrigea la bévue, peut-être à la suite de la critique de J.-A. Rosset de Rochefort, *Remarques sur un livre intitulé Dictionnaire philosophique portatif* (Lausanne 1765), p.112-13.

[14] Sur les disputes sur le sens précis du verbe *bara*, voir (par ordre chronologique) Richard Simon, *Histoire critique du Vieux Testament*, I.5; III.2, 13, 14 (Amsterdam 1685; BV), p.213, 365, 426, 434-35; Calmet, *Commentaire*, Genèse i.1; Etienne Fourmont, *Lettres à monsieur *** sur le Commentaire du père Calmet* (Paris 1709), p.85-122; Calmet, *Lettres de l'auteur du Commentaire littéral sur la Genèse* (Paris 1710), p.124-45; Beausobre, *Histoire critique de Manichée*, ii.205 ss.

[15] Philon, *Legum allegoriae*, *De opificio mundi*, xxi-xxii. Voltaire donne une traduction très libre et hors de son contexte, car plus haut (vii-xii) Philon démontre précisément que le monde fut engendré par la Providence.

L'idée du chaos débrouillé par un Dieu se trouve dans toutes les anciennes théogonies, Hésiode répétait ce que pensait l'Orient, quand il disait dans sa Théogonie; 'Le chaos est ce qui a existé le premier.'[16] Ovide était l'interprète de tout l'empire romain, quand il disait:

Sic ubi dispositam quisquis fuit ille deorum
Congeriem secuit.[17]

La matière était donc regardée entre les mains de Dieu, comme l'argile sous la roue du potier, s'il est permis de se servir de ces faibles images pour en exprimer la divine puissance.[18]

La matière étant éternelle devait avoir des propriétés éternelles, comme la configuration, la force d'inertie, le mouvement et la divisibilité. Mais cette divisibilité n'est que la suite du mouvement; car sans mouvement rien ne se divise, ne se sépare, ni ne s'arrange. On regardait donc le mouvement comme essentiel à la matière. Le chaos avait été un mouvement confus; et l'arrangement de l'univers un mouvement régulier imprimé à tous les corps par le maître du monde. Mais comment la matière aurait-elle le mouvement par elle-même? Comme elle a, selon tous les anciens, l'étendue et l'impénétrabilité.

Mais on ne la peut concevoir sans étendue, et on peut la concevoir sans mouvement? A cela on répondait, Il est impossible que la matière ne soit pas perméable; or étant perméable, il faut

57 65v, entre 57 et 58: C'est un Dieu quel qu'il soit qui débrouilla le monde.

[16] Hésiode, *Théogonie*, 116: Ἤ τοι μὲν πρώτιστα χάος γένετ', αὐτὰρ ἔπειτα Γαῖ' εὐρύπτερνος. 'Donc, avant tout, fut Abîme, puis Terre aux larges flancs' (trad. P. Mazobu, p.36). Voltaire affirme, d'après la traduction grecque de Sanchoniaton qui essayait d'identifier les analogies entre les mythologies 'phénicienne' et grecque, dans ses notes au *Discours de l'empereur Julien* que le mot 'chaos' est d'origine phénicienne (éd. Moureaux, p.149).

[17] Ovide, *Métamorphoses*, i.32-33: 'Lorsque le dieu, quel qu'il fût, eut ainsi partagé et distribué l'amas de la matière' (trad. G. Lafaye), p.8.

[18] Voir Jérémie xviii.6; Romains ix.21.

bien que quelque chose passe continuellement dans ses pores; à quoi bon des passages si rien n'y passe?

De réplique en réplique on ne finirait jamais; le système de la matière éternelle a de très grandes difficultés comme tous les systèmes. Celui de la matière formée de rien n'est pas moins incompréhensible. Il faut l'admettre et ne pas se flatter d'en rendre raison; la philosophie ne rend point raison de tout. Que de choses incompréhensibles n'est-on pas obligé d'admettre, même en géométrie! Conçoit-on deux lignes qui s'approcheront toujours, et qui ne se rencontreront jamais?

Les géomètres à la vérité nous diront, Les propriétés des asymptotes vous sont démontrées;[19] vous ne pouvez vous empêcher de les admettre; mais la création ne l'est pas, pourquoi l'admettez-vous? Quelle difficulté trouvez-vous à croire comme toute l'antiquité la matière éternelle? D'un autre côté le théologien vous pressera et vous dira, Si vous croyez la matière éternelle,

[19] Geminus de Rhodes, au premier siècle avant J.-C., 'remarqua qu'il existe des droites qui s'approchent indéfiniment et pourtant restent distinctes' et il cita le cas des hyperboles et des conchoïdes, qui possèdent des asymptotes (*Encyclopedia Britannica*, éd. 1964, art. 'Asymptotes'). En effet, bien que Furetière mentionne des mathématiciens du moyen âge qui avaient traité des asymptotes, il semble qu'ils restèrent méconnus jusqu'à la traduction des commentaires de Proclus sur Euclide par Francesco Barozzi, qui parle de Geminus (*Procli Diadochi in primum Euclidis elementorum librum commentariorum libri III*, 1560). Les dictionnaires Larousse, Robert et TLF prétendent que le premier emploi du mot en français date de 1638, c'est-à-dire de *La Géométrie* de Descartes, mais celui-ci n'en parle pas. Philippe de La Hire définit des asymptotes dans ses *Nouveaux éléments des sections coniques* (Paris 1679), et il démontre les propriétés dont parle Voltaire (p.117, 123). Avec la découverte du calcul infinitésimal par Newton et Leibniz, l'idée de limite pour certaines fonctions quand la variable tend vers l'infini, c'est-à-dire des asymptotes, fut mise en valeur. Voir Isaac Newton, *La Méthode des fluxions et des suites infinies*, trad. Buffon (Paris 1740), p.51, et surtout 'Enumeratio linearum tertii ordinis', *Opticks* [...] *also two treatises of the species and magnitude of curvilinear figures* (London 1704), p.142-43, traduit en anglais dans John Harris, *Lexicon technicum, or An universal dictionary of arts and sciences* (London 1708-1710), ii, art. 'Curves'.

vous reconnaissez donc deux principes, Dieu et la matière, vous tombez dans l'erreur de Zoroastre, de Manés.[20]

On ne répondra rien aux géomètres, parce que ces gens-là ne connaissent que leurs lignes, leurs surfaces et leurs solides; mais on pourra dire au théologien: En quoi suis-je manichéen? voilà des pierres qu'un architecte n'a point faites; il en a élevé un bâtiment immense; je n'admets point deux architectes; les pierres brutes ont obéi au pouvoir et au génie.[21]

Heureusement quelque système qu'on embrasse, aucun ne nuit à la morale; car qu'importe que la matière soit faite ou arrangée? Dieu est également notre maître absolu. Nous devons être également vertueux sur un chaos débrouillé, ou sur un chaos créé de rien, presque aucune de ces questions métaphysiques n'influe sur la conduite de la vie;[22] il en est des disputes comme des vains discours qu'on tient à table; chacun oublie après dîner ce qu'il a dit, et va où son intérêt et son goût l'appellent.

[20] Contrairement à ce 'théologien' que Voltaire va réfuter, Maimonide, dans le *More Nevukhim*, ii.13, et Levi ben Gerson (Gersonide), dans le *Sefer milhamoth adonai*, VI.i.18, ad 3, considèrent et rejettent cette hypothèse, ne prétendant pas qu'elle implique une négation de l'unité de Dieu.

[21] C'est précisément la thèse de Beausobre, qu'il n'était pas hérétique à l'époque de croire en la préexistence de la matière car on réservait encore à Dieu la gloire de l'avoir façonnée.

[22] La prééminence de la morale sur la métaphysique est un leitmotiv voltairien.

MÉCHANT[1]

On nous crie que la nature humaine est essentiellement perverse, que l'homme est né enfant du diable, et méchant. Rien n'est plus mal avisé. Car, mon ami, toi qui me prêches que tout le monde est né pervers, tu m'avertis donc que tu es né tel, qu'il faut que je me défie de toi comme d'un renard ou d'un crocodile. Oh point! me dis-tu, je suis régénéré, je ne suis ni hérétique ni infidèle, on peut se fier à moi. Mais le reste du genre humain qui est ou hérétique, ou ce que tu appelles infidèle, ne sera donc qu'un assemblage de monstres, et toutes les fois que tu parleras à un luthérien, ou un Turc, tu dois être sûr qu'ils te voleront, et qu'ils t'assassineront, car ils sont enfants du diable; ils sont nés méchants; l'un n'est point régénéré, et l'autre est dégénéré. Il serait bien plus raisonnable, bien plus beau de dire aux hommes, *Vous êtes tous nés bons, voyez combien il serait affreux de corrompre la pureté de votre être*. Il eût fallu en user avec le genre humain comme on en use avec tous les hommes en particulier. Un chanoine mène-t-il une vie scandaleuse? on lui dit, Est-il possible que vous déshonoriez la dignité de chanoine? On fait souvenir un homme de robe qu'il a

10 65v: ou à un Turc

[1] Cet article, publié en 1764, reprend des propos déjà énoncés dans la critique (anonyme) des *Œuvres* de Maupertuis que Voltaire avait publiée dans la *Bibliothèque raisonnée* de juillet-septembre 1752 (M.xxiii.536-37). Il y rejette implicitement la notion du péché primitif effacé par le baptême, se voit contraint d'aller quelque peu sur les brisées de Rousseau, et en vient à des supputations plus que généreuses pour estimer la proportion dans la population de vrais méchants. Cet article-ci est à la fois une critique de l'augustinianisme dans l'esprit de la lettre 'Sur les Pensées de M. Pascal' ('[Pascal] impute à l'essence de notre nature ce qui n'appartient qu'à certains hommes'; *Lph*, ii.184) et une version laïcisée du péché héréditaire où 'le premier ambitieux' est l'homologue d'Adam, le pécheur par désobéissance, et, comme lui, 'a corrompu la terre' (l.48-49).

l'honneur d'être conseiller du roi, et qu'il doit l'exemple. On dit à un soldat pour l'encourager, Songe que tu es du régiment de Champagne. On devrait dire à chaque individu, Souviens-toi de ta dignité d'homme.

Et en effet, gré qu'on en ait, on en revient toujours là; car que veut dire ce mot si fréquemment employé chez toutes les nations, *rentrez en vous-mêmes*?[2] Si vous étiez né enfant du diable, si votre origine était criminelle, si votre sang était formé d'une liqueur infernale, ce mot, *rentrez en vous-même*, signifierait, Consultez, suivez votre nature diabolique, soyez imposteur, voleur, assassin, c'est la loi de votre père.

L'homme n'est point né méchant, il le devient, comme il devient malade. Des médecins se présentent et lui disent, Vous êtes né malade. Il est bien sûr que ces médecins, quelque chose qu'ils disent et qu'ils fassent, ne le guériront pas si sa maladie est inhérente à sa nature; et ces raisonneurs sont très malades eux-mêmes.[3]

Assemblez tous les enfants de l'univers, vous ne verrez en eux que l'innocence, la douceur et la crainte ; s'ils étaient nés méchants, malfaisants, cruels,[4] ils en montreraient quelque signe, comme les petits serpents cherchent à mordre, et les petits tigres à déchirer. Mais la nature n'ayant pas donné à l'homme plus d'armes offensives qu'aux pigeons et aux lapins, elle ne leur a pu donner un instinct qui les porte à détruire.

L'homme n'est donc pas né mauvais, pourquoi plusieurs sont-

25 64: *en vous-même?*
27 65v: *en vous-mêmes*

[2] Voir Corneille, *Cinna*, IV.ii. Voltaire ne commente pas ce vers dans ses *Commentaires sur Corneille* (V 54, p.153-54).

[3] Sur la comparaison avec la maladie, voir les carnets (V 82, p.502, 593, 611). Voltaire y note également que la méchanceté a toujours un motif.

[4] Réponse aux propos pessimistes de La Bruyère sur les enfants (*Caractères*, 'De l'homme').

ils donc infectés de cette peste de la méchanceté? c'est que ceux qui sont à leur tête étant pris de la maladie, la communiquent au reste des hommes, comme une femme attaquée du mal que Christophe Colomb rapporta d'Amérique,[5] répand ce venin d'un bout de l'Europe à l'autre. Le premier ambitieux a corrompu la terre.[6]

Vous m'allez dire que ce premier monstre a déployé le germe d'orgueil, de rapine, de fraude, de cruauté qui est dans tous les hommes. J'avoue qu'en général la plupart de nos frères peuvent acquérir ces qualités; mais tout le monde a-t-il la fièvre putride, la pierre et la gravelle parce que tout le monde y est exposé?

Il y a des nations entières qui ne sont point méchantes; les Philadelphiens,[7] les Banians[8] n'ont jamais tué personne. Les Chinois, les peuples du Tonquin, de Lao, de Siam, du Japon même, depuis plus de cent ans ne connaissent point la guerre. A peine voit-on en dix ans un de ces grands crimes qui étonnent la nature humaine, dans les villes de Rome, de Venise, de Paris, de

[5] Voir ci-dessus, 'Amour', n.9.

[6] Cf. les carnets: 'L'homme n'est point né méchant: tous les enfants sont innocents; tous les jeunes gens confiants, et prodiguant leur amitié; les gens mariés aiment leurs enfants; la pitié est dans tous les cœurs: les tyrans seuls corrompirent le monde' (V 82, p.536). Pour J.-J. Rousseau, le premier qui a enclos un terrain est à l'origine de 'crimes, de guerres, de meurtres' (*Discours sur l'origine et les fondements de l'inégalité parmi les hommes*; *OC*, iii.164).

[7] Les Philadelphiens n'étaient guère une 'nation', mais les habitants de la plus grande ville de la colonie fondée par le quaker William Penn, pour laquelle Voltaire eut toujours un faible. Celle-ci et Rhode Island étaient réputés pour leur tolérance religieuse, établie en Pennsylvanie par le 'Great Law' du 7 décembre 1682, contrastant avec le puritanisme militant du Massachusetts et du Connecticut. Sur le pacifisme des quakers, voir *Lettres philosophiques*, I et IV; QE, art. 'Eglise' (M.xviii.498-501) et 'Quakers' (M.xx.311-13).

[8] Les Banians appartiennent à une caste de marchands hindous qui s'abstiennent de manger de la viande. L'*Encyclopédie*, art. 'Banian', puisant à Johann Albrecht Mandelslo, *Voyages* (Londres 1669), p.161-77, prétend qu'ils sont des idolâtres qui adorent le diable et qui se purifient vigoureusement après chaque contact avec un 'infidèle', ce qui n'est guère un modèle de sociabilité, mais elle ne leur attribue ni prosélytisme ni guerres de religion.

Londres, d'Amsterdam, villes où pourtant la cupidité, mère de tous les crimes, est extrême.

Si les hommes étaient essentiellement méchants, s'ils naissaient tous soumis à un être aussi malfaisant que malheureux, qui pour se venger de son supplice leur inspirerait toutes ses fureurs, on verrait tous les matins les maris assassinés par leurs femmes, et les pères par leurs enfants, comme on voit à l'aube du jour des poules étranglées par une fouine qui est venue sucer leur sang.

S'il y a un milliard d'hommes sur la terre, c'est beaucoup;[9] cela donne environ cinq cents millions de femmes qui cousent, qui filent, qui nourrissent leurs petits, qui tiennent la maison ou la cabane propre, et qui médisent un peu de leurs voisines. Je ne vois pas quel grand mal ces pauvres innocentes font sur la terre. Sur ce nombre d'habitants du globe, il y a deux cents millions d'enfants au moins, qui certainement ne tuent ni ne pillent, et environ autant de vieillards ou de malades qui n'en ont pas le pouvoir. Restera tout au plus cent millions de jeunes gens robustes et capables du crime. De ces cent millions il y en a quatre-vingt-dix continuellement occupés à forcer la terre par un travail prodigieux à leur fournir la nourriture et le vêtement; ceux-là n'ont guère le temps de mal faire.

Dans les dix millions restants seront compris les gens oisifs et de bonne compagnie, qui veulent jouir doucement, les hommes à talents occupés de leurs professions, les magistrats, les prêtres, visiblement intéressés à mener une vie pure, au moins en apparence. Il ne restera donc de vrais méchants que quelques politiques, soit séculiers, soit réguliers qui veulent toujours troubler le monde, et quelques milliers de vagabonds qui louent leurs services à ces politiques. Or il n'y a jamais à la fois un million de ces bêtes féroces employées; et dans ce nombre je compte les voleurs de

[9] Voltaire s'intéresse à la question de la population (voir ci-dessus, 'Chine', n.25 à 28). Dans les *Remarques pour servir de supplément à l'Essai sur les mœurs* (1763), il évaluait la population mondiale à neuf cents millions (*Essai*, ii.945).

grands chemins. Vous avez donc, tout au plus, sur la terre dans les temps les plus orageux, un homme sur mille, qu'on peut appeler méchant, encore ne l'est-il pas toujours.

Il y a donc infiniment moins de mal sur la terre qu'on ne dit, et qu'on ne croit. Il y en a encore trop, sans doute; on voit des malheurs et des crimes horribles; mais le plaisir de se plaindre et d'exagérer est si grand, qu'à la moindre égratignure vous criez que la terre regorge de sang. Avez-vous été trompé? tous les hommes sont des parjures. Un esprit mélancolique qui a souffert une injustice voit l'univers couvert de damnés, comme un jeune voluptueux soupant avec sa dame au sortir de l'opéra, n'imagine pas qu'il y ait des infortunés.[10]

96 65v: horribles, l'ambition, la colère, le fanatisme ont produit des effets les plus funestes; mais

[10] Voir la lettre, 'Sur les Pensées de M. Pascal', VI: 'Croire que le monde est un lieu de délices où l'on ne doit avoir que du plaisir, c'est la rêverie d'un sybarite' (*Lph*, ii.193). Dans l'article 'Tout est bien' (l.31-35), Voltaire décrit l'optimisme comme une doctrine suscitée par le bien-être et le luxe.

MESSIE[1]

Messiah ou Meshiah, en hébreu; Christus, ou Eleimmenos, en grec; Unctus en latin, Oint.

1 64, 65V: Christos
64-69: Célomenos

[1] Ce texte a toujours été attribué par Voltaire au pasteur de Lausanne Jean-Antoine-Noé Polier de Bottens; plusieurs lettres d'octobre 1764 l'affirment. En tête de l'article 'Messie' des QE, Voltaire précise que le pasteur avait composé son article pour l'*Encyclopédie* (M.xx.62-63), où il fut inséré après quelques suppressions. Voltaire répète qu'il a en mains le manuscrit autographe, depuis 1760; grâce à ce manuscrit, nous pouvons observer ce qui a été conservé, pour le DP, de ce texte déjà élagué, ce qui a été ajouté, ce qui a été récrit. Pour les détails, voir ci-dessous, appendice II, 'L'article "Messie" de Polier de Bottens' (p.588-617). Si l'attribution de l'article 'Messie' à Polier de Bottens a été si longtemps mise en doute, c'est à cause du caractère provocant de cet article. C'est oublier l'audace intellectuelle du pasteur. Le jugement porté par Voltaire sur son article 'Liturgie', destiné à l'*Encyclopédie*, est éloquent: il a fallu corriger, adoucir, pour 'rendre cet article chrétien' (D7165); voir V 33, appendice III. Cette hardiesse était certainement la raison qui avait pu conduire Voltaire, dont nous avons conservé douze lettres adressées à Polier, du 30 mars 1753 (D5244) au 15 novembre 1757 (D7463), à susciter sa collaboration à l'*Encyclopédie*. A d'Alembert il le dépeint comme 'un prêtre hérétique de mes amis, savant et philosophe' (D7139). En lui faisant parvenir ses articles, il ajoute: 'Un laïque de Paris qui écrirait ainsi, risquerait le fagot; mais si, par apostille, on certifie que les articles sont du premier prêtre de Lausanne, qui prêche trois fois par semaine, je crois que les articles pourront passer pour la rareté' (D7306). 'L'érudition orientale' de ce prêtre 'infatigable' (D7308) est encore une précieuse qualité. Mais la conséquence peut en être une certaine pesanteur du texte. Voltaire écrit aussi à d'Alembert: 'Voici encore de la besogne de mon prêtre. Je ne me soucie guère de Mosaïm, pas plus que de Chérubim. Si mon prêtre vous ennuie, brûlez ses guenilles' (D7323). L'article 'Messie' a été utilisé sous trois formes différentes. Voltaire l'avait commandé en août 1757: 'Je recommande à mon prêtre moins d'hébraïsme et plus de philosophie; mais il est plus aisé de copier le targum que de penser. Je lui ai donné *Messie* à faire, nous verrons comme il s'en tirera' (D7357).

Nous allons voir que l'écrivain, qui apprécie la concision, lorsqu'il travaille sur le manuscrit de Polier, abrège assez souvent, procède à des coupures, ce qui l'oblige

Nous voyons dans l'Ancien Testament que le nom de *Messie* fut souvent donné à des princes idolâtres ou infidèles. Il est dit (*a*) que Dieu envoya un prophète pour oindre Jéhu roi d'Israël; il annonça l'onction sacrée à Hazaël roi de Damas et de Syrie,[2] ces deux princes étant les *Messies* du Très-haut, pour punir la maison d'Achab.[3]

Au 16e d'Esaïe le nom de *Messie* est expressément donné à Cyrus. 'Ainsi a dit l'Eternel à Cyrus son oint, son *Messie*, duquel j'ai pris la main droite, afin que je terrasse les nations devant lui, etc.'[4]

Ezéchiel au 28e chapitre de ses révélations donne le nom de *Messie* au roi de Tyr, qu'il appelle aussi *Chérubin*. 'Fils de l'homme, dit l'Eternel au prophète, prononce à haute voix une complainte sur le roi de Tyr, et lui dis, Ainsi a dit le Seigneur, l'Eternel. Tu étais le sceau de la ressemblance de Dieu, plein de sagesse et parfait en beauté; tu as été le jardin d'Héden du Seigneur, (ou suivant d'autres versions, Tu étais toutes les délices du Seigneur.) Tes vêtements étaient de sardoine, de topaze, de

(*a*) *iv. Reg. viii.* 12, 13, 14.

à remanier l'expression, et limite ses rares additions à de courtes phrases. Nous désignerons par P le manuscrit B de Polier, par E l'article de l'*Encyclopédie*; en comparant les quatre versions du texte, nous ne mentionnerons E et QE que lorsque cela nous paraîtra nécessaire pour une meilleure appréciation des changements apportés en DP.

[2] Elie a, en effet, donné l'onction à Jéhu et à Hazaël; voir I Rois xix.15-16. La référence de Voltaire (n.*a*), qui provient de P, est incorrecte. Elle concerne Hazaël et Elisée, qui était mentionné dans un passage supprimé de P.

[3] Avant ce paragraphe, E et QE reproduisent un premier paragraphe sur Jésus, 'l'oint par excellence', supprimé dans P. DP abrège ce deuxième paragraphe, en supprimant l'idée que, même idolâtres, ces 'messies' étaient des exécutants de l'Eternel. Il rend donc paradoxal ce qui ne l'était pas en P (voir l.10-16). E et QE suivent P, en intégrant même une citation supprimée. Le mot 'punir' remplace 'venger les crimes et les abominations de' dans DP seulement.

[4] DP, seul, introduit une erreur de référence: il s'agit d'Isaïe xlv.1.

jaspe, de chrysolithe, d'onyx, de béryl, de saphir, d'escarboucle, d'émeraude, et d'or; ce que savaient faire tes tambours et tes flûtes a été chez toi; ils ont été tous prêts au jour que tu fus créé; tu as été un chérubin, un *Messie*.'[5]

Ce nom de *Messiah, Christ*, se donnait aux rois, aux prophètes, et aux grands prêtres des Hébreux. Nous lisons dans le Ier des Rois xii.3, 'Le Seigneur et son *Messie* sont témoins',[6] c'est-à-dire, le Seigneur et le roi qu'il a établi. Et ailleurs, 'Ne touchez point mes oints, et ne faites aucun mal à mes prophètes.'[7] David animé de l'esprit de Dieu, donne dans plus d'un endroit à Saül son beau-père réprouvé qui le persécutait, le nom et la qualité d'oint, de *Messie* du Seigneur; 'Dieu me garde, dit-il fréquemment, de porter ma main sur l'oint du Seigneur, sur le *Messie* de Dieu!'[8]

23 64-67: tout prêts
33-36 64, 65, 67: de Dieu!' ¶Si le nom

[5] DP, seul, abrège, en supprimant la référence du verset (14) et la formule générale de P, avant l'énumération: 'ta couverture était de pierres précieuses de toutes sortes'; il coupe, par ailleurs, toute la fin, imagée, de la citation, s'arrêtant sur le mot-clé. E et QE restituent même les fragments supprimés de P. P suit ici, comme dans tout le début du texte, l'article 'Messie' du *Dictionnaire* de Calmet, en employant le mot 'Messie' comme glose de 'Chérubin'; cf. la note de Voltaire en marge d'Ezéchiel xxviii.14 dans son exemplaire de la Bible: 'dans le texte vous étiez mon messie' (CN, i.334).

Ces trois premiers paragraphes sont résumés dans une 'lettre' de Voltaire datée du 21 octobre 1758, où il s'interroge sur le point de savoir si la croyance à la venue du Messie était un article de foi pour les Juifs des temps anciens. Il s'agit probablement d'une lettre fictive, où le philosophe fait le point de ses connaissances et opinions sur le Messie et les Juifs. Elle ne figure d'ailleurs pas dans la correspondance éditée par Besterman; voir R. Desné et A. Mandich, 'Une lettre oubliée de Voltaire sur le Messie', *Dix-huitième siècle* 23 (1991), p.201-12, ainsi que les compléments d'information donnés par B. E. Schwarzbach, dans *Dix-huitième siècle* 24 (1992), p.602-604. Voltaire reprendra ces exemples; voir *L'Examen important de milord Bolingbroke*, ch.11 (V 62, p.211).

[6] I Samuel xii.5 (référence incorrecte, reprise de P).

[7] I Chroniques xvi.22.

[8] I Samuel xxiv.7. DP, mieux que E, remanie P pour en éliminer les longueurs (voir P, l.51-53).

Hérode étant oint fut appelé *Messie* par les hérodiens, qui composèrent quelque temps une petite secte.[9]

Si le nom de *Messie*, d'oint de l'Eternel a été donné à des rois idolâtres, à des réprouvés, il a été très souvent employé dans nos anciens oracles pour désigner l'oint véritable du Seigneur, ce *Messie* par excellence, le Christ, fils de Dieu, enfin Dieu lui-même.[10]

Si l'on rapproche tous les divers oracles qu'on applique pour l'ordinaire au *Messie*, il en peut résulter quelques difficultés apparentes dont les Juifs se sont prévalus pour justifier, s'ils le pouvaient, leur obstination. Plusieurs grands théologiens leur accordent, que dans l'état d'oppression sous lequel gémissait le peuple juif, et après toutes les promesses que l'Eternel lui avait faites si souvent, il pouvait soupirer après la venue d'un *Messie* vainqueur et libérateur, et qu'ainsi il est en quelque sorte excusable de n'avoir pas d'abord reconnu ce libérateur dans la personne de Jésus, d'autant plus qu'il n'y a pas un seul passage dans l'Ancien Testament où il soit dit, Croyez au *Messie*.[11]

47 65V: souvent, de le rendre victorieux de tous ses ennemis, il pouvait
50-52 64, 65: Jesus. ¶Il était

[9] Addition en 65V, non reprise dans QE. Voltaire a pu trouver son information dans Calmet, *Dictionnaire*, art. 'Hérodiens', ou dans sa 'Dissertation sur les différentes sectes des Juifs; savoir les pharisiens, les saducéens, les hérodiens et les esséniens', *Dissertations*, i; cf. *Examen important* (V 62, p.211 et note).

[10] Les suppressions de P obligeaient à une réécriture. E et QE donnent une version longue, intégrant les passages supprimés; DP une version abrégée, où le souci de concision n'est pas la seule règle. Ainsi, le qualifiant est omis dans l'expression 'le beau nom de Messie' (P, l.58). Mais, inversement, 'donné à des rois idolâtres', avec sa glose 'à des réprouvés', est repris, par DP, d'un passage supprimé de P.

[11] DP a dû récrire le début du paragraphe, à cause d'une longue coupure faite dans P (l.71-132). Toutefois ces développements, supprimés, sur l'alliance de grandeur et de misère dans la personne du Christ et sur la triple onction symbolique qu'il reçut, lors de son baptême, sur le Thabor et, enfin, à Gethsémani, sont rétablis dans QE. DP s'en tient, de façon plus percutante, aux difficultés nées de la diversité des oracles appliqués au Messie. DP est seul à amplifier la concession faite par P: 'il faut convenir' devient 'Plusieurs grands théologiens leur accordent'. Il rend plus

Il était dans le plan de la sagesse éternelle, que les idées spirituelles du vrai *Messie* fussent inconnues à la multitude aveugle;[12] elles le furent au point que les docteurs juifs se sont avisés de nier que les passages que nous alléguons doivent s'entendre du Messie; plusieurs disent que le Messie est déjà venu en la personne d'Ezéchias;[13] c'était le sentiment du fameux Hillel.[14] D'autres en grand nombre prétendent que la croyance de la venue d'un *Messie* n'est point un article fondamental de foi, et que ce dogme n'étant ni dans le Décalogue, ni dans le Lévitique, il n'est qu'une espérance consolante.[15]

---

nette la notion d'un Messie attendu pour exercer son pouvoir ici-bas, en substituant une formulation précise: 'un Messie vainqueur et libérateur' à la périphrase de P: 'l'envisager comme l'époque de son heureuse délivrance' (l.135-136). L'addition de 65V sur les promesses de Dieu (l.47*v*) va dans le même sens. Les modifications opérées, dans la suite, par DP seulement, sont alors cohérentes: la méconnaissance du Messie par les Juifs n'est pas péché volontaire, mais comportement logique, face à un homme qui n'arbore aucun signe de puissance. L'expression conventionnelle de P: 'excusable de n'avoir pas voulu reconnaître ce libérateur dans la personne du seigneur Jésus' (l.136-137) devient 'excusable de n'avoir pas d'abord reconnu ce libérateur dans la personne de Jésus' en DP seulement. La circonstance atténuante finale, à savoir l'absence, dans l'Ancien Testament, de toute injonction à croire au Messie, est une addition de 65V. Elle remplace une considération générale, de P suivi par E et QE, sur la psychologie humaine. Voltaire avait déjà exprimé une idée comparable dans les *Remarques sur les Pensées de Pascal*, XIV (*Lph*, ii.200). Il y revient au début de la lettre fictive citée plus haut, n.5.

[12] DP coupe un développement sur l'attente d'un conquérant par la multitude, qui aurait été répétitif, ainsi qu'un rappel de l'attitude hostile, par conséquent, des Juifs envers Jésus (P, l.141-155); le début du paragraphe est donc récrit, comme dans E, qui, sur le deuxième point toutefois, copie P. QE le reproduit intégralement, passages supprimés compris.

[13] II Rois xviii-xx, II Chroniques xxix-xxxii.

[14] Hillel, mentionné aussi dans la lettre fictive de 1758, est qualifié par Calmet, dans l'article 'Messie', de fameux rabbin et d'éminent docteur. Toutefois, à côté de Hillel l'Ancien, du premier siècle, on trouve Hillel le Jeune, du quatrième siècle. C'est lui qui a affirmé que le Messie a été donné aux jours d'Ezéchias.

[15] DP, seul, abrège des considérations sur la déformation des Ecritures par les Juifs, et transforme également P, qui attribuait au relâchement ou à l'habileté le refus de faire de la croyance à la venue d'un Messie un article de foi. A cette connotation négative, DP en substitue une positive: le grand nombre de ceux qui

Plusieurs rabbins vous disent qu'ils ne doutent pas, que suivant les anciens oracles le *Messie* ne soit venu dans les temps marqués; mais qu'il ne vieillit point, qu'il reste caché sur cette terre, et qu'il attend pour se manifester qu'Israël ait célébré comme il faut le sabbat.[16]

Le fameux rabbin Salomon Jarchy ou Raschy, qui vivait au commencement du douzième siècle,[17] dit dans ses Talmudiques, que les anciens Hébreux ont cru que le Messie était né le jour de la dernière destruction de Jérusalem par les armées romaines; c'est, comme on dit, appeler le médecin après la mort.[18]

Le rabbin Kimchy qui vivait aussi au douzième siècle,[19] annonçait que le *Messie* dont il croyait la venue très prochaine, chasserait de la Judée les chrétiens qui la possédaient pour lors; il est vrai que les chrétiens perdirent la Terre Sainte; mais ce fut Saladin qui les vainquit:[20] pour peu que ce conquérant eût protégé les Juifs, et se fût déclaré pour eux, il est vraisemblable que dans leur enthousiasme ils en auraient fait leur Messie.

Les auteurs sacrés, et notre Seigneur Jésus lui-même, comparent

---

partagent ce refus. DP, ainsi que E, précise l'absence de cette croyance dans le Décalogue et le Lévitique; il réaffirme son caractère purement consolateur. On comprend moins pourquoi il supprime la référence au rabbin Joseph Albo (P, l.169-171), qui partageait ce point de vue, et que Voltaire mentionne dans la lettre fictive évoquée ci-dessus.

[16] Tout en en gardant l'esprit, DP abrège P, en ce qui concerne l'opinion et les fautes des Juifs, tandis que E le conserve intégralement. QE ne reproduit pas ce paragraphe.

[17] Rachi (1040-1105) est mentionné également dans Calmet, *Dictionnaire*, art. 'Messie'.

[18] DP et QE abrègent la fin, un peu redondante, de P, pour ne garder que la chute imagée (l.188-189).

[19] David Kimchi (1160-1235), né à Narbonne, composa plusieurs ouvrages d'exégèse.

[20] Saladin (1137-1193), sultan d'Egypte et de Syrie, fut le héros de la troisième croisade; Voltaire lui a consacré le chapitre 56 de l'*Essai sur les mœurs*. DP et QE suppriment le détail historique: 'et les obligea de l'abandonner avant la fin du XIIe siècle', qui passe de P à E.

souvent le règne du *Messie* et l'éternelle béatitude à des jours de noces, à des festins; mais les talmudistes ont étrangement abusé de ces paraboles; selon eux le Messie donnera à son peuple rassemblé dans la terre de Canaan, un repas dont le vin sera celui qu'Adam lui-même fit dans le paradis terrestre, et qui se conserve dans de vastes celliers, creusés par les anges au centre de la terre.[21]

On servira pour entrée le fameux poisson, appelé le grand Léviathan, qui avale tout d'un coup un poisson moins grand que lui, lequel ne laisse pas d'avoir trois cents lieues de long; toute la masse des eaux est portée sur Léviathan. Dieu au commencement en créa un mâle et un autre femelle; mais de peur qu'ils ne renversassent la terre, et qu'ils ne remplissent l'univers de leurs semblables, Dieu tua la femelle, et la sala pour le festin du *Messie*.[22]

Les rabbins ajoutent qu'on tuera pour ce repas le taureau Béhémoth, qui est si gros qu'il mange chaque jour le foin de mille montagnes:[23] la femelle de ce taureau fut tuée au commencement du monde, afin qu'une espèce si prodigieuse ne se multipliât pas, ce qui n'aurait pu que nuire aux autres créatures; mais ils assurent que l'Eternel ne la sala pas, parce que la vache salée n'est pas si bonne que la léviathane. Les Juifs ajoutent encore si bien foi à

84 64, 69: qui le conserve
100 65V: encore tant de foi à

[21] Après une longue coupure (P, l.199-340) portant sur les 'rêveries' rabbiniques, où l'auteur renvoie à Imbonatus, Basnage et Calmet (pages conservées en E, y compris la plupart des passages qui étaient supprimés en P), DP passe au festin messianique dont, comme QE, il donne une version abrégée, par rapport à P et E, ce qui entraîne certains remaniements de rédaction. Sur le festin messianique, voir Isaïe xxv.6, Matthieu viii.11, xxii.2-14, xxvi.29, Apocalypse iii.20, xix.9.

[22] Sur Léviathan, monstre du Chaos primitif vivant dans la mer, figuré par le crocodile, mais type, aussi, de toutes les puissances hostiles à Dieu, voir Job xl.25-32 et xli, Psaumes civ.26. Sur sa défaite, voir Psaumes lxxiv.14, Isaïe xxvii.1.

[23] Voir Basnage, *Histoire des Juifs* (Paris 1710; BV), iv.441.

toutes ces rêveries rabbiniques, que souvent ils jurent sur leur part du bœuf Béhémoth.[24]

Après des idées si grossières sur la venue du Messie,[25] et sur son règne, faut-il s'étonner, si les Juifs tant anciens que modernes, et plusieurs même des premiers chrétiens, malheureusement imbus de toutes ces rêveries, n'ont pu s'élever à l'idée de la nature divine de l'oint du Seigneur, et n'ont pas attribué la qualité de dieu au *Messie*? Voyez comme les Juifs s'expriment là-dessus dans l'ouvrage intitulé *Judaei Lusitani quaestiones ad Christianos*. (*b*) 'Reconnaître, disent-ils, un homme-Dieu, c'est s'abuser soi-même, c'est se forger un monstre, un centaure, le bizarre composé de deux natures qui ne sauraient s'allier.' Ils ajoutent que les prophètes n'enseignent point que le *Messie* soit homme-Dieu, qu'ils distin-

(*b*) *Quaest.* 1, 2, 4, 23, *etc.*[26]

[24] Tandis que E suit P intégralement, DP et QE allègent le texte en supprimant des adjectifs et des détails fabuleux (voir P, l.369-379). QE, toutefois, rétablit la comparaison finale avec les chrétiens impies qui 'jurent sur leur part du paradis'. Mais, surtout, les deux textes de Voltaire inventent un néologisme piquant, qui introduit le banal dans l'extravagant et, par effet de rupture, suscite le rire. DP et QE, en effet, substituent à 'la vache salée n'est pas un mets assez délicat pour un repas si magnifique' la sentence: 'la vache salée n'est pas si bonne que la léviathane'. Sur Béhémoth, voir Job xl.15-24, qui décrit l'hippopotame, symbole de la force brutale.

[25] Probablement rassasié de légendes ridicules, Voltaire supprime, dans DP et dans QE, le paragraphe que P (l.380-386), suivi par E, consacre à l'immense oiseau Bar-Jachné, dont un œuf pourri, tombant du nid, renversa trois cents cèdres et emporta soixante gros villages!

[26] Joannes Cocceius, *Judaicarum responsionum et quaestionum consideratio* (Amstelodami 1662), p.11, 43 et 253-54. Erreur de transcription; il faut lire: *Quaest.* 1, 2, 4, p.1, 3.

guent expressément entre Dieu et David, qu'ils déclarent le premier maître et le second serviteur, etc.[27]

On sait assez que les Juifs esclaves de la lettre n'ont jamais pénétré comme nous le sens des Ecritures.[28]

Lorsque le Sauveur parut, les préjugés juifs s'élevèrent contre lui. Jésus-Christ lui-même, pour ne pas révolter leurs esprits aveugles, paraît extrêmement réservé sur l'article de sa divinité; il voulait, dit St Chrysostome, *accoutumer insensiblement ses auditeurs à croire un mystère si fort élevé au-dessus de la raison*;[29] s'il prend l'autorité d'un Dieu en pardonnant les péchés, cette action soulève tous ceux qui en sont les témoins;[30] ses miracles les plus évidents ne peuvent convaincre de sa divinité, ceux mêmes en faveur desquels ils les opère.[31] Lorsque devant le tribunal du souverain sacrificateur, il avoue avec un modeste détour qu'il est le fils de Dieu, le grand-prêtre déchire sa robe et crie au blasphème.[32] Avant l'envoi du Saint-Esprit, les apôtres ne soupçonnent pas même la divinité de leur maître; il les interroge sur ce que le peuple pense de lui; ils répondent, que les uns le prennent pour

[27] Voltaire, en DP et en QE, abrège P, copié par E, en supprimant une incise sur l'attente du Messie par les Juifs, et une remarque sur l'indignation des Juifs face au système des chrétiens, parce qu'elle est suffisamment explicitée par la citation qui suit. La coupure la plus importante concerne le commentaire de cette citation, qui redonnait l'avantage aux chrétiens (P, l.401-406). Voltaire préfère clore son paragraphe sur des propos comparables à ceux qu'il répète si souvent quand il traite de l'arianisme ou des sociniens. L'*Histoire des Juifs* de Basnage paraît avoir fourni ici sa documentation à Polier.

[28] Cependant, Voltaire ajoute, en DP seulement, une précaution oratoire qui pourrait compenser la coupure du paragraphe précédent, et qui est très proche de ce qu'il écrit dans la lettre fictive citée plus haut, à propos d'Isaïe vii-viii: 'Mais les juifs uniquement occupés de leurs intérêts temporels et présents s'en tinrent à la lettre et ne pénétrèrent point le sens, et l'esprit des paroles' (cité par Desné et Mandich, 'Une lettre oubliée de Voltaire', p.205).

[29] Jean Chrysostome, *Homélies sur saint Matthieu*, introduction.

[30] Sur le pardon des péchés et la réaction des assistants, voir Luc vii.44-50.

[31] Sur les miracles insuffisants pour convaincre les pharisiens ou ceux qui en bénéficiaient, voir Matthieu xii.22-28, Luc i.14-21, xvii.11-19.

[32] Matthieu xxvi.63-66, Marc xiv.61-64.

Elie, les autres pour Jérémie, ou pour quelque autre prophète. St Pierre a besoin d'une révélation particulière pour connaître que Jésus est le Christ,[33] le fils du Dieu vivant.[34]

Les Juifs révoltés contre la divinité de Jésus-Christ ont eu recours à toutes sortes de voies pour détruire ce grand mystère; ils détournent le sens de leurs propres oracles, ou ne les appliquent pas au *Messie*; ils prétendent que le nom de *Dieu*, Eloï, n'est pas particulier à la Divinité, et qu'il se donne même par les auteurs sacrés aux juges, aux magistrats, en général à ceux qui sont élevés en autorité; ils citent en effet un très grand nombre de passages des saintes Ecritures, qui justifient cette observation, mais qui ne donnent aucune atteinte aux termes exprès des anciens oracles qui regardent le *Messie*.[35]

Enfin ils prétendent que si le Sauveur, et après lui les évangélistes, les apôtres et les premiers chrétiens, appellent Jésus le fils de Dieu, ce terme auguste ne signifiait dans les temps évangéliques,

134 64: le fils de Dieu vivant.
143 64: termes et exprès

[33] Matthieu xvi.13-20, Luc ix.18-21; cf. Matthieu xiv.22-33, xvii.1-8. Ces textes font apparaître, plus qu'il n'est dit dans P, la reconnaissance, par les apôtres, ou par les témoins, de la divinité de Jésus. Lui-même l'affirme nettement en Jean x.22-39. Mais le silence gardé par Jésus, dans les Evangiles, sur sa nature divine, est un thème récurrent de la critique voltairienne; voir ci-dessus, art. 'Divinité de Jésus'.

[34] Voltaire remanie le début du paragraphe de P, que E suit fidèlement. Dans DP surtout, il élimine l'incise, abrégée seulement dans QE: 'ces prophéties quelque claires et expresses qu'elles fussent par elles-mêmes' (P, l.407-408). Outre des suppressions de moindre importance, concernant les qualifiants, la coupure la plus importante transforme une fois de plus la fin du paragraphe. Voltaire, en DP et QE, conclut sur l'ignorance, par ses proches même, de la divinité de Jésus, en supprimant la réflexion de P, d'une bien rassurante orthodoxie (l.425-428).

[35] Tandis que E suit P, DP et QE l'abrègent en évitant des redondances, mais surtout en éliminant tout ce qui manifeste une adhésion aux croyances chrétiennes ('grand mystère, dogme fondamental de la foi chrétienne', 'nos saintes Ecritures', 'termes clairs et exprès', disait P; l.430, 435, 437).

autre chose que l'opposé des fils de Bélial,[36] c'est-à-dire, homme de bien, serviteur de Dieu; par opposition à un méchant, un homme qui ne craint point Dieu.[37]

Si les Juifs ont contesté à Jésus-Christ la qualité de *Messie* et sa divinité, ils n'ont rien négligé aussi pour le rendre méprisable, pour jeter sur sa naissance, sa vie et sa mort, tout le ridicule et tout l'opprobre qu'a pu imaginer leur criminel acharnement.[38]

De tous les ouvrages qu'a produits l'aveuglement des Juifs, il n'en est point de plus odieux et de plus extravagant que le livre ancien intitulé *Sepher Toldos Jeschut*,[39] tiré de la poussière par M. Vagenseil dans le second tome de son ouvrage intitulé *Tela ignea, etc.*

C'est dans ce *Sepher Toldos Jeschut*, qu'on lit une histoire monstrueuse de la vie de notre Sauveur forgée avec toute la passion et la mauvaise foi possibles. Ainsi, par exemple, ils ont

[36] Expression biblique; cf. Deutéronome xiii.13; Juges xix.22.

[37] Une fois de plus, Voltaire, dans DP et dans QE, supprime la fin du paragraphe de P, conservée par E. Il en reste donc à la remarque linguistique qui désacralise l'expression 'fils de Dieu', en occultant la voix de l'orthodoxie (P, l.444-449). On sait que dans ses propres écrits, Voltaire a utilisé cette définition de l'expression 'fils de Dieu', en même temps qu'il montrait en Jésus un simple Juif, qui avait vécu et était mort en Juif; voir *Sermon du rabbin Akib* (M.xxiv.283), *Catéchisme de l'honnête homme* (M.xxiv.530). Des manuscrits clandestins du début du siècle, les *Difficultés sur la religion proposées au père Malebranche*, par exemple, mettaient déjà en lumière une signification comparable de l'expression 'fils de Dieu'.

[38] Encore une fois, en DP et QE, est supprimée la définition finale de Jésus, donnée par P et conservée par E, de tonalité religieuse et non pas historique ('acharnement contre ce divin Sauveur et sa céleste doctrine', l.455).

[39] En DP et QE Voltaire introduit une addition significative: il qualifie d''ancien' le livre du *Toldos Jeshut*. Lorsqu'il en parlera dans ses propres écrits, par ex. l'*Examen important*, il le datera du temps où 'l'on compilait les Evangiles' (V 62, p.213), pour lui donner, évidemment, au moins autant d'autorité qu'à eux, alors que ce texte est beaucoup plus tardif. Mais la tradition talmudique qui appelle Jésus Ben-Pandera ou Panthera, et la rumeur concernant l'adultère de Marie, remontent peut-être à la fin du premier siècle; voir n.42. Voir Johann Christoph Wagenseil, *Tela ignea satanae* (Altdorfi Noricorum 1681). Le *Toldos Jeshut* se trouve dans le deuxième volume et a été annoté par Voltaire.

osé écrire qu'un nommé Panther ou Pandera habitant de Bethléem, était devenu amoureux d'une jeune femme mariée à Jokanam.[40] Il eut de ce commerce impur un fils qui fut nommé Jesua ou Jesu. Le père de cet enfant fut obligé de s'enfuir, et se retira à Babilone. Quant au jeune Jesu, on l'envoya aux écoles; mais, ajoute l'auteur, il eut l'insolence de lever la tête, et de se découvrir devant les sacrificateurs, au lieu de paraître devant eux la tête baissée, et le visage couvert, comme c'était la coutume; hardiesse qui fut vivement tancée; ce qui donna lieu d'examiner sa naissance, qui fut trouvée impure, et l'exposa bientôt à l'ignominie.[41]

Ce détestable livre *Sepher Toldos Jeschut* était connu dès le

164 64: Jochaman

[40] DP et QE abrègent P, suivi fidèlement par E, en supprimant des jugements de valeur négatifs sur le *Toldos Jeshut* et ses auteurs ('recueil des plus noires calomnies', 'ennemis acharnés') ainsi que des détails pittoresques de cette fable: une jeune coiffeuse, veuve, a, par ennui, cédé aux sollicitations de l'ardent Panther (l.460 ss.).

[41] Dans QE le texte basé sur P s'arrête ici. Dans DP Voltaire ne reproduit pas le long récit de P (l.479-573), entrecoupé de nombreuses suppressions, et partiellement suivi par E, concernant les aventures de Jésus, d'après ce recueil juif, dont P souligne les invraisemblances (présence d'une reine Hélène et de son fils Monbaze, compétition de Jésus et Judas en magie, maléfices divers). La raison en paraît simple: de tels détails dévalorisent l'ouvrage. Les apologistes l'ont bien senti. Chaudon consacre un article de son *Dictionnaire anti-philosophique* à 'Jésus, fils de Pandera', pour faire ressortir les particularités curieuses de ce récit dont, comme Polier, il résume les principales étapes (assaut de prodiges entre Jésus et Judas, enlèvement et ensevelissement, par Judas, du corps de Jésus, qu'on proclame pourtant ressuscité, révélation de l'imposture par Judas). Et Polier remarque lui-même que Calmet copie et répète mot à mot toutes ces absurdités, pour donner, *a contrario*, plus de poids au récit de l'Ecriture. Calmet cite, en effet, le *Toldos Jeshut* dans l'article 'Jésus-Christ' de son *Dictionnaire* et rappelle qu'il en a parlé dans sa 'Dissertation sur les caractères du Messie' imprimée à la tête de son commentaire sur Jérémie. A l'inverse, Voltaire ne cite donc du *Toldos Jeshut* qu'une anecdote vraisemblable, en se gardant bien de reproduire l'accumulation de fables qui l'accompagne.

second siècle; Celse le cita avec confiance, et Origène le réfute au chapitre neuvième.[42]

Il y a un autre livre intitulé aussi *Toledos Jesu*, publié l'an 1705 par M. Huldric,[43] qui suit de plus près l'Evangile de l'enfance, mais qui commet à tout moment les anachronismes les plus grossiers; il fait naître et mourir Jésus-Christ sous le règne d'Hérode le grand; il veut que ce soit à ce prince qu'ont été faites les plaintes sur l'adultère de Panther et de Marie mère de Jésus.[44]

L'auteur qui prend le nom de Jonathan, qui se dit contemporain de Jésus-Christ et demeurant à Jérusalem, avance qu'Hérode consulta sur le fait de Jésus-Christ les sénateurs d'une ville dans la terre de Césarée: nous ne suivrons pas un auteur aussi absurde dans toutes ses contradictions.

Cependant c'est à la faveur de toutes ces calomnies que les Juifs s'entretiennent dans leur haine implacable contre les chrétiens, et

178-179 64: anachronismes et les fautes les plus grossières;

[42] Voltaire, par cette addition, donne ses cautions: Celse, à travers le *Contre Celse* d'Origène, I.ix.32: 'Revenons aux paroles attribuées au Juif où il est dit que *la mère de Jésus a été chassée par le charpentier qui l'avait demandée en mariage, pour avoir été convaincue d'adultère et être devenue enceinte des œuvres d'un soldat nommé Panthère*'; cf. les carnets: 'L'histoire de Pantaire est baucoup plus ancienne qu'on ne le dît. Celse en parle comme d'une chose de notoriété publique' (V 81, p.428); et l'*Examen important*: 'le livre était connu dans le second siècle, Celse le cita, Origène le réfuta, il nous est parvenu fort défiguré' (V 62, p.214). Bayle avait déjà fait allusion à cette fable malveillante sur la mère de Jésus (art. 'Schomberg'). Certains manuscrits clandestins la rapportaient également. Voltaire mentionnera encore le *Toldos Jeshut* dans des ouvrages postérieurs, comme *Dieu et les hommes* (V 69, p.410, 416-17) et l'*Histoire de l'établissement du christianisme* (M.xxxi.56).

[43] Cet autre ouvrage, *Historia Jeschuae Nazareni a Judaeis blaspheme corrupta*, éd. Johann Jakob Ulrich (Lugduni Batavorum 1705), est également mentionné par Calmet (*Dictionnaire*, art. 'Jésus-Christ'), qui juge qu'il suit davantage les Evangiles mais commet des fautes et des anachronismes.

[44] Dans l'édition de 1764 seulement, DP (l.178-179*v*) garde l'expression de P. Alors que E suit P, DP abrège, supprimant la mention du massacre des Innocents par Hérode, qui aurait résulté des plaintes mentionnées juste avant.

contre l'Evangile; ils n'ont rien négligé pour altérer la chronologie du Vieux Testament, et pour répandre des doutes et des difficultés sur le temps de la venue de notre Sauveur.[45]

Ahmed-ben-Cassum-al-Andacousy Maure de Grenade qui vivait sur la fin du seizième siècle, cite un ancien manuscrit arabe qui fut trouvé avec seize lames de plomb, gravées en caractères arabes, dans une grotte, près de Grenade. Don Pedro y Quinones archevêque de Grenade en a rendu lui-même témoignage; ces lames de plomb, qu'on appelle de Grenade, ont été depuis portées à Rome, où après un examen de plusieurs années, elles ont enfin été condamnées comme apocryphes sous le pontificat d'Alexandre VII;[46] elles ne renferment que des histoires fabuleuses touchant la vie de Marie et de son fils.[47]

Le nom de *Messie* accompagné de l'épithète de *faux* se donne encore à ces imposteurs qui dans divers temps ont cherché à abuser la nation juive.[48] Il y eut de ces *faux-Messies* avant même la venue du véritable oint de Dieu. Le sage Gamaliel parle (*c*)[49] d'un nommé Theudas, dont l'histoire se lit dans les Antiquités judaïques de Joseph, liv. 20, chap. 2. Il se vantait de passer le Jourdain à pied sec; il attira beaucoup de gens à sa suite; mais les

(*c*) *Act. apost. c. v.* 34, 35, 36.

[45] DP coupe la condamnation finale des Juifs: 'Tout annonce et leur entêtement et leur mauvaise foi' (P, l.598-599).

[46] Les 'plomos' furent trouvés en 1597 et condamnés en 1682; voir Calmet, *Dictionnaire*, art. 'Jésus-Christ', iii.733-34.

[47] DP donne une version plus brève que P, suivi par E, en ôtant la référence à l'auteur du manuscrit, 'st Coecilius archevêque de Grenade', et surtout en supprimant plusieurs lignes finales donnant une idée du contenu (l.608-617).

[48] Après un passage supprimé, en P, sur les logomachies chrétiennes à propos des mystères (l.624-636), tout le développement final sur les faux messies est tiré de Calmet, *Dictionnaire*, art. 'Messie'. Pour l'ensemble du développement, DP abrège P, tandis que E, à quelques variantes près, le suit, en réinsérant même, parfois, des passages supprimés.

[49] Gamaliel, maître de saint Paul, était l'héritier de la pensée de Hillel.

Romains étant tombés sur sa petite troupe la dissipèrent, coupèrent la tête au malheureux chef, et l'exposèrent dans Jérusalem.[50]

Gamaliel parle aussi de Judas le Galiléen, qui est sans doute le même dont Joseph fait mention dans le 12e chap. du second livre de la Guerre des Juifs. Il dit que ce faux prophète avait ramassé près de trente mille hommes; mais l'hyperbole est le caractère de l'historien juif.[51]

Dès les temps apostoliques l'on vit Simon surnommé le magicien, (*d*) qui avait su séduire les habitants de Samarie, au point qu'ils le considéraient comme *la vertu de Dieu*.[52]

Dans le siècle suivant l'an 178 et 179 de l'ère chrétienne, sous l'empire d'Adrien, parut le *faux-Messie* Barchochébas, à la tête d'une armée. L'empereur envoya contre lui Julius Severus, qui après plusieurs rencontres enferma les révoltés dans la ville de Bither; elle soutint un siège opiniâtre et fut emportée, Barchochébas y fut pris et mis à mort. Adrien crut ne pouvoir mieux prévenir les continuelles révoltes des Juifs qu'en leur défendant par un édit d'aller à Jérusalem; il établit même des gardes aux portes de cette ville, pour en défendre l'entrée aux restes du peuple d'Israël.[53]

(*d*) *Act. apost. c.* 8, 9.

[50] Voltaire allège le texte, en supprimant la division manichéenne entre les crédules et les détenteurs de la vérité, autrement dit entre ceux qui ont cru aux faux messies et ceux qui croient au vrai, ou prétendu tel (P, l.639-641). Il gomme aussi quelques redondances (l.645-646, 648).

[51] Judas le Galiléen est mentionné dans Actes v.37, à la suite de Theudas.

[52] Cf. Actes viii.10: 'Celui-ci est la grande vertu de Dieu'.

[53] Voltaire procède à de larges coupes dans l'histoire de Bar Kocheba (voir P, l.656-714). Barcochébas, ou 'fils de l'étoile' (cf. Nombres xxiv.17), est le surnom sous lequel est connu Bar Kocheba, chef de la révolte des Juifs de Palestine sous Adrien (132-135). Les troubles, nés de mesures qui faisaient craindre aux Juifs la perte de leur identité, prirent une grande ampleur sous sa direction. Il reçut l'appui du célèbre docteur juif Akiba qui souleva la Mésopotamie en prêchant la venue du règne du Messie. Son intrépidité et les pouvoirs miraculeux qu'on lui attribuait lui donnaient un grand ascendant sur les foules. Il s'empara de Jérusalem, où il installa

On lit dans Socrate historien ecclésiastique, (*e*)[54] que l'an 434 il parut dans l'île de Candie un *faux-Messie* qui s'appelait Moïse. Il se disait l'ancien libérateur des Hébreux ressuscité pour les délivrer encore.[55]

Un siècle après, en 530, il y eut dans la Palestine un *faux-Messie* nommé Julien; il s'annonçait comme un grand conquérant, qui à la tête de sa nation détruirait par les armes tout le peuple chrétien; séduits par ses promesses, les Juifs armés massacrèrent plusieurs chrétiens. L'empereur Justinien envoya des troupes contre lui; on livra bataille au faux-Christ, il fut pris et condamné au dernier supplice.[56]

Au commencement du 8e siècle, Serenus juif espagnol se porta pour Messie, prêcha, eut des disciples, et mourut comme eux dans la misère.[57]

(*e*) *Socr. Hist. eccl. l.* 2, *chap.* 38.

---

un gouvernement. Mais Julius Severus enleva aux insurgés un certain nombre de villes, dont Jérusalem, et les assiégea dans Béthar. L'insurrection cessa à la mort de Bar Kocheba, mais les massacres furent nombreux. Bayle lui a consacré un article; Meslier a mentionné, dans une note de son *Mémoire*, 'Juda Galiléen, Théodas et Barcosbas' et Voltaire reprend cette liste dans son *Extrait*: 'Judas Galiléen, un Théodore, un Barcon' (Meslier, *Œuvres complètes*, i.396; iii.477). Certains manuscrits clandestins, comme la *Préface du traité sur la religion de M...*, offraient aussi une énumération de tous ceux qui s'étaient donné le nom de Messie, de Bar Kocheba à David el-David, tandis que *La Religion chrétienne analysée* rappelait que ce nom se donnait à tous ceux qui passaient pour envoyés de Dieu. Dans son texte *Des Juifs* (1756), Voltaire relate l'aventure de Bar Kocheba (M.xix.518).

[54] Socrate, dit le Scolastique (*c*.379-*c*.440), a continué l'*Histoire ecclésiastique* d'Eusèbe, pour la période 306-439. La référence provient de P.

[55] Voltaire résume à l'extrême les promesses du faux Messie Moïse qui, d'après P, se dit envoyé du ciel pour reconduire sa nation à travers les flots jusqu'en Palestine. P raconte complaisamment comment un grand nombre de Juifs, s'étant jetés à l'eau, se noyèrent et comment d'autres, devant la disparition de l'imposteur, crurent avoir été séduits par un démon (l.720-732).

[56] Voltaire élimine surtout du texte de P tout ce qui présente les chrétiens comme des victimes; voir P, l.736-741.

[57] Résumé extrêmement concis, par Voltaire, de P qui insiste sur l'ascendant de

Il s'éleva plusieurs *faux-Messies* dans le douzième siècle. Il en parut un en France sous Louis le jeune; il fut pendu lui et ses adhérents, sans qu'on ait jamais su les noms ni du maître ni des disciples.[58]

Le treizième siècle fut fertile en *faux-Messies*; on en compte sept ou huit qui parurent en Arabie, en Perse, dans l'Espagne, en Moravie: l'un d'eux qui se nommait David el Ré passe pour avoir été un très grand magicien;[59] il séduisit les Juifs, et se vit à la tête d'un parti considérable; mais ce *Messie* fut assassiné.[60]

Jaque Zieglerne de Moravie, qui vivait au milieu du 16e siècle, annonçait la prochaine manifestation du *Messie*; né, à ce qu'il assurait, depuis quatorze ans, il l'avait vu, disait-il, à Strasbourg, et il gardait avec soin une épée et un sceptre pour les lui mettre en main dès qu'il serait en âge d'enseigner.[61]

255 64: et il regardait avec

Severus sur de nombreux Juifs, cause de leur ruine, puisqu'ils quittèrent tout pour le suivre (l.742-749).

[58] Voltaire récrit le texte, en le rendant plus incisif par la banalisation extrême de ces imposteurs restés anonymes. P écrit plus platement (l.751-753). Voltaire omet ensuite l'exemple d'un faux Messie qui prit les armes contre le roi de Perse, en 1138 (l.754-763).

[59] David el-David ou David el-Roi ('le Voyant') était un illuminé juif natif d'Amaria, en Arabie. Il fit révolter les Juifs du mont Haphtan contre le roi de Perse, vers 1161. Incarcéré, il s'évada, puis fut tué par son beau-père.

[60] La suppression d'un long passage en P (l.769-793), racontant les hauts et les bas de l'épopée de David el-Roi, laissait son histoire inachevée. Voltaire en résume le dénouement.

[61] Peu de modifications, sinon le dernier mot: chez Voltaire, épée et sceptre deviennent des moyens d'enseignement! P écrit plus logiquement: 'dès qu'il serait en âge de combattre' (l.797). La plupart des imposteurs précédents, on l'a vu, prirent les armes. Voltaire, en introduisant un mot inapproprié, raille la notion de messianisme pacifique. Le changement de terme ne peut qu'être ironique, si on lit la suite de P, non conservée par Voltaire: projet de croisade contre les Turcs, de destruction de l'Antechrist, d'instauration d'une monarchie universelle...

L'an 1624 un autre Zieglerne confirma la prédiction du premier.[62]

L'an 1666 Sabathai Sévi né dans Alep, se dit le *Messie* prédit par les Zieglernes.[63] Il débuta par prêcher sur les grands chemins, et au milieu des campagnes; les Turcs se moquaient de lui, pendant que ses disciples l'admiraient.[64] Il paraît qu'il ne mit pas d'abord dans ses intérêts le gros de la nation juive, puisque les chefs de la synagogue de Smyrne, portèrent contre lui une sentence de mort; mais il en fut quitte pour la peur et le bannissement.[65]

Il contracta trois mariages, et l'on prétend qu'il n'en consomma point, disant que cela était au-dessous de lui. Il s'associa un nommé Nathan-Lévi: celui-ci fit le personnage du prophète Elie, qui devait précéder le *Messie*. Ils se rendirent à Jérusalem, et Nathan y annonça Sabathai Sévi comme le libérateur des nations. La populace juive se déclara pour eux; mais ceux qui avaient quelque chose à perdre les anathématisèrent.[66]

Sévi pour fuir l'orage se retira à Constantinople, et de là à

[62] Voltaire résume le propos, au demeurant fort vague, même dans le passage supprimé, concernant le second Zieglerne (P, l.803 ss.). On manque, en effet, d'information sur ces deux derniers personnages. Calmet, que suit P, situe le second en Hollande (art. 'Messie').

[63] Sabataï Sévi est un révolutionnaire juif, né à Smyrne en 1625, mort en 1676. Certaines prédictions annonçant que l'année 1666 verrait l'apparition du Messie, ce Juif talmudiste profita de cette attente pour annoncer à ses coreligionnaires qu'il était le Messie, qu'il était venu pour renverser le sultan Mehmet IV et régner sur le monde. Chassé de Smyrne, il se prétendit en communication avec le prophète Elie et réussit à rentrer dans la ville au milieu de l'enthousiasme des foules. Arrêté et enfermé, sur l'ordre de Mahomet IV, dans l'une des tours des Dardanelles, puis convaincu d'imposture, il se convertit à l'islam pour ne pas être empalé. Voltaire l'a mentionné dans l'*Essai sur les mœurs*, ch.191 (ii.759-60).

[64] Voltaire établit un lien entre ce dernier Messie et les Zieglerne, comme E, puis abrège le texte de P déjà raturé, qui précisait son exploitation de l'hébreu, des anciens oracles, des prodiges, d'un prétendu don de lévitation (l.821 ss.).

[65] Voltaire allège le texte en supprimant les redondances de P (l.844, 846).

[66] Voltaire rend le texte plus concis, résumant les considérations de Sabataï Lévi sur le mariage, omettant ses voyages, gommant les explications superflues de P (l.848-857).

Smyrne; Nathan-Lévi lui envoya quatre ambassadeurs qui le reconnurent et le saluèrent publiquement en qualité de *Messie*; cette ambassade en imposa au peuple, et même à quelques docteurs qui déclarèrent Sabathai Sévi *Messie* et roi des Hébreux. Mais la synagogue de Smyrne condamna son roi à être empalé.[67]

Sabathai se mit sous la protection du cadi de Smyrne, et eut bientôt pour lui tout le peuple juif; il fit dresser deux trônes, un pour lui, et l'autre pour son épouse favorite; il prit le nom de roi des rois, et donna à Joseph Sévi son frère celui de roi de Juda. Il promit aux Juifs la conquête de l'empire ottoman assurée. Il poussa même l'insolence jusqu'à faire ôter de la liturgie juive le nom de l'empereur, et à y faire substituer le sien.[68]

On le fit mettre en prison aux Dardanelles; les Juifs publièrent qu'on n'épargnait sa vie, que parce que les Turcs savaient bien qu'il était immortel. Le gouverneur des Dardanelles s'enrichit des présents que les Juifs lui prodiguèrent pour visiter leur roi, leur *Messie* prisonnier, qui dans les fers conservait toute sa dignité, et se faisait baiser les pieds.[69]

Cependant le sultan qui tenait sa cour à Andrinople, voulut faire finir cette comédie; il fit venir Sévi et lui dit que s'il était *Messie*, il devait être invulnérable; Sévi en convint. Le Grand Seigneur le fit placer pour but aux flèches de ses icoglans; le

283 65V: ottoman. Il

[67] A nouveau, Voltaire rend le texte plus nerveux, en abrégeant l'évocation du double comportement des Juifs (l.863-869) et en résumant, par le sarcasme de sa dernière phrase, sans équivalent en P, l'attitude des réfractaires.

[68] Quelques variantes de rédaction, Voltaire allant toujours dans le sens de la concision (voir P, l.869-877).

[69] Voltaire rend le texte plus pittoresque en donnant tout son poids à la plus extrême crédulité, parmi les raisons psychologiques, restées vagues en P, qui font épargner l'imposteur ('on ne l'épargnait que par crainte ou par faiblesse', l.886) et en peignant une manifestation imagée de sa paradoxale vanité, évoquée de façon plus abstraite en P ('qui dans cet état humiliant conservait tout son orgueil et se faisait rendre des honneurs extraordinaires', l.886-890).

Messie avoua qu'il n'était point invulnérable, et protesta que Dieu ne l'envoyait que pour rendre témoignage à la sainte religion musulmane. Fustigé par les ministres de la loi, il se fit mahométan, et il vécut et mourut également méprisé des Juifs et des musulmans; ce qui a si fort décrédité la profession de *faux-Messie*, que Sévi est le dernier qui ait paru.[70]

300 65v: profession de *Messie*,

301 65v*, ajout de Voltaire: cet article est presque mot [pour mot] dans l'enciclopédie. il est d'un homme de consideration devenu pasteur d'une eglise protestante

[70] Voltaire offre une rédaction beaucoup plus piquante de la fin de cette aventure: il supprime les remarques inutiles (P: 'cette pieuse comédie, dont les suites pouvaient être funestes, l.892); puis il transforme en scène de farce un passage supprimé de P (l.893-896). Les variantes de la dernière phrase sont minimes. P, comme toujours, est plus long.

Conclusion sur le remaniement de P par Voltaire: il a connu le manuscrit avec les passages raturés, puisqu'il en réutilise des fragments, en particulier en QE. En DP, ses rares additions ne dépassent guère une phrase chacune, et ses nombreuses coupures, dans le texte déjà élagué de P, ont une double fonction, stylistique et idéologique. Les suppressions aboutissent à un texte plus incisif, Voltaire éliminant redondances et détails qui ne servent pas son propos. Mais le texte est amputé, aussi, de toute précaution d'usage qui pouvait compenser des remarques audacieuses, en paraissant aller dans le sens de l'orthodoxie chrétienne. Le découpage fait par Voltaire permet de rester, le plus souvent, sur une idée subversive, à la fin d'un paragraphe.

MÉTAMORPHOSE, MÉTEMPSYCOSE[1]

N'est-il pas bien naturel que toutes les métamorphoses dont la terre est couverte, aient fait imaginer dans l'Orient où on a imaginé tout, que nos âmes passaient d'un corps à un autre; un point presque imperceptible devient un ver, ce ver devient papillon; un gland se transforme en chêne, un œuf en oiseau; l'eau devient nuage et tonnerre; le bois se change en feu et en cendre; tout paraît enfin métamorphosé dans la nature. On attribua bientôt aux âmes qu'on regardait comme des figures légères, ce qu'on voyait sensiblement dans des corps plus grossiers. L'idée de la métempsy-

7 64, 65v: enfin métamorphose dans

[1] Article publié en 1764, et sans doute composé assez peu de temps auparavant. Spontané et dense, commençant par une interrogation qui est l'aboutissement d'un raisonnement intérieur bien mis au point, sans conclusion, il apparaît comme un billet d'humeur jailli d'une réflexion approfondie et encore en cours. Or en 1764, Voltaire travaille à *La Philosophie de l'histoire*, qui ne paraîtra qu'en 1765, mais dont il a déjà écrit 'quelques cahiers' le 9 juillet 1764 (D11978). Les thèmes de l'article y sont traités: ancienneté des civilisations orientales, notamment de celle de l'Inde; transmutations naturelles et croyance aux métamorphoses des hommes et des dieux qui en découle; métempsycose; ressemblance entre les mythologies (voir ch.17, 29, 49). On peut donc penser que Voltaire a écrit l'article pendant qu'il travaillait à *La Philosophie de l'histoire*. Mais on notera qu'ici, il semble mettre sur le même plan l'Inde et la Chine, il ne parle pas de l'antériorité de la civilisation et des croyances de l'Inde comme il le fait dans *La Philosophie de l'histoire*. Il ne semble pas établir exactement la même relation entre métamorphose et croyance à la métempsycose. D'autre part il se contente de signaler, puis de suggérer seulement, des points communs entre la Bible et la mythologie païenne, il n'en tire pas de conclusion, n'en déduit pas que les écrits des Hébreux sont relativement récents et leurs croyances empruntées, et n'en profite pas pour condamner la religion judéo-chrétienne, ce qui est un des buts de *La Philosophie de l'histoire* (voir D11978, D12087, D12432). Il n'en était peut-être qu'à la phase préparatoire quand il a écrit l'article.

cose est peut-être le plus ancien dogme de l'univers connu, et il règne encore dans une grande partie de l'Inde et de la Chine.[2]

Il est encore très naturel que toutes les métamorphoses dont nous sommes les témoins, aient produit ces anciennes fables[3] qu'Ovide a recueillies dans son admirable ouvrage. Les Juifs même ont eu aussi leurs métamorphoses.[4] Si Niobé fut changée en marbre, Hedith femme de Loth fut changée en statue de sel.[5] Si Euridice resta dans les enfers pour avoir regardé derrière elle,[6] c'est aussi pour la même indiscrétion que cette femme de Loth fut privée de la nature humaine. Le bourg qu'habitaient Baucis et Philémon en Phrygie est changé en un lac, la même chose arrive

[2] *La Philosophie de l'histoire*, ch.17: 'les Indiens, vers le Gange, sont peut-être les hommes les plus anciennement rassemblés en corps de peuple [...] Ce qui me frappe le plus dans l'Inde, c'est cette ancienne opinion de la transmigration des âmes, qui s'étendit avec le temps jusqu'à la Chine et dans l'Europe' (V 59, p.145, 147); voir aussi *Dieu et les hommes*, ch.6, et les *Fragments historiques sur l'Inde*, ch.24.

[3] Cf. *La Philosophie de l'histoire*, ch.29: Les prêtres du canton 'vous feront voir que puisqu'une chenille est changée en papillon, un homme peut aussi aisément être changé en bête' (V 59, p.187). Toutefois l'enchaînement métamorphoses naturelles/métempsycose/métamorphoses imaginées ne semble pas exactement le même qu'ici: 'L'opinion de la migration des âmes conduit naturellement aux métamorphoses [...]. Dès que vous m'avez persuadé que mon âme peut entrer dans le corps d'un cheval, vous n'aurez pas de peine à me faire croire que mon corps peut être changé en cheval aussi' (p.186). Voir encore une étude différente de la métamorphose et de la métempsycose dans l'article 'Ane' des QE.

[4] Cf. *La Philosophie de l'histoire*, ch.29: 'Les métamorphoses recueillies par Ovide [...] ne devaient point du tout étonner un pythagoricien, un brame, un Chaldéen, un Egyptien [...] Les Juifs dans des temps très postérieurs écrivent que Nabucodonosor fut changé en bœuf, sans compter la femme de Loth transformée en statue de sel' (V 59, p.186). Sur la 'conformité' entre les récits de la Bible en général et 'les fables profanes' qui leur ont servi de modèle, voir par ex. *L'Examen important de milord Bolingbroke*, ch.2, l'*Epître aux Romains*, III, ou *La Bible enfin expliquée*. Les carnets contiennent à deux reprises ces parallèles sur deux colonnes (V 81-82, p.174-75, 523-24).

[5] Ovide, *Métamorphoses*, vi.305-312 (Niobé); Genèse xix.26 (Edith).

[6] *Métamorphoses*, x.56-64; mais c'est Orphée qui a commis la faute de se retourner.

à Sodome.[7] Les filles d'Anius changeaient l'eau en huile, nous avons dans l'Ecriture une métamorphose à peu près semblable, mais plus vraie et plus sacrée.[8] Cadmus fut changé en serpent; la verge d'Aaron devint serpent aussi.[9]

Les dieux se changeaient très souvent en hommes, les Juifs n'ont jamais vu les anges que sous la forme humaine:[10] les anges mangèrent chez Abraham.[11] Paul dans son Epître aux Corinthiens dit que l'ange de Satan lui a donné des soufflets: *Angelos Sathana me colaphiset.*[12]

[7] *Métamorphoses*, viii.695-698 (Phrygie); Genèse xix.24-28 (Sodome).

[8] *Métamorphoses*, xiii.652-654 (les filles d'Anius); Jean ii.1-11 (les noces de Cana); 'plus vraie et plus sacrée': précaution certainement ironique de la part de Voltaire, mais habituelle quand il s'agit de faits relatifs au Christ; voir par ex. ci-dessous, 'Miracles' et n.17.

[9] *Métamorphoses*, iv.576-603 (Cadmos); Exode vii.10 (le bâton d'Aaron). Voltaire ne risque pas d'oublier Aaron: il s'est encore moqué, le 4 janvier 1764 (D11616), de Lefranc de Pompignan qui aurait prié Dupré de Saint-Maur, qui le recevait à l'Académie en 1760, de le comparer à Moïse et son frère l'évêque à Aaron!

[10] Cf. ci-dessus, art. 'Ange', également de 1764.

[11] Genèse xviii.23. Voir comment cet épisode est complété et utilisé dans l'article 'Ange' des QE: 'Lorsque les trois anges apparurent à Abraham, et qu'il fit cuire un veau entier pour les régaler, ils ne lui apprirent point leurs noms. L'un d'eux lui dit: "Je viendrai vous voir, si Dieu me donne vie, l'année prochaine, et Sara votre femme aura un fils"; suivent, avec référence à Calmet, un rapprochement entre 'cette histoire et la fable qu'Ovide raconte dans ses *Fastes*', et un commentaire (M.xvii.250).

[12] II Corinthiens xii.7.

MIRACLES[1]

Un miracle selon l'énergie du mot est une chose admirable. En ce cas tout est miracle. L'ordre prodigieux de la nature, la rotation de cent millions de globes autour d'un million de soleils, l'activité de la lumière, la vie des animaux, sont des miracles perpétuels.

Selon les idées reçues nous appelons miracle la violation de ces

[1] Article publié en 1764. En 1765, Voltaire le classe parmi ceux qui 'sont depuis longtemps assez connus des savants' et laisse entendre qu'il n'en est pas l'auteur: 'dans l'article *Miracles* nous avons ajouté une page entière du célèbre docteur Middleton, bibliothécaire de Cambridge' ('Préface', l.25-26). En novembre 1764, il écrivait aux d'Argental: 'Croyez que Midleton [...] a fait un excellent ouvrage sur les miracles, qu'il nie tous, excepté ceux de notre seigneur Jésus christ. C'est de cet illustre Midleton qu'on a traduit le conte du miracle de Gervais et de Protais, et celui du savetier de la ville d'Hippone' (D12192; voir ci-dessous, l.97-102, 145-150). En réalité il emprunte à Middleton beaucoup plus encore qu'il ne dit. Presque tous les exemples qu'il donne, les citations et leurs références se trouvent dans *A free inquiry into the miraculous powers, which are supposed to have subsisted in the Christian church* (1749) de Middleton, et le plus souvent dans le même ordre. Or le 2 janvier 1759 (D8022), Voltaire remercie Steiger des *Miscellaneous works* (2e éd., London 1755; BV) dont le tome I contient cette *Inquiry*. Il n'a donc pas pu écrire l'article tel que nous l'avons, presque entièrement tiré de Middleton, avant 1759. En avril 1760, il est encore plus enthousiasmé par Middleton (D8858). Mais la rédaction de l'article date probablement de la fin de 1762: Voltaire réclame alors les 'dialogues de cet imbécile st Grégoire le grand' (D10816; voir l.85). L'allusion fielleuse à 'l'abolissement des jésuites en France' ne peut être antérieure au 6 août 1762, date de la suppression de la Société par le Parlement de Paris. C'est, de plus, une période où Voltaire s'intéresse particulièrement aux miracles racontés par l'Eglise, dont il parle dans son *Extrait des sentiments de Jean Meslier* (1762) et dans le *Catéchisme de l'honnête homme* (1763). Quant aux autres sources, on note des réminiscences probables de la 'Dissertation sur les vrais et sur les faux miracles' de dom Calmet, de *La Vie de saint François Xavier* de Bouhours; *De la divination* de Cicéron; des *Fables* d'Hygin; et peut-être d'œuvres attribuées à Dumarsais. Par la suite, Voltaire reviendra souvent sur la question des miracles relatés par l'Ancien et le Nouveau Testament, les Pères de l'Eglise, et d'autres auteurs chrétiens; voir par ex. *Conformez-vous aux temps*; *La Philosophie de l'histoire*, ch.33, et les *Questions sur les miracles*; *L'Examen important de milord Bolingbroke*, ch.27; QE, art. 'Miracles'.

lois divines et éternelles. Qu'il y ait une éclipse de soleil[2] pendant la pleine lune, qu'un mort fasse à pied deux lieues de chemin en portant sa tête entre ses bras,[3] nous appelons cela un miracle.

Plusieurs physiciens soutiennent qu'en ce sens il n'y a point de miracles, et voici leurs arguments.

Un miracle est la violation des lois mathématiques, divines, immuables, éternelles. Par ce seul exposé, un miracle est une contradiction dans les termes.[4] Une loi ne peut être à la fois immuable et violée; mais une loi, leur dit-on, étant établie par Dieu même, ne peut-elle être suspendue par son auteur? Ils ont la hardiesse de répondre que non, et qu'il est impossible que l'Etre infiniment sage ait fait des lois pour les violer.[5] Il ne pouvait, disent-ils, déranger sa machine que pour la faire mieux aller; or il est clair qu'étant Dieu il a fait cette immense machine aussi bonne

[2] Au moment de la mort du Christ: voir par ex. Matthieu xxvii.45, Marc xv.33, Luc xxiii.44. Voir aussi QE, art. 'Denys l'Aréopagite', section 'De la grande éclipse observée par Denys': dans le récit fait par 'un des auteurs inconnus de la Vie de saint Denys', 'On a prétendu que [...] n'étant pas encore chrétien, il [...] fut témoin [en Egypte] [...] de la fameuse éclipse du soleil arrivée dans la pleine lune à la mort de Jésus-Christ' (M.xviii.339); d'où peut-être l'association d'idées faite ici éclipse/tête de saint Denis, bien que Voltaire prenne soin de distinguer saint Denis, évêque de Paris, de l'Aréopagite; voir n.3.

[3] Comme saint Denis, évêque de Paris; Voltaire indique dans une note de *La Pucelle*, I, que 'l'abbé Hilduin fut le premier qui écrivit' cette anecdote (V 7, p.268).

[4] Calmet a déjà répondu à ce type d'arguments dans sa 'Dissertation sur les vrais et sur les faux miracles': 'les prodiges ne sont [...] pas contre la nature, mais contre ce qui nous est connu de la nature' (*Dissertations*, i.649).

[5] Argument de Spinoza, par exemple, que Calmet expose (avec une référence au *Tractatus theologico-politicus*, ch.6) et réfute: 'Quand Spinosa veut nier la possibilité des miracles, il s'efforce de montrer qu'il n'est pas possible que le cours de la nature soit jamais interrompu; et voici son grand raisonnement: les lois de la nature ne sont autre chose que les décrets de Dieu; or les décrets de Dieu ne peuvent changer, parce que Dieu est immuable; les lois de la nature ne peuvent donc changer; donc les miracles sont impossibles, puisqu'un vrai miracle est contraire aux lois connues et ordinaires de la nature'. A quoi Calmet répond: 'Spinosa s'est formé une idée trop bornée de la volonté de Dieu, s'il prétend qu'elle soit tellement immuable qu'elle ne soit plus libre' (*Dissertations*, i.649-50).

qu'il l'a pu; s'il a vu qu'il y aurait quelque imperfection résultante de la nature de la matière, il y a pourvu dès le commencement, ainsi il n'y changera jamais rien.

De plus Dieu ne peut rien faire sans raison; or quelle raison le porterait à défigurer pour quelque temps son propre ouvrage?

C'est en faveur des hommes, leur dit-on. C'est donc au moins en faveur de tous les hommes, répondent-ils; car il est impossible de concevoir que la nature divine travaille pour quelques hommes en particulier, et non pas pour tout le genre humain;[6] encore même le genre humain est bien peu de chose; il est beaucoup moindre qu'une petite fourmilière en comparaison de tous les êtres qui remplissent l'immensité. Or n'est-ce pas la plus absurde des folies d'imaginer que l'Etre infini intervertisse en faveur de trois ou quatre centaines de fourmis, sur ce petit amas de fange, le jeu éternel de ces ressorts immenses qui font mouvoir tout l'univers.

Mais supposons que Dieu ait voulu distinguer un petit nombre d'hommes par des faveurs particulières, faudra-t-il qu'il change ce qu'il a établi pour tous les temps et pour tous les lieux? Il n'a certes aucun besoin de ce changement, de cette inconstance, pour favoriser ses créatures; ses faveurs sont dans ses lois mêmes. Il a tout prévu, tout arrangé pour elles, toutes obéissent irrévocablement à la force qu'il a imprimée pour jamais dans la nature.

Pourquoi Dieu ferait-il un miracle? Pour venir à bout d'un certain dessein sur quelques êtres vivants! Il dirait donc, Je n'ai pu parvenir, par la fabrique de l'univers, par mes décrets divins, par mes lois éternelles, à remplir un certain dessein: je vais changer mes éternelles idées, mes lois immuables, pour tâcher d'exécuter ce que je n'ai pu faire par elles. Ce serait un aveu de sa faiblesse, et non de sa puissance. Ce serait, ce semble, dans lui la plus inconcevable contradiction. Ainsi donc, oser supposer à Dieu des

[6] Même argument dans l'article 'Grâce'.

miracles, c'est réellement l'insulter (si des hommes peuvent insulter Dieu.) C'est lui dire, Vous êtes un être faible et inconséquent. Il est donc absurde de croire des miracles, c'est déshonorer en quelque sorte la Divinité.

On presse ces philosophes: on leur dit, Vous avez beau exalter l'immutabilité de l'Etre suprême, l'éternité de ses lois, la régularité de ses mondes infinis: notre petit tas de boue a été tout couvert de miracles; les histoires sont aussi remplies de prodiges que d'événements naturels.[7] Les filles du grand prêtre Anius changeaient tout ce qu'elles voulaient en blé, en vin, ou en huile;[8] Athalide fille de Mercure ressuscita plusieurs fois; Esculape ressuscita Hippolite; Hercule arracha Alceste à la mort; Herès revint au monde après avoir passé quinze jours dans les enfers.[9] Romulus et Remus naquirent d'un dieu et d'une vestale;[10] le Palladium tomba du ciel dans la ville de Troye;[11] la chevelure de Bérénice devint un assemblage d'étoiles;[12] la cabane de Baucis et de Philémon fut changée en un superbe temple;[13] la tête d'Orphée rendait des oracles après sa mort;[14] les murailles de Thèbes se construi-

[7] Pour la suite de ce paragraphe, voir l'article 'Métamorphose', et les carnets où Voltaire dresse une liste comparative, sur deux colonnes, des 'sortilèges chez les païens et chez les judéo-chrétiens' (V 81, p.174-75). Les sources les plus probables de Voltaire sont d'une manière générale les *Fables* d'Hygin, dont il s'inspirait déjà en 1744 (voir D3006), et les *Métamorphoses* d'Ovide.

[8] Cf. Ovide, *Métamorphoses*, xiii.652-654 (détail plus conforme ici que dans l'article 'Métamorphose').

[9] Sur Athalide, Hippolyte, Alceste et Er, voir ci-dessous, 'Résurrection', l.18-22 et notes.

[10] Ce sont les fils du dieu Mars et de la vestale Réa, selon la légende la plus courante.

[11] Il s'agit d'une statue de Pallas qui avait été précipitée du ciel par Zeus et était tombée en Troade au moment où Ilos allait fonder Troie.

[12] Catulle, 66, raconte, d'après Callimaque, la légende de Bérénice, femme de Ptolémée Evergète, dont une boucle de cheveux, consacrée à Aphrodite, fut changée en astre; voir aussi Pline l'Ancien, II, 178.

[13] Cf. Ovide, *Métamorphoses*, viii.700 ss.

[14] Voltaire semble amalgamer plusieurs légendes: la lyre et la langue d'Orphée se font entendre après sa mort (Ovide, *Métamorphoses*, xi.51 ss., allusion dans

sirent d'elles-mêmes au son de la flûte, en présence des Grecs;[15] les guérisons faites dans le temple d'Esculape, étaient innombrables; et nous avons encore des monuments chargés du nom des témoins oculaires des miracles d'Esculape.[16]

Nommez-moi un peuple, chez lequel il ne se soit pas opéré des prodiges incroyables, surtout dans des temps où l'on savait à peine lire et écrire.

Les philosophes ne répondent à ces objections qu'en riant et en levant les épaules; mais les philosophes chrétiens disent, Nous croyons aux miracles opérés dans notre sainte religion; nous les croyons par la foi, et non par notre raison que nous nous gardons bien d'écouter; car lorsque la foi parle, on sait assez que la raison ne doit pas dire un seul mot; nous avons une croyance ferme et entière dans les miracles de Jésus-Christ, et des apôtres; mais permettez-nous de douter un peu de plusieurs autres;[17] souffrez, par exemple, que nous suspendions notre jugement sur ce que

---

Virgile, *Géorgiques*, iv.523, etc.); d'autre part certaines légendes font intervenir des oracles, mais ils ne sont pas 'rendus' par la tête d'Orphée: la peste s'étant déclarée en Thrace après le meurtre d'Orphée, l'oracle consulté répondit que, pour faire cesser le fléau, il fallait retrouver la tête d'Orphée et lui rendre les honneurs funèbres, on la retrouva encore sanglante et chantant comme pendant sa vie; selon une autre fable, un oracle du Dionysos thrace avait prédit que, si les cendres d'Orphée voyaient le soleil, la ville serait détruite par un porc, ce qui fut accompli: un berger, endormi sur la tombe d'Orphée et inspiré par lui, chanta des hymnes qui attirèrent une telle affluence que le sarcophage s'effondra et fut éventré, puis la rivière Sys (dont le nom signifie Porc) déborda et détruisit les principaux édifices de la ville.

[15] Pendant que son frère portait les pierres sur son dos, Amphion se contentait de les attirer à lui au son de sa lyre (Hygin, *Palaephatus de non credendis fabulosis narrationibus*, I, 'De Zeto'; allusion dans Ovide, *Métamorphoses*, vi.178; Horace, *Odes*, iii.11; *Art poétique*, 394).

[16] Voir Middleton, *A free inquiry*, dans *Miscellaneous works*, i.202-203, avec signet annoté: 'gruter/ inscriptions/ esculape/ miracles' (CN, v.260).

[17] Calmet distingue soigneusement les 'faux miracles du paganisme' et les miracles dont 'parlent les Saintes Ecritures': à Celse qui 'objectait autrefois aux chrétiens les miracles prétendus des déités du paganisme, pour les opposer à l'autorité de ceux de Jésus-Christ', il oppose notamment Origène (*Dissertations*, i.661).

rapporte un homme simple auquel on a donné le nom de grand.[18] Il assure qu'un petit moine était si fort accoutumé à faire des miracles, que le prieur lui défendit enfin d'exercer son talent. Le petit moine obéit; mais ayant vu un pauvre couvreur qui tombait du haut d'un toit, il balança entre le désir de lui sauver la vie, et la sainte obédience. Il ordonna seulement au couvreur de rester en l'air jusqu'à nouvel ordre, et courut vite conter à son prieur l'état des choses. Le prieur lui donna l'absolution du péché qu'il avait commis en commençant un miracle sans permission, et lui permit de l'achever, pourvu qu'il s'en tînt là, et qu'il n'y revînt plus. On accorde aux philosophes qu'il faut un peu se défier de cette histoire.

Mais comment oseriez-vous nier, leur dit-on, que St Gervais et St Protais aient apparu en songe à St Ambroise, qu'ils lui aient enseigné l'endroit où étaient leurs reliques? que St Ambroise les ait déterrées, et qu'elles aient guéri un aveugle? St Augustin était alors à Milan; c'est lui qui rapporte ce miracle *immenso populo teste*, dit-il dans sa Cité de Dieu, livre 22.[19] Voilà un miracle des mieux constatés. Les philosophes disent qu'ils n'en croient rien, que Gervais et Protais n'apparaissent à personne, qu'il importe fort peu au genre humain qu'on sache où sont les restes de leurs carcasses; qu'ils n'ont pas plus de foi à cet aveugle, qu'à celui de Vespasien; que c'est un miracle inutile; que Dieu ne fait rien d'inutile; et ils se tiennent fermes dans leurs principes.[20] Mon

[18] Il s'agit de Grégoire le Grand. Il raconte effectivement des miracles accomplis au monastère de Fondi (*Dialogues*, I, I; I, 3), mais il n'est pas question de la défense du prieur!

[19] Comme Voltaire l'écrit aux d'Argental en novembre 1764 (D12192), le récit se trouve chez Middleton (*A free inquiry*, *Miscellaneous works*, i.XLIX). Middleton donne aussi la citation de saint Augustin et la référence (*La Cité de Dieu*, XXII.viii); le texte de Voltaire est tout à fait conforme au récit de Middleton; mais ce n'est pas une 'traduction' (voir n.1).

[20] C'est la position de Dumarsais dont Voltaire dit utiliser les manuscrits (cidessus, 'Préface', l.28-29) et qui prend également l'exemple de la guérison d'un aveugle par Vespasien: 'Tite-Live et Valère Maxime nous racontent cent prodiges opérés à la vue de tout un peuple [...] Vespasien guérit un aveugle et un boiteux

respect pour St Gervais et St Protais ne me permet pas d'être de l'avis de ces philosophes; je rends compte seulement de leur incrédulité. Ils font grand cas du passage de Lucien qui se trouve dans la Mort de Peregrinus. 'Quand un joueur de gobelets adroit se fait chrétien, il est sûr de faire fortune.'[21] Mais comme Lucien est un auteur profane, il ne doit avoir aucune autorité parmi nous.

Ces philosophes ne peuvent se résoudre à croire les miracles opérés dans le second siècle; des témoins oculaires ont beau écrire que l'évêque de Smyrne St Polycarpe, ayant été condamné à être brûlé et étant jeté dans les flammes, ils entendirent une voix du ciel qui criait, Courage, Polycarpe, sois fort, montre-toi homme; qu'alors les flammes du bûcher s'écartèrent de son corps, et formèrent un pavillon de feu au-dessus de sa tête, et que du milieu du bûcher il sortit une colombe; enfin on fut obligé de trancher la tête de Polycarpe.[22] A quoi bon ce miracle? disent les incrédules;

---

en présence de tout le peuple d'Alexandrie. Apollonio de Tyane fait aux yeux des Romains plus de miracles que Jésus-Christ [...]. Cependant nous voulons admettre les uns et rejeter les autres [...]. N'est-il pas plus raisonnable et plus sûr de rejeter également les uns et les autres?' (*Analyse de la religion chrétienne*, publiée par Voltaire dans le *Recueil nécessaire*, p.57); Calmet est de l'opinion contraire. Middleton prend aussi la guérison de l'aveugle par Vespasien comme exemple tiré de l'histoire profane (*Miscellaneous works*, i.300-301), ajoutant que l'empereur agissait à l'instigation du dieu Sérapis (il renvoie à Suetone, *Vie des douze Césars*, *Vespasien*, vii; et à Tacite, *Histoires*, iv.81). Quant à Voltaire, il avait déjà cette histoire présente à l'esprit en 1749: il en plaisante deux fois de suite: le 26 janvier, dans une lettre à Darget, et le 17 février dans une lettre à Frédéric II (D3855 et D3873). Dans *La Philosophie de l'histoire*, il fera ce commentaire: 'ce miracle n'est cru de personne, parce que personne n'a intérêt à le soutenir' (V 59, p.203).

21 Cf. Middleton, i.144, avec la citation et la référence à '*De Mort. Pereg.*, T.2, p.568. Ed. Var'; signet annoté par Voltaire: 'lucien sur les crétiens' (CN, v.618).

22 Récit détaillé rapporté par Middleton, *Miscellaneous works*, i.251-54; là c'est quand on passe l'épée au travers du corps que la colombe s'envole, et qu'il coule une telle quantité de sang qu'elle éteint le feu. Middleton indique comme source de l'histoire la lettre circulaire de l'Eglise de Smyrne au milieu du second siècle, copiée d'Irénée disciple de Polycarpe, transcrite en grande partie par Eusèbe qui supprime pourtant la colombe 'for the sake of rendering the narrative the less suspected' (i.253). Il fait référence à Ussher, Cotelier et Ruinart, qui ont gardé ce passage.

pourquoi les flammes ont-elles perdu leur nature, et pourquoi la hache de l'exécuteur n'a-t-elle pas perdu la sienne? D'où vient que tant de martyrs sont sortis sains et saufs de l'huile bouillante,[23] et n'ont pu résister au tranchant du glaive? On répond que c'est la volonté de Dieu. Mais les philosophes voudraient avoir vu tout cela de leurs yeux avant de le croire.

Ceux qui fortifient leurs raisonnements par la science vous diront que les Pères de l'Eglise ont avoué souvent eux-mêmes qu'il ne se faisait plus de miracles de leur temps. St Chrysostome dit expressément: 'Les dons extraordinaires de l'esprit étaient donnés même aux indignes, parce qu'alors l'Eglise avait besoin de miracles; mais aujourd'hui ils ne sont pas même donnés aux dignes, parce que l'Eglise n'en a plus de besoin.' Ensuite il avoue qu'il n'y a plus personne qui ressuscite les morts, ni même qui guérisse les malades.[24]

St Augustin lui-même, malgré le miracle de Gervais et de Protais, dit dans sa Cité de Dieu: 'Pourquoi ces miracles qui se faisaient autrefois ne se font-ils plus aujourd'hui?' Et il en donne la même raison. *Cur, inquiunt, nunc illa miracula quae praedicatis facta esse, non fiunt? Possem quidem dicere, necessaria prius fuisse, quam crederet mundus, ad hoc ut crederet mundus.*[25]

[23] Comme, par exemple, sainte Potamienne (*L'Examen important de milord Bolingbroke*, V 62, p.291).

[24] Cf. Middleton, *Miscellaneous works*, i.257. Voltaire commence par reproduire presque textuellement une citation que Middleton fait de saint Chrysostome. Ensuite il interprète un peu librement une autre de ses citations; voici le texte de Middleton: 'Again, speaking of the Jews, [...] who *desired a sign*, he [saint Chrysostome] says, *there are some also even now, who desire and ask, Why are not miracles performed still at this day? and why are there no persons, who raise the dead and cure disease?* Cf. ce qu'écrit Voltaire dans la *Gazette littéraire* du 9 mai 1764, où il annonce 'qu'on prépare à Cambridge une magnifique édition in-4° de tous les ouvrages du docteur Middleton': 'Dans un traité célèbre *sur les Miracles*, Middleton prétend que le don des miracles a commencé à s'affaiblir dans le second siècle et qu'ils sont devenus moins fréquents parce qu'ils devenaient moins nécessaires' (M.xxv.177).

[25] C'est la première partie de la citation que Middleton fait de *La Cité de Dieu*, XXII.viii (*Miscellaneous works*, i.265-66).

On objecte aux philosophes que St Augustin, malgré cet aveu, parle pourtant d'un vieux savetier d'Hippone, qui ayant perdu son habit alla prier à la chapelle *des vingt martyrs*, qu'en retournant il trouva un poisson dans le corps duquel il y avait un anneau d'or, et que le cuisinier qui fit cuire le poisson, dit au savetier, Voilà ce que les vingt martyrs vous donnent.[26]

A cela les philosophes répondent qu'il n'y a rien dans cette histoire qui contredise les lois de la nature, que la physique n'est point du tout blessée qu'un poisson ait avalé un anneau d'or, et qu'un cuisinier ait donné cet anneau à un savetier, qu'il n'y a là aucun miracle.

Si on fait souvenir ces philosophes que selon St Jérôme, dans sa Vie de l'ermite Paul, cet ermite eut plusieurs conversations avec des satyres, et avec des faunes, qu'un corbeau lui apporta tous les jours pendant trente ans la moitié d'un pain pour son dîner, et un pain tout entier le jour que St Antoine vint le voir;[27] ils pourront répondre encore, que tout cela n'est pas absolument contre la physique; que des satyres et des faunes peuvent avoir existé, et qu'en tout cas si ce conte est une puérilité, cela n'a rien de commun avec les vrais miracles du Sauveur et de ses apôtres. Plusieurs bons chrétiens ont combattu l'histoire de St Siméon Stylite, écrite par Théodoret;[28] beaucoup de miracles qui passent

[26] Cf. Middleton, qui fait un récit détaillé avec référence à saint Augustin, *La Cité de Dieu*, XXII.viii, 29 (*Miscellaneous works*, i.268; CN, v.621, avec signet annoté: 'savetier de St augustin'). Voltaire abrège la phrase du savetier rapportée par Middleton: 'See here is the cloathing, which the twenty martyrs have given you'.

[27] Cf. encore Middleton, *Miscellaneous works*, i.280, qui cite Dodwell qui, dit-il, renvoie lui-même à la *Vie de l'ermite Paul* de saint Jérôme; dans cette citation la mission du corbeau dure soixante ans, et non trente.

[28] Cf. Middleton, *Miscellaneous works*, i.291-304; il prend l'histoire de Siméon le Stylite, 'a monk of the fifth century who spent the greatest part of his life on the top of a pillar, from which he drew his surname', comme exemple de celles qui sont contestées, donne la référence du récit de Théodoret qui s'est déclaré témoin oculaire, et cite un certain nombre d'auteurs, parfois 'bons chrétiens' qui doutent de l'authenticité des miracles de Siméon racontés par Théodoret ou de ceux d'autres

pour authentiques dans l'Eglise grecque, ont été révoqués en doute par plusieurs Latins; de même que des miracles latins ont été suspects à l'Eglise grecque; les protestants sont venus ensuite, qui ont fort maltraité les miracles de l'une et l'autre Eglise.[29]

Un savant jésuite (*a*)[30] qui a prêché longtemps dans les Indes, se plaint de ce que ni ses confrères, ni lui, n'ont jamais pu faire de miracle.[31] Xavier se lamente dans plusieurs de ses lettres de n'avoir point le don des langues; il dit qu'il n'est chez les Japonais que comme une statue muette;[32] cependant les jésuites ont écrit

(*a*) *Ospinian. p.* 230.

saints: Chapman, Cave, Dodwell, Hody. On peut ajouter que Théodoret a été critiqué par Bayle.

29 Cf. Middleton, *Miscellaneous works*, i.XL-XLI, 302-303.

30 Il s'agit du père A. da Costa, *De procuranda Indorum salute*, cité par Rudolph Wirth dit Hospinianus, dans son *Historia jesuitica* (Zurich 1619), p.230; cf. Middleton, 'A prefatory discourse to the Letter from Rome', *Miscellaneous works*, v.69, qui donne la référence.

31 Cf. Middleton, qui écrit: 'Another learned Jesuit, who had spent many years among the Indians, in a treatise on the method of converting them, says: "What signifies all our preaching? What stress can we lay upon it? We work no miracles"' (v.69; CN, v.624, avec signet), et il enchaîne lui aussi sur saint François Xavier.

32 Cf. Middleton: 'St Xaverius himself laments, in several of his letters, the insuperable difficulties which he had to struggle with in his mission, and his incapacity of doing any good in those countries, for the want of this gift. And in Japan particularly, where according to his account a plentiful harvest was open to him, and great numbers disposed to become Christians; 'God grant, says he, that I may soon learn their language, so as to be able to explain things divine, and do some service at last to the Christian cause. For at present indeed, I am nothing better than a statue among them' (*Miscellaneous works*, v.69-70). Voir la lettre de saint François Xavier du 5 novembre 1549. Voltaire avait dans sa bibliothèque ses *Lettres choisies* (Varsovie 1739); voir les carnets (V 81, p.166-67).

qu'il avait ressuscité neuf morts, c'est beaucoup;[33] mais il faut aussi considérer qu'il les ressuscitait à six mille lieues d'ici. Il s'est trouvé depuis des gens qui ont prétendu que l'abolissement des jésuites en France,[34] est un beaucoup plus grand miracle que ceux de Xavier et d'Ignace.

Quoi qu'il en soit, tous les chrétiens conviennent que les miracles de Jésus-Christ et des apôtres sont d'une vérité incontestable;[35] mais qu'on peut douter à toute force, de quelques miracles faits dans nos derniers temps, et qui n'ont pas eu une authenticité certaine.

On souhaiterait, par exemple, pour qu'un miracle fût bien

175 64-69: ressuscité huit morts [69* errata: β]

33 Voltaire vise notamment *La Vie de saint François Xavier* par le père Bouhours: il en a un exemplaire dans sa bibliothèque (Paris 1754) ainsi annoté: 'par le jesuite Bouhours chef-d'œuvre de la sottise fanatique'; c'est sans doute à lui qu'il fait référence quand il remplace huit par neuf (l.175*v*). Il écrit d'autre part dans les carnets: 'Dans la vie de st François Xavier on trouve qu'il ne mit que quarante jours à aprendre le japonais et qu'il commença par ressusciter une fille' (V 81, p.176). Bouhours signale à plusieurs reprises le don des langues de saint François Xavier et raconte les miracles que Dieu fait par son intermédiaire (voir par ex. i.151, 229, ii.10, 56, 59); mais il est difficile de faire le compte exact des 'résurrections' qu'il lui attribue: il parle de quatre résurrections signalées dans le procès de canonisation (i.136), puis à nouveau de quatre résurrections (i.158): s'agit-il des mêmes? puis encore au moins d'une résurrection probable; d'autre part, faut-il compter les guérisons des moribonds comme des résurrections? Cf. ci-dessus, art. 'Christianisme', l.800-806.

34 A la suite de la condamnation des jésuites consécutive à la banqueroute du père La Valette, le 8 mai 1761, on examina leurs constitutions; on décida le 6 août 1761 la fermeture de leurs collèges au 1er octobre 1761, elle fut reportée au 1er avril 1762 à la demande du roi. Un arrêt du Parlement de Paris du 6 août 1762 supprima la Société, ses biens furent séquestrés, les pères dispersés. Ils ne seront 'abolis' dans tout le royaume que par l'édit royal de novembre 1764.

35 Voltaire consacrera au contraire une section de l'article des QE à 'ceux qui ont eu la témérité impie de nier absolument la réalité des miracles de Jésus-Christ': Thomas Woolston, 'docteur de Cambridge', le curé Meslier, un curé de Bonne-Nouvelle, Bolingbroke, et le prêtre de Pont-à-Mousson, Nicolas Antoine (M.xx.86 ss.).

constaté, qu'il fût fait en présence de l'Académie des sciences de Paris, ou de la Société royale de Londres, et de la Faculté de médecine, assistées d'un détachement du régiment des gardes, pour contenir la foule du peuple, qui pourrait par son indiscrétion empêcher l'opération du miracle.

On demandait un jour à un philosophe, ce qu'il dirait, s'il voyait le soleil s'arrêter,[36] c'est-à-dire, si le mouvement de la terre autour de cet astre cessait; si tous les morts ressuscitaient, et si toutes les montagnes allaient se jeter de compagnie dans la mer,[37] le tout pour prouver quelque vérité importante, comme par exemple, la grâce versatile?[38] Ce que je dirais, répondit le philosophe, je me ferais manichéen; je dirais qu'il y a un principe qui défait ce que l'autre a fait.

199 65v*, ajout de Voltaire: voiez ce que dit Cicéron dans son excellent livre de la divination il y prouve l'impossibilité des miracles.

[36] Cf. Josué x.13.

[37] Cf. Luc xxiii.30.

[38] C'est-à-dire la grâce interne transitoire; voir ci-dessus, art. 'Grâce' et dans les QE.

MOÏSE[1]

En vain plusieurs savants[2] ont cru que le Pentateuque ne peut

1 64, 65v: Plusieurs savants ont

[1] Dès l'automne 1752, un article 'Moïse' était prêt; Voltaire le destinait alors à cette 'Encyclopédie de la raison' entreprise dans le cercle de Potsdam. Il le remet à Frédéric vers novembre à titre d'échantillon: 'Si Moyse ne déplaît pas à un chef et à un législateur qui vaut certainement mieux que luy, votre suffrage m'encouragera à fournir à votre majesté d'autres articles' (D5073). Il y soutenait certainement que Moïse n'avait pas écrit le Pentateuque; il écrivait à Formey à la même époque: 'Un illustre théologien de Bâle écrit que mylord Bolingbroke a eu la ch..... & de là il tire la conséquence évidente que Moïse est l'auteur du pentateuque' (D5061). Par la suite Voltaire – qui avait la question présente à l'esprit depuis longtemps (voir par ex. D93) – continue à porter à Moïse un intérêt qui apparaît dans de nombreuses œuvres. A partir de janvier 1756, il réclame avec insistance *The Divine legation of Moses* de Warburton (D6712, D6788, D6893) dont il reçoit une partie le 1er septembre 1757 (D7362, D7432). En août 1760 enfin, il écrit à Thiriot: 'Oui j'ay mon Moyse complet. Il a fait le pantateuque comme vous et moy, mais qu'importe! Ce livre est cent fois plus amusant qu'Homere, et je le relis sans cesse avec un ébahissement nouvau' (D9132). Son opinion sur le Pentateuque est confirmée. Mais ce n'est qu'en novembre 1762 qu'il fait parvenir à Diderot un article 'Moïse', sans doute pour qu'il soit publié dans l'*Encyclopédie*: 'Voici [...] un petit article de la lettre M d'un dictionnaire que j'avais fait pour mon usage. Je le soumets au grand frère Diderot' (à Damilaville; D10816). Il s'agit bien de 'Moïse', car il écrit au même Damilaville le 26 décembre: 'Mon frère, renvoyez-moi, je vous prie, mon *Moïse* et mon canevas de chapitre pour l'histoire, dûment revu par les frères' (D10860). L'article, qui ne parut pas dans l'*Encyclopédie*, fut publié en 1764. Il ne sera pas repris dans les QE.

[2] Voltaire est à l'affût d'opinions qui confirment celle qu'il s'est faite depuis longtemps. Dans *La Philosophie de l'histoire*, ch.40, Voltaire citera Aben-Ezra, Maimonide, Nuñez de Guzman, Leclerc, Middleton, les 'Théologiens de Hollande', et Newton, qui fait de Samuel le rédacteur du Pentateuque dans ses *Observations upon the prophecies of Holy Writ* (V 59, p.226). Parmi eux c'est Jean Leclerc, auteur des *Sentiments de quelques théologiens de Hollande sur l'histoire critique du Vieux Testament* (Amsterdam 1685), qui a, semble-t-il, le plus compté pour Voltaire; il parle de lui élogieusement en décembre 1762 (au moment où il reprend 'Moïse'), lui accordant une large supériorité sur Richard Simon (D10857), dont il possède

avoir été écrit par Moïse. (*a*)[3] Ils disent que par l'Ecriture même il est avéré que le premier exemplaire connu fut trouvé du temps du roi Josias, et que cet unique exemplaire fut apporté au roi par le secrétaire Saphan. Or entre Moïse et cette aventure du secrétaire Saphan, il y a 1167 années par le comput hébraïque. Car Dieu apparut à Moïse dans le buisson ardent l'an du monde 2213, et le secrétaire Saphan publia le livre de la loi l'an du monde 3380.[5]

n.*a* 64, 65, note *a* absente (pour 65V, voir l.25*v*)
6 64: 867 années[4] [MS2: β]

---

l'*Histoire critique du Vieux Testament* (Rotterdam 1685) et la *Réponse au livre intitulé: Sentiments de quelques théologiens de Hollande* (Amsterdam 1621 [1721]). Dans une lettre à d'Argence, citant des passages du Pentateuque qui prouvent que Moïse n'en est pas l'auteur, Voltaire ajoute: 'Le grand Neuton, et le sçavant Le Clerc ont démontré la vérité de ce sentiment' (1er février 1764, D11676); cf. *L'Examen important de milord Bolingbroke*, ch.1 (V 62, p.174). Il citera Leclerc parmi les auteurs d'où sont 'imités' certains 'morceaux' dans le mémoire d'octobre 1764 (appendice II). On retrouvera dans l'article du DP des arguments contre l'attribution à Moïse du Pentateuque déjà avancés par Leclerc (*Sentiments de quelques théologiens*, VI), ainsi que par Benoît de Maillet; Voltaire a pris la peine, probablement à partir d'un manuscrit, de faire dans ses carnets de longs extraits de Maillet (V 81, p.420 ss.). Ces objections sont classiques et présentées comme telles: il y est fait référence à Spinoza. Voltaire a certainement aussi une connaissance directe du *Tractatus theologico-politicus* de Spinoza, dont parle également Leclerc. Voltaire ne semble avoir eu que plus tard, en 1766, les *Conjectures sur les mémoires originaux dont il paraît que Moïse s'est servi pour composer le livre de Genèse* de Jean Astruc (Bruxelles 1753; voir D13243, D13250, D13291).

[3] Pour la note *a*, voir ci-dessous, p.394.

[4] Voltaire tirait arguments de ces 'fautes' pour renier le DP dans son mémoire d'octobre 1764: 'On y compte 867 ans depuis Moïse à Josias, il faut compter plus de 1100' (voir appendice II).

[5] Hilqiyyahou, souverain sacrificateur, retrouva une copie du Deutéronome dans le temple, et la remit au scribe Chaphân secrétaire du roi Josias. Chaphân le lut en privé puis à son maître (règne fixé de 640 à 608), selon II Rois xxii.3-14. Cette découverte entraîna une profonde réforme religieuse anti-idolâtrique (II Rois xxiii.1-25; II Chroniques xxxiv.29-35). Il ne s'agit donc que d'un fragment du Pentateuque, et la chronologie avancée ici, différente de celle de Calmet (*Dictionnaire*, ii.708-23), n'est possible que selon la tradition juive.

Ce livre trouvé sous Josias fut inconnu jusqu'au retour de la captivité de Babilone, et il est dit que ce fut Esdras, inspiré de Dieu, qui mit en lumière toutes les Saintes Ecritures.[6]

Mais que ce soit Esdras ou un autre, qui ait rédigé ce livre,[7] cela est absolument indifférent dès que le livre est inspiré. Il n'est point dit dans le Pentateuque que Moïse en soit l'auteur; il serait donc permis de l'attribuer à un autre homme, à qui l'Esprit divin l'aura dicté. Si l'Eglise n'avait pas d'ailleurs décidé que le livre est de Moïse.

Quelques contradicteurs ajoutent qu'aucun prophète n'a cité les livres du Pentateuque, qu'il n'en est question ni dans les Psaumes, ni dans les livres attribués à Salomon, ni dans Jérémie, ni dans Isaïe, ni enfin dans aucun livre canonique des Juifs. Les mots qui répondent à ceux de Genèse, Exode, Nombres, Lévitique, Deutéronome, ne se trouvent dans aucun autre écrit, reconnu par eux pour authentique.[8]

D'autres plus hardis ont fait les questions suivantes.

14-15 64: il est donc permis
16-18 64: dicté. ¶Quelques contradicteurs
21-22 64: canonique. Les mots [64*, MS2: β]
23-25 64: autre écrit, ni de l'Ancien ni du Nouveau Testament. ¶D'autres [64*, MS2: β]
25 65v, entre 25 et 26: 1°. [suit le texte de la note *a*, l.1-12] 2°. [note *a*, l.13-28] ¶3°. En quelle [avec décalage de la numérotation des questions suivantes]

[6] Le rôle d'Esdras, scribe et prêtre, se borna à la lecture solennelle et au commentaire de la Loi devant le peuple assemblé après la restauration entreprise par Néhémie, à l'occasion de la fête de Soukhot (Esdras, *passim*; Néhémie viii).

[7] Leclerc discute la question; il réfute l'opinion selon laquelle Esdras 'peut avoir réformé plusieurs endroits' du Pentateuque; et celle de Spinoza qui, dans son *Tractatus théologico-politicus*, 'soutient que l'auteur est Esdras qui, selon lui, n'y a pu mettre la dernière main' (*Sentiments de quelques théologiens*, Amsterdam 1711, p.127). Benoît de Maillet pense que l'auteur est Esdras; voir les 'Extraits de Maillet' (V 81, p.423).

[8] Les titres des livres composant le Pentateuque ne se trouvent nulle part ailleurs dans la Bible. Mais de Josué à l'Apocalypse, on relève une centaine d'allusions à Moïse, aux personnages et aux événements rapportés par le Pentateuque.

1°. En quelle langue Moïse aurait-il écrit dans un désert sauvage? Ce ne pouvait être qu'en égyptien. Car par ce livre même on voit que Moïse et tout son peuple était né en Egypte. Il est probable qu'ils ne parlaient pas d'autre langue. Les Egyptiens ne se servaient pas encore du papyros; on gravait des hiéroglyphes sur le marbre ou sur le bois. Il est même dit que les tables des commandements furent gravées sur la pierre. Il aurait donc fallu graver cinq volumes sur des pierres polies, ce qui demandait des efforts et un temps prodigieux.[9]

2°. Est-il vraisemblable que dans un désert, où le peuple juif n'avait ni cordonnier, ni tailleur, et où le Dieu de l'univers était obligé de faire un miracle continuel pour conserver les vieux habits et les vieux souliers des Juifs, il se soit trouvé des hommes assez habiles pour graver les cinq livres du Pentateuque sur le marbre ou sur le bois?[10] On dira qu'on trouva bien des ouvriers qui firent un veau d'or en une nuit, et qui réduisirent ensuite l'or en poudre,[11] opération impossible à la chimie ordinaire non encore inventée; qui construisirent le tabernacle, qui l'ornèrent de trente-quatre colonnes d'airain avec des chapiteaux d'argent, qui ourdirent et qui brodèrent des voiles de lin, d'hyacinthe, de pourpre, et d'écarlate;[12] mais cela même fortifie l'opinion des contradicteurs.

29 65v: pas alors d'autre
42-43 64: en poudre, qui construisirent
43 67: inventée, qu'ils construisirent

[9] Cf. *La Philosophie de l'histoire*, ch.40 (V 59, p.226). Réminiscence peut-être du *Commentaire* de Calmet sur Exode xxxii: celui-ci se demandait si les tables avaient été gravées sur la pierre ou sur le bois; puis disait à propos de Josué viii.32: 'Il écrivait aussi sur des pierres le Deutéronome de la loi de Moïse, que Moïse avait exposée'; et Voltaire notait sur un signet: 'Deuteronome sur des pierres' (CN, ii.56).

[10] Même argument, et presque mêmes termes, dans l'*Examen important*, ch.1 (V 62, p.174).

[11] Exode xxxii.1-6, 20.

[12] Sur la contribution prélevée, le luxe de la construction, des parures, voir Exode xxv-xxviii.

Ils répondent qu'il n'est pas possible que dans un désert où l'on manquait de tout, on ait fait des ouvrages si recherchés; qu'il aurait fallu commencer par faire des souliers et des tuniques; que ceux qui manquent du nécessaire, ne donnent point dans le luxe; et que c'est une contradiction évidente de dire qu'il y ait eu des fondeurs, des graveurs, des brodeurs, quand on n'avait ni habits, ni pain.

3°. Si Moïse avait écrit le premier chapitre de la Genèse, aurait-il été défendu à tous les jeunes gens de lire ce premier chapitre?[13] Aurait-on porté si peu de respect au législateur? Si c'était Moïse qui eût dit que Dieu punit l'iniquité des pères jusqu'à la quatrième génération, Ezéchiel aurait-il osé dire le contraire?[14]

4°. Si Moïse avait écrit le Lévitique, aurait-il pu se contredire dans le Deutéronome? Le Lévitique défend d'épouser la femme de son frère, le Deutéronome l'ordonne.[15]

5°. Moïse aurait-il parlé dans son livre de villes qui n'existaient pas de son temps? aurait-il dit que des villes qui étaient pour lui à l'orient du Jourdain, étaient à l'occident?[16]

52 64: graveurs, des sculpteurs, des teinturiers, des brodeurs

[13] Voir Flavius Josèphe, *Guerre des Juifs*, II.viii.7 sur les réserves esséniennes sur le premier chapitre de la Genèse et sur Ezéchiel.

[14] Sur la contradiction entre Moïse et Ezéchiel, voir ci-dessus, art. 'Ezéchiel'. Le 15 janvier 1761, Voltaire parlait déjà à Mme Du Deffand d'Ezéchiel comme du 'premier qui osat donner un démenti à Moyse; [...] il s'avisa d'assurer que Dieu ne punissait pas les enfans des iniquités de leurs pères' (D9542).

[15] Voir Lévitique xx.21; dans Deutéronome xxv.5, c'est à une veuve sans enfant qu'il est prescrit d'épouser son beau-frère.

[16] Argument analogue chez Leclerc: 'Dans le chap. xiv.14 [Genèse] on trouve un nom qui n'était pas en usage du temps de Moïse. *Il les poursuivit jusques à Dan*' (*Sentiments de quelques théologiens*, p.113); de même à propos d'Hébron avec référence à Josué xiv (p.115); et 'Le Deutéronome commence ainsi: *Ce sont ici les paroles que Moïse dit à tout Israël, au-delà du Jourdain*, etc. Il paraît par le mot *au-delà*, que ce livre a été écrit dans la Palestine même, au regard de laquelle le désert est *au-delà* du Jourdain' (p.119). Cf. les 'Extraits de Maillet' des carnets (V81, p.421). Dans sa réponse à d'Argence, Voltaire reprend le dernier exemple (D11676); voir aussi l'*Examen important*, ch.1, avec référence à Newton (V62, p.174-75).

6°. Aurait-il assigné quarante-huit villes aux lévites dans un pays où il n'y a jamais eu dix villes, et dans un désert où il a toujours erré sans avoir une maison?[17]

7°. Aurait-il prescrit des règles pour les rois juifs, tandis que non seulement il n'y avait point de rois chez ce peuple, mais qu'ils étaient en horreur, et qu'il n'était pas probable qu'il y en eût jamais?[18] Quoi! Moïse aurait donné des préceptes pour la conduite des rois, qui ne vinrent qu'environ cinq cents années après lui, et il n'aurait rien dit pour les juges et les pontifes qui lui succédèrent? Cette réflexion ne conduit-elle pas à croire que le Pentateuque a été composé du temps des rois, et que les cérémonies instituées par Moïse n'avaient été qu'une tradition?

8°. Se pourrait-il faire qu'il eût dit aux Juifs, Je vous ai fait sortir au nombre de six cent mille combattants de la terre d'Egypte,

72 64: qu'environ huit cents années[19] [MS2: β]
65V: que plus de cinq cents années

Voltaire ne tient point compte de la traduction du Deutéronome i.1 par Lemaître de Sacy: 'Voici les paroles que Moïse dit à tout le peuple d'Israël *en deçà* du Jourdain'.

[17] Cf. l'*Examen important*, ch.1. Sans attester leur existence et sans les nommer, Nombres xxxv.6 mentionne six villes de refuge pour les meurtriers involontaires, et quarante-deux autres pour les lévites. Les noms, dont le tiers est postérieur à Moïse, apparaissent dans Josué xxi.9-42. Voltaire revient sur ce propos dans l'article 'Moïse' des QE.

[18] Dans sa réponse à d'Argence, Voltaire donne Genèse xxxvi.31 comme exemple: '*avant qu'aucun roy ait régné sur Israël*' (D11676), que Leclerc a cité en ces termes: 'voici une preuve beaucoup plus forte, tirée du chapitre xxxvi.31, où l'on trouve ces mots, qui ne peuvent venir que d'un auteur qui a vécu après l'établissement des rois: *Et ce sont ici les rois qui ont régné sur le pays d'Edom, avant qu'aucun roi régnât sur les enfants d'Israël*' (p.114); Leclerc se réfère à Simon 'qui a cité ce passage après quelques savants qui avaient déjà remarqué que ces paroles ne pouvaient pas avoir été écrites par Moïse', et signale la réponse de Huet (cf. le signet de Voltaire: CN, iv.543). Voir les 'Extraits de Maillet' (V81, p.421). Même argument dans l'*Examen important*, ch.1 (V62, p.175).

[19] Cf. le mémoire d'octobre 1764: 'On dit [dans 64] que les Juifs eurent des rois 800 ans après Moïse, et c'est environ 500 ans' (voir appendice II).

sous la protection de votre Dieu? Les Juifs ne lui auraient-ils pas répondu, Il faut que vous ayez été bien timide pour ne nous pas mener contre le Pharaon d'Egypte; il ne pouvait pas nous opposer une armée de deux cent mille hommes.[20] Jamais l'Egypte n'a eu tant de soldats sur pied; nous l'aurions vaincu sans peine, nous serions les maîtres de son pays? Quoi! le Dieu qui vous parle a égorgé pour nous faire plaisir tous les premiers-nés d'Egypte,[21] et s'il y a dans ce pays-là trois cent mille familles, cela fait trois cent mille hommes morts en une nuit pour nous venger; et vous n'avez pas secondé votre Dieu? et vous ne nous avez pas donné ce pays fertile que rien ne pouvait défendre? vous nous avez fait sortir de l'Egypte en larrons et en lâches,[22] pour nous faire périr dans des déserts, entre les précipices et les montagnes? Vous pouviez nous conduire au moins par le droit chemin dans cette terre de Canaan sur laquelle nous n'avons nul droit, et que vous nous avez promise, et dans laquelle nous n'avons pu encore entrer?

Il était naturel que de la terre de Gessen nous marchassions vers Tyr et Sidon le long de la Méditerranée; mais vous nous faites passer l'isthme de Suez presque tout entier; vous nous faites rentrer en Egypte, remonter jusque par delà Memphis, et nous nous trouvons à Béel Sephon, au bord de la mer Rouge, tournant le dos à la terre de Canaan, ayant marché quatre-vingts lieues dans cette Egypte que nous voulions éviter, et enfin près de périr entre la mer et l'armée de Pharaon!

Si vous aviez voulu nous livrer à nos ennemis, auriez-vous pris une autre route et d'autres mesures? Dieu nous a sauvés par un miracle, dites-vous; la mer s'est ouverte pour nous laisser passer; mais après une telle faveur, fallait-il nous faire mourir de faim et

[20] Exode xii.37: 'Les enfants d'Israël partirent [...] étant près de six cents mille hommes de pied'; mais Exode xiv.7: Pharaon prit 'six cents des chariots choisis, et tout ce qui se trouva de chariots de guerre dans l'Egypte, avec les chefs de toute l'armée': il n'est pas cité de chiffre précis.

[21] Exode xii.29-30.

[22] Exode xii.35 ss.

de fatigue dans les déserts horribles d'Ethan, de Cadés-Barné, de Mara, d'Elim, d'Oreb et de Sinaï?[23] Tous nos pères ont péri dans ces solitudes affreuses, et vous nous venez dire au bout de quarante ans que Dieu a eu un soin particulier de nos pères!

Voilà ce que ces Juifs murmurateurs, ces enfants injustes des Juifs vagabonds, morts dans les déserts, auraient pu dire à Moïse, s'il leur avait lu l'Exode et la Genèse. Et que n'auraient-ils pas dû dire et faire à l'article du veau d'or? Quoi! vous osez nous conter que votre frère fit un veau pour nos pères, quand vous étiez avec Dieu sur la montagne; vous qui tantôt nous dites que vous avez parlé à Dieu face à face et tantôt que vous n'avez pu le voir que par derrière! Mais enfin, vous étiez avec ce Dieu, et votre frère jette en fonte un veau d'or en un seul jour, et nous le donne pour l'adorer; et au lieu de punir votre indigne frère, vous le faites notre pontife, et vous ordonnez à vos lévites d'égorger vingt-trois mille hommes de votre peuple;[24] nos pères l'auraient-ils souffert? se seraient-ils laissé assommer comme des victimes par des prêtres sanguinaires? Vous nous dites que non content de cette boucherie incroyable, vous avez fait encore massacrer vingt-quatre mille de vos pauvres suivants, parce que l'un d'eux avait couché avec une Madianite; tandis que vous-même avez épousé

115 64: un veau d'or pour
121-122 64: vingt mille hommes [MS2: β]

[23] Etam (Exode xiii.20) est un campement englobant Mara et une source (cf. Exode xv.23-26); Elim est un autre campement dans une oasis (Exode xv.27); Kadès-Barnéa est une ville autour d'une source dans le désert du même nom (Nombres xx.16). Horeb est la montagne de l'Eternel, également appelée 'Sinaï' (Exode iii.1). Cf. *La Philosophie de l'histoire*, ch.40 (V 59, p.223).

[24] Cf. *La Philosophie de l'histoire*, ch.40 (V 59, p.224). Moïse a ordonné, de la part de Dieu, aux enfants de Lévi de tuer chacun son frère, ami ou parent pour expier l'adoration du veau d'or. Lemaître de Sacy et Calmet (*Dictionnaire*, art. 'Moïse') donnent le chiffre de 23 000 suivant en cela la tradition des Bibles latines (Exode xxxii.28). Calmet explique cependant que d'autres versions de la Bible ne lisent que 3000 hommes (*Commentaire*, i.1.597).

une Madianite;[25] et vous ajoutez que vous êtes le plus doux de tous les hommes. Encore quelques actions de cette douceur, et il ne serait plus resté personne.

Non, si vous aviez été capable d'une telle cruauté, si vous aviez pu l'exercer, vous seriez le plus barbare de tous les hommes, et tous les supplices ne suffiraient pas pour expier un si étrange crime.

Ce sont là, à peu près, les objections que font les savants à ceux qui pensent que Moïse est l'auteur du Pentateuque. Mais on leur répond que les voies de Dieu ne sont pas celles des hommes; que Dieu a éprouvé, conduit et abandonné son peuple par une sagesse qui nous est inconnue; que les Juifs eux-mêmes depuis plus de deux mille ans ont cru que Moïse est l'auteur de ces livres; que l'Eglise qui a succédé à la Synagogue, et qui est infaillible comme elle, a décidé ce point de controverse, et que les savants doivent se taire, quand l'Eglise parle.[26]

[25] Dans Nombres xxv.1-9, après 'la fornication avec les filles de Moab', et l'adoration de Baal qui s'ensuivit, le Seigneur dit à Moïse: 'Prenez tous les princes du peuple et pendez-les à des potences en plein jour, afin que ma fureur ne tombe pas sur Israël. Moïse dit donc aux juges d'Israël: Que chacun tue ceux de ses proches qui se sont consacrés au culte de Béelphégor. [...] un des enfants d'Israël entra dans la tente d'une Madianite, femme débauchée [...] Ce que Phinée [...] ayant vu, ayant pris un poignard [...] il les perça tous deux [...] et la plaie dont les enfants d'Israël avaient été frappés cessa aussitôt. [...] vingt-quatre mille hommes furent tués': on voit la manière dont Voltaire lie les faits! il fait de même dans *La Philosophie de l'histoire*, ch.40 (V 59, p.224-25). Moïse avait épousé la Madianite Sippora ou Séphora (Exode ii.21).

[26] Leclerc a répondu à cet argument allégué ironiquement par Voltaire: 'On dira peut-être que Jésus-Christ et ses apôtres citent souvent le Pentateuque sous le nom de Moïse, et que leur autorité doit être d'un plus grand poids que toutes nos conjectures. Mais Jésus-Christ et ses apôtres, n'étant pas venus au monde pour enseigner la critique aux Juifs, il ne faut pas s'étonner s'ils parlent selon l'opinion commune. Il leur importait peu que ce fût Moïse ou un autre pourvu que l'histoire fût véritable' (*Sentiments de quelques théologiens*, p.126).

(*a*) Est-il bien vrai qu'il y ait eu un Moïse?[27] Si un homme qui commandait à la nature entière eût existé chez les Egyptiens, de si prodigieux événements n'auraient-ils pas fait la partie principale de l'histoire d'Egypte? Sanchoniaton, Manéton, Mégastène, Hérodote n'en auraient-ils pas parlé?[28] Joseph l'historien a recueilli tous les témoignages possibles en faveur des Juifs; il n'ose dire qu'aucun des auteurs qu'il cite, ait dit un seul mot des miracles de Moïse.[29] Quoi! le Nil aura été changé en sang; un ange aura égorgé tous les premiers-nés dans l'Egypte; la mer se sera ouverte, ses eaux auront été suspendues à droite et à gauche, et nul auteur n'en aura parlé! et les nations auront oublié ces prodiges, et il n'y aura qu'un petit peuple d'esclaves barbares qui nous aura conté ces histoires des milliers d'années après l'événement?[30]

n.*a*, 7 65v: seul mot de Moïse [65v errata, 65v*[1]: β]

[27] Cf. l'*Examen important*, ch.2, qui commence ainsi: 'Y a-t-il eu un Moïse?', et donne sensiblement les mêmes arguments que ce texte ajouté dans 65v (V 62, p.177-82); ainsi que, sous une apparence plus prudente, et plus succinctement, *La Philosophie de l'histoire*, ch.40 (V 59, p.223-27).

[28] L'argument du silence des historiens sur Moïse sera repris dans *La Philosophie de l'histoire*, celui d'Hérodote, de Manéthon, d'Eratosthène (V 59, p.162), dans *La Défense de mon oncle*, celui de Sanchoniaton, de Manéthon, de Chérémon, d'Eratosthène, d'Hérodote, de Diodore de Sicile (voir V 64, p.249 et les notes p.402-406). Voltaire ajoute ici Mégasthènes, historien et géographe grec (IIIe siècle av. J.-C.).

[29] Le comte d'Autrey écrit au contraire: 'la pluspart des anciens ont parlé de Moise, entre autres Manethon, qui dit que Moise étoit prêtre d'Heliopolis, et qu'il prit ce nom lorsqu'il quitta l'Egipte avec les Lépreux qu'il conduisoit. C'est ce que raporte Josephe dans sa dispute contre Appien' (1er juillet 1765; D12783); voir Flavius Josèphe, *Contre Apion*, I, 250, 265, 279 ss. Dans le même ouvrage, Flavius Josèphe rapporte ce qu'ont dit de Moïse Chérémon, Lysimaque, Apion. En ce qui concerne les miracles de Moïse, ces phrases peuvent laisser penser qu'il n'y croit pas: 'Comme ses desseins étaient nobles et que le succès couronnait ses grandes actions, il pensa avec vraisemblance que Dieu le guidait et le conseillait. Après s'être persuadé le premier [...] il crut qu'il fallait avant tout faire partager cette opinion au peuple' (*Contre Apion*, II, 160); 'Ce n'est pas un sorcier, ni un imposteur, comme [notamment Apollonios Molon et Lysimaque] le disent injustement (II, 161).

[30] Cf. les 'Extraits de Maillet' dans les carnets (V 81, p.420).

Quel est donc ce Moïse inconnu à la terre entière jusqu'au temps où un Ptolomée eut, dit-on, la curiosité de faire traduire en grec les écrits des Juifs?[31] Il y avait un grand nombre de siècles que les fables orientales attribuaient à Bacchus tout ce que les Juifs ont dit de Moïse.[32] Bacchus avait passé la mer Rouge à pied sec, Bacchus avait changé les eaux en sang, Bacchus avait journellement opéré des miracles avec sa verge; tous ces faits étaient chantés dans les orgies de Bacchus avant qu'on eût le moindre commerce avec les Juifs, avant qu'on sût seulement si ce pauvre peuple avait des livres. N'est-il pas de la plus extrême vraisemblance que ce peuple si nouveau, si longtemps errant, si tard connu, établi si tard en Palestine, prît avec la langue phénicienne les fables phéniciennes, sur lesquelles il enchérit encore ainsi que font tous les imitateurs grossiers?[33] Un peuple si pauvre, si ignorant, si étranger dans tous les arts, pouvait-il faire autre chose que de copier ses voisins? Ne sait-on pas que jusqu'au nom d'Adonaï, d'Idaho, d'Eloï, ou Eloa, qui signifia Dieu chez la nation juive, tout était phénicien?[34]

n.*a*, 14 67: eut la curiosité

[31] La plus ancienne traduction de l'Ancien Testament fut commandée par Ptolémée Philadelphe (308-246) et terminée vers 150 av. J.-C. Cf. dans les carnets, un paragraphe intitulé 'Regnante in Aegipto Ptolemaeo Philadelpho' (V 81, p.430).

[32] Sur les parallèles Moïse/Bacchus – une des antiennes de Voltaire – voir ci-dessus, art. 'Fables', 'Métamorphose', 'Miracles'; voir aussi *La Philosophie de l'histoire*, ch.28 et 40 (V 59, p.183-85, 223-27).

[33] Comme Bochart et Huet cités par Voltaire dans *La Philosophie de l'histoire*, ch.28, Calmet admet les ressemblances entre l'histoire de Moïse et celle de Bacchus, mais en tire une conclusion inverse: 'Ceux qui ont comparé l'histoire de Moïse à ce que l'histoire fabuleuse nous apprend de Bacchus, de Mercure [...] y ont trouvé un grand nombre de caractères de ressemblance, qui ont fait juger que les païens avaient eu quelques idées de l'Histoire sainte, et qu'ils avaient fait honneur à leurs faux dieux de ce qui n'appartenait qu'à Moïse' (*Dictionnaire*, art. 'Moïse').

[34] Encore une antienne de Voltaire; cf. *La Philosophie de l'histoire*, ch.13 (V 59, p.134-36).

MORALE[1]

Je viens de lire ces mots dans une déclamation en quatorze volumes, intitulée *Histoire du Bas-Empire.*[2]

Les chrétiens avaient une morale; mais les païens n'en avaient point.[3]

a-31 64-65v, article absent

[1] Cet article a dû être composé peu de temps avant sa parution en 1767. En effet Voltaire ne paraît plus avoir présent à l'esprit l'article 'Fausseté des vertus humaines' (1764), qui traite du même sujet. Il semble en revanche avoir lu ou relu Charles Le Beau en 1766-1767 (voir n.2); il le critique encore dans l'article 'Julien', paru également en 1767; et le 17 juillet de cette année il demande – parmi un certain nombre d'autres, il est vrai – les *Eloges* que ce dernier a prononcés à l'Académie (voir D14283). Voltaire écrit l'article 'Morale', dit-il, quand il 'vient de lire' une assertion de Le Beau, peut-être quand il a reçu le tome 9 de l'*Histoire du Bas-Empire* daté de 1766, le seul qu'il annotera, sans doute parce qu'il traite de Justinien et de Belisaire comme le roman de Marmontel auquel il s'intéresse déjà (voir D13265). De plus l'article présente des points communs avec *Le Philosophe ignorant* (1766), XXXI et XXXVIII. Un autre article paraîtra sous le même titre dans les QE.

[2] Il s'agit de l'*Histoire du Bas-Empire, en commençant à Constantin le Grand* (Paris 1757-1817, 29 vol.) de Charles Le Beau (1701-1778), continuée par H.-P. Ameilhon. On en trouvera dans la bibliothèque de Ferney quatorze volumes, dont certains portent des traces de lecture et des notes marginales (CN, v.231-43). Mais quand Voltaire parle de quatorze volumes en 1767 il anticipe: les volumes 13 et 14, pour l'impression desquels est produit un 'Extrait des registres de l'Académie royale des inscriptions et belles-lettres' daté du 27 juillet 1770, portent la date de 1770; les volumes 11 et 12 mêmes, pour lesquels est produit un 'Extrait' daté du 15 avril 1768, portent la date de 1768; en 1767 dix volumes seulement sont imprimés.

[3] Le Beau loue effectivement les chrétiens au détriment des païens: 'c'étaient les sujets les plus fidèles et les meilleurs soldats des armées' (Introduction, i.22); 'les prêtres païens se seraient bien gardés d'avouer que leur religion ne leur fournissent aucun moyen d'expier les crimes, eux qui enseignaient que plusieurs de leurs anciens héros, après les plus horribles meurtres, avaient été purifiés par de prétendues expiations' (i.156); 'les chrétiens furent persécutés par les païens mais le paganisme fut détruit sans être persécuté par les chrétiens' (i.162; cf. i.195). Mais il écrit aussi 'Constance Chlore, rempli de douceur et d'humanité, avait épargné le sang des

Ah M. le Beau auteur de ces quatorze volumes, où avez-vous pris cette sottise?[4] eh qu'est-ce donc que la morale de Socrate, de Zaleucus, de Carondas,[5] de Cicéron, d'Epictète, de Marc-Antonin?

Il n'y a qu'une morale, M. le Beau, comme il n'y a qu'une géométrie.[6] Mais, me dira-t-on, la plus grande partie des hommes ignore la géométrie. Oui; mais dès qu'on s'y applique un peu, tout le monde est d'accord.[7] Les agriculteurs, les manœuvres, les artistes n'ont point fait de cours de morale; ils n'ont lu ni *De finibus*, de Cicéron, ni les Ethiques d'Aristote;[8] mais sitôt qu'ils réfléchissent, ils sont sans le savoir les disciples de Cicéron; le teinturier indien, le berger tartare, et le matelot d'Angleterre connaissent le juste et l'injuste. Confucius n'a point inventé un système de morale, comme on bâtit un système de physique. Il l'a trouvé dans le cœur de tous les hommes.[9]

7 67, 69: Curondas [69* errata: ↑β]

---

chrétiens; et tout païen qu'il était, il les avait même par préférence approchés de sa personne' (Introduction, i.22).

[4] Voir dans l'article 'Fausseté des vertus humaines' le reproche de même ordre que fait Voltaire à Jacques Esprit. Voltaire critique encore Le Beau en 1767 à la fin de l'article 'Julien', lui reprochant de trembler de louer Julien; et en 1770 dans une note de l'article 'Arianisme' des QE, il lui reproche d'avoir 'défiguré' l'histoire en ne reproduisant pas telle quelle une lettre de Constantin, d'avoir traité Constantin de 'bon prince', épithète qui 'convient à Titus, à Trajan, à Marc-Antonin, à Marc Aurèle, et même à Julien le philosophe [...] et non pas à Constantin, le plus ambitieux des hommes, le plus vain, le plus voluptueux, et en même temps le plus perfide et le plus sanguinaire' (M.xvii.360).

[5] Charondas de Catane, législateur du septième siècle av. J.-C. On retrouvera l'énumération de 'Socrate, Zaleucus, Cicéron, l'empereur Antonin, Epictète', exemples de 'la justice éternelle', notamment dans les *Lettres à S. A. Mgr le prince de **** (M.xxvi.505) et *Le Dîner du comte de Boulainvilliers* (V 63A, p.349-50).

[6] Cf. ci-dessus, art. 'Du juste de de l'injuste'.

[7] Cf. *Traité sur la tolérance*, ch.21.

[8] L'admiration de Voltaire pour Cicéron ne s'est jamais démentie. Dans les QE, il prendra sa défense contre son détracteur, Linguet (art. 'Cicéron', M.xviii.178-82). Sur la morale d'Aristote, voir QE, art. 'Aristote' (M.xvii.371-72).

[9] Cf. *Essai sur les mœurs*, ch.2 (i.219-26); *La Philosophie de l'histoire*, ch.18 (V 59, p.152-58); *Le Philosophe ignorant*, XLI (V 62, p.91).

Cette morale était dans le cœur du préteur Festus quand les Juifs le pressèrent de faire mourir Paul qui avait amené des étrangers dans leur temple. *Sachez*, leur dit-il, *que jamais les Romains ne condamnent personne sans l'entendre.*[10]

Si les Juifs manquaient de morale ou manquaient à la morale, les Romains la connaissaient et lui rendaient gloire.

La morale n'est point dans la superstition, elle n'est point dans les cérémonies, elle n'a rien de commun avec les dogmes. On ne peut trop répéter que tous les dogmes sont différents, et que la morale est la même chez tous les hommes qui font usage de leur raison. La morale vient donc de Dieu comme la lumière.[11] Nos superstitions ne sont que ténèbres. Lecteur, réfléchissez. Etendez cette vérité; tirez vos conséquences.

[10] Actes xxv.16: 'ce n'est point la coutume des Romains de condamner un homme avant que l'accusé ait ses accusateurs présents devant lui, et qu'on lui ait donné la liberté de se justifier du crime dont on l'accuse'. L'anecdote se trouvait, avec référence aux Actes et citation plus exacte, dans les *Eclaircissements historiques* parus en 1763 (M.xxiv.490); on la retrouve dans le *Traité sur la tolérance*, ch.8 (M.xxv.44).

[11] Cf. ci-dessus, art. 'Du juste de de l'injuste'.

NÉCESSAIRE[1]

OSMIN

Ne dites-vous pas que tout est nécessaire?[2]

SÉLIM

Si tout n'était pas nécessaire, il s'ensuivrait que Dieu aurait fait des choses inutiles.

OSMIN

C'est-à-dire, qu'il était nécessaire à la nature divine qu'elle fît tout ce qu'elle a fait?

SÉLIM

Je le crois, ou du moins je le soupçonne, il y a des gens qui pensent autrement; je ne les entends point, peut-être ont-ils raison. Je crains la dispute sur cette matière.

OSMIN

C'est aussi d'un autre nécessaire que je veux vous parler.

a-90 64, article absent

[1] Cet article, ajouté dans 65, n'a pas été repris dans les QE. Voltaire fait une transposition curieuse au domaine de la religion d'une question classique en philosophie des sciences, savoir quand on peut discerner l'opération d'une 'cause finale'.

[2] Voir le *Poème sur le désastre de Lisbonne*: 'C'est l'effet des éternelles lois / Qui d'un Dieu libre et bon nécessitent le choix? / […] Tout est bien, dites-vous, et tout est nécessaire' (M.ix.470-71).

SÉLIM

Quoi donc? de ce qui est nécessaire à un honnête homme pour vivre? du malheur où l'on est réduit quand on manque du nécessaire?

OSMIN

Non, car ce qui est nécessaire à l'un ne l'est pas toujours à l'autre; il est nécessaire à un Indien d'avoir du riz, à un Anglais d'avoir de la viande, il faut une fourrure à un Russe, et une étoffe de gaze à un Africain, tel homme croit que douze chevaux de carrosse lui sont nécessaires, tel autre se borne à une paire de souliers, tel autre marche gaiement pieds nus, je veux vous parler de ce qui est nécessaire à tous les hommes.

SÉLIM

Il me semble que Dieu a donné tout ce qu'il fallait à cette espèce; des yeux pour voir, des pieds pour marcher, une bouche pour manger, un œsophage pour avaler, un estomac pour digérer, une cervelle pour raisonner, des organes pour produire leurs semblables.

OSMIN

Comment donc arrive-t-il que des hommes naissent privés d'une partie de ces choses nécessaires?

SÉLIM

C'est que les lois générales de la nature ont amené des accidents qui ont fait naître des monstres;[3] mais en général l'homme est pourvu de tout ce qu'il lui faut pour vivre en société.

[3] Le sujet était d'actualité à l'époque, notamment chez Buffon. Voir Patrick Tort, *L'Ordre et les monstres*, *passim*.

OSMIN

Y a-t-il des notions communes à tous les hommes qui servent à les faire vivre en société?

SÉLIM

Oui, j'ai voyagé avec Paul Lucas,[4] et partout où j'ai passé j'ai vu qu'on respectait son père et sa mère, qu'on se croyait obligé de tenir sa promesse, qu'on avait de la pitié pour les innocents opprimés, qu'on détestait la persécution, qu'on regardait la liberté de penser comme un droit de la nature; et les ennemis de cette liberté comme les ennemis du genre humain; ceux qui pensent différemment m'ont paru des créatures mal organisées, des monstres comme ceux qui sont nés sans yeux, et sans mains.

OSMIN

Ces choses nécessaires, le sont-elles en tout temps et en tous lieux?[5]

SÉLIM

Oui, sans cela elles ne seraient pas nécessaires à l'espèce humaine.

36-37 65, 67, 69: cette société comme

[4] Paul Lucas (1664-1737), voyageur dans l'Orient islamique. Voltaire possédait de lui: *Voyage du sieur Paul Lucas au Levant* (Paris 1714), *Voyage du sieur Paul Lucas, fait en M.DCC.XIV, et par ordre de Louis XIV dans la Turquie, l'Asie, Sourie, Palestine, Haute et Basse Egypte* (Rouen 1728) et *Voyage du sieur Paul Lucas, fait par ordre du roi dans la Grèce, l'Asie mineure, la Macédoine et l'Afrique* (Paris 1712); avec traces de lecture (CN, v.447-48).

[5] Voltaire reprend la formule de l'article 'Fin, causes finales', l.17-18.

OSMIN

Ainsi une créance qui est nouvelle n'était pas nécessaire à cette espèce. Les hommes pouvaient très bien vivre en société et remplir leurs devoirs envers Dieu avant de croire que Mahomet avait eu de fréquents entretiens avec l'ange Gabriel.[6]

SÉLIM

Rien n'est plus évident, il serait ridicule de penser qu'on n'eût pu remplir ses devoirs d'homme avant que Mahomet fût venu au monde,[7] il n'était point du tout nécessaire à l'espèce humaine de croire à l'Alcoran; le monde allait avant Mahomet tout comme il va aujourd'hui. Si le mahométisme avait été nécessaire au monde, il aurait existé dès le commencement du monde, il aurait existé en tous lieux;[8] Dieu qui nous a donné à tous deux yeux pour voir son soleil, nous aurait donné à tous une intelligence pour voir la vérité de la religion musulmane. Cette secte n'est donc que comme les lois positives qui changent selon les temps et selon les lieux, comme les modes, comme les opinions des physiciens qui se succèdent les unes aux autres.

[6] Voir Coran II.97, où Gabriel 'fait descendre le message [le Coran] sur ton cœur', et XL.15 et XLII.52, où 'l'esprit' est identifié avec cet ange.

[7] C'est l'argument classique des déistes, traduit dans un contexte islamique, que Dieu ne pouvait laisser les hommes qui vivaient avant la Révélation sans moyens de découvrir leurs obligations envers lui et envers leurs prochains. Voir, par exemple, Spinoza, *Tractatus theologico-politicus*, iv, l'anonyme *Examen de la religion, dont on cherche l'éclaircissement de bonne foi*, ix.4 (que Voltaire a plusieurs fois édité dans *L'Evangile de la raison*, 1764, 1765, 1768), et l'*Examen critique des apologistes de la religion chrétienne*, xii, attribué à Jean Lévesque de Burigny.

[8] Cf. la lettre du 6 novembre 1770 au marquis d'Argenson: 'Si certaines choses étaient absolument nécessaires, tous les hommes les auraient, comme tous les chevaux ont des pieds. On peut être assez sûr que ce qui n'est pas d'une nécessité absolue pour tous les hommes en tous les temps et dans tous les lieux, n'est nécessaire à personne. Cette vérité est un oreiller sur lequel on peut dormir en repos: le reste est un éternel sujet d'arguments pour et contre' (D16746).

La secte musulmane ne pouvait donc être essentiellement nécessaire à l'homme.

OSMIN

Mais puisqu'elle existe, Dieu l'a permise?

SÉLIM

Oui, comme il permet que le monde soit rempli de sottises, d'erreurs et de calamités. Ce n'est pas à dire que les hommes soient tous essentiellement faits pour être sots et malheureux, il permet que quelques hommes soient mangés par les serpents; mais on ne peut pas dire, Dieu a fait l'homme pour être mangé par des serpents.

OSMIN

Qu'entendez-vous en disant Dieu permet? rien peut-il arriver sans ses ordres? permettre, vouloir, et faire n'est-ce pas pour lui la même chose?

SÉLIM

Il permet le crime, mais il ne le fait pas.

OSMIN

Faire un crime, c'est agir contre la justice divine, c'est désobéir à Dieu. Or Dieu ne peut désobéir à lui-même, il ne peut commettre de crime, mais il a fait l'homme de façon que l'homme en commet beaucoup, d'où vient cela?

62 65-67: l'a permise.
65 65-67: par des serpents

SÉLIM

Il y a des gens qui le savent, mais ce n'est pas moi, tout ce que je sais bien, c'est que l'Alcoran est ridicule;[9] quoique de temps en temps il y ait d'assez bonnes choses,[10] certainement l'Alcoran n'était point nécessaire à l'homme, je m'en tiens là, je vois clairement ce qui est faux et je connais très peu ce qui est vrai.

OSMIN

Je croyais que vous m'instruiriez, et vous ne m'apprenez rien.

SÉLIM

N'est-ce pas beaucoup de connaître les gens qui vous trompent, et les erreurs grossières et dangereuses qu'ils vous débitent?

OSMIN

J'aurais à me plaindre d'un médecin qui me ferait une exposition des plantes nuisibles, et qui ne m'en montrerait pas une salutaire.

SÉLIM

Je ne suis point médecin, et vous n'êtes point malade, mais il me semble que je vous donnerais une fort bonne recette si je vous disais, défiez-vous de toutes les inventions des charlatans; adorez Dieu; soyez honnête homme, et croyez que deux et deux font quatre.[11]

79 65V: l'homme, puisque les hommes ont longtemps vécu sans lui: je m'en

[9] Voir la *Lettre civile et honnête* (1760), et l'article 'Arot et Marot' des QE, qui prennent la défense du Coran contre les diffamations des polémistes chrétiens et le distinguent du folklore que certains musulmans mêmes voulaient y voir. Voir D. Hadidi, *Voltaire et l'Islam*, p.164-73.

[10] Dans l'*Essai sur les mœurs*, ch.7, Voltaire a cité des passages du Coran qui sont 'sublimes' et tout particulièrement la définition de Dieu (i.271).

[11] Voir Molière, *Dom Juan*, iii.1.

ORGUEIL[1]

Cicéron dans une de ses lettres dit familièrement à son ami, Mandez-moi à qui vous voulez que je fasse donner les Gaules.[2] Dans une autre il se plaint d'être fatigué des lettres de je ne sais quels princes qui le remercient d'avoir fait ériger leurs provinces en royaumes, et il ajoute qu'il ne sait seulement pas où ces royaumes sont situés.[3]

Il se peut que Cicéron, qui d'ailleurs avait souvent vu le peuple romain, ce peuple roi, lui applaudir et lui obéir, et qui était remercié par des rois qu'il ne connaissait pas, ait eu quelques mouvements d'orgueil et de vanité.

Quoique ce sentiment ne soit point du tout convenable à un aussi chétif animal que l'homme, cependant on pourrait le pardonner à un Cicéron, à un César, à un Scipion: mais que dans le fond d'une de nos provinces à demi barbares, un homme qui aura

a-16 64, 65, absent

[1] Pour la date de composition de cet article, publié en 1765 (65v), voir n.4. Les QE de 1771 comporteront un article 'Jésuites, ou orgueil', et celles de 1772, dans l'article 'Quisquis', une section 'Des libelles de Langleviel, dit La Beaumelle', où l'orgueil des 'écrivains subalternes de libelles diffamatoires' est fustigé, et plus généralement celui des petits qui 'consiste à parler toujours de soi', et celui des grands qui 'est de n'en jamais parler' (M.xx.326).

[2] *Epistulae ad familiares*, vii.5, à César. En réalité Cicéron cite un passage d'une lettre que César lui a adressée: 'M. [...] que tu me recommandes, j'en ferai, s'il le faut, un roi de la Gaule. Passe-le au compte de Lepta, si tu veux; quant à toi, envoie-moi une autre personne que je puisse traiter avec faveur'.

[3] *Epistulae ad familiares*, ix.15. Cicéron écrit en réalité à Papirius Paetus que parfois on signe de son nom des décrets du sénat et qu'ils arrivent en Arménie et en Syrie avant même qu'il ait eu vent de l'affaire; et il ajoute: 'du bout du monde des rois m'ont déjà écrit pour me remercier de leur avoir donné le nom de *rois* dans ma proposition, alors que j'ignorais non seulement leur titre royal, mais jusqu'à leur existence!'

acheté une petite charge, et fait imprimer des vers médiocres, s'avise d'être orgueilleux, il y a là de quoi rire longtemps.[4]

[4] Voltaire vise ici Jean-Jacques Lefranc de Pompignan, ex-avocat général, puis président au parlement d'une lointaine province, à Montauban, poète par ailleurs, prétentieux notoire. En 1760 Voltaire le traite de 'Moïse de Montauban' dans *Les Car*; de 'président plein d'orgueil et de verbiage' dans *Les Oui*; de 'pauvre énergumène' dans *La Vanité* où il le met déjà en parallèle avec César; Lefranc de Pompignan est une de ses cibles habituelles depuis le discours anti-philosophique qu'il a prononcé à l'Académie française en mars 1760, et le *Mémoire* que, pour se défendre contre les libelles de Voltaire, il a eu la prétention de présenter au roi le 11 mai 1760; Voltaire 'rit' déjà de lui en concluant *Les Que*, *Les Oui*, *Les Car* et tout au long des *Ah! Ah!* Mais il a des occasions exceptionnelles de se moquer de ses prétentions littéraires et sociales en 1763. Lefranc de Pompignan donne alors une réédition luxueuse de ses *Poésies sacrées et philosophiques tirées des livres saints* (Paris 1763; voir D11577). En 1762-1763 il joue les grands seigneurs dans le petit village de Pompignan. Au *Discours prononcé dans l'église de Pompignan le jour de sa bénédiction*, le 24 octobre 1762, et à la *Lettre au sujet de la bénédiction de l'église de Pompignan* imprimée à la suite, Voltaire répond par l'*Hymne chanté au village de Pompignan sur l'air de Béchamel* (1763) qui a pour refrain: 'Vive le roi et Simon Lefranc son favori!', par la *Lettre de M. de L'Ecluse*, et par la *Relation du voyage de M. le marquis Lefranc de Pompignan depuis Pompignan jusqu'à Fontainebleau adressée au procureur fiscal du village de Pompignan*. Lefranc ayant fait ériger sa terre en marquisat, Voltaire écrit la *Lettre de Paris du 20 février 1763*. Il y raconte que M. Carpot, secrétaire du roi, qui avait dressé les lettres patentes, fut convoqué par M. de Brou (garde des sceaux) au vu des titres à la reconnaissance royale invoqués, qu'il avoua les avoir rédigées d'après les indications de l'intéressé lui-même dont il avait déjà 'retranché les trois quarts', et qu'il reçut l'ordre de 'retrancher l'autre quart'. Lefranc fait 'pouffer de rire' (9 février 1763, D10989; cf. D11062, D11182). L'article a pu être conçu en 1763. Pourquoi Voltaire ne l'a-t-il pas imprimé dès 1764? Craignait-il de se trahir, et d'être ainsi reconnu comme l'auteur de ce *Dictionnaire* qu'il renie? La publication en 1765 n'est pas étonnante. Après le paroxysme de 1763, en 1764-1765 les œuvres et les pompes du marquis de Pompignan restent présentes à son esprit: le 4 janvier 1764 il dresse le palmarès de sa victime dans sa *Lettre du secrétaire de M. de Voltaire au secrétaire de M. Lefranc de Pompignan*; Lefranc lui sert de référence à l'occasion, qu'il s'agisse de publications ou de prétentions à un titre (voir D11649, D12933, D12553). D'autre part, quand il est persuadé que Pompignan le proclame auteur du DP et même qu'il l'a dénoncé au roi (D12113, D12150, D12159, D12163), il n'a plus rien à perdre, et il a une raison supplémentaire d'attaquer. C'est peut-être ce qui le décide à faire paraître l'article. Voir T. E. D. Braun, *Un ennemi de Voltaire: Le Franc de Pompignan*, p.175-227.

PAPISME (SUR LE)
DIALOGUE.

Le papiste et le trésorier.[1]

LE PAPISTE

Monseigneur a dans sa principauté des luthériens, des calvinistes, des quakers, des anabaptistes, et même des juifs, et vous voudriez encore qu'il admît des unitaires.

LE TRÉSORIER

Si ces unitaires vous apportent de l'industrie et de l'argent, quel mal nous feront-ils? vous n'en serez que mieux payé de vos gages.

LE PAPISTE

J'avoue que la soustraction de mes gages me serait plus douloureuse que l'admission de ces messieurs; mais enfin ils ne croient pas que J. C. soit fils de Dieu.[2]

a-50 64-65v, article absent

[1] Article ajouté en 1767, comme 'Antitrinitaires', 'Arius', 'Divinité de Jésus' et 'Péché originel'; voir ci-dessus, 'Antitrinitaires', n.1. Certes Voltaire a parlé des unitaires auparavant, notamment en 1756 dans l'*Essai sur les mœurs*, ch.189 (ii.740). Mais c'est l'article 'Unitaires' de Naigeon, publié dans l'*Encyclopédie* en 1765 et auquel il porte un intérêt immédiat (voir D13206, D13219), qui lui fait écrire ce dialogue 'Sur le papisme', qui reprend principes, arguments et références (à saint Paul, à saint Augustin) de l'article de l'*Encyclopédie* (xvii.387-401). L'idée même de faire mener le jeu par le trésorier reflète une des critiques qui y sont adressées, plus ou moins explicitement, à l'Eglise par les unitaires.

[2] Voir ci-dessus, art. 'Divinité de Jésus', et notes.

LE TRÉSORIER

Que vous importe, pourvu qu'il vous soit permis de le croire, et que vous soyez bien nourri, bien vêtu, bien logé? Les juifs sont bien loin de croire qu'il soit fils de Dieu; et cependant vous êtes fort aise de trouver ici des juifs, sur qui vous placez votre argent à 6 pour 100. St Paul lui-même n'a jamais parlé de la divinité de J. C. Il l'appelle franchement *un homme*: la mort, dit-il, a régné par le péché d'un seul homme, les justes régneront par un seul *homme* qui est Jésus... vous êtes à Jésus et Jésus est à Dieu... Epist. ad Rom... [3] Tous vos premiers Pères de l'Eglise ont pensé comme St Paul; il est évident que pendant 300 ans, Jésus s'est contenté de son humanité; figurez-vous que vous êtes un chrétien des trois premiers siècles.

LE PAPISTE

Mais, monsieur, ils ne croient point à l'éternité des peines. [4]

LE TRÉSORIER

Ni moi non plus; soyez damné à jamais si vous voulez; pour moi je ne compte point du tout l'être.

LE PAPISTE

Ah! monsieur, il est bien dur de ne pouvoir damner à son plaisir tous les hérétiques de ce monde; [5] mais la rage qu'ont les unitaires de rendre un jour les âmes heureuses, n'est pas ma seule

[3] Romains v.12-17. Ce n'est que par métaphore, disent les unitaires, que Jésus est appelé Dieu dans les textes (*Encyclopédie*, xvii.394). On peut invoquer d'autres textes en contre-partie. Voir ci-dessus, 'Arius', 'Divinité de Jésus', et notes.

[4] Les unitaires jugent la croyance à l'enfer blasphématoire, contraire aux Ecritures ('je ne serai point indigné à jamais, dit Dieu dans Isaïe'; 'Dieu veut que tous les hommes soient sauvés'), et un châtiment éternel inutile (*Encyclopédie*, xvii.391).

[5] Les unitaires reprochent à l'Eglise catholique de tenir sa doctrine pour la seule vraie, et jugent son intolérance nuisible à l'Etat (*Encyclopédie*, xvii.389).

peine. Vous savez que ces monstres-là ne croient pas plus à la résurrection des corps, que les saducéens;[6] ils disent que nous sommes tous anthropophages; que les particules qui composaient votre grand-père et votre bisaïeul, ayant été nécessairement dispersées dans l'atmosphère, sont devenues carottes et asperges, et qu'il est impossible que vous n'ayez mangé quelques petits morceaux de vos ancêtres.[7]

LE TRÉSORIER

Soit; mes petits-enfants en feront autant de moi, ce ne sera qu'un rendu; il en arrivera autant aux papistes. Ce n'est pas une raison pour qu'on vous chasse des Etats de monseigneur, ce n'est pas une raison non plus pour qu'il en chasse les unitaires. Ressuscitez, comme vous pourrez; il m'importe fort peu que les unitaires ressuscitent ou non, pourvu qu'ils nous soient utiles pendant leur vie.

LE PAPISTE

Et que direz-vous, monsieur, du péché originel, qu'ils nient effrontément?[8] N'êtes-vous pas tout scandalisé quand ils assurent que le Pentateuque n'en dit pas un mot; que l'évêque d'Hyppone, St Augustin, est le premier qui ait enseigné positivement ce dogme,[9] quoiqu'il soit évidemment indiqué par St Paul?[10]

[6] Pour les unitaires, c'est une 'rêverie extravagante'; la reconstitution et la résurrection des corps sont impossibles (*Encyclopédie*, xvii.391). On y retrouve aussi la comparaison avec les saducéens.

[7] Voltaire suit ici l'*Encyclopédie*, qui cite Thomas Burnet: les particules des corps sont dispersées, incorporées à d'autres êtres, nous sommes tous anthropophages: 'après quelques transmutations en herbes, et dans ces animaux nous mangeons nos ancêtres', des éléments des cadavres 's'exhalent en l'air', 'retombent en pluie et en rosée', 'concourent à la production des graines, des blés et des fruits' (xvii.392-93).

[8] Cf. ci-dessous, 'Péché originel' et n.2.

[9] Cf. *Encyclopédie* (xvii.390). Voir saint Augustin, *Contre Pélage*, II.x.33; *La Cité de Dieu*, xiv.12-15.

[10] Romains v.12-21.

LE TRÉSORIER

Ma foi si le Pentateuque n'en a pas parlé, ce n'est pas ma faute; pourquoi n'ajoutiez-vous pas un petit mot du péché originel dans l'Ancien Testament, comme vous y avez, dit-on, ajouté tant d'autres choses? Je n'entends rien à ces subtilités. Mon métier est de vous payer régulièrement vos gages, quand j'ai de l'argent…

PATRIE[1]

Une patrie est un composé de plusieurs familles;[2] et comme on soutient communément sa famille par amour-propre, lorsqu'on n'a pas un intérêt contraire, on soutient par le même amour-propre sa ville ou son village qu'on appelle sa patrie.

Plus cette patrie devient grande, moins on l'aime; car l'amour partagé s'affaiblit. Il est impossible d'aimer tendrement une famille trop nombreuse qu'on connaît à peine.

Celui qui brûle de l'ambition d'être édile, tribun, préteur, consul, dictateur, crie qu'il aime sa patrie, et il n'aime que lui-même. Chacun veut être sûr de pouvoir coucher chez soi, sans qu'un autre homme s'arroge le pouvoir de l'envoyer coucher ailleurs. Chacun veut être sûr de sa fortune et de sa vie.[3] Tous

[1] Article publié en 1764. On y trouve plusieurs passages des fragments Houssaye des carnets (V 82, p.569-70), que l'on peut dater des années 1750-1755, mais aussi des traces du travail de révision de l'*Essai sur les mœurs* de 1758 à 1761, ainsi qu'une parenté évidente avec l'article 'Etats' et avec les *Idées républicaines* publiées vraisemblablement en 1762, après lecture du *Contrat social* de Rousseau qui venait de paraître (M.xxiv.413-32). Malgré une note tardive attribuée sans certitude à Voltaire lui-même (voir n.14), il est permis de penser que cet article a pu être rédigé à la fin de 1761 ou en 1762. Il reste assez court et disparate, comme s'il s'agissait surtout d'empêcher, dans cette édition de 1764 du DP, la succession directe des articles 'Moïse' et 'Pierre', deux articles capitaux dont le rapprochement eût pu paraître provocation et dont la lecture suivie eût peut-être émoussé l'efficacité polémique. Le thème 'patrie' est développé plus amplement et de façon plus homogène dans les QE, mais cet article ne sera pas repris.

[2] Voltaire pouvait lire dans l'article 'Patrie' du *Dictionnaire* de Calmet: 'Ce terme se prend pour le pays d'où nous sommes, et pour la ville où nous demeurons. *Patrie* se prend aussi pour la famille. [...] *Patria*, en grec, signifie une race, une nation. *La patrie céleste* marque le bonheur du ciel que tous les chrétiens attendent. Nous n'avons point de demeure fixe en ce monde; mais nous en espérons une future, dit saint Paul [Hébreux xiii.14]'. L'article du DP infléchit l'idée de patrie vers un sens plus réaliste et plus historique.

[3] Dans cette exaltation de la sûreté des biens et des personnes, P. Gay a lu une

formant ainsi les mêmes souhaits, il se trouve que l'intérêt particulier devient l'intérêt général: on fait des vœux pour la république, quand on n'en fait que pour soi-même.[4]

Il est impossible qu'il y ait sur la terre un Etat qui ne se soit gouverné d'abord en république; c'est la marche naturelle de la nature humaine.[5] Quelques familles s'assemblent d'abord contre les ours et contre les loups: celle qui a des grains en fournit en échange à celle qui n'a que du bois.

Quand nous avons découvert l'Amérique, nous avons trouvé toutes les peuplades divisées en républiques; il n'y avait que deux royaumes dans toute cette partie du monde. De mille nations nous n'en trouvâmes que deux subjuguées.[6]

21-22 65v: trouvé les peuplades

---

des nombreuses louanges que Voltaire a accordées au système politique des Anglais dans lequel cette sûreté est garantie par les lois (voir *Voltaire's politics*, p.16, n.31).

[4] Tout ce paragraphe est repris textuellement des fragments Houssaye des carnets (V 82, p.569-70). La deuxième et la troisième phrases semblent bien pouvoir se rapporter aussi à la recherche par Voltaire d'une 'patrie' stable, entre le départ tumultueux de Prusse et l'installation aux Délices.

[5] Voltaire n'en décidera plus aussi péremptoirement en 1767 dans l'article 'Maître': sa fable indienne préférée qu'il y raconte établit au contraire que le pouvoir fut d'abord despotique et fondé sur 'la violence et l'habileté'. Les Siamois ont beau prétendre que le despotisme n'est survenu que longtemps après la république, on peut leur objecter que 'les hommes vécurent une infinité de siècles avant d'avoir l'esprit de faire des lois'.

[6] Ce paragraphe est également repris mot pour mot des fragments Houssaye (V 82, p.570), où il faisait suite immédiatement au passage repris dans le paragraphe 3. Au lieu de glisser comme Calmet vers l'idée de 'patrie céleste', Voltaire s'engage dans une perspective historique – république et liberté – qui va se développer dans la seconde moitié du dix-huitième siècle. Les deux nations subjuguées sont le Mexique et le Pérou dont Voltaire a raconté la facile conquête dans l'*Essai sur les mœurs*: au chapitre 147, celle de l'empire du Mexique par le sanguinaire Cortés; au chapitre 148, celle du royaume péruvien par les deux aventuriers espagnols Almagro et Pizarro. Au chapitre 151 il a opposé les Nord-Américains aux Mexicains et Péruviens 'par la fierté et le courage': 'Ils ne connurent jamais le gouvernement monarchique; l'esprit républicain a été le partage de tous les peuples du Nord dans l'ancien monde et le nouveau. Tous les habitants de l'Amérique septentrionale, des montagnes des Apalaches au détroit de Davis, sont

Il en était ainsi de l'ancien monde; tout était république en Europe, avant les roitelets d'Etrurie et de Rome.[7] On voit encore aujourd'hui des républiques en Afrique. Tripoli, Tunis, Alger, vers notre septentrion, sont des républiques de brigands. Les Hottentots vers le midi, vivent encore comme on dit qu'on vivait dans les premiers âges du monde; libres, égaux entre eux, sans maîtres, sans sujets, sans argent, et presque sans besoins.[8] La chair de leurs moutons les nourrit, leur peau les habille,[9] les huttes de bois et de terre sont leurs retraites:[10] ils sont les plus puants de

32 64-67: habille, des huttes

---

des paysans et des chasseurs divisés en bourgades, institution naturelle de l'espèce humaine' (*Essai*, ii.371).

[7] Même constatation dans l'*Esprit des lois* de Montesquieu, XI.viii: 'Avant que les Romains eussent englouti toutes les républiques, il n'y avait presque point de roi nulle part, en Italie, Gaule, Espagne, Allemagne; tout cela était de petits peuples ou de petites républiques; l'Afrique même était soumise à une grande [...] il fallait aller jusqu'en Perse pour trouver le gouvernement d'un seul' (*Œuvres complètes*, éd. A. Masson, i.223).

[8] Cette vision très idéalisée des Hottentots surprend un peu, quand on sait que Voltaire a lu de Peter Kolb sa *Description du cap de Bonne-Espérance* (Amsterdam 1741; BV). Or le chapitre 10 ne les représente pas comme 'libres, égaux entre eux, sans maîtres, sans sujets': chacune des seize nations hottentotes a un chef, appelé le konque, qui commande l'armée, fait la paix et la guerre et préside les conseils nationaux. Cette dignité est héréditaire, mais son pouvoir fort limité. Hors des domaines cités, le konque ne commande qu'à son kraal, c'est-à-dire le village où il réside. Chaque kraal est gouverné par un capitaine, et le konque, qui a dû s'engager solennellement devant la nation tout entière, le jour de son investiture, à ne jamais empiéter sur les prérogatives des capitaines, n'est parmi eux qu'un primus inter pares. Les capitaines font régner l'ordre dans les kraals, aidés d'une cour de justice.

[9] Kolb précise que les riches et les chefs se vêtent de peaux de tigres et de chats sauvages, et les gens du commun de peaux de mouton (ch.8, p.97).

[10] Kolb, qui en décrit la construction, précise que les matériaux employés sont des perches et des nattes étendues sur les perches. Les plus riches ajoutent des peaux sur les nattes. Leurs lits 'ne sont autre chose que des creux faits en terre aux côtes de la hutte [...] Ils y jettent des peaux, voilà leur matelas' (ch.19, p.29).

tous les hommes,[11] mais ils ne le sentent pas; ils vivent et ils meurent plus doucement que nous.[12]

Il reste dans notre Europe huit républiques sans monarques, Venise, la Hollande, la Suisse, Gènes, Luques, Raguse, Genève et St Marin. On peut regarder la Pologne, la Suède, l'Angleterre, comme des républiques sous un roi, mais la Pologne est la seule qui en prenne le nom.

Or, maintenant, lequel vaut le mieux que votre patrie soit un Etat monarchique, ou un Etat républicain? il y a quatre mille ans qu'on agite cette question. Demandez la solution aux riches, ils aiment tous mieux l'aristocratie: interrogez le peuple, il veut la démocratie; il n'y a que les rois qui préfèrent la royauté.[13]

38 W75G: On [avec note:] Ceci est écrit en 1764.[14]

[11] Kolb a consacré quelques pages à leur 'extrême malpropreté dans ce qui regarde le manger et le boire', puis rapporté leur coutume de se frotter tout le corps de beurre ou de graisse mêlé avec de la suie: 'Les plus pauvres se servent de beurre ou de graisse rance qui leur donne une odeur si détestable qu'on ne saurait les approcher: on les sent longtemps avant que de les voir' (ch.6, p.84).

[12] Kolb insistant beaucoup sur la paresse et l'indolence extrême des Hottentots, on peut croire qu'ils vivaient en effet plus doucement. Pour leur mort, on peut en douter davantage: le moribond rend l'âme dans le charivari étourdissant des cris de deuil que parents et voisins sont venus pousser à la porte de sa hutte. Par ailleurs les Hottentots sont si pressés d'enterrer leurs morts que Kolb ne doute pas qu'il ne leur soit arrivé plus d'une fois de mettre en terre des agonisants ayant encore un souffle de vie (ch.25, p.358).

[13] Dans l'édition de Kehl, longue note de Condorcet après ce dernier membre de phrase: 'Il n'y a qu'un esclave qui puisse dire qu'il préfère la royauté à une république bien constituée, où les hommes seraient vraiment libres, et où jouissant, sous de bonnes lois, de tous les droits qu'ils tiennent de la nature, ils seraient encore à l'abri de toute oppression étrangère; mais cette république n'existe point, et n'a jamais existé. On ne peut choisir qu'entre la monarchie, l'aristocratie et l'anarchie' (M.xx.185).

[14] Cette note, qui n'est pas nécessairement de Voltaire, est une précaution rendue nécessaire par la nouvelle situation de la Pologne depuis 1770, date à laquelle la fonction royale cessa d'être élective et non héréditaire. Stanislas II Poniatowski fut le dernier roi élu, en 1764.

Comment donc est-il possible que presque toute la terre soit gouvernée par des monarques? demandez-le aux rats qui proposèrent de pendre une sonnette au cou du chat.[15] Mais en vérité, la véritable raison est, comme on l'a dit, que les hommes sont très rarement dignes de se gouverner eux-mêmes.[16]

Il est triste que souvent pour être bon patriote on soit l'ennemi du reste des hommes. L'ancien Caton, ce bon citoyen, disait toujours en opinant au sénat, Tel est mon avis, et qu'on ruine Carthage. Etre bon patriote, c'est souhaiter que sa ville s'enrichisse par le commerce, et soit puissante par les armes. Il est clair qu'un pays ne peut gagner sans qu'un autre perde, et qu'il ne peut vaincre sans faire des malheureux.[17]

Telle est donc la condition humaine, que souhaiter la grandeur de son pays c'est souhaiter du mal à ses voisins.[18] Celui qui voudrait que sa patrie ne fût jamais ni plus grande, ni plus petite, ni plus riche, ni plus pauvre, serait le citoyen de l'univers.

[15] Allusion à La Fontaine, 'Conseil tenu par les rats' (*Fables*, II.ii). Le peuple rat étant décimé par le chat Rodilard, les survivants réunis en conseil approuvent tous l'avis de leur doyen proposant qu'une sonnette soit désormais attachée au cou du chat, pour avertir de son approche. Mais au moment de désigner l'exécutant de cette mission périlleuse, chacun se dérobe et la séance est levée sans qu'aucune décision n'ait été prise.

[16] Voltaire l'avait déjà observé exactement dans les mêmes termes dans l'*Essai sur les mœurs*, ch.67, consacré à la Suisse et à sa 'révolution au commencement du XIVe siècle' (i.667). Mais c'est d'abord à l'article 'Etats' qu'il renvoie ici son lecteur: il y a placé la même réflexion dans la bouche du brame pour justifier par cette explication sa conjecture qu'"on ne doit trouver sur la terre que très peu de républiques'.

[17] Paragraphe repris des fragments Houssaye (V 82, p.569), où il se situe juste avant les deux passages utilisés précédemment.

[18] Voltaire songe-t-il à sa propre situation, partagé pendant la guerre de Sept Ans entre son 'patriotisme' français et ses attaches en Prusse et dans les principautés allemandes?

PAUL[1]

Questions sur Paul.[2]

Paul était-il citoyen romain comme il s'en vante? S'il était de Tarsis en Cilicie, Tarsis ne fut colonie romaine que cent ans après lui; tous les antiquaires en sont d'accord. S'il était de la petite ville ou bourgade de Giscale, comme St Jérôme l'a cru,[3] cette ville

a-54 64, 65, article absent

[1] Inséparable des ajouts concernant l'apôtre saint Paul à l'article 'Christianisme', cet article, qui en reprend certains thèmes et paraît dans 65v, a vraisemblablement été rédigé entre novembre 1764 et le début de janvier 1765, si l'on en juge par les ressemblances flagrantes avec *L'Examen important de milord Bolingbroke*, ch.13, et si l'on admet avec R. Mortier que Voltaire a commencé après le 15 septembre 1764 à rassembler, pour réaliser enfin son projet d''abréger' les œuvres de Bolingbroke, des documents accumulés depuis la période de Cirey (V62, p.135-36). Par ailleurs, Voltaire écrit le 9 novembre 1764 à Moultou (D12187; cf. D12279) pour lui réclamer les Actes de sainte Thècle. Or, c'est dans ces actes apocryphes que se trouve le portrait physique de Paul, sur lequel il insiste dans cet article; de même pour le projet d'épouser la fille de Gamaliel (cf. D12351, et ci-dessous, n.6). Depuis 1763 dans le *Catéchisme de l'honnête homme*, les prises à partie de Paul par Voltaire se faisaient plus véhémentes (voir M.-H. Cotoni, *L'Exégèse du Nouveau Testament*, p.349-51). En 1767, dans *Les Questions de Zapata*, les *Lettres à S. A. Mgr le prince de ****, *Le Dîner de comte de Boulainvilliers*, une nouvelle vague d'attaques apparaîtra, puis viendront dans les QE les sections ajoutées à l'article en 1771 et 1772, ainsi que les allusions dans 'Apôtres' et 'Eglise'.

[2] A la différence des ajouts sur Paul à 'Christianisme', les multiples et brèves interpellations interrogatives de cet article, bien qu'elles reprennent les mêmes détails historiques et biographiques, font appel plus immédiatement à la critique rationnelle, au 'bon sens' du lecteur. Voltaire trouvait déjà dans Calmet des interrogations sur Paul, sur son statut de citoyen romain et sur la façon dont son père avait pu conquérir cette citoyenneté romaine (*Commentaire*, vii.958).

[3] Jérôme, *Vie des hommes illustres*, v, dit que Paul était natif de Giscala. Calmet évoque et écarte cette hypothèse.

était dans la Galilée; et certainement les Galiléens n'étaient pas citoyens romains.[4]

Est-il vrai que Paul n'entra dans la société naissante des chrétiens qui étaient alors demi-juifs, que parce que Gamaliel[5] dont il avait été le disciple lui refusa sa fille en mariage?[6] Il me semble que cette accusation ne se trouve que dans les Actes des apôtres reçus par les ébionites,[7] actes rapportés et réfutés par l'évêque Epiphane dans son 30e chap.[8]

Est-il vrai que Ste Thècle vint trouver St Paul déguisée en homme? et les Actes de Ste Thècle sont-ils recevables?[9] Tertullien

[4] Voir l'*Examen important*, ch.13. Saint Paul se dit à la fois 'Juif, natif de Tarse en Cilicie, et citoyen de cette ville' (Actes xxi.39) et citoyen romain par la naissance (xxii.26-28); cf. xvi.37, xxiii.27, xxii.3. Sa citoyenneté, reconnue par les Romains, remonte donc à un ancêtre. César accorda la citoyenneté romaine à des Juifs de Cilicie lors de la guerre contre Pharnace II (victoire de Zéla, 47 av. J.-C.).

[5] Docteur juif 'honoré de tout le peuple' (Actes v.34), membre du sanhédrin de Jérusalem, petit-fils de Hillel, fondateur d'une école rabbinique libérale.

[6] Remplacer l'illumination miraculeuse sur le chemin de Damas par une réaction de dépit amoureux d'un valet de Gamaliel, c'est réduire à une imposture la conversion de l'un des principaux fondateurs du christianisme. Voltaire avait écrit à d'Argental en janvier 1765: 'Vous savez bien que Paul était une tête chaude, mais savez vous qu'il était amoureux de la fille de Gamaliel? Ce Gamaliel était fort sage, il ne voulut point d'un fou pour son gendre. Il avait à la vérité de larges épaules, mais il était chauve et avait les jambes torses; son grand vilain nez ne plaisait point du tout à mlle Gamaliel. Il se tourna du côté de ste Thècle dont il fut directeur. Mais en voilà trop sur cet animal' (D12351; cf. *Examen important*, V 62, p.228).

[7] Du nom d'Ebion, dont l'existence est douteuse. Hérétiques du premier siècle, qui nient la divinité du Christ tout en le reconnaissant comme Messie, et pensent que seuls les pauvres seront sauvés.

[8] Epiphane, *Contre les hérétiques*, I.II.30.16 (PG, xli.432-33). Epiphane rapporte exactement ce que dit Voltaire et précise même que, selon les ébionites, ce Paul originaire de Tarse n'était pas né de parents juifs mais grecs. Ayant fait un long séjour à Jérusalem, il conçut le projet d'épouser la fille de Gamaliel et ne se convertit au judaïsme que dans cette vue. Voltaire fera état de ces précisions en 1769 dans la *Collection d'anciens évangiles* (V 69, p.65-66) en des termes si proches de ceux d'Epiphane qu'il devient clair qu'il a lu ce père dans la traduction latine figurant dans sa bibliothèque (cf. CN, iii.430).

[9] Les Actes de Thècle et de Paul ont été édités en grec et en latin pour la première fois en 1698 par Johann Ernst Grabe, dans *Spicilegium SS. Patrum*.

dans son livre du baptême chap. 17 tient que cette histoire fut écrite par un prêtre attaché à Paul. Jérôme, Cyprien en réfutant la fable du lion baptisé par Ste Thècle, affirment la vérité de ces Actes.[10] C'est là que se trouve un portrait de St Paul qui est assez singulier; *il était gros, court, large d'épaules; ses sourcils noirs se joignaient sur son nez aquilin, ses jambes étaient crochues, sa tête chauve, et il était rempli de la grâce du Seigneur.*[11]

C'est à peu près ainsi qu'il est dépeint dans le Philopatris

Voltaire en donnera un précis fidèle dans sa *Collection d'anciens évangiles*, en présentant ces Actes comme écrits par un des disciples de Paul, afin de suppléer au silence que gardent les Actes des apôtres sur les 'grandes persécutions et les souffrances qu'il avait essuyées à Icone et à Antioche' (V 69, p.66). Voltaire souligne combien ces Actes de Thècle ont d'abord été célèbres et même cités par certains Pères, sans qu'ils en relevassent le caractère apocryphe, suggérant ainsi une réponse positive à la question qu'il pose ici de leur recevabilité. Après un long récit des efforts inutiles du gouverneur, qui a condamné Thècle aux bêtes, pour faire périr dans divers supplices la vierge nue, on voit celui-ci lui faire 'rendre ses habits; et Thècle ayant appris que Paul était à Myre en Lycie, elle s'habilla en homme pour l'aller rejoindre' (V 69, p.73).

[10] Cette liste des cautions des Actes de Thècle se retrouvera un peu modifiée dans l'Avant-propos de la *Collection d'anciens évangiles*: 'Tertullien le plus ancien des Pères latins assure que ce fut un prêtre d'Asie qui composa cet écrit par amour pour Paul. Saint Cyprien d'Antioche fait mention de l'histoire de Thècle; Basile de Séleucie la mit en vers, au rapport de Photius; et saint Augustin, en remarquant que les manichéens s'autorisaient de l'exemple de Thècle, ne traite point son histoire de fable, quoiqu'il qualifie de ce nom d'autres écrits apocryphes' (V 69, p.73). Toute l'information de Voltaire à ce sujet vient du *Spicilegium* de Grabe; pour plus de détails, voir V 69, p.66-73.

[11] Dès la première page des Actes de Thècle on voit un certain Onésiphore attendre avec femme et enfants la venue de Paul en route pour Lystres; il ne l'a jamais vu, mais possédant le signalement donné par son ami Titus, il reconnaît l'apôtre dès qu'il paraît: 'Videntes igitur advenientem Paulum, statura brevi, calvastrum, cruribus curvis, furosum, superciliis junctis, naso aquilino, plenum gratia Dei' (Grabe, *Spicilegium SS. Patrum*, i.95). Le texte latin ne dit donc pas qu'il fût gros ni large d'épaules, qualificatifs qu'au reste Voltaire n'a pas répétés dans d'autres traductions qu'il a données de ce passage (voir ci-dessus, n.6, et V 69, p.67).

de Lucien:[12] à la grâce du Seigneur près, dont Lucien n'avait malheureusement aucune connaissance.

Peut-on excuser Paul d'avoir repris Pierre qui judaïsait, quand lui-même alla judaïser huit jours dans le temple de Jérusalem?[13]

Lorsque Paul fut traduit devant le gouverneur de Judée par les Juifs pour avoir introduit des étrangers dans le temple,[14] fit-il bien de dire à ce gouverneur, que c'était *pour la résurrection des morts qu'on lui faisait son procès*, tandis qu'il ne s'agissait point de la résurrection des morts? *Actes chap.* 24.[15]

[12] Voltaire avait trouvé le rapprochement établi par Grabe dans *Spicilegium SS. Patrum*, i.95, n.1) et en fera de nouveau état dans la *Collection d'anciens évangiles* en rendant le texte du *Philopatris* par ces mots 'Ce chauve au nez aquilin qui a été ravi par les airs jusqu'au troisième ciel' (V 69, p.67). Mais dans une note ajoutée en 1771 à l'*Examen important*, Voltaire se mettra à douter que le *Philopatris* puisse être attribué à Lucien, jugeant seulement qu'il n'était pas impossible 'que Paul qui vivait du temps de Néron, eût encore vécu jusque sous Trajan, temps auquel Lucien commença, dit-on, à écrire' (V 62, p.224, n.*b*).

[13] Voir Actes xxi.18-36: Jacques conseille à Paul, à cause de la foule juive hostile parce que l'on sait qu'il enseigne le christianisme, d'aller se purifier dans le temple avec 'quatre hommes qui ont fait un vœu' afin que 'tous sachent que ce qu'ils ont ouï dire de vous est faux, mais que vous continuez à garder la loi'. Paul entre dans le temple pour les sept jours du rite de purification. A sa sortie, il est accusé d'avoir introduit des Grecs dans le temple, d'avoir profané le saint lieu, parce qu'on l'a vu dans la ville avec Trophime d'Ephèse. Le peuple se saisit de lui, le traîne hors du temple pour le tuer. Le tribun et des soldats l'enchaînent et l'emmènent à la forteresse. Pour la querelle avec Pierre, voir Galates ii.11-15: 'or Céphas étant venu à Antioche, je lui résistai en face, parce qu'il était répréhensible [...] Je dis à Céphas devant tout le monde: si vous qui êtes Juif, vivez comme les gentils, et non pas comme les Juifs, pourquoi contraignez-vous les gentils à judaïser?' Il s'agit de savoir si les païens nouvellement convertis au christianisme doivent observer ou non la loi juive, en particulier le rite de la circoncision. L'assemblée de Jérusalem efface l'opposition entre les deux apôtres (Actes xv.1-35).

[14] L'apparente hésitation de Paul entre la religion chrétienne et la religion juive est une des armes principales utilisées par Voltaire contre Paul: 'Il s'est fait chrétien, il enseigne le christianisme, et il va sacrifier sept jours de suite dans le temple de Jérusalem par le conseil de Jacques, afin de ne passer pas pour chrétien' (*Examen important*, V 62, p.226).

[15] Allusion à Actes xxiv.21, passage qui ne se comprend lui-même qu'à la lumière de xxiii.6-7. Rappelons que Paul, arrêté par un tribun pour avoir provoqué un

Paul fit-il bien de circoncire son disciple Timothée,[16] après avoir écrit aux Galates, *Si vous vous faites circoncire, Jésus ne vous servira de rien*?[17]

Fit-il bien d'écrire aux Corinthiens (ch. 9), *N'avons-nous pas le droit de vivre à vos dépens et de mener avec nous une femme, etc.*?[18] Fit-il bien d'écrire aux Corinthiens dans sa 2e épître, *Je ne pardonnerai à aucun de ceux qui ont péché, ni aux autres*?[19] Que

---

début d'émeute dans le temple de Jérusalem (xxi.27-34), est présenté le lendemain par cet officier romain aux princes des prêtres et au conseil assemblé sur son ordre, pour savoir exactement de quoi les Juifs l'accusent. Paul sachant que ce conseil était formé de saducéens et de pharisiens, c'est-à-dire de Juifs dont les premiers niaient la Résurrection et les seconds l'affirmaient hautement, eut aussitôt l'habileté de faire diversion en suscitant la discorde parmi ses juges par cette déclaration: 'Mes frères, je suis pharisien et fils de pharisien; et c'est à cause de l'espérance d'une autre vie et de la résurrection des morts que l'on veut me condamner' (xxiii.6). Le tumulte qui suivit montre que la manœuvre n'avait que trop bien réussi, car le tribun désespérant de rétablir le calme fit ramener Paul et ordonna la nuit suivante son transfert à Césarée, pour que la chose fût jugée par le gouverneur Félix, après qu'il aurait entendu ses accusateurs venus eux aussi à Césarée. En présence de Félix, Paul met ses accusateurs au défi de le trouver coupable de quoi que ce soit d'autre que de sa déclaration antérieure devant le conseil: 'si ce n'est qu'on veuille me faire un crime de cette parole que j'ai dite hautement en leur présence: C'est à cause de la résurrection des morts que vous voulez me condamner aujourd'hui' (xxiv.21). Paul réutilise donc le même subterfuge pour escamoter le véritable chef d'accusation et ce sont naturellement sa bonne foi et son honnêteté que la question de Voltaire met ici en doute.

[16] Actes xvi.1-3. La mère de Timothée était une juive convertie, son père était grec. Paul le circoncit 'à cause des Juifs qui étaient en ces lieux-là'. Dans l'*Examen important*, ch.13, Voltaire fait de Timothée le 'fils d'un Grec et d'une prostituée' (V 62, p.226).

[17] Galates v.2.

[18] I Corinthiens ix.4-5.

[19] II Corinthiens xiii.2. Cf. *Examen important*, ch.13: 'La fureur de la domination ne paraît-elle pas dans toute son insolence, quand il dit aux mêmes Corinthiens, *Je viens à vous pour la troisième fois, je jugerai tout par deux ou trois témoins; je ne pardonnerai à aucun de ceux qui ont péché, ni aux autres*. A quels imbéciles, et quels cœurs abrutis de la vile populace écrivait-il ainsi en maître tyrannique? A ceux auxquels il osait dire qu'il avait été ravi au troisième ciel. Lâche et impudent imposteur! où est ce troisième ciel dans lequel tu as voyagé? Est-ce dans Vénus ou dans Mars?' (V 62, p.227-28).

penserait-on aujourd'hui d'un homme qui prétendrait vivre à nos dépens lui et sa femme, nous juger, nous punir, et confondre le coupable et l'innocent?

Qu'entend-on par le ravissement de Paul au troisième ciel? qu'est-ce qu'un troisième ciel?[20]

Quel est enfin le plus vraisemblable (humainement parlant) ou que Paul se soit fait chrétien pour avoir été renversé de son cheval par une grande lumière en plein midi, et qu'une voix céleste lui ait crié, *Saul, Saul, pourquoi me persécutes-tu?*[21] ou bien que Paul ait été irrité contre les pharisiens, soit pour le refus de Gamaliel de lui donner sa fille, soit par quelque autre cause?

Dans toute autre histoire le refus de Gamaliel ne semblerait-il pas plus naturel qu'une voix céleste, si d'ailleurs nous n'étions pas obligés de croire ce miracle?[22]

[20] II Corinthiens xii.2: 'Je connais un homme en Christ, qui fut ravi il y a quatorze ans [...] jusqu'au troisième ciel. Et je sais que cet homme (si ce fut avec son corps ou sans son corps je ne sais rien, Dieu le sait) [...] fut ravi dans le paradis, et qu'il y entendit des paroles ineffables, qu'il n'est pas permis à un homme de rapporter'. A la question de Voltaire ('qu'est-ce qu'un troisième ciel?') Calmet avait proposé sa réponse: 'on doit supposer que les Hébreux ne distinguent pas dans le ciel différents cercles, à la manière des astronomes grecs; ils ne connaissent que trois cieux: 1) le ciel aérien, où sont les nues, où les oiseaux volent, où se forment les pluies; 2) le ciel où sont les astres; 3) le ciel où sont les anges et Dieu même. Le premier est appelé dans l'Ecriture simplement *le ciel*, le second *le firmament*, le troisième *le ciel des cieux*' (*Commentaire*, viii.331).

[21] Actes ix.4; xxii.6-9; xxvi.12-14.

[22] Cf. *Examen important*, ch.13: 'Pour peu qu'on ait une étincelle de raison, on jugera que cette cause de l'apostasie de ce malheureux Juif est plus naturelle que celle qu'on lui attribue. Comment se persuadera-t-on qu'une lumière céleste l'ait fait tomber de cheval en plein midi, qu'une voix céleste se soit fait entendre à lui, que Dieu lui ait dit, *Saul, Saul, pourquoi me persécutes-tu?* Ne rougit-on pas d'une telle sottise? [...] à quoi bon ce ridicule miracle? Je prends le ciel et la terre à témoin, (s'il est permis de se servir de ces mots impropres le ciel et la terre) qu'il n'y a jamais eu de légende plus folle, plus fanatique, plus dégoûtante, plus digne d'horreur et de mépris' (V 62, p.228-29).

Je ne fais aucune de ces questions que pour m'instruire; et j'exige de quiconque voudra m'instruire qu'il parle raisonnablement.[23]

[23] Allusion aux obscurités, contradictions, hypocrisies, 'galimatias' que Voltaire voit dans les textes de Paul, ou le concernant. C'est déjà le ton du licencié Zapata qui n'aura pas moins de soixante-sept questions à poser à ses 'sages maîtres' (*Les Questions de Zapata*, 1767).

PÉCHÉ ORIGINEL[1]

C'est ici le prétendu triomphe des sociniens, ou unitaires. Ils appellent ce fondement de la religion chrétienne *le péché originel.* C'est outrager Dieu, disent-ils; c'est l'accuser de la barbarie la plus absurde que d'oser dire qu'il forma toutes les générations des hommes pour les tourmenter par des supplices éternels, sous prétexte que leur premier père mangea d'un fruit dans un jardin. Cette sacrilège imputation est d'autant plus inexcusable chez les chrétiens qu'il n'y a pas un seul mot touchant cette invention du péché originel, ni dans le Pentateuque, ni dans les Prophètes, ni dans les Evangiles, soit apocryphes, soit canoniques, ni dans aucun des écrivains qu'on appelle *les premiers Pères de l'Eglise.*[2]

a-52 64-65v, article absent

[1] Article ajouté en 1767, en même temps que 'Antitrinitaires', 'Divinité de Jésus', 'Evangile', 'Papisme', et une addition à l'article 'Baptême' – tout un ensemble sur les idées des sociniens, que Voltaire assimile depuis longtemps aux déistes (voir les conflits avec les pasteurs de Genève à ce sujet). C'est probablement la lecture de l'article 'Unitaires' de l'*Encyclopédie*, rédigé par Naigeon, qui a donné l'impulsion à l'idée d'un catéchisme socinien/déiste en plusieurs articles, dont 'Péché originel', même s'il puise à d'autres sources que l'article 'Unitaires', peu prolixe sur ce point (voir ci-dessus, 'Antitrinitaires', n.1). La crainte exprimée dans la phrase finale devant le degré de superstition atteint alors incite à penser que l'article a pu être rédigé après l'affaire du chevalier de La Barre, vers la fin de 1766. L'article ne sera pas repris dans les QE où figure un nouvel article 'Originel, péché'.

[2] Cf. l'article 'Unitaires': 'ils disent: Que la doctrine du péché originel imputé et inhérent, est évidemment impie. Que Moïse n'a jamais enseigné ce dogme, qui fait Dieu injuste et cruel, et qu'on le cherche en vain dans ses livres [...] Que d'ailleurs quand on pourrait trouver dans la Bible quelques passages obscurs qui favorisassent ce système, ce qui, selon eux, est certainement impossible, quelque violence que l'on fasse au texte sacré, il faudrait nécessairement croire que ces passages ont été corrompus, interpolés, ou mal traduits: "car, disent-ils, il ne peut rien y avoir dans les Ecritures que ce qui s'accorde avec la raison: toute interprétation, tout dogme qui ne lui est pas conforme, ne saurait dès lors avoir place dans la théologie, puisqu'on n'est pas obligé de croire ce que la raison assure être faux". Ils concluent

Il n'est pas même conté dans la Genèse que Dieu ait condamné Adam à la mort pour avoir avalé une pomme. Il lui dit bien, *tu mourras très certainement le jour que tu en mangeras*.[3] Mais cette même Genèse fait vivre Adam neuf cent trente ans après ce déjeuner criminel.[4] Les animaux, les plantes, qui n'avaient point mangé de ce fruit moururent dans le temps prescrit par la nature. L'homme est né pour mourir ainsi que tout le reste.

Enfin, la punition d'Adam n'entrait en aucune manière dans la loi juive. Adam n'était pas plus Juif que Persan ou Chaldéen.[5] Les premiers chapitres de la Genèse (en quelque temps qu'ils fussent composés) furent regardés par tous les savants juifs comme une allégorie, et même comme une fable très dangereuse, puisqu'il fut défendu de la lire avant l'âge de vingt-cinq ans.[6]

de là: Qu'il n'y a point de corruption morale, ni d'inclinations perverses, dont nous héritions de nos ancêtres. Que l'homme est naturellement bon' (*Encyclopédie*, xvii.390). Voltaire, qui affirme ici un silence total des évangiles apocryphes sur le péché originel, nuancera cette affirmation deux ans plus tard, en précisant que l'*Evangile de Nicodème* en son article XXII est 'le seul qui parle du péché originel' (V 69, p.100).

[3] Genèse ii.17; iii.3. Pour l'âge d'Adam, v.5. Allégoriquement, la mort peut signifier la fin de l'état bienheureux initial, le péché. Dans la première des *Homélies prononcées à Londres*, publiées au printemps de 1767, Voltaire tient les mêmes propos sur l'âge d'Adam et l'imputation de la doctrine du péché originel à saint Augustin (V 62, p.466).

[4] Observation déjà faite deux ans plus tôt; voir ci-dessus, 'Genèse', et n.50, 51.

[5] Dans l'article 'Adam', ajouté lui aussi en 1767, Voltaire insinue clairement que l'histoire du premier homme rapportée par la Genèse n'est qu'une adaptation postérieurement effectuée de celle qu'on lit dans 'le Veidam des anciens brachmanes'. Calmet lui-même – sans aller jusque là, comme on s'en doute – n'avait pas cru devoir passer sous silence que 'les anciens Perses racontent la création d'Adam et des premiers hommes, d'une manière qui approche assez de ce que nous en apprend Moïse' (*Dictionnaire*, art. 'Adam', en se fondant sur le *Veterum Persarum* [...] *religionis historia* de Hyde.

[6] Comme en 1768 dans l'*Homélie du pasteur Bourn* (M.xxvii.232) et en 1769 dans une note au *Discours de l'empereur Julien* (éd. Moureaux, p.149), Voltaire dit ici 'les premiers chapitres', alors qu'il désigne au moins aussi souvent le seul premier chapitre comme ayant fait l'objet de cette interdiction (voir par ex. *Catéchisme de l'honnête homme*, M.xxiv.525; *Homélies prononcées à Londres*, V 62, p.463). Dans *La*

En un mot, les Juifs ne connurent pas plus le péché originel[7] que les cérémonies chinoises; et quoique les théologiens trouvent tout ce qu'ils veulent dans l'Ecriture ou *totidem verbis*, ou *totidem litteris*,[8] on peut assurer qu'un théologien raisonnable n'y trouvera jamais ce mystère surprenant.[9]

Bible enfin expliquée, il étendra en revanche cette interdiction à la Genèse tout entière (M.xxx.4, n.3). Voltaire a donc sensiblement varié. Calmet pour sa part avait affirmé: 'Les premiers chapitres de la Genèse sont extrêmement difficiles à expliquer selon le sens littéral, et surtout, pour ce qui regarde le péché d'Eve et d'Adam, leur punition, et celle du serpent. Les Juifs défendent aux jeunes gens au dessous de 25 ou 30 ans, de les lire' (*Commentaire*, i.13). Dans l'article 'Adam' du fonds de Kehl, Voltaire s'interrogera de façon sarcastique sur les motifs de cette interdiction, en profitera pour dresser, une fois encore, un catalogue des absurdités et incohérences qu'on peut relever dans le récit de la création et de la chute, et conclura: 'Enfin chaque ligne de ce chapitre fournit des raisons très plausibles d'en interdire la lecture; mais sur ce pied-là, on ne voit pas trop comment les autres chapitres étaient permis' (M.xvii.59-60). Dans l'article 'Moïse', il avait en 1764 tiré argument de cette interdiction pour établir que Moïse n'avait sûrement pas écrit ce dont on avait cru par la suite pouvoir défendre la lecture.

[7] Même s'il ne l'affirme pas aussi péremptoirement, c'était aussi déjà l'avis de Calmet: 'Joseph et Philon, et ceux d'entre les anciens chrétiens qui croyaient la préexistence des âmes, et que les âmes naissent bonnes, ou mauvaises, selon le bien ou le mal qu'elles ont fait dans une autre vie; ces gens-là ne tenaient certainement pas le péché originel comme nous le tenons [...] Ceux d'entre les anciens Juifs qui croyaient une espèce de métempsycose, la croyaient encore biens moins; puisque ces deux dogmes se détruisent l'un l'autre [...] La plupart des Juifs modernes tiennent, de même que les Anciens, la préexistence des âmes, et une espèce de métempsycose, et par conséquent ils ont aussi peu de disposition à croire le péché originel. [...] Maimonide fameux rabbin soutient qu'il n'est pas plus aisé de concevoir qu'un homme naisse avec le péché, ou la vertu, que de comprendre qu'il naisse habile maître dans un art. Il regarde le péché originel comme une chose impossible' (*Dictionnaire*, art. 'Péché').

[8] 'En autant de mots', 'en autant de lettres', formule faussement savante chère à Voltaire; quand les théologiens ne trouvent pas dans un texte les mots exprimant l'idée qu'ils voudraient y voir, ils y trouvent du moins les lettres de l'alphabet qui pourraient les composer.

[9] Et pourtant l'orthodoxie n'était pas en peine de l'y trouver; cf. Calmet: 'L'Eglise chrétienne et catholique croit que le péché d'Adam est passé dans toute sa postérité, qu'il l'a infectée, et corrompue; que tous les hommes naissent enfants de colère, *Natura filii irae* [Ephésiens ii.3]; que par la faute d'un seul le péché est entré dans

Avouons que St Augustin accrédita le premier cette étrange idée, digne de la tête chaude et romanesque d'un Africain débauché et repentant, manichéen et chrétien, indulgent et persécuteur, qui passa sa vie à se contredire lui-même.[10]

Quelle horreur, s'écrient les unitaires rigides,[11] que de calomnier l'auteur de la nature jusqu'à lui imputer des miracles continuels pour damner à jamais des hommes qu'il fait naître pour si peu de temps! ou il a créé les âmes de toute éternité; et dans ce système

---

le monde et par le péché la mort; *Per unum hominem peccatum in hunc mundum intravit, et per peccatum mors; et ita in omnes homines mors pertransiit* [Romains v.12]; et c'est là ce que nous appelons le péché originel, si bien marqué dans Job qui dit: *Qui peut rendre pur celui qui est conçu d'une matière souillée?* [Job xiv.4] Et David: *J'ai été conçu dans l'iniquité, et ma mère m'a enfanté dans le péché* [Psaumes l.6]' (*Dictionnaire*, art. 'Péché').

[10] Cf. l'article 'Unitaires', à propos des sociniens: 'ils disent: [...] Que c'est à saint Augustin que l'on doit cette doctrine qu'ils traitent de désolante et de préjudiciable à la religion. Que c'est lui qui l'a introduite dans le monde où elle avait été inconnue pendant l'espace de 4 400 ans; mais que son autorité ne doit pas être préférée à celle de l'Ecriture, qui ne dit pas un mot de cette prétendue corruption originelle ni de ses suites' (*Encyclopédie*, xvii.390). Voltaire, qui avait déjà noté dans ses carnets: 'Saint Augustin allait très-souvent dans de mauvais lieux avant d'avoir trouvé enfin une maîtresse' (V 82, p.533), reviendra sur sa débauche précoce dans le portrait très contrasté du personnage qu'il proposera dans les QE. Il a été successivement débauché et repentant, manichéen puis chrétien, indulgent d'abord envers les hérétiques envers qui il préconisait des sentiments de douceur et de charité, puis partisan des persécutions et de la manière forte après ses querelles avec les donatistes (voir l'article que Bayle lui a consacré).

[11] Il est très probable, comme au reste le donne à penser l'emploi du verbe 's'écrient', qu'il s'agit beaucoup plus d'une prosopopée que d'une citation. On ne trouve aucun développement de ce genre dans l'article 'Unitaires', qui n'emploie pas non plus l'expression 'unitaires rigides', qu'on retrouve dans l'addition de 1767 à 'Baptême'. Il se peut que Voltaire se souvienne ici de réflexions de Bayle: 'Puisque la foi nous enseigne qu'Adam a péché et pour lui et pour tous ses descendants, il s'ensuit: 1) que toutes les âmes sont criminelles aux yeux de Dieu avant même qu'elles existent; 2) qu'elles ne sont unies au corps que par un acte de punition, vu que par cela même qu'elles sont unies au corps, elles encourent la peine de la damnation éternelle et y sont de droit adjugées, n'y ayant que la rémission et la voie des lettres de grâce qui en sauve quelques-unes; et c'est pourquoi l'Ecriture dit que tous les hommes naissent *enfants d'ire*' (art. 'Tullie', rem. R).

étant infiniment plus anciennes que le péché d'Adam, elles n'ont aucun rapport avec lui; ou ces âmes sont formées à chaque moment qu'un homme couche avec une femme, et en ce cas, Dieu est continuellement à l'affût de tous les rendez-vous de l'univers pour créer des esprits qu'il rendra éternellement malheureux;[12] ou Dieu est lui-même l'âme de tous les hommes, et dans ce système il se damne lui-même. Quelle est la plus horrible et la plus folle de ces trois suppositions? Il n'y en a pas une quatrième; car l'opinion que Dieu attend six semaines pour créer une âme damnée dans un fœtus, revient à celle qui la fait créer au moment de la copulation. Qu'importe six semaines de plus ou de moins?

J'ai rapporté le sentiment des unitaires: et les hommes sont parvenus à un tel point de superstition que j'ai tremblé en le rapportant.

(*Cet article est de feu M. Boulanger.*)[13]

[12] Voltaire recourt souvent à cette image ironique inconcevable d'un Dieu guettant chaque copulation de l'espèce humaine et des espèces animales; voir ci-dessus, 'Ame' et 'Catéchisme chinois'.

[13] Dans une lettre du 16 octobre 1765 (D12937), Voltaire exhorte d'Alembert à composer avec quelques 'frères' un ouvrage qui ébranle l'Infâme et éclaire le monde: 'On mettra le nom de feu m. Boulanger à la tête de l'ouvrage'. C'est aussi la fausse identité dont use Damilaville dans l'article 'Vingtième' de l'*Encyclopédie*, que Voltaire a lu et admiré en mars 1766 en même temps que l'article 'Unitaires'. Nicolas-Antoine Boulanger, ingénieur des Ponts et Chaussées, ami de Diderot, collaborateur de l'*Encyclopédie*, était mort en 1759. D'Holbach venait de publier en 1765 l'un de ses ouvrages dangereux, *L'Antiquité dévoilée*, que Voltaire trouvait assez lourd, mais 'ferme et nourissant' (24 septembre 1766, à Damilaville; D13585). C'est probablement à cause de cette lecture et du pseudonyme de Damilaville qu'il a procédé à cette attribution fausse de l'article 'Péché originel' à Boulanger. Il lui impute de même, dans ces ajouts de 1767 au DP, l'une des additions à 'Baptême' et la matière de 'Julien le philosophe'.

PERSÉCUTION[1]

Ce n'est pas Dioclétien que j'appellerai persécuteur, car il fut dix-huit ans entiers le protecteur des chrétiens; et si dans les derniers temps de son empire il ne les sauva pas des ressentiments de Galérius, il ne fut en cela qu'un prince séduit et entraîné par la cabale au-delà de son caractère, comme tant d'autres.[2]

a-46 64, article absent

[1] Composé vraisemblablement peu après la publication de la première édition en juin 1764, cet article, paru dans 65, pourrait être, à en juger par le thème et le ton abrupt, une réplique aux attaques du jésuite Nonnotte. Mais c'est surtout une image symbolique, globale, du prêtre fanatique, haineux, délateur, cible obsédante dans l'imaginaire voltairien, qui apparaît à travers des expériences personnelles successives: on reconnaît derrière ces lignes les démêlés du bienfaiteur des paysans de Ferney, du tuteur de Mlle Corneille, avec les ecclésiastiques des environs, en particulier l'évêque d'Annecy, Jean-Pierre Biord, qui sera pris à partie plus violemment, sous le masque d''un petit évêque biscayen', dans l'article 'Fanatisme' II des QE à la suite d'une affaire célèbre de communion refusée à Voltaire malade non possesseur de billet de confession. L'archevêque d'Auch, Châtillard de Montillet, auteur en 1764 d'une violente *Instruction pastorale* contre Voltaire et les philosophes, n'est problablement pas étranger non plus à la colère de Voltaire, non plus que l'évêque du Puy Lefranc de Pompignan, dont on connaît la polémique avec Voltaire depuis 1763. Les ministres protestants, comme en témoigne l'allusion à Jurieu, ne sont pas épargnés.

[2] Echo direct de la querelle avec Nonnotte. Dans l'*Essai sur les mœurs*, ch.28, Voltaire avait expliqué que Dioclétien n'avait persécuté certains chrétiens que pour des raisons d'Etat et seulement après leur avoir laissé la plus grande liberté durant vingt ans (*Essai*, i.283). Voltaire attribuait les deux années de persécution déclenchée contre les chrétiens à la haine que leur portait Maximien Galère, qui obtint de Dioclétien l'ordre de faire démolir la cathédrale de Nicomédie. Le palais de Galère ayant été incendié peu après, on en accusa les chrétiens et ce fut à leur égard le début de deux années de violences que Lactance, Eusèbe et même Constantin ont imputées au seul Galère. Mais en 1762, dans ses *Erreurs de Voltaire*, Nonnotte a nié que les chrétiens aient connu vingt ans de tranquillité: la persécution a commencé dès les premières années du règne, comme l'attestent de nombreux *Actes*. Voltaire a répondu en 1763 dans les *Eclaircissements historiques* (M.xxiv.484). Ici il étoffe sa

Je donnerai encore moins le nom de persécuteurs aux Trajans, aux Antonins, je croirais prononcer un blasphème.[3]

Quel est le persécuteur? c'est celui dont l'orgueil blessé, et le fanatisme en fureur irritent le prince, ou les magistrats contre des hommes innocents, qui n'ont d'autre crime que de n'être pas de son avis. Impudent, tu adores un Dieu, tu prêches la vertu, et tu la pratiques; tu as servi les hommes, et tu les as consolés; tu as établi l'orpheline,[4] tu as secouru le pauvre, tu as changé les déserts

---

réponse pour tenter de disculper Dioclétien en en faisant la victime d'une cabale de cour. Les vingt ans d'accalmie ont été ramenés ici à dix-huit (dix-neuf dans le *Traité sur la tolérance*, 1763; M.xxv.55). Voltaire reviendra sur cette question en 1766, pour assurer que les chrétiens étaient en 303 déjà 'devenus trop nombreux et trop riches pour être exterminés' par la persécution de Galère: aussi se donnèrent-ils à Constance Chlore, puis combattirent pour son fils Constantin (*Commentaire sur le livre Des délits et des peines*, M.xxv.545).

[3] Cf. *Essai sur les mœurs*: 'Nerva, Vespasien, Tite, Trajan, Adrien, les Antonins, ne furent point persécuteurs. Trajan [...] écrit à Pline: "Il ne faut faire aucune recherche contre les chrétiens". Ces mots essentiels: *il ne faut faire aucune recherche*, prouvent qu'ils purent se cacher, se maintenir avec prudence, quoique souvent l'envie des prêtres et la haine des Juifs les traînât aux tribunaux et aux supplices' (i.281-82). Nonnotte a trouvé dans tout cela 'beaucoup d'altération, d'exagération et de fausseté' (*Les Erreurs de Voltaire*, Liège 1766, p.8). Il reproche à Trajan d'avoir approuvé les condamnations à mort que Pline avait prononcées de chrétiens ayant refusé d'abjurer leur religion; il lui fait aussi grief d'avoir ordonné qu'on punisse les chrétiens qui ont été dénoncés, s'ils refusent de sacrifier aux dieux. Pour les Antonins et en particulier Marc Aurèle, Nonnotte n'est pas plus indulgent: il y eut toujours des martyrs sous leur règne. Marc Aurèle attendit treize ans pour ordonner qu'on ne poursuive pas les chrétiens pour cause de religion. Ce superstitieux a tantôt déclenché tantôt suspendu la persécution: 'Aussi l'Asie, les Gaules et l'Italie furent-elles inondées du sang des fidèles sous son empire [...] Marc Aurèle auquel M. de Voltaire a tant de dévotion doit donc être mis aussi au nombre des persécuteurs de l'Eglise' (p.10).

[4] Allusion possible au récent mariage (février 1763) arrangé par Voltaire de Marie Corneille avec un jeune gentilhomme nommé Dupuits de La Chaux. Voltaire a recueilli et élevé à Ferney depuis décembre 1760 le petite-nièce du grand Corneille et entrepris l'édition commentée de ses œuvres pour pouvoir doter et marier sa protégée. Sans doute Marie Corneille n'était-elle pas véritablement orpheline, mais son père, Jean-François Corneille, était trop indigent pour pouvoir faire éduquer sa fille et a fortiori la marier; voir R. Pomeau, *'Ecraser l'Infâme'*, p.103-10.

où quelques esclaves traînaient une vie misérable, en campagnes fertiles peuplées de familles heureuses;[5] mais j'ai découvert que tu me méprises, et que tu n'as jamais lu mon livre de controverse: tu sais que je suis un fripon, que j'ai contrefait l'écriture de G***, que j'ai volé des ****; tu pourrais bien le dire, il faut que je te prévienne; j'irai donc chez le confesseur du premier ministre ou chez le podestat. Je leur remontrerai en penchant le cou, et en tordant la bouche, que tu as une opinion erronée sur les cellules où furent renfermés les Septante;[6] que tu parlas même il y a dix

20 65: le col, et

[5] Allusion probable aux activités bienfaisantes de Voltaire 'seigneur de village' à Ferney, dont il a fait défricher et assainir la terre pauvre et marécageuse et dont la population passera de trois cents âmes à douze cents. Dès avril 1761, il s'est senti en mesure de faire un bilan positif de son action (D9717).

[6] Calmet a rapporté les diverses versions de l''histoire' de l'entreprise de traduction d'hébreu en grec des livres de l'Ancien Testament qu'aurait ordonnée Ptolémée Philadelphe. Selon le récit d'Aristée, Ptolémée fit venir de Jérusalem 72 Juifs avec les livres sacrés pour qu'ils les traduisissent à Alexandrie. On les fit travailler dans l'île de Pharos, sous le contrôle de Démétrios de Phalère. Ces traducteurs restaient libres de discuter entre eux des passages difficiles, pour arrêter ensemble quelles solutions ils donnaient finalement à ces difficultés. Tout autre est la version de saint Justin, rapportée ensuite par Calmet: Ptolémée 'fit mettre ces hommes dans l'île de Pharos et dans soixante-dix cellules, afin qu'ils travaillassent sans distraction, et que, ne pouvant communiquer ensemble, on fût plus sûr de la fidélité de leur traduction. Dieu permit qu'ils traduisissent d'une manière si uniforme, que non seulement ils employèrent les mêmes termes, mais aussi en même nombre. [...] saint Justin ajoute que pendant qu'il était à Alexandrie, on lui fit voir dans l'île de Pharos les ruines des cellules où ils avaient été enfermés' (*Dictionnaire*, art. 'Septante'). Voltaire s'était déjà gaussé de ce témoignage dans l'article 'Apocalypse' (l.30-32). Calmet signale que le même saint Justin a donné une seconde version ne faisant plus mention que de 36 cellules, dans chacune desquelles on enferma deux traducteurs travaillant ensemble. Chacune de ces équipes ayant traduit successivement tous les livres, on put ensuite confronter 36 traductions de l'Ancien Testament et découvrir qu'elles étaient en tout point parfaitement semblables, bien que les équipes eussent toujours été empêchées de communiquer entre elles. Avec la critique de son temps, Calmet lui-même ne voyait que des légendes dans ces différentes versions de la genèse des Septante.

ans d'une manière peu respectueuse du chien de Tobie,[7] lequel tu soutenais être un barbet, tandis que je prouvais que c'était un lévrier. Je te dénoncerai comme l'ennemi de Dieu et des hommes. Tel est le langage du persécuteur; et si ces paroles ne sortent pas précisément de sa bouche, elles sont gravées dans son cœur avec le burin du fanatisme trempé dans le fiel de l'envie.[8]

C'est ainsi que le jésuite le Tellier osa persécuter le cardinal de Noailles,[9] et que Jurieu persécuta Bayle.[10]

Lorsqu'on commença à persécuter les protestants en France, ce ne fut ni François Ier, ni Henri II, ni François II, qui épièrent ces infortunés, qui s'armèrent contre eux d'une fureur réfléchie, et qui les livrèrent aux flammes pour exercer sur eux leurs vengeances. François Ier était trop occupé avec la duchesse d'Etampes, Henri II avec sa vieille Diane,[11] et François II était trop enfant. Par qui la

[7] Voir Tobie vi.1 (départ de la maison du jeune Tobie avec le chien) et xi.9 (retour à la maison, le chien, symbole de fidélité, courant devant le jeune Tobie pour annoncer à ses parents, par sa présence, le retour de leur fils).

[8] Propos repris et amplifiés dans l'article 'Lettres'.

[9] Michel Le Tellier (1643-1719), confesseur de Louis XIV, était responsable de la bulle *Unigenitus*. Voltaire s'en prend à lui très souvent, en particulier dans le *Traité sur la tolérance*, ch.17 et 24; il l'avait déjà violemment estoqué dans la *Relation de la maladie, de la confession, de la mort et de l'apparition du jésuite Berthier* (1760): 'Il est damné sans miséricorde, me répondit frère Berthier, et il le méritait bien: il avait trompé son roi, il avait allumé le flambeau de la discorde, supposé des letttres d'évêques, et persécuté de la manière la plus lâche et la plus emportée le plus digne archevêque que jamais ait eu la capitale de la France' (M.xxiv.103). Le cardinal de Noailles (1651-1729), archevêque de Paris, assez hostile aux jésuites, s'est opposé obstinément pendant quatorze ans à la bulle *Unigenitus*, ne finissant par l'accepter qu'en 1728, l'année précédant celle de sa mort.

[10] Il y a trente ans en 1764 que Voltaire s'en prend au théologien protestant Pierre Jurieu (1637-1713). Voir en particulier *Discours en vers sur l'homme*, III, 'De l'envie': 'Par le fougueux Jurieu Bayle persécuté / Sera des bons esprits à jamais respecté, / Et le nom de Jurieu, son rival fanatique, / N'est aujourd'hui connu que par l'horreur publique' (V 17, p.484); voir également les carnets (V 82, p.499). Voltaire reviendra sur ce sujet cette même année 1765 dans l'article 'Philosophe' et en 1767, à la fin de l'article 'David'.

[11] Anne de Pisseleu, duchesse d'Etampes (1508-1580), fut la favorite de François Ier. De dix-neuf ans son aînée, Diane de Poitiers (1499-1566) devint en 1536

persécution commença-t-elle? Par des prêtres jaloux qui armèrent les préjugés des magistrats, et la politique des ministres.

Si les rois n'avaient pas été trompés, s'ils avaient prévu que la persécution produirait cinquante ans de guerres civiles, et que la moitié de la nation serait exterminée mutuellement par l'autre, ils auraient éteint dans leurs larmes les premiers bûchers qu'ils laissèrent allumer.[12]

O Dieu de miséricorde, si quelque homme peut ressembler à cet être malfaisant qu'on nous peint occupé sans cesse à détruire tes ouvrages, n'est-ce pas le persécuteur?

41 65: exterminée naturellement par
45-46 65: détruire les ouvrages

---

la maîtresse du futur Henri II (1519-1559) à la cour de François Ier. Elle dut d'abord partager son influence avec la maîtresse de celui-ci, la duchesse d'Etampes, puis devint toute puissante à la mort de François Ier et l'avènement d'Henri II en 1547: celui-ci lui resta fidèle, en dépit de son mariage avec Catherine de Médicis. Les deux sont évoquées dans *La Pucelle*, XIII (V 7, p.477).

[12] En 1769, Voltaire exprimera des idées analogues à propos de François Ier (qui laissa les évêques et les parlements prendre l'initiative des persécutions), dans une addition à l'*Essai sur les mœurs* (ii.274). Voir aussi, à propos d'Henri II et François II, ch.170 (ii.481-82).

PHILOSOPHE[1]

Philosophe, *amateur de la sagesse, c'est-à-dire, de la vérité.* Tous les philosophes ont eu ce double caractère, il n'en est aucun dans l'antiquité qui n'ait donné des exemples de vertu aux hommes, et des leçons de vérités morales. Ils ont pu se tromper tous sur la physique, mais elle est si peu nécessaire à la conduite de la vie, que les philosophes n'avaient pas besoin d'elle. Il a fallu des siècles pour connaître une partie des lois de la nature. Un jour suffit à un sage pour connaître les devoirs de l'homme.

Le philosophe n'est point enthousiaste, il ne s'érige point en prophète, il ne se dit point inspiré des dieux;[2] ainsi je ne mettrai au rang des philosophes, ni l'ancien Zoroastre, ni Hermès, ni l'ancien Orphée,[3] ni aucun de ces législateurs dont se vantaient

a-156 64, article absent

[1] Cet article, paru en 1765, fut vraisemblablement rédigé dans l'année 1764: en octobre Voltaire mentionne de nouveaux articles à ajouter au DP (D12118). Les propos concernant les persécutions dont sont victimes les philosophes sont un écho de ce qu'ont subi les encyclopédistes depuis plusieurs années, et peut-être de ce que redoute l'auteur lui-même après la sortie du DP. Des réflexions assez générales auraient pu, toutefois, être écrites dès 1760; mais certains détails constituent des repères: Voltaire mentionne l'expulsion des jésuites. Or on sait que le Parlement de Paris a prononcé, en août 1762, la dissolution de la Compagnie à Paris. Elle est dissoute en France par un édit de novembre 1764. Les QE donnent un autre article 'Philosophe'.

[2] Voir art. 'Enthousiasme', publié en 1765, ainsi, d'ailleurs, que 'Persécution'.

[3] Voltaire évoque des temps légendaires, dont les héros sont connus pour les poèmes, les inventions ou les préceptes moraux qu'ils ont laissés. S'il a varié sur l'identité et l'époque de Zoroastre, il exprimera souvent son admiration pour les cent portes du Sadder; voir par ex. l'*Essai sur les mœurs*, ch.5 (i.248-52), *La Philosophie de l'histoire* (V 59, p.127, 129), *Le Philosophe ignorant*, XXXIX (V 62, p.90). Il a placé un signet pour marquer le chapitre traitant de la vie de Zoroastre dans l'ouvrage de Hyde, *Veterum Persarum et Parthorum et Medorum religionis historia* (CN, iv.579). Il associera Hermès et Orphée dans la mémoire collective: 'mercure trismégiste et orphée sont plus connus que nos modernes qui en savent

les nations de la Caldée, de la Perse, de la Syrie, de l'Egypte, et de la Grèce. Ceux qui se dirent enfants des dieux étaient les pères de l'imposture,[4] et s'ils se servirent du mensonge pour enseigner des vérités, ils étaient indignes de les enseigner; ils n'étaient pas philosophes: ils étaient tout au plus de très prudents menteurs.

Par quelle fatalité honteuse peut-être pour les peuples occiden-

15 65: et ils se servaient du mensonge

---

cent fois plus' (CN, i.189; signet marquant l'*Histoire de l'astronomie ancienne* de J.-S. Bailly, Paris 1775). Dans l'article 'Secte', il les évoque tous trois, avec Minos, parmi les grands hommes qui disent: 'Adorons Dieu et soyons justes'. Mais les préceptes de ces temps reculés se sont mêlés de 'mille cultes fantastiques' (*Epître écrite de Constantinople aux frères*, 1768; M.xxvi.573), de 'superstitions ridicules' (V 62, p.90), de chimères absurdes, comme les Champs Elysées ou les enfers, inventés par Orphée ou par Hermès (cf. *Homélies prononcées à Londres*, V 62, p.444). Les textes attribués à Zoroastre lui auraient été donnés par le dieu Ahura Mazdā. Voltaire a marqué d'un signet l'indication suivante de Chardin, dans ses *Voyages en Perse et autres lieux de l'Orient* (Amsterdam 1711): 'Zoroastre [...] est leur [des Guèbres] prophète et leur plus grand docteur. Il fut le chef de la secte des mages. [Il] est le premier qui a rédigé par méthode les sciences, et la religion des Perses. Les Guèbres en content mille fables, et en font un homme tout divin' (CN, ii.503). Avec les néoplatoniciens, Hermès, sous le nom d'Hermès Trismégiste, est devenu le dieu souverain des révélations, inventeur des sciences mais aussi de connaissances concernant la magie, l'astrologie. La littérature orphique, à côté d'ouvrages à tendance morale, inclut des chants d'initiation, de purification, des discours sacrés, des mystères. Voltaire constatera le même mélange de 'galimatias' et d'images sublimes, à l'intérieur de ces doctrines, dans les articles 'Hermès' et 'Zoroastre' des QE.

[4] Hermès était dit fils de Zeus, Orphée fils d'Apollon. Des merveilles auraient entouré la naissance de Zoroastre. Cette dénonciation de prétendues origines divines peut viser aussi le fondateur de la secte chrétienne, qui s'était dit fils de Dieu et parlait en prophète. Voltaire veut opposer nettement religion et philosophie. Le 13 février 1764, il écrit à d'Alembert: 'Ils [les philosophes] ne détruiront certainement pas la religion chrétienne, mais le christianisme ne les détruira pas, leur nombre augmentera toujours [...] Ils empêcheront les prêtres de corrompre la raison et les mœurs. Ils rendront les fanatiques abominables, et les superstitieux ridicules. Les philosophes, en un mot, ne peuvent qu'être utiles aux rois, aux lois et aux citoyens' (D11695).

taux, faut-il aller au bout de l'Orient pour trouver un sage simple, sans faste, sans imposture, qui enseignait aux hommes à vivre heureux six cents ans avant notre ère vulgaire, dans un temps où tout le septentrion ignorait l'usage des lettres, et où les Grecs commençaient à peine à se distinguer par la sagesse? ce sage est Confucius, qui étant législateur ne voulut jamais tromper les hommes.[5] Quelle plus belle règle de conduite a-t-on jamais donnée depuis lui dans la terre entière? 'Réglez un Etat comme vous réglez une famille;[6] on ne peut bien gouverner sa famille qu'en lui donnant l'exemple.

24 65: Confucius qui seul des anciens législateurs ne voulut

[5] Cf. les carnets: 'Confucius d'autant plus grand qu'il ne fut point profète. Car qui est envoyé de dieu doit l'être pour les deux hémisfères' (V 81, p.139). 'Confucius n'imagina ni de nouvelles opinions, ni de nouveaux rites; ne fit ni l'inspiré ni le prophète. C'était un magistrat qui enseignait les loix [...] il ne recommande que la vertu, et ne prêche aucun mistère [...] Les Législateurs des autres nations n'ont cherché qu'à tromper, et ceux de la Chine qu'à instruire' (V 82, p.490); voir aussi *Le Philosophe ignorant*, XXI, et les *Homélies prononcées à Londres* (V 62, p.91, 443). C'est dans les récits des missionnaires, comme les *Lettres édifiantes et curieuses*, la *Description géographique, historique, chronologique, politique et physique de l'empire de la Chine* (La Haye 1736; BV) de J.-B. Du Halde, que Voltaire s'est documenté. Il a consulté également un recueil de sentences, *Confucius sinarum philosophus, sive scientia sinensis latine exposita* (Parisiis 1687; BV) et l'ouvrage de Louis Cousin et Jean de La Brune, *La Morale de Confucius, philosophe de la Chine* (Paris 1688; BV).

[6] Les quatre livres les plus représentatifs de la doctrine confucéenne, rédigés par des lettrés après sa mort, sont les *Entretiens de Confucius*, la *Grande étude*, *L'Invariable milieu* et *Mencius*. Voltaire cite des maximes sans préciser leurs sources. Le critique Shun-Ching Song (*Voltaire et la Chine*) estime que, s'il a bien saisi les grands thèmes de la doctrine confucéenne, il transforme ses sources selon son goût et ses besoins, allongeant, raccourcissant, combinant les textes. Ici il s'inspire de Cousin et La Brune, *La Morale de Confucius*, p.26. Par ailleurs les *Lettres édifiantes et curieuses* des jésuites mentionnent souvent la tendresse paternelle de l'empereur pour tous ses sujets.

'La vertu doit être commune au laboureur et au monarque.[7]

'Occupe-toi du soin de prévenir les crimes pour diminuer le soin de les punir.[8]

'Sous les bons rois Yao et Xu les Chinois furent bons; sous les mauvais rois Kie et Chu ils furent méchants.[9]

'Fais à autrui comme à toi-même.[10]

'Aime les hommes en général, mais chéris les gens de bien.[11] Oublie les injures et jamais les bienfaits.[12]

[7] Très nombreuses sont les sentences portant sur la vertu. Voir *Entretiens*, VI, 15: 'Quelqu'un peut-il sortir de la maison si ce n'est par la porte? Pourquoi personne ne marche-t-il par la voie de la vertu?'; XIV, 35: 'Dans l'homme sage la vertu est préférable à toutes les autres qualités'; XV, 34: 'La vertu est plus nécessaire au peuple que l'eau et le feu, et elle ne nuit jamais' (trad. S. Couvreur). Cf. *Mencius*, cité par Du Halde: 'le chemin de la vertu [...] est semblable à un chemin public: il n'y a personne qui l'ignore, et il n'est difficile à tenir qu'à ceux qui sont esclaves de leurs passions, et qui se plaisent dans leur esclavage' (ii.426; CN, iii.270). Par ailleurs le rapprochement empereur/laboureur est banalisé par les traditions rapportées dans les *Lettres édifiantes*: l'empereur de Chine, en sa qualité de pontife, va labourer la terre au début de chaque printemps.

[8] *La Morale de Confucius*, p.11. Cf. *Mencius*, cité par Du Halde: 'A quoi tendent les rites? C'est à prévenir les désordres. Au lieu que les châtiments sont pour les punir' (ii.506; CN, iii.274).

[9] Cf. *Mencius*, cité par Du Halde, ii.413-16 (CN, iii.266-68).

[10] *La Morale de Confucius*, p.43. Cf. *Entretiens*, XII, 2 et XV, 23: 'Ne faites pas à autrui ce que vous ne voulez pas qu'on vous fasse à vous-même'. Dans *Le Philosophe ignorant* (V 62, p.92), Voltaire insiste même sur la supériorité d'une formulation positive, absente, en fait, des *Entretiens*. Shun-Ching Song (*Voltaire et la Chine*, p.160-61) affirme que, contrairement à ce que veut suggérer Voltaire, on trouverait davantage cette évolution du négatif au positif dans la Bible, en passant de Tobie iv.15 ('Ne fais à personne ce que tu n'aimerais pas subir') à Matthieu vii.12 et Luc vi.31 ('ce que vous voulez que les autres fassent pour vous, faites-le semblablement pour eux'). Dans les *Entretiens*, la formule la plus proche serait: 'La vertu parfaite consiste, non pas à secourir tous les hommes sans exception, ce qui est impossible, mais à juger des autres par soi-même, et à les traiter comme on désire être traité soi-même' (VI, 28).

[11] *La Morale de Confucius*, p.9. Cf. *Mencius*, cité par Du Halde: 'Recherchez les gens de mérite. Honorez surtout les gens désintéressés, droits et sincères' (ii.536; CN, iii.276).

[12] *La Morale de Confucius*, p.94; voir aussi *Confucius sinarum philosophus*, p.106 (CN, ii.712-13).

'J'ai vu des hommes incapables de sciences, je n'en ai jamais vu incapables de vertus.'[13]

Avouons qu'il n'est point de législateur qui ait annoncé des vérités plus utiles au genre humain.[14]

Une foule de philosophes grecs enseigna depuis une morale aussi pure. S'ils s'étaient bornés à leurs vains systèmes de physique, on ne prononcerait aujourd'hui leur nom que pour se moquer d'eux. Si on les respecte encore, c'est qu'ils furent justes, et qu'ils apprirent aux hommes à l'être.[15]

On ne peut lire certains endroits de Platon, et surtout l'admirable exorde des lois de Zaleucus,[16] sans éprouver dans son cœur

[13] *La Morale de Confucius*, p.85.

[14] Voltaire réplique aux apologistes qui ne voient rien d'égal aux préceptes évangéliques. Même Samuel Clarke a eu droit à des réfutations vigoureuses, quand il prétend, dans son *Discours sur les devoirs immuables de la religion naturelle et sur la vérité et la certitude de la religion chrétienne*, qu'aucun grand homme parmi les païens 'n'a jamais pu faire de grands progrès pour l'entière réformation du genre humain' (*Traités de l'existence et des attributs de Dieu*, Amsterdam 1727-1728, ii.12-13; BV). 'Et confucius! zoroastre, brama, numa', s'exclame le philosophe (CN, ii.650). Clarke avance-t-il que, concernant la morale, on ne trouve rien chez les philosophes 'qui n'ait été proposé par Jésus-Christ et par ses apôtres avec plus de clarté et plus de force encore' (ii.44). 'Cela est très faux, lisez confucius, Epictete', corrige Voltaire (CN, ii.657).

[15] Cf. *Le Philosophe ignorant*, XLII: 'Tous les philosophes grecs ont dit des sottises en physique et en métaphysique. Tous sont excellents dans la morale; tous égalent Zoroastre, Confutsée, et les brachmanes' (V 62, p.92). Le sixième des *Dialogues d'Evhémère* reprendra cette distinction entre insuffisance scientifique et excellence morale.

[16] Cf. les carnets: 'Rien de plus beau que la préface des loix de Zaleucus. La voicy: "Tout homme doit être persuadé de l'existence des dieux, il suffit d'observer l'harmonie de l'univers, pour en être convaincu"' (V 82, p.486-87). Même admiration dans *La Philosophie de l'histoire* (V 59, p.181-82) et dans *Le Philosophe ignorant*: '*Maîtrisez votre âme, purifiez-la, écartez toute pensée criminelle. Croyez que Dieu ne peut être bien servi par les pervers; croyez qu'il ne ressemble pas aux faibles mortels, que les louanges et les présents séduisent: la vertu seule peut lui plaire*. Voilà le précis de toute morale et de toute religion' (V 62, p.92). Le *Discours de l'empereur Julien*, n.24, établira une sorte de hiérarchie: les lois persanes sont supérieures aux lois hébraïques, mais inférieures aux prescriptions de Zaleucus, dépassé, cependant, par Epictète et Marc Aurèle (éd. Moureaux, p.160).

l'amour des actions honnêtes et généreuses. Les Romains ont leur Cicéron, qui seul vaut peut-être tous les philosophes de la Grèce. Après lui viennent des hommes encore plus respectables, mais qu'on désespère presque d'imiter, c'est Epictète dans l'esclavage, ce sont les Antonins et les Juliens sur le trône.[17]

Quel est le citoyen parmi nous qui se priverait, comme Julien, Antonin, et Marc-Aurèle, de toutes les délicatesses de notre vie molle et efféminée? qui dormirait comme eux sur la dure? qui voudrait s'imposer leur frugalité? qui marcherait comme eux à pied et tête nus à la tête des armées, exposé tantôt à l'ardeur du soleil, tantôt aux frimas? qui commanderait comme eux à toutes ses passions?[18] Il y a parmi nous des dévots; mais où sont les sages? où sont les âmes inébranlables, justes et tolérantes?

Il y a eu des philosophes de cabinet en France, et tous, excepté

[17] Voltaire a annoté quantité d'œuvres de Cicéron, ainsi que *Le Manuel d'Epictète* (CN, ii.622-37; iii.426-28). Les sages mentionnés ici peuvent, d'une part, être évoqués isolément. Ainsi un passage des *Entretiens* d'Epictète parce qu'il exprime une totale soumission à Dieu, sera cité à la fin de *Sophronime et Adélos* (M.xxv.468) et dans *Le Dîner du comte de Boulainvilliers* (V 63A, p.348). De manière plus polémique, dans le *Catéchisme de l'honnête homme*, la fermeté du stoïcien a été soulignée pour rabaisser Jésus, chez qui l'angoisse de la mort provoqua une sueur de sang. Epictète devient même un porte-parole de Voltaire pour prôner la vertu, la bienfaisance et dénigrer les rites et les prescriptions des fanatiques chrétiens et leurs pratiques dangereuses, dans les *Dernières paroles d'Epictète à son fils* (1765). Dans *Le Philosophe ignorant*, il est dit l'égal de Marc Aurèle, parce que l'esclave a évité la révolte, si l'empereur a évité la corruption (V 62, p.95). Cicéron, pour sa part, demeure respecté, ainsi que tous les anciens 'qui nous ont appris à penser' (M.xxv.457). Il semble, par la charité universelle qu'il a recommandée, cautionner le parti des philosophes bienfaisants, nettement opposés aux dévots, dans l'*Avis au public sur les parricides* (M.xxv.537). Mais, d'autre part, il arrive très souvent à Voltaire d'évoquer simultanément ceux qui constituent son panthéon: voir le *Dialogue du douteur et de l'adorateur* (M.xxv.135), *Le Philosophe ignorant*, l'*Examen important* (V 62, p.94-95, 321), *Le Dîner du comte de Boulainvilliers* (V 63A, p.353), opposant parfois, de façon polémique, ces paragons de vertu à ceux qui ne pensent qu'à les damner. On retrouve ce syncrétisme dans les formules finales des lettres adressées aux frères, avec quelques variantes (voir D8536, D12087, D8968).

[18] Ces traits de vertu stoïcienne sont souvent repris quand il s'agit de l'empereur Julien; voir l'*Examen important* (V 62, p.322 ss.) et ci-dessus, art. 'Julien'.

Montagne, ont été persécutés. C'est, ce me semble, le dernier degré de la malignité de notre nature, de vouloir opprimer ces mêmes philosophes qui la veulent corriger.

Je conçois bien que des fanatiques d'une secte égorgent les enthousiastes d'une autre secte, que les franciscains haïssent les dominicains,[19] et qu'un mauvais artiste cabale pour perdre celui qui le surpasse; mais que le sage Charron ait été menacé de perdre la vie,[20] que le savant et généreux Ramus ait été assassiné,[21] que Descartes ait été obligé de fuir en Hollande pour se soustraire à la rage des ignorants,[22] que Gassendi ait été forcé plusieurs fois de se retirer à Digne, loin des calomnies de Paris,[23] c'est là l'opprobre éternel d'une nation.[24]

[19] Les controverses entre dominicains et franciscains agitèrent l'Université de Paris pendant toute la seconde moitié du treizième siècle. L'esprit franciscain, nourri de saint Augustin, était représenté par Bonaventure, l'esprit dominicain, à fondement aristotélicien, par Albert le Grand et Thomas d'Aquin. En défendant les thèses de Duns Scot, les cordeliers continuèrent à s'opposer aux dominicains, au siècle suivant. En dehors de l'*Essai sur les mœurs*, ch.63 et 129, Voltaire fait de rapides allusions à ces querelles: voir *Le Philosophe ignorant*, *Les Questions de Zapata* (V 62, p.98, 406); cf. ci-dessous, art. 'Secte'.

[20] Pierre Charron (1541-1603), proche de Montaigne, auteur d'un *Traité de la sagesse*, fut, pour sa liberté d'esprit, soupçonné d'athéisme; cf. Bayle, *Dictionnaire*.

[21] Ramus, ou Pierre de La Ramée (1515-1572), fut un adversaire d'Aristote. Après ses *Aristotelicae animadversiones*, en 1543, il fut poursuivi devant le Parlement par les péripatéticiens, et François Ier lui interdit tout enseignement et toute publication. L'interdiction levée en 1551, il enseigna brillamment au Collège de France une dizaine d'années. Il se convertit au calvinisme en 1562, et vécut en Allemagne et en Suisse jusqu'en 1570, date où il rentra en France. Il y fut assassiné le 26 août 1572, deux jours après la Saint-Barthélemy. Cf. Bayle, *Dictionnaire*; QE, art. '*Quisquis* (Du) de Ramus ou La Ramée'.

[22] Le 'Catalogue des écrivains' du *Siècle de Louis XIV* précisait aussi que Descartes vécut à l'étranger pour philosopher en liberté, mais insistait surtout sur les accusations d'athéisme portées contre lui en Hollande par Voet (*OH*, p.1155). Dans cet article, il s'agit de dénoncer avant tout l'intolérance de la nation française.

[23] Pierre Gassendi (1592-1655), prévôt de l'évêque de Digne, partisan de Copernic, correspondant de Galilée, redonna vie à l'atomisme d'Epicure et de Lucrèce. Mais il lui superpose une théologie qui introduit la finalité, combinant mécanisme et spiritualisme.

[24] Certains opuscules évoquent simultanément ces philosophes, soit comme des

Un des philosophes les plus persécutés fut l'immortel Bayle, l'honneur de la nature humaine.[25] On me dira que le nom de Jurieu son calomniateur et son persécuteur est devenu exécrable,[26] je l'avoue; celui du jésuite le Tellier l'est devenu aussi;[27] mais de grands hommes qu'il opprimait en ont-ils moins fini leurs jours dans l'exil et dans la disette?

Un des prétextes dont on se servit pour accabler Bayle, et pour le réduire à la pauvreté, fut son article de David dans son utile Dictionnaire.[28] On lui reprochait de n'avoir point donné de louanges à des actions qui en elles-mêmes sont injustes, sanguinaires, atroces, ou contraires à la bonne foi, ou qui font rougir la pudeur.[29]

---

adeptes de la liberté de penser (Montaigne, Charron, Descartes, Gassendi, Bayle, dans le *Pot-pourri*; M.xxv.263), soit comme bons à assommer parce qu'ils raisonnent, de l'avis des fanatiques (Ramus, Charron, Montaigne, Bayle, dans l'*Entretien d'Ariste et d'Acrotal*; M.xxiv.273); cf. D12183, où Voltaire déclare à Damilaville, le 7 novembre 1764, que le fanatisme serait pire dans Paris 's'il n'y avait eu des Descartes, des Gassendis, des Bayles etc. On a donc beaucoup plus d'obligation aux philosophes qu'on ne pense; eux seuls ont changé les bêtes en hommes'.

[25] Les lignes suivantes, pleines d'indignation, adressées à d'Alembert le 1er octobre 1764, doivent être à peu près contemporaines de cet article: 'Je suis tombé aujourduy sur l'article *dictionaire* en votre enciclopédie. J'ay vu avec horreur ce que vous dites de Baile, *heureux s'il avait plus respecté la relligion et les mœurs*, ou quelque chose d'approchant. Ah que vous m'avez contristé! Il faut que le démon de Jurieu vous ait possédé dans ce moment là [...] Que ces lignes soient baignées de vos larmes! Ah monstres! ah tirans des esprits! quel despotisme afreux vous exercez! si vous avez contraint mon frère à parler ainsi de notre père' (D12113).

[26] Pour Voltaire et Pierre Jurieu, voir 'Persécution', n.10; 'Prophètes', n.2.

[27] Michel Le Tellier est dépeint, dans *Le Siècle de Louis XIV*, ch.37, comme un homme sombre, inflexible, profitant de son pouvoir pour se livrer à des vengeances personnelles, enflammant dangereusement les esprits. Voir 'Persécution', n.9.

[28] Le qualifiant semble traduire un éloge modéré. On sait que Voltaire reprochait au *Dictionnaire* des longueurs étouffant l'esprit critique. Le 'Catalogue' est explicite: sans s'attarder sur les erreurs scientifiques, c'est l'excellente manière de raisonner qu'il faut y admirer, non la manière d'écrire, souvent lâche et diffuse (*OH*, p.1137). L'article 'David' reprend de nombreux exemples cités ci-dessous.

[29] Le succès du *Dictionnaire* à la fin de 1696 incita des libraires parisiens à solliciter un privilège pour le réimprimer. Mais, soumis à l'examen de l'abbé Renaudot, il fut jugé de façon si hostile que son entrée fut interdite en France.

Bayle, à la vérité, ne loua point David pour avoir ramassé, selon les livres hébreux, six cents vagabonds perdus de dettes et de crimes,[30] pour avoir pillé ses compatriotes à la tête de ces bandits,[31] pour être venu dans le dessein d'égorger Nabal et toute sa famille, parce qu'il n'avait pas voulu payer les contributions,[32] pour avoir été vendre ses services au roi Achis ennemi de sa nation,[33] pour avoir trahi ce roi Achis son bienfaiteur, pour avoir saccagé les villages alliés de ce roi Achis, pour avoir massacré dans ces villages jusqu'aux enfants à la mamelle,[34] de peur qu'il

---

Une copie de ce rapport parvint à Jurieu qui en tira un pamphlet publié en 1697: *Jugement du public et particulièrement de M. l'abbé Renaudot sur le Dictionnaire critique du sieur Bayle* (Rotterdam 1697). Bayle répliqua par des *Réflexions* où il prévoit de refaire son article 'David'. Il reçoit avec déférence les avis du Consistoire de Rotterdam, saisi par Jurieu. Le Consistoire lui conseille de dissiper le scandale sans attendre et clôt l'affaire le 20 décembre 1698. Toutefois l'éditeur, pour répondre à l'attente des lecteurs, réimprimera à la fin du volume la première version de 'David'.

[30] I Samuel xxii.1-2.

[31] I Samuel xxiii.1-6 montre David s'attaquant aux Philistins. Puis, devenu vassal des Philistins, il fait des razzias contre les maraudeurs du désert, qu'il présente à Akish, roi de Gath, comme dirigées contre les Judéens (I Samuel xxvii.8-10).

[32] I Samuel xxv.1-22. Bayle (art. 'David', rem. D) conteste qu'un fugitif, réfugié chez un prince voisin, ait le droit de commettre des hostilités pour son propre compte. Il s'attarde sur l'histoire de Nabal et d'Abigaïl, estimant que, si on refusait à David les gratifications demandées, il ne devait pas se les procurer par des opérations militaires, ce qui revenait à replonger le monde dans l'état de nature où l'on ne reconnaît que la loi du plus fort. Le contexte ne semble guère pris en compte, dans ce commentaire: le jour de la tonte des brebis, David exige la taxe que les nomades prélèvent pour la 'protection' qu'ils ont accordée aux bergers et aux troupeaux aux champs, en écartant les maraudeurs et en ne les pillant pas eux-mêmes. En introduisant une comparaison avec un prince contemporain qui agirait de même, Bayle ne fait pas cas davantage de la distance historique. C'est dans la première édition du *Dictionnaire* que les attaques sont les plus vives et les plus nombreuses. Voir aussi ci-dessus, 'David', n.8.

[33] I Samuel xxvii.1-7. Bayle souligne que c'est seulement parce que les Philistins soupçonneux firent renvoyer David par Akish qu'il ne se battit pas contre ses propres frères et contre le peuple de Dieu (rem. E). David fut, en effet, servi par les circonstances, sa réponse étant restée particulièrement ambiguë, quand Akish lui avait annoncé qu'il l'emmenait combattre Israël (I Samuel xxviii.2).

[34] Voir ci-dessus, 'David', n.10.

ne se trouvât un jour une personne qui pût faire connaître ses déprédations, comme si un enfant à la mamelle aurait pu révéler son crime;[35] pour avoir fait périr tous les habitants de quelques autres villages sous des scies, sous des herses de fer, sous des cognées de fer, et dans des fours à brique;[36] pour avoir ravi le trône à Isboseth fils de Saül, par une perfidie;[37] pour avoir dépouillé et fait périr Miphiboseth petit-fils de Saül et fils de son ami, de son protecteur Jonathas;[38] pour avoir livré aux Gabaonites deux autres enfants de Saül,[39] et cinq de ses petits-enfants qui moururent à la potence.

99 65: à briques. Pour

[35] I Samuel xxi.11-16, xxvii.1-12. Bayle souligne que, dans ses conquêtes, David a toujours été l'agresseur (rem. H).

[36] II Samuel viii.1-2, xii.31. Bayle relève que David tue et supplicie souvent les vaincus et cite ces supplices en exemples (rem. H); mais sur la traduction moderne de ce passage, voir 'David', n.14.

[37] II Samuel iv. David doit, en effet, son trône à la mort du fils de Saül, Isboseth (ou Ishbaal); mais ce dernier a été tué par deux chefs de bandes, que David fit exécuter (II Samuel iv.12; CN, ii.62, avec signet annoté: 'princes des voleurs'). Toutefois, David avait accepté de négocier avec Abner; ce dernier avait d'abord imposé Isboseth comme roi d'Israël, puis il vint proposer à David de rallier tout Israël autour de lui (II Samuel iii.12-21). Bayle reproche au roi d'avoir prêté l'oreille au perfide Abner et d'avoir cherché à gagner un royaume par des intrigues (rem. H).

[38] Sur Mephiboshet (ou Meribbaal), voir II Samuel ix, où David lui restitue les terres de Saül et le fait manger à sa table, puis xvi.1-4, où David, sur de faux renseignements, au moment de la révolte d'Absalon, donne ses biens à son serviteur, et enfin xix.25-31, où il partage entre eux deux. Bayle reproche à David d'avoir enlevé ses biens à Mephiboshet en accordant foi à des calomnies (rem. H). Calmet, dans son *Commentaire*, reproche également à David d'avoir cru trop légèrement une accusation, d'avoir donné tout le bien au calomniateur, et de n'avoir pas fait justice à Mephiboshet (CN, ii.67).

[39] II Samuel xxi.7-9: après trois ans de famine, sur le conseil de Yahvé, David demande aux Gabaonites comment réparer les meurtres commis par Saül parmi eux et mettre ainsi un terme à la malédiction. Ces derniers exigent sept descendants de Saül, pour les empaler. David les livre, en épargnant toutefois Meribbaal, fils de Jonathan, fils de Saül (CN, ii.68, avec signet portant '7 fils de Saül crucifiés'). Cf. *La Bible enfin expliquée* (M.xxx.198, n.3); et ci-dessus, art. 'David', n.17.

Je ne parle pas de la prodigieuse incontinence de David, de ses concubines, de son adultère avec Betzabée et du meurtre d'Urie.[40]

Quoi donc, les ennemis de Bayle auraient-ils voulu que Bayle eût fait l'éloge de toutes ces cruautés et de tous ces crimes? faudrait-il qu'il eût dit, *Princes de la terre, imitez l'homme selon le cœur de Dieu,*[41] *massacrez sans pitié les alliés de votre bienfaiteur, égorgez, ou faites égorger toute la famille de votre roi, couchez avec toutes les femmes en faisant répandre le sang des hommes, et vous serez un modèle de vertu quand on dira que vous avez fait des psaumes.*[42]

Bayle n'avait-il pas grande raison de dire que si David fut selon le cœur de Dieu, ce fut par sa pénitence, et non par ses forfaits?[43] Bayle ne rendait-il pas service au genre humain en disant que Dieu qui a sans doute dicté toute l'histoire juive, n'a pas canonisé tous les crimes rapportés dans cette histoire?

Cependant, Bayle fut persécuté, et par qui? par des hommes persécutés ailleurs, par des fugitifs qu'on aurait livrés aux flammes dans leur patrie; et ces fugitifs étaient combattus par d'autres fugitifs appelés jansénistes, chassés de leur pays par les jésuites, qui ont enfin été chassés à leur tour.[44]

112 65: femmes quand vous faites répandre

[40] Sur femmes et concubines, voir II Samuel v.13. L'adultère avec Bethsabée et le meurtre d'Urie: II Samuel xi.2-17. Ils sont mentionnés dans l'article de Bayle comme les fautes le plus généralement retenues contre David, avec le dénombrement du peuple. Bayle juge peu excusable sa polygamie, et peu chaste la demande d'une belle jeune fille pour le réchauffer dans sa vieillesse (rem. H).

[41] I Samuel xiii.14. La formule est citée dès le début de l'article de Bayle. Elle a été reprise ironiquement par Peter Annet, comme titre du pamphlet qu'il écrivit contre le roi juif, *The History of the man after God's own heart* (London 1761; BV); cf. art. 'David', n.6.

[42] Avant de reprendre toutes ces critiques dans l'article 'David', l'*Examen important* et *Les Questions de Zapata* (V 62, p.201, 393, 395), Voltaire avait donné du roi juif une image caricaturale dans *Saül* (1762).

[43] Bayle admet que le repentir de David contribue à l'instruction et à l'édification des fidèles, en enseignant comment il faut pleurer ses péchés (2e éd., rem. G).

[44] Cf. la lettre à Fyot de La Marche, le 14 mars 1764 (D11772), sur les lettres

Ainsi tous les persécuteurs se sont déclaré une guerre mortelle, tandis que le philosophe opprimé par eux tous s'est contenté de les plaindre.

On ne sait pas assez que Fontenelle, en 1713, fut sur le point de perdre ses pensions, sa place et sa liberté, pour avoir rédigé en France vingt ans auparavant, le Traité des oracles du savant Van Dale, dont il avait retranché avec précaution tout ce qui pouvait alarmer le fanatisme. Un jésuite avait écrit contre Fontenelle, il n'avait pas daigné répondre; et c'en fut assez pour que le jésuite le Tellier confesseur de Louis XIV, accusât auprès du roi Fontenelle d'athéisme.[45]

Sans M. d'Argenson, il arrivait que le digne fils d'un faussaire, procureur de Vire, et reconnu faussaire lui-même, proscrivait la vieillesse du neveu de Corneille.[46]

Il est si aisé de séduire son pénitent, que nous devons bénir Dieu que ce le Tellier n'ait pas fait plus de mal. Il y a deux gîtes dans le monde, où l'on ne peut tenir contre la séduction et la calomnie; ce sont le lit et le confessionnal.

Nous avons toujours vu les philosophes persécutés par des fanatiques. Mais est-il possible que les gens de lettres s'en mêlent

---

de cachet prodiguées autrefois par Le Tellier contre les ennemis des jésuites, et aujourd'hui contre leurs partisans.

[45] Le 'Catalogue des écrivains' ajoute aux raisons de cette persécution l'allégorie de Mero et Enegue, de 1686, tandis que l'*Histoire des oracles* date de 1687 (*OH*, p.1162). Il précise que le savant Basnage répondit, à la place de Fontenelle, au livre du jésuite Baltus, *Réponse à l'Histoire des oracles* (Paris 1707). Mais il donne le même rôle à Le Tellier et au marquis d'Argenson, alors lieutenant général de police. Cf. 'Votre héros Fontenelle fut en grand danger pour les oracles et pour la reine Mero et sa sœur Enegu' (à Helvétius, 15 septembre 1763; D11418). Le développement consacré à Fontenelle dans les *Lettres à S. A. Mgr le prince de **** reprend le même récit, en explicitant l'allégorie sur Rome et Genève (Mero et Enegue) contenue dans la *Relation de l'île de Bornéo*.

[46] *Le Siècle de Louis XIV*, ch.37, fait également du jésuite Le Tellier le fils d'un procureur de Vire, alors que lui-même se dit fils de fermier. Fontenelle était fils d'une sœur de Corneille.

aussi? et qu'eux-mêmes ils aiguisent souvent contre leurs frères les armes dont on les perce tous l'un après l'autre?[47]

Malheureux gens de lettres, est-ce à vous d'être délateurs? Voyez si jamais chez les Romains il y eut des Garasses, des Chaumeix, des Hayet,[48] qui accusassent les Lucrèces, les Possidonius, les Varrons et les Plines.[49]

[47] Le 26 juillet 1764, Voltaire reprochait à Palissot son comportement envers les encyclopédistes: 'nous ne devons pas déchirer nos frères. Il me paraît affreux que des gens de la même communion s'acharnent les uns contre les autres. Le sort des gens de lettres est bien cruel, ils se battent ensemble avec les fers dont ils sont chargés, ce sont des damnés qui se donnent des coups de griffes' (D12016). Mais l'écrivain peut aussi penser à son cas personnel. Le 2 novembre, il se plaint, auprès de Damilaville, des 'frères zélés' qui ont répandu le bruit qu'il était l'auteur du DP (D12175). Il ne pourra bientôt que déplorer davantage la délation des gens de lettres, tout en se sentant obligé de la pratiquer. A la fin de décembre, en effet, il prendra connaissance des *Lettres écrites de la montagne*. Le 31, il confie à Damilaville que Rousseau l'y accuse d'être l'auteur du *Sermon des cinquante* (D12276). Le 25, il a envoyé à François Tronchin une liste de treize propositions répréhensibles, tirées de l'ouvrage de Rousseau (D12262). L'auteur du *Dictionnaire anti-philosophique* disposera encore de bien d'autres exemples. Chaudon a beau jeu de suggérer que la modération des philosophes est prouvée par la dispute de Rousseau et de Hume (p.276).

[48] François Garasse (1585-1631), prédicateur jésuite, parfait exemple de pamphlétaire virulent qui s'était déchaîné contre les libertins et, en particulier le poète Théophile, ce que note Bayle (art. 'Garasse'). Voltaire le mentionne souvent pour son hostilité contre les athées ou prétendus tels; et il voit des nouveaux Garasse dans ceux qui combattent l'*Encyclopédie*. Cf. les carnets sur la persécution des gens de lettres par les jésuites: 'Un homme en démence nommé le père Garasse, écrivit contre tous les gens de lettres de son temps, traitta les célèbres Paquier et du Moulin d'athées, de bêlitres, de vaux, de faquins. Le père le Tellier persécuta avec fureur des hommes d'un très gr. mérite qui étaient chers à la nation. [...] Enfin ils acusèrent d'athéisme tous ceux qui leur déplaisaient' (V81, p.154). Abraham Chaumeix était l'auteur des *Préjugés légitimes contre l'Encyclopédie* (1758) qui contribua à sa suspension en 1759. Voltaire le raille souvent. Le père Hubert Hayer était un des principaux rédacteurs du périodique *La Religion vengée ou réfutation des auteurs impies* (1757-1763). Voltaire les associe souvent dans une même réprobation (voir D8926, D9047, D9523).

[49] Posidonius: philosophe stoïcien du premier siècle av. J.-C. A la même époque, Lucrèce, dans *De rerum natura*, a donné un nouveau souffle au matérialisme d'Epicure. Voltaire a écrit des *Dialogues entre Lucrèce et Posidonius* (1756) qui sont

Etre hypocrite? quelle bassesse! mais être hypocrite et méchant, quelle horreur! il n'y eut jamais d'hypocrites dans l'ancienne Rome, qui nous comptait pour une petite partie de ses sujets. Il y avait des fourbes, je l'avoue, mais non des hypocrites de religion, qui sont l'espèce la plus lâche et la plus cruelle de toutes. Pourquoi n'en voit-on point en Angleterre, et d'où vient y en a-t-il encore en France?[50] Philosophes, il vous sera aisé de résoudre ce problème.

---

une confrontation du déisme et du matérialisme. Les savants Varron et Pline sont cités ici pour l'étendue de leurs connaissances. Ces quatre génies, par les positions philosophiques et la science remarquable qu'ils représentent, préfigurent les encyclopédistes.

[50] Cf. 'N'avez vous pas un souverain mépris pour votre France, quand vous lisez l'histoire grecque et romaine? trouvez vous un seul homme persécuté à Rome, depuis Romulus jusqu'à Constantin, pour sa manière de penser? le sénat aurait il jamais arrêté l'*Encyclopédie*?' (14 avril 1764, à d'Alembert; D11822). Le rapprochement avec l'Angleterre ne surprend pas: seule la France, où le catholicisme est religion d'Etat, nourrit l'intolérance.

PIERRE[1]

En italien Piero, *ou* Pietro*; en espagnol* Pedro*; en latin* Petrus*; en grec* Petros*; en hébreu* Cepha.[2]

Pourquoi les successeurs de Pierre ont-ils eu tant de pouvoir en Occident, et aucun en Orient? C'est demander pourquoi les évêques de Vurtzbourg et de Saltzbourg se sont attribués les droits régaliens dans des temps d'anarchie,[3] tandis que les évêques grecs sont toujours restés sujets. Le temps, l'occasion, l'ambition des uns, et la faiblesse des autres, ont fait et feront tout dans ce monde.

A cette anarchie l'opinion s'est jointe, et l'opinion est la reine

[1] Les multiples reprises de notes des carnets, que l'on peut dater de 1755 à 1758 environ, forment un noyau ancien de cet article publié en 1764. Voltaire y reprend les thèmes de la fragilité du fondement de l'Eglise et du pouvoir scandaleux des papes, celui du doute sur la présence de Pierre à Rome, déjà exprimé et exploité dès le *Sermon des cinquante*. Mais dans un paragraphe qui fait allusion aux affaires du Portugal, Voltaire semble ignorer l'issue réelle du procès après l'attentat contre le roi en 1758, l'exécution du père Malagrida et d'autres jésuites en septembre 1761; ce qui peut permettre de situer entre le printemps 1760 et l'été 1761 la rédaction de cet article, au moment où Voltaire entreprend de réaliser enfin son dictionnaire. Dans la mesure où le thème de saint Pierre est fondamental dans la critique voltairienne, on peut penser qu'il a élaboré cet article parmi les premiers.

[2] Le futur apôtre reçut à la circoncision le nom de Simon. Jésus lui attribua la dénomination symbolique de 'Kêfâ', mot araméen – langage maternel de Simon – devenu en grec Κῆφας et signifiant 'pierre, rocher'. D'où, également, le grec Πέτρος et la transcription masculine latine Petrus, de 'petra'. Il semble que ces mots n'aient jamais été employés comme noms propres avant cela.

[3] Würzburg était un duché-évêché, Salzburg une principauté archiépiscopale (cf. ci-dessus, art. 'Abbé'). Les droits régaliens sont ceux qui appartiennent aux seuls rois et souverains (faire des lois, la paix et la guerre, accorder des grâces, battre monnaie, etc.) et que donc ces deux évêques ont usurpés à leur profit. Bruzen de La Martinière précise que Würzburg 'était autrefois impériale; mais l'évêque André, baron de Gundelfingen, la soumit à ses lois' (art. 'Wurtzbourg').

des hommes. Ce n'est pas qu'en effet ils aient une opinion bien déterminée; mais des mots leur en tiennent lieu.

Il est rapporté dans l'Evangile que Jésus dit à Pierre; 'Je te donnerai les clefs du royaume des cieux.'[4] Les partisans de l'évêque de Rome soutinrent vers le onzième siècle, que qui donne le plus, donne le moins; que les cieux entouraient la terre; et que Pierre ayant les clefs du contenant, il avait aussi les clefs du contenu.[5] Si on entend par les cieux toutes les étoiles et toutes les planètes, il est évident, selon Tomasius, que les clefs données à Simon Barjone surnommé Pierre, étaient un passe-partout. Si on entend par les cieux les nuées, l'atmosphère, l'éther, l'espace dans lequel roulent les planètes, il n'y a guère de serruriers, selon Mursius,[6] qui puissent faire une clef pour ces portes-là.

Les clefs en Palestine étaient une cheville de bois qu'on liait avec une courroie; Jésus dit à Barjone, 'Ce que tu auras lié sur la terre, sera lié dans le ciel.'[7] Les théologiens du pape en ont conclu, que les papes avaient reçu le droit de lier et de délier les peuples du serment de fidélité fait à leurs rois, et de disposer à leur gré de tous les royaumes. C'est conclure magnifiquement.[8] Les com-

21 64-69: qui puisse faire

[4] Matthieu xvi.19.

[5] Allusion probable aux réformes successives, dans le sens d'un renforcement progressif de l'autorité du pape opérées dans la seconde moitié du onzième siècle, et à la querelle des investitures entre le pape et l'empereur; voir notamment *Essai sur les mœurs*, ch.46.

[6] Christian Thomasius (1655-1728), forme latinisée de Thomasen, est ce philosophe et juriste à qui Diderot a consacré un substantiel article dans l'*Encyclopédie*. Il est l'auteur, entre autres, d'une *Historia contentionis inter imperium et sacerdotium breviter delineata usque ad saeculum XVI* (1722). Quant à Mursius, il s'agit de l'érudit Jan Meurs (1579-1639) qui outre ses nombreux travaux sur l'antiquité gréco-latine, a laissé aussi une œuvre d'historien.

[7] Matthieu xvi.19.

[8] Grégoire de Tours (*Lettres*, v.20); Maxime de Turin, *Homélies sur Pierre et Paul*, et plus récemment la *Somme* de Thomas d'Aquin (Supplément, Q xvii.2); le 'De romano pontifice' de Tomaso de Vio Cajetan (*Opuscula omnia*, i.3) et la seizième 'dispensatio' du *De poenitentia* de Francisco Suarez, pour n'en citer que

munes dans les états généraux de France en 1302, disent dans leur requête au roi, que 'Boniface VIII était un b***** qui croyait que Dieu liait et emprisonnait au ciel, ce que ce Boniface liait sur terre.'[9] Un fameux luthérien d'Allemagne, (c'était je pense Mélancton) avait beaucoup de peine à digérer que Jésus eût dit à Simon Barjone, Cepha ou Cephas, 'Tu es Pierre, et sur cette pierre je bâtirai mon assemblée, mon Eglise.' Il ne pouvait concevoir que Dieu eût employé un pareil jeu de mots, une pointe si extraordinaire, et que la puissance du pape fût fondée sur un quolibet.[10]

Pierre a passé pour avoir été évêque de Rome; mais on sait assez qu'en ce temps-là, et longtemps après, il n'y eut aucun

30 64-65v: que Boniface

quelques-uns; cf. les carnets (V81-82, p.245, 247, 472). En 1075, Grégoire VII (Hildebrand) condamne les investitures laïques. En 1076, à l'assemblée de Worms, l'empereur Henri IV rétorque en proclamant la déchéance du pape. Ce à quoi Grégoire VII réplique à son tour en déposant et excommuniant Henri IV, et déliant ses sujets de leur serment de fidélité. En 1077, Henri IV vient à Canossa. Pour les rapports entre Grégoire VII et Henri IV, voir *Essai sur les mœurs*, ch.46 (i.494-505).

[9] Par la bulle *Ausculta filii* du 5 décembre 1301, Boniface VIII avait rappelé à Philippe le Bel que le pape pouvait exercer, à des fins morales, son pouvoir dans tout royaume. Le roi a réuni en 1302 les premiers états généraux de France pour obtenir l'appui de son peuple contre les prétentions du pape. Philippe le Bel répond à l'excommunication papale par une accusation d'hérésie. L'emprisonnement du pape à Anagni en septembre 1303, sa mort le 20 octobre sans avoir promulgué encore la bulle d'excommunication contre Philippe le Bel marquent la fin du pouvoir pontifical absolu. Cf. les carnets (V81, p.404). Pour les rapports entre Boniface VIII et Philippe le Bel, voir *Essai sur les mœurs*, ch.65. G. Digard soutient que la réponse du tiers état au roi est perdue (*Philippe le Bel et le Saint-Siège de 1285 à 1304*, ii.101).

[10] Il s'agit de Philippe Melanchton (1497-1560), l'ami de Luther qui l'a longtemps secondé. Dans ses *Loci communes* (1555), il insistait sur le fait que tous les évêques, y compris celui de Rome, étaient serviteurs de l'Eglise et sans pouvoir temporel. Pour le texte cité, voir Matthieu xvi.18; cf. Pierre Du Moulin, *Nouveauté du papisme* (Genève 1633; BV), p.264-69 (CN, iii.296).

évêché particulier. La société chrétienne ne prit une forme que vers la fin du second siècle.[11]

Il se peut que Pierre eût fait le voyage de Rome; il se peut même qu'il fût mis en croix la tête en bas, quoique ce ne fût pas l'usage; mais on n'a aucune preuve de tout cela. Nous avons une lettre sous son nom, dans laquelle il dit qu'il est à Babilone; des canonistes judicieux ont prétendu que par Babilone on devait entendre Rome. Ainsi supposé qu'il eût daté de Rome, on aurait pu conclure que la lettre avait été écrite à Babilone.[12] On a tiré longtemps de pareilles conséquences, et c'est ainsi que le monde a été gouverné.

Il y avait un saint homme à qui on avait fait payer bien chèrement un bénéfice à Rome, ce qui s'appelle une simonie; on lui demandait, s'il croyait que Simon Pierre eût été au pays? il répondit, Je ne vois pas que Pierre y ait été, mais je suis sûr de Simon.[13]

Quant à la personne de Pierre, il faut avouer que Paul n'est pas le seul qui ait été scandalisé de sa conduite; on lui a souvent résisté en face, à lui et à ses successeurs. Ce Paul lui reprochait

40 65V: vers le second siècle.

[11] Le propos est démenti par les nombreuses allusions aux Eglises locales dans les Actes, les Epîtres et l'Apocalypse.

[12] Voltaire est revenu plusieurs fois sur le caractère problématique de ce voyage, notamment dans les *Conseils raisonnables à M. Bergier* (M.xxvii.44) et *Le Dîner du comte de Boulainvilliers* (V63A, p.374-75; voir aussi les carnets, V81, p.112, 115). Sur la désignation figurative de Rome par le nom de Babylone, voir V63A, p.374, n.45, 46. Selon Eusèbe et saint Jérôme, Pierre serait allé à Rome sous le règne de Claude (41-54), et son pontificat aurait duré vingt-cinq ans. Vu son emprisonnement par Hérode Agrippa jusqu'à sa libération miraculeuse par un ange, au plus tôt à Pâques 42, la date la plus vraisemblable est 42-67, avec des voyages à Jérusalem, Antioche, etc. Voir la note ajoutée par Voltaire en 1771 à l'*Examen important*, ch.21 (V62, p.262).

[13] L'origine de cette anecdote n'a pas été établie, mais voir J. Owen, *Epigrammes*, v.8: 'An Petrus fuit Romae, sub iudice lis est: / Simonem vero nemo fuisse negat'.

aigrement de manger des viandes défendues, c'est-à-dire, du porc, du boudin, du lièvre, des anguilles, de l'ixion, et du griffon.[14] Pierre se défendait en disant, qu'il avait vu le ciel ouvert vers la sixième heure, et une grande nappe qui descendait des quatre coins du ciel, laquelle était toute remplie d'anguilles, de quadrupèdes et d'oiseaux; et que la voix d'un ange avait crié: 'Tuez et mangez.'[15] C'est apparemment cette même voix qui a crié à tant de pontifes, 'Tuez tout, et mangez la substance du peuple', dit Voloston.[16]

Casaubon[17] ne pouvait approuver la manière dont Pierre traita le bonhomme Anania et Saphira sa femme. De quel droit, disait Casaubon, un Juif esclave des Romains ordonnait-il, ou souffrait-il que tous ceux qui croiraient en Jésus vendissent leurs héritages et en apportassent le prix à ses pieds? Si quelque anabaptiste à Londres faisait apporter à ses pieds tout l'argent de ses frères, ne serait-il pas arrêté comme un séducteur séditieux, comme un

[14] L'ixion est une espèce de vautour blanc à vue perçante, le griffon un animal fabuleux à corps de lion, tête et ailes d'aigle (voir V63A, p.356, n.2).

[15] Actes x.9-16; aucun passage néotestamentaire ne spécifie explicitement que Pierre ait mangé des mets défendus par la loi. Dans Galates ii.12, Paul rappelle qu'il a mangé avec les païens, mais il ne précise pas la nature des aliments consommés. Dans l'article 'Christianisme' déjà, Voltaire a cru pouvoir inférer de cette commensalité 'avec les gentils convertis' que ni Pierre ni Barnabé n'observaient 'la distinction des viandes', mangeant 'indifféremment du porc, des chairs étouffées, des animaux qui avaient le pied fendu et qui ne ruminaient pas' (l.240-243).

[16] William Wollaston, *Ebauche de la religion naturelle* (La Haye 1726). Voltaire semble résumer à grands traits le contenu de plusieurs passages de la sixième section portant sur l'usurpation, la guerre, la politique (p.225-41, 248-63).

[17] Isaac Casaubon, *De rebus sacris et ecclesiasticis, excercitationes XVI* (Genevae 1655), évoque la 'compellatio' d'Ananie dans la quinzième dissertation consacrée à la primauté de Pierre, §14, p.368. Cf. également son édition commentée du Nouveau Testament, ad Actes v.1-11. L'histoire tragique d'Ananie et Saphira a particulièrement scandalisé Voltaire. Il commence à l'exploiter polémiquement en 1763 dans le *Catéchisme de l'honnête homme*. Voir aussi par ex. *Questions sur les miracles*, *Dernières paroles d'Epictète à son fils*, *Examen important*, ch.28.

larron qu'on ne manquerait pas d'envoyer à Tyburn?[18] N'est-il pas horrible de faire mourir Anania, parce qu'ayant vendu son fonds et en ayant donné l'argent à Pierre, il avait retenu pour lui et pour sa femme quelques écus pour subvenir à leurs nécessités sans le dire? A peine Anania est-il mort, que sa femme arrive. Pierre au lieu de l'avertir charitablement qu'il vient de faire mourir son mari d'apoplexie, pour avoir gardé quelques oboles, et de lui dire de bien prendre garde à elle, la fait tomber dans le piège. Il lui demande si son mari a donné tout son argent aux saints. La bonne femme répond, oui, et elle meurt sur-le-champ. Cela est dur.

Corringius demande,[19] pourquoi Pierre qui tuait ainsi ceux qui lui avaient fait l'aumône, n'allait pas tuer plutôt tous les docteurs qui avaient fait mourir Jésus-Christ, et qui le firent fouetter lui-même plus d'une fois? O Pierre! vous faites mourir deux chrétiens qui vous ont fait l'aumône, et vous laissez vivre ceux qui ont crucifié votre Dieu!

Apparemment que Corringius n'était pas en pays d'Inquisition, quand il faisait ces questions hardies. Erasme, à propos de Pierre, remarquait une chose fort singulière; c'est que le chef de la religion chrétienne commença son apostolat par renier Jésus-Christ; et que le premier pontife des Juifs avait commencé son ministère par faire un veau d'or, et par l'adorer.[20]

[18] Situé à la jonction des actuelles Oxford Street, Bayswater Road, et Edgware Road, Tyburn est l'endroit de Londres où se sont accomplies les exécutions publiques pour le Middlesex jusqu'en 1783.

[19] Hermannus Conringius ne dit pas que Pierre a tué Ananie et Saphira mais blâme sa conduite ('Dissertatio de majestate civili', 1677, dans *Opera*, Brunsvigae 1730, iv.641). Il est également l'auteur d'une *Defensio ecclesiae protestantium adversus duo pontificiorum argumenta, petita a successione episcoporum ac presbyterorum ab apostolis usque derivata* (Helmestadii 1654).

[20] Erasme a évoqué plus d'une fois la faute de Pierre, mais sans formuler explicitement le parallèle que rapporte Voltaire; il peut cependant être déduit de son commentaire sur l'Ecclésiaste, *Opera omnia* (Lugduni Batavorum 1704), v.790-91 pour Aaron (cf. aussi son *De puritate*, v.298) et v.883 pour Pierre; voir également son *De magnitudine*, v.583. Pour Aaron et le veau d'or, voir Exode xxxii.1-35.

Quoi qu'il en soit, Pierre nous est dépeint comme un pauvre qui catéchisait des pauvres. Il ressemble à ces fondateurs d'ordres, qui vivaient dans l'indigence, et dont les successeurs sont devenus grands seigneurs.

Le pape successeur de Pierre a tantôt gagné, tantôt perdu; mais il lui reste encore environ cinquante millions d'hommes sur la terre, soumis en plusieurs points à ses lois, outre ses sujets immédiats.

Se donner un maître à trois ou quatre cents lieues de chez soi;[21] attendre pour penser que cet homme ait paru penser; n'oser juger en dernier ressort un procès entre quelques-uns de ses concitoyens, que par des commissaires nommés par cet étranger; n'oser se mettre en possession des champs et des vignes qu'on a obtenus de son propre roi, sans payer une somme considérable à ce maître étranger; violer les lois de son pays qui défendent d'épouser sa nièce, et l'épouser légitimement en donnant à ce maître étranger une somme encore plus considérable;[22] n'oser cultiver son champ le jour que cet étranger veut qu'on célèbre la mémoire d'un inconnu qu'il a mis dans le ciel de son autorité privée; c'est là en partie ce que c'est que d'admettre un pape; ce sont là les libertés de l'Eglise gallicane.

Il y a quelques autres peuples qui portent plus loin leur soumission. Nous avons vu de nos jours un souverain demander au pape la permission de faire juger par son tribunal royal des moines accusés de parricide, ne pouvoir obtenir cette permission, et n'oser les juger![23]

[21] Sur les pouvoirs exorbitants que ce maître prétendait s'arroger, voir les carnets (V 82, p.657-58).

[22] Voir V 64, p.206, 296, n.8, et 297, n.9.

[23] Allusion évidente à la conduite de Joseph Ier, roi de Portugal (1750-1777), après la découverte de la culpabilité de trois jésuites, dans l'attentat qui avait failli lui coûter la vie. Il demanda vainement à Rome la permission de les faire juger et se contenta alors de les garder en prison. Voltaire a raconté l'épisode dans le *Précis du siècle de Louis XV*, ch.38 (*OH*, p.1533-34).

On sait assez qu'autrefois les droits des papes allaient plus loin; ils étaient fort au-dessus des dieux de l'antiquité; car ces dieux passaient seulement pour disposer des empires, et les papes en disposaient en effet.

Sturbinus[24] dit qu'on peut pardonner à ceux qui doutent de la divinité et de l'infaillibilité du pape, quand on fait réflexion.

Que quarante schismes ont profané la chaire de St Pierre, et que vingt-sept l'ont ensanglantée;

Qu'Etienne VII, fils d'un prêtre, déterra le corps de Formose son prédécesseur, et fit trancher la tête à ce cadavre;

Que Sergius III convaincu d'assassinats, eut un fils de Marozie, lequel hérita de la papauté;

Que Jean X, amant de Théodora, fut étranglé dans son lit;

Que Jean XI, fils de Sergius III, ne fut connu que par sa crapule;

Que Jean XII fut assassiné chez sa maîtresse;

Que Benoît IX acheta et revendit le pontificat;

Que Grégoire VII fut l'auteur de cinq cents ans de guerres civiles soutenues par ses successeurs;

Qu'enfin parmi tant de papes, ambitieux, sanguinaires et débauchés, il y a eu un Alexandre VI, dont le nom n'est prononcé qu'avec la même horreur que ceux des Néron et des Caligula.[25]

[24] Peut-être le luthérien Johannes Sturmius (1507-1589), recteur de Strasbourg et polygraphe abondant à qui Bayle a consacré un article. Sur le rôle du pontificat, voir ses *Epistolae*, éd. J. H. Acker (Hanau 1707), *passim*.

[25] Dans ses carnets, Voltaire a dressé plusieurs listes de crimes imputés aux papes. Pour Etienne VII (929-931) il note qu'il s'agit des doigts de Formose et qu'on l'a ensuite jeté dans le Tibre (V 81, p.403); Sergius III (904-911); sur Jean X (914-928), voir V 81, p.124; Jean XI (931-936); sur Jean XII (955-963), voir V 81, p.403: Voltaire précise qu'il mourut ivre; Benoît IX (1033-1045); sur Grégoire VII (1073), voir V 81, p.403; sur ces papes, voir *Essai sur les mœurs*, ch.35, 37 et 46. Particulièrement sévère pour Alexandre VI, Voltaire a évoqué ses intrigues et ses crimes innombrables principalement dans l'*Essai sur les mœurs*, ch.106-111: intempérance, inceste, népotisme, empoisonnements, assassinats, exactions, orgies, etc. Voltaire possède François Bruys, *Histoire des papes* (La Haye 1732-1734), largement annotée (CN, i.549-53); Johann Heinrich Heidegger, *Histoire du papisme*,

C'est une preuve, dit-on, de la divinité de leur caractère, qu'elle ait subsisté avec tant de crimes; mais si les califes avaient eu une conduite encore plus affreuse, ils auraient donc été encore plus divins. C'est ainsi que raisonne Dermius;[26] mais les jésuites lui ont répondu.[27]

---

trad. N. Aubert (Amsterdam 1685); William Sherlock, *Préservatif contre le papisme*, trad. E. de Joncourt (La Haye 1721).

[26] L'argument est presque un lieu commun. L'identification de Dermius est malaisée: s'agit-il du franciscain Thadée Dermicius, nom en religion d'Anthony Hickey, auteur d'une *Nitela franciscanae religionis et abstertio sordium quibus eam conspurcare frustra tentavit* (Lyon 1627), qui s'est prononcé sur le jugement des pontifes (ii.613) et a développé au long la thèse que l'Eglise comprend de bons et mauvais éléments (i.345, 358; ii.40, 102) et que 'peccatum est ianua' (ii.224)? La *Nitela*, comme le dit son titre complet, attaquait le dominicain Abraham Bzowski, éditeur peu exact de Baronius. Cf. aussi le *Commentariorum in Lucae evangelium* (Rome 1641).

[27] Quelques lignes ont été ajoutées par Voltaire en 1774, qui laissent entrevoir une amélioration, alors, des rapports entre pouvoir de Rome et pouvoir des princes, 'dans le système d'un équilibre général, qui est l'esprit de toutes les cours'.

PRÉJUGÉS[1]

Le préjugé est une opinion sans jugement. Ainsi dans toute la terre, on inspire aux enfants toutes les opinions qu'on veut, avant qu'ils puissent juger.

Il y a des préjugés universels, nécessaires, et qui sont la vertu même. Par tous pays on apprend aux enfants à reconnaître un Dieu rémunérateur et vengeur; à respecter, à aimer leur père et leur mère; à regarder le larcin comme un crime, le mensonge intéressé comme un vice, avant qu'ils puissent deviner ce que c'est qu'un vice et une vertu.

Il y a donc de très bons préjugés: ce sont ceux que le jugement ratifie quand on raisonne.

Sentiment n'est pas simple préjugé; c'est quelque chose de bien plus fort. Une mère n'aime pas son fils, parce qu'on lui dit qu'il le faut aimer; elle le chérit heureusement malgré elle. Ce n'est point par préjugé que vous courez au secours d'un enfant inconnu prêt à tomber dans un précipice, ou à être dévoré par une bête.

Mais c'est par préjugé que vous respecterez un homme revêtu de certains habits, marchant gravement, parlant de même. Vos parents vous ont dit que vous deviez vous incliner devant cet homme, vous le respectez avant de savoir s'il mérite vos respects: vous croissez en âge et en connaissances; vous vous apercevez que cet homme est un charlatan pétri d'orgueil, d'intérêt, et d'artifice; vous méprisez ce que vous révériez, et le préjugé cède au jugement. Vous avez cru par préjugé les fables dont on a bercé votre enfance; on vous a dit, que les Titans firent la guerre aux dieux,[2] et que

13 64: on lui a dit

[1] Cet article, publié en 1764, n'a pas été repris dans les QE.

[2] Hésiode, *Theogonia*, 132-210; Hygin, *De astronomia*, II.13, 14.

Vénus fut amoureuse d'Adonis;[3] vous prenez à douze ans ces fables pour des vérités; vous les regardez à vingt ans comme des allégories ingénieuses.[4]

Examinons en peu de mots les différentes sortes de préjugés, afin de mettre de l'ordre dans nos affaires. Nous serons peut-être comme ceux qui du temps du système de *Lass* s'aperçurent qu'ils avaient calculé des richesses imaginaires.[5]

Préjugés de sens.

N'est-ce pas une chose plaisante que nos yeux nous trompent toujours, lors même que nous voyons très bien, et qu'au contraire nos oreilles ne nous trompent pas? Que votre oreille bien conformée entende, *vous êtes belle, je vous aime*: il est bien sûr qu'on ne vous a pas dit, *je vous hais, vous êtes laide*; mais vous voyez un miroir uni, il est démontré que vous vous trompez, c'est une surface très raboteuse. Vous voyez le soleil d'environ deux pieds de diamètre, il est démontré qu'il est un million de fois plus gros que la terre.[6]

Il semble que Dieu ait mis la vérité dans vos oreilles, et l'erreur dans vos yeux; mais étudiez l'optique, et vous verrez que Dieu ne vous a pas trompé, et qu'il est impossible que les objets vous

31 65v: Law

[3] Ovide, *Métamorphoses*, x.518-559, 682-739.

[4] Voir ci-dessus, art. 'Fables'.

[5] John Law (1671-1729), surintendant des finances sous la Régence, créa une banque d'Etat qui s'effondra dans une banqueroute effroyable en 1720. Dans le *Précis du siècle de Louis XV*, Voltaire fera l'historique du système de Law (*OH*, p.1307-11).

[6] Le volume du soleil vaut environ 1406 x 10^{18} km^3, soit 1293 x 10^6 fois celui de la terre. Malebranche discute longuement les fautes de perception, en particulier les fautes de perception visuelles, et surtout les fausses perceptions des corps astronomiques, *De la recherche de la vérité*, I.iv.3, ix.3-6, xiv.2 (voir CN, iii.494).

paraissent autrement que vous les voyez dans l'état présent des choses.[7]

Préjugés physiques.

Le soleil se lève, la lune aussi, la terre est immobile; ce sont là des préjugés physiques naturels. Mais que les écrevisses soient bonnes pour le sang, parce qu'étant cuites elles sont rouges comme lui; que les anguilles guérissent la paralysie, parce qu'elles frétillent; que la lune influe sur nos maladies, parce qu'un jour on observa qu'un malade avait eu un redoublement de fièvre pendant le décours de la lune: ces idées et mille autres ont été des erreurs d'anciens charlatans qui jugèrent sans raisonner, et qui étant trompés trompèrent les autres.[8]

Préjugés historiques.

La plupart des histoires ont été crues sans examen, et cette créance est un préjugé. Fabius Pictor raconte que plusieurs siècles avant lui, une vestale de la ville d'Albe allant puiser de l'eau dans sa cruche, fut violée, qu'elle accoucha de Romulus et de Remus, qu'ils furent nourris par une louve, etc.[9] Le peuple romain crut cette fable; il n'examina point si dans ce temps-là il y avait des vestales dans le Latium, s'il était vraisemblable que la fille d'un roi sortît de son couvent avec sa cruche, s'il était probable qu'une louve allaitât deux enfants au lieu de les manger. Le préjugé s'établit.

[7] Voir les *Eléments de la philosophie de Newton*, II.vi (V 15, p.305-14).

[8] On trouve des échos de cette médecine populaire entre autres dans *Les Admirables secrets d'Albert le Grand* (Lyon 1651). L'influence de la lune est évoquée dans I.iii, et celle des anguilles dans II.iii.

[9] Anecdotes citées d'après les histoires de Fabius Pictor, par Denys d'Halicarnasse, *Antiquitates romanorum*, I.lxxix. Voltaire cite cette fable dans son article 'Histoire' de l'*Encyclopédie* (V 33, p.165). Il fera état des contes sur les débuts de Rome dans *La Philosophie de l'histoire* (V 59, p.270-71).

Un moine écrit que Clovis étant dans un grand danger à la bataille de Tolbiac, fit vœu de se faire chrétien s'il en réchappait;[10] mais est-il naturel qu'on s'adresse à un dieu étranger dans une telle occasion? n'est-ce pas alors que la religion dans laquelle on est né agit le plus puissamment? Quel est le chrétien qui dans une bataille contre les Turcs ne s'adressera pas plutôt à la Sainte Vierge qu'à Mahomet? On ajoute qu'un pigeon apporta la sainte ampoule dans son bec pour oindre Clovis, et qu'un ange apporta l'oriflamme pour le conduire; le préjugé crut toutes les historiettes de ce genre.[11] Ceux qui connaissent la nature humaine savent bien que l'usurpateur Clovis,[12] et l'usurpateur Rolon ou Rol,[13] se firent chrétiens pour gouverner plus sûrement des chrétiens, comme les usurpateurs turcs se firent musulmans pour gouverner plus sûrement les musulmans.

Préjugés religieux.

Si votre nourrice vous a dit que Cérès préside aux blés, ou que Visnou et Xaca se sont faits hommes plusieurs fois, ou que Sammonocodom[14] est venu couper une forêt,[15] ou qu'Odin vous

[10] Clovis vainquit les Alamans à Tolbiac, site au sud-ouest de Cologne, en 496. La conversion de Clovis est racontée par Grégoire de Tours, *Historia Francorum*, II.xxx (PL, lxxi.225-26). Voir aussi les carnets (V 81, p.184-85), qui s'intéressent à Clovis mais ne parlent pas de sa conversion. Dans le *Discours aux Welches*, Voltaire ironise sur les conversions qui auraient eu lieu après la bataille de Tolbiac (M.xxv.239).

[11] Mêmes ironies sur la sainte ampoule dans l'*Essai sur les mœurs*, ch.13 (i.314).

[12] Selon Voltaire, Clovis n'était qu'un flibustier qui vint des bords du Rhin dans les Gaules (QE, art. 'Flibustiers', M.xix.154).

[13] Rollon (*c*.860-933), guerrier scandinave conquérant et premier duc de Normandie en 911, est évoqué dans l'*Essai sur les mœurs*, ch.25 (i.388-89).

[14] Sur Vishnu, Xaca et Sammonocodom, voir art. 'Catéchisme chinois', n.83, 84.

[15] Voir 'Esprit faux', l.23, qui donne le même exemple, puisé à Gui Tachard, *Voyage de Siam* (Paris 1686), ii.255-56.

attend dans sa salle vers le Jutland,[16] ou que Mahomet ou quelque autre a fait un voyage dans le ciel,[17] enfin si votre précepteur vient ensuite enfoncer dans votre cervelle ce que votre nourrice y a gravé, vous en tenez pour votre vie. Votre jugement veut-il s'élever contre ces préjugés? vos voisins et surtout vos voisines crient à l'impie, et vous effrayent; votre derviche craignant de voir diminuer son revenu, vous accuse auprès du cadi, et ce cadi vous fait empaler s'il le peut, parce qu'il veut commander à des sots, et qu'il croit que les sots obéissent mieux que les autres; et cela durera jusqu'à ce que vos voisins et le derviche et le cadi commencent à comprendre que la sottise n'est bonne à rien, et que la persécution est abominable.

[16] La mythologie scandinave commençait à être connue par le livre de Paul-Henri Mallet, *Monuments de la mythologie et de la poésie des Celtes et particulièrement des anciens Scandinaves* (Copenhague 1756; BV), décrivant la ville céleste d'Odin où 'les hommes vertueux [...] doivent habiter et [...] vivre heureux pendant tous les âges' (p.40-41). Voltaire a consacré quelques lignes à la religion des anciens Scandinaves dans l'*Essai sur les mœurs*, ch.21 (i.363).

[17] Coran, XVII.1.

PRÊTRE[1]

Les prêtres sont dans un Etat à peu près ce que sont les précepteurs dans les maisons des citoyens, faits pour enseigner, prier, donner l'exemple; ils ne peuvent avoir aucune autorité sur les maîtres de la maison, à moins qu'on ne prouve que celui qui donne des gages doit obéir à celui qui les reçoit.[2]

De toutes les religions celle qui exclut le plus positivement les prêtres de toute autorité civile, c'est sans contredit celle de Jésus: *Rendez à César ce qui est à César. – Il n'y aura parmi vous ni premier ni dernier. – Mon royaume n'est point de ce monde.*[3]

Les querelles de l'empire et du sacerdoce qui ont ensanglanté l'Europe pendant plus de six siècles, n'ont donc été de la part des prêtres que des rébellions contre Dieu et les hommes, et un péché continuel contre le Saint-Esprit.

a-44 64, 65, article absent

[1] Il est difficile de fixer avec certitude la date de composition de cet article, paru dans 65v, dans la mesure où il reprend deux des idées fondamentales obsédantes et permanentes de Voltaire: le danger redoutable que représente la puissance sacerdotale, et la nécessité de contenir les prêtres dans le rôle de serviteurs de l'Etat. On peut penser néanmoins que la publication cette année-là des *Actes de l'Assemblée générale du clergé de France*, contenant une condamnation de 'plusieurs livres contre la religion', dont l'*Essai sur l'histoire générale*, le DP et *La Philosophie de l'histoire*, a pu inciter Voltaire à composer d'urgence une réplique. En octobre 1765, il poursuivra cette réplique dans le *Mandement du révérendissime père en Dieu Alexis* où il condamne de nouveau la coexistence des deux puissances, le sacerdoce et l'empire. C'est également la période pendant laquelle Voltaire se pique de donner des conseils de gouvernement à l'impératrice Catherine II pour la Russie.

[2] Cf. *Idées républicaines par un membre d'un corps*, XI (1765; M.xxiv.415).

[3] Matthieu xxii.21, xx.16; Jean xviii.36. Sur l'autorité séculière du clergé, voir les carnets (V 81, p.88, 114, 151, 158, 259). Ce paragraphe et les deux suivants reprennent textuellement les notes des fragments Houssaye des carnets (V 82, p.570) qui font immédiatement suite aux passages utilisés pour l'article 'Patrie'.

Depuis Calcas qui assassina la fille d'Agamemnon[4] jusqu'à Grégoire XIII et Sixte V, deux évêques de Rome qui voulurent priver le grand Henri IV du royaume de France,[5] la puissance sacerdotale a été fatale au monde.

Prière n'est pas domination, exhortation n'est pas despotisme. Un bon prêtre doit être le médecin des âmes. Si Hippocrate avait ordonné à ses malades de prendre de l'ellébore sous peine d'être pendus, Hippocrate aurait été plus fou et plus barbare que Phalaris,[6] et il aurait eu peu de pratiques. Quand un prêtre dit, Adorez Dieu, soyez juste, indulgent, compatissant, c'est alors un très bon médecin; quand il dit, Croyez-moi, ou vous serez brûlé, c'est un assassin.[7]

Le magistrat doit soutenir et contenir le prêtre, comme le père de famille doit donner de la considération au précepteur de ses enfants et empêcher qu'il n'en abuse. *L'accord du sacerdoce et de l'empire* est le système le plus monstrueux; car dès qu'on cherche

[4] Calchas: grand-prêtre et devin de l'expédition des Grecs contre Troie; c'est lui qui contraignit Agamemnon à sacrifier sa fille Iphigénie à Aulis.

[5] Elu pape à 70 ans en 1572 et mort en 1585, Grégoire XIII n'eut pas le loisir de s'opposer durablement à la candidature au trône de France d'Henri de Navarre, puisque le futur Henri IV ne put apparaître comme un candidat virtuel qu'à la mort du duc d'Alençon en juin 1584. (Encore lui fallut-il attendre la disparition d'Henri III le 1er août 1589, pour que celui-ci sur son lit de mort le désigne comme le seul héritier légitime.) C'est probablement la raison pour laquelle Voltaire n'a rien dit de cette opposition de Grégoire XIII à Henri de Navarre au chapitre 183 de l'*Essai sur les mœurs*. Dans le chapitre 184, en revanche, Voltaire note de Sixte Quint, successeur de Grégoire XIII, que d'abord 'il déclara Henri IV, alors roi de Navarre, incapable de succéder à la couronne de France', puis qu'il 'refusa pourtant à la fin de prendre le parti de la Ligue et de l'Espagne contre Henri IV, alors hérétique' (*Essai*, ii.711, 713).

[6] Phalaris fut ce célèbre tyran d'Agrigente (565-549 av. J.-C.) qui faisait brûler ses victimes dans un taureau d'airain pour savourer le concert de leurs gémissements, son harmonie préférée. Voltaire l'évoque également à la fin de l'article 'Martyre', également paru dans 65v.

[7] 'Il faut avoir une religion, et ne pas croire aux prêtres' (les carnets, V 82, p.502). Sur la peur que peuvent inspirer les menaces des prêtres, Voltaire s'est expliqué, cette même année 1765, dans l'article 'Secte'.

cet accord, on suppose nécessairement la division; il faut dire, *la protection donnée par l'empire au sacerdoce*.

Mais dans les pays où le sacerdoce a obtenu l'empire, comme dans Salem, où Melchisédec était prêtre et roi, comme dans le Japon où le daïri a été si longtemps empereur, comment faut-il faire? Je réponds que les successeurs de Melchisédec et des daïri ont été dépossédés.[8]

Les Turcs sont sages en ce point. Ils font à la vérité le voyage de la Mecque, mais ils ne permettent pas au shérif de la Mecque d'excommunier le sultan. Ils ne vont point acheter à la Mecque la permission de ne pas observer le ramadan, et celle d'épouser leurs cousines ou leurs nièces; ils ne sont point jugés par des imans que le shérif délègue; ils ne payent point la première année de leur revenu au shérif.[9] Que de choses à dire sur tout cela! Lecteur, c'est à vous de les dire vous-même.[10]

[8] Melchisédech, contemporain d'Abraham qu'il bénit pour ses victoires (Genèse xiv.18-20), était à la fois prêtre et roi de Salem. Calmet dit croire avec Josèphe et le commun des Pères et des interprètes que cette appellation désigne Jérusalem, où aurait régné Melchisédech, mais signale que saint Jérôme, Reland et l'auteur de la *Chronique pascale* jugent qu'il s'agit d'une ville autre que Jérusalem. Jérôme la plaçait dans le territoire de Scythopolis (*Dictionnaire*, art. 'Salem'). Sur les daïris, voir 'Catéchisme du Japonais', n.12 et 31. L'expression 'successeurs des daïris' n'est pas des plus heureuses, car même après avoir été dépossédés de leur pouvoir temporel par les 'Taiko-Sema' à la fin du seizième siècle, les empereurs-pontifes du Japon ont continué à porter le nom de daïris.

[9] Cf. un développement sur le même sujet que Voltaire a placé en 1764 dans l'article 'Pierre', pour faire voir quelles conséquences il résulte de 'se donner un maître à trois ou quatre cents lieues de chez soi': achat de dispenses pour ne pas observer la carême ou pouvoir épouser sa nièce; et surtout 'n'oser juger en dernier ressort un procès entre quelques-uns de ses concitoyens que par des commissaires nommés par cet étranger' (l.105-108); ce qui devient ici: être 'jugés par des imans que le shérif délègue'. Quant aux annates, elles constituent un abus que Voltaire a dénoncé maintes fois et avec vigueur.

[10] Même exhortation à la fin de 'Sensation' (1764) et de 'Morale' (1767).

PROPHÈTES[1]

Le prophète Jurieu fut sifflé,[2] les prophètes des Cévennes furent pendus ou roués;[3] les prophètes qui vinrent du Languedoc et du Dauphiné à Londres furent mis au pilori;[4] les prophètes anabaptistes furent condamnés à divers supplices;[5] le prophète Savonarola

a-61 64-65v, article absent

[1] Cet article, publié en 1767, a peut-être été rédigé l'année précédente. Voltaire a défini ironiquement le prophète dans *La Philosophie de l'histoire* (V 59, p.193) et a consacré son chapitre 43 aux prophètes juifs, soulignant la difficulté de distinguer les vrais des faux et citant déjà les malheurs d'Isaïe, Jérémie, Ezéchiel, Michée. Toutefois, il semble que, en dehors d'Ezéchiel et d'Elie, souvent mentionnés dans la correspondance, il évoque surtout les prophètes à partir de 1766, par exemple dans *L'Examen important de milord Bolingbroke*, ch.10, et *Le Dîner du comte de Boulainvilliers* dont certaines remarques sont très proches de cet article; cf. les carnets: 'Recherches sur les prophêtes, auparavant appellés voiants. Prophête ne signifie pas inspiré' (V 82, p.496). Voltaire a reproduit le présent article, avec une addition, dans les QE, et l'a fait suivre d'un article 'Prophéties'.

[2] Jurieu est souvent cité par Voltaire pour s'être abandonné à de dangereuses prophéties de fanatique. L'article 'Prophéties' des QE résume l'annonce de la chute du papisme prophétisée dans *L'Accomplissement des prophéties* (Rotterdam 1689-1690; CN, iv.634-36). Voir ci-dessus, art. 'Persécution', n.2; 'Philosophe', n.26.

[3] Dans *Le Siècle de Louis XIV*, ch.36, Voltaire rappelle les rébellions excitées par les prophéties, à travers les rassemblements du Languedoc, des Cévennes et du Dauphiné, au début du siècle; il cite l'exemple de Cavalier aidé par une prophétesse, mentionne les supplices et cruautés dont furent victimes les protestants, mais aussi la barbarie réciproque dans leur affrontement avec les troupes royales.

[4] La fin de ce même chapitre raconte comment plusieurs de ces prophètes se rendirent en Angleterre et proposèrent, pour mieux convaincre, de ressusciter un mort. Le ministère donna son autorisation, fit surveiller l'opération et finit par mettre au pilori les prophètes; cf. l'*Examen important* (V 62, p.204).

[5] Les anabaptistes ont constitué à la fois une secte (où l'on estimait que, la foi devant précéder le baptême, les enfants baptisés devaient recevoir à nouveau ce sacrement quand ils étaient en âge de juger par eux-mêmes) et un parti, rêvant de réforme sociale. Ils ont été considérés comme les radicaux de la Réforme. Les insurrections qu'ils déclenchèrent, au seizième siècle, en Thuringe, en Bavière, en

fut cuit à Florence;[6] le prophète Jean Batiseur ou Batiste eut le cou coupé.[7]

On prétend que Zacharie fut assassiné; mais heureusement cela n'est pas prouvé.[8] Le prophète Jeddo ou Addo qui fut envoyé

Souabe, en Franconie, entraînèrent des répressions atroces. Après leur dispersion, ils s'installèrent en Westphalie, à Münster, avec leur chef Jean de Leyde, considéré comme prophète et roi de la Jérusalem nouvelle. Il périt à son tour dans les supplices. A Amsterdam, des soulèvements aboutirent à des répressions et des tortures. Voir Fleury, *Histoire ecclésiastique*, CXXXIV.lxiv: 'Les anabaptistes chassés de la Haute Allemagne où ils s'étaient répandus, particulièrement dans la Westphalie, se jetèrent dans les Pays-Bas, et infectèrent de leurs erreurs une grande partie de ces provinces. Alors on n'y entendit parler que de visions et de révélations, chacun s'y érigeait en prophète, et débitait ses rêveries au peuple, comme les plus grandes vérités évangéliques; et ces peuples qui à peine savaient lire, les croyaient comme des hommes envoyés de Dieu' (passage marqué d'un signet; CN, iii.592); cf. *Essai sur les mœurs*, ch.131 et 132, et *Le Dîner du comte de Boulainvilliers* (V 63A, p.378).

[6] Savonarole, moine dominicain (1452-1498), avait annoncé, en s'inspirant de l'Apocalypse, la mort de Laurent de Médicis, celle d'Innocent VIII et l'invasion de l'Italie par les Français. Après avoir dirigé Florence, qui se divisa en deux clans, il fut pendu et brûlé. Cf. *Essai sur les mœurs*, ch.108; Bayle, *Dictionnaire*.

[7] Matthieu xiv.10; voir CN, ii.113.

[8] Les doutes de Voltaire s'expliquent par les nombreuses homonymies rencontrées dans la Bible. Le *Dictionnaire* de Calmet ne recense pas moins de douze Zacharie et évoque les assimilations ou amalgames faits par certains commentateurs. On ne sait rien sur la fin du onzième des petits prophètes, prolixe et obscur, fils de Barachie, neveu d'Addo pour certains, tandis qu'il était son fils pour d'autres. En revanche, Zacharie fils de Joiada fut tué sur l'ordre du roi Joas. Sa lapidation dans le temple même est évoquée en II Chroniques xxiv.20-22. Le père de Jean Baptiste, mentionné en Luc i.5-12, se nommait aussi Zacharie. Enfin reste énigmatique la personnalité de celui qui est désigné par le Christ, en Matthieu xxiii.35 (cf. CN, ii.135), comme le dernier d'une longue lignée de victimes des Juifs, depuis Abel. Pour certains, comme saint Jérôme, il s'agit du Zacharie mentionné en II Chroniques xxiv, bien que le lieu de l'exécution, 'entre le temple et l'autel', soit différent, et qu'il soit nommé en Matthieu 'fils de Barachie'. Pour d'autres, il pourrait s'agir du Zacharie mentionné en Isaïe viii.2. Pour d'autres, du onzième des petits prophètes. Enfin, un Zacharie, fils de Baruch, ennemi de l'injustice, a été tué par les zélateurs au milieu du temple, pendant le siège de Jérusalem, en 70. Pour certains commentateurs, il s'agit donc, en Matthieu, d'une prédiction du Christ. Pour Voltaire, il s'agit, évidemment, d'une preuve de la rédaction tardive de l'Evangile de Matthieu; il revient souvent sur cet anachronisme; voir art. 'Christianisme', l.36-46 et n.7-9.

à Béthel à condition qu'il ne mangerait ni ne boirait, ayant malheureusement mangé un morceau de pain, fut mangé à son tour par un lion, et on trouva ses os sur le grand chemin entre ce lion et son âne.[9] Jonas fut avalé par un poisson; il est vrai qu'il ne resta dans son ventre que trois jours et trois nuits; mais c'est toujours passer soixante et douze heures fort mal à son aise.[10]

Habacuc fut transporté en l'air par les cheveux à Babilone.[11] Ce n'est pas un grand malheur à la vérité; mais c'est une voiture fort incommode. On doit beaucoup souffrir quand on est suspendu par les cheveux l'espace de trois cents milles. J'aurais mieux aimé une paire d'ailes, la jument Borack ou l'hippogriffe.[12]

Michée, fils de Jemilla, ayant vu le Seigneur assis sur son trône avec l'armée du ciel à droite et à gauche, et le Seigneur ayant demandé quelqu'un pour aller tromper le roi Achab, le diable s'étant présenté au Seigneur, et s'étant chargé de la commission, Michée rendit compte de la part du Seigneur au roi Achab de cette aventure céleste. Il est vrai que pour récompense, il ne reçut qu'un énorme soufflet de la main du prophète Sédékia; il est vrai qu'il ne fut mis dans un cachot que pour quelques jours;[13] mais enfin il est désagréable pour un homme inspiré d'être souffleté et fourré dans un cul de basse-fosse.

On croit que le roi Amasias fit arracher les dents au prophète

[9] Sur Addo, mentionné en II Chroniques ix.29, Voltaire a placé un signet, dans le *Commentaire* de Calmet, pour I Rois xiii.20-24, où reste, pourtant, anonyme le prophète victime de sa désobéissance: 'Addo tué par un Lyon pour avoir mangé du pain et bu de l'eau' (CN, ii.72-73).

[10] Jonas ii.1. Voltaire évoque cette histoire en particulier dans l'*Examen important* et *Les Questions de Zapata* (V62, p.208, 398).

[11] Daniel xiv.33-39; cf. *Le Dîner du comte de Boulainvilliers* (V63A, p.367). Voltaire en plaisante dans D15770.

[12] La jument Al Burāk était la monture de Mahomet (cf. art. 'Dogmes', l.3). L'hippogriffe est un animal fabuleux, moitié cheval, moitié griffon, souvent évoqué dans les poèmes de l'Arioste, par exemple.

[13] I Rois xxii.8-28; II Chroniques xviii.4-23. L'anecdote concernant Michée est reprise dans l'*Examen important*, les *Homélies prononcées à Londres* (V62, p.206, 475), et en particulier dans *Un chrétien contre six juifs*, ch.36.

Amos pour l'empêcher de parler.[14] Ce n'est pas qu'on ne puisse absolument parler sans dents; on a vu de vieilles édentées très bavardes; mais il faut prononcer distinctement une prophétie, et un prophète édenté n'est pas écouté avec le respect qu'on lui doit.

Baruch essuya bien des persécutions. Ezéchiel fut lapidé par les compagnons de son esclavage. On ne sait si Jérémie fut lapidé, ou s'il fut scié en deux.

Pour Isaïe, il passe pour constant qu'il fut scié par ordre de Manassé roitelet de Juda.[15]

Il faut convenir que c'est un méchant métier que celui de prophète. Pour un seul qui comme Elie va se promener de planètes en planètes dans un beau carrosse de lumière, traîné par quatre chevaux blancs,[16] il y en a cent qui vont à pied, et qui sont obligés d'aller demander leur dîner de porte en porte. Ils ressemblent assez à Homère qui fut obligé, dit-on, de mendier dans les sept villes qui se disputèrent depuis l'honneur de l'avoir vu naître.[17] Ses commentateurs lui ont attribué une infinité d'allégories, auxquelles il n'avait jamais pensé. On a fait souvent le même honneur aux prophètes. Je ne disconviens pas qu'ils n'aient été très instruits de l'avenir. Il n'y a qu'à donner à son âme un certain degré d'exaltation, comme l'a très bien imaginé le brave philosophe ou

[14] Amos vii.10-17 dit seulement qu'Amos fut chassé de Béthel.

[15] Pour Baruch, voir Jérémie xxxvi.19-26. Le *Dictionnaire* de Calmet exprime son incertitude sur la mort d'Ezéchiel, suppose que Jérémie a été lapidé et Isaïe scié. Cf. l'évocation des mêmes horreurs dans la *La Philosophie de l'histoire*, ch.43 (V 59, p.237 ss.). Habituellement, Voltaire raille surtout les textes prophétiques d'Ezéchiel et d'Isaïe.

[16] II Rois ii.11-12; signet annoté dans le *Commentaire*: 'Elie enlevé' (CN, ii.77). La correspondance s'amuse souvent du merveilleux lié à l'histoire d'Elie; voir D9872, D12009, D12482. Voltaire donne de l'épisode fabuleux une interprétation allégorique dans l'article 'Elie et Enoch' des QE.

[17] Les carnets (V 81, p.242, 342) citent deux vers d'un poème attribué à Thomas Seward (1708-1790): 'Seven wealthy towns contend for Homer dead / Through which the living Homer begg'd his bread'. La liste des lieux revendiquant Homère est d'ailleurs plus étendue, puisqu'on y trouve entre autres: Smyrne, Phocée, Chio, Colophon, Ios, Salamine de Chypre, Argos, Ithaque, Athènes, Pylos.

fou de nos jours qui voulait percer un trou jusqu'aux antipodes et enduire les malades de poix résine.[18] Les Juifs exaltèrent si bien leur âme qu'ils virent très clairement toutes les choses futures; mais il est difficile de deviner au juste si par Jérusalem les prophètes entendent toujours la vie éternelle, si Babilone signifie Londres ou Paris;[19] si quand ils parlent d'un grand dîner on doit l'expliquer par un jeûne; si du vin rouge signifie du sang, si un manteau rouge signifie la foi, et un manteau blanc la charité.[20] L'intelligence des prophètes est l'effort de l'esprit humain, c'est pourquoi je n'en dirai pas davantage.[21]

[18] Depuis la *Diatribe du docteur Akakia*, Voltaire reprend sur Maupertuis les mêmes railleries; cf. les carnets, sur l'efficacité de la poix résine (V 81, p.370). En janvier 1767, encore, il écrit à Frédéric: 'Les Patagons, la poix résine, l'exaltation de l'âme, et le trou pour aller tout droit au centre de la terre, m'ont écarté de mon véritable centre. J'ai payé ce trou bien chèrement. J'étais fait pour vous' (D13805).

[19] Voltaire termine par une raillerie sur les interprétations allégoriques. Dans *La Religion chrétienne prouvée par les faits* (Paris 1749; BV), Claude-François Houtteville avait parlé d'un 'parallèle simple entre les prophéties d'une part, et l'histoire de l'autre', qui constituait une démonstration claire (i.19). Voltaire commente: 'ah simple! l'allégorique est il simple?' (CN, iv.503). L'*Examen important*, ch.18, se réfère à la Jérusalem nouvelle, évoquée ici (V 62, p.248-49). Sur la Jérusalem céleste, voir Apocalypse xxi.2 (CN, i.335). Sur l'assimilation de Rome à Babylone, par laquelle on prouve la présence de Pierre à Rome, fortement mise en doute par Voltaire, voir ci-dessus, art. 'Pierre', *Le Dîner du comte de Boulainvilliers* (V 63A, p.374), en particulier l'*Epître aux Romains* (M.xxvii.101-102), ainsi que QE, art. 'Apôtres', et 'Voyage de saint Pierre à Rome'.

[20] Voir Matthieu viii.11, représentant les joies de l'ère messianique par l'image d'un festin, à la suite d'Isaïe xxv.6, ainsi que Matthieu xxii.2-14, xxvi.29, Apocalypse iii.20, xix.9. Le sang remplaçant le vin rouge est une allusion à la Transsubstantiation. La couleur pourpre est l'attribut des cardinaux. Le blanc est la couleur traditionnellement réservée à la caste sacerdotale. Fleury, dans les *Mœurs des Israélites*, remarquait, dans un passage sur les vêtements, que les couleurs les plus estimées étaient le blanc et la pourpre (CN, iii.619). Il est vraisemblable qu'ici sont particulièrement concernés les vêtements du pape, la contre-vérité l'emportant de plus en plus sur l'absurdité dans la symbolique visée à la fin de l'article.

[21] Par ses aspects comiques et polémiques, cet article diffère absolument du très sérieux article 'Prophète' que le chevalier de Jaucourt écrivit pour l'*Encyclopédie*.

RELIGION[1]

Première question.

L'évêque de Vorcester, Warburton, auteur d'un des plus savants ouvrages[2] qu'on ait jamais fait, s'exprime ainsi page 8, tome premier, 'Une religion, une société qui n'est pas fondée sur la créance d'une autre vie, doit être soutenue par une Providence extraordinaire. Le judaïsme n'est pas fondé sur la créance d'une autre vie; donc, le judaïsme a été soutenu par une Providence extraordinaire.'[3]

Plusieurs théologiens se sont élevés contre lui,[4] et comme on rétorque tous les arguments, on a rétorqué le sien, on lui a dit:

[1] Composé de sept questions dans l'édition de 1764, cet article s'est enrichi de la huitième en 1765 (65V). Les QE proposent deux nouvelles sections. Il est difficile d'assigner une date précise à cet article qui est une synthèse des idées religieuses de Voltaire et qui ébauche des thèmes traités dans *La Philosophie de l'histoire*.

[2] Voltaire possède trois éditions incomplètes de *The Divine legation of Moses*, l'une de 1738-1741, les autres de 1755 et 1758. Il a réclamé cet ouvrage dès 1756 (D6712), l'a complété dans le courant de l'année 1760 (D8858). D'abord ironique (D7432, D10332), Voltaire emprunte beaucoup à Warburton et l'indique comme une des sources du DP dans la 'Préface'; voir J. H. Brumfitt, 'Voltaire and Warburton', p.35-56.

[3] Traduction fidèle de Voltaire: 'Whatsoever religion and society have no future state for their support, must be supported by an extraordinary Providence: the Jewish religion and society had no future state for their support. Therefore, the Jewish religion and society were supported by an extraordinary Providence' (London 1765, i.8).

[4] La *Divine legation* fit scandale. William Webster fit paraître *A letter from a country gentleman* à laquelle Warburton répondit: *A vindication of the author of the Divine legation of Moses etc. from the aspersions of the country clergyman's Letter in the Weekly Miscellany of February 24, 1737* (London 1738). Voltaire se réfère vraisemblablement aux ouvrages qu'il possède: *Remarks on several occasional reflections: in answer to the rev. Dr Middleton, Dr Pococke, the master of the Charter House, Dr Richard Grey, and others, serving to explain and justify divers passages, in the Divine legation objected to by those learned writers* de Warburton (London 1744) et

'Toute religion qui n'est pas fondée sur le dogme de l'immortalité de l'âme, et sur les peines et les récompenses éternelles, est nécessairement fausse; or le judaïsme ne connut point ces dogmes, donc le judaïsme, loin d'être soutenu par la Providence, était par vos principes une religion fausse et barbare qui attaquait la Providence.'[5]

Cet évêque eut quelques autres adversaires qui lui soutinrent que l'immortalité de l'âme était connue chez les Juifs, dans le temps même de Moïse;[6] mais il leur prouva très évidemment, que ni le Décalogue, ni le Lévitique, ni le Deutéronome, n'avaient dit un seul mot de cette créance,[7] et qu'il est ridicule de vouloir tordre et corrompre quelques passages des autres livres, pour en tirer une vérité qui n'est point annoncée dans le livre de la loi.[8]

à la *Lettre écrite de Rome* de Middleton (Amsterdam 1744). Il se procurera la réfutation de Robert Lowth: *A letter to the right reverend author of the Divine legation of Moses* (London 1766) et la réponse de John Towne, *Remarks on Dr Lowth's letter* (London 1766). Voir A. W. Evans, *Warburton and the Warburtonians*.

[5] Ce syllogisme est sans doute voltairien. Le raisonnement de Warburton est le suivant: 1) il importe à la conservation des sociétés politiques d'enseigner la doctrine d'une survie où l'individu soit récompensé ou puni; 2) les nations les plus sages de l'antiquité ont enseigné cette doctrine; 3) cette doctrine est absente de l'enseignement de Moïse. Warburton prouvait que la loi mosaïque était d'origine divine par deux syllogismes: le premier est cité par Voltaire, l.3-7; le second assure que les législateurs anciens ont tous cru qu'une pareille religion ne pourrait se soutenir sans un appui particulier de la Providence; or Moïse n'en a pas moins institué une religion de ce type; donc Moïse croyait que sa religion bénéficiait de cet appui particulier.

[6] Voltaire a déjà cité et discuté ces preuves dans l'article 'Ame'. La thèse généralement soutenue par les théologiens est que Dieu s'est proportionné aux Juifs trop charnels, qu'il faut donc lire l'Ancien Testament à la lumière du Nouveau Testament. Ils allèguent aussi des textes du Deutéronome, du Lévitique, de l'Ecclésiaste (voir *Journal helvétique*, février 1765, p.123-26).

[7] Thème déjà traité dans les articles 'Ame' et 'Enfer'. Voltaire adhère à cette thèse de Warburton développée dans le livre V de la *Divine legation*.

[8] Voir la *Divine legation*, VI, qui examine de manière critique les passages de l'Ecriture communément allégués pour prouver la prétendue croyance des Juifs du temps de Moïse en l'immortalité de l'âme. Toutes ces questions sont traitées de nouveau et avec plus d'ampleur dans *La Défense de mon oncle* (voir V 64).

M. l'évêque ayant fait quatre volumes[9] pour démontrer que la loi judaïque ne proposait ni peines, ni récompenses après la mort, n'a jamais pu répondre à ses adversaires d'une manière bien satisfaisante. Ils lui disaient: 'Ou Moïse connaissait ce dogme, et alors il a trompé les Juifs en ne le manifestant pas; ou il l'ignorait; et en ce cas il n'en savait pas assez pour fonder une bonne religion.[10] En effet si la religion avait été bonne, pourquoi l'aurait-on abolie? Une religion vraie doit être pour tous les temps et pour tous les lieux, elle doit être comme la lumière du soleil, qui éclaire tous les peuples et toutes les générations.'[11]

Ce prélat, tout éclairé qu'il est, a eu beaucoup de peine à se tirer de toutes ces difficultés; mais quel système en est exempt?

Seconde question.[12]

Un autre savant beaucoup plus philosophe, qui est un des plus profonds métaphysiciens de nos jours, donne de fortes raisons pour prouver que le polythéisme a été la première religion des hommes, et qu'on a commencé à croire plusieurs dieux, avant que la raison fût assez éclairée pour ne reconnaître qu'un seul Etre suprême.[13]

[9] Voltaire ne prendra connaissance de l'édition de 1765 en cinq volumes de la *Divine legation* où il était malmené et qui n'est pas dans sa bibliothèque que par le *Supplément à la Philosophie de l'histoire* de Larcher (Amsterdam 1767); voir V 64, p.339.

[10] Raisonnement repris dans les *Lettres à S. A. Mgr le prince de* *** (1767; M.xxvi.486-87).

[11] Plaidoyer très voltairien sur la nécessité d'une religion naturelle, valable en tous temps et en tous lieux, qui est une constante de sa pensée.

[12] Toute l'argumentation de la seconde question sera reprise dans *La Philosophie de l'histoire*, ch.5 (V 59, p.99-105).

[13] Qui Voltaire désigne-t-il en ces termes élogieux parmi les savants, assurément nombreux, qui défendaient la thèse du polythéisme primitif? Bayle (art. 'Caïnites', rem. D) a montré comment le dogme de plusieurs génies bons ou mauvais, préposés à différentes charges, est assez à la portée de la raison. Pour rendre compte de tant d'effets différents et même contraires qui s'observent dans la nature, l'homme, abandonné à lui-même et sans le secours de la Révélation, a pu imaginer un grand

J'ose croire, au contraire, qu'on a commencé d'abord par reconnaître un seul Dieu, et qu'ensuite la faiblesse humaine en a adopté plusieurs, et voici comme je conçois la chose.

Il est indubitable qu'il y eut des bourgades avant qu'on eût bâti de grandes villes, et que tous les hommes ont été divisés en petites républiques, avant qu'ils fussent réunis dans de grands empires. Il est bien naturel qu'une bourgade effrayée du tonnerre, affligée de la perte de ses moissons, maltraitée par la bourgade voisine, sentant tous les jours sa faiblesse, sentant partout un pouvoir invisible, ait bientôt dit, Il y a quelque être au-dessus de nous qui nous fait du bien et du mal.

Il me paraît impossible qu'elle ait dit: Il y a deux pouvoirs, car pourquoi plusieurs? On commence en tout genre par le simple, ensuite vient le composé, et souvent enfin on revient au simple par des lumières supérieures. Telle est la marche de l'esprit humain.[14]

Quel est cet être qu'on aura d'abord invoqué? Sera-ce le soleil?

---

nombre d'intelligences pourvues chacune d'un emploi et préposées les unes aux sources des rivières, les autres aux montagnes, les autres aux bois. Ce fondement une fois posé, on ne sait plus où s'arrêter et le nombre des dieux se multiplie sans fin et sans cesse. N.-S. Bergier dans *L'Origine des dieux du paganisme* (Paris 1767) cite La Barre et Fréret comme défenseurs de cette thèse. En 1760, Voltaire a pu en trouver un nouvel exposé dans l'ouvrage de Charles de Brosses, *Du culte des dieux fétiches* (s.l. 1760; BV), mais il ne pense guère de bien de ce livre qu'il utilisera pourtant dans *La Philosophie de l'histoire* (voir D8967). L'hypothèse la plus vraisemblable est qu'il fait ici allusion à Fontenelle qui, dans son traité *De l'origine des fables*, affirme que la marche de l'esprit humain est d'expliquer l'inconnu par le connu. Les hommes primitifs n'ayant que des idées de pouvoir, ont imaginé des dieux et déesses qui incarnent différentes forces de la nature. Il attribue l'origine des fables à l'ignorance des premiers hommes.

[14] Cf. *La Philosophie de l'histoire*: une petite nation n'a d'abord qu'un seul protecteur, puis elle augmente le nombre de ses dieux, enfin les philosophes reconnaissent un dieu et reviennent 'par la raison' au point dont les hommes sauvages étaient partis par instinct (V 59, p.103-104); voir d'autres formulations dans les carnets (V 82, p.544, 627). L'abbé Bergier reproduit cette seconde question dans l'*Origine des dieux du paganisme* (p.78-81) et admet l'idée d'un monothéisme primitif qui serait 'la notion confuse d'être supérieur' (p.82).

sera-ce la lune?[15] je ne le crois pas. Examinons ce qui se passe dans les enfants; ils sont à peu près ce que sont les hommes ignorants. Ils ne sont frappés ni de la beauté, ni de l'utilité de l'astre qui anime la nature, ni des secours que la lune nous prête, ni des variations régulières de son cours; ils n'y pensent pas; ils y sont trop accoutumés. On n'adore, on n'invoque, on ne veut apaiser que ce qu'on craint; tous les enfants voient le ciel avec indifférence; mais, que le tonnerre gronde, ils tremblent; ils vont se cacher. Les premiers hommes en ont sans doute agi de même.[16] Il ne peut y avoir que des espèces de philosophes qui aient remarqué le cours des astres, les aient fait admirer, et les aient fait adorer; mais des cultivateurs simples et sans aucune lumière, n'en savaient pas assez pour embrasser une erreur si noble.[17]

Un village se sera donc borné à dire, Il y a une puissance qui tonne, qui grêle sur nous, qui fait mourir nos enfants, apaisons-la; mais comment l'apaiser? Nous voyons que nous avons calmé par de petits présents la colère des gens irrités, faisons donc de petits présents à cette puissance. Il faut bien aussi lui donner un nom. Le premier qui s'offre est celui de *chef*, de *maître*, de *seigneur*; cette puissance est donc appelée Mon Seigneur. C'est probablement la raison pour laquelle les premiers Egyptiens appelèrent leur dieu

63-64 64: On ne craint, on n'invoque, on n'adore que ce qu'on craint

[15] L'article 'Polythéisme' de l'*Encyclopédie* défend la thèse de l'adoration des astres (xii.956 ss.).

[16] Cf. 'Pour les esprits forts, c'est la crainte qui a fait les dieux' (*Encyclopédie*, xii.955).

[17] Cf. *La Philosophie de l'histoire* qui distingue entre les divinités tutélaires répondant aux peurs et besoins grossiers des premiers hommes et l'idée d'un dieu formateur, rémunérateur, 'fruit de la raison cultivée' (V 59, p.100-101).

Knef,[18] les Syriens *Adoni*,[19] les peuples voisins *Baal*, ou *Bel*, ou *Melch*, ou *Moloc*,[20] les Scythes *Papée*;[21] tous mots qui signifient, *seigneur*, *maître*.

C'est ainsi qu'on trouva presque toute l'Amérique partagée en une multitude de petites peuplades, qui toutes avaient leur dieu protecteur. Les Mexicains même, ni les Péruviens qui étaient de grandes nations, n'avaient qu'un seul dieu.[22] L'une adorait Mango Kapak,[23] l'autre le dieu de la guerre. Les Mexicains donnaient à

[18] Sur Knef qui représente l'unité de la nature divine, voir *La Philosophie de l'histoire*, ch.22 (V 59, p.167). La source de Voltaire peut être soit Richard Cumberland, *Sanchoniatho's Phenician history* (London 1720; BV; voir V 64, p.412, n.52), soit Antoine Banier, *La Mythologie et les fables expliquées par l'histoire* (Paris 1738-1740; BV), i.96, 456, 458.

[19] Dans *La Philosophie de l'histoire*, ce sont les Phéniciens qui appellent leur dieu Adonaï (V 59, p.101); information prise dans Banier, i.175.

[20] La source de Voltaire est encore Banier, i.175 et 584, qui précise que ces noms veulent dire 'le Seigneur du ciel'; voir également *La Philosophie de l'histoire* (V 59, p.101-102) où Voltaire précise que les Juifs avaient adoré Moloch au désert.

[21] Banier, s'appuyant sur le témoignage d'Hérodote, déclare: 'Les Scythes avaient aussi leur Jupiter, qu'ils appelaient Papée et dont la terre était la femme' (ii.73). Hérodote précisait: 'En langue scythe, Hestia s'appelle Tabiti; Zeus Papaios, nom qui, à mon avis, est très juste' (I.iv.57). Banier avait eu soin, dans son chapitre consacré aux dieux des Scythes, de mettre en garde contre ces comparaisons: 'Les Grecs qui connaissaient peu la religion des peuples étrangers s'imaginaient que les dieux qu'ils adoraient étaient les mêmes que les leurs' (i.661).

[22] Cette affirmation est fausse: les Mexicains et les Incas étaient polythéistes. Une des sources possibles de Voltaire quant aux civilisations amérindiennes est l'*Histoire générale des voyages* (Paris 1746-1754; BV). Les différentes divinités mexicaines sont énumérées: Vitziliputzli, dieu de la guerre, Tescatilputza, dieu de la pénitence, Quatzalcoat, divinité des marchands, Tazi, l'aïeule commune, etc. (xii.540). Pour les Incas, après avoir décrit, autour du Temple du Soleil de Cuzco, les temples consacrés à la Lune, à l'Etoile de Vénus, au Tonnerre, on affirme très curieusement que les Incas n'adoraient d'autres divinités que le Soleil (xiii.567-68).

[23] Manco Cápac n'est pas une divinité, mais le fondateur de l'empire des Incas. Regardé comme le fils du Soleil, il aurait policé les Péruviens, leur aurait enseigné l'agriculture, aurait fait recevoir des lois conformes aux 'simples aspirations de la nature' (*Histoire des voyages*, xiii.509-11).

leur dieu guerrier le nom de *Viliputsi*,[24] comme les Hébreux avaient appelé leur seigneur *Sabaoth*.[25]

Ce n'est point par une raison supérieure et cultivée que tous les peuples ont ainsi commencé à reconnaître une seule divinité; s'ils avaient été philosophes, ils auraient adoré le dieu de toute la nature, et non pas le dieu d'un village; ils auraient examiné ces rapports infinis de tous les êtres, qui prouvent un Etre créateur et conservateur; mais ils n'examinèrent rien, ils sentirent. C'est là le progrès de notre faible entendement; chaque bourgade sentait sa faiblesse, et le besoin qu'elle avait d'un fort protecteur. Elle imaginait cet être tutélaire et terrible résidant dans la forêt voisine, ou sur la montagne, ou dans une nuée. Elle n'en imaginait qu'un seul, parce que la bourgade n'avait qu'un chef à la guerre. Elle l'imaginait corporel, parce qu'il était impossible de se le représenter autrement. Elle ne pouvait croire que la bourgade voisine n'eût pas aussi son dieu. Voilà pourquoi Jephté dit aux habitants de Moab, *vous possédez légitimement ce que votre dieu Chamos vous a fait conquérir, vous devez nous laisser jouir de ce que notre dieu nous a donné par ses victoires*.[26]

Ce discours tenu par un étranger à d'autres étrangers est très remarquable. Les Juifs et les Moabites avaient dépossédé les naturels du pays, l'un et l'autre n'avaient d'autre droit que celui

108 64: n'avait d'autre

[24] Sur Vitziliputzli, voir l'*Histoire des voyages*, xii.540-46: description de l'idole, sacrifices humains et fêtes religieuses en son honneur.

[25] Sabaot est une forme plurielle signifiant 'armées' et qui qualifie souvent Yahvé, dieu des armées; cf. Isaïe i.9; Jérémie xi.20. Les armées sont celles du ciel: anges, mais aussi astres. Il arrive que le dieu Sabaot soit celui qui combat avec les bataillons d'Israël (I Samuel xvii.45).

[26] Juges xi.24. Voltaire citera de nouveau ces paroles de Jephté dans *La Philosophie de l'histoire* (V 59, p.101), *Les Questions de Zapata* (V 62, p.392), *La Défense de mon oncle* (V 64, p.260), pour prouver que les Juifs n'étaient point monothéistes, mais monolâtres. Il a annoté ce verset (CN, ii.59).

de la force; et l'un dit à l'autre, Ton dieu t'a protégé dans ton usurpation, souffre que mon dieu me protège dans la mienne.

Jérémie et Amos demandent l'un et l'autre, *quelle raison a eu le dieu Melchom de s'emparer du pays de Gad?*[27] Il paraît évident par ces passages, que l'antiquité attribuait à chaque pays un dieu protecteur. On trouve encore des traces de cette théologie dans Homère.[28]

Il est bien naturel que l'imagination des hommes s'étant échauffée, et leur esprit ayant acquis des connaissances confuses, ils aient bientôt multiplié leurs dieux, et assigné des protecteurs aux éléments, aux mers, aux forêts, aux fontaines, aux campagnes. Plus ils auront examiné les astres, plus ils auront été frappés d'admiration. Le moyen de ne pas adorer le soleil, quand on adore la divinité d'un ruisseau? Dès que le premier pas est fait, la terre est bientôt couverte de dieux, et on descend enfin des astres aux chats et aux oignons.

Cependant, il faut bien que la raison se perfectionne; le temps forme enfin des philosophes qui voient que ni les oignons ni les chats, ni même les astres, n'ont arrangé l'ordre de la nature. Tous ces philosophes, babyloniens, persans, égyptiens, scythes, grecs et romains admettent un Dieu suprême, rémunérateur et vengeur.

Ils ne le disent pas d'abord aux peuples; car quiconque eût mal parlé des oignons et des chats devant des vieilles et des prêtres, eût été lapidé. Quiconque eût reproché à certains Egyptiens de manger leurs dieux, eût été mangé lui-même, comme en effet Juvénal rapporte qu'un Egyptien fut tué et mangé tout cru dans une dispute de controverse.[29]

[27] Jérémie xlix.1. Même citation de Jérémie dans *La Philosophie de l'histoire* (V 59, p.102), mais avec ajout d'une référence fausse à Isaïe. Amos prédit la perte des Ammonites et la capture de Melchom, leur dieu (Amos i.13-15) que prophétisait Jérémie (xlix.2-3), mais ne prononce pas les paroles de Jérémie xlix.1.

[28] Dans l'ancienne Grèce, chaque dieu est associé à une cité qu'il protège.

[29] Juvénal, *Satires*, xv.74-92. C'est une nouvelle variation sur un exemple déjà utilisé dans l'article 'Anthropophages'.

Mais que fit-on? Orphée et d'autres établissent des mystères que les initiés jurent par des serments exécrables de ne point révéler, et le principal de ces mystères, est l'adoration d'un seul dieu.[30] Cette grande vérité pénètre dans la moitié de la terre; le nombre des initiés devient immense; il est vrai que l'ancienne religion subsiste toujours; mais comme elle n'est point contraire au dogme de l'unité de Dieu, on la laisse subsister. Et pourquoi l'abolirait-on? Les Romains reconnaissent le *Deus optimus maximus*; les Grecs ont leur *Zeus*, lcur dieu suprême. Toutes les autres divinités ne sont que des êtres intermédiaires; on place des héros et des empereurs au rang des dieux, c'est-à-dire des bienheureux. Mais il est sûr que Claude, Octave, Tibère et Caligula ne sont pas regardés comme les créateurs du ciel et dc la terre.[31]

En un mot il paraît prouvé que du temps d'Auguste, tous ceux qui avaient une religion, reconnaissaient un dieu supérieur, éternel, et plusieurs ordres de dieux secondaires, dont le culte fut appelé depuis *idolâtrie*.

Les lois des Juifs n'avaient jamais favorisé l'idolâtrie; car quoiqu'ils admissent des malachim, des anges, des êtres célestes d'un ordre inférieur, leur loi n'ordonnait point que ces divinités secondaires eussent un culte chez eux. Ils adoraient les anges, il est vrai, c'est-à-dire, ils se prosternaient quand ils en voyaient; mais comme cela n'arrivait pas souvent, il n'y avait ni de cérémonial, ni de culte légal établi pour eux.[32] Les chérubins de l'arche ne

153-154 64: Les Juifs n'avaient jamais été idolâtres; car quoiqu'ils
154 65v: malachim, des heloïm, des anges

[30] Voltaire, qui s'intéresse aux mystères et initiations, a trouvé dans Warburton l'argumentation indiquée ici (voir les carnets, V 82, p.487-88) et développée dans *La Philosophie de l'histoire*, ch.23 et 37 (V 59, p.170-71, 215-19). Il cite alors les vers d'Orphée d'après la *Divine legation*, i.277.

[31] Argumentation déjà développée dans l'article 'Idole'. Sur l'apothéose des grands hommes, voir 'Superstition', n.11.

[32] Reprise d'un thème déjà traité dans l'article 'Ange'.

recevaient point d'hommages. Il est constant que les Juifs, du moins depuis Alexandre, adoraient ouvertement un seul dieu, comme la foule innombrable d'initiés l'adoraient secrètement dans leurs mystères.

Troisième question.

Ce fut dans ce temps où le culte d'un Dieu suprême était universellement établi chez tous les sages en Asie, en Europe, et en Afrique, que la religion chrétienne prit naissance.

Le platonisme aida beaucoup à l'intelligence de ses dogmes. Le *logos* qui chez Platon signifiait la sagesse, la raison de l'Etre suprême, devint chez nous le Verbe, et une seconde personne de Dieu. Une métaphysique profonde et au-dessus de l'intelligence humaine, fut un sanctuaire inaccessible, dans lequel la religion fut enveloppée.[33]

On ne répétera point ici, comment Marie fut déclarée dans la suite mère de Dieu,[34] comment on établit la consubstantialité du Père et du Verbe,[35] et la procession du *pneuma*, organe divin du divin *logos*, deux natures et deux volontés résultantes de l'hypostase,[36] et enfin la manducation supérieure, l'âme nourrie

160-161 64: Juifs adoraient

[33] En 1765, Voltaire fera paraître deux textes sur Platon dans les *Nouveaux mélanges*. Dans l'un, *Du Timée de Platon*, il démontre que les premiers chrétiens ont embrassé les dogmes de Platon (M.xx.224-28). Il développera l'idée que le véritable fondateur de la métaphysique chrétienne est Platon dans *Dieu et les hommes* (V 69, p.458-64, 502-506).

[34] Voltaire rappelle que Marie ne fut déclarée mère de Dieu qu'au concile d'Ephèse en 431; voir les articles 'Christianisme' et 'Conciles'; cf. *Examen important*, ch.37 (V 62, p.336).

[35] Discussion qui sera largement évoquée dans l'article 'Conciles' en 1767, mais déjà traitée dans 'Christianisme'.

[36] La procession du *pneuma* fut l'objet de la querelle du 'Filioque' avec l'Eglise d'Orient que Voltaire évoque dans l'*Essai sur les mœurs*, ch.31 (i.415-21) et dont il fera l'historique dans l'article 'Eglise' des QE (M.xviii.501-505).

ainsi que le corps, des membres et du sang de l'homme, Dieu adoré et mangé sous la forme du pain, présent aux yeux, sensible au goût, et cependant anéanti.[37] Tous les mystères ont été sublimes.[38]

On commença dès le second siècle, par chasser les démons au nom de Jésus; auparavant on les chassait au nom de Jehovah, ou Yhaho, car St Matthieu rapporte, que les ennemis de Jésus ayant dit qu'il chassait les démons au nom du prince des démons, il leur répondit, *Si c'est par Belzebuth que je chasse les démons, par qui vos enfants les chassent-ils?*[39]

On ne sait point en quel temps les Juifs reconnurent pour prince des démons Belzebuth,[40] qui était un dieu étranger; mais on sait, (et c'est Joseph qui nous l'apprend) qu'il y avait à Jérusalem des exorcistes préposés pour chasser les démons des corps des possédés, c'est-à-dire, des hommes attaqués de maladies

178 65v: l'homme Dieu,

[37] Voltaire a déjà exposé les controverses sur la transsubstantiation dans l'*Essai sur les mœurs*, ch.45 (i.485-88), et évoqué les querelles et la décision finale du concile de Trente qui déclare article de foi la présence réelle du Christ dans l'Eucharistie (ch.172; ii.506); voir ci-dessous, art. 'Transsubstantiation', où Voltaire dénonce violemment ce dogme.

[38] Malgré cette hypocrite ou ironique concession, Voltaire s'efforce de miner la croyance dans des dogmes catholiques en montrant qu'ils ont été élaborés historiquement et qu'ils n'ont que fort peu à voir avec l'enseignement du Christ.

[39] Jésus a guéri un possédé aveugle et muet. Les pharisiens l'accusent d'avoir chassé les démons par la vertu de Belzébuth, prince des démons (Matthieu xii.27), d'où la question.

[40] Les Evangiles donnent le nom de Béelzeboul, dont nous avons fait Belzébuth, au prince des démons (Matthieu xii.24; Marc iii.22; Luc xi.15, 18-19). C'est une déformation de Baal-Zéboul, nom d'une idole des Philistins. Voltaire remarque dans *La Philosophie de l'histoire* que les Juifs ont donné aux diables les noms d'anciens dieux de Syrie (V 59, p.259).

singulières, qu'on attribuait alors dans une grande partie de la terre à des génies malfaisants.[41]

On chassait donc ces démons avec la véritable prononciation de Jehovah aujourd'hui perdue, et avec d'autres cérémonies aujourd'hui oubliées.

Cet exorcisme par Jehovah ou par les autres noms de Dieu était encore en usage dans les premiers siècles de l'Eglise.[42] Origène en disputant contre Celse lui dit nº. 262, 'Si en invoquant Dieu, ou en jurant par lui on le nomme le dieu d'Abraham, d'Isaac et de Jacob, on fera certaines choses par ces noms, dont la nature et la force sont telles, que les démons se soumettent à ceux qui les prononcent; mais si on le nomme d'un autre nom, comme dieu de la mer bruyante, supplantateur, ces noms seront sans vertu. Le nom d'Israël traduit en grec ne pourra rien opérer, mais prononcez-le en hébreu, avec les autres mots requis, vous opérerez la conjuration.'[43]

201 69*: ⟨certaines choses⟩ par ces noms V↑certaines choses+
204 69*: supplantateur, V↑destructeur+ ces

[41] Josèphe rapporte que Salomon composait des remèdes qui avaient le pouvoir de chasser les démons et qu'il a vu un Juif, nomme Eléazar, qui, en présence de l'empereur Vespasien, de ses fils et de ses soldats, a délivré plusieurs possédés. Il attachait au nez du possédé un anneau dans lequel était enchâssé une racine dont Salomon se servait, et récitait les paroles que Salomon avait laissées par écrit. Pour faire mieux voir l'effet de ses conjurations, il commanda au démon de jeter une cruche d'eau et le démon obéit (*Antiquités judaïques*, VIII.ii). Cette référence est signalée par Calmet, qui précise que cette racine était nommée barad (*Dictionnaire*, art. 'Exorciste', i.293).

[42] Calmet rappelle que ces exorcismes ont continué à être pratiqués après la mort de Jésus. Il cite un certain nombre d'autorités: saint Justin, Origène, Tertullien (*Dictionnaire*, art. 'Exorciste', i.293).

[43] *Traité d'Origène contre Celse ou défense de la religion chrétienne contre les accusations des païens*, trad. Elie Bouhéreau (Amsterdam 1700; BV), v.262 (p.217-18). Ce numéro 262 est consacré aux 'conjurations qui ont de la vertu dans une certaine langue'. Les lignes 199-203 sont une citation littérale (jusqu'à 'ceux qui les prononcent'). La suite de la citation est fidèle à l'esprit du texte. Voltaire l'a seulement un peu allégé.

Le même Origène au nombre 19, dit ces paroles remarquables. 'Il y a des noms qui ont naturellement de la vertu, tels que sont ceux dont se servent les sages parmi les Egyptiens, les mages en Perse, les brachmanes dans l'Inde. Ce qu'on nomme magie n'est pas un art vain et chimérique, ainsi que le prétendent les stoïciens et les épicuriens: ni le nom de Sabaoth, ni celui d'Adonaï, n'ont pas été faits pour des êtres créés; mais ils appartiennent à une théologie mystérieuse qui se rapporte au Créateur; de là vient la vertu de ces noms quand on les arrange et qu'on les prononce selon les règles, etc.'[44]

Origène en parlant ainsi ne donne point son sentiment particulier, il ne fait que rapporter l'opinion universelle. Toutes les religions alors connues admettaient une espèce de magie; et on distinguait la magie céleste, et la magie infernale; la nécromancie et la théurgie; tout était prodige, divination, oracle.[45] Les Perses

208 69*: ⟨au nombre 19⟩ [V]n° 19

[44] *Traité d'Origène contre Celse*, I.19. Le texte est condensé: 'Je dis donc que si nous pouvons établir, comme une chose constante, qu'il y a des noms qui ont naturellement de la vertu, tels que sont ceux dont se servent les sages des Egyptiens, ou les plus éclairés d'entre les mages des Perses, ou ceux qu'on appelle Samanées et Brachmanes, parmi les philosophes indiens; et ainsi de toutes les autres nations; et si nous pouvons encore prouver, que ce qu'on nomme la magie, n'est pas un art purement vain et chimérique, comme l'estiment les sectateurs d'Aristote et d'Epicure, mais qu'il a des règles certaines, bien qu'elles soient connues de peu de personnes, comme le font voir ceux qui l'entendent. Si nous pouvons établir cela, nous dirons alors que ni le nom de Sabaoth, ni celui d'Adonaï, ni tous ces autres noms que les Juifs conservent parmi eux, avec tant de vénération, n'ont pas été faits pour des êtres créés et méprisables, mais qu'ils appartiennent à une théologie mystérieuse, qui a son rapport au Créateur de l'Univers. C'est de là que vient la vertu qu'ont ces noms lorsqu'on les arrange et qu'on les prononce de la manière qui leur est propre' (p.13-14).

[45] Thèse qui sera développée dans *La Philosophie de l'histoire*, ch.35 (V 59, p.208-11), où Voltaire allègue un exemple de nécromancie: avant la bataille de Guelboé, Saül consulte la pythonisse d'Endor et lui ordonne d'évoquer l'ombre de Samuel (I Samuel xxviii.4-25). Quant à la théurgie, commerce avec les esprits célestes, aux sortilèges, possessions, prodiges, divinations, oracles, Voltaire en donne maints exemples dans ses œuvres. Il affirme que les Pères de l'Eglise ont cru en la magie

ne niaient point les miracles des Egyptiens, ni les Egyptiens ceux des Perses. Dieu permettait que les premiers chrétiens fussent persuadés des oracles attribués aux sibylles,[46] et leur laissait encore quelques erreurs peu importantes, qui ne corrompaient point le fond de la religion.

Une chose encore fort remarquable, c'est que les chrétiens des deux premiers siècles avaient de l'horreur pour les temples, les autels et les simulacres. C'est ce qu'Origène avoue n°. 347.[47] Tout changea depuis avec la discipline, quand l'Eglise reçut une forme constante.

230 64: n°. 374

(voir *Avis au public sur les parricides*, M.xxv.521; *De la paix perpétuelle*, M.xxviii.109-10; ci-dessus, 'Christianisme', l.518-529).

[46] Voltaire a déjà fait état de cette croyance dans les articles 'Apocalypse' et 'Christianisme'. Ce thème est développé dans *La Philosophie de l'histoire*, ch.32 (V 59, p.195-200). Voltaire s'appuie sur l'autorité de saint Justin, sur celle de saint Clément d'Alexandrie dans ses *Stromates* pour prouver cette croyance des chrétiens.

[47] *Traité d'Origène contre Celse*, VII.373-376. On note l'erreur 347 mis pour 374. Voltaire résume une argumentation complexe. Origène cite l'accusation de Celse suivant laquelle les chrétiens, à l'instar des Scythes et des Perses, ne peuvent souffrir les temples, ni les autels, ni les simulacres. Origène répond que la même aversion peut avoir des mobiles différents. Ainsi les Scythes ne les abhorrent pas par crainte d'abaisser la divinité, tandis que les chrétiens suivent les prescriptions du Deutéronome (vi.13), de l'Exode (xx.3-4), de Matthieu (iv.10): 'Adorez le Seigneur votre Dieu, et ne servez que lui seul', et ne peuvent, en conséquence, 'souffrir les temples, ni les autels, ni les simulacres'. Puis Origène s'attache à démontrer la différence entre le refus chrétien des simulacres et celui des Perses. Les chrétiens ne veulent pas qu'on limite 'par des figures, la forme de Dieu qui est un Etre invisible et immatériel'. Il précise qu'il n'y a point de contradiction à affirmer simultanément que Dieu n'a pas forme humaine et qu'il a fait l'homme à son image, puisque c'est 'dans l'âme raisonnable, formée à la vertu, que sont imprimés des traits de l'image de Dieu' (p.312-15). Dans l'article 'Autels' des QE, Voltaire énumérera un certain nombre d'autorités pour prouver cette aversion des chrétiens des premiers siècles (M.xvii.494-95).

Quatrième question.

Lorsqu'une fois une religion est établie légalement dans un Etat, les tribunaux sont tous occupés à empêcher qu'on ne renouvelle la plupart des choses qu'on faisait dans cette religion avant qu'elle fût publiquement reçue. Les fondateurs s'assemblaient en secret malgré les magistrats; on ne permet que les assemblées publiques sous les yeux de la loi, et toutes associations qui se dérobent à la loi sont défendues. L'ancienne maxime était qu'il vaut mieux obéir à Dieu qu'aux hommes; la maxime opposée est reçue, que c'est obéir à Dieu que de suivre les lois de l'Etat.[48] On n'entendait parler que d'obsessions et de possessions; le diable était alors déchaîné sur la terre: le diable ne sort plus aujourd'hui de sa demeure; les prodiges, les prédictions étaient alors nécessaires; on ne les admet plus. Un homme qui prédirait des calamités dans les places publiques, serait mis aux Petites-Maisons. Les fondateurs recevaient secrètement l'argent des fidèles; un homme qui recueillerait de l'argent pour en disposer sans y être autorisé par la loi, serait repris de justice. Ainsi, on ne se sert plus d'aucun des échafauds qui ont servi à bâtir l'édifice.[49]

Cinquième question.

Après notre sainte religion, qui sans doute est la seule bonne, quelle serait la moins mauvaise?

Ne serait-ce pas la plus simple? Ne serait-ce pas celle qui enseignerait beaucoup de morale et très peu de dogmes? celle qui tendrait à rendre les hommes justes, sans les rendre absurdes?

[48] Actes v.29, maxime déjà citée dans l'article 'Fanatisme' pour montrer combien elle est dangereuse dans un Etat. Ici Voltaire entend faire réfléchir sur les rapports entre loi religieuse et loi civile.

[49] Toute cette démonstration est bâtie sur des oppositions destinées à prouver que l'Eglise moderne ne ressemble en rien à l'Eglise primitive. Ces variations, que l'histoire a enregistrées, relativisent les prescriptions et les croyances.

celle qui n'ordonnerait point de croire des choses impossibles, contradictoires, injurieuses à la Divinité, et pernicieuses au genre humain, et qui n'oserait point menacer des peines éternelles quiconque aurait le sens commun? Ne serait-ce point celle qui ne soutiendrait pas sa créance par des bourreaux, et qui n'inonderait pas la terre de sang pour des sophismes inintelligibles? celle dans laquelle une équivoque, un jeu de mots et deux ou trois chartes supposées, ne feraient pas un souverain et un dieu, d'un prêtre souvent incestueux, homicide et empoisonneur? celle qui ne soumettrait pas les rois à ce prêtre? celle qui n'enseignerait que l'adoration d'un Dieu, la justice, la tolérance et l'humanité? [50]

Sixième question.

On a dit que la religion des gentils était absurde en plusieurs points, contradictoire, pernicieuse; mais ne lui a-t-on pas imputé plus de mal qu'elle n'en a fait, et plus de sottises qu'elle n'en a prêchées?

Car de voir Jupiter taureau,
Serpent, cygne, ou quelque autre chose;
Je ne trouve point cela beau,
Et ne m'étonne pas, si parfois on en cause.

Prologue d'Amphitrion. [51]

Sans doute cela est fort impertinent; mais qu'on me montre

[50] Cet enseignement innerve toute l'œuvre militante de Voltaire. On ne peut énumérer toutes les occurrences de ces thèmes, seulement faire remarquer que cette cinquième Question est un résumé très complet des valeurs que veut prôner Voltaire.

[51] Molière, *Amphitryon*, Prologue, l.99-102. Dans *Le Siècle de Louis XIV*, Voltaire jugeait l'*Amphitryon* comme 'un recueil d'épigrammes et de madrigaux faits avec un art qu'on n'a point imité depuis' (*OH*, p.1187). Sa *Vie de Molière* (1739) comparait ce prologue à celui de Lucien (M.xxiii.112-13); il lui rend encore hommage dans les *Commentaires sur Corneille*, 'Remarques sur les trois discours' (V 55, p.1039).

dans toute l'antiquité un temple dédié à Léda couchant avec un cygne ou avec un taureau?[52] Y a-t-il eu un sermon prêché dans Athènes ou dans Rome pour encourager les filles à faire des enfants avec les cygnes de leur basse-cour? Les fables recueillies et ornées par Ovide[53] sont-elles la religion? ne ressemblent-elles pas à notre Légende dorée,[54] à notre Fleur des saints?[55] Si quelque brame ou quelque derviche venait nous objecter l'histoire de Ste Marie égyptienne, laquelle n'ayant pas de quoi payer les matelots qui l'avaient conduite en Egypte, donna à chacun d'eux ce que l'on appelle des faveurs, en guise de monnaie, nous dirions au brame, Mon révérend père, vous vous trompez, notre religion n'est pas la Légende dorée.[56]

Nous reprochons aux anciens leurs oracles, leurs prodiges: s'ils

[52] Des amours de Léda, femme de Tyndare roi de Sparte, et de Zeus métamorphosé en cygne naquirent deux couples de jumeaux, Pollux et Hélène, Castor et Clytemnestre. C'est Europe qui fut enlevée par Zeus métamorphosé en taureau. Conduite en Crète, elle devint mère de Minos. Aphrodite inspira à Pasiphaé, femme de Minos, un monstrueux amour pour un taureau et devint mère du Minotaure.

[53] En 1765 dans *La Philosophie de l'histoire*, le chapitre 29 sera consacré aux métamorphoses chez les Grecs recueillies par Ovide (V 59, p.186-87). La bibliothèque de Voltaire est riche en éditions d'Ovide. Sur les fables, voir ci-dessus, art. 'Fables'.

[54] Voltaire méprise *La Légende dorée* de Voragine.

[55] Voltaire possède *Les Nouvelles fleurs de la vie des saints* de Pedro de Ribadeneyra, trad. R. Gautier, avec des Vies de saints d'André Du Val et le Martyrologue romain, trad. P. Labbe (Paris 1673-1686). L'article 'Christianisme' cite également l'ouvrage de Ribadeneyra. Pour Voltaire, c'est une extravagante compilation de *La Légende dorée*; voir *Le Russe à Paris* (M.x.130) et *Le Marseillois et le lion* (M.x.147*n*).

[56] Voltaire a pu lire dans Ribadeneyra la Vie de sainte Marie l'Egyptienne (345-421) dont la fête est le 2 avril. Dès l'âge de douze ans, Marie fuit la maison paternelle à Alexandrie, passe sa vie en 'toutes sortes de lascivetés, non pour or ou argent, ou autre récompense que ce fût, mais seulement pour satisfaire à la sensualité'. Voyant un bateau qui partait à Jérusalem, pour payer son passage elle décide 'd'abandonner son corps à tous ceux qui en voudraient' et cause du scandale parmi les pèlerins. Après une vision, elle fit pénitence dans le désert pendant quarante-sept ans. A sa mort, un lion lui lèche les pieds et creuse sa fosse (*La Fleur des saints*, Rouen 1668, i.558-82). Voltaire cite de mémoire; les matelots la conduisent à Jérusalem, où a lieu la fête de la Sainte Croix, et non en Egypte.

revenaient au monde et qu'on pût compter les miracles de Notre-Dame de Lorette, et ceux de Notre-Dame d'Ephèse, en faveur de qui des deux serait la balance du compte?[57]

Les sacrifices humains ont été établis chez presque tous les peuples, mais très rarement mis en usage. Nous n'avons que la fille de Jephté, et le roi Agag d'immolés chez les Juifs;[58] car Isaac et Jonathas ne le furent pas.[59] L'histoire d'Iphigénie n'est pas bien avérée chez les Grecs. Les sacrifices humains sont très rares chez les anciens Romains;[60] en un mot, la religion païenne a fait répandre très peu de sang, et la nôtre en a couvert la terre. La nôtre est sans doute la seule bonne, la seule vraie; mais nous avons fait tant de mal par son moyen, que quand nous parlons des autres, nous devons être modestes.

Septième question.

Si un homme veut persuader sa religion à des étrangers, ou à ses compatriotes, ne doit-il pas s'y prendre avec la plus insinuante douceur, et la modération la plus engageante? S'il commence par

[57] Voltaire s'est souvent moqué des miracles de Notre-Dame de Lorette, de la maison de la Vierge qui aurait été transportée là miraculeusement. Selon la tradition, la Vierge serait morte à Ephèse. D'après le contexte, Voltaire oppose les chrétiens aux païens en matière de miracles. 'Notre-Dame d'Ephèse' désignerait peut-être, de manière humoristique, la Diane d'Ephèse dont la statue et le temple sont connus au dix-huitième siècle (*Encyclopédie*, v.773). Ce n'est qu'une hypothèse.

[58] Le thème des sacrifices humains sera traité dans *La Philosophie de l'histoire*, ch.36 (V 59, p.211-15). Sur Jephté et Agag, voir ci-dessus, art. 'Jephté'.

[59] Sur Isaac, voir Genèse xxii.1-14; l'Eternel éprouve la foi d'Abraham. Sur Jonathas ou Jonathan, voir I Samuel xiv.37-45; en lançant son attaque contre les Philistins, Saül pour se concilier les faveurs de l'Eternel ordonne un jeûne rigoureux, prescription qu'il avait assortie d'une malédiction solennelle. Or son fils Jonathan, qui l'ignorait, avait goûté un peu de miel sauvage. Quand Saül interroge l'oracle de Dieu, celui-ci ne répond point. Ce silence est interprété comme le signe du courroux céleste. On recherche le ou les coupables. Les sorts sacrés désignent Jonathan. Saül s'apprête à sacrifier son fils, mais le peuple s'y oppose.

[60] Voltaire cite, d'après Plutarque, le sacrifice de deux Gaulois et de deux Grecs par les Romains dans *La Philosophie de l'histoire* (V 59, p.212).

dire que ce qu'il annonce est démontré, il trouvera une foule d'incrédules; s'il ose leur dire, qu'ils ne rejettent sa doctrine, qu'autant qu'elle condamne leurs passions, que leur cœur a corrompu leur esprit, qu'ils n'ont qu'une raison fausse et orgueilleuse; il les révolte, il les anime contre lui, il ruine lui-même ce qu'il veut établir.

Si la religion qu'il annonce est vraie, l'emportement et l'insolence la rendront-ils plus vraie? Vous mettez-vous en colère, quand vous dites qu'il faut être doux, patient, bienfaisant, juste, remplir tous les devoirs de la société? Non, car tout le monde est de votre avis; pourquoi donc dites-vous des injures à votre frère, quand vous lui prêchez une métaphysique mystérieuse? C'est que son sens irrite votre amour-propre. Vous avez l'orgueil d'exiger que votre frère soumette son intelligence à la vôtre:[61] l'orgueil humilié produit la colère; elle n'a point d'autre source. Un homme blessé de vingt coups de fusil dans une bataille, ne se met point en colère; mais un docteur blessé du refus d'un suffrage devient furieux et implacable.

Huitième question.

Ne faut-il pas soigneusement distinguer la religion de l'Etat et la religion théologique? Celle de l'Etat exige que les imans tiennent des registres des circoncis, les curés ou pasteurs des registres des baptisés, qu'il y ait des mosquées, des églises, des temples, des jours consacrés à l'adoration et au repos, des rites établis par la loi; que les ministres de ces rites aient de la considération sans pouvoir; qu'ils enseignent les bonnes mœurs au peuple, et que les ministres de la loi veillent sur les mœurs des ministres des temples.

318 65v: son bon sens
69*: son ^{V}bon^{+} sens
323-357 64, 65: implacable.//

[61] Thème déjà illustré dans l'article 'Dieu'.

Cette religion de l'Etat ne peut en aucun temps causer aucun trouble.[62]

Il n'en est pas ainsi de la religion théologique; celle-ci est la source de toutes les sottises, et de tous les troubles imaginables; c'est la mère du fanatisme et de la discorde civile, c'est l'ennemie du genre humain. Un bonze prétend que Fo est un dieu, qu'il a été prédit par des fakirs, qu'il est né d'un éléphant blanc,[63] que chaque bonze peut faire un Fo avec des grimaces.[64] Un talapoin dit que Fo était un saint homme, dont les bonzes ont corrompu la doctrine, et que c'est Sammonocodom qui est le vrai dieu.[65] Après cent arguments et cent démentis, les deux factions conviennent de s'en rapporter au dalaï-lama qui demeure à trois cents lieues de là, qui est immortel et même infaillible.[66] Les deux factions lui envoient une députation solennelle. Le dalaï-lama commence, selon son divin usage, par leur distribuer sa chaise percée.[67]

62 Distinction déjà évoquée dans les articles 'Catéchisme du curé' et 'Lois civiles et ecclésiastiques'.

63 Sur le dieu Fo, voir 'Catéchisme chinois', n.13, et 'Foi', n.20.

64 Le texte dérape sur la religion catholique, le bonze qui fait un Fo désigne le prêtre qui prétend faire un Dieu dans le sacrifice de l'Eucharistie.

65 Sur Sammonocodom, voir 'Catéchisme chinois', n.84; cf. 'Dogmes', 'Foi', 'Préjugés'.

66 Dans Du Halde, Voltaire a pu lire: 'Ils sont persuadés que Foë vit en lui, qu'il sait tout, qu'il voit tout, qu'il lit dans le fond des cœurs sans qu'il lui soit nécessaire de faire des questions, ou d'ordonner des informations [...], qu'il est immortel, et que quand il paraît mourir, il ne fait que changer de demeure, en renaissant dans un corps tout neuf' (*Description de la Chine*, iv.462). Sur l'enfant qu'on destine à être dalaï-lama, voir Du Halde, iv.105.

67 Voltaire n'a point inventé cette singulière coutume. Il a pu lire dans l'*Histoire générale des voyages* ce passage: 'Grueber assure que les grands du Tibet se procurent avec beaucoup d'empressement quelque partie des excréments du grand lama, pour les porter autour du col en forme de relique. Il ajoute, dans un autre endroit, que les lamas tirent un profit considérable de la distribution des excréments et de l'urine du pontife. Ses adorateurs s'imaginent qu'une petite portion de ses excréments, portée au cou, et de son urine, mêlée dans leurs aliments, garantit de toutes sortes d'infirmités corporelles'. La même croyance est partagée par les Mongols, selon Grebillon (vii.124).

Les deux sectes rivales la reçoivent d'abord avec un respect égal, la font sécher au soleil, et l'enchâssent dans de petits chapelets qu'ils baisent dévotement.[68] Mais dès que le dalaï-lama et son conseil ont prononcé au nom de Fo, voilà le parti condamné qui jette les chapelets au nez du vice-dieu, et qui lui veut donner cent coups d'étrivières. L'autre parti défend son lama dont il a reçu de bonnes terres; tous deux se battent longtemps; et quand ils sont las de s'exterminer, de s'assassiner, de s'empoisonner réciproquement, ils se disent encore de grosses injures;[69] et le dalaï-lama en rit, et il distribue encore sa chaise percée à quiconque veut bien recevoir les déjections du bon père lama.[70]

[68] Les chapelets baisés dévotement semblent de l'invention de Voltaire. Il est bien question de chapelets, mais de corail ou d'ambre jaune, dans les récits des voyageurs (vii.126). Les reliques dont il était question dans l'*Histoire générale des voyages* sont devenues des chapelets.

[69] Dans Du Halde, il est question des querelles entre les chapeaux jaunes, les lamas qui marquaient leur attachement au roi de Chine, et les chapeaux rouges, ceux qui avaient pris la couleur dont s'est toujours servi le dalaï-lama, lequel a vécu de tout temps dans une parfaite indépendance de l'empereur de Chine (*Description de la Chine*, iv.459). Ces querelles politiques n'ont rien à voir avec les querelles théologiques que Voltaire transporte au Tibet.

[70] A la suite de Du Halde, Voltaire n'éprouve que mépris pour cette idole vivante (*Essai sur les mœurs*, i.223). Il reprend ses plaisanteries dans l'*Epître au roi de la Chine* (M.x.120):

> Plus loin du grand lama les reliques musquées
> Passent de son derrière au cou des plus grands rois.

RÉSURRECTION[1]

On conte que les Egyptiens n'avaient bâti leurs pyramides que pour en faire des tombeaux, et que leurs corps embaumés par dedans et par dehors, attendaient que leurs âmes vinssent les ranimer au bout de mille ans. Mais si leurs corps devaient ressusciter, pourquoi la première opération des parfumeurs était-elle de leur percer le crâne avec un crochet, et d'en tirer la cervelle?[2] L'idée de ressusciter sans cervelle, fait soupçonner (si on peut user de ce mot) que les Egyptiens n'en avaient guère de leur vivant: mais il faut considérer que la plupart des anciens croyaient que l'âme est dans la poitrine. Et pourquoi l'âme est-elle dans la poitrine plutôt qu'ailleurs?[3] C'est qu'en effet dans tous nos sentiments un peu violents, on éprouve vers la région du cœur, une dilatation ou un resserrement, qui a fait penser que c'était là le logement de l'âme. Cette âme était quelque chose d'aérien, c'était une figure légère qui se promenait où elle pouvait, jusqu'à ce qu'elle eût retrouvé son corps.

La croyance de la résurrection est beaucoup plus ancienne que

[1] Les premières lignes font de cet article la suite directe de l'article 'Apis', de l'interrogation qui le terminait (l.29-31). La reprise de plusieurs propos et exemples identiques dans la première section l'apparente également aux articles 'Ame', 'Chaîne des événements' et 'Miracles'. Il semble que cette section fasse partie de la série d'articles de base lorsque Voltaire reprend son projet de dictionnaire. Les exemples mythologiques cités figurent également dans l'*Extrait des sentiments de Jean Meslier* (ch.3), ouvrage que Voltaire va lancer dans le public en 1762. Entre 1760 et 1762, intervalle probable, il est difficile de fixer avec certitude la date de rédaction de cet article, qui sera grossi d'une seconde section dans 65V et de deux autres dans les QE.

[2] Selon Hérodote, *Histoires*, II.86, les embaumeurs retiraient le cerveau avec un crochet par les narines.

[3] Cette localisation de l'âme dans la poitrine est une hypothèse nouvelle s'ajoutant à celles qu'a déjà dénombrées l'article 'Ame' (animalcules séminaux, trompes de Fallope, glande pinéale et corps calleux).

les temps historiques. Athalide fils de Mercure[4] pouvait mourir et ressusciter à son gré; Esculape rendit la vie à Hippolite;[5] Hercule à Alceste.[6] Pélops ayant été haché en morceaux par son père, fut ressuscité par les dieux.[7] Platon raconte qu'Hères ressuscita pour quinze jours seulement.[8]

Les pharisiens, chez les Juifs, n'adoptèrent le dogme de la résurrection que très longtemps après Platon.[9]

[4] On s'interroge d'autant plus sur l'identité de ce personnage absent des dictionnaires de mythologie que Voltaire le donne tantôt pour une fille, tantôt pour un fils de Mercure. Il est de sexe masculin dans les carnets: 'Atalide pouvoit resusciter et mourir tant qu'il vouloit' (V81, p.174). Il sera encore du même sexe dans les QE, mais en 1764 il était du sexe féminin dans l'article 'Miracles' (l.60).

[5] On sait ce qu'il en a coûté au fils de Thésée et de l'amazone Antiope d'avoir adoré Artémis, dédaigné l'amour et repoussé les avances de Phèdre. Mais la légende voulait aussi qu'après avoir été mis en pièces par le monstre marin lancé contre lui par Poséidon, à la demande de Thésée en courroux, Hippolyte ait été ressuscité par Esculape, sur les prières d'Artémis.

[6] Dans sa tragédie d'*Alceste*, Euripide a adopté la tradition qui représente Alceste, femme du roi de Thessalie Admète, mourant pour son mari de la main de son frère Acaste, qui l'accusait d'avoir eu part au meurtre de leur père Pélias. C'est alors qu'Hercule se rendit aux Enfers et combattit la Mort en l'enchaînant avec des liens de diamant, jusqu'à ce qu'elle eût consenti à rendre Alceste à la lumière.

[7] Sur Pélops, fils de Tantale, voir ci-dessus, 'Dogmes', n.23.

[8] Voltaire a déjà parlé d'Er dans 'Chaîne des êtres créés' (l.48-50). Mais il s'est ici montré bien distrait: Platon raconte que pour douze jours Er non pas ressuscita, mais au contraire mourut. Son âme quitta son cadavre après qu'il fut tué sur le champ de bataille, alla aux Enfers en voyage de reconnaissance et revint douze jours plus tard réintégrer la dépouille mortelle, au moment où l'on allait la placer sur le bûcher. C'est alors qu'Er ressuscité put faire le récit de ce qu'il avait vu dans l'au-delà (*La République*, x.614); cf. ci-dessus, art. 'Miracles', l.60-62.

[9] Platon a vécu de 428 à 348 av. J.-C., alors que Calmet place l'origine de cette secte vers 180 av. J.-C. (*Dictionnaire*, art. 'Pharisiens'). Quelle que soit la date à laquelle elle a adopté le dogme de la résurrection, elle n'a pu le faire que 'très longtemps' en effet après Platon. Calmet note qu'au temps du Christ 'la résurrection des morts était reçue comme un des principaux articles de la religion des Juifs par tout le corps de la nation à l'exception des seuls saducéens qui la niaient' (art. 'Résurrection'). Cette résurrection est annoncée de diverses façons dans l'Ancien Testament (I Rois xvii.21; II Rois iv.34; xiii.21; surtout par Ezéchiel xxxviii; Job xix.25-27; Psaumes xlix.16; Isaïe xxv.7-8; xxvi.19; Daniel xii.8; Osée xiii.14).

Il y a dans les Actes des apôtres un fait bien singulier, et bien digne d'attention. St Jaques, et plusieurs de ses compagnons conseillent à St Paul d'aller dans le temple de Jérusalem, observer toutes les cérémonies de l'ancienne loi, tout chrétien qu'il était, *afin que tous sachent*, disent-ils, *que tout ce qu'on dit de vous est faux, et que vous continuez de garder la loi de Moïse.*[10] C'est dire bien clairement, Allez mentir, allez vous parjurer, allez renier publiquement la religion que vous enseignez.

St Paul alla donc pendant sept jours dans le temple, mais le septième il fut reconnu. On l'accusa d'y être venu avec des étrangers, et de l'avoir profané.[11] Voici comment il se tira d'affaire.

Or Paul sachant qu'une partie de ceux qui étaient là, étaient saducéens, et l'autre pharisiens, il s'écria dans l'assemblée: Mes frères, je suis pharisien et fils de pharisien; c'est à cause de l'espérance d'une autre vie, et de la résurrection des morts que l'on veut me condamner. (*a*) Il n'avait point du tout été question de la résurrection des morts dans toute cette affaire; Paul ne le disait que pour animer les pharisiens et les saducéens les uns contre les autres.

V. 7. *Paul ayant parlé de la sorte, il s'émut une dissension entre les pharisiens et les saducéens; et l'assemblée fut divisée.*

V. 8. *Car les saducéens disent qu'il n'y a ni résurrection, ni ange, ni esprit, au lieu que les pharisiens reconnaissent et l'un et l'autre*, etc.

On a prétendu que Job, qui est très ancien, connaissait le dogme de la résurrection. On cite ces paroles: *Je sais que mon rédempteur est vivant, et qu'un jour sa rédemption s'élèvera sur moi,*

(*a*) *Actes des apôtres chap.* 23, *vs.* 6, 7, 8.

30-33 64-67: *de Moïse.* ¶St Paul

[10] Actes xxi.24.
[11] Actes xxi.27-29.

ou que je me relèverai de la poussière, que ma peau reviendra, que je verrai encore Dieu dans ma chair. [12]

Mais plusieurs commentateurs entendent par ces paroles, que Job espère qu'il relèvera bientôt de maladie, et qu'il ne demeurera pas toujours couché sur la terre, comme il l'était. [13] La suite prouve assez que cette explication est la véritable; car il s'écrie le moment d'après à ses faux et durs amis, *Pourquoi donc dites-vous, Persécutons-le*, ou bien, *parce que vous direz, parce que nous l'avons persécuté.* [14] Cela ne veut-il pas dire évidemment, Vous vous repentirez de m'avoir offensé, quand vous me reverrez dans mon premier état de santé et d'opulence? Un malade qui dit, Je me

50 64-67: *reviendra, et que*

[12] Job xix.25-26. Cette traduction n'est ni celle de Calmet dans son *Dictionnaire* ('Je sais que mon Rédempteur est vivant et qu'au dernier jour je me relèverai de la terre et je serai de nouveau revêtu de ma peau et que je verrai mon Dieu dans ma chair'), ni celle de Lemaître de Sacy reprise par Calmet dans son *Commentaire* ('Car je sais que mon Rédempteur est vivant et que je ressusciterai de la terre au dernier jour; que je serai encore revêtu de cette peau, que je verrai mon Dieu dans ma chair'). Ce que la traduction de saint Jérôme a rendu par 'rédempteur' est le mot 'goël', terme technique du droit israélite que la Bible de Jérusalem rend par 'défenseur' et la traduction d'A. Chouraqui par 'racheteur'.

[13] La précision vient du *Commentaire* de Calmet: 'Les sentiments sont partagés sur ce passage. Les uns l'expliquent à la lettre du rétablissement de Job dans son premier état [...] D'autres le rapportent à la résurrection de Jésus-Christ; d'autres à la résurrection de Job et des autres justes [...] Quelques-uns joignent ce dernier sens à celui qui l'entend du retour de Job en santé et en sa première prospérité [...] Il est incontestable que les termes de ce passage et des suivants, pris dans la rigueur de la lettre, nous conduisent à quelque chose de plus grand que le simple rétablissement de Job dans sa première fortune' (iii.697).

[14] La façon dont Voltaire rapporte ce verset 28 ne se comprend qu'à la lumière du *Commentaire* où Calmet traduit successivement la version de la Vulgate et celle de l'Hébreu. Mais la seconde a été défigurée par Voltaire (ou par un compositeur distrait) et se lit en réalité dans Calmet: 'parce que vous direz: Pourquoi l'avons-nous persécuté?' (iii.699). Au reste, Calmet envisage une multiplicité de traductions de ce verset disant assez une incertitude du sens qui ne permet certainement pas de trouver à celui que propose Voltaire le degré d'évidence qu'il lui confère avec une belle assurance.

lèverai, ne dit pas, Je ressusciterai. Donner des sens forcés à des passages clairs, c'est le sûr moyen de ne jamais s'entendre, ou plutôt d'être regardés comme des gens de mauvaise foi par les honnêtes gens.

St Jérôme ne place la naissance de la secte des pharisiens que très peu de temps avant Jésus-Christ. Le rabbin Hillel passe pour le fondateur de la secte pharisienne; et cet Hillel était contemporain de Gamaliel le maître de St Paul.[15]

Plusieurs de ces pharisiens croyaient que ces Juifs seuls ressusciteraient, et que le reste des hommes n'en valait pas la peine. D'autres ont soutenu qu'on ne ressusciterait que dans la Palestine, et que les corps de ceux qui auront été enterrés ailleurs, seront secrètement transportés auprès de Jérusalem pour s'y rejoindre à leur âme.[16] Mais St Paul écrivant aux habitants de Thessalonique, leur dit, que le *second avènement de Jésus-Christ est pour eux et pour lui, qu'ils en seront témoins*.

V. 16. *Car aussitôt que le signal aura été donné par l'archange, et par le son de la trompette de Dieu, le Seigneur lui-même descendra du ciel, et ceux qui seront morts en Jésus-Christ ressusciteront les premiers.*

V. 17. *Puis nous autres qui sommes vivants, et qui serons demeurés jusqu'alors, nous serons emportés avec eux dans les nuées pour aller*

62-65 64-67: s'entendre. ¶St Jérôme
69 65: que les Juifs

[15] Jérôme, *Commentaire sur Esaïe*, viii. Le propos ici est sans doute emprunté à Calmet qui parle aussi de Hillel (*Dictionnaire*, art. 'Pharisiens'). Le pharisaïsme est issu de la réaction des hassidim contre l'hellénisation d'Antiochos Epiphane (175-163 av. J.-C.). Le terme apparaît à l'époque de Hyrcan (135-105): cf. Flavius Josèphe, *Antiquités*, XIII.x.5-6, qui fut un temps le chef de ce parti, avant Hillel donc. Il faut ajouter que la foi en la résurrection n'était pas à l'époque le monopole des pharisiens.

[16] On en trouve l'écho dans Calmet (*Dictionnaire*, art. 'Résurrection', iii.809). Ces croyances constituent l'opinion collective présentée dans Kethubot, 111a.

au-devant du Seigneur au milieu de l'air, et ainsi nous vivrons pour jamais avec le Seigneur. (*b*)[17]

Ce passage important ne prouve-t-il pas évidemment que les premiers chrétiens comptaient voir la fin du monde, comme en effet elle est prédite dans St Luc,[18] pour le temps même que St Luc vivait? S'ils ne virent point cette fin du monde, si personne ne ressuscita pour lors, ce qui est différé n'est pas perdu.

St Augustin croit que les enfants, et même les enfants mort-nés, ressusciteront dans l'âge de la maturité.[19] Les Origènes, les Jérômes, les Athanases, les Basiles, n'ont pas cru que les femmes dussent ressusciter avec leur sexe.[20]

Enfin, on a toujours disputé sur ce que nous avons été, sur ce que nous sommes, et sur ce que nous serons.

(*b*) *I Epît. aux Thess. ch.* 4.

88-90 64, 65: vivait? ¶St Augustin
95-146 64, 65: nous serons.//

[17] I Thessaloniciens iv.16-17. Citation exacte, mais qui fait suite à un verset 15 différent de ce que résume Voltaire: 'Aussi nous vous déclarons, comme l'ayant appris du Seigneur, que nous qui vivons et qui sommes réservés pour son avènement, nous ne préviendrons point ceux qui sont déjà dans le sommeil de la mort'.

[18] Voir Luc xxi.25-28.

[19] Propos emprunté à Calmet (*Dictionnaire*, art. 'Résurrection', iii.812). Voir saint Augustin, *Sermons*, 242; *La Cité de Dieu*, xxii.14; *Enchiridion*, xxiii.85-87.

[20] Cf. Calmet, *Dictionnaire*, iii.812. Origène, *Contre Celse*, vii, parle de l'incorruptibilité des corps ressuscités; selon son *Commentaire de l'Evangile de saint Jean*, x, il n'y aura pas de sexe; c'est également l'opinion de saint Jérôme, *Contre Jovinien*, i.36; *Homélie sur l'épître aux Ephésiens*, v.29; mais dans *Contre Jean de Jérusalem* il affirme que les corps ressuscités seront semblables aux corps terrestres. Selon saint Athanase, *Vie d'Antoine*, xci, Antoine croyait à l'incorruptibilité; saint Basile, *Commentaire sur les Psaumes*, xliv.2; cxiv.5, rejoint les premières opinions de saint Jérôme et d'Origène.

Section seconde.

Le père Mallebranche prouve la résurrection par les chenilles qui deviennent papillons. Cette preuve, comme on voit, est aussi légère que les ailes des insectes dont il l'emprunte.[21] Des penseurs qui calculent, font des objections arithmétiques contre cette vérité si bien prouvée. Ils disent que les hommes et les autres animaux sont réellement nourris et reçoivent leur croissance de la substance de leurs prédécesseurs. Le corps d'un homme réduit en poussière, répandu dans l'air et retombant sur la surface de la terre devient légume, ou froment. Ainsi Caïn mangea une partie d'Adam; Enoch se nourrit de Caïn, Irad d'Enoch, Maviaël de Srad, Mathusalem de Maviaël,[22] et il se trouve qu'il n'y a aucun de nous qui n'ait

[21] Le trait semble avoir frappé Voltaire, puisqu'il le note par trois fois dans ses carnets (V81-82, p.179, 350, 564). A vrai dire, ce n'est pas une 'preuve' que trouvait Malebranche dans ce rapprochement, mais 'une figure naturelle de Jésus-Christ qui est mort pour ressusciter glorieux'. Dans les *Entretiens sur la métaphysique et la religion*, XI, Ariste déclare en effet à Théodore: 'Il faut que je vous dise, Théodore, une pensée qui m'est venue dans l'esprit, lorsque vous me parliez de la transformation apparente des insectes. Les vers rampent sur la terre. Ils y mènent une vie triste et humiliante. Mais ils se font un tombeau d'où ils sortent glorieux. Je me suis imaginé que par là Dieu voulait figurer la vie, la mort et la résurrection de son fils et même de tous les chrétiens' (éd. A. Robinet, p.272). Ariste développe un peu plus loin ce parallèle 'assurément naturel': 'Le ver ressuscite à un corps, pour ainsi dire, tout spirituel. Il ne rampe point. Il vole. Il ne se nourrit plus de pourriture: il ne fait que sucer des fleurs. Il n'a plus rien de méprisable: on ne peut pas être plus magnifiquement paré. De même Jésus-Christ ressuscité est comblé de gloire. Il s'élève dans les cieux. Il ne rampe point, pour ainsi dire, dans la Judée de bourgade en bourgade [...] La souveraine puissance lui a été donnée dans le Ciel et sur la Terre' (p.274).

[22] Cette descendance de Caïn est évoquée en Genèse IV.17-18. Mais le fils de Maviaël s'appelle Mathusaël et non Mathusalem. La confusion de Voltaire provient de celle qu'il fait sur Hénoch, en amalgamant indûment les deux personnages distincts qui portent ce nom: il y a d'une part Hénoch fils de Caïn et père d'Irad; et de l'autre Hénoch, fils de Jared et père de Mathusalem (Genèse V.18-21). Mathusaël pour sa part fut le père de Lamech le bigame, qu'il ne faut pas confondre avec le fils de Mathusalem qui porte le même nom. Ce second Lamech fut le père de Noé. (Précisons toutefois qu'au dix-neuvième siècle certains exégètes

avalé une petite portion de notre premier père. C'est pourquoi on a dit que nous étions tous anthropophages.[23] Rien n'est plus sensible après une bataille; non seulement nous tuons nos frères; mais au bout de deux ou trois ans, nous les avons tous mangés quand on a fait les moissons sur le champ de bataille; nous serons aussi mangés sans difficulté à notre tour. Or, quand il faudra ressusciter, comment rendrons-nous à chacun le corps qui lui appartenait sans perdre du nôtre?

Voilà ce que disent ceux qui se défient de la résurrection, mais les ressusciteurs leur ont répondu très pertinemment.

Un rabbin nommé Samaï démontre la résurrection par ce passage de l'Exode, *J'ai apparu à Abraham, à Isaac et à Jacob; et je leur ai promis avec serment de leur donner la terre de Canaan.* Or, Dieu, malgré son serment, dit ce grand rabbin, ne leur donna point cette terre; donc ils ressusciteront pour en jouir, afin que le serment soit accompli.[24]

Le profond philosophe dom Calmet trouve dans les vampires une preuve bien plus concluante. Il a vu de ces vampires qui sortaient des cimetières pour aller sucer le sang des gens endormis;

---

commencent à regarder la généalogie attribuée au Yahviste et la généalogie sacerdotale comme n'en formant primitivement qu'une seule, et considéreront que les noms qui se rencontrent dans l'une et l'autre ne désignent en réalité qu'un même individu.)

[23] Dans l'article de ce nom, Voltaire observait déjà qu'en tuant nos semblables sur les champs de bataille, 'nous travaillons à la cuisine des corbeaux et des vers' (l.22): c'est l'un des commencements possibles du processus d'assimilation évoqué ici.

[24] Voltaire rapporte fidèlement ce que Calmet a dit de Sammaï dans sa 'Dissertation sur la résurrection des morts'. Calmet précise d'une telle exploitation d'Exode vi.3-4: 'Ce rabbin raisonne suivant les principes des Hébreux qui admettaient un règne des Justes et des Patriarches sur la terre, après la résurrection' (*Dissertations*, i.806).

il est clair qu'ils ne pouvaient sucer le sang des vivants s'ils étaient encore morts; donc ils étaient ressuscités; cela est péremptoire.[25]

Une chose encore certaine, c'est que tous les morts, au jour du jugement, marcheront sous la terre comme des taupes, à ce que dit le Talmud, pour aller comparaître dans la vallée de Josaphat qui est entre la ville de Jérusalem et le mont des Oliviers.[26] On sera fort pressé dans cette vallée, mais il n'y a qu'à réduire les

[25] L'auteur du *Traité sur les apparitions des esprits et sur les vampires ou les revenants*, que Voltaire a lu (Paris 1751; CN, ii.358-63), n'a jamais prétendu avoir 'vu' des vampires sortant des cimetières, mais seulement rapporté quantité de témoignages paraissant l'avoir suffisamment troublé pour qu'il regarde ces phénomènes comme à la fois bien établis et inexplicables. Calmet rapporte les 'systèmes' qui ont été proposés 'pour expliquer le retour et l'apparition des vampires': chimères produites par l'ignorance populaire; ou effets de la fausse mort de gens qu'on a enterrés vivants; ou retour sur terre provisoire de certains individus réintégrant leur corps 'par une permission ou un commandement particulier' de Dieu; ou enfin phénomènes suscités par le démon, faisant accomplir à ces revenants tout le mal possible. C'est naturellement sur l'avant-dernière explication que Calmet s'interroge le plus: 'Dans la supposition que les vampires ressuscitent véritablement, on peut former sur leur sujet une infinité de difficultés. Comment se fait cette résurrection? Est-ce par les forces du revenant, par le retour de son âme dans son corps? Est-ce un ange, est-ce un démon qui le ranime? est-ce par l'ordre ou par la permission de Dieu qu'il ressuscite? […] Je pose d'abord pour principe indubitable que la résurrection d'un mort vraiment mort est l'effet de la seule puissance de Dieu' (p.3-4). Ces questions sont reprises et amplifiées au chapitre suivant. Mais il ne tire nullement argument de ces phénomènes pour 'prouver' la résurrection et le raisonnement qui lui prête Voltaire reste de sa seule invention. Il avait déjà fait une allusion ironique aux 'vampires de dom Calmet' dans l'article 'Corps'.

[26] Calmet, *Dissertations*, i.809: 'Le respect superstitieux que les Juifs ont pour la terre de Canaan leur a fait croire que ce sera dans ce pays que s'opérera la résurrection […] De là l'opinion si commune parmi eux que les morts doivent s'y rendre, en roulant par-dessus la terre, afin de s'y rencontrer au jour de la résurrection […] C'est là où ils espèrent de passer les mille ans de vie sous l'heureux règne du Messie, avant la seconde résurrection, et le jugemennt universel, qui se doit faire, disent-ils, dans la vallée de Josaphat, entre la ville de Jérusalem et le mont des Oliviers'.

corps proportionnellement comme les diables de Milton dans la salle du Pandémonium.[27]

Cette résurrection se fera au son de la trompette, à ce que dit St Paul.[28] Il faudra nécessairement qu'il y ait plusieurs trompettes, car le tonnerre lui-même ne s'entend guère plus de trois ou quatre lieues à la ronde. On demande combien il y aura de trompettes, les théologiens n'ont pas encore fait ce calcul; mais ils le feront.

Les Juifs disent que la reine Cléopâtre, qui sans doute croyait la résurrection comme toutes les dames de ces temps-là, demanda à un pharisien si on ressusciterait tout nu. Le docteur lui répondit qu'on serait très bien habillé, par la raison que le blé qu'on sème étant mort en terre, ressuscite en épi avec une robe et des barbes. Ce rabbin était un théologien excellent. Il raisonnait comme dom Calmet.[29]

[27] Cf. Milton, *Paradise lost*, i.789-90: 'Thus incorporal spirits to smallest forms / Reduced their shapes immense'.

[28] I Corinthiens xv.52; I Thessaloniciens iv.16; cf. Matthieu xxiv.31.

[29] Voici ce que Voltaire avait lu dans la 'Dissertation sur la résurrection des morts' de Calmet: 'Ils racontent que la reine Cléopâtre demanda un jour au rabbin Meïr si les morts ressusciteraient nus ou habillés. Il répondit qu'à l'exemple du grain de froment qu'on jette nu dans la terre et qui est reproduit revêtu et couvert de plusieurs enveloppes dans l'épi, ainsi les justes sortiront du tombeau couverts d'habits. Et quels seront ces habits? Les mêmes avec lesquels ils ont été ensevelis' (*Dissertations*, i.812). On ne sait qui est ce rabbin Meïr contemporain de Cléopâtre (morte en 30 avant J.-C.). Il ne peut s'agir de Meïr Ba 'Al Ha-Nes qui a vécu au second siècle après J.-C.

SALOMON[1]

Le nom de Salomon a toujours été révéré dans l'Orient. Les

1-206 64, 65, 67: Salomon pouvait-il être aussi riche qu'on le dit? ¶Les Paralipomènes assurent que le melk David son père lui laissa environ vingt milliards de notre monnaie au cours de ce jour, selon la supputation la plus modeste. Il n'y a pas tant d'argent comptant dans toute la terre, et il est assez difficile que David ait pu amasser ce trésor dans le petit pays de Palestine. ¶Salomon, selon le troisième livre des Rois, avait quarante mille écuries pour les chevaux de ses chariots. Quand chaque écurie n'aurait contenu que dix chevaux, cela n'aurait composé que le nombre de quatre cent mille, qui joints à ses douze mille chevaux de selle, eût fait quatre cent douze mille chevaux de bataille. C'est beaucoup pour un melk juif qui ne fit jamais la guerre. Cette magnificence n'a guère d'exemple dans un pays qui ne nourrit que des ânes, et où il n'y a pas aujourd'hui d'autre monture. Mais apparemment que les temps sont changés; il est vrai qu'un prince si sage qui avait mille femmes, pouvait bien avoir aussi quatre cent douze mille chevaux, ne fût-ce que pour aller se promener avec elles, ou le long du lac de Génézareth, ou vers celui de Sodome, ou vers le torrent de Cédron, qui est un des endroits des plus délicieux de la terre, quoiqu'à la vérité ce torrent soit sec neuf mois de l'année, et que le terrein soit un peu pierreux. ¶Mais ce sage Salomon a-t-il fait les ouvrages qu'on lui attribue? Est-il vraisemblable, par exemple, qu'il soit l'auteur de l'églogue juive intitulée le Cantique des cantiques? ¶Il se peut

[1] Avant 1760, Voltaire avait à sa disposition les éléments nécessaires pour rédiger l'article tel qu'il parut en 1764. En effet, après avoir consacré quelques lignes seulement aux invraisemblables richesses de Salomon et au nombre prodigieux de ses écuries et de ses femmes, Voltaire passait à un examen critique du Cantique des cantiques, du Livre de la Sagesse, des Proverbes et de l'Ecclésiaste. Or le texte *Des Juifs* (1756) avait déjà formulé des objections devant les exagérations du récit biblique concernant les splendeurs du règne. Par ailleurs, la même année, Voltaire avait été sollicité par le duc de La Vallière pour une curieuse entreprise: l'adaptation, à la demande de Mme de Pompadour, de poésie sacrée. Ce travail qui aboutit à la publication, en 1759, du *Précis de l'Ecclésiaste* et du *Précis du Cantique des cantiques* n'avait pu que lui rendre familiers certains des ouvrages attribués au roi juif. C'est avec 65v, suivi par 67s et 69, que nous avons un texte plus développé et suivant un ordre différent, Voltaire commençant par rappeler les origines et l'historique de l'accession au trône de Salomon. Cet article sera repris dans les QE avec des modifications.

ouvrages qu'on croit de lui, les annales des Juifs, les fables des Arabes ont porté sa renommée jusqu'aux Indes.[2] Son règne est la grande époque des Hébreux.

Il était le troisième roi de la Palestine.[3] Le premier livre des Rois dit que sa mère Betzabée obtint de David qu'il fît couronner Salomon son fils au lieu de son aîné Adonias. Il n'est pas surprenant qu'une femme complice de la mort de son premier mari, ait eu assez d'artifice pour faire donner l'héritage au fruit de son adultère, et pour faire déshériter le fils légitime, qui de plus était l'aîné.

C'est une chose très remarquable que le prophète Nathan qui était venu reprocher à David son adultère, le meurtre d'Urie, le mariage qui suivit ce meurtre, fût le même qui depuis seconda Betzabée pour mettre sur le trône Salomon né de ce mariage sanguinaire et infâme.[4] Cette conduite, à ne raisonner que selon *la chair*, prouverait que ce prophète Nathan avait, selon les temps, deux poids et deux mesures. Le livre même ne dit pas que Nathan reçut une mission particulière de Dieu, pour faire déshériter Adonias. S'il en eut une, il faut la respecter. Mais nous ne pouvons admettre que ce que nous trouvons écrit.

Adonias, exclu du trône par Salomon, lui demanda pour toute grâce, qu'il lui permît d'épouser Abisag, cette jeune fille qu'on avait donnée à David pour le réchauffer dans sa vieillesse.[5]

L'Ecriture ne dit point si Salomon disputait à Adonias la concubine de son père; mais elle dit que Salomon, sur cette seule

[2] On connaît l'histoire de la reine de Saba qui, ayant eu vent de son renom, vint d'Arabie pour le rencontrer (I Rois x.1-10). Voltaire avait pu lire, aussi, dans les *Antiquités judaïques* de Flavius Josèphe, ce que les Tyriens rapportaient dans leurs registres publics: 'le roi Salomon fit bâtir un temple dans Jérusalem cent quarante-trois ans huit mois avant que leurs ancêtres bâtissent Carthage' (*Histoire des Juifs*, v.348; CN, iv.603). D'autre part, Salomon est un des plus grands prophètes du monde musulman, sur l'histoire duquel se sont greffées des légendes particulières.

[3] Il régna après Saül et David; voir I Rois i.

[4] Voir II Samuel xii.9, I Rois i.24-27. Voltaire ne perd pas une occasion de rappeler les débauches et les crimes de David; voir ci-dessus, art. 'David'.

[5] I Rois i.1-4.

demande, le fit assassiner. Apparemment que Dieu, qui lui donna l'esprit de sagesse, lui refusa alors celui de justice et d'humanité, comme il lui refusa depuis le don de la continence.[6]

Il est dit dans le même livre des Rois, qu'il était maître d'un grand royaume, qui s'étendait de l'Euphrate à la mer Rouge et à la Méditerranée; mais malheureusement il est dit en même temps que le roi d'Egypte avait conquis le pays de Gazer dans le Canaan, et qu'il donna pour dot la ville de Gazer à sa fille, qu'on prétend que Salomon épousa; il est dit qu'il y avait un roi à Damas. Les royaumes de Sidon et de Tyr florissaient.[7] Entouré d'Etats puissants, il manifesta sans doute sa sagesse, en demeurant en paix avec eux tous. L'abondance extrême qui enrichit son pays ne pouvait être que le fruit de cette sagesse profonde,[8] puisque du temps de Saül il n'y avait pas un ouvrier en fer dans son pays, et qu'on ne trouva que deux épées quand il fallut que Saül fît la guerre aux Philistins, auxquels les Juifs étaient soumis.[9]

Saül, qui ne possédait d'abord dans ses Etats que deux épées, eut bientôt une armée de trois cent trente mille hommes. Jamais le sultan des Turcs n'a eu de si nombreuses armées; il y avait là

[6] I Rois ii.24-25. Voltaire omet de mentionner qu'épouser une des femmes du roi mort donnait un titre à la succession. Il présente ainsi comme une cruauté gratuite un meurtre qui s'explique par la rivalité politique. Mêmes expressions dans *L'Examen important de milord Bolingbroke* (V 62, p.202); même condamnation morale dans *Les Questions de Zapata* et les *Homélies prononcées à Londres* (V 62, p.393, 472). Bayle relève l'absence de sentiments naturels chez les enfants de David, envers leur père et entre eux (art. 'David', rem. M).

[7] I Rois v.1.

[8] I Rois x.14-25. Pour ses richesses, ses femmes, ses plaisirs, Salomon était déjà mentionné dans la *Défense du Mondain* (1736). *Des Juifs* cite, à quelques variantes près, les mêmes chiffres stupéfiants, en ce qui concerne richesses et nombre de chevaux, que l'article de 1764 (M.xix.514; cf. l.1-206*v*). Le texte de 65v s'étend plus longuement sur ces questions. *Les Questions de Zapata* reviendront sur ces richesses fabuleuses (V 62, p.396); cf. *Discours de l'empereur Julien*, n.40 (éd. Moureaux, p.172).

[9] I Samuel xiii.19-22; CN, ii.61, avec signet annoté: 'no iron work'. *Des Juifs* rappelait que le prédecesseur de David n'avait pas même de fer (M.xix.514).

de quoi conquérir la terre. Ces contradictions semblent exclure tout raisonnement: mais ceux qui veulent raisonner trouvent difficile que David qui succède à Saül vaincu par les Philistins, ait pu pendant son administration fonder un vaste empire.

Les richesses qu'il laissa à Salomon sont encore plus incroyables: il lui donna comptant cent trois mille talents d'or, et un million treize mille talents d'argent. Le talent d'or des Hébreux vaut environ six mille livres sterling; le talent d'argent environ cinq cents livres sterling. La somme totale du legs en argent comptant, sans les pierreries et les autres effets, et sans le revenu ordinaire proportionné sans doute à ce trésor, montait à un milliard cent dix-neuf millions cinq cent mille livres sterling, ou à cinq milliards cinq cent quatre-vingt-dix-sept millions d'écus d'Allemagne, ou à vingt-cinq milliards six cent quarante-huit millions de France:[10] il n'y avait pas alors autant d'espèces circulantes dans le monde entier.

On ne voit pas après cela pourquoi Salomon se tourmentait tant à envoyer ses flottes au pays d'Ophir pour rapporter de l'or. On devine encore moins comment ce puissant monarque n'avait pas dans ses vastes Etats un seul homme qui sût couper du bois dans la forêt du Liban. Il fut obligé de prier Hiram roi de Tyr de lui prêter des fendeurs de bois et des ouvriers pour le mettre en œuvre. Il faut avouer que ces contradictions exercent le génie des commentateurs.[11]

45 65v, 67s: Ces belles contradictions
46-47 65v, 67s: trouvent très difficile

[10] Vingt-cinq milliards six cent quarante huit millions de France: même calcul dans *Des Juifs*. Voir Calmet, *Commentaire*, 'Dissertation sur les richesses que David laissa à Salomon'; cf. CN, ii.72, avec signet: 'Richesses / david'. 64 donne le chiffre de 'vingt milliards de notre monnaie' (voir l.1-206*v*), alors que 65v convertit en outre la somme indiquée en livres sterling et en écus d'Allemagne. Nonnotte conteste les calculs de Voltaire, son estimation des talents d'or mentionnés dans la Bible étant jugée très exagérée (*Les Erreurs de Voltaire*, Amsterdam 1766, p.132).

[11] Voir II Chroniques viii.18; I Rois v.1-12, ix.10-11, 26-28; cf. CN, ii, 61, 72.

On servait par jour pour le dîner et le souper de sa maison cinquante bœufs et cent moutons, et de la volaille et du gibier à proportion; ce qui peut aller par jour à soixante mille livres pesant de viande.[12] Cela fait une bonne maison. On ajoute qu'il avait quarante mille écuries et autant de remises pour ses chariots de guerre, mais seulement douze mille écuries pour sa cavalerie.[13] Voilà bien des chariots pour un pays de montagnes, et c'était un grand appareil pour un roi dont le prédécesseur n'avait eu qu'une

---

Des Juifs précise que ces expéditions à Ophir rapportaient, par an, soixante-huit millions en or, plus l'argent et les pierreries (M.xix.514).

[12] I Rois v.2-3. Cf. *Discours de l'empereur Julien*, n.40.

[13] Les chiffres diffèrent selon les passages de la Bible, et les traductions peuvent également différer: I Rois iv.26: 'Salomon avait 40 000 chevaux dans ses écuries pour les chariots, et 12 000 chevaux de selle', d'après Lemaître de Sacy. Mais d'après Calmet: '40 000 écuries pour ses chevaux de carrosse, et 12 000 chevaux de selle'. I Rois x.26 et II Chroniques i.14 mentionnent 1400 chariots et 12 000 hommes de cheval. Mais II Chroniques ix.25 fait état de 40 000 chevaux dans ses écuries, 12 000 chariots et 12 000 hommes de cheval. La note 40 du *Discours de l'empereur Julien* signale ces contradictions. Calmet avait exposé ces difficultés et essayé de les résoudre, en précisant que le texte hébreu pour II Chroniques ix.25 porte 'que Salomon avait 4000 écuries de chevaux et des chariots et 12 000 cavaliers', ou suivant les Septante: '40 000 juments, qui nourrissaient des poulains, pour les chariots, et 12 000 chevaux.' Il propose de s'en tenir à l'Hébreu et ajoute: 'Il nous donne 4000 écuries de chevaux pour les chariots. En mettant dix chevaux dans chacune de ces écuries, on trouvera la somme de 40 000 chevaux; ce qui reviendra à la manière dont la Vulgate a lu ce même endroit. Et quant au passage des Rois […] on peut dire que peut-être les copistes auront mis deux lettres de trop et auront fait quarante au lieu de quatre' (*Commentaire*, iii.692-93). Voltaire choisit le nombre le plus élevé, en suivant Calmet et non Lemaître de Sacy. Avec 40 000 *écuries* et 12 000 chevaux de selle, il arrive donc au total de 412 000 chevaux. Toutefois, on ne voit pas sur quoi repose 'autant de remises pour ses chariots'. En outre, 65v remplace '12 000 chevaux de selle' par '12 000 écuries pour sa cavalerie', ce qui rend erroné le total de 412 000 chevaux (l.84) repris de 64. Dans sa correspondance avec Catherine II, Voltaire plaisante sur le nombre fabuleux de chars de guerre et de chevaux de Salomon (D16127, D16215). *La Bible enfin expliquée* reprendra sur divers points la critique de vraisemblance (M.xxx.205-206). Cf. CN, iii.617 (Fleury, *Les Mœurs des Israélites*), avec note: 'et les prétendus 400 000 chevaux de salomon'.

mule à son couronnement, et pour un terrain qui ne nourrit que des ânes.

On n'a pas voulu qu'un prince qui avait tant de chariots se bornât à un petit nombre de femmes; on lui en donne sept cents, qui portaient le nom de reines; et ce qui est étrange, c'est qu'il n'avait que trois cents concubines, contre la coutume des rois, qui ont d'ordinaire plus de maîtresses que de femmes.[14] Il entretenait quatre cent douze mille chevaux, sans doute pour aller se promener avec elles le long du lac de Genézareth, ou vers celui de Sodome, ou vers le torrent de Cédron, qui serait un des endroits les plus délicieux de la terre, si ce torrent n'était pas à sec neuf mois de l'année, et si le terrain n'était pas un peu pierreux.[15]

Quant au temple qu'il fit bâtir, et que les Juifs ont cru le plus bel ouvrage de l'univers, si les Bramantes, les Michel Anges et les Palladio avaient vu ce bâtiment, ils ne l'auraient pas admiré: c'était une espèce de petite forteresse carrée, qui renfermait une cour, et dans cette cour un édifice de quarante coudées de long, et un autre de vingt; et il est dit seulement que ce second édifice, qui était proprement le temple, l'oracle, le saint des saints, avait vingt coudées de large comme de long, et vingt de haut.[16] Il n'y a point

83-89 65v, 67s: femmes. Si ces histoires ont été dictées par le Saint-Esprit, avouons qu'il aime le merveilleux. ¶Quant au

[14] I Rois xi.1-3. Voltaire avait pu lire à ce propos de sévères critiques du roi juif chez les apologistes et dans le dictionnaire de Moreri (art. 'Salomon'), les femmes étrangères ayant entraîné, de surcroît, l'introduction de cultes étrangers.

[15] Cf. ci-dessus, art. 'Judée'. Ces lignes ironiques en 69 sont reprises de 64 (voir l.1-206*v*); mais 65v et 67s, moins imagés, déduisaient seulement du nombre élevé de femmes le goût du Saint-Esprit pour le merveilleux (voir l.83-89*v*).

[16] I Rois vi.2-3. Cf. les carnets: 'Le temple de Salomon n'est bâti qu'à l'imitation des temples de Tyr. Il était petit, et mal construit' (V 82, p.495). Voltaire a pu trouver les renseignements nécessaires dans les dictionnaires de Moreri (art. 'Jérusalem') et de Calmet (art. 'Salomon'). Mais, sans aucunement souligner l'importance de la construction du temple de Jérusalem, il s'en tient à des remarques dictées par un goût de la grandeur, telle que l'ont illustrée les célèbres architectes italiens des quinzième-seizième siècles, à qui l'on doit Saint-Pierre de Rome. La

d'architecte en Europe, qui ne regardât un tel bâtiment comme un monument de barbares.

Les livres attribués à Salomon, ont duré plus que son temple. C'est peut-être une des grandes preuves de la force des préjugés et de la faiblesse de l'esprit humain.

Le nom seul de l'auteur a rendu ces livres respectables: on les a crus bons parce qu'on les a crus d'un roi, et que ce roi passait pour le plus sage des hommes.[17]

Le premier ouvrage qu'on lui attribue, est celui des *Proverbes*. C'est un recueil de maximes triviales, basses, incohérentes, sans goût, sans choix et sans dessein. Peut-on se persuader qu'un roi éclairé ait composé un recueil de sentences dans lesquelles on n'en trouve pas une seule qui regarde la manière de gouverner; la politique, les mœurs des courtisans, les usages de la cour?[18]

---

construction du temple n'est mentionnée qu'à partir de 65v et les mesures indiquées par Voltaire sont inférieures à celles qui sont données dans la Bible.

17 Voltaire a omis de mentionner l'exemple traditionnellement présenté de la sagesse de Salomon. Il a passé sous silence, en effet, l'épisode relaté en I Rois iii.16-28, où le roi rend la justice face à deux femmes qui se disputaient le même enfant. Le texte de base, à cette exception près, suit le même ordre que l'article du *Dictionnaire* de Calmet, qui intercalait ce récit entre l'histoire familiale et la mention des richesses, du temple et des livres.

18 La question de l'attribution des Proverbes à Salomon est beaucoup plus développée en 65v que dans la première version, qui n'y venait qu'après avoir traité du Cantique des cantiques et du Livre de la Sagesse (voir l.260-262*v*). L'opinion actuelle est que le recueil des Proverbes représente plusieurs siècles de réflexion. Calmet écrivait déjà, dans son *Commentaire*: 'les Proverbes tels que nous les avons, sont une compilation des sentences de Salomon faite en divers temps, et par différentes personnes, et rassemblées en un corps par Esdras, ou par ceux qui revirent les livres sacrés, après la captivité de Babylone, et qui les mirent en l'état où nous les avons' (cf. CN, ii.29-30). Une autre preuve que 'cet ouvrage est un ramas fait par divers auteurs c'est qu'on y remarque un assez grand nombre de versets, et de sentences répetées' (cf. CN, ii.30). Dans sa 'Dissertation où l'on examine si Esdras est l'auteur ou le restaurateur des Saintes Ecritures', Calmet cite Théodoret: 'les livres sacrés ayant été entièrement perdus [...] le divin Esdras rempli du Saint-Esprit, les rétablit plusieurs années après [...] Il nous rendit ce service, en rétablissant non seulement Moïse, mais aussi [...] les Proverbes, l'Ecclésiaste, et le Cantique des cantiques' (*Dissertations*, p.43; CN, ii.332).

On y voit des chapitres entiers où il n'est parlé que de gueuses, qui vont inviter les passants dans les rues à coucher avec elles.[19]

Qu'on prenne au hasard quelques-uns de ces proverbes.

Il y a trois choses insatiables, et une quatrième qui ne dit jamais, c'est assez; le sépulcre, la matrice, la terre, qui n'est jamais rassasiée d'eau; et le feu, qui est la quatrième, ne dit jamais, c'est assez.[20]

Il y a trois choses difficiles, et j'ignore entièrement la quatrième. La voie d'un aigle dans l'air, la voie d'un serpent sur la pierre, la voie d'un vaisseau sur la mer, et la voie d'un homme dans une femme.[21]

Il y a quatre choses qui sont les plus petites de la terre, et qui sont plus sages que les sages; les fourmis, petit peuple qui se prépare une nourriture pendant la moisson; le lièvre, peuple faible qui couche sur des pierres; la sauterelle, qui n'ayant pas de rois, voyage par troupes; le lézard, qui travaille de ses mains et qui demeure dans les palais des rois.[22]

Est-ce à un grand roi, au plus sage des mortels qu'on ose imputer des niaiseries si basses et si absurdes?[23] Ceux qui le font auteur de ces plates puérilités, et qui croient les admirer, ne sont pas assurément les plus sages des hommes.

Les Proverbes ont été attribués à Isaïe, à Elzia, à Sobna, à

[19] Proverbes vii.6-18; exemple repris dans le *Discours de l'empereur Julien*, n.40.

[20] Proverbes xxx.15-16.

[21] Proverbes xxx.18-19. Calmet mentionne, en fait, deux traductions pour le troisième exemple: 'Ceux qui s'attachent à la Vulgate, et aux Septante, l'entendent des voies de l'homme dans sa jeunesse, et croyent que l'on veut marquer l'extrême différence qu'il y a entre un homme enfant, et un homme fait [...] Mais la plupart des nouveaux interprètes traduisent l'Hébreu par: *Et la voie de l'homme dans une jeune fille*, ou dans une jeune femme [...] Le passage en question ne dit donc autre chose, sinon que les marques de la virginité dans une femme, ou une fille sont équivoques, et qu'on ne peut savoir certainement si une personne est vierge ou non' (*Commentaire*, iv.786-87).

[22] Proverbes xxx.24-28 (cf. CN, ii.33).

[23] Cf. CN, i.332 (Proverbes xv-xvi), avec signet annoté: 'un roy ne dit pas de pareilles pauvretés'.

Eliacin, à Joaké, et à plusieurs autres.[24] Mais qui que ce soit qui ait compilé ce recueil de sentences orientales, il n'y a pas d'apparence que ce soit un roi qui s'en soit donné la peine. Aurait-il dit, que *la terreur du roi est comme le rugissement du lion*?[25] C'est ainsi que parle un sujet ou un esclave, que la colère de son maître fait trembler. Salomon aurait-il tant parlé de la femme impudique? Aurait-il dit, *ne regardez point le vin quand il paraît clair, et que sa couleur brille dans le verre*?[26]

Je doute fort qu'on ait eu des verres à boire du temps de Salomon; c'est une invention fort récente; toute l'antiquité buvait dans des tasses de bois ou de métal; et ce seul passage indique que cette rapsodie juive fut composée dans Alexandrie, ainsi que tant d'autres livres juifs. (*a*)

(*a*) Un pédant a cru trouver une erreur dans ce passage: il a prétendu qu'on a mal traduit par le mot de *verre* le gobelet qui était, dit-il, de bois ou de métal; mais comment le vin aurait-il brillé dans un gobelet de métal ou de bois? et puis qu'importe![27]

n.*a* 65v, 67s, note absente

[24] Calmet précise encore que Helcias (Elzia) et Sobna étaient officiers du roi Ezéchias et que c'est d'après le rabbin Kimchi qu'on a cru Isaïe auteur des Proverbes. Dans son *Dictionnaire*, art. 'Proverbes', il renvoie pour Eliacin, Sobna et Joaké à II Rois xviii.26.

[25] Proverbes xx.2.

[26] Proverbes xxiii.31.

[27] La note *a*, ajoutée en 1769, vise Guénée. Dans ses *Lettres de quelques juifs*, il contestait Voltaire, en effet, sur plusieurs points: il accumulait d'abord exemples et garants pour démontrer l'ancienneté du verre. Il affirmait ensuite que, de toute manière, le terme hébreu utilisé en Proverbes xxiii.31 ne signifiait ni verre à boire, ni gobelet de verre, mais une tasse de quelque matière qu'elle puisse être. Le raisonnement de Voltaire, arguant de ce qui n'était qu'une mauvaise traduction pour contester l'ancienneté du texte biblique, se trouvait donc vicieux. Dans la quatrième édition de son ouvrage, Guénée réplique à nouveau en regrettant le ton de la note *a* et en en contestant l'argumentation: ne voit-on pas si le vin est clair et s'il brille quand on le boit dans un gobelet d'or ou d'argent? (*Lettres de quelques juifs*, Paris 1776, iii.338-45). Chaudon, dans l'article 'Proverbes', avant d'énumérer

L'Ecclésiaste, que l'on met sur le compte de Salomon, est d'un ordre et d'un goût tout différent. Celui qui parle dans cet ouvrage est un homme détrompé des illusions de la grandeur, lassé de plaisirs, et dégoûté de la science. C'est un philosophe épicurien, qui répète à chaque page que le juste et l'impie sont sujets aux mêmes accidents, que l'homme n'a rien de plus que la bête, qu'il vaut mieux n'être pas né que d'exister, qu'il n'y a point d'autre vie, et qu'il n'y a rien de bon et de raisonnable que de jouir en paix du fruit de ses travaux avec la femme qu'on aime.[28]

Tout l'ouvrage est d'un matérialiste qui est à la fois sensuel et dégoûté. Il semble seulement qu'on ait mis au dernier verset un mot édifiant sur Dieu, pour diminuer le scandale qu'un tel livre devait causer.[29]

Les critiques auront de la peine à se persuader que ce livre soit de Salomon. Il n'est pas naturel qu'il ait dit: *malheur à la terre qui a un roi enfant.*[30] Les Juifs n'avaient point eu encore de tels rois.

Il n'est pas naturel qu'il ait dit, *j'observe le visage du roi.*[31] Il est

---

les hypothèses de quelques savants sur la composition du recueil, pour souligner que la plus grande partie est l'original de Salomon, avec quelques chapitres constitués, plus tard, de ses paraboles, s'étonne aussi des 'singulières raisons' de Voltaire: comment un doute sur les verres à boire pourrait-il contrebalancer la mention du nom de Salomon en tête de l'ouvrage? (p.269).

[28] Voltaire évoque surtout ici Ecclésiaste ix.2, iii.19-20, iv.3, ix.9 (cf. CN, ii.34-35). La correspondance cite souvent ce livre; voir D16512, D16598, D19539, D20702, sur 'tout est vanité'; D12095, sur iv.3; D16775, D18099, sur l'idée que tout périt à la mort du corps. Voir M.-H. Cotoni, 'Voltaire et l'*Ecclésiaste*', p.163-74.

[29] Sur le matérialisme du texte, voir D18099. Tout en reconnaissant de belles maximes dans les ouvrages attribués à Salomon, Voltaire écrivait déjà dans l'*Extrait des sentiments de Jean Meslier*: 'ce même Salomon, le plus sage de leurs écrivains, est aussi le plus incrédule. Il doute même de l'immortalité de l'âme, et il conclut ses ouvrages par dire qu'il n'y a rien de bon que de jouir en paix de son labeur, et de vivre avec ce que l'on aime' (Meslier, *Œuvres complètes*, iii.444-45). Le 'mot édifiant' est constitué par Ecclésiaste xii.13-14.

[30] Ecclésiaste x.16.

[31] Aucun verset ne correspond exactement à cette formule; mais voir Ecclésiaste viii.2: 'Pour moi, j'observe la bouche du roi'.

bien plus vraisemblable que l'auteur a voulu faire parler Salomon, et que par cette aliénation d'esprit dont tous les ouvrages des Juifs sont remplis, il a oublié souvent dans le corps du livre que c'était un roi qu'il faisait parler.

Ce qui est toujours surprenant, c'est que l'on ait consacré cet ouvrage impie parmi les livres canoniques. S'il fallait établir aujourd'hui le canon de la Bible, on n'y mettrait certainement pas l'Ecclésiaste; mais il fut inséré dans un temps où les livres étaient très rares, où ils étaient plus admirés que lus.[32] Tout ce qu'on peut faire aujourd'hui, c'est de pallier autant qu'il est possible l'épicuréisme qui règne dans cet ouvrage. On a fait pour l'Ecclésiaste comme pour tant d'autres choses qui révoltent bien autrement. Elles furent établies dans des temps d'ignorance; et on est forcé, à la honte de la raison, de les soutenir dans des temps éclairés, et d'en déguiser ou l'absurdité ou l'horreur par des allégories.[33]

Le Cantique des cantiques est encore attribué à Salomon, parce que le nom de roi s'y trouve en deux ou trois endroits, parce qu'on fait dire à l'amante, qu'elle est belle *comme les peaux de Salomon*, parce que l'amante dit qu'elle est *noire*,[34] et qu'on a cru que Salomon désignait par là sa femme égyptienne.[35]

Ces trois raisons sont également ridicules. 1°. Quand l'amante, en parlant à son amant, dit: *le roi m'a menée dans ses celliers*,[36] elle

[32] Cf. D11084: 'Il faut que l'église ait eu le diable au corps, pour attribuer cet ouvrage à Salomon et pour le mettre dans le canon'. Chaudon admet que le nom de l'auteur n'est pas un article de foi, 'Mais il est de foi qu'il est canonique' (p.98).

[33] On considère aujourd'hui l'attribution de l'Ecclésiaste à Salomon comme une fiction littéraire. Son véritable auteur, postérieurement à l'exil, aurait donné à son texte la caution d'un des grands Sages d'Israël.

[34] Cantique i.4-5. La traduction donnée par Voltaire est, par endroits, un peu différente des traductions actuelles (où 'peaux', par exemple, est remplacé par 'tentures' ou 'pavillons'). Voltaire plaisante sur cette carnation peu conforme aux canons de l'époque, en parlant de juments 'noires et jeunes comme la maîtresse de Salomon' (D8291).

[35] Rappel de I Rois iii.1.

[36] Cantique i.3 et ii.4.

parle visiblement d'un autre que de son amant: donc le roi n'est pas cet amant: c'est le roi du festin, c'est le paranymphe, c'est le maître de la maison qu'elle entend: et cette Juive est si loin d'être la maîtresse d'un roi, que dans tout le cours de l'ouvrage c'est une bergère, une fille des champs qui va chercher son amant à la campagne et dans les rues de la ville, et qui est arrêtée aux portes par les gardes qui lui volent sa robe.[37]

2°. *Je suis belle comme les peaux de Salomon*,[38] est l'expression d'une villageoise qui dirait, Je suis belle comme les tapisseries du roi: et c'est précisément parce que le nom de Salomon se trouve dans cet ouvrage qu'il ne saurait être de lui. Quel monarque ferait une comparaison si ridicule? *Voyez*, dit l'amante, au 3e chapitre, *voyez le roi Salomon avec le diadème dont sa mère l'a couronné au jour de son mariage*.[39] Qui ne reconnaît à ces expressions la comparaison ordinaire que font les filles du peuple en parlant de leurs amants? Elles disent: il est beau comme un prince, il a un air de roi, etc.

3°. Il est vrai que cette bergère qu'on fait parler dans ce Cantique amoureux, dit qu'elle est hâlée du soleil, qu'elle est *brune*. Or si c'était là la fille du roi d'Egypte, elle n'était point si hâlée. Les filles de qualité en Egypte sont blanches. Cléopâtre l'était; et en un mot ce personnage ne peut être à la fois une fille de village et une reine.

Il[40] se peut qu'un monarque, qui avait mille femmes, ait dit à l'une d'elles, *qu'elle me baise d'un baiser de sa bouche, car vos tétons sont meilleurs que le vin*;[41] un roi et un berger, quand il s'agit de baiser sur la bouche, peuvent s'exprimer de la même manière. Il

[37] Cantique iii.2 et v.7.

[38] Cantique i.4.

[39] Cantique iii.11.

[40] Ici seulement commençait, dans 64, l'analyse des livres attribués à Salomon.

[41] Cantique iv.10-11 représentent des propos similaires du bien-aimé à la bien-aimée. Mais le verset le plus proche du texte cité par Voltaire, i.1, est mis dans la bouche de la bien-aimée, comme il le remarque quelques lignes plus loin. (Le mot 'tétons' ne figure pas toujours dans les traductions actuelles, qui proposent: 'Tes amours sont délicieuses plus que le vin'.)

est vrai qu'il est assez étrange qu'on ait prétendu que c'était la fille qui parlait en cet endroit, et qui faisait l'éloge des tétons de son amant.

Je ne nierai pas encore qu'un roi galant ait fait dire à sa maîtresse, *Mon bien-aimé est comme un bouquet de myrrhe, il demeurera entre mes tétons.*[42] Je n'entends pas trop ce que c'est qu'un bouquet de myrrhe; mais enfin quand la bien-aimée avise son bien-aimé, de lui passer la main gauche sur le cou, et de l'embrasser de la main droite,[43] je l'entends fort bien.

On pourrait demander quelques explications à l'auteur du Cantique, quand il dit, Votre nombril est comme une coupe dans laquelle il y a toujours quelque chose à boire; votre ventre est comme un boisseau de froment, vos tétons sont comme deux faons de chevreuil, et votre nez est comme la tour du mont Liban.[44]

J'avoue que les Eglogues de Virgile sont d'un autre style; mais chacun a le sien, et un Juif n'est pas obligé d'écrire comme Virgile.[45]

C'est apparemment encore un beau tour d'éloquence orientale, que de dire, *Notre sœur est encore petite, elle n'a point de tétons; que ferons-nous de notre sœur? Si c'est un mur, bâtissons dessus; si c'est une porte, fermons-la.*[46]

A la bonne heure que Salomon le plus sage des hommes ait parlé ainsi dans ses goguettes.[47] Mais plusieurs rabbins ont soutenu

233 64, 65, 67: goguettes; c'était, dit-on, son épithalame pour son mariage avec la fille de Pharaon; mais est-il naturel que le gendre de Pharaon quitte sa bien-aimée pendant la nuit, pour aller dans son jardin des noyers, que la reine courre

[42] Cantique i.13.

[43] Cantique ii.6.

[44] Cantique vii.3-5 (CN, ii.36).

[45] Comparaison reprise dans le *Discours de l'empereur Julien*, n.40.

[46] Cantique viii.8-9. D'après des commentateurs modernes, la petite sœur désignerait Jérusalem, faible et mal fortifiée.

[47] Dans 64 Voltaire plaçait ici des remarques ironiques sur Cantique v.7 et i.5, examinés antérieurement en 65v (l.179-190; cf. n.34 et 37).

que non seulement cette petite églogue voluptueuse n'était pas du roi Salomon, mais qu'elle n'était pas authentique.[48] Théodore de Mopsueste[49] était de ce sentiment, et le célèbre Grotius appelle le Cantique des cantiques *un ouvrage libertin, flagitiosus*;[50] cependant il est consacré, et on le regarde comme une allégorie perpétuelle du mariage de Jésus-Christ avec son Eglise.[51] Il faut avouer que l'allégorie est un peu forte,[52] et qu'on ne voit pas ce que l'Eglise

---

toute seule après lui nu-pieds, qu'elle soit battue par les gardes de la ville, et qu'ils lui prennent sa robe? ¶La fille d'un roi aurait-elle pu dire: *Je suis brune, mais je suis belle, comme les fourrures de Salomon*? On passerait de telles expressions à un berger, quoique après tout il n'y ait pas grand rapport entre la beauté d'une fille, et des fourrures. Mais enfin, les pélisses de Salomon pouvaient avoir été admirées de leur temps; et un Juif de la lie du peuple, qui faisait des vers pour sa maîtresse, pouvait fort bien lui dire dans son langage juif, que jamais aucun roi juif n'avait eu des robes fourrées aussi belles qu'elle; mais il eut fallu que le roi Salomon eût été bien enthousiasmé de ses fourrures pour les comparer à sa maîtresse; un roi de nos jours qui composerait une belle épithalame pour son mariage avec la fille d'un roi son voisin, ne passerait pas, à coup sûr, pour le meilleur poète du royaume. ¶Plusieurs rabbins

[48] Des doutes s'étaient élevés, dans les milieux juifs, au premier siècle de notre ère, sur la canonicité de ce livre; cf. Calmet, *Dictionnaire*, art. 'Cantique des cantiques'. Ils furent résolus par l'appel à la Tradition.

[49] Théologien grec du cinquième siècle, mentionné par Calmet, *Dictionnaire*, art. 'Cantique des cantiques'.

[50] Dans sa préface sur le Cantique des cantiques, Calmet s'indigne des interprétations de Grotius: 'Grotius, le fameux Grotius, s'est donné sur ce livre des libertés qui font horreur à toutes les personnes chastes, et qui ont du respect pour l'Ecriture [...] Il répand sur cette matière tout ce qu'il sait de plus sale, et fait dire à Salomon des choses qui font horreur, et auxquelles il n'a certainement jamais pensé; et il faut avoir l'esprit et le cœur aussi gâtés, que cet auteur paraît l'avoir eu, pour y découvrir tant d'infamies' (CN, ii.341, avec signet annoté: 'Grotius / cantique').

[51] Tandis que les docteurs juifs ont vu dans ce livre la figuration de l'amour de Dieu pour Israël et du peuple pour son Dieu, l'allégorie est devenue, chez les chrétiens, celle des noces mystiques du Christ avec son Eglise.

[52] Voltaire pouvait trouver des exemples d'allégorie 'un peu forte' dans le *Commentaire* de Calmet, qui voyait, par exemple, dans les mamelles de l'époux l'Ancien et le Nouveau Testament...

pourrait entendre quand l'auteur dit que sa petite sœur n'a point de tétons.

Après tout,[53] ce Cantique est un morceau précieux de l'antiquité. C'est le seul livre d'amour qui nous soit resté des Hébreux. Il est vrai que c'est une rapsodie inepte, mais il y a beaucoup de volupté. Il n'y est question que de baiser sur la bouche, de tétons qui valent mieux que du vin, de joues qui sont de la couleur des tourterelles. Il y est souvent parlé de jouissance. C'est une églogue juive. Le style est comme celui de tous les ouvrages d'éloquence des Hébreux, sans liaison, sans suite, plein de répétitions, confus, ridiculement métaphorique; mais il y a des endroits qui respirent la naïveté et l'amour.[54]

242-253 64, 65, 67: de tétons, et que si cet un mur, il faut bâtir dessus. ¶Le Livre

246 65v, 67s: de baisers sur

252-253 65v, 67s: l'amour. ¶A l'égard du livre de la Sagesse, imprimé dans les bibles à la suite du Cantique, on croit qu'il est de Philon le Juif, qui voulut le faire passer sous un grand nom. ¶Le Livre de la Sagesse

[53] Dans 65v Voltaire introduit ce paragraphe où il propose une synthèse de ses appréciations positives et négatives. En écrivant son *Précis du Cantique des cantiques*, il n'a songé qu'à traduire l'amour humain et il défend les aspects tendres, naturels, simples du poème (voir M.ix.499). Dans son compte rendu du livre de Robert Lowth sur la poésie sacrée des Hébreux, il écrit, en 1764: 'Voyez le *Cantique des cantiques*, ce poème plein de douceurs et de grâces. Ce début présente un tableau charmant [...] Cela est beau dans tous les temps et tous les climats' (M.xxv.204). Mais l'*Examen important* le juge écrit 'dans le goût de ces livres érotiques qui font rougir la pudeur' et donne, comme le *Discours de l'empereur Julien*, n.40, une énumération plus détaillée des passages concernés (V 62, p.202).

[54] Chaudon, inversement, ne tarit pas d'éloges sur cet ouvrage, 'épithalame en forme de bucolique' qu'il croit de Salomon: 'Rien n'est plus élégant ni plus noble que cette idylle. On y voit un feu, un esprit, une délicatesse, une variété, une noblesse inimitables' (p.51). Aussi reproche-t-il à Voltaire d'en avoir défiguré quelques endroits pour les rendre plus étranges, et d'avoir méconnu le génie oriental, sans voir que telle métaphore qui paraît disproportionnée à Genève était naturelle à Jérusalem. Il renvoie à la préface du Cantique des cantiques par Calmet et rappelle que, parmi les anciens, seul Théodore de Mopsueste l'a rejeté. Il ajoute que l'Anglais Whiston a voulu montrer, à tort, que ce n'était pas un livre sacré de l'Ancien Testament.

Le Livre de la Sagesse est dans un goût plus sérieux; mais il n'est pas plus de Salomon que le Cantique des cantiques.[55] On l'attribue communément à Jésus fils de Sirac, d'autres à Philon de Biblos;[56] mais quel que soit l'auteur, il paraît que de son temps on n'avait point encore le Pentateuque, car il dit au chap. 10 qu'Abraham voulut immoler Isaac du temps du déluge;[57] et dans un autre endroit, il parle du patriarche Joseph comme d'un roi d'Egypte.[58]

Pour l'Ecclésiaste, dont nous avons déjà parlé, Grotius prétend qu'il fut écrit sous Zorobabel.[59] Nous avons vu avec quelle liberté

260-262 64, 65, 67: d'Egypte. ¶Les Proverbes ont été attribués [l.130-141] indique que cet ouvrage fut fait par un Juif d'Alexandrie, longtemps après Alexandre. ¶Reste l'Ecclésiaste, que Grotius prétend avoir été écrit sous Zorobabel. On sait assez avec quelle liberté

[55] Dès l'*Extrait des sentiments de Jean Meslier*, Voltaire avait rappelé, à la suite du curé d'Etrépigny, que certains livres, comme la *Sapience* de Salomon, étaient rejetés par 'les hérétiques de nos derniers siècles' (*Œuvres complètes*, i.126; iii.442). L'*Examen important* répète: 'L'opinion la plus vraisemblable est que la plupart des livres attribués à Salomon, à Daniel et à d'autres, ont été faits dans Alexandrie' (V 62, p.209). Pour le Livre de la Sagesse, du moins, on estime actuellement que l'auteur était un Juif hellenisé vivant à Alexandrie. Le livre a été écrit tout entier en grec, vers le milieu du premier siècle avant notre ère.

[56] Jésus ben Sira (IIe siècle av. J.-C.) est l'auteur de l'Ecclésiastique, nommé en grec 'Sagesse de Jésus ben Sira', appelé aussi 'Siracide', qui ne fait pas partie du canon juif. Sa méditation sur le passé d'Israël (Ecclésiastique xliv-l) annonce celle qu'on trouve dans le Livre de la Sagesse (x-xix), qu'on date aujourd'hui du milieu du premier siècle av. J.-C. – Philon de Byblos: historien, rhéteur et grammairien grec, né vers 70. 65v et 67s proposaient, en outre, Philon le Juif (né vers l'an 20 av. J.-C.); voir l.252-253*v*. L'article que Calmet a consacré au Livre de la Sagesse dans son *Dictionnaire* mentionne ces hypothèses.

[57] Sagesse x.5. Le déluge est évoqué distinctement en x.4.

[58] Sagesse x.14: 'elle ne l'a point quitté dans ses chaînes, jusqu'à ce qu'elle lui eût mis entre les mains le sceptre royal'.

[59] 64 intercalait avant cette phrase les deux paragraphes discutant de l'auteur et de la date des Proverbes; voir n.24, 27. Puis Voltaire enchaînait sur l'Ecclésiaste. Il garde ce paragraphe en 65v, où la question avait déjà été abordée. D'où une certaine redondance. Zorobabel (VIe siècle av. J.-C.) ramena les Juifs en Palestine, après l'édit de Cyrus. Calmet mentionne cette conjecture de Grotius dans le

l'auteur de l'Ecclésiaste s'exprime; on sait qu'il dit que *les hommes n'ont rien de plus que les bêtes; qu'il vaut mieux n'être pas né que d'exister; qu'il n'y a point d'autre vie, qu'il n'y a rien de bon que de se réjouir dans ses œuvres avec celle qu'on aime.*

Il se pourrait faire que Salomon eût tenu de tels discours à quelques-unes de ses femmes; on prétend que ce sont des objections qu'il se fait; mais ces maximes qui ont l'air un peu libertin, ne ressemblent point du tout à des objections; et c'est se moquer du monde, d'entendre dans un auteur le contraire de ce qu'il dit.

Au reste, plusieurs Pères ont prétendu que Salomon avait fait pénitence;[60] ainsi on peut lui pardonner.

Il y a grande apparence que Salomon était riche et savant, pour son temps et pour son peuple. L'exagération, compagne inséparable de la grossièreté, lui attribua des richesses qu'il n'avait pu posséder, et des livres qu'il n'avait pu faire. Le respect pour l'antiquité a depuis consacré ces erreurs.[61]

Mais que ces livres aient été écrits par un Juif, que nous importe? Notre religion chrétienne est fondée sur la juive, mais non pas sur tous les livres que les Juifs ont faits. Pourquoi le Cantique des cantiques sera-t-il plus sacré pour nous que les fables du Talmud? C'est, dit-on, que nous l'avons compris dans le canon des Hébreux: et qu'est-ce que ce canon? C'est un recueil d'ouvrages authentiques. Eh bien un ouvrage pour être authentique est-il divin? Une histoire des roitelets de Juda et de Sichem, par exemple,

273-279 64, 65, 67: lui pardonner. ¶Mais que ces
279 65v, 67s: que ses livres
286 64-67, 67s: histoire des rois de Juda

Dictionnaire. On donne aujourd'hui à ce livre une date encore plus tardive: troisième siècle avant notre ère. Pour les versets déjà mentionnés (iii.19-20, iv.3, ix.9), voir n.28.

60 Calmet cite plusieurs Pères et docteurs (*Dictionnaire*, art. 'Salomon').

61 Ces déductions n'apparaissent que dans 65v.

est-elle autre chose qu'une histoire?[62] Voilà un étrange préjugé. Nous avons les Juifs en horreur, et nous voulons que tout ce qui a été écrit par eux et recueilli par nous, porte l'empreinte de la Divinité. Il n'y a jamais eu de contradiction si palpable.[63] 290

[62] Est affirmée ici la méthode constamment appliquée par Voltaire, qui examine selon les mêmes critères l'Ecriture et l'histoire profane. Le diminutif introduit dans 69 minimise l'histoire des Juifs.

[63] Cette contradiction a été maintes fois mise en lumière par Voltaire, depuis le *Sermon du rabbin Akib* (1761), où on montre l'inquisiteur entonnant les psaumes de David en faisant brûler sur le bûcher des Israélites.

SECTE[1]

Toute secte, en quelque genre que ce puisse être, est le ralliement du doute et de l'erreur. Scotistes, thomistes, réaux, nominaux,[2] papistes, calvinistes, molinistes, jansénistes, ne sont que des noms de guerre.

Il n'y a point de secte en géométrie; on ne dit point un euclidien, un archimédien.

Quand la vérité est évidente, il est impossible qu'il s'élève des partis et des factions. Jamais on n'a disputé s'il fait jour à midi.[3]

La partie de l'astronomie qui détermine le cours des astres et

a-95 64, 65, article absent

[1] Cet article, publié en 1765 (65v), a probablement été rédigé après la relecture par Voltaire, à la fin de l'année 1762, de *La Religion chrétienne prouvée par les faits* de Houtteville, rééditée en 1749 (voir n.9). Il a pu l'être un peu plus tard, Voltaire continuant de mentionner cet apologiste dans sa correspondance les années suivantes.

[2] Voltaire associe souvent Duns Scot et Thomas d'Aquin, ainsi que leurs partisans respectifs, dans le même dédain: 'je lis l'Arioste et point du tout Scot et st Thomas' (8 mai 1752, à Formey; D4887). 'Laissez là st Thomas s'accorder avec Scot' (28 décembre 1761, à Bernis; D10234). Duns Scot, le 'docteur subtil', était le plus redoutable rival de 'l'ange de l'école', saint Thomas d'Aquin. Les réaux ou réalistes, qui croyaient que les universaux existaient réellement et s'individualisaient dans des êtres particuliers, se sont opposés, dans la philosophie scolastique, aux nominalistes, pour qui les universaux n'étaient que des êtres de raison. Les principaux nominalistes étaient Roscelin, Guillaume d'Occam, Bérenger de Tours, et Abélard, qui s'opposa à son ancien maître, Guillaume de Champeaux, chef de file des réalistes. *Le Philosophe ignorant* reprend les mêmes exemples (V 62, p.98).

[3] Dans sa *Lettre à Mgr de Beaumont* (1763), Rousseau avait cependant opposé, sur une base semblable, les vérités d'évidence et les inventions des sectes, en poussant fort loin la caricature: 'Supposons qu'un particulier vienne à minuit nous crier qu'il est jour; on se moquera de lui; mais laissez à ce particulier le temps et les moyens de se faire une secte, tôt ou tard ses partisans viendront à bout de vous prouver qu'il disait vrai' (*OC*, iv.972).

le retour des éclipses, étant une fois connue il n'y a plus de dispute chez les astronomes.

On ne dit point en Angleterre, Je suis newtonien, je suis lockien, halleyen; pourquoi? parce que quiconque a lu, ne peut refuser son consentement aux vérités enseignées par ces trois grands hommes. Plus Newton est révéré, moins on s'intitule newtonien; ce mot supposerait qu'il y a des anti-newtoniens en Angleterre. Nous avons peut-être encore quelques cartésiens en France; c'est uniquement parce que le système de Descartes est un tissu d'imaginations erronées, et ridicules.[4]

Il en est de même dans le petit nombre de vérités de fait qui sont bien constatées. Les actes de la Tour de Londres ayant été authentiquement recueillis par Rymer,[5] il n'y a point de ryfériens, parce que personne ne s'avise de combattre ce recueil. On n'y trouve ni contradictions, ni absurdités, ni prodiges, rien qui révolte la raison, rien, par conséquent, que des sectaires s'efforcent de soutenir ou de renverser par des raisonnements absurdes. Tout

19 65V, 67S: erronées.//

[4] Les 'cartésiens' ici désignés ne sont évidemment pas les adeptes d'un esprit critique rigoureux hérité du *Discours de la méthode*, mais ceux qui tiendraient encore aux erreurs dénoncées dans les *Lettres philosophiques*, à travers le parallèle avec Newton ou avec Locke: croyance à la matière subtile, aux tourbillons, aux idées innées, aux animaux-machines, etc.; cf. les carnets: 'Descartes et Baile ont été les apôtres de la raison mais en nous aprenant à combattre leurs erreurs' (V 81, p.351; cf. p.85, 87). Voir aussi *Le Philosophe ignorant* (V 62, p.35-37). Voltaire reviendra encore sur ces insuffisances dans les *Dialogues d'Evhémère*, VII.

[5] Passant de la physique à l'histoire, Voltaire choisit, pour illustrer la certitude dans ce domaine, le recueil connu sous le nom d'*Actes de Rymer*. Thomas Rymer (1641-1713), historiographe de la couronne, s'occupa sans relâche d'examiner et de classer les archives de la Tour de Londres. Par ordre de la reine Anne, il en fit un choix, qu'il publia à partir de 1704, sous le titre de *Foedera*. Voltaire possédait l'*Histoire d'Angleterre, augmentée des notes de M. Tindal et* [...] *du Recueil des actes publics d'Angleterre de Thomas Rymer* de Paul de Rapin-Thoyras (La Haye [Paris] 1749).

le monde convient donc que les actes de Rymer sont dignes de foi.

Vous êtes mahométan, donc il y a des gens qui ne le sont pas, donc vous pourriez bien avoir tort.

Quelle serait la religion véritable, si le christianisme n'existait pas? c'est celle dans laquelle il n'y a point de sectes; celle dans laquelle tous les esprits s'accordent nécessairement.

Or, dans quel dogme tous les esprits se sont-ils accordés? Dans l'adoration d'un Dieu et dans la probité. Tous les philosophes de la terre qui ont eu une religion, dirent dans tous les temps, Il y a un Dieu, et il faut être juste. Voilà donc la religion universelle établie dans tous les temps et chez tous les hommes.

Le point dans lequel ils s'accordent tous est donc vrai, et les systèmes par lesquels ils diffèrent, sont donc faux.[6]

Ma secte est la meilleure, me dit un brame; mais, mon ami, si ta secte est bonne, elle est nécessaire; car si elle n'était pas absolument nécessaire, tu m'avoueras qu'elle serait inutile; si elle est absolument nécessaire, elle l'est à tous les hommes; comment donc se peut-il faire quc tous les hommes n'aient pas ce qui leur est absolument nécessaire? Comment se peut-il que le reste de la terre se moque de toi et de ton Brama?[7]

Lorsque Zoroastre, Hermès, Orphée, Minos, et tous les grands hommes disent, Adorons Dieu, et soyons justes, personne ne rit; mais toute la terre siffle celui qui prétend qu'on ne peut plaire à Dieu, qu'en tenant à sa mort une queue de vache, et celui qui veut qu'on se fasse couper un bout de prépuce, et celui qui consacre des crocodiles et des oignons, et celui qui attache le salut

[6] Cf. ci-dessous, art. 'Théiste'.

[7] Tout le paragraphe s'en prend indirectement aux notions de 'révélation' et de 'peuple élu', qui supposent que la plus grande partie de l'humanité est tenue à l'écart de la vérité et du salut.

éternel à des os de morts qu'on porte sous sa chemise, ou à une indulgence plénière qu'on achète à Rome pour deux sous et demi.[8]

D'où vient ce concours universel de risée et de sifflets d'un bout de l'univers à l'autre? Il faut bien que les choses dont tout le monde se moque, ne soient pas d'une vérité bien évidente. Que dirions-nous d'un secrétaire de Séjan, qui dédia à Pétrone un livre d'un style ampoulé, intitulé, *La Vérité des oracles sibyllins prouvée par les faits*?[9]

56 65v, 67s: de sifflements d'un

[8] Le syncrétisme ici exprimé est banal, quoiqu'il connaisse des variantes; cf. *Le Philosophe ignorant* (V 62, p.88-90), et QE, art. 'Morale'. Est usuelle, aussi, la satire des superstitions indienne, juive, égyptienne, catholique; cf. *Galimatias dramatique*, *Catéchisme de l'honnête homme*, *Homélies prononcées à Londres*. Les carnets précisent que les indulgences se vendirent cinquante écus sous Léon X et deux sous la pièce sous Urbain VIII (V 82, p.533).

[9] Voltaire s'en prend ici à Claude-François Houtteville (1688-1742) devenu, après avoir été élève, puis membre de l'Oratoire, secrétaire du cardinal Dubois. Son apologie, *La Religion chrétienne prouvée par les faits*, avait paru en 1722. Il y affirmait qu'un des plus grands miracles était l'accomplissement des prophéties en la personne de Jésus-Christ et s'y montrait convaincu du caractère inspiré et de la conservation scrupuleuse des textes prophétiques. Il tentait de répondre aux objections, fondées, en particulier, sur l'incrédulité des Juifs contemporains du Christ, et de distinguer les prophéties des faux oracles du paganisme. Son ouvrage fut controversé par Fourmont, puis par Hongnant et Desfontaines. Une deuxième édition parut en 1740, dédiée au duc d'Orléans, fils du régent. Voltaire connaît l'ouvrage dès 1722 et a peu d'estime pour son auteur, comme l'indique un passage de la *Défense de milord Bolingbroke* (1752; M.xxiii.550). Mais c'est à Ferney qu'il va en annoter sans complaisance la nouvelle édition (Paris 1749; BV). Il demande ce livre à Damilaville le 25 octobre 1762, ainsi que 'les lettres de l'abbé Desfontaines contre l'auteur' (D10778). Il le reçoit vers le 28 novembre (D10813) et évoque, dès le 30, 'les détestables sophismes du maquereau d'Houtteville, de l'Académie française' (D10816). Les commentaires qu'il en a faits dans sa correspondance et sur son exemplaire même éclairent donc l'article 'Secte'. Ses notes marginales font apparaître sottises, folies, réponses de déclamateur, mensonges, chez ce 'faquin' d'Houtteville (CN, iv.501-16). Le 7 septembre 1764, dans une lettre à d'Alembert, il l'associe à des apologistes de tous bords, pour se réjouir de connaître des philosophes qui ne se laissent influencer ni par 'les proféties accomplies, les miracles opérés, et les raisons convaincantes d'Augustin, de l'abbé Houtteville, et du père

Ce secrétaire vous prouve d'abord qu'il était nécessaire que Dieu envoyât sur la terre plusieurs sibylles l'une après l'autre; car il n'avait pas d'autres moyens d'instruire les hommes. Il est démontré que Dieu parlait à ces sibylles: car le mot de *sibylle* signifie *conseil de Dieu*. Elles devaient vivre longtemps; car c'est bien le moins que des personnes à qui Dieu parle, aient ce privilège. Elles furent au nombre de douze, car ce nombre est sacré. Elles avaient certainement prédit tous les événements du monde, car Tarquin le superbe acheta trois de leurs livres cent écus d'une vieille. Quel incrédule, ajoute le secrétaire, osera nier tous ces faits évidents qui se sont passés dans un coin à la face de toute la terre? Qui pourra nier l'accomplissement de leurs prophéties? Virgile lui-même n'a-t-il pas cité les prédictions des sibylles? Si nous n'avons pas les premiers exemplaires des livres sibyllins, écrits dans un temps où l'on ne savait ni lire ni écrire, n'en avons-nous pas des copies authentiques? Il faut que l'impiété se taise devant ces preuves. Ainsi parlait Houtevillus à Séjan. Il espérait avoir une place d'augure qui lui vaudrait cinquante mille livres de rente, et il n'eut rien.[10]

Garasse' (D12073). Mais c'est surtout dans une lettre à Mme Du Deffand qu'il s'en prend à nouveau à l'homme et à l'ouvrage, assurant qu'il a fourni pendant vingt ans des filles à Laugeois, le fermier général, lui reprochant aussi d'avoir été secrétaire du cardinal Dubois, qui était athée, et d'avoir dédié son livre au cardinal de La Tour d'Auvergne, qui était sodomite. Pour son ascendant sur Philippe d'Orléans et pour les vices qu'on lui attribuait, Voltaire assimile le cardinal Dubois, devenu premier ministre en 1722, à Séjan qui, sous Tibère, fut le type du ministre ambitieux et corrompu. Pour le climat de débauche qui leur était associé sont rapprochés Henri-Oswald de La Tour d'Auvergne et l'auteur du *Satiricon*. Quant au livre: 'quelle éloquence fastidieuse, quelle mauvaise foi! que de faibles réponses à de fortes objections!' (*c*. 6 novembre 1765; D12968); cf. *L'Examen important de milord Bolingbroke* (V62, p.189, 198).

[10] A la différence de ce qu'il fera dans l'*Examen important*, ch.15, Voltaire vise moins ici les vers forgés par les premiers chrétiens et attribués aux sibylles, que l'exploitation, abusive et erronée à ses yeux, des textes des prophètes juifs, en particulier des douze 'petits prophètes'. Leur prétendue inspiration, leur longévité invraisemblable, leur nombre symbolique (qui rappelle également celui des apôtres) sont source de railleries. Voltaire répète pratiquement le commentaire porté en

Ce que ma secte enseigne est obscur, je l'avoue, dit un fanatique: et c'est en vertu de cette obscurité qu'il la faut croire; car elle dit elle-même qu'elle est pleine d'obscurités. Ma secte est extravagante, donc elle est divine; car comment ce qui paraît si fou aurait-il été embrassé par tant de peuples s'il n'y avait pas du divin?[11] C'est précisément comme l'Alcoran que les sunnites disent avoir un visage d'ange et un visage de bête;[12] ne soyez pas scandalisés du mufle de la bête, et révérez la face de l'ange. Ainsi parle cet

---

marge de son exemplaire de *La Religion chrétienne prouvée par les faits*: en face de 'Jésus-Christ [...] a fait ses miracles à la vue de l'univers', il a noté: 'un coin de la galilée! l'univers!' (CN, iv.503). Il ironise aussi sur la mention des textes sibyllins par Virgile, dans l'*Enéide*, v-vi. Mais son ironie a une double portée, si l'on songe que les chrétiens avaient vu une prédiction de la venue du Christ également dans les *Bucoliques*, iv, parce qu'était annoncée la naissance d'un enfant destiné à ramener l'âge d'or. Voltaire se montrera explicite sur la signification messianique attribuée très tôt au texte de Virgile et à ses emprunts à la sibylle de Cumes, dans l'article 'Sibylle' de *L'Opinion en alphabet*. Toutefois, il mêle à cette légende chrétienne concernant les textes inspirés, désignés ici en langage codé, la légende païenne concernant les livres sibyllins, qu'il retranscrit littéralement: les livres sibyllins passaient pour être l'œuvre de la sibylle de Cumes, refondue avec des oracles de la sibylle Erythrée. D'après la tradition, ce recueil avait été apporté à Tarquin par une vieille femme qui demanda pour prix des neuf volumes trois philippes d'or. Après deux refus, ayant brûlé six volumes, elle obtint cette somme pour les trois volumes restants. Le roi fit placer au Capitole les trois livres mystérieux, qui furent confiés à la garde de prêtres spécialement désignés. Ils ne devaient les consulter que dans des circonstances graves, sur ordre du sénat. Par cet amalgame de légendes diverses, dans un même paragraphe, Voltaire met sur le même plan les oracles païens et les prophéties bibliques.

[11] Voltaire se remémore certainement des fragments de Pascal qu'il avait déjà commentés dans les *Lettres philosophiques*, xxv; voir les fragments iii sur le péché originel (Br. 434), xv sur les prophéties (642), xvii sur les contradictions des généalogies de Jésus selon Matthieu et selon Luc (578), et surtout xviii: 'Qu'on ne nous reproche donc plus le manque de clarté, puisque nous en faisons profession; mais que l'on reconnaisse la vérité de la religion dans l'obscurité même de la religion, dans le peu de lumière que nous en avons et dans l'indifférence que nous avons de la connaître' (565).

[12] Les sunnites: nom donné aux quatre confessions orthodoxes de l'islamisme. Voltaire a longuement annoté sa traduction anglaise du Coran (London 1734).

insensé; mais un fanatique d'une autre secte répond à ce fanatique, C'est toi qui es la bête, et c'est moi qui suis l'ange.[13]

Or, qui jugera ce procès? Qui décidera entre ces deux énergumènes? L'homme raisonnable, impartial, savant d'une science qui n'est pas celle des mots; l'homme dégagé des préjugés et amateur de la vérité et de la justice; l'homme enfin qui n'est pas bête, et qui ne croit point être ange.

[13] Les deux fanatiques en discussion animée sont évidemment un janséniste à la manière de Pascal, que rappelle la formule sur l'ange et la bête (*Lettres philosophiques*, XXV, fragment LII; Br. 358), et un moliniste. Le lecteur est ainsi ramené aux exemples de sectaires donnés au début de cet article. Leur est opposé l'homme qui place la sagesse dans un juste milieu et admet les limites de sa nature, comme le faisait déjà l'auteur de l''Anti-Pascal', lorsqu'il acceptait sans révolte de n'avoir pas quatre pieds et deux ailes (fragment VI).

SENS COMMUN[1]

Il y a quelquefois dans les expressions vulgaires une image de ce qui se passe au fond du cœur de tous les hommes. *Sensus communis*, signifiait chez les Romains non seulement sens commun, mais humanité, sensibilité.[2] Comme nous ne valons pas les Romains, ce mot ne dit chez nous que la moitié de ce qu'il disait chez eux. Il ne signifie que le bon sens, raison grossière, raison commencée, première notion des choses ordinaires, état mitoyen entre la stupidité et l'esprit. *Cet homme n'a pas le sens commun*, est une grosse injure. *Cet homme a le sens commun*, est une injure aussi; cela veut dire qu'il n'est pas tout à fait stupide, et qu'il manque de ce qu'on appelle esprit.[3] Mais d'où vient cette expression, sens commun, si ce n'est des sens? Les hommes quand ils inventèrent ce mot faisaient l'aveu que rien n'entrait dans l'âme que par les sens, autrement, auraient-ils employé le mot de sens pour signifier le raisonnement commun?

On dit quelquefois, Le sens commun est fort rare; que signifie cette phrase? que dans plusieurs hommes la raison commencée est arrêtée dans ses progrès par quelques préjugés, que tel homme qui juge très sainement dans une affaire se trompera toujours

a-56 64, article absent
17 65, 67, 69: hommes raison

[1] Cet article, publié en 1765, n'a pas été repris dans les QE.

[2] Effectivement, *sensus communis* avait, dans l'épistémologie des anciens, une signification précise; voir Cicéron, *De oratore*, I.iv.12; II.xvi.68; III.195; Sénèque, *De beneficiis*, I.xii 3; Horace, *Satires*, I.iii.66.

[3] Voir A.-J. Panckoucke, *Dictionnaire portatif des proverbes français* (Utrecht 1751), p.359: 'c'est le bon sens, la lumière et l'intelligence avec laquelle naissent le commun des hommes'. Cf. Molière, *Critique de l'Ecole des femmes*, 5; *Les Femmes savantes*, iv.3; *Amphitryon*, ii.1.

grossièrement dans une autre. Cet Arabe qui sera d'ailleurs un bon calculateur, un savant chimiste, un astronome exact, croira cependant que Mahomet a mis la moitié de la lune dans sa manche.[4]

Pourquoi ira-t-il au-delà du sens commun dans les trois sciences dont je parle, et sera-t-il au-dessous du sens commun quand il s'agira de cette moitié de lune? C'est que dans les premiers cas il a vu avec ses yeux, il a perfectionné son intelligence, et dans le second il a vu par les yeux d'autrui, il a fermé les siens, il a perverti le sens commun qui est en lui.

Comment cet étrange renversement d'esprit peut-il s'opérer? Comment les idées qui marchent d'un pas si régulier et si ferme dans la cervelle sur un grand nombre d'objets, peuvent-elles clocher si misérablement sur un autre mille fois plus palpable, et plus aisé à comprendre?[5] cet homme a toujours en lui les mêmes principes d'intelligence, il faut donc qu'il y ait un organe vicié, comme il arrive quelquefois que le gourmet le plus fin peut avoir le goût dépravé sur une espèce particulière de nourriture.

Comment l'organe de cet Arabe qui voit la moitié de la lune dans la manche de Mahomet est-il vicié? C'est par la peur. On lui a dit que s'il ne croyait pas à cette manche, son âme immédiatement après sa mort, en passant sur le pont aigu tomberait pour jamais dans l'abîme;[6] on lui a dit bien pis, si jamais vous doutez de cette manche, un derviche vous traitera d'impie, un autre vous prouvera que vous êtes un insensé, qui ayant tous les motifs possibles de crédibilité n'avez pas voulu soumettre votre raison superbe à

[4] Légende venant de la tradition, la *saḥih*, et fondée sur le Coran, I. Voltaire a pu la trouver dans J. Gagnier, *La Vie de Mahomet* (Amsterdam 1748), i.228-32 (BV).

[5] Voir les carnets pour la même réflexion: 'L'imagination galope; le jugement ne va que le pas' (V 82, p.502, 590).

[6] Le pont d'al Ṣirāt n'est pas mentionné dans le Coran mais l'eschatologie musulmane tardive en parle. Voir J. Hastings, *Encyclopedia of religion and ethics*, i.852. Voltaire aurait pu connaître cette tradition par George Sale, *Observations historiques et critiques sur le mahométisme* (Genève 1751; BV), p.251-52; voir aussi Hyde, *Veterum Persarum* [...] *historia*, p.477: un signet dans son exemplaire porte la mention 'pont aigu' (CN, iv.581).

l'évidence. Un troisième vous déférera au petit divan d'une petite province, et vous serez légalement empalé.

Tout cela donne une terreur panique au bon Arabe, à sa femme, à sa sœur, à toute la petite famille. Ils ont du bon sens sur tout le reste, mais sur cet article leur imagination est blessée, comme celle de Pascal, qui voyait continuellement un précipice auprès de son fauteuil.[7] Mais notre Arabe croit-il en effet à la manche de Mahomet? non, il fait des efforts pour croire; il dit cela est impossible, mais cela est vrai; je crois ce que je ne crois pas.[8] Il se forme dans sa tête sur cette manche, un chaos d'idées qu'il craint de débrouiller; et c'est véritablement n'avoir pas le sens commun.

[7] Voltaire répète cette anecdote dans une lettre à 'sGravesande du 1er août 1741 (D2519), et dans la 'Traduction d'une lettre de milord Bolingbroke à milord Cornsbury' qui suit l'*Examen important* (V 62, p.355). L'origine de la légende de la folie de Pascal se trouve chez Jean-Jacques Boileau, *Lettres de M. B*** sur différents sujets de morale et de piété* (Paris 1737-1742), i.207: 'Ce grand esprit croyait toujours voir un abîme à son côté gauche, et y faisait mettre une chaise pour se rassurer; je sais l'histoire d'original'. Antoine Adam lisait ce témoignage comme indication 'd'un trouble purement physiologique, et la localisation de ce désordre d'un seul côté du corps prouve qu'on est en face d'une observation clinique bien faite, et nullement d'une invention' (*Histoire de la littérature française au XVIIe siècle*, ii.236; cette analyse remonte à René Onfray, *L'Abîme de Pascal*).

[8] Voir l'article 'Foi', qui, lui aussi, définit la croyance comme intrinsèquement contradictoire.

SENSATION[1]

Les huîtres ont, dit-on, deux sens, les taupes quatre, les autres animaux comme les hommes cinq; quelques personnes en admettent un sixième; mais il est évident que la sensation voluptueuse, dont ils veulent parler, se réduit au sentiment du tact, et que cinq sens sont notre partage. Il nous est impossible d'en imaginer par delà, et d'en désirer.

Il se peut que dans d'autres globes on ait des sens dont nous n'avons pas d'idée: il se peut que le nombre des sens augmente de globe en globe, et que l'être qui a des sens innombrables et parfaits soit le terme de tous les êtres.[2]

Mais nous autres avec nos cinq organes quel est notre pouvoir? Nous sentons toujours malgré nous, et jamais parce que nous le voulons; il nous est impossible de ne pas avoir la sensation que notre nature nous destine, quand l'objet nous frappe. Le sentiment est dans nous; mais il ne peut en dépendre. Nous le recevons, et comment le recevons-nous? On sait assez qu'il n'y a aucun rapport entre l'air battu, et des paroles qu'on me chante, et l'impression que ces paroles font dans mon cerveau.

Nous sommes étonnés de la pensée; mais le sentiment est tout aussi merveilleux. Un pouvoir divin éclate dans la sensation du dernier des insectes comme dans le cerveau de Newton. Cependant, que mille animaux meurent sous vos yeux, vous n'êtes point inquiets de ce que deviendra leur faculté de sentir, quoique cette

[1] Cet article, publié en 1764, n'a pas été repris dans les QE. Des échos de Locke s'entendent partout dans cet article.

[2] La spéculation de Voltaire sur la possibilité de l'existence d'un sixième sens ou d'autres encore semble dériver de Locke, *An essay concerning human understanding*, II.ii.3, IV.iii.23 (voir *Lettres philosophiques*, XIII, première version de la lettre 'Sur Locke'; *Micromégas*, ch.2; cf. les carnets: 'Perhaps we may rekon 8 senses', V 81, p.88).

faculté soit l'ouvrage de l'Etre des êtres; vous les regardez comme des machines de la nature nées pour périr et pour faire place à d'autres.

Pourquoi et comment leur sensation subsisterait-elle, quand ils n'existent plus? Quel besoin l'auteur de tout ce qui est, aurait-il de conserver des propriétés dont le sujet est détruit? Il vaudrait autant dire que le pouvoir de la plante nommée sensitive,[3] de retirer ses feuilles vers ses branches, subsiste encore quand la plante n'est plus. Vous allez sans doute demander, Comment la sensation des animaux périssant avec eux, la pensée de l'homme ne périra pas?[4] je ne peux répondre à cette question, je n'en sais pas assez pour la résoudre. L'auteur éternel de la sensation et de la pensée sait seul comment il la donne, et comment il la conserve.

Toute l'antiquité a maintenu, que rien n'est dans notre entendement qui n'ait été dans nos sens.[5] Descartes dans ses romans[6] prétendit que nous avions des idées métaphysiques avant de connaître le téton de notre nourrice; une faculté de théologie proscrivit ce dogme, non parce que c'était une erreur, mais parce que c'était une nouveauté: ensuite elle adopta cette erreur parce qu'elle était détruite par Locke philosophe anglais, et qu'il fallait bien qu'un Anglais eût tort. Enfin après avoir changé si souvent d'avis, elle est revenue à proscrire cette ancienne vérité, que les sens sont les portes de l'entendement;[7] elle a fait comme les

[3] Une forme de mimosa dont les feuilles se ferment quand on les touche; voir l'*Encyclopédie*, art. 'Sensitive'.

[4] Voltaire attaque la notion chrétienne de l'âme, indépendante du corps et immortelle (cf. ci-dessus, art. 'Ame').

[5] C'était une maxime scolastique que 'nihil est in intellectu quod non prius in sensu', attribuée à tort à saint Thomas d'Aquin quoique fort proche de ses idées (*Somme théologique*, Ia, qu.79, art.2; qu.85, art.1, 2, 5) et, avant lui, de celles d'Aristote (*De l'âme*, iii.1-2), mais lue d'une manière catégorique et absolue.

[6] C'est le bon mot des *Lettres philosophiques*, XIII, où Voltaire oppose Descartes et les raisonneurs qui ont fait 'le roman de l'âme' avec leurs idées innées, à Locke qui en a écrit 'l'histoire naturelle' (*Lph*, i.168-69).

[7] Selon D. W. Smith (*Helvétius: a study in persecution*, p.49, 105-11), jusqu'à la condamnation d'Helvétius (1759), la Sorbonne tolérait le sensualisme comme

gouvernements obérés, qui tantôt donnent cours à certains billets, et tantôt les décrient; mais depuis longtemps personne ne veut des billets de cette faculté.

Toutes les facultés du monde n'empêcheront jamais les philosophes de voir que nous commençons par sentir, et que notre mémoire n'est qu'une sensation continuée.[8] Un homme qui naîtrait privé de ses cinq sens, serait privé de toute idée, s'il pouvait vivre. Les notions métaphysiques ne viennent que par les sens; car comment mesurer un cercle ou un triangle, si on n'a pas vu ou touché un cercle et un triangle?[9] comment se faire une idée imparfaite de l'infini, qu'en reculant des bornes? et comment retrancher des bornes, sans en avoir vu ou senti?

La sensation enveloppe toutes nos facultés, dit un grand philosophe (page 128, tome II, Traité des sensations.)

Que conclure de tout cela? Vous qui lisez et qui pensez, concluez.

62-83 64, 65: concluez.//

---

doctrine philosophique, s'il n'était pas développé dans une direction matérialiste ni employé contre la religion. C'est pourquoi la Sorbonne avait pu accepter les thèses sensualistes de l'abbé de Prades en 1751 (avant de renverser sa position en 1754) et n'avait pas censuré le *Traité des sensations* de Condillac la même année que la condamnation de l'abbé de Prades. Mais lorsque Voltaire écrivait, dans la lettre 'Sur Locke', que la matière pouvait penser – remarquons que Locke lui-même croyait la résolution de cette question au-delà des capacités humaines (*Essay*, IV.iii.6) – il provoqua la censure; La Mettrie fut obligé de s'exiler après la publication de l'*Histoire naturelle de l'âme* (1745) qui soutenait explicitement que la matière pensait, mais lorsque Helvétius, mieux placé dans la société que le médecin militaire que fut La Mettrie, soutint la même opinion en 1758, il fut seulement obligé de rétracter ses thèses.

[8] Expression d'Helvétius: 'La mémoire n'est autre chose qu'une sensation continuée mais affaiblie' (*De l'esprit*, I.i). L'idée est contraire aux thèses de Locke qui considère la mémoire comme un dépôt assez profond d'où l'on tire les idées avec plus ou moins de facilité (*Essay*, II.x).

[9] Cf. Etienne Bonnot de Condillac, *Traité des sensations* (Londres 1754), ii.128 (CN, ii.703). Ce développement lui doit beaucoup. Condillac essaie d'associer les idées avec les sens desquels elles sont dérivées.

Les Grecs avaient inventé la faculté *psyché* pour les sensations, et la faculté *nous* pour les pensées. Nous ignorons malheureusement ce que c'est que ces deux facultés; nous les avons, mais leur origine ne nous est pas plus connue qu'à l'huître, à l'ortie de mer, au polype, aux vermisseaux et aux plantes. Par quelle mécanique inconcevable le sentiment est-il dans tout mon corps, et la pensée dans ma seule tête? [10] Si on vous coupe la tête, il n'y a pas d'apparence que vous puissiez alors résoudre un problème de géométrie: cependant votre glande pinéale, votre corps calleux, dans lesquels vous logez votre âme, [11] subsistent longtemps sans altération, votre tête coupée est si pleine d'esprits animaux, que souvent elle bondit après avoir été séparée de son tronc: il semble qu'elle devrait avoir dans ce moment des idées très vives, et ressembler à la tête d'Orphée qui faisait encore de la musique, et qui chantait Euridice quand on la jetait dans les eaux de l'Ebre. [12]

Si vous ne pensez pas, quand vous n'avez plus de tête, d'où vient que votre cœur est sensible quand il est arraché?

Vous sentez, dites-vous, parce que tous les nerfs ont leur origine dans le cerveau; et cependant si on vous a trépané, et si on vous brûle le cerveau, vous ne sentez rien. Les gens qui savent les raisons de tout cela sont bien habiles.

[10] Pour Voltaire la vie se définit par la sensation et le sentiment, sans qu'il soit possible de connaître leur origine. La pensée, en revanche, n'est point nécessaire à la vie comme le montre l'exemple d'un imbécile qui n'a point d'idées complexes, seulement 'les idées simples de ses sensations' (QE, art. 'Vie', M.xx.579).

[11] Descartes avait fait de la glande pinéale ou épiphyse un centre recevant et transmettant à l'âme les impressions du dehors. Le corps calleux est une large bande médullaire blanche qui réunit les deux hémisphères et qui, selon La Peyronnie, était le siège de l'âme. L'*Encyclopédie* réfute l'idée que la glande pinéale soit le siège de l'âme, et cite La Peyronie ('Ame', i.342). Dans l'article 'Cartésianisme' des QE Voltaire se réfère à cet 'excellent paragraphe' de l'*Encyclopédie* où l'auteur 'dit avec raison qu'on ne sait plus où la mettre' (M.xviii.58). Dans *L'Homme de René Descartes, et la formation du fœtus* (Paris 1729), Voltaire a annoté un passage concernant la glande pinéale (CN, iii.98).

[12] Virgile, *Géorgiques*, iv.523, 527.

SONGES[1]

Somnia quae ludum animos volitantibus umbris,
Non delubra deum nec ab aethere numina mittunt,
Sed sua quisque facit.[2]

Mais comment tous les sens étant morts dans le sommeil, y en a-t-il un interne qui est vivant? comment vos yeux ne voyant plus, vos oreilles n'entendant rien, voyez-vous cependant et entendez-vous dans vos rêves? Le chien est à la chasse en songe, il aboie, il suit sa proie, il est à la curée.[3] Le poète fait des vers en dormant. Le mathématicien voit des figures; le métaphysicien raisonne bien ou mal: on en a des exemples frappants.[4]

Sont-ce les seuls organes de la machine qui agissent? est-ce

1 64, 65v: quae ludunt
2 65, 67, 69: ab athere

[1] Cet article, publié en 1764, n'a pas été repris dans les QE. Dans la lettre de Voltaire aux auteurs de la *Gazette littéraire de l'Europe* du 20 juin 1764 (M.xxv.192-95), on retrouve le thème des rapports du subconscient avec les préoccupations du rêveur, et aussi de l'autonomie de ce subconscient. Il a lu avec beaucoup d'attention La Mothe Le Vayer, 'Du sommeil et des songes', *Œuvres* (Paris 1662), ii.17 ss. (CN, v.179-81).

[2] Pétrone, *Fragmenta*, xxx, *Satyricon*, civ.1-3 dans de vieilles éditions comme celle de Heinsius (Trajecti ad Rhenum 1709). La citation n'est pas tout à fait correcte: 'Somnia quæ mentes ludunt volitantibus umbris, / Non delubra deum nec ab æthere numina mittunt, / Sed sibi quisque facit.' 'Les songes qui se moquent de l'esprit par des ombres volatiles ne viennent pas des temples des dieux, ni des puissances de l'air: chacun se fait ses songes lui-même' (*Le Satiricon*, trad. M. Rat, p.243).

[3] Cf. Lucrèce, *De rerum natura*, iv.991-1004.

[4] Mêmes développements dans la *Gazette littéraire*, puis dans l'article 'Somnambules' des QE (M.xx.432). Voltaire a utilisé le thème du songe dans ses contes; voir par ex. *Le Crocheteur borgne*, *Le Blanc et le noir* (*Romans et contes*, p.3-8, 255-69).

l'âme pure, qui soustraite à l'empire des sens jouit de ses droits en liberté?

Si les organes seuls produisent les rêves de la nuit, pourquoi ne produiront-ils pas seuls les idées du jour? Si l'âme pure, tranquille dans le repos des sens, agissant par elle-même, est l'unique cause, le sujet unique de toutes les idées que vous avez en dormant, pourquoi toutes ces idées sont-elles presque toujours irrégulières, déraisonnables, incohérentes? Quoi, c'est dans le temps où cette âme est le moins troublée, qu'il y a plus de trouble dans toutes ses imaginations![5] elle est en liberté, et elle est folle! si elle était née avec des idées métaphysiques, comme l'ont dit tant d'écrivains qui rêvaient les yeux ouverts, ses idées pures et lumineuses de l'être, de l'infini, de tous les premiers principes, devraient se réveiller en elle avec la plus grande énergie quand son corps est endormi: on ne serait jamais bon philosophe qu'en songe.

Quelque système que vous embrassiez, quelques vains efforts que vous fassiez pour vous prouver que la mémoire remue votre cerveau, et que votre cerveau remue votre âme, il faut que vous conveniez que toutes vos idées vous viennent dans le sommeil sans vous, et malgré vous: votre volonté n'y a aucune part. Il est donc certain que vous pouvez penser sept ou huit heures de suite, sans avoir la moindre envie de penser, et sans même être sûr que vous pensez. Pesez cela, et tâchez de deviner ce que c'est que le composé de l'animal.[6]

[5] L'argument contre Platon et Descartes vient de Locke, *An essay concerning human understanding*, II.i.17. Voltaire parle de 'parodie' dans ses carnets (V 81, p.396).

[6] La Fontaine, *Fables*, I.vii. Cf. les carnets: 'Les rêves ne prouvent ils pas que les pensées nous viennent malgré nous? On a des désirs, des volontez dans ses rêves. Tout cela est machine, pourquoy cela serait il d'une nature différente quand nous veillons?' (V 82, p.591); voir aussi la remarquable note de Lausanne du 25 octobre 1757 dans les carnets (V 82, p.709), dont les éditeurs de Kehl firent la quatrième section de l'article 'Somnambules'. Dans *Il faut prendre un parti* (M.xxviii.526) et dans *De l'âme* (M.xxix.338), Voltaire affirmera, à partir de l'exemple des songes, qu'il y a en nous une puissance qui agit sans nous consulter.

Les songes ont toujours été un grand objet de superstition; rien n'était plus naturel. Un homme vivement touché de la maladie de sa maîtresse, songe qu'il la voit mourante; elle meurt le lendemain, donc les dieux lui ont prédit sa mort.

Un général d'armée rêve qu'il gagne une bataille, il la gagne en effet, les dieux l'ont averti qu'il serait vainqueur.

On ne tient compte que des rêves qui ont été accomplis, on oublie les autres.[7] Les songes font une grande partie de l'histoire ancienne, aussi bien que les oracles.[8]

La Vulgate traduit ainsi la fin du verset 26 du chap. 19 du Lévitique: *Vous n'observerez point les songes*. Mais le mot *songe* n'est point dans l'hébreu:[9] et il serait assez étrange qu'on réprouvât l'observation des songes dans le même livre où il est dit que Joseph devint le bienfaiteur de l'Egypte et de sa famille, pour avoir expliqué trois songes.[10]

L'explication des rêves était une chose si commune qu'on ne se bornait pas à cette intelligence; il fallait encore deviner quelquefois ce qu'un autre homme avait rêvé. Nabucodonosor ayant oublié un songe qu'il avait fait, ordonna à ses mages de le deviner, et les menaça de mort s'ils n'en venaient pas à bout; mais le Juif Daniel qui était de l'école des mages, leur sauva la vie en devinant quel était le songe du roi, et en l'interprétant.[11] Cette histoire et beaucoup d'autres, pourraient servir à prouver que la loi des

[7] Même développement dans la *Gazette littéraire* (M.xxv.194).

[8] *La Philosophie de l'histoire*, ch.6, met les songes et les oracles au rang des superstitions communes à toutes les nations anciennes (V 59, p.106-107).

[9] Lévitique xix.26: 'nec observabitis somnia' dans la Vulgate. Voltaire a raison. Le *nahash* défendu ici est évidemment une forme de divination mais aucune des onze occurences du mot n'est associée à des songes, et l'une, Genèse xliv.5, 15, laisse entendre que l'on faisait le *nihush* avec une coupe, c'est-à-dire, une sollicitation active plutôt qu'une interprétation de rêve. D'autre part, comme s'en rend compte nVoltaire, il y a maints rêves dans la Bible dont l'interprétation était très estimée (Genèse xxxvii.5, 9; xl.5; xli.7, 15, etc.).

[10] Cf. ci-dessus, art. 'Joseph', l.67-70.

[11] Daniel ii.2, 7.

Juifs ne défendait pas l'onéiromancie, c'est-à-dire, la science des songes.[12]

61 65v: songes. Aussi étaient-ils de grands rêveurs.

[12] Voltaire a mis un signet dans le *Recueil de dissertations anciennes et nouvelles, sur les apparitions, les visions et les songes* de Lenglet Dufresnoy (Avignon, Paris 1751) aux pages traitant de l'oniromancie (CN, v.308).

SUPERSTITION[1]

Chapitre tiré de Cicéron, de Sénèque et de Plutarque.[2]

Presque tout ce qui va au-delà de l'adoration d'un Etre suprême, et de la soumission du cœur à ses ordres éternels, est superstition.[3]

b 65v: Section première, / Tirée de

[1] La première section paraît en 1764, la seconde dans 65v. Deux sections seront ajoutées dans les QE, 1771, puis une troisième en 1774. Pour un thème aussi central dans la pensée de Voltaire, il est difficile de dater les textes.

[2] Voltaire possède *De la divination* de Cicéron dans la traduction de l'abbé Régnier-Desmarais (Amsterdam 1741). Le frère de Cicéron, qui est stoïcien, expose des arguments en faveur de la divination (prodiges, oracles, songes) que Cicéron réfute. La conclusion distingue entre superstition et religion. Voltaire a souligné des passages qui dénoncent l'inanité de la croyance dans les signes (CN, ii.625-27). Il a également les *Œuvres morales et mêlées* de Plutarque, traduites par Jacques Amyot (Paris 1575). Il a sans doute lu le traité *De la superstition*, œuvre de jeunesse qui démontre que la superstition est plus impie que l'athéisme et qui dénonce les rites barbares enfantés par des religions monstrueuses. Saint Augustin, dans *La Cité de Dieu*, VI.x et xi, cite des fragments de l'ouvrage de Sénèque, *De la superstition*, les uns condamnant le culte superstitieux rendu à des statues, les autres le sabbat des Juifs (cf. CN, i.172). Ces autorités sont citées ici comme références, mais n'ont pas inspiré directement cet article.

[3] Même idée dans les carnets (V 82, p.533). Cette définition de Voltaire suscite de vigoureuses protestations. J.-A. Rosset de Rochefort condamne les superstitions, mais s'élève contre le jugement de Voltaire qui convertit en superstition toute religion hormis la religion naturelle. Pour lui, la superstition est à la religion ce qu'est l'ombre au corps (*Remarques sur un livre intitulé Dictionnaire philosophique portatif*, p.164). Nonnotte définit la superstition comme une 'religiosité vaine', mais n'admet point que Voltaire s'arroge le droit de proscrire les cultes, rites, observances et pratiques (*Dictionnaire philosophique de la religion*, s.l. 1775, iv.214 ss.). *Trévoux* précise que la superstition est 'l'excès de religion, un culte de religion vain, mal dirigé, mal ordonné, contraire à la raison et à l'idée qu'on doit avoir de l'Etre suprême'. C'est 'une fausse opinion que l'on se fait de la divinité mêlée de crainte' (art. 'Superstition').

C'en est une très dangereuse que le pardon des crimes attaché à certaines cérémonies.

Et nigras mactant pecudes, et manibuu' divis,
Inferias mittunt.[4]
O faciles nimium qui tristia crimina caedis,
Fluminea tolli posse putatis aqua![5]

Vous pensez que Dieu oubliera votre homicide, si vous vous baignez dans un fleuve, si vous immolez une brebis noire, et si on prononce sur vous des paroles.[6] Un second homicide vous sera donc pardonné au même prix, et ainsi un troisième, et cent meurtres ne vous coûteront que cent brebis noires et cent ablutions! Faites mieux, misérables humains, point de meurtre et point de brebis noires.

Quelle infâme idée d'imaginer qu'un prêtre d'Isis et de Cibèle en jouant des cymbales et des castagnettes vous réconciliera avec la Divinité! Et qu'est-il donc ce prêtre de Cibèle, cet eunuque errant qui vit de vos faiblesses, pour s'établir médiateur entre le ciel et vous? Quelles patentes a-t-il reçues de Dieu? Il reçoit de l'argent de vous pour marmotter des paroles, et vous pensez que l'Etre des êtres ratifie les paroles de ce charlatan?[7]

Il y a des superstitions innocentes: vous dansez les jours de

6 69: *In ferias* [69* errata: β]

[4] Lucrèce, *De rerum natura*, iii.52-53. Voltaire citera de nouveau ces vers de Lucrèce dans les QE, art. 'Enfer' (M.xviii.542). Dans les *Nouveaux mélanges*, 1765, Voltaire fera part de son admiration pour le chant III (*Des poètes*, M.xx.233) qu'il eut l'intention de traduire (13 octobre 1759; D8533).

[5] Ovide, *Fastes*, ii.45-46. Ces vers seront cités dans les QE, art. 'Baptême' (M.xvii.539). Dans la *Suite des mélanges* de 1756, Voltaire a fait paraître un texte *D'Ovide* (M.xx.157-66)

[6] Plutarque dénonce 'les purifications pleines d'impureté et les expiations pleines de souillure' (*De la superstition*, 171b).

[7] Voltaire entend mettre en cause le clergé catholique qui s'établit médiateur entre le ciel et l'homme et marmotte des paroles moyennant finances.

fêtes en l'honneur de Diane ou de Pomone; ou de quelqu'un de ces dieux secondaires[8] dont votre calendrier est rempli: à la bonne heure. La danse est très agréable, elle est utile au corps, elle réjouit l'âme; elle ne fait de mal à personne; mais n'allez pas croire que Pomone et Vertumne vous sachent beaucoup de gré d'avoir sauté en leur honneur, et qu'ils vous punissent d'y avoir manqué. Il n'y a d'autre Pomone ni d'autre Vertumne, que la bêche et le hoyau du jardinier.[9] Ne soyez pas assez imbéciles pour croire que votre jardin sera grêlé si vous avez manqué de danser la *pyrrhique* ou la *cordace*.[10]

Il y a peut-être une superstition pardonnable et même encourageante à la vertu; c'est celle de placer parmi les dieux les grands hommes qui ont été les bienfaiteurs du genre humain.[11] Il serait mieux sans doute, de s'en tenir à les regarder simplement comme des hommes vénérables; et surtout de tâcher de les imiter. Vénérez sans culte, un Solon, un Thalès, un Pythagore, mais n'adorez pas un Hercule pour avoir nettoyé les écuries d'Augias, et pour avoir couché avec cinquante filles dans une nuit.[12]

[8] Sur les dieux secondaires chez les anciens, voir ci-dessus, 'Idole'. Mais Diane est alors classée parmi les grands dieux.

[9] Pomone, divinité romaine des fruits et des jardins, est l'épouse de Vertumne, dieu des jardins et des récoltes de l'automne, une divinité étrusque passée à Rome. Dans les années 1759-1760, Voltaire se vante de cultiver en paix Cérès, Pomone ou Flore (D8455, D8798, D9385, D9796). Il écrit une *Epître sur l'agriculture* dédiée à Mme Denis (M.x.378-82). L'association Vertumne–Pomone se trouve dans une lettre du 17 avril 1759 (D8266).

[10] La pyrrhique était une danse guerrière dont on attribuait l'invention à un mythique Pyrrhicos. Elle se pratiquait en armes et simulait les phases d'un combat. La cordace était une danse bouffonne, indécente, d'origine lydienne. Les compagnons de Pélops auraient dansé la cordace dans le temple de Diane après leur victoire.

[11] Dans *La Canonisation de saint Cucufin* (1769), Voltaire rend hommage à ce culte des grands hommes: 'L'antiquité n'a rien de si honnête que d'avoir placé dans ce qu'on appelait le ciel les grands hommes qui avaient fait du bien aux autres hommes' (M.xxvii.420). Il propose une liste de saints à faire (p.424-25). Voir aussi *Homélies prononcées à Londres* (V 62, p.449-50).

[12] Nettoyer les écuries d'Augias fait partie des douze travaux d'Hercule. Un

Gardez-vous surtout d'établir un culte pour des gredins qui n'ont eu d'autre mérite que l'ignorance, l'enthousiasme, et la crasse, qui se sont fait un devoir et une gloire de l'oisiveté et de la gueuserie; ceux qui au moins ont été inutiles pendant leur vie, méritent-ils l'apothéose après leur mort? [13]

Remarquez que les temps les plus superstitieux ont toujours été ceux des plus horribles crimes.

Section seconde.

Le superstitieux est au fripon ce que l'esclave est au tyran. Il y a plus encore; le superstitieux est gouverné par le fanatique, et le devient. [14] La superstition née dans le paganisme, adoptée par le judaïsme, infecta l'Eglise chrétienne dès les premiers temps. [15] Tous les Pères de l'Eglise sans exception crurent au pouvoir de la magie. [16] L'Eglise condamna toujours la magie, mais elle y crut

48-128 64, 65: horribles crimes.//

treizième lui était parfois attribué. Le *Dictionnaire* de Bayle, art. 'Hercule' (rem. B), donne maintes références: 'quelques-uns disent qu'en sept jours, il dépucela les cinquante filles de Thetius, d'autres veulent qu'il n'y ait mis qu'une nuit, et ajoutent qu'il les engrossa toutes d'un garçon'. Cette prouesse sera de nouveau évoquée dans *L'Ingénu*, ch.4.

13 Allusion sans doute aux moines béatifiés. Voltaire ne cesse de se moquer des saints qui ne méritent point de l'être (voir par ex. *Homélies prononcées à Londres*, V 62, p.450). Il imaginera en 1769 la grotesque canonisation de saint Cucufin et plaisantera sur la manière dont Rome s'y prend pour canoniser un saint (*Dieu et les hommes*, ch.36; V 69, p.447).

14 'La superstition, mise en action, constitue proprement le fanatisme', affirme Jaucourt (*Encyclopédie*, xv.670).

15 Voltaire signale rapidement les superstitions du paganisme, mais s'étend longuement sur celles des Juifs (*Profession de foi des théistes*, 1768; M.xxvii.59-61). Ces dernières seront encore évoquées dans l'*Histoire de l'établissement du christianisme* (M.xxxi.54-56). Voltaire évoque aussi très souvent les superstitions chrétiennes.

16 Affirmation que Voltaire répète dans l'*Avis au public sur les parricides imputés aux Calas et aux Sirven* (1766; M.xxv.521). En 1769, il cite Tertullien (*De la paix perpétuelle*, M.xxviii.109-10). L'article 'Eglise' des QE énumère de nombreux exemples: Origène et Tertullien sur le pouvoir de chasser les démons, Justin,

toujours: elle n'excommunia point les sorciers comme des fous qui étaient trompés, mais comme des hommes qui étaient réellement en commerce avec les diables.[17]

Aujourd'hui la moitié de l'Europe croit que l'autre a été longtemps et est encore superstitieuse. Les protestants regardent les reliques, les indulgences, les macérations, les prières pour les morts, l'eau bénite, et presque tous les rites de l'Eglise romaine, comme une démence superstitieuse.[18] La superstitution, selon eux, consiste à prendre des pratiques inutiles pour des pratiques nécessaires. Parmi les catholiques romains il y en a de plus éclairés que leurs ancêtres, qui ont renoncé à beaucoup de ces usages autrefois sacrés;[19] et ils se défendent sur les autres qu'ils ont conservés, en disant, ils sont indifférents, et ce qui n'est qu'indifférent ne peut être un mal.

Lactance, Irénée, Clément d'Alexandrie, Cyprien sur leur croyance dans la magie (M.xviii.485). Dans ses carnets, il avait noté que l'Eglise tout entière croyait dans la magie (V 81, p.146).

[17] En 1765, Voltaire consacre un chapitre de *La Philosophie de l'histoire* à la magie qui dénonce les procès en sorcellerie (V 59, p.210-11). L'article 'Des sorciers' du *Prix de la justice et de l'humanité* montre que l'Eglise a condamné la sorcellerie comme une hérésie et évoque les supplices du jésuite Girard, du curé Gaufridy, du curé Grandier (M.xxx.549-54). L'Eglise condamne la magie car elle serait inspirée par le diable. Voltaire a lu avec attention la 'Dissertation sur les obsessions et possessions du démon' de Calmet (CN, ii.339, 352-54).

[18] Voltaire possède la *Lettre écrite de Rome* (Amsterdam 1744) de Conyers Middleton qui soutient la thèse suivante: l'encens, l'eau bénite, les cierges, les ex-votos, le culte des images, les prières pour les morts, les processions de la Rome moderne sont des rites semblables à ceux du paganisme (p.147-271). L'Eglise catholique est donc coupable de la même superstition et de la même idolâtrie que les païens. Telle était également l'opinion de Vigilantius, précisée dans une note du *Traité sur la tolérance*. Quant aux indulgences, elles sont à la source du rejet par Luther de l'autorité papale. Les protestants s'élevèrent contre la vente des indulgences (M.xxv.28-29). Voltaire a laissé dans ses papiers un article 'Reliques' (M.xx.357-64). L'*Essai sur les mœurs*, ch.172, rappelle que le concile de Trente a prononcé l'anathème contre ceux qui ne vénèrent pas les reliques (ii.512).

[19] Dans le *Traité sur la tolérance*, Voltaire a cité l'évêque de Chalons, M. de Noailles, qui a fait jeter au feu une 'prétendue relique du saint nombril de Jésus-Christ' et auquel toute la ville fit un procès (M.xxv.101).

Il est difficile de marquer les bornes de la superstition. Un Français voyageant en Italie trouve presque tout superstitieux, et ne se trompe guère.[20] L'archevêque de Cantorbéri prétend que l'archevêque de Paris est superstitieux; les presbytériens font le même reproche à monsieur de Cantorbéri, et sont à leur tour traités de superstitieux par les quakers, qui sont les plus superstitieux de tous aux yeux des autres chrétiens.

Personne ne convient donc chez les sociétés chrétiennes de ce que c'est que la superstition. La secte qui semble le moins attaquée de cette maladie de l'esprit est celle qui a le moins de rites. Mais si avec peu de cérémonies elle est fortement attachée à une croyance absurde, cette créance absurde équivaut, elle seule, à toutes les pratiques superstitieuses observées depuis Simon le magicien[21] jusqu'au curé Gauffrédi.[22]

Il est donc évident que c'est le fond de la religion d'une secte, qui passe pour superstition chez une autre secte.

Les musulmans accusent toutes les sociétés chrétiennes, et en sont accusés. Qui jugera ce grand procès? Sera-ce la raison? Mais

69 67s, 69: de remarquer les [69* errata: β]

[20] L'une des superstitions italiennes que Voltaire a dénoncée le plus volontiers est celle qui s'attache à la liquéfaction du sang de saint Janvier à Naples; voir par ex. *Essai sur les mœurs*, ch.183 (ii.702), *Conformez-vous au temps* (M.xxv.316-17), *Homélies prononcées à Londres* (V 62, p.484-85).

[21] Simon le Magicien offre de l'argent aux apôtres Pierre et Jean afin d'acquérir le pouvoir d'imposer l'Esprit saint (Actes viii.9-24). Voltaire évoque souvent le combat à Rome de saint Pierre et de Simon le Magicien; voir ci-dessus, art. 'Christianisme' (l.368-402). L'article 'Adorer' des QE lui est assez largement consacré; cf. CN, ii.357.

[22] Curé d'Aix-en-Provence, Louis Gaufridy fut brûlé comme sorcier en 1611. Voltaire a souligné un passage des conclusions du procureur général et mis des signets à des pages relatant l'histoire de Gaufridy dans son exemplaire des *Causes célèbres et intéressantes, avec les jugements qui les ont décidées* de François Gayot de Pitaval (Paris 1739-1754; CN, iv.78). Il évoque ce procès absurde et inhumain dans une note des *Fragments historiques sur l'Inde* (M.xxix.160), puis dans *Le Prix de la justice et de l'humanité* (M.xxx.551).

chaque secte prétend avoir la raison de son côté. Ce sera donc la force qui jugera, en attendant que la raison pénètre dans un assez grand nombre de têtes pour désarmer la force.[23]

Par exemple, il a été un temps dans l'Europe chrétienne où il n'était pas permis à de nouveaux époux de jouir des droits du mariage sans avoir acheté ce droit de l'évêque et du curé.[24]

Quiconque dans son testament ne laissait pas une partie de son bien à l'Eglise était excommunié et privé de la sépulture. Cela s'appelait mourir déconfès, c'est-à-dire, ne confessant pas la religion chrétienne.[25] Et quand un chrétien mourait intestat, l'Eglise relevait le mort de cette excommunication, en faisant un testament pour lui, en stipulant, et en se faisant payer le legs pieux que le défunt aurait dû faire.[26]

[23] On note cet élargissement du débat. Cette lutte entre la force et la raison n'est pas sans faire écho aux *Pensées* de Pascal sur la force et la justice (cf. Lafuma 103 ou Br. 298).

[24] Voltaire possède la *Taxe de la Chancellerie romaine, ou la Banque du pape dans laquelle l'absolution des crimes les plus énormes se donne pour de l'argent*, traduit et annoté par A. Du Pinet de Noroy, nouvelle édition par J.-B. Renoult (Rome 1744), ouvrage qui porte des traces de lecture. Il s'y réfère pour réfuter Nonnotte (*Eclaircissements historiques*, M.xxiv.503-504). C'est dans cet ouvrage qu'il a trouvé les taxes relatives aux mariages et sépultures. Dans l'article 'Taxe' (*L'Opinion en alphabet*, M.xx.488-89), Voltaire s'interroge sur l'origine de la taxe payée pour jouir des droits du mariage qu'il met en relation avec le droit de cuissage; voir aussi les carnets (V 82, p.541). Sa lecture attentive de l'*Institution au droit ecclésiastique* de Claude Fleury (Paris 1762-1763) témoigne de son intérêt pour tout ce qui a trait aux lois ecclésiastiques (CN, iii.610-13).

[25] *Trévoux* explique qu'on appelait déconfès celui qui n'avait point fait de testament, car 'autrefois c'était la coutume que ceux qui étaient en danger de mort fissent un don à l'Eglise; et s'ils y manquaient, on leur refusait les sacrements et la sépulture en terre sainte [...] Cet usage est aboli' (art. 'Déconfès'). Cet article renvoie à Du Cange, *Glossarium ad scriptores mediae et infimae latinitatis* (Parisiis 1733-1736), que possède Voltaire.

[26] *Trévoux* rappelle qu'autrefois ceux qui mouraient intestats étaient tenus pour damnés et infâmes: 'On a commandé en quelques conciles aux prêtres d'exhorter les moribonds à donner une partie de leurs biens à l'Eglise, ou aux pauvres: ce qui a été si avant, qu'on déniait l'absolution, et le viatique, à ceux qui ne déféraient pas à leurs exhortations' (art. 'Intestat'). Un arrêt du 19 mars 1409 fait défense à

C'est pourquoi le pape Grégoire IX, et St Louis ordonnèrent après le concile de Narbonne tenu en 1235, que tout testament auquel on n'aurait pas appelé un prêtre serait nul, et le pape décerna que le testateur et le notaire seraient excommuniés.[27]

La taxe des péchés fut encore, s'il est possible, plus scandaleuse.[28] C'était la force qui soutenait toutes ces lois auxquelles se soumettait la superstition des peuples; et ce n'est qu'avec le temps que la raison fit abolir ces honteuses vexations, dans le temps qu'elle en laissait subsister tant d'autres.

Jusqu'à quel point la politique permet-elle qu'on ruine la superstition?[29] Cette question est très épineuse; c'est demander

---

l'évêque d'Amiens d'empêcher la sépulture des décédés *ab intestat*. Du Cange 'témoigne que tous les biens meubles de ceux qui étaient morts sans confession [...] quoiqu'ils fussent morts de mort subite, étaient confisqués au profit des seigneurs, et en quelques lieux au profit des évêques' (art. 'Intestat'). Les *Etablissements de saint Louis*, ch.89, supprimaient cette confiscation pour le cas de mort soudaine. Voltaire a dénoncé à maintes reprises ces pratiques; voir les carnets (V 81, p.173); art. 'Taxe' (M.xx.489); *Epître au roi de Danemark*, texte de 1771 et notes ajoutées en 1773 (M.x.426).

[27] Le concile de Narbonne en 1227 décide que les testaments doivent être faits en présence de témoins catholiques, du curé ou d'un autre clerc, le tout sous peine de privation de la sépulture ecclésiastique. C'est le synode d'Arles en 1234 qui spécifie que les testaments seront rédigés en présence du curé ou de son chapelain, sinon le notaire sera excommunié et le testateur privé de la sépulture ecclésiastique (C. J. Hefele, *Histoire des conciles*, vi.1453 et 1561). En janvier 1235, saint Louis rend un jugement sur les différends entre l'archevêque de Reims et les citoyens de la ville qui confirme les privilèges ecclésiastiques mis en cause par la bourgeoisie (Hefele, v.1565).

[28] Dans l'*Essai sur les mœurs*, ch.127, Voltaire a dénoncé la vente des indulgences, dispenses et absolutions (ii.212-13). Il donnera dans les QE, art. 'Droit canonique', un 'Extrait du tarif des droits' payés en France pour la remise des péchés tel qu'il a été fixé par le Conseil du roi le 4 septembre 1691 (M.xviii.445) qui complète l'article 'Expiation' des QE (M.xix.50-51) dénonçant cette pratique et indiquant les prix demandés à Rome. Voir enfin dans l'article 'Taxe', les sommes réclamées pour chaque péché (M.xx.485-88).

[29] La question est évoquée par Jaucourt: 'La main du monarque ne saurait trop enchaîner le monstre de la superstition, et c'est de ce monstre, bien plus que de l'irréligion (toujours inexcusable), que le trône doit craindre pour son autorité' (*Encyclopédie*, art. 'Superstition').

jusqu'à quel point on doit faire la ponction à un hydropique, qui peut mourir dans l'opération. Cela dépend de la prudence du médecin.

Peut-il exister un peuple, libre de tous préjugés superstitieux? C'est demander, Peut-il exister un peuple de philosophes? On dit qu'il n'y a nulle superstition dans la magistrature de la Chine.[30] Il est vraisemblable qu'il n'en restera aucune dans la magistrature de quelques villes d'Europe.

Alors ces magistrats empêcheront que la superstition du peuple ne soit dangereuse. L'exemple de ces magistrats n'éclairera pas la canaille, mais les principaux bourgeois la contiendront. Il n'y a peut-être pas un seul tumulte, un seul attentat religieux, où les bourgeois n'aient autrefois trempé, parce que ces bourgeois alors étaient canaille;[31] mais la raison et le temps les auront changés. Leurs mœurs adoucies adouciront celles de la plus vile, et de la plus féroce populace: c'est de quoi nous avons des exemples frappants dans plus d'un pays. En un mot, moins de superstitions moins de fanatisme, et moins de fanatisme moins de malheurs.

[30] Sur ce mythe chinois de Voltaire, ici nuancé, mais parfois plus affirmatif, voir les annotations de 'Catéchisme chinois' et 'Chine'.

[31] Mise au point importante qui prolonge les déclarations de la 'Préface' (l.46-54). La notion de 'canaille' ne renvoie pas seulement à des considérations socio-économiques; elle relève d'abord de l'histoire des mentalités. Elle n'est point limitée à une classe sociale déterminée, même si elle a toutes chances de s'épanouir plus fortement dans les classes inférieures. La canaille désigne le plus souvent le peuple, ou plus précisément la populace, mais des bourgeois ou des magistrats à l'esprit arriéré en font partie.

THÉISTE[1]

Le théiste est un homme fermement persuadé de l'existence d'un Etre suprême aussi bon que puissant, qui a formé tous les êtres étendus, végétants, sentants, et réfléchissants; qui perpétue leur espèce, qui punit sans cruauté les crimes, et récompense avec bonté les actions vertueuses.[2]

a-29 64, 65, article absent

[1] Aucun indice ne permet de dater la rédaction de cet article, publié en 1765 (65v). D'après R. Pomeau (*La Religion de Voltaire*, p.428), le mot paraît pour la première fois chez Voltaire en 1740, dans *La Métaphysique de Newton*: 'je n'ai vu [...] aucun newtonien qui ne fût théiste dans le sens le plus rigoureux' (V 15, p.196). Mais c'est surtout après 1750 que Voltaire emploie 'théiste' et 'théisme' au lieu de déiste et déisme. Il publiera en 1768 une *Profession de foi des théistes*, où sont développées les idées principales de cet article. Rappelons les distinctions établies par les contemporains: Etienne de Silhouette écrit dans la préface aux *Dissertations sur l'union de la religion, de la morale et de la politique* de Warburton: 'Quoique le mot de *déiste* signifie dans son origine un homme qui reconnaît un Dieu [...] l'usage qui décide du sens des mots a annexé à celui-ci l'idée d'un homme qui n'a aucune religion, qui ne rend aucun culte à la Divinité qu'il reconnaît. Nous nous en servirons dans le même sens, et nous emploierons celui de *théiste* pour exprimer un homme qui joint le culte d'une religion à la créance d'un Dieu' (Londres 1742, p.11-12); J.-G. Lefranc de Pompignan précise dans les *Questions diverses sur l'incrédulité*: 'On a donné le nom de théistes à ceux qui croient non seulement l'existence de Dieu, mais encore l'obligation de lui rendre un culte, la loi naturelle dont il est la source, le libre arbitre de l'homme, l'immortalité de l'âme, les peines et les récompenses d'une autre vie. On a conservé le nom de déistes à ceux qui, se bornant à l'existence de Dieu, mettent tout le reste au rang des erreurs ou des problèmes' (Paris 1751, p.3; cité par Pomeau, p.428, n.3). Le mot 'théiste', attesté dès 1705, n'a été reçu par l'Académie qu'en 1762. Un long article 'Théisme', anonyme, a paru dans l'*Encyclopédie*.

[2] Cf., dans les œuvres antérieures, *Traité de métaphysique*, ch.2, et *Discours en vers sur l'homme*, VI (V 17, p.516-17):

> Le Tien les entendit, il voulut que sur l'heure
> On les fît assembler dans sa haute demeure,
> Ange, homme, quadrupède, et ces êtres divers,

Le théiste ne sait pas comment Dieu punit, comment il favorise, comment il pardonne, car il n'est pas assez téméraire pour se flatter de connaître comment Dieu agit,[3] mais il sait que Dieu agit et qu'il est juste.[4] Les difficultés contre la Providence ne l'ébranlent point dans sa foi, parce qu'elles ne sont que des grandes difficultés et non pas des preuves; il est soumis à cette Providence, quoiqu'il n'en aperçoive que quelques effets et quelques dehors,

---

Dont chacun forme un monde en ce vaste univers.
Ouvrages de mes mains, enfants du même père,
Qui portez, leur dit-il, *mon divin caractère,*
Vous êtes nés pour moi, rien ne fut fait pour vous:
Je suis le centre unique où vous répondez tous.
Des destins et des temps connaissez le seul maître.

Voir aussi *Du déisme* (1742) et les *Dialogues entre Lucrèce et Posidonius*: 'vous êtes forcé d'admettre un Etre suprême, intelligent, tout-puissant, qui a organisé la matière et les êtres pensants. Les desseins de cette intelligence supérieure éclatent de toutes parts, et vous devez les apercevoir dans un brin d'herbe comme dans le cours des astres. On voit que tout est dirigé à une fin certaine' (1756; M.xxiv.62). C'est à cet Etre suprême que s'adresse la 'Prière' du *Traité sur la tolérance* (ch.23). Voir aussi les carnets: 'Il ne s'agit pour avoir une relligion que dc reconnaître un être suprême. Son essence inconnue à tous, son existence reconnue par tous les peuples' (V 81, p.135). Nous ne pouvons évidemment citer les innombrables leitmotive théistes de tous les ouvrages postérieurs.

[3] Voltaire revient souvent sur cette ignorance de l'homme. Cf. *Dialogues entre Lucrèce et Posidonius*: 'C'est précisément parce que cet Etre suprême existe que sa nature doit être incompréhensible: car s'il existe, il doit y avoir l'infini entre lui et nous. Nous devons admettre qu'il est, sans savoir ce qu'il est, et comment il opère' (M.xxiv.63). Même aveu d'ignorance et de dépendance, d'inspiration malebranchiste, dans *Le Philosophe ignorant*, XIX, XXI; cf. les carnets (V 81, p.95).

[4] C'est ce souci de justice qui amène Voltaire à proposer un Dieu rémunérateur et vengeur, seul capable de corriger, dans l'au-delà, les injustices de ce monde, où les hommes vertueux sont souvent malheureux et les fripons prospères. Il lui paraît cependant difficile d'admettre une quelconque survie après la dissolution du corps. On a donc tendance à juger qu'il pratique la 'double vérité' pour préserver l'ordre social, sans adhérer lui-même à la croyance en un Dieu qui punit et récompense. Toutefois, intervient parfois, dans ses écrits, l'espoir sincère en la survie d'une 'monade' après la mort, ce qui permettrait l'exercice d'une parfaite justice. Voir le quatrième des *Dialogues d'Evhémère*, intitulé 'Si un Dieu qui agit ne vaut pas mieux que les dieux d'Epicure, qui ne font rien' (1777).

et jugeant des choses qu'il ne voit pas par les choses qu'il voit, il pense que cette Providence s'étend dans tous les lieux et dans tous les siècles.[5]

Réuni dans ce principe avec le reste de l'univers, il n'embrasse aucune des sectes, qui toutes se contredisent;[6] sa religion est la plus ancienne et la plus étendue; car l'adoration simple d'un Dieu a précédé tous les systèmes du monde.[7] Il parle une langue que tous les peuples entendent, pendant qu'ils ne s'entendent pas entre eux. Il a des frères depuis Pékin jusqu'à la Cayenne, et il compte tous les sages pour ses frères. Il croit que la religion ne consiste ni dans des opinions d'une métaphysique inintelligible, ni dans de vains appareils, mais dans l'adoration et dans la justice.[8] Faire le bien, voilà son culte; être soumis à Dieu, voilà sa doctrine. Le mahométan lui crie, Prends garde à toi si tu ne fais pas le pèlerinage

[5] Il s'agit ici d'une Providence générale, et non d'une Providence soucieuse des désirs de chaque individu, dont Voltaire se moquera dans l'article 'Providence' des QE. Le problème du mal, et donc de l'existence d'une Providence, avait été soulevé dans le *Poème sur le désastre de Lisbonne* (1755), que Voltaire concluait ainsi (M.ix.478):

> Les sages me trompaient, et Dieu seul a raison.
> Humble dans mes soupirs, soumis dans ma souffrance,
> Je ne m'élève point contre la Providence.
> Sur un ton moins lugubre on me vit autrefois
> Chanter des doux plaisirs les séduisantes lois;
> D'autres temps, d'autres mœurs: instruit par la vieillesse,
> Des humains égarés partageant la faiblesse,
> Dans une épaisse nuit cherchant à m'éclairer,
> Je ne sais que souffrir et non pas murmurer.

[6] Cf. ci-dessus, art. 'Secte'. Voltaire avait déjà opposé, dans le *Poème sur la loi naturelle*, III, les rites particuliers au principe de la religion naturelle, qu'ils défigurent.

[7] La seconde question de l'article 'Religion' expose le point de vue de Voltaire sur le monothéisme initial, puis la multiplication des dieux, et enfin, grâce aux philosophes, le développement de la croyance en un Dieu rémunérateur et vengeur; cf. *La Philosophie de l'histoire*, ch.5.

[8] Cf. *Catéchisme de l'honnête homme*: 'J'adore Dieu, je tâche d'être juste, et je cherche à m'instruire' (1763; M.xxiv.523).

de la Mecque.[9] Malheur à toi, lui dit un récollet, si tu ne fais pas un voyage à Notre-Dame de Lorette. Il rit de Lorette et de la Mecque, mais il secourt l'indigent, et il défend l'opprimé.[10]

[9] Cf. les carnets: 'Relligion mahométane inférieure à la chinoise, en ce qu'elle croit un profête et qu'on révère sa robe à la Mecque' (V 81, p.139); 'Celuy ci croit en dieu par Mahomet, cet autre par Brama, cet autre par Confucius. Eh mon ami croit en dieu par toy même. / Si dieu voulait un culte il l'aurait obtenu aisément de tous les hommes' (V 82, p.611); cf. l'annotation du *Coran* (CN, iv.655).

[10] Un récollet, moine de l'ordre des franciscains, était déjà mis en scène par Voltaire dans le bref *Dialogue entre Marc Aurèle et un récollet* (1751), où l'empereur rencontrant le moine sur le Capitole, tout en déplorant l'invasion de Rome par les prêtres, prophétisait leur chute: 'Puisque l'empire romain est tombé, les récollets pourront avoir leur tour' (M.xxiii.482). De même le choix de Notre-Dame de Lorette n'est pas fortuit. Dans une addition de 1761 à l'*Essai sur les mœurs*, Voltaire avait exposé comment le pape Boniface VII encourageait le peuple à croire que les anges avaient transporté la maison de la Vierge de Nazareth à Loretto, où l'on bâtit une superbe église (*Essai*, i.771). Il reprend le sujet dans *La Pucelle*, VIII, sur le ton du persiflage. Il raille encore la 'fable [...] extravagante' de ce sanctuaire d'Italie dans les *Homélies prononcées à Londres*, IV (V 62, p.484) et y revient dans le *Discours de l'empereur Julien* (n.32); cf. encore D17249, où il propose de donner du pain aux pauvres grâce aux pierreries de Notre-Dame de Lorette.

THÉOLOGIEN[1]

J'ai connu un vrai théologien;[2] il possédait les langues de l'Orient, et était instruit des anciens rites des nations autant qu'on peut l'être. Les brachmanes, les Chaldéens, les ignicoles, les sabéens, les Syriens, les Egyptiens lui étaient aussi connus que les Juifs;[3] les diverses leçons de la Bible lui étaient familières; il avait pendant trente années essayé de concilier les Evangiles, et tâché d'accorder ensemble les Pères.[4] Il chercha dans quel temps précisément on

a-24 64, 65, article absent

[1] Voltaire n'a que mépris pour les théologiens. Alors qu'il fait paraître, dans les *Nouveaux mélanges* de 1765, un texte critique à leur égard, *Des théologiens* (M.xx.515-16), il introduit, dans 65v, cet article mettant en scène un 'vrai théologien' qu'il prétend avoir connu. Ce texte pose donc une question difficile à résoudre.

[2] Faut-il identifier ce théologien? S'agit-il d'un personnage fictif? Remarquons simplement que Voltaire a souvent mis à contribution pendant les années 1764-1765 le pasteur Paul-Claude Moultou dont il apprécie l'érudition et auquel il avait écrit en février 1763: 'J'aurais voulu faire tout celà dans vôtre Chambre, et vous consulter à chaque ligne, car je ne suis pas le premier Théologien de ce monde' (D10988). Moultou répond à ses questions (D11729), lui prête des livres (D11924, D12279), lui corrige des cahiers (D12187), lui signale des passages intéressants (D12087). Sur Moultou, voir Francis De Crue, *L'Ami de Rousseau et des Necker: Paul Moultou à Paris en 1778*.

[3] Ce programme d'études paraît résumer celles qui furent nécessaires pour *La Philosophie de l'histoire* où les croyances de tous ces peuples sont évoquées, soit sous forme de chapitres, soit sous forme d'allusions; pour les Sabéens, voir V 59, p.125; sur les Parsis ignicoles, p.253, information que Voltaire a glanée dans Hyde qu'il lit en 1764 (D11924); il note dans son exemplaire de *Veterum Persarum et Parthorum et Medorum religionis historia* ce qui a trait aux ignicoles (CN, iv.579).

[4] Ces thèmes sont traités dans les additions de 65v à l'article 'Christianisme'. Le 29 février 1764, Moultou lui adresse une longue et érudite mise au point sur le Nouveau Testament, cite Assemanus, Fabricius, Cosmas Indicopleustes (D11729).

rédigea le symbole attribué aux apôtres,[5] et celui qu'on met sous le nom d'Athanase;[6] comment on institua les sacrements les uns après les autres,[7] quelle fut la différence entre la synaxe et la messe,[8] comment l'Eglise chrétienne fut divisée depuis sa naissance en différents partis, et comment la société dominante traita toutes les autres d'hérétiques. Il sonda les profondeurs de la politique qui se mêla toujours de ces querelles, et il distingua entre la politique et la sagesse, entre l'orgueil qui veut subjuguer les esprits et le désir de s'éclairer soi-même, entre le zèle et le fanatisme.[9]

[5] Dans l'article 'Symbole' du *Dictionnaire* de Calmet, Voltaire a pu lire: 'On croit que ce fut vers l'an 36 de l'ère vulgaire, que les apôtres, avant que de se séparer, composèrent le symbole dont nous parlons' (iv.281); voir ci-dessus, art. 'Credo'. Sur l'histoire du Credo, voir aussi DTC, art. 'Apôtres', i.1663 ss.

[6] Dans *L'Examen important de milord Bolingbroke*, Voltaire évoque l'apport de saint Athanase qui imagina que Jésus 'était allé faire un tour aux enfers' (V62, p.218). Sur l'historique de cette formule: 'Jésus descendit aux enfers', voir DTC, i.1663-64. Ce n'est point saint Athanase qui l'a inventée; elle se trouve dans son symbole dont la date reste controversée (450-600).

[7] Voltaire a largement annoté l'*Histoire des sacrements* (Paris 1745) de Chardon (CN, ii.505-506). Mais il a trouvé aussi des informations dans l'*Histoire ecclésiastique* de Fleury (CN, iii.481). Sur la date des sacrements, voir les carnets (V82, p.623-24). Le nombre des sacrements a varié au cours des siècles et suivant les confessions chrétiennes. L'*Encyclopédie* le rappelle (xiv.478). L'Eglise catholique en reconnaît sept: le baptême, la confirmation, la pénitence, l'eucharistie, l'extrême-onction, l'ordre et le mariage. Deux seulement (le baptême et l'eucharistie) sont d'institution évangélique. Les autres ont été institués au cours de longs processus historiques, et certains, comme le mariage à des dates tardives, pendant le moyen âge. La doctrine des sept sacrements, élaborée par Thomas d'Aquin, fut confirmée par le concile de Florence, et l'expression de cette doctrine a été complétée par les décrets du concile de Trente.

[8] La synaxe désigne les assemblées des premiers chrétiens. Cyrille de Jérusalem dans sa quatorzième Catéchèse parle des synaxes qui ont lieu le jour de l'Ascension comme les dimanches et fixe dans quel ordre les leçons doivent être lues. Voltaire possède *Les Catéchèses* dans l'édition de Jean Grancolas (Paris 1715) qu'il a lues attentivement (CN, ii.850-51). Pour l'Eglise catholique, le sacrifice eucharistique de la messe qui prolonge la Rédemption est le centre même de toute la religion chrétienne. Ce sens de la messe a été précisé et réaffirmé par le concile de Trente, dans le décret de la 22e section (17 septembre 1562); voir DTC, x.1112.

[9] Thèmes traités dans *L'Examen important de milord Bolingbroke*.

La difficulté d'arranger dans sa tête tant de choses, dont la nature est d'être confondues, et de jeter un peu de lumière sur tant de nuages, le rebuta souvent; mais comme ces recherches étaient le devoir de son état, il s'y consacra malgré ses dégoûts. Il parvint enfin à des connaissances ignorées de la plupart de ses confrères. Plus il fut véritablement savant, plus il se défia de tout ce qu'il savait. Tandis qu'il vécut, il fut indulgent, et à sa mort il avoua qu'il avait consumé inutilement sa vie.[10]

[10] Cet article n'est réfuté ni par Chaudon, ni par Nonnotte. Paulian consacre deux pages aux théologiens saint Augustin et saint Thomas d'Aquin.

TOLÉRANCE[1]

Qu'est-ce que la tolérance? c'est l'apanage de l'humanité. Nous sommes tous pétris de faiblesse, et d'erreurs; pardonnons-nous réciproquement nos sottises, c'est la première loi de la nature.

Qu'à la bourse d'Amsterdam, de Londres, ou de Surate, ou de Bassora, le guèbre, le banian, le juif, le mahométan, le déicole chinois, le bramin, le chrétien grec, le chrétien romain, le chrétien protestant, le chrétien quaker, trafiquent ensemble, ils ne lèveront pas le poignard les uns sur les autres pour gagner des âmes à leur religion.[2] Pourquoi donc nous sommes-nous égorgés presque sans interruption depuis le premier concile de Nicée?[3]

1-221 65v, 67 publient d'abord l.88-221, sous la rubrique 'Section première', ensuite l.1-87, sous la rubrique 'Section seconde'.

[1] Cet article, évidemment dans la mouvance du *Traité sur la tolérance*, doit dater des années 1763-1764. Cf. Voltaire à Moultou, le 9 janvier 1763: 'c'est par le plaisir qu'on vient à bout des hommes; répands quelques poignées de sel et d'épices dans le ragoût que tu leur présentes, mêle le ridicule aux raisons, tâche de faire naître l'indifférence, alors tu obtiendras sûrement la tolérance' (D10897).

[2] La lettre à Mme de Bernières du 7 octobre 1722 (D128) établissait déjà un lien entre la prospérité hollandaise et la tolérance de diverses religions, thème repris à propos de la Bourse de Londres, dans les *Lettres philosophiques*, VI; voir J. Vercruysse, *Voltaire et la Hollande*, p.162-70. L'article 'Liberté de penser' reprendra, en 1765, ces deux exemples. Cf. les carnets: 'En une république le tolérantisme est le fruit de la liberté, et l'origine du bonheur et de l'abondance' (V81-82, p.247; cf. p.628). Les exemples de tolérance donnés par ailleurs diffèrent de ceux de cet article (voir V81, p.114, 116, 399). Ici Voltaire élargit l'horizon de la tolérance à la Turquie et à l'Inde et mentionne donc quelques adeptes de religions orientales: les guèbres, ou sectateurs de Zoroastre; les banians, membres d'une secte de la caste brahmanique se rattachant au culte de Vishnu, célèbres pour leur habileté en affaires; les Chinois à qui il prête un assez vague déisme; les bramins, membres de la caste sacerdotale en Inde.

[3] Premier concile œcuménique, convoqué en 325 par l'empereur Constantin; voir art. 'Arius', 'Christianisme', 'Conciles'; cf. *Traité sur la tolérance*, ch.2, où l'auteur rappelle que le sang a coulé, pour des disputes sur le dogme, dès le

Constantin commença par donner un édit qui permettait toutes les religions; il finit par persécuter.[4] Avant lui on ne s'éleva contre les chrétiens que parce qu'ils commençaient à faire un parti dans l'Etat. Les Romains permettaient tous les cultes, jusqu'à celui des Juifs, jusqu'à celui des Egyptiens, pour lesquels ils avaient tant de mépris.[5] Pourquoi Rome tolérait-elle ces cultes? C'est que ni les l'Etat. Les Romains permettaient tous les cultes, jusqu'à celui des religion de l'empire, ne couraient point la terre et les mers pour mépris.[5] Pourquoi Rome tolérait-elle ces cultes? C'est que ni les il est incontestable que les chrétiens voulaient que leur religion fût la dominante. Les Juifs ne voulaient pas que la statue de Jupiter fût à Jérusalem; mais les chrétiens ne voulaient pas qu'elle

---

quatrième siècle jusqu'à nos jours (M.xxv.27). Voir aussi *Extrait des sentiments de Jean Meslier* (dans Meslier, *Œuvres complètes*, éd. Deprun, Desné, Soboul, iii.480).

[4] Voltaire est souvent revenu sur le règne de Constantin (306-337); voir *Essai sur les mœurs*, ch.10 (i.296-302), *Examen important*, ch.30 (V 62, p.309-11). L'*Histoire de l'Eglise* d'Eusèbe de Césarée constitue sa source principale (voir CN, iii.444). Il oppose le début du règne, où l'empereur ménage paganisme et christianisme, et le temps de la superstition et des crimes, correspondant au choix du christianisme par Constantin. L'édit de Milan qui, en 313, établit la liberté religieuse et donna des garanties aux chrétiens, appartient à la première période (voir Fleury, *Histoire ecclésiastique*, ii.627; cf. CN, iii.491, avec signet annoté: 'edit de tolerance de constantin').

[5] L'attitude de Rome envers les divers cultes, et en particulier envers la synagogue juive à laquelle, tout d'abord, le mouvement chrétien était identifié, a varié au cours du temps et selon les empereurs. Deux éléments ont pu conduire à la répression: la recrudescence de cultes venus d'Orient, perçue comme déstabilisante, et la divinisation progressive de la figure impériale. Le conflit éclate sous Caligula (37-41), qui veut imposer sa statue divine dans le temple même de Jérusalem. L'empereur Claude (41-54) est plus conciliant mais l'agitation de mouvements messianistes l'amène à décider l'expulsion de Juifs de Rome (48-49). Sous Néron (54-68), le conflit s'aggrave: à partir de 64, les chrétiens sont persécutés; le temple de Jérusalem est incendié et détruit par les légions de Titus, en août 70. Sur la tolérance des Romains, voir *Traité sur la tolérance*, ch.8, *Examen important*, ch.27 (V 62, p.285). Chaudon conteste l'existence de la tolérance dans le monde païen; il cite précisément l'Egypte et Ephèse, et qualifie d''extravagance perpétuelle' l'adoption par Rome de toutes les divinités des peuples soumis (p.353).

fût au Capitole. St Thomas a la bonne foi d'avouer, que si les chrétiens ne détrônèrent pas les empereurs, c'est qu'ils ne le pouvaient pas.[6] Leur opinion était que toute la terre doit être chrétienne. Ils étaient donc nécessairement ennemis de toute la terre, jusqu'à ce qu'elle fût convertie.

Ils étaient entre eux ennemis les uns des autres sur tous les points de leur controverse. Faut-il d'abord regarder Jésus-Christ comme Dieu? ceux qui le nient sont anathématisés sous le nom d'ébionites[7] qui anathématisent les adorateurs de Jésus.

Quelques-uns d'entre eux veulent-ils que tous les biens soient communs, comme on prétend qu'ils l'étaient du temps des apôtres? Leurs adversaires les appellent nicolaïtes, et les accusent des crimes les plus infâmes.[8] D'autres prétendent-ils à une dévotion

23 67: a bonne foi

[6] L'article 'Baptême' montre que Voltaire connaît la pratique juive du prosélytisme au premier siècle de notre ère, ainsi que le rôle final de la circoncision, puis du baptême; voir Calmet, 'Dissertation sur le baptême au nom de Jésus-Christ', *Dissertations*, iii.322-23 (CN, ii.346). Sur les causes des persécutions des chrétiens, zèle inconsidéré, séditions, voir *Traité sur la tolérance*, ch.9. L'*Examen important*, ch.27, est, comme ici, plus nettement polémique: 'La secte chrétienne fut la seule qui sur la fin du second siècle de notre ère, osât dire qu'elle voulait donner l'exclusion à tous les rites de l'empire, et qu'elle devait non seulement dominer, mais écraser toutes les autres religions' (V 62, p.287); cf. art. 'Christianisme'. Voltaire s'en prend, une fois de plus, à la notion de 'peuple élu', qui mène les chrétiens au fanatisme, comme elle a conduit les Juifs à détester les autres nations. Dans le *Traité sur la tolérance*, Voltaire accuse saint Thomas d'avoir justifié le régicide: un prince apostat perd son droit à la couronne, l'Eglise peut le punir de mort, on n'a toléré l'empereur Julien que parce qu'on n'était pas le plus fort. Il cite la *Somme*, II, part.II, qu.12 (M.xxv.62); voir aussi les *Honnêtetés littéraires* (M.xxvi.126).

[7] Les ébionites constituaient un groupe judaïsant, qui ne retenait des Evangiles qu'une partie de l'Evangile de Matthieu. Voir Irénée, *Contre les hérésies*, I.xxvi.2, III.xi.7, III.xxi.1; Eusèbe, *Histoire ecclésiastique*, III.xxvii.4.

[8] La communauté des biens est évoquée par référence aux Actes ii.44, iv.32-35. Les nicolaïtes auraient enseigné une pratique de vie sans retenue; cf. Apocalypse ii.6-15. Voir Irénée, *Contre les hérésies*, I.xxvi.3; Eusèbe, *Histoire ecclésiastique*, III.xxix (*Histoire de l'Eglise*, p.128; CN, iii.441).

mystique? on les appelle gnostiques, et on s'élève contre eux avec fureur. Marcion dispute-t-il sur la Trinité? On le traite d'idolâtre.[9]

Tertullien, Praxéas,[10] Origène, Novat, Novatien, Sabellius, Donat sont tous persécutés par leurs frères avant Constantin:[11] et à peine Constantin a-t-il fait régner la religion chrétienne, que les athanasiens et les eusébiens se déchirent, et depuis ce temps l'Eglise chrétienne est inondée de sang jusqu'à nos jours.[12]

[9] Les gnostiques, influencés par le platonisme, prétendaient avoir une connaissance sublime de la nature et des attributs de Dieu. La matière, particulièrement la chair, était pour eux le principe du mal. On a distingué cinq groupes essentiels, parmi lesquels le groupe palestinien, ayant pour chef Simon le Magicien, et le groupe asiatique dominé par Marcion, qui rejette l'héritage juif du christianisme et ne retient qu'une part de l'Evangile de Luc. Voir Irénée, *Contre les hérésies*, I.xxvii.2-4; Tertullien, *Contre Marcion*. Voltaire a déjà rappelé ces hérésies dans l'*Extrait des sentiments de Jean Meslier* (Meslier, *Œuvres*, iii.442, correspondant aux développements du *Mémoire*, i.124-25); cf. *Examen important*, ch.31 (V 62, p.312-14).

[10] La production importante de Tertullien (160-240) fut marquée, à la fin de sa vie, par une dérive montaniste. Sur Tertullien, Voltaire a pu trouver des renseignements dans Fleury. Mais c'est en annotant *La Religion chrétienne prouvée par les faits* (Paris 1749; BV), de l'abbé Houtteville, qu'il s'exclame: 'malebranche traite tertulien de fou, et il a raison' (CN, iv.504). Ce jugement est repris dans l'*Examen important*, ch.23 (V 62, p.266-72). La secte montaniste, fondée en Phrygie, joignait aux enseignements dogmatiques habituels la croyance dans l'intervention perpétuelle du Saint-Esprit. Elle fut condamnée par les papes Eleuthère (174-189?) et Zéphyrin (198-217). Praxéas est un hérésiarque montaniste du deuxième siècle.

[11] Origène (185-253) a été considéré, de son vivant, comme le théologien par excellence. Son exégèse biblique fait grand cas de l'interprétation allégorique. Bien que certaines de ses propositions aient été condamnées au concile de Constantinople (553), son influence est restée importante sur la pensée de l'Eglise. Novat, diacre schismatique, s'opposa à Carthage, en 248, à Cyprien. Novatien, prêtre de Rome, devint antipape en 251; voir Fleury, *Histoire ecclésiastique*, VI.xlix, avec signet: 'antipape des le milieu du 3eme siecle novatien' (CN, iii.485). Sabellius est un hérésiarque du troisième siècle, dont la doctrine antitrinitaire est présente à Rome vers 275. Il fut excommunié par Calixte Ier. Donat, évêque de Casae Nigrae, au quatrième siècle, fonda la secte des donatistes, qui se considéraient comme les seuls héritiers des apôtres. Cf. *Le Dîner du comte de Boulainvilliers* (V 63A, p.381-82).

[12] Eusèbe de Césarée (265-340) et Athanase d'Alexandrie (295-373) se sont opposés à propos d'Arius dont la position fut condamnée au concile de Nicée, après une vigoureuse attaque d'Athanase. Disciple d'Origène et très proche de Constantin, Eusèbe a tendance à voir en Arius un théologien persécuté (voir

Le peuple juif était, je l'avoue, un peuple bien barbare. Il égorgeait sans pitié tous les habitants d'un malheureux petit pays[13] sur lequel il n'avait pas plus de droit qu'il n'en a sur Paris et sur Londres. Cependant quand Naaman est guéri de sa lèpre pour s'être plongé sept fois dans le Jourdain, quand pour témoigner sa gratitude à Elisée qui lui a enseigné ce secret, il lui dit qu'il adorera le Dieu des Juifs par reconnaissance, il se réserve la liberté d'adorer aussi le Dieu de son roi. Il en demande permission à Elisée, et le prophète n'hésite pas à la lui donner.[14] Les Juifs adoraient leur Dieu; mais ils n'étaient jamais étonnés que chaque peuple eût le sien. Ils trouvaient bon que Chamos eût donné un certain district aux Moabites, pourvu que leur Dieu leur en donnât aussi un.[15] Jacob n'hésita pas à épouser les filles d'un idolâtre. Laban avait son Dieu, comme Jacob avait le sien.[16] Voilà des exemples de tolérance[17] chez le peuple le plus intolérant et le plus cruel de

---

Fleury, *Histoire ecclésiastique*, x.lviii; CN, iii.496); cf. art. 'Christianisme', ainsi que l'*Examen important*, ch.31, qui mentionne les 'trois cents ans de carnage' qui ont suivi (V62, p.314) et se poursuit par 'Arianisme et athanasianisme' (ch.32). Le *Traité sur la tolérance* prenait en compte la même durée. L'amplification est donc propre à cet article.

[13] Nombres xxxi (CN, ii.24). Le massacre des Madianites a déjà été évoqué par Voltaire dans *Des Juifs* (M.xix.513); cf. par ex. *Sermon des cinquante* (M.xxiv.441-42), *Traité sur la tolérance* (M.xxv.71).

[14] II Rois v.1.14, 17-19 (CN, ii.78-79); cf. *Traité sur la tolérance*, ch.12, qui force moins le texte biblique (M.xxv.75).

[15] Juges xi.24 (voir CN, ii.59, avec note: 'nonne quae possedit chamos tibi jure debetur'). Chamos ou Kémoch est la divinité des Moabites et Ammonites, issus tous deux, selon Genèse xix.37-38, de la descendance de Loth.

[16] Genèse xxxi. Jacob épouse les filles (Rachel et Léa) de son oncle maternel, Laban. Le texte mentionne la possession, par Laban, d'idoles domestiques (xxxi.19).

[17] Ces exemples visent à suggérer, au delà de l'éloge apparent, que le peuple juif n'était pas véritablement monothéiste, alors. L'article 'Religion' II, qui reprend l'exemple du dieu des Moabites, Kémoch, mentionné par Jephté en même temps que son propre dieu, est plus explicite. Voltaire avait relevé d'autres exemples de l'idolâtrie des Juifs dans les *Antiquités judaïques* de Jacques Basnage (Amsterdam 1713; CN, i.224). Chaudon réfute la tolérance des Juifs en rappelant le schisme de Samarie et autres 'fureurs'; l'auteur explique qu'ils ont suivi les mêmes maximes que les catholiques, 'parce que comme eux ils avaient le dépôt de la vérité' (p.352).

toute l'antiquité; nous l'avons imité dans ses fureurs absurdes, et non dans son indulgence.

Il est clair que tout particulier qui persécute un homme, son frère, parce qu'il n'est pas de son opinion, est un monstre. Cela ne souffre pas de difficulté. Mais le gouvernement! mais les magistrats! mais les princes! comment en useront-ils envers ceux qui ont un autre culte que le leur? Si ce sont des étrangers puissants, il est certain qu'un prince fera alliance avec eux. François Ier très chrétien s'unira avec les musulmans contre Charles-Quint très catholique. François Ier donnera de l'argent aux luthériens d'Allemagne, pour les soutenir dans leur révolte contre l'empereur; mais il commencera, selon l'usage, par faire brûler les luthériens chez lui. Il les paye en Saxe par politique; il les brûle par politique à Paris. Mais qu'arrivera-t-il? Les persécutions font des prosélytes. Bientôt la France sera pleine de nouveaux protestants. D'abord ils se laisseront pendre, et puis ils pendront à leur tour. Il y aura des guerres civiles. Puis viendra la St Barthélemi,[18] et ce coin du monde sera pire que tout ce que les anciens et les modernes ont jamais dit de l'enfer.

Insensés! qui n'avez jamais pu rendre un culte pur au Dieu qui vous a faits! Malheureux que l'exemple des noachides, des lettrés

66-67 64-67: Charles Quint très chrétien. François

[18] François Ier conclut un traité de commerce avec le sultan Soliman II, après la signature des capitulations, en 1536. Après la paix de Cambrai, négociée en 1529 entre François Ier et Charles Quint, le premier s'était uni aux princes protestants d'Allemagne; voir *Essai sur les mœurs*, ch.125 (ii.193-94). Voltaire a trouvé sa documentation dans Fleury, *Histoire ecclésiastique*, CXXXV.lxxi, où il note: 'luteriens executez a paris pendent que le roy se ligue avec eux en allemagne' (CN, iii.594). Le *Traité sur la tolérance*, ch.3, développe beaucoup plus longuement le récit des persécutions des protestants français sous François Ier et après lui. L'accroissement de leur nombre, les guerres civiles y sont également mentionnés, de même que la Saint-Barthélemy. On se rappelle que Voltaire affirme à plusieurs reprises, dans sa correspondance, avoir la fièvre le jour anniversaire de la Saint-Barthélemy.

chinois, des Parsis et de tous les sages n'ont jamais pu conduire![19] Monstres, qui avez besoin de superstitions comme le gésier des corbeaux a besoin de charognes. On vous l'a déjà dit et on n'a autre chose à vous dire; si vous avez deux religions chez vous, elles se couperont la gorge; si vous en avez trente, elles vivront en paix.[20] Voyez le Grand Turc, il gouverne des guèbres, des banians, des chrétiens grecs, des nestoriens, des romains. Le premier qui veut exciter du tumulte est empalé, et tout le monde est tranquille.[21]

Section seconde.[22]

De toutes les religions, la chrétienne est sans doute celle qui doit inspirer le plus de tolérance, quoique jusqu'ici les chrétiens aient été les plus intolérants de tous les hommes.

87-221 64: est tranquille.// [voir ci-dessus, 1-221*v*]

[19] Même énumération de 'sages' dans le *Traité sur la tolérance*, ch.4 (M.xxv.34-35). On a vu dans les préceptes d'alliance entre Dieu et Noé (Genèse ix), l'expression la plus simple et universelle de la loi: 'A chacun je demanderai compte de la vie de son frère'.

[20] Ce thème figure déjà dans les *Lettres philosophiques*, VI; cf. *Lettres persanes*, LXXXV.

[21] Le *Traité sur la tolérance*, ch.4, énumère aussi une kyrielle de peuples de religions différentes vivant en paix dans l'empire turc. Chaudon invite Voltaire à aller inonder la Turquie, la Perse, la Chine, le Japon de libelles monstrueux contre la religion de ces Etats si tolérants... (p.351).

[22] Une comparaison entre les paragraphes des deux sections montre que la fin du dernier paragraphe de II répète le premier de I, en liant faiblesse humaine et tolérance. Mais surtout, les paragraphes 2 à 7 reprennent en II le thème de la division des chrétiens, traité dans les paragraphes 4 à 6 en I. Si l'on ajoute que les paragraphes 8 à 10 font écho, en ce qui concerne l'intolérance des puissants, au paragraphe 8 de la section I, et qu'à partir du paragraphe 12, Voltaire insiste sur les dissemblances du catholicisme et du christianisme primitif, dont seraient plus proches les quakers, on voit que la deuxième section privilégie le thème des divergences, des contradictions internes au christianisme et de l'intolérance qui le caractérise, laissant de côté les modèles extérieurs de tolérance et de paix que présentait la section I. On constate donc un durcissement *a fortiori* par rapport au *Traité sur la tolérance*.

Jésus ayant daigné naître dans la pauvreté et dans la bassesse, ainsi que ses frères,[23] ne daigna jamais pratiquer l'art d'écrire.[24] Les Juifs avaient une loi écrite avec le plus grand détail, et nous n'avons pas une seule ligne de la main de Jésus. Les apôtres se divisèrent sur plusieurs points. St Pierre et St Barnabé mangeaient des viandes défendues avec les nouveaux chrétiens étrangers, et s'en abstenaient avec les chrétiens juifs. St Paul leur reprochait cette conduite,[25] et ce même St Paul pharisien, disciple du pharisien Gamaliel, ce même St Paul qui avait persécuté les chrétiens avec fureur, et qui ayant rompu avec Gamaliel se fit chrétien lui-même, alla pourtant ensuite sacrifier dans le temple de Jérusalem, dans le temps de son apostolat. Il observa publiquement pendant huit jours toutes les cérémonies de la loi judaïque à laquelle il avait renoncé, il y ajouta même des dévotions, des purifications qui étaient de surabondance, il judaïsa entièrement.[26] Le plus grand

92 65v: que les frères
97 65-69: s'en abstenait [...] Paul lui reprochait

[23] Sur les 'frères' de Jésus, voir Matthieu xii.46 (CN, ii.110; cf. ii.98), Marc iii.31, Actes i.14. L'Eglise interprète le terme comme synonyme de 'parents', 'cousins'. Mais Voltaire le choisit avec une intention de désacralisation.

[24] Même intention dénigrante dans la volonté de présenter Jésus comme un illettré; cf. *Catéchisme de l'honnête homme* (M.xxiv.p.530), *Le Dîner du comte de Boulainvilliers* (V 63A, p.376), *Examen important*, ch.12 (V 62, p.221). L'*Extrait des sentiments de Jean Meslier* montrait déjà en lui 'un homme de néant, vil et méprisable, qui n'avait ni talent, ni science, ni adresse' (Meslier, *Œuvres complètes*, iii.477). Le thème de la bassesse du Christ sera souvent repris, jusqu'à l'*Histoire de l'établissement du christianisme*.

[25] Cf. Galates ii.11-14 (CN, ii.291); Actes xi, xv. Pour les différends entre Paul et Barnabé, voir surtout Actes xv.36-40 (CN, ii.185). En outre la 'Dissertation où l'on examine si Céphas repris par saint Paul à Antioche est le même que saint Pierre' de Calmet porte des traces de lecture (CN, ii.282). Le même exemple est cité dans le *Traité sur la tolérance*, ch.11, et dans 'Christianisme'. L'idée de dissension est suggérée plus brièvement dans l'article 'Paul'. Cf. *Dialogue du douteur et de l'adorateur*, *Epître aux Romains*, *Discours de l'empereur Julien*; voir aussi D12330.

[26] Sur Paul pharisien, voir Actes xxiii.6, xxvi.5 (CN, ii.193, 195); sur Paul et Gamaliel, voir Actes xxii.3. Voir ci-dessus, art. 'Paul', n.6-9.

apôtre des chrétiens fit pendant huit jours les mêmes choses pour lesquelles on condamne les hommes au bûcher chez une grande partie des peuples chrétiens.[27]

Theudas, Judas, s'étaient dits *messies* avant Jésus.[28] Dosithée, Simon, Ménandre,[29] se dirent *messies* après Jésus. Il y eut dès le premier siècle de l'Eglise, et avant même que le nom de chrétien fût connu, une vingtaine de sectes dans la Judée.

Les gnostiques contemplatifs, les dosithéens, les cérinthiens,[30] existaient avant que les disciples de Jésus eussent pris le nom de

113 65-67: gnostiques, contemplatifs

[27] C'est un des arguments du *Sermon du rabbin Akib*, repris dans 'Christianisme' (ajout de 1765).

[28] Pour Theudas et Judas Voltaire semble suivre l'ordre chronologique des Actes v.36-37 (CN, ii.179; cf. iv.596); cf. art. 'Messie'. Judas le Galiléen est antérieur à Jésus; vers l'an 6, il organise un soulèvement d'ordre politique, après la taxe entraînée par le recensement de Quirinus. Theudas tente vers l'an 44 seulement, semble-t-il, de se présenter comme prophète, réitérant les signes et prodiges du désert et de la fuite d'Egypte.

[29] Dosithée a été longtemps tenu pour l'auteur des *Reconnaissances*, roman pseudo-clémentin, et présenté comme lié à Jean Baptiste, voire son successeur, ainsi que concurrent de Simon. Sur ces *Recognitiones*, voir Grabe, *Spicilegium SS. Patrum*, i.275-78 (CN, iv.172-73). L'évolution de la documentation permet de voir aujourd'hui en Dosithée un prophète eschatologique samaritain du premier siècle av. J.-C. La secte qui en est issue sera parallèle au mouvement baptiste, mais sans liens avec lui; elle se heurtera aux samaritains orthodoxes; cf. art. 'Messie', 'Christianisme' (ajout de 65v). Avec son successeur Ménandre, il a été présenté comme le fondateur des mouvements gnostiques. Voir Irénée, *Contre les hérésies*, I.xxiii.1-4. Simon offre une doctrine mêlant magie et philosophie, origines samaritaines et références chrétiennes, où le Premier Principe est distingué du Dieu judéo-chrétien; voir Fabricius, *Codex apocryphus Novi Testamenti*, iii.632-53 (CN, iii.467), Calmet, 'Dissertation sur Simon le magicien', *Dissertations*, p.250-51 (CN, ii.357), Dupin, *Nouvelle bibliothèque des auteurs ecclésiastiques*, i.798 (CN, iii.314).

[30] Cf. art. 'Christianisme'. Les cérinthiens étaient les disciples de l'hérésiarque Cérinthe, prégnostique, contre qui Jean aurait écrit son évangile et ses épîtres (voir I Jean ii.18-19); cf. Irénée, *Contre les hérésies*, I.xxvi.1.

chrétiens. Il y eut bientôt trente évangiles,[31] dont chacun appartenait à une société différente; et dès la fin du premier siècle on peut compter trente sectes de chrétiens dans l'Asie mineure, dans la Syrie, dans Alexandrie, et même dans Rome.

Toutes ces sectes méprisées du gouvernement romain, et cachées dans leur obscurité, se persécutaient cependant les unes les autres dans les souterrains où elles rampaient; c'est-à-dire, elles se disaient des injures. C'est tout ce qu'elles pouvaient faire dans leur abjection. Elles n'étaient presque toutes composées que de gens de la lie du peuple.

Lorsque enfin quelques chrétiens eurent embrassé les dogmes de Platon, et mêlé un peu de philosophie à leur religion qu'ils séparèrent de la juive, ils devinrent insensiblement plus considérables,[32] mais toujours divisés en plusieurs sectes, sans que jamais il y ait eu un seul temps où l'Eglise chrétienne ait été réunie. Elle a pris sa naissance au milieu des divisions des Juifs, des samaritains, des pharisiens, des saducéens, des esséniens, des judaïtes, des disciples de Jean, des thérapeutes.[33] Elle a été divisée dans son

115 65v: bientôt cinquante Evangiles

[31] L'*Extrait des sentiments de Jean Meslier* a déjà mentionné les évangiles apocryphes. On passe de 'trente évangiles' à 'cinquante' dans 65v. C'est aussi le nombre retenu par Voltaire dans une addition de 65v à l'article 'Christianisme' (l.353), après une récente lecture de Fabricius, *Codex apocryphus*, qui donne la liste des cinquante évangiles; voir *Collection d'anciens évangiles* (V 69). Le nombre 'trente' est probablement resté dans 67 et 69 par inadvertance.

[32] L'influence de philosophies sur la prédication chrétienne date du passage de l'Evangile aux Grecs (cf. Actes xvii). Voltaire insiste sur celle du platonisme depuis le *Sermon des cinquante* jusqu'à l'*Histoire de l'établissement du christianisme*, en passant par 'Christianisme', l'*Examen important*, ch.22, etc. Il a relevé des remarques similaires dans *Le Christianisme dévoilé*, et résume radicalement sa position en marge du livre de Chastellux, *De la félicité publique*: 'Platon fonda le christianisme' (CN, iv.430, ii.556). L'exclusion officielle du jeune christianisme fut prononcée, après la destruction du temple de Jérusalem (70), par l'assemblée rabbinique de Jamnia.

[33] Cf. art. 'Christianisme', *Traité sur la tolérance*, ch.13, *Examen important*, ch.11-12, 15-16. Les samaritains, groupe religieux formé par la population mêlée de l'Israël du Nord (capitale Samarie), sont les seuls vraiment considérés comme

berceau, elle l'a été dans les persécutions mêmes qu'elle essuya quelquefois sous les premiers empereurs. Souvent le martyr était regardé comme un apostat par ses frères, et le chrétien carpocratien expirait sous le glaive des bourreaux romains excommunié par le chrétien ébionite, lequel ébionite était anathématisé par le sabellien.[34]

Cette horrible discorde qui dure depuis tant de siècles est une leçon bien frappante que nous devons mutuellement nous pardonner nos erreurs, la discorde est le grand mal du genre humain, et la tolérance en est le seul remède.

---

hérétiques par rapport au judaïsme. Ils ne reconnaissent que le Pentateuque, adorent Dieu au temple du mont Garizim, etc. Les pharisiens, interprètes de la loi écrite dont ils répandent l'étude, se présentent aussi comme dépositaires de la loi orale. Leur mouvement de réforme religieuse date des soulèvements du deuxième siècle avant notre ère. Très soucieux de l'observance de la loi, ils sont, comme les sadducéens, représentés au sanhédrin. Ces derniers reconnaissent le seul Pentateuque comme loi de Moïse. A la différence des pharisiens, ils ne croient pas à la résurrection. Les esséniens, communauté strictement fermée et régie par des observances rigoureuses en matière de pureté (bains rituels, lois alimentaires), présentent une volonté de rupture avec les prêtres de Jérusalem, considérés comme illégitimes, et préparent la venue du Prophète de la fin des temps. Ils sont aujourd'hui mieux connus après les découvertes de Qûmran. Sur les judaïtes, voir n.28 concernant Judas le Galiléen. Sur ces quatre dernières sectes, voir Flavius Josèphe, *Antiquités judaïques*, iv.182 (CN, iv.596); Houtteville, *La Religion chrétienne prouvée par les faits*, p.9 (CN, iv.502). Les disciples de Jean Baptiste suivaient le chef de file d'un des mouvements de réveil religieux du premier siècle, qui proclamait pour tous, à l'inverse de l'élitisme pharisien, la conversion par le baptême et l'imminence de la fin des temps. Les thérapeutes constituaient un groupe de membres vivant en communauté et de sympathisants, où l'on insistait sur la méditation et l'assemblée de repas communautaire, où l'on commentait l'Ecriture. Voir Ch. Perrot, *Jésus et l'histoire*.

[34] Pour les ébionites et les sabelliens, voir n.7 et 11. Les carpocratiens, disciples de Carpocrate (voir Irénée, *Contre les hérésies*, I.xxv.1-6), sont anti-judaïques et, à ce titre, opposés aux ébionites. A la suite de Meslier, Voltaire précise dans son *Extrait* qu'ils rejetaient tout l'Ancien Testament et voyaient en Jésus-Christ un homme comme un autre (Meslier, *Œuvres complètes*, i.124, iii.442). Ils sont évoqués comme exemples d'excentriques démodés, dans le *Traité sur la tolérance*, ch.5. Carpocrate est cité dans l'*Examen important*, en même temps qu'est reprise l'idée des anathèmes et excommunications réciproques entre chrétiens (V 62, p.312-13).

Il n'y a personne qui ne convienne de cette vérité, soit qu'il médite de sang-froid dans son cabinet, soit qu'il examine paisiblement la vérité avec ses amis. Pourquoi donc les mêmes hommes qui admettent en particulier l'indulgence, la bienfaisance, la justice, s'élèvent-ils en public avec tant de fureur contre ces vertus? pourquoi? c'est que leur intérêt est leur dieu, c'est qu'ils sacrifient tout à ce monstre qu'ils adorent.

Je possède une dignité et une puissance que l'ignorance et la crédulité ont fondée; je marche sur les têtes des hommes prosternés à mes pieds: s'ils se relèvent et me regardent en face, je suis perdu, il faut donc les tenir attachés à la terre avec des chaînes de fer.

Ainsi ont raisonné des hommes que des siècles de fanatisme ont rendus puissants. Ils ont d'autres puissants sous eux, et ceux-ci en ont d'autres encore, qui tous s'enrichissent des dépouilles du pauvre, s'engraissent de son sang, et rient de son imbécillité. Ils détestent tous la tolérance comme des partisans enrichis aux dépens du public craignent de rendre leurs comptes, et comme des tyrans redoutent le mot de liberté. Pour comble, enfin, ils soudoient des fanatiques qui crient à haute voix, Respectez les absurdités de mon maître, tremblez, payez, et taisez-vous.

C'est ainsi qu'on en usa longtemps dans une grande partie de la terre; mais aujourd'hui que tant de sectes se balancent par leur pouvoir, quel parti prendre avec elles? toute secte, comme on sait, est un titre d'erreur, il n'y a point de secte de géomètres, d'algébristes, d'arithméticiens, parce que toutes les propositions de géométrie, d'algèbre, d'arithmétique sont vraies. Dans toutes les autres sciences on peut se tromper.[35] Quel théologien thomiste ou scotiste oserait dire sérieusement qu'il est sûr de son fait?

S'il est une secte qui rappelle les temps des premiers chrétiens, c'est sans contredit celle des quakers. Rien ne ressemble plus aux

[35] Même opposition entre géométrie d'une part, et métaphysique et théologie de l'autre, dans le *Traité sur la tolérance*, ch.21, et dans l'article 'Secte'. L'antithèse entre les certitudes scientifiques qui rassemblent et les opinions métaphysiques ou religieuses qui divisent apparaissait déjà à la fin de *Micromégas*.

apôtres. Les apôtres recevaient l'esprit, et les quakers reçoivent l'esprit. Les apôtres et les disciples parlaient trois ou quatre à la fois dans l'assemblée au troisième étage, les quakers en font autant au rez-de-chaussée. Il était permis, selon St Paul, aux femmes de prêcher, et selon le même St Paul il leur était défendu. Les quakeresses prêchent en vertu de la première permission.[36]

Les apôtres et les disciples juraient par oui et par non,[37] les quakers ne jurent pas autrement.

Point de dignité, point de parure différente parmi les disciples et les apôtres. Les quakers ont des manches sans boutons, et sont tous vêtus de la même manière.

Jésus-Christ ne baptisa aucun de ses apôtres,[38] les quakers ne sont point baptisés.

Il serait aisé de pousser plus loin le parallèle; il serait encore plus aisé de faire voir combien la religion chrétienne d'aujourd'hui diffère de la religion que Jésus a pratiquée. Jésus était juif, et nous ne sommes point juifs. Jésus s'abstenait de porc parce qu'il est immonde, et du lapin parce qu'il rumine et qu'il n'a point le pied fendu; nous mangeons hardiment du porc parce qu'il n'est point pour nous immonde, et nous mangeons du lapin qui a le pied fendu, et qui ne rumine pas.

190 65V: du lièvre parce
192 65V: du lièvre qui

[36] Sur la réception de l'esprit, voir Jean xx, Actes ii.4 (CN, ii.176, 216). Sur la prise de parole dans l'assemblée, voir I Corinthiens xiv.26-33. Sur la prédication des femmes, voir I Corinthiens xi, xiv.34 (CN, ii.272, 275, avec signets annotés: 'femmes qui prophétisent'; 'deffense aux femmes de parler dans l'Eglise'). Voltaire exploite souvent cette contradiction de saint Paul; cf. art. 'Christianisme', *Dialogue du douteur et de l'adorateur* (M.xxv.132), *Examen important*, ch.13 (V 62, p.226). Sur les pratiques des quakers, cités dans le *Traité sur la tolérance*, ch.4, parce qu'ils ignorent querelles et controverses, Voltaire a été très explicite dans les *Lettres philosophiques*, I-IV.

[37] Sur le serment par oui ou par non, voir Matthieu v.33-37, Jacques v.12.

[38] Sur le baptême, voir Jean iv.2; même affirmation dans 'Christianisme'.

Jésus était circoncis, et nous gardons notre prépuce. Jésus mangeait l'agneau pascal avec des laitues, il célébrait la fête des tabernacles; et nous n'en faisons rien. Il observait le sabbat, et nous l'avons changé; il sacrifiait; et nous ne sacrifions point.[39]

Jésus cacha toujours le mystère de son incarnation et de sa dignité, il ne dit point qu'il était égal à Dieu.[40] St Paul dit expressément dans son Epître aux Hébreux que Dieu a créé Jésus inférieur aux anges, et malgré toutes les paroles de St Paul Jésus a été reconnu Dieu au concile de Nicée.[41]

Jésus n'a donné au pape ni la marche d'Ancône, ni le duché de Spolette, et cependant le pape les possède de droit divin.[42]

Jésus n'a point fait un sacrement du mariage ni du diaconat, et chez nous le diaconat et le mariage sont des sacrements.[43]

Si l'on veut bien y faire attention, la religion catholique, apostolique et romaine, est dans toutes ses cérémonies et dans tous ses dogmes, l'opposé de la religion de Jésus.

[39] Sur l'observation des pratiques judaïques par Jésus, voir par ex. Luc ii.27, Jean vii.2-10 (CN, ii.205), Matthieu v.17-30. Tous ces exemples sont fréquemment répétés par Voltaire; voir par ex. *Traité sur la tolérance*, ch.14 (M.xxv.87), *Catéchisme de l'honnête homme* (M.xxiv.532), *Dialogue du douteur et de l'adorateur* (M.xxv.134), *Dieu et les hommes* (V 69, p.428), *Discours de l'empereur Julien*, n.67 (éd. Moureaux, p.192-93). Voltaire plaisante facilement aussi sur l'interdiction de manger du lapin (ou lièvre selon 65v) (CN, ii.52).

[40] Même discrétion de Jésus sur sa divinité évoquée: art. 'Christianisme', *Catéchisme de l'honnête homme*, *Dialogue du douteur et de l'adorateur*. Voltaire s'appuie sur Jean xiv.28, 'mon père est plus grand que moi' (CN, ii.212). Lorsque Houtteville cite: 'Mon père et moi nous ne sommes qu'un' (p.260), Voltaire commente en marge: 'sil la dit il a entendu je m'unis a dieu par la pensee' (CN, iv.513).

[41] Hébreux ii.9, cité dans le *Dialogue du douteur et de l'adorateur* (M.xxv.132). Voltaire cite d'autres textes pauliniens sur la nature humaine de Jésus dans l'article 'Papisme'. Voir aussi QE, art. 'Paul' II, *Examen important*, la note ajoutée en 1771 (V 62, p.229), *Histoire de l'établissement du christianisme*, ch.8, les carnets (V 82, p.655-56).

[42] L'absence de fondement du pouvoir temporel des papes est un thème récurrent; cf. art. 'Pierre'.

[43] Sur le silence de Jésus concernant les sacrements, voir art. 'Christianisme'; cf. *Essai sur les mœurs*, ch.21 (i.359).

Mais quoi! faudra-t-il que nous judaïsions tous parce que Jésus a judaïsé toute sa vie?

S'il était permis de raisonner conséquemment en fait de religion, il est clair que nous devrions tous nous faire juifs, puisque Jésus-Christ notre Sauveur est né juif, a vécu juif, est mort juif, et qu'il a dit expressément qu'il accomplissait, qu'il remplissait la religion juive. Mais il est plus clair encore que nous devons nous tolérer mutuellement parce que nous sommes tous faibles, inconséquents, sujets à la mutabilité, à l'erreur: un roseau couché par le vent dans la fange dira-t-il au roseau voisin couché dans un sens contraire, *rampe à ma façon, misérable, ou je présenterai requête pour qu'on t'arrache et qu'on te brûle?* [44]

[44] Pour une vue d'ensemble, voir les actes du colloque franco-néerlandais de 1978, *Voltaire, Rousseau et la tolérance*.

TORTURE[1]

Quoiqu'il y ait peu d'articles de jurisprudence dans ces honnêtes réflexions alphabétiques, il faut pourtant dire un mot de la *torture*, autrement nommée *question*. C'est une étrange manière de questionner les hommes. Ce ne sont pourtant pas de simples curieux qui l'ont inventée; toutes les apparences sont que cette partie de notre législation, doit sa première origine à un voleur de grand chemin.[2] La plupart de ces messieurs sont encore dans l'usage de serrer les pouces, de brûler les pieds et de questionner par d'autres tourments ceux qui refusent de leur dire où ils ont mis leur argent.[3]

a-94 64-67, article absent

[1] Cet article est daté par Voltaire lui-même: 'nous ne sommes qu'en 1769' (l.84-85). L'article 'Inquisition' parut la même année. Voltaire avait consacré un ouvrage entier à la question de la justice, en abordant particulièrement le problème de la torture, avec *André Destouches à Siam*, rédigé en juin 1766, en même temps qu'il recevait l'abbé Morellet, traducteur de Beccaria, *Dei delitti e delle pene* (Monaco [Livorno] 1764; BV). Quelques mois auparavant, en octobre 1765 (voir D12938), il avait lu cet ouvrage, mais c'est la traduction par Morellet qu'il a annotée: *Traité des délits et des peines* (Lausanne 1766; CN, i.257-58). Son propre *Commentaire sur le livre Des délits et des peines*, qui circule en septembre 1766, consacre le chapitre 12 à la 'question' (M.xxv.557-58). Il y reviendra dans la *Relation de la mort du chevalier de La Barre* (1768), *L'Homme aux quarante écus* (1768), puis, à nouveau, à l'occasion de la demande de grâce du chevalier d'Etallonde, qui fait réapparaître dans la correspondance les images atroces du supplice de 1766, dans *Le Cri du sang innocent* (1775) et le *Prix de la justice et de l'humanité* (1777). Cf. QE, art. 'Justice', 'Supplices' et surtout 'Question'.

[2] Même remarque au début de l'article 'Question' des QE (M.xx.313).

[3] Certaines pratiques de la 'question' peuvent, en effet, rappeler ces usages, puisqu'on serre les jambes dans des 'brodequins' jusqu'à briser les os, et qu'on chauffe et brûle les extrémités des membres. Les autres tourments légaux sont provoqués par le chevalet, le plomb fondu versé dans les oreilles, l'eau chaude qu'on fait avaler à pleins seaux, etc.; voir *Encyclopédie*, art. 'Question', 'Torture'; Daniel Jousse, *Traité de la justice criminelle de France* (Paris 1771). Le chevalier de

Les conquérants ayant succédé à ces voleurs trouvèrent l'invention fort utile à leurs intérêts, ils la mirent en usage quand ils soupçonnèrent qu'on avait contre eux quelques mauvais desseins, comme, par exemple, celui d'être libre; c'était un crime de lèse-majesté divine et humaine.[4] Il fallait connaître les complices, et pour y parvenir on faisait souffrir mille morts à ceux qu'on soupçonnait, parce que selon la jurisprudence de ces premiers héros, quiconque était soupçonné d'avoir eu seulement contre eux quelque pensée peu respectueuse était digne de mort.[5] Dès qu'on a mérité ainsi la mort il importe peu qu'on y ajoute des tourments épouvantables de plusieurs jours, et même de plusieurs semaines; cela même tient je ne sais quoi de la Divinité. La Providence nous met quelquefois à la torture en y employant la pierre, la gravelle, la goutte, le scorbut, la lèpre, la vérole grande ou petite, le déchirement d'entrailles, les convulsions des nerfs et autres exécuteurs des vengeances de la Providence.[6]

Or, comme les premiers despotes furent de l'aveu de tous leurs

---

La Barre avait, avant son exécution, le 1er juillet 1766, subi le supplice des brodequins, de cinq heures à sept heures du matin.

[4] L'*Essai sur les mœurs*, ch.17, 18, 22, insiste sur la barbarie des Francs même après Charlemagne, sur le brigandage des Germains, le brigandage et la piraterie nécessaires aux Normands, sur la férocité de la jurisprudence. On remarque le passage, révélateur de peu de changements, dans un monde où la violence règne en permanence, des 'voleurs' aux 'conquérants' puis aux 'héros' (l.18), terme employé ici ironiquement, comme très souvent chez Voltaire. Il substitue une vision satirique à une étude historique précise. Sur la situation en Europe au temps de Charlemagne: brigands pillards et cultivateurs pillés, esclaves ignorants et guerriers tout aussi ignorants, et sur l'emprunt inadéquat, qui en découla, d'une législation à Rome, voir QE, art. 'Lois' (M.xix.615).

[5] Evoquant la justice du temps de Charlemagne, Voltaire répète que les délits se rachetaient; on laissait la liberté de mal faire à qui pouvait la payer; le seul crime de rébellion était puni de mort et les rois s'en réservaient le jugement.

[6] Sur les manifestations du mal physique qui font douter de la Providence, voir, outre *Candide*, *Le Philosophe ignorant*, XXVI (V 62, p.66-68). Ici encore le fantasme du Dieu-bourreau et la raillerie de la représentation chrétienne de la condition humaine font dévier le développement attendu.

courtisans des images de la Divinité, ils l'imitèrent tant qu'ils purent.[7]

Ce qui est très singulier, c'est qu'il n'est jamais parlé de question, de torture dans les livres juifs. C'est bien dommage qu'une nation si douce, si honnête, si compatissante, n'ait pas connu cette façon de savoir la vérité.[8] La raison en est, à mon avis, qu'ils n'en avaient pas besoin, Dieu la leur faisait toujours connaître comme à son peuple chéri.[9] Tantôt on jouait la vérité aux trois dés, et le coupable qu'on soupçonnait avait toujours rafle de six.[10] Tantôt on allait au grand prêtre, qui consultait Dieu sur-le-champ par *l'urim* et le *tummim*.[11] Tantôt on s'adressait au voyant, au prophète, et vous croyez bien que le voyant et le

[7] Même retournement sarcastique de la notion de monarque de droit divin dans l'article 'Guerre' (l.2-13).

[8] Les adjectifs qualifiant la nation juive relèvent de l'ironie antiphrastique. Voir les massacres, assassinats, sacrifices humains que Voltaire reproche au peuple élu dans les articles 'David', 'Histoire des rois juifs', 'Jephté', 'Moïse', 'Salomon'. On sait combien Voltaire avait en horreur la notion même de peuple élu, avec toutes les pratiques intolérantes qu'elle pouvait entraîner.

[9] Les Juifs pratiquaient le 'jugement de Dieu'; cf. Nombres v.11-31, où il est montré comment déceler, par l'usage des 'eaux amères', si une femme s'est rendue ou non coupable d'adultère; voir Jacques Basnage, *Histoire des Juifs* (Paris 1710), v.405-12, qui relate encore cet usage (avec signet annoté: 'eaux ameres'; CN, i.228). Ils pratiquaient aussi l'oniromancie. Certains récits bibliques, comme I Rois xviii.23-40 ou Lévitique ix.22-24, évoquent également une manifestation spectaculaire de Yahvé qui, à la demande de son prophète, enflamme l'holocauste offert par son peuple.

[10] Voltaire s'amuse à introduire des anachronismes: on ne voit pas quelle pratique juive pourrait être assimilée à un coup de dés de cette sorte, où le même point est amené par les deux dés lancés par le joueur, ce qui le fait gagner.

[11] Il s'agit de la consultation par l'éphod qui apparaît à l'époque des Juges et n'est plus mentionné dans les récits postérieurs à David. Il contenait deux sorts (bâtonnets ou dés), appelés *urim* et *tummim*, auxquels on donnait une signification conventionnelle. Celui qui était tiré apportait la réponse divine. Ainsi en I Samuel xiv.36-42, Yahvé désigne comme fautifs Saül et Jonathan, et non l'ensemble du peuple. En I Samuel xxiii.9-13, David consulte Yahvé pour savoir si Saül va descendre à Qéïla et si lui-même sera livré à Saül. Yahvé répond par l'affirmative. Cf. I Samuel xxx.8.

prophète découvrait tout aussi bien les choses les plus cachées que *l'urim* et le *tummim* du grand prêtre.[12] Le peuple de Dieu n'était pas réduit comme nous à interroger, à conjecturer; ainsi la torture ne put être chez lui en usage. Ce fut la seule chose qui manquât aux mœurs du peuple saint. Les Romains n'infligèrent la torture qu'aux esclaves, mais les esclaves n'étaient pas comptés pour des hommes.[13] Il n'y a pas d'apparence non plus, qu'un conseiller de la Tournelle regarde comme un de ses semblables un homme qu'on lui amène hâve, pâle, défait, les yeux mornes, la barbe longue et sale, couvert de la vermine dont il a été rongé dans un cachot. Il se donne le plaisir de l'appliquer à la grande et à la petite torture[14] en présence d'un chirurgien qui lui tâte le pouls, jusqu'à ce qu'il soit en danger de mort, après quoi on recommence; et comme dit très bien la comédie des Plaideurs, *cela fait toujours passer une heure ou deux.*[15]

Le grave magistrat qui a acheté pour quelque argent le droit de faire ces expériences sur son prochain, va conter à dîner à sa femme ce qui s'est passé le matin.[16] La première fois madame en

[12] Sur la représentation très ironique des prophètes de l'Ancien Testament, voir ci-dessus, art. 'Ezéchiel' et 'Prophètes'. I Samuel xxviii.6 semble résumer les divers moyens de consultation dont disposaient les Juifs: 'Il [Saül] consulta le Seigneur; mais le Seigneur ne lui répondit ni en songes, ni par les prêtres, ni par les prophètes'. Une fois encore, Voltaire a dévié de son sujet pour renouveler les railleries visant une de ses cibles privilégiées.

[13] Même observation dans l'*Encyclopédie*, art. 'Question'; cf. QE, art. 'Question' (M.xx.313), *Prix de la justice et de l'humanité* (M.xxx.581).

[14] La 'question préparatoire' se donnait avant le jugement, qui ne pouvait comporter de condamnation à mort s'il n'y avait pas eu d'aveux. Après la sentence, les condamnés à mort étaient soumis à la 'question définitive' qui comprenait l''ordinaire', avec, à Paris, 'six pots d'eau et le petit tréteau' et l''extraordinaire' avec 'six pots d'eau et le grand tréteau', qui serre et étend davantage le criminel. Ailleurs, elle pouvait se donner avec les coins et les 'brodequins'.

[15] Racine, *Les Plaideurs*, III.iv.

[16] *André Destouches à Siam* mêle aussi à l'évocation horrifiée de la 'question' la satire de la vénalité des charges et introduit aussi un grincement supplémentaire en juxtaposant supplices des condamnés et repas des juges: 'Nous commençons donc par leur donner une demi-mort, après quoi nous allons déjeuner; ensuite vient la

a été révoltée, à la seconde elle y a pris goût, parce qu'après tout les femmes sont curieuses: et ensuite la première chose qu'elle lui dit lorsqu'il rentre en robe chez lui, Mon petit cœur, n'avez-vous fait donner aujourd'hui la question à personne?

Les Français qui passent, je ne sais pourquoi, pour un peuple fort humain, s'étonnent que les Anglais qui ont eu l'inhumanité de nous prendre tout le Canada, aient renoncé au plaisir de donner la question.[17]

Lorsque le chevalier de la Barre, petit-fils d'un lieutenant général des armées, jeune homme de beaucoup d'esprit et d'une grande espérance, mais ayant toute l'étourderie d'une jeunesse effrénée, fut convaincu d'avoir chanté des chansons impies, et même d'avoir passé devant une procession de capucins sans avoir ôté son chapeau, les juges d'Abbeville, gens comparables aux sénateurs romains, ordonnèrent non seulement qu'on lui arrachât la langue, qu'on lui coupât la main et qu'on brûlât son corps à petit feu, mais ils l'appliquèrent encore à la torture pour savoir précisément combien de chansons il avait chanté, et combien de processions il avait vues passer le chapeau sur la tête.[18]

---

mort tout entière, ce qui donne dans le monde une grande considération, qui est le revenu du prix de nos charges' (V 62, p.120).

[17] *André Destouches à Siam* (V 62, p.121), le *Commentaire sur le livre Des délits et des peines* (M.xxv.558), le *Prix de la justice et de l'humanité* (M.xxx.581), mais aussi l'article 'Question' de l'*Encyclopédie* répètent que cet usage est abhorré en Angleterre, pays éclairé et florissant.

[18] Voltaire résume les motifs de la condamnation et les détails du supplice qu'il a évoqués dans la *Relation de la mort du chevalier de La Barre*. Griefs dérisoires et raffinements de cruauté de ce procès sont constamment rappelés dans les 275 lettres où il l'évoque; voir Ch. Mervaud, 'Voltaire et le *Cri du sang innocent*'. La Barre subit la 'question ordinaire', avec les brodequins (mais non 'l'extraordinaire', pour qu'il puisse se tenir encore debout lors de l'exécution). On renonça à lui arracher la langue; on se contenta du simulacre. Mais on sait que le *Dictionnaire philosophique* fut brûlé avec son cadavre. Toutefois, si la réalité fut aussi atroce, les motivations étaient moins absurdes que ne l'écrit Voltaire: c'est évidemment pour connaître le nom d'éventuels complices dans des actes sacrilèges (mutilation de crucifix, profanation d'hosties) qu'on soumit le jeune homme à la question.

Ce n'est pas dans le treizième ou dans le quatorzième siècle que cette aventure est arrivée, c'est dans le dix-huitième. Les nations étrangères jugent de la France par les spectacles, par les romans, par les jolis vers, par les filles d'opéra qui ont les mœurs fort douces, par nos danseurs d'opéra qui ont de la grâce, par mademoiselle Clairon qui déclame des vers à ravir. Elles ne savent pas qu'il n'y a point au fond de nation plus cruelle que la française.[19]

Les Russes passaient pour des barbares en 1700, nous ne sommes qu'en 1769; une impératrice vient de donner à ce vaste Etat des lois qui auraient fait honneur à Minos, à Numa et à Solon, s'ils avaient eu assez d'esprit pour les inventer. La plus remarquable est la tolérance universelle, la seconde est l'abolition de la torture. La justice et l'humanité ont conduit sa plume; elle a tout réformé.[20] Malheur à une nation qui étant depuis longtemps

[19] Même observation dans quantité de lettres: 'pays de singes qui deviennent si souvent tigres' (D13428); 'Arlequins anthropophages' (D13441), 'Courez du bûcher au bal, et de la grève à l'opéra comique', s'exclame-t-il (D13420), devant ces Français tièdes et presque indifférents, qui laissent le fanatisme tout envahir; 'A peine en parle-t-on un moment, on court ensuite à l'opéra comique et la barbarie devenue plus insolente égorgera demain juridiquement qui elle voudra' (D13428). La même opposition est marquée, entre la douceur de quelques esprits et un fond commun de barbarie, à la fin de la *Relation de la mort du chevalier de La Barre* (M.xxv.515-16).

[20] Voltaire fait ici appel à l'exemple de Catherine II, à qui il adresse des lettres admiratives depuis plusieurs années. Elle prépara, en effet, une *Instruction* pour la commission des lois. Quant à la tolérance, dès octobre 1766, Voltaire écrivait à d'Alembert: 'elle a minuté de sa main un édit sur la tolérance universelle' (D13607); cf. Catherine II à Voltaire: 'La tolérance est établie chez Nous, elle fait loi dans l'Etat, et il est défendu de persécuter' (D13032). Elle est donc placée ici au dessus de Minos, législateur de la Crète, héros à la fois historique et légendaire, de Numa, second roi de Rome, et de Solon, un des sept Sages de la Grèce, législateur, homme d'Etat et philosophe. Remarquons également qu'elle est le symbole des souverains éclairés, mieux que Frédéric II dont les réactions ont pu décevoir Voltaire. Tout en reconnaissant que l'affaire du chevalier de La Barre était tragique, Frédéric lui écrivait le 7 août 1766: 'mais n'y a-t-il pas de la faute de ceux qui ont été punis? Faut-il heurter de front des préjugés que le temps a consacrés dans l'esprit des peuples?' (D13479). Il jugea, cependant, que la 'question' donnée avant le supplice était une 'cruauté en pure perte' (D13508).

civilisée est encore conduite par d'anciens usages atroces![21] Pourquoi changerions-nous notre jurisprudence? dit-elle; l'Europe se sert de nos cuisiniers, de nos tailleurs, de nos perruquiers, donc nos lois sont bonnes.[22]

[21] En France, la question préparatoire fut abolie en 1780 et la question définitive le 9 octobre 1789.

[22] Même sarcasme dans *André Destouches à Siam*: 'Toute l'Asie convient que nous dansons beaucoup mieux qu'eux, et que par conséquent il est impossible qu'ils approchent de nous en jurisprudence' (V 62, p.121).

TRANSSUBSTANTIATION [1]

Les protestants,[2] et surtout les philosophes protestants, regardent

a-32 64-65v, article absent

[1] Cet article, publié en 1767, est un des plus violents. On est loin des simples mentions satiriques des carnets (V 81-82, p.57, 354, 363, 546) et des brefs échanges épistolaires avec d'Alembert, en 1762, sur cette question (D10740, D10810). Cette violence est indéniablement liée à l'émotion ressentie par Voltaire devant les 'assassinats juridiques' des années 1760. La croyance à la transsubstantiation est le fait des seuls catholiques. Les tribunaux catholiques viennent de condamner des protestants, Calas, Sirven, immédiatement suspectés, par le seul fait qu'ils étaient protestants. Le *Mémoire de Donat Calas* rappelle les anciennes divergences d'interprétation sur la présence du Christ dans l'Eucharistie (M.xxiv.383); cf. le *Catéchisme de l'honnête homme*: 'Papistes, suspendez à des potences hautes de trente pieds, déchirez, brûlez des malheureux qui ne croient pas qu'un morceau de pâte soit changé en Dieu à la voix d'un capucin ou d'un récollet, pour être mangé sur l'autel par des souris si on laisse le ciboire ouvert' (M.xxiv.535); cf. aussi D10897. On peut également supposer que cet article a été conçu ou remanié après l'exécution de La Barre le 1er juillet 1766; la *Relation de la mort du chevalier de La Barre* cite, parmi les charges, le témoignage d'un certain Héquet, d'après qui l'accusé a dit 'ne pouvoir comprendre comment on avait adoré un dieu de pâte' (M.xxv.508). Voltaire réplique, comme circonstance atténuante à cette impiété, que 'c'est précisément et mot à mot ce que disent tous ceux de la religion réformée' (M.xxv.510), citant particulièrement l'archevêque Tillotson.

[2] Voltaire ne cherche pas à faire ici œuvre d'historien, mais à tirer parti, en bloc, des controverses contre la transsubstantiation. Dans l'*Essai sur les mœurs*, il avait exposé les distinctions entre sectes protestantes; après avoir traité de Luther, qui croyait à l'existence simultanée, dans l'Eucharistie, du pain et du corps du Christ, il écrivait: 'Zuingle [...] alla plus loin encore que Luther; chez lui, point d'*impanation*, point d'*invination*. Il n'admit point que Dieu entrât dans le pain et dans le vin, moins encore que tout le corps de Jésus-Christ fût tout entier dans chaque parcelle et chaque goutte' (ii.226). Ayant ainsi rappelé les refus de ceux qu'on appela les sacramentaires, il précise que 'ni Luther, ni Calvin, ni les autres, ne s'entendirent sur l'Eucharistie' (ii.243). Il indique que l'Eglise d'Angleterre était un mélange de sacramentaires et de luthériens et qu'enfin, sous Elisabeth, fut fixée 'la créance que Dieu est dans l'Eucharistie sans transsubstantiation' (ii.267). Il n'ignore donc pas qu'il y a plus que des nuances entre les diverses positions de ceux qu'il mentionne

la transsubstantiation[3] comme le dernier terme de l'impudence des moines, et de l'imbécilité des laïques.[4] Ils ne gardent aucune mesure sur cette croyance qu'ils appellent monstrueuse; ils ne pensent pas même qu'il y ait un seul homme de bon sens, qui,

---

globalement ici, pour les distinguer de la superstition catholique. Voir Fleury, *Histoire ecclésiastique*, CXXX.xlii-xliii (CN, iii.590, avec note: 'Zuingle sacramentaire'); David Hume, *Histoire de la maison de Tudor, sur le trône d'Angleterre* (Paris 1763), i.494 (CN, iv.566, avec signet: 'jesu prit son corps avec les mains et se mangea lui meme'); Pierre Du Moulin, *Nouveauté du papisme, opposée à l'antiquité du vrai christianisme* (Genève 1633), p.58 (CN, iii.295).

[3] Ici encore, les 'philosophes protestants' sont opposés, en bloc, aux superstitieux catholiques, sans que Voltaire livre des sources précises. Il a pu lire l'article 'Averroès' de Bayle, qui présente, d'abord d'après Moreri, puis d'après le cardinal Du Perron, l'opinion du philosophe arabe sur les chrétiens: 'il ne trouvait point de secte pire, ou plus badine que celle des chrétiens, qui mangent et déchirent eux-mêmes le Dieu qu'ils adorent' (rem. H). Anthony Collins, dans son *Essay concerning the use of reason*, a raillé, également, des mystères tels que la transsubstantiation, en s'appuyant sur des évêques raisonnables, comme Tillotson, souvent cité par Voltaire. Soupçonné de socinianisme, à cause de ses liens avec Locke et Leclerc, Tillotson était en effet l'auteur d'un *Discourse against transsubstantiation* (1684). Voltaire a le souvenir de tous les pasteurs calvinistes, qu'il a même crus, un moment, sociniens. Il correspond encore avec certains d'entre eux. Rousseau, en 1763, dans sa *Lettre à Mgr de Beaumont*, a justement tenté de se les concilier, en attaquant le dogme spécifiquement catholique de la transsubstantiation. Voltaire a même apprécié les 'choses plaisantes' qu'il avait écrites à ce propos (D11182). Du côté de l'Allemagne, Voltaire a forcément dans l'esprit l'exemple de Frédéric, auteur de la préface de l'*Abrégé de l'Histoire ecclésiastique de Fleury* (Berne 1766; BV). Celui-ci va, évidemment, bien au delà d'une critique de la transsubstantiation, puisqu'il rejette la divinité de Jésus. Mais sa vingtaine de pages sur l'invention de nouveaux dogmes, de concile en concile, puis sur la diminution relative de la superstition grâce à Luther, constitue un témoignage sur un protestantisme radical, qui s'est évadé du christianisme.

[4] Cf. QE, art. 'Eucharistie': 'dernier effort de la folie humaine'. Voltaire a corrigé la critique de d'Holbach: 'A la voix redoutable d'un prêtre, le Dieu de l'univers est forcé de descendre du séjour de sa gloire, pour se changer en pain; et ce pain, devenu Dieu, est l'objet des adorations d'un peuple qui se vante de détester l'idolâtrie' (*Le Christianisme dévoilé*, p.121), en notant scrupuleusement l'irrationalité spécifique du catholicisme: 'Tout le contraire. le pain se change en dieu' (CN, iv.431). Les *Questions sur les miracles* (1765) lui donnèrent l'occasion de railler cette célébration.

après y avoir réfléchi, ait pu l'embrasser sérieusement. Elle est, disent-ils, si absurde, si contraire à toutes les lois de la physique, si contradictoire, que Dieu même ne pourrait pas faire cette opération; parce que c'est en effet anéantir Dieu que de supposer qu'il fait les contradictoires.[5] Non seulement un dieu dans un pain; mais un dieu à la place du pain; cent mille miettes de pain, devenues en un instant autant de dieux; cette foule innombrable de dieux, ne faisant qu'un seul dieu; de la blancheur, sans un corps blanc, de la rondeur, sans un corps rond; du vin, changé en sang, et qui a le goût du vin; du pain, qui est changé en chair et en fibres, et qui a le goût du pain; tout cela inspire tant d'horreur et de mépris aux ennemis de la religion catholique, apostolique et romaine,[6] que cet excès d'horreur et de mépris, s'est quelquefois changé en fureur.

Leur horreur augmente, quand on leur dit qu'on voit tous les jours dans les pays catholiques, des prêtres, des moines qui, sortant d'un lit incestueux, et n'ayant pas encore lavé leurs mains souillées d'impuretés, vont faire des dieux par centaines;[7] mangent et

[5] Rousseau dit, de même, en défendant les pasteurs dans la *Lettre à d'Alembert*: 'Quand un homme ne peut croire ce qu'il trouve absurde, ce n'est pas sa faute, c'est celle de sa raison; et comment concevrai-je que Dieu le punisse de ne s'être pas fait un entendement contraire à celui qu'il a reçu de lui?' (éd. M. Launay, p.59).

[6] Tout cela a été également objet de controverses entre catholiques: savoir, par exemple, si la substance du pain était anéantie ou convertie divisait saint Thomas et Duns Scot. Cf. *Essai sur les mœurs*, ch.45, où Voltaire concluait que 'Rome s'est toujours décidée pour l'opinion qui soumettait le plus l'esprit humain, et qui anéantissait le plus le raisonnement' (i.487). Voir W. H. Trapnell, *Voltaire and the Eucharist*.

[7] Voltaire pense à Alexandre VI ou Léon X, qui seront explicitement mentionnés, dans des circonstances comparables, dans l'article 'Eucharistie' des QE. Mais le *Dîner du comte de Boulainvilliers* (1767) élargit également la critique: 'Un gueux qu'on aura fait prêtre, un moine sortant des bras d'une prostituée, vient pour douze sous, revêtu d'un habit de comédien, me marmotter en une langue étrangère ce que vous appelez une messe, fendre l'air en quatre avec trois doigts, se courber, se redresser, tourner à droite et à gauche, par devant et par derrière, et faire autant de dieux qu'il lui plaît, les boire et les manger, et les rendre ensuite à son pot de chambre!' (V63A, p.365).

boivent leur dieu; chient et pissent leur dieu.[8] Mais quand ils réfléchissent que cette superstition, cent fois plus absurde et plus sacrilège que toutes celles des Egyptiens,[9] a valu à un prêtre italien quinze à vingt millions de rente, et la domination d'un pays de cent milles d'étendue en long et en large, ils voudraient tous aller, à main armée, chasser ce prêtre qui s'est emparé du palais des Césars.[10] Je ne sais si je serai du voyage; car j'aime la paix; mais

[8] Voltaire insiste sur la position des stercoranistes, déjà évoquée dans l'*Essai sur les mœurs* (i.486). En ce qui concerne les aléas des dégradations subies par l'hostie il va donc, ici, au delà de ce qu'écrivait Meslier, et de ce qu'il a repris dans son propre *Extrait*: 'Que sont donc nos dieux, que nous tenons enfermés dans des boites de peur des souris?' (Meslier, *Œuvres complètes*, iii.480). Meslier, de son côté, jugeait que 'nos idolâtres christicoles romains [...] devraient bien avoir honte d'adorer comme ils font des dieux qui fondraient incontinent à la pluie, qui se laisseraient incontinent emporter par le vent, et qui se laisseraient incontinent manger par les rats, et par les souris, ou même par des limaces' (i.450). Même *L'Examen important de milord Bolingbroke*, ch.37, restera plus sobre dans son expression que cet article. Jugeant le mahométisme plus sensé que le christianisme, l'auteur écrit: 'On n'y mangeait pas ce dieu qu'on adorait, et on n'allait pas rendre à la selle son créateur' (V 62, p.338). Il faudra attendre l'addition d'une note, en 1776, pour trouver les mêmes termes scatologiques et le même ton exaspéré (p.336).

[9] A cette date, la comparaison semble très banale. Les *Difficultés sur la religion proposées au père Malebranche* (1711) la notaient déjà (éd. Deloffre et Menemencioglu, p.265). L'honnête homme, dans son *Catéchisme*, compare les peuples qui ont mis les oignons au rang des dieux à ceux qui croient à la transsubstantiation. Or l'article 'Religion' II mentionne cette idolâtrie des Egyptiens et la relie à l'idée de manger ses dieux; l'auteur y suggère donc peut-être un rapprochement au lecteur avisé; cf. D13552 (Frédéric II à Voltaire, 13 septembre 1766).

[10] Par un raccourci et une volonté simplificatrice, Voltaire relie à ce dogme spécifique du catholicisme la puissance des papes. Cf. par ex. *Essai sur les mœurs*: 'Quel respect ne devait-on pas avoir pour ceux qui changeaient d'un mot le pain en dieu, et surtout pour le chef d'une religion qui opérait un tel prodige!' (i.488). *André Destouches à Siam* avait dénoncé l'enrichissement d'un 'étranger tondu' aux dépens des peuples (V 62, p.124). L'*Examen important* établira un lien entre les usurpations et certains dogmes: 'Le *hocus pocus*, ou la transsubstantiation, dont le nom seul est ridicule, s'établit peu à peu [...] On peut se figurer quelle vénération s'attiraient un prêtre, un moine qui faisait un dieu avec quatre paroles, et non seulement un Dieu, mais autant de dieux qu'il voulait: avec quel respect voisin de l'adoration ne devait-on pas regarder celui qui s'était rendu le maître absolu de

quand ils seront établis à Rome, j'irai sûrement leur rendre visite.

(Par M. Guillaume, ministre protestant.)[11]

---

tous ces faiseurs de dieux? Il était le souverain des prêtres; il l'était des rois' (V 62, p.342).

[11] L'attribution est fantaisiste. Mais elle est en parfaite cohérence avec un texte où Voltaire se sert des protestants comme porte-parole.

TYRANNIE[1]

On appelle tyran le souverain qui ne connaît de lois que son caprice, qui prend le bien de ses sujets, et qui ensuite les enrôle pour aller prendre celui de ses voisins.[2] Il n'y a point de ces tyrans-là en Europe.

On distingue la tyrannie d'un seul, et celle de plusieurs.[3] Cette tyrannie de plusieurs serait celle d'un corps qui envahirait les droits des autres corps, et qui exercerait le despotisme à la faveur des lois corrompues par lui.[4] Il n'y a pas non plus de cette espèce de tyrans en Europe.

Sous quelle tyrannie aimeriez-vous mieux vivre? Sous aucune; mais s'il fallait choisir, je détesterais moins la tyrannie d'un seul que celle de plusieurs. Un despote a toujours quelques bons moments; une assemblée de despotes n'en a jamais. Si un tyran me fait une injustice, je peux le désarmer par sa maîtresse,[5] par

[1] Cet article paraît dans la *Correspondance littéraire* du 1er octobre 1764 avec l'article 'Fanatisme' (ICL, 64:224). Le thème de la tyrannie étant souvent présent à l'esprit de Voltaire, il est difficile de dater ce texte. Notons seulement qu'une lettre de janvier 1764 dénonce les tyrans et les sous-tyrans (D11669). Les QE comprennent un article 'Tyran'.

[2] Sur la pensée politique de Voltaire, voir P. Gay, *Voltaire's politics: the poet as realist* et R. Pomeau, *Politique de Voltaire*. Dans cet article qui commence par une définition et qui respecte le protocole des dictionnaires, Voltaire paraît répondre à la fois à *De l'esprit des lois* et au *Contrat social*. Voltaire refuse de considérer le despotisme comme une forme naturelle de gouvernement (*Pensées sur le gouvernement*, 1752; M.xxiii.530). La société gouvernée par un despote est semblable à un troupeau de bœufs sous le joug. La communauté humaine qui le supporte prouve qu'elle n'a eu ni le courage, ni l'habileté de se gouverner elle-même (*Idées républicaines*, 1762; M.xxiv.413).

[3] Le dialogue *L'A, B, C* développera ces distinctions (M.xxvii.347-51, 379-82).

[4] Voltaire vise peut-être le Petit Conseil de Genève, peut-être les parlements français, sans doute tous ces corps rogues et usurpateurs.

[5] Il est arrivé à Voltaire d'user de l'entremise de Mme de Pompadour. Sur le rôle joué par les maîtresses royales, voir J. H. Brumfitt, 'Voltaire historian and the

son confesseur,[6] ou par son page;[7] mais une compagnie de graves tyrans est inaccessible à toutes les séductions. Quand elle n'est pas injuste, elle est au moins dure, et jamais elle ne répand de grâces.

Si je n'ai qu'un despote, j'en suis quitte pour me ranger contre un mur, lorsque je le vois passer, ou pour me prosterner, ou pour frapper la terre de mon front selon la coutume du pays; mais s'il y a une compagnie de cent despotes, je suis exposé à répéter cette cérémonie cent fois par jour, ce qui est très ennuyeux à la longue quand on n'a pas les jarrets souples. Si j'ai une métairie dans le voisinage de l'un de nos seigneurs, je suis écrasé; si je plaide contre un parent des parents d'un de nos seigneurs, je suis ruiné. Comment faire? J'ai peur que dans ce monde on ne soit réduit à être enclume ou marteau; heureux qui échappe à cette alternative![8]

royal mistresses', dans *Voltaire, the Enlightenment and the comic mode: essays in honor of Jean Sareil*, p.11-26.

[6] Voltaire a dénoncé le rôle néfaste joué par les confesseurs royaux; voir *Essai sur les mœurs*, ch.176 (ii.618-19), *L'Ingénu*, ch.9.

[7] Les mignons d'Henri III sont évoqués dans *La Henriade* (V 2, p.368, 389), les favoris de Frédéric II, 'lieutenants de son régiment, soit pages, soit heiduques, ou jeunes cadets' dans les *Mémoires* (M.i.26).

[8] Voltaire, qui a noté dans ses carnets que, selon Platon, les âmes des tyrans seront sévèrement punies après leur mort (V 81, p.386), déclare à Damilaville: 'Je hais toute tyrannie' (D11061). Le thème de la tyrannie traverse tout le siècle. *De l'esprit des lois* distingue la tyrannie réelle, qui consiste dans la violence du gouvernement, et la tyrannie d'opinion (XIX.iv). Le chevalier de Jaucourt dans l'article 'Tyrannie' de l'*Encyclopédie* discute du droit qu'ont les peuples 'd'arracher au tyran le dépôt sacré de la souveraineté' et conclut par l'affirmative (xvi.786).

VERTU[1]

Qu'est-ce que vertu? Bienfaisance envers le prochain.[2] Puis-je appeler vertu autre chose que ce qui me fait du bien? Je suis indigent, tu es libéral. Je suis en danger, tu me secours. On me trompe, tu me dis la vérité. On me néglige, tu me consoles. Je suis ignorant, tu m'instruis. Je t'appellerai sans difficulté vertueux. Mais que deviendront les vertus cardinales et théologales?[3] Quelques-unes resteront dans les écoles.

Que m'importe que tu sois tempérant? c'est un précepte de santé que tu observes; tu t'en porteras mieux, et je t'en félicite. Tu as la foi et l'espérance, je t'en félicite encore davantage; elles te procureront la vie éternelle. Tes vertus théologales sont des dons célestes; tes cardinales sont d'excellentes qualités qui servent à te conduire: mais elles ne sont point vertus par rapport à ton prochain. Le prudent se fait du bien, le vertueux en fait aux

3 64: tu viens à mon secours.

[1] Voltaire reprend dans cet article un certain nombre d'idées déjà développées dans son œuvre. En 1772, dans les QE, il les illustre, de manière brutale, dans un dialogue entre un honnête homme et 'l'excrément de théologie' (M.xx.571-73).

[2] Le septième *Discours en vers sur l'homme*, intitulé 'Sur la vraie vertu', s'achève par l'éloge de la bienfaisance, mot mis à la mode par l'abbé de Saint-Pierre (V 17, p.530):

> Ce mot est *bienfaisance*, il me plaît, il rassemble,
> Si le cœur en est cru, bien des vertus ensemble.

Trévoux, dans son édition de 1771, répond à Voltaire: 'quelques-uns disent que la vertu n'est autre chose que la bienfaisance. A la bonne heure, s'il est question d'un homme vivant en société. Mais un solitaire, un anachorète ne pourrait-il pas être vertueux?'

[3] Les quatre vertus cardinales sont la force, la prudence, la tempérance et la justice. Les trois vertus théologales sont la foi, l'espérance et la charité. Dans son développement, Voltaire prend l'exemple de la tempérance (l.8-9), de la prudence (l.14) pour démontrer que celui qui les pratique ne se fait du bien qu'à lui-même.

hommes. St Paul a eu raison de te dire que la charité l'emporte sur la foi, sur l'espérance.[4]

Mais quoi, n'admettra-t-on de vertus que celles qui sont utiles au prochain! Eh comment puis-je en admettre? Nous vivons en société; il n'y a donc de véritablement bon pour nous que ce qui fait le bien de la société.[5] Un solitaire sera sobre, pieux; il sera revêtu d'un cilice; eh bien, il sera saint; mais je ne l'appellerai vertueux que quand il aura fait quelque acte de vertu dont les autres hommes auront profité.[6] Tant qu'il est seul, il n'est ni bienfaisant ni malfaisant; il n'est rien pour nous. Si St Bruno a mis la paix dans les familles, s'il a secouru l'indigence, il a été vertueux; s'il a jeûné, prié dans la solitude, il a été un saint.[7] La

16 64, 65V: foi et sur
18 64: en admettre d'autres? Nous

[4] I Corinthiens xiii.13. On notera cette variation voltairienne sur les vertus théologales: 'Je mourrai avec les trois vertus théologales qui font ma consolation, la foi que j'ai à la raison humaine, laquelle commence à se developper dans le monde; l'espérance que des ministres hardis et sages détruisent enfin des usages aussi ridicules que dangereux; et la charité qui me fait gémir sur mon prochain, plaindre ses chaînes et souhaiter sa délivrance' (13 février 1768; D14752).

[5] Le critère de l'utilité sociale, noté dans les carnets (V 82, p.537, 611), est affirmé avec force dans les *Eléments de la philosophie de Newton* (V 15, p.221) et dans le *Traité de métaphysique*: '*La vertu et le vice, le bien et le mal moral est donc en tout pays ce qui est utile ou nuisible à la société*; et dans tous les lieux et dans tous les temps celui qui sacrifie le plus au public est celui qu'on appellera le plus vertueux' (V 14, p.475).

[6] L'opposition entre sainteté et vertu, déjà en germe dans les carnets (V 82, p.611), a été développée dans le septième *Discours en vers sur l'homme* (V 17, p.524-25):

> C'est n'être bon à rien, de n'être que bon à soi.
> [...]
> Le monde est médisant, vain, léger, envieux,
> Le fuir est très bien fait, le servir encore mieux:
> A sa famille, aux siens, je veux qu'on soit utile.

[7] Saint Bruno, né à Cologne vers 1030, mort en Calabre en 1101, fonda en 1084 avec six de ses compagnons l'ordre des Chartreux, ce que note Voltaire dans ses carnets (V 81, p.404). Il fait allusion à saint Bruno dans une note ajoutée en 1762

vertu entre les hommes est un commerce de bienfaits; celui qui n'a nulle part à ce commerce ne doit point être compté. Si ce saint était dans le monde, il y ferait du bien sans doute; mais tant qu'il n'y sera pas, le monde aura raison de ne lui pas donner le nom de vertueux; il sera bon pour lui, et non pour nous.

Mais, me dites-vous, si un solitaire est condamnable quand il est gourmand, ivrogne, livré à une débauche secrète avec lui-même, il est donc vertueux s'il a les qualités contraires. C'est de quoi je ne peux convenir; c'est un très vilain homme s'il a les défauts dont vous parlez: mais il n'est point vicieux, méchant, punissable par rapport à la société à qui ses infamies ne font aucun mal. Il est à présumer que s'il rentre dans la société il y fera du mal, qu'il y sera très vicieux; et il est même bien plus probable que ce sera un méchant homme, qu'il n'est sûr que l'autre solitaire tempérant et chaste, sera un homme de bien; car dans la société les défauts augmentent, et les bonnes qualités diminuent.

On fait une objection bien plus forte; Néron, le pape Alexandre six, et d'autres monstres de cette espèce, ont répandu des bienfaits; je réponds hardiment qu'ils furent vertueux ce jour-là.[8]

32 65v: Mais, dites-vous
32-34 64: solitaire est gourmand [...] avec lui-même, il est vicieux: il est donc
32-33 65-69: un solitaire est gourmand [69* errata: solitaire V↑est ⟨coupable⟩ condamnable quand il+ est gourmand]
34 65v: vertueux lorsqu'il a
39 64: sera très criminel; et il est

à *La Pucelle*, XIX, et évoque les religieux de cet ordre 'consacrés sans relâche au jeûne, au silence, à la prière, à la solitude' dans l'*Essai sur les mœurs* (ii.283).

[8] Nonnotte, dans son *Dictionnaire philosophique de la religion* (s.l. 1772), relève l'assertion sur Néron, mais passe sous silence celle sur le pape Alexandre VI, et conclut: 'comment doit-on regarder un philosophe qui établit de pareils principes? Comme un vieux fou' (iv.326).

Quelques théologiens disent que le divin empereur Antonin[9] n'était pas vertueux, que c'était un stoïcien entêté, qui non content de commander aux hommes voulait encore être estimé d'eux, qu'il rapportait à lui-même le bien qu'il faisait au genre humain, qu'il fut toute sa vie juste, laborieux, bienfaisant par vanité, et qu'il ne fit que tromper les hommes par ses vertus, je m'écrie alors, Mon Dieu, donnez-nous souvent de pareils fripons![10]

[9] Voltaire désigne-t-il Antonin le Pieux (86-161), empereur romain qui régna avec justice et modération de 138 à 161, toléra les chrétiens, ou son successeur Marc Aurèle (121-180), célèbre par sa sagesse stoïcienne, son goût pour la philosophie, les lettres, et auteur de *Pensées*? Bien que Voltaire ait toujours dit grand bien de l'éponyme de la dynastie (V 81, p.113, 147-48), l'allusion au 'stoïcien entêté' désigne Marc Aurèle. Dans *Le Philosophe ignorant*, il l'appelle 'l'empereur Antonin'. Pour réfuter la thèse des théologiens, et tout particulièrement de saint Augustin, sur les 'péchés illustres' des païens, Voltaire y cite l'exemple de Marc Aurèle (V 62, p.95). Cet article, qui reprend un thème déjà traité dans 'Catéchisme chinois', est à mettre en relation également avec l'article 'Fausseté des vertus humaines' qui cite des païens vertueux.

[10] Cet article scandalise tous les réfutateurs du *Dictionnaire philosophique*. J.-A. Rosset de Rochefort souligne l'indécence de cette prière finale (*Remarques sur un livre intitulé Dictionnaire philosophique portatif*, p.175). Chaudon prétend que la bienfaisance ne peut se concevoir sans la croyance en Dieu (*Dictionnaire anti-philosophique*, p.365). Paulian déclare que 'c'est à l'article Vertu que le scandaleux auteur du *Dictionnaire philosophique* a débité les plus grandes infamies' (*Dictionnaire philosopho-théologique portatif*, p.376). Nonnotte se déchaîne. Il recopie en entier cet article, compose une diatribe sur cette 'dissertation singulière'. Il illustre l'idée voltairienne de la vertu par l'exemple de la femme adultère: 'Elle donne ses faveurs aux uns, elle soulage les besoins des autres' (*Dictionnaire philosophique de la religion*, iv.319-26).

APPENDICE I

Mémoire sur l'auteur du *Dictionnaire philosophique*

Lorsque le *Dictionnaire philosophique* paraît, Voltaire, comme on l'a vu, développe une habile stratégie défensive. R. Naves (*Voltaire et l'Encyclopédie*, p.89-90) a parlé, avec raison, de trois 'phases'. La première est celle de la dénégation pure et simple, qui commence très tôt, dès l'été 1764. La deuxième prend le relais en septembre en élargissant la question par l'abord du thème de la pluralité des auteurs (voir D12091). La troisième phase suit de près, en octobre (D12138) et donne les noms des présumés coupables. Cette manière apparaîtra aussi dans la préface de 65v.

C'est d'octobre 1764 que date le mémoire sur l'auteur du *Dictionnaire philosophique*. Clogenson l'a publié pour la première fois comme lettre (lxxxiv.31-33); Moland l'intégra dans la lettre du 12 octobre 1764 à Damilaville (D12138), document avec lequel ce mémoire présente des rapports évidents.

Une semaine plus tard, écrivant au même (D12152), et à la marquise de Jaucourt, la nièce de l'encyclopédiste (D12153), Voltaire joint à ses lettres 'un petit mémoire' destiné à Briasson, aux encyclopédistes et à Jaucourt en particulier, pour détourner éventuellement de sa personne les menées hostiles que soulève le *Dictionnaire*. Un communiqué préventif en quelque sorte.

Nous en connaissons deux états manuscrits: pièce originale dont le dernier paragraphe est autographe (Bn F12900, f.90-91); copie par Wagnière où manque le dernier paragraphe (Bn N24342, f.163).

Le texte original, que nous reproduisons ici, a également été donné par Th. Besterman en appendice à la correspondance de

1764 (D.app.253, V 112, p.510-11). Il fut le premier à signaler la valeur propre de ce document.

MÉMOIRE SUR L'AUTEUR DU DICTIONNAIRE PHILOSOPHIQUE

Un jeune homme destiné à former une grande Bibliothèque, ramassa il y a quelques années en Suisse quelques manuscrits, dont quelques uns étaient pour le dictionnaire des sciences et des arts.[1]

Entre autres l'article *Messie*, d'un célèbre pasteur de Lausanne, homme de condition et de beaucoup de mérite, article très savant, et ortodoxe dans toutes les communions chrétiennes, et qui fut envoié en 1760 de la part de Mr Polier de Bottens, aux libraires de l'Enciclopédie.[2]

Un extrait de l'article *apocalipse*, manuscrit très connu de Mr Abauzit, l'un des plus savants hommes de l'Europe, et des plus connus, malgré sa modestie.[3]

L'article *Batême*, traduit tout entier des œuvres du docteur Midleton.[4]

Amour, *amitié*, *guerre*, *Gloire*, destinés à l'Enciclopédie, mais qui n'avaient pu être envoiés.[5]

[1] C'est-à-dire l'*Encyclopédie* qui allait être reprise en 1765.

[2] Jean-Antoine-Noé Polier de Bottens (1713-1783), neveu de Georges-Pierre (1675-1759). Au sujet de l'article 'Messie', voir ci-dessous, appendice II.

[3] Les écrits de Firmin Abauzit (1679-1767) parurent posthumes. Il faudrait pouvoir mesurer la distance qui sépare le *Discours historique sur l'Apocalypse* (Londres [Amsterdam] 1770) imprimé très hardi, du manuscrit original.

[4] Conyers Middleton (1683-1750); voir ci-dessus, art. 'Baptême', n.1.

[5] Aucun de ces articles ne parut en effet dans l'*Encylopédie*. On ne confondra pas son article 'Gloire, glorieux' (V 33, p.124-27) avec celui du DP.

Christianisme et Enfer, tirés de la *Légation de Moÿse* de Mylord Warburton, Evêque de Glocester.[6]

Enfin, plusieurs autres morceaux imités de Bayle, De Le Clerc, du marquis d'Argens et de plusieurs autres auteurs.

Il en fit un recueil qu'il imprima à Bâle.[7] Ce recueil parait très informe, et plein de fautes grossières. On y trouve,

Warburton, Evêque de Worchester, pour Warburton, Evêque de Glocester.[8]

On y dit que les Juifs eurent des rois huit cent ans après Moÿse, et c'est environ cinq cent ans.[9]

On compte 867 ans depuis Moÿse à Josias, il faut compter plus de 1100.[10]

Il dit que soixante millions font la deux cent trentième partie de seize cents millions, c'est environ la vingtsixième.[11]

L'ouvrage est d'ailleurs imprimé sur le papier le plus grossier, et avec les plus mauvais caractères, ce qui prouve assez qu'il n'a point été mis sous presse par un Libraire de profession.

On voit assez par cet exposé combien il est injuste d'attribuer cet ouvrage et cette Edition aux personnes connues auxquelles la calomnie l'impute.

On est prié de communiquer ce mémoire aux personnes bien intentionées qui peuvent élever leur voix contre la calomnie.

[6] William Warburton, *The Divine legation of Moses demonstrated* (Londres 1738-1741). Souvent réédité. Voltaire en possédait trois exemplaires incomplets qu'il enrichit de notes diverses (BV3825-3827).

[7] Nous ne connaissons aucune édition portant effectivement en 1764 la marque de Bâle. Voltaire vise l'édition originale (64), imprimée par Gabriel Grasset.

[8] William Warburton, nommé évêque de Gloucester en 1750. Voir ci-dessus, art. 'Religion', l.1. Le texte ne changera pas dans les éditions postérieures du DP.

[9] Voir art. 'Moïse', l.72*v*. Voltaire se sert de l'argument à rebours.

[10] Selon 'le comput hébraïque' pour utiliser la formule de Voltaire. Voir art. 'Moïse', l.6*v*.

[11] Voir art. 'Christianisme', l.836*v*.

APPENDICE II

L'article 'Messie' de Polier de Bottens

Correspondant de Voltaire, collaborateur à l'*Encyclopédie*, le pasteur lausannois Jean-Antoine-Noé Polier de Bottens (1713-1783) fut-il l'auteur de l'article 'Messie' du DP? La question a été examinée par Raymond Naves en 1938 et par Ira O. Wade et Norman Torrey en 1940.[1] Grâce aux deux manuscrits[2] du texte de Polier, dont un est passé par les mains de Voltaire, il est possible d'étudier en détail l'apport respectif des deux auteurs.

A. Brouillon de la main de Polier, 24 pages, 210 x 375 mm, avec 12 ajouts dans la marge. La couverture porte, d'une écriture ancienne: '1°. Messie. 2°. Faux Messie'.

B. Mise au net de la main de Polier, avec corrections de la main de Voltaire et de nombreuses suppressions, 44 pages, 180 x 240 mm. Sur la dernière page, qui servait de couverture, figure l'inscription 'Article messie qui se trouve dans l'Enciclopédie et dans le dictionnaire philosophique de la main de Mr Polier de Bottens ministre à Lausanne'. Les corrections de Voltaire ont été presque toutes raturées, sans doute pour cacher son intervention.

Nous présentons ci-dessous le texte du manuscrit B. Nous avons placé entre crochets les passages supprimés; *nous publions en italiques* le texte de B qui se retrouve exactement reproduit dans le *Dictionnaire philosophique*. Nous soulignons les passages soulignés dans le manuscrit. L'apparat critique indique les correc-

[1] *Voltaire et l'Encyclopédie* (Paris 1938), p.191-94; 'Voltaire and Polier de Bottens', *The Romanic review* 31 (1940), p.147-55. Voir aussi ci-dessus, p.350, n.1, et l'article de Roland Desné et Anna Mandich, 'Une lettre oubliée de Voltaire sur le Messie', *Dix-huitième siècle* 23 (1991), p.200-12.

[2] Conservés aux Archives cantonales vaudoises, Lausanne-Dorigny, Papiers René Monod 373/2-3.

tions de Voltaire, dont la plupart sont illisibles. Le remaniement du texte de Polier par Voltaire est étudié dans les notes qui accompagnent l'article 'Messie', p.350-69 ci-dessus.

MESSIE

⟨Messie Messias ce terme vient de L'*Hebreu* משח unxit, משיח *unctus*, il est synonime au mot Grec Christ, L'un et l'autre sont des termes consacrès dans la Religion, et qui ne se donnent plus aujourdhui qu'a L'*Oint* par excellence, ce souverain Liberateur que L'ancien Peuple Juif attendoit, apres la venuë duquel il soupire encor, et que les Chretiens trouvent dans la personne de Jesus fils de Marie, qu'ils regardent coṁe l'Oint du Seigneur, le Messie promis à L'humanitè; Les Grecs emploient aussi le mot d'Elcimmeros qui signifie la même chose que Christos.⟩

Nous voions dans l'ancien Testament que le mot *de Messie*, ⟨loin d'etre particulier au Liberateur, apres la venuë duquel Le Peuple d'Israèl soupiroit, ne l'etoit pas seulement aux vrais et fidelles serviteurs de Dieu, mais que ce nom⟩ *fut souvent donnè* aux Rois, et aux *Princes Idolatres* qui ettoient dans la main de L'Eternel, les ministres de ses vengeances ou des instruments pour l'execution des conseils de sa Sagesse, ⟨c'est ainsi que L'autheur de L'Eclesiastique dit d'Elizëë, qui cingis Reges ad poenitentiam, ou coṁe l'ont rendu les 70, ad vindictam vous oignes les Rois pour exercer la vengeance du Seigneur;⟩ c'est pourquoi il *envoia un prophette pour oindre Jehu Roi d'Israel, il anonça l'Onction sacrëë a Hazaèl Roy de Damas et de Syrie, ces deux Princes ettant les Messies du tres hault, pour* vanger les crimes et les abominations de *la*

Ecclesiastique 48: V. 8.

4: Reg: VIII. 12. 13. 14.

6 MS: que V↑nous avons+ dans
10 MS: le V↑⟨nom⟩+ de
19 MS: pourquoi V↑⟨il est dit que dieu⟩+ envoia

maison d'Achab; mais *au* XLV *d'Esaïe* ℣: 1. *le nom de Messie est expressement donnè a Cyrus, ainsi a dit L'Eternel a Cyrus son Oinct, son Messie, duquel j'ai pris la main droite afin que je terrasse les Nations devant lui*, &c &c:

Ezechiel au 28 de ses Revelations verset 14. *donne le nom de Messie au Roi de Tyr*, ⟨à la veritè dans le st. enthousiasme prophetique,⟩ *qu'il* l'*appelle aussi Cherubin*, ⟨et parle de lui et de sa gloire dans des termes pleins d'une emphase dont on sent mieux les beautés, qu'on ne peut en saisir le sens;⟩ '*fils de L'homme dit L'Eternel au prophette prononce à hautte voix une complainte sur le Roy de Tyr, et lui dis, ainsi a dit le Seigneur, l'Eternel Tu ettois le sçeau de La ressemblance de Dieu, plein de sagesse et parfait en beautès, tu as ètè le Jardin d'Heden du Seigneur; (ou suivant d'autres versions) tu etois touttes les delices du Seigneur*; ta couverture ettoit de pierres precieuses de touttes sortes, *de Sardoine, de Topase, de Jaspe, de Chrisolyte, d'Onix, de Beril, de Saphir, d'Escarboucle, d'Emeraude et d'or, ce que sçavoient faire tes tambours et tes fluttes a ètè ches toi, ils ont été tous prets au jour que tu fus creè, tu as été un Cherubin, un Messie* pour servir de protection, je t'avois etabli; tu as ètè dans la ste montagne de Dieu, tu as marchè entre les pierres flamboyantes, tu as été parfait en tes voies, des le jour que tu fus creè, jusques à ce que la perversitè a ètè trouveë en toy.'

⟨Au reste⟩ le *nom de Messiah*, en Grec *Christ se donnoit aux Rois, aux prophettes, et aux Grands Prêtres des Hebreux. Nous lisons dans le 1er des Rois, chap: XII:* ℣. *3: le Seigneur et son Messie, sont temoins; c'est a dire le Seigneur et le Roy qu'il a ettabli, et ailleurs ne touchès point mes oints, et ne faittes aucun mal a mes prophettes; David animè de L'Esprit de Dieu, donne dans plus d'un endroit a Saül son beau pere, qui le persecutoit* et qu'il n'avoit pas sujet d'aimer ⟨par la même⟩, il donne dije a ce Roy *reprouvè*, et de dessus lequel l'Esprit de L'Eternel settoit retirè, *le nom et la qualitè doint de Messie du Seigneur, Dieu me garde dit-il frequenment* ⟨Dieu me garde⟩ *de porter ma main sur L'Oint du Seigneur, sur le Messie de Dieu*.

⟨*Donné a des Rois Idolatres*, a des princes Cruels et Tyrans,⟩ *si le* beau *nom de Messie, d'Oint de L'Eternel* ⟨*a été* en quelque sorte profanè; mais il fait assurement une tres belle figure *dans* les *Anciens Oracles*, qui designent⟩ visiblement *L'Oint du Seigneur, ce Messie par excellence*, objet du desir et de ⟨la pieuse⟩ l'attente de tous les ⟨vrais⟩ fidelles d'Israel; ⟨ainsi Anne mere de Samuel conclud son ⟨beau⟩ cantique par ces paroles remarquables, et qui ne peuvent s'appliquer à aucun Roy, puisqu'on sçait que pour lors les Hebreux n'en avoient point; Le Seigneur Jugera les extremitès de La Terre, il donnera l'Empyre a son Roy, et relevera La Corne de son Christ, de son Messie; on trouve ce même mot dans les Oracles suivants, Psme 2: 2: Psm: 44: 8: Jerem: IV.20: Dan: IX: 16: Habac: III: 13: *I. Rois: II: 9.10.*

Que⟩ *Si lon rapproche tous Les divers Oracles* et en général tous ceux *qu'on applique pour l'ordinaire au Messie, il en* resulte ⟨des contrastes en quelque sorte inconciliables et qui justifient jusques a un certain point l*obstination* du Peuple à qui ces Oracles furent donnès;

Comment en effet concevoir avant que l'Evenement l'eut si bien justifiè dans la personne de Jesus fils de Marie, coment concevoir dije, une Intelligence en quelque sorte Divine et humaine tout ensemble, un Etre grand et abaissè qui triomphe du Diable, et que cet Esprit Infernal, ce Prince des Puissances de L'air tante, emporte, et fait voiager malgrès lui, maitre et serviteur, Roy et sujet, sacrificateur et victime tout ensemble, mortel et vainqueur de la mort, Riche et pauvre, Conquerant Glorieux dont le Regne Eternel n'aura point de fin, qui doit soumetre toutte la Nature par ses prodiges, et cependant qui sera un hoṁe de douleurs, privè des comodités, souvent même de L'absolument necessaire dans cette vie dont il est le Prince, Couvert de nos infirmitès, meconû dans sa Patrie, rejettè par La Nation dont il se dit le Roy, et qu'il vient combler de gloire et d'honneurs, terminant une vie inocente

71-75 MS: resulte V↑⟨quelques difficultés [*deux lignes illisibles*]⟩+ Comment malheureuse sans cesse contreditte et traversëë par un suplice egalement honteux et cruel, trouvant même dans cette humiliation cet abbaissement extraordinaire, la source d'une Elevation unique, qui le Conduit au plus haut point de gloire de puissance et de Felicitè, c'est a dire au Rang de la premiere des Creatures; Tous les Chretiens s'accordent à trouver ces caracteres en apparence si incompatibles dans la personne de Jesus de Nazaret qu'ils appellent le Christ ses sectateurs lui donnoient ce tiltre par excellence, non qu'il eut ètè Oint d'une maniere sensible et materielle, com̄e l'ont ètè ancienement quelques Rois, quelques prophettes, et quelques sacrificateurs mais parce que L'Esprit Divin l'avoit designè pour ces grands offices, et qu'il avoit resçeu l'Onction spirituelle necessaire pour cela; nous en ettions là, sur un article aussi important, lors qu'un prédicateur Hollandois plus celebre par cette decouverte, que par les mediocres productions d'un genie d'ailleurs foible, et peu instruict, nous a fait voir que notre Seigneur Jesus ettoit le Christ, le Messie de Dieu, ayant ètè oint dans les trois plus grandes epôques de sa vie pour etre notre Roy, notre prophette, et notre sacrificateur;

Lors de son Batême, la voix du Souverain Maitre de la Nature le declare son fils, son unique, son bien aimè, et par la même son representant;

Sur le Tabor, transfigurè, associè à Moyse et à Elie cette meme voix surnaturelle l'anonce a l'humanitè com̄e le Fils de celui qui anime et envoie les prophettes, et qui doit etre ecoutè par preference; Dans Gethsemanè, un Ange desçend du Ciel pour le soutenir dans les angoisses extremes, ou le reduit l'approche de son supplice, il le fortifie contre les frayeurs cruelles d'une mort qu'il ne peut eviter, et le met en ettat d'etre un sacrificateur d'autant plus excellent qu'il est lui même la victime inocente et pure qu'il va offrir; Le Judicieux predicateur Hollandois, Disciple de L'Illustre Cocceyus, trouve l'huille sacramentale de ces diverses Onctions Coelestes, dans les signes visibles que la Puissance de Dieu fit paroitre sur son Oinct, dans son batême, l'ombre de la

Colombe, qui representoit le St. Esprit qui descendit sur lui, au Tabor la nuéë miraculeuse qui le couvrit, en Gethsemanè la sueur de Grumeaux de Sang dont tout son Corps fut couvert; apres cela il faut pousser l'incredulitè a son comble pour ne pas recognoitre à ces traits L'Oint du Seigneur par Excellence, le Messie promis, et l'on ne pouroit sans doutte asses deplorer l'aveuglement inconcevable du Peuple Juif; s'il ne fut entrè dans le plan de l'infinie sagesse de Dieu, et n'eutètè dans ses vuës touttes misericordieuses essentiel à l'accomplissement de son oeuvre, et au salut de l'humanitè; mais aussi il faut convenir,⟩ que *dans l'Ettat d'oppression sous lequel gemissoit le Peuple Juif, et apres touttes les glorieuses promesses, que l'Eternel lui avoit fait si souvent, il* devoit *soupirer apres la venuë d'un Messie*, l'envisager com̄e l'Epoque de son heureuse delivrance, et *qu'ainsi, il est en quelque sorte excusable de n'avoir pas* voulu recognoitre *ce Liberateur dans la personne* du Seigneur *Jesus, d'autant plus qu'il* est de l'hom̄e de tenir plus au corps qu'a l'esprit, et d'etre plus sensible aux besoins presens, que flatè des avantages a venir ⟨et toujours incertains par la même.

Au reste on doit croire qu'Abraham, et apres lui un assez petit nombre de Patriarches et de prophettes ont pû se faire une idèë de la nature du Regne spirituel du Messie; mais ces idèës durent rester dans le petit cercle des Inspirès, et il n'est pas etonnant, qu'*inconnuës à la multitude*, ces notions se soient alterèes au point,⟩ que lorsque le Sauveur parut dans la Judèë, le Peuple et ses Docteurs, les Princes mêmes attendoient un Monarque, un Conquerant qui par la rapiditè de ses conquettes devoit s'assujetir tout le monde, et coment concilier ces idèës flateuses avec l'Ettat abjet, en apparence miserable de Jesus Christ; aussi scandalisés de l'entendre annoncer com̄e le Messie, ils le persecuterent, le rejeterent, et le firent mourir par le dernier suplice, depuis ce temps là, ne voiant rien qui achemine a l'accomplissement de leurs

131-132 MS: l'humanité; V↑⟨[*trois mots illisibles*]⟩+ que
143-146 MS: Messie; V↑⟨[*deux lignes illisibles*]⟩+ que

Oracles, et ne voulants point y renoncer, ils se livrent a toutte sorte didëës ⟨plus⟩ chimeriques ⟨les unes que les autres⟩.

Ainsi lorsquils ont vû les triomphes de la Religion Chretieñe, qu'ils ont senti qu'on pouvoit expliquer spirituellement, et appliquer à Jesus Christ la plus part de leurs Anciens Oracles, ils *se sont avisès* ⟨contre le sentiment de leurs Peres,⟩ *de nier que les passages que nous* leur alleguions, dussent *s'entendre du Messie*; tordants ainsi nos Stes Ecritures à leur propre perte; Quelques uns soutiennent que leurs Oracles ont été mal entendus, qu'en vain on soupire apres la venuë du Messie, puis qu'il *est deja venu en la personne d'Ezechias, c'ettoit le sentiment du fameux Hillel; D'autres* ⟨plus relachés, ou cédant avec politique aux temps et aux circonstances,⟩ *pretendent que la Croiance de la venuë d'un Messie, n'est point un article fondamental de foy,* ⟨*et*⟩ qu'eñ niant *ce dogme*, on ne pervertit point la Loy, ⟨on ne lui donne qu'une legere atteinte;⟩ C'est ainsi que le Juif Albo disoit au Pape que nier la venuë du Messie, c'ettoit seulement couper une branche de l'arbre sans toucher à la racine;

Si on pousse un peu les *Rabbins* des diverses synagogues qui subsistent aujourdhui en Europe sur un article aussi interessant pour eux, qu'il est propre a les embarasser, ils *vous disent qu'ils ne doutent pas, que suivant les Anciens Oracles le Messie ne soit venu dans les temps marquès* par l'Esprit de Dieu, *mais qu'il ne viellit point, qu'il reste cachè sur cette Terre, et attend pour se manifester* et ettablir son Peuple avec force puissance et sagesse ⟨persuasive⟩, *qu'Israel ait celebrè com̄e il faut le sabat*, ce qu'il na point encor fait; que les Juifs ayent reparè ⟨par une repentance prompte et efficace⟩ les iniquitès dont ils se sont souillès et qui ont arretè envers eux le Cours des benedictions de L'Eternel;

Le fameux Rabbin Salomon Jarchy ou Raschy qui vivoit au

160 MS: leur $^{\mathrm{V}\uparrow}$⟨alleguons doivent⟩$^{+}$ s'entendre
161 MS: ainsi $^{\mathrm{V}\uparrow}$⟨les⟩$^{+}$ Stes
165-166 MS: D'autres $^{\mathrm{V}\uparrow}$⟨en grand nombre⟩$^{+}$ pretendent
168-169 MS: Loy, $^{\mathrm{V}\uparrow}$⟨[*une ligne illisible*]⟩$^{+}$ C'est

comencement du 12eme sçiecle dans ses ⟨possibles⟩ *Thalmudiques*, ⟨dont il a si fort chargè ses divers Commentaires qu'elles absorbent les Interpretations et Expliquations litterales, *dit*⟩ *que les Anciens Hebreux ont crus que le Messie ettoit nè le Jour de la derniere Destruction de Jerusalem par les armèës Romaines; c'est* placer la naissance d'un liberateur dans une epoque bien critique et *com̄e on dit appeller le medecin apres la mort.*

Le Rabby Kimchy qui vivoit au XII sçiecle, s'imaginoit *que le Messie dont il croioit la venuë tres prochaine, chasseroit de la Judèë les Chretiens qui la possedoient pour lors, il est vrai que les Chretiens perdirent la Terre Ste, mais ce fut Saladin qui les vainquit*, et les obligeat de l'abandonner avant la fin du XII sciecle, *pour peu que ce Conquerant eut protegè les Juifs, et se ſut declarè pour eux, il est vraisemblable que dans leur Enthousiasme* ⟨et leur Sainte impatience⟩ *ils en auroient fait leur Messie;*

⟨Plusieurs Rabbins veulent que le Messie soit actuellement dans le Paradis Terestre, cest a dire dans un lieu inconu et inaccessible aux humains, d'autres le placent dans la ville de Rome; et les Thalmudistes ⟨ont la deraison, et l'impolitesse de vouloir⟩ que cet Oint du tres Hault, soit cachè parmi les Lepreux et les malades, qui sont à la porte de cette Metropole de la Chretien̄etè, attendant qu'Elie son Precurseur vienne pour le manifester aux homes;⟩

Dautres Rabbins et c'est le plus grand nombre pretendent que le Messie n'est point encor venû, mais leurs opinions ont toujours extremement variè, et sur le temps et sur la maniere de son Avenement; Un Rabby David petit fils de Maimonides consultè sur la venuë du Messie, dit de Grandes choses, impenetrables pour les Etrangers, on sçait aujourdhui ces ⟨grands⟩ misteres, il revéla qu'un nomè Pinchas ou Phinèës qui vivoit 400 ans apres la ruine du Temple, avoit eu dans sa viellesse un Enfant qui parla en

184 MS: sçiecle $^{V\uparrow}$⟨dit dans ses⟩$^{+}$ Thalmudiques,
202-203 MS: Thalmudistes $^{V\uparrow}$⟨[*illisible*]⟩$^{+}$ que

venant au Monde, que parvenu à l'age de 12 ans et sur le point de mourir, il revela de grands secrets, mais enoncès en diverses langues Etrangeres, et sous des Expressions symboliques, ses revelations sont ⟨tres obscures, et sont⟩ restëës enseveliës dans la plus grande ignorance, jusques a ce qu'on les ait trouvëës sur les mazures d'une ville de Galilëë, ou lon lisoit, que le figuier poussoit ses figues, c'est a dire en langage bien clair pour un enfant d'Abraham, que la venuë du Messie ettoit tres prochaine; mais les figues n'ont pas encore poussè pour ce Peuple egalement malheureux et credule;

Souvent attendu dans des Epoques marquèës ⟨par les pretendus Sages, les Docteurs ou les Rabbins Juifs,⟩ le Messie n'a point parû dans ces temps là, et ne viendra sans doutte point, ny à la fin du sixieme millenaire, ny dans les autres Epoques a venir qui ont été marquèës avec aussi peu de fondement que les precedentes ⟨qui se sont trouvëës touttes fausses;⟩

Gemarr: Sanhed: tit: Cap: XI.

Aussi il paroit par la Gemarre que les vrais croiants ont senti les consequences de ces faux calculs propres à enerver la foy, et ont tres sagement prononcè anatheme, contre quiconque a l'avenir supputeroit les annèës du Messie, que leurs os se brisent, et se carient disent-ils car quand on se fixe un temps et que la chose n'arrive pas, on dit avec une criminelle confiance qu'elle n'arrivera jamais;

⟨D'anciens Rabbins pour se tirer d'embaras et concilier les propheties qui semblent en quelque sorte opposèës entre elles, ont imaginè deux Messies, qui doivent se succeder l'un a l'autre; le premier dans un Ettat abjet, dans la pauvretè, et les soufrances, le second dans l'opulence, dans un Ettat de Gloire et de triomphe, l'un et l'autre simple hōme, car l'idèë de l'Unitè de Dieu, caractere distinctif de l'Etre supreme ettoit si ⟨fort⟩ respectable pour Les Hebreux qu'ils ny ont donnè aucune atteinte pendant les derniers

219 MS: grande V↑⟨[*illisible*]⟩+ jusques
244-245 MS: si V↑respectée des+ Hebreux

sçiecles de leur malheureuse existence en corps de Peuple; et c'est encor aujourdhui le plus fort argument que les Mahometans prèssent contre la doctrine des Chretiens;

C'est sur cette idëë particuliere de deux Messies que le sçavant Docteur en Medecine Aaron Isaac Lééman de Slesswich, dans sa Dissertation, de Oraculis Judaeorum, avouë qu'apres avoir examinè avec soin touttes choses il seroit asses porté à croire, que le Christ des Nazareens, dont ils font dit-il follement un Dieu, pouroit bien etre le Messie en opprobre qu'annoncoient les Anciens profettes; et dont le Bouc Hazazel chargè des iniquitès du Peuple et proscript dans les dèserts ettoit l'ancien Type; a la veritè les decisions des Rabbins sur cet article ne s'accordent pas avec l'opinion du sçavant Docteur Juif, puisqu'il paroit par Abnezra que le premier Messie pauvre, miserable, hom̄e de douleur et sachant ce que c'est que langueur sortira de la Famille de Joseph, et de la Tribu d'Ephraim, qu'Haziel sera son Pere, qui s'appellera Nehemie, et que malgrès son peu d'apparence fortifiè par le Bras de l'Eternel, il ira chercher (on ne sçait trop ou) les Tribus d'Ephraim, de Manassè, de Binjamin, une partie de celle de Gad, et a la Tête d'une armèë formidable, il fera la guerre aux Idumeens, c'est à dire aux Romains et Chretiens, remportera sur eux les victoires les plus signalèës, renversera l'Empire de Rome, et ramenera les Juifs en triomphe a Jerusalem;

Ils ajoutent que ces prospérités seront traversèës par le fameux Ante Christ nomè Armillus, ⟨qui⟩ apres plusieurs echecs contre Nehemie, ⟨qui le vaincra et le fera⟩ prisonier, trouvera le moyen de se sauver ⟨de ses⟩ mains, remetra sur pied une nouvelle armèë, et remportera une victoire complette; le Messie Nehemie perdra la vie dans la Bataille, non par la main des homes; les Anges emporteront son corps pour le cacher avec ceux des Anciens

270-272 MS: Armillus, V↑⟨[*illisible*]⟩+ apres plusieurs V↑⟨[*illisible*]⟩+ contre Nehemie, V↑⟨[*illisible*]⟩+ prisonier, trouvera le moyen de se sauver V↑⟨[*illisible*]⟩+ mains

Patriarches; Nehemie vaincu et ne paroissant plus, les Juifs dans la plus grande consternation iront se cacher dans les deserts pendant 45 jours, mais cette affreuse desolation finira par le son eclatant de la Trompête de L'ArcAnge Michel, au bruit de laquelle paroitra tout à coup le Messie glorieux de la Race de David, accompagnè d'Elie; il sera reconu pour Roy et liberateur par toutte linombrable Posteritè d'Abraham; Armillus voudra le combatre, mais L'Eternel fera pleuvoir sur l'armèë de cet Antechrist du soufre, du feu du Ciel, et l'exterminera entierement; alors le second et grand Messie rendra la vie au premier, il rassemblera tous les Juifs tant les vivants que les morts, ⟨qu'il rescuscitera,⟩ il relevera les murs de Sion, retablira le Temple de Jerusalem sur le plan qui fut presentè en vision à Ezechiel, il fera perir tous les adversaires et les enemis de sa Nation, ettablira son Empire sur toutte la Terre habitable, fondera ainsi la Monarchie Universelle, cette pompeuse chimere des Rois prophanes, Il Epousera une Reine, et un grand nombre d'autres femmes, dont il aura une nombreuse famille, qui lui succedera, car il ne sera point Im̄ortel, mais il moura com̄e un autre hom̄e.

Le meilleur est sur touttes ces incomprehensibles reveries, et sur les circonstances de la venue du Messie, de lire avec attention ce qui se trouve a la fin du 5eme Tome de la Bibliotecque Rabbinique ecritte par le P: Charles Joseph Imbonatus, ce que Bartoloccy a compilè sur le même sujet dans le 1er tome de la Bibliotecque des Rabbins; ce qu'on en lit dans L'histoire des Juifs de Monsieur Basnage, et dans les Dissertations ⟨du Rev Pere⟩ Dom Calmet;

Mais quelqu'humiliant qu'il soit pour l'esprit humain de rappeller touttes les extravagances des pretendus sages sur une matiere qui plus que toutte autre en devrait etre exempte, on ne peut se dispenser de rapporter en peu de mots les reveries des Rabbins sur les circonstances de la venuë du Messie, ils ettablissent que

301 MS: Dissertations $^{V\uparrow}$de^{+} Dom

son Avenement sera precedè de dix grands miracles, signes non Equivoques de sa venuë vid: Libel: Abkas Rochel;

Dans le premier de ces miracles, il suppose que Dieu suscitera les 3 plus abominables Tyrans qui ayent jamais existè; qui persecuteront et affligeront les Juifs outre mesure; ils font venir des extremites du Monde des hom̄es Noirs qui auront deux Têtes, sept yeux etincellans, et d'un regard si terrible que les plus Intrepides n'oseront paroitre en leur presence; mais ces temps durs et facheux seront abregès, sans quoi persoñe au monde ne pouroit ny resister ny survivre a leur extreme rigueur; des Pestes, des famines, des mortalitès, le Soleil changè en espaisses tenebres, La Lune en sang, la chûte des Etoiles et des Astres; des Dominations insuportables sont les miracles 2, 3, 4, 5, et 6, mais le 7eme est surtout remarquable; Un marbre que Dieu a formè des le commencement du Monde, et qu'il a sculpté de ses propres mains en figure d'une belle fille, sera l'objet de l'impudicitè abominable des hom̄es Impies et Brutaux qui commetront touttes sortes d'abominations avec ce marbre, et de ce comerce impur disent les Rabbins naitra l'AnteChrist Armillus, qui sera haut de dix aulnes, l'espace d'un de ses yeux a l'autre sera d'une ⟨paulme⟩, ses yeux extremement rouges et enflamès seront enfoncès dans la Tête, ses cheveux seront roux com̄e de L'or, et ses pieds verds, il aura deux Têtes, les Romains le choisiront pour leur Roy, il rescevra les homages des Chretiens qui lui presenteront le Livre de leur Loy, il voudra que les Juifs en fassent de même, mais le 1er Messie Nehemie fils d'Haziel avec une armeë de trois cent mille hom̄es d'Ephraim lui livrera Bataille, Nehemie moura non par les mains des hom̄es, quant a Armillus il s'avancera vers l'Egipte, la subjuguera, et voudra prendre et assujetir aussi Jerusalem, &c.

Les 3 trompetes restaurantes de L'Archange Michel seront les trois derniers miracles; au reste ces idëës fort ancieñes ne sont

326 MS: d'une $^{V\uparrow}$⟨[*illisible*]⟩$^{+}$, ses

point a mepriser puisqu'on trouve les diverses notions dans nos Stes Ecritures, et dans les descriptions que J: Christ fait de l'avenement du Regne du Messie;

Quoique⟩ *les Autheurs sacrès et* le *Seigneur Jesus lui même, comparent souvent, le Regne du Messie, et l'Eternelle Beatitude* qui en sera la suitte pour les vrais Eleus, *a des jours de Nôces, a des Festins* et des Banquets, ou lon goutera tous les delices de la bonne chere, toutte la joie et tous les plaisirs les plus exquis, ⟨et les plus raffines, il faut cependant convenir que tout ce que nous en lisons dans lEvang: est autant au dessous de ce qu'en disent les Rabbins et Docteurs Juifs, que le simple est different de ce qu'une imagination echauffëë peut produire de plus monstrueux et de plus Bizare; suivant les traditions Rabbiniques, *le Messie* fils de David⟩ *donnera à son Peuple rassemblè dans la Terre de Canaan un repas* ⟨dont le detail figureroit mieux dans les Contes des Fëës, que dans les speculations Theologiques des adorateurs du vrai Dieu; Ils pensent qu'on doit y servir les plus grands animaux qui ayent jamais existès, et un *vin* qui l'emportera même sur le nectar des Dieux de la Mythologie Payenne, car c'est⟩ *celui qu'Adam lui même* ⟨cultiva, et⟩ *fit dans le Paradis Terestre et qui se conserve dans de vastes celiers creusés par les Anges* ⟨eux mêmes⟩ *au centre de La Terre;*

⟨L'*entrèë* sera⟩ *le fameux Poisson appellè le Grand L'Eviathan,* ⟨dont il donne une idèë, en disant qu'il⟩ *avale tout d'un coup un Poisson moins Grand que lui,* et qui *ne laisse pas d'avoir 300 Lieuës de Long, toutte la Masse des Eaux est portèë sur* le *Leviathan, Dieu au commencement en crea* l'*un mâle,* et l'*autre femelle, mais de peur qu'ils ne renversassent la Terre, et qu'ils ne remplissent l'Univers de leurs semblables, Dieu tua la femelle et la sala pour le Festin du Messie;*

338 MS: les v↑⟨[*illisible*]⟩+ diverses
345-350 MS: exquis, v↑⟨[*une ligne illisible*]⟩+ donnera
351-356 MS: repas v↑⟨dont le vin sera⟩+ celui

Les Rabbins ajoutent qu'on tuera pour ce merveilleux *repas le* Boeuf *Behemoth, qui est si gros* et si grand *qu'il mange chaque jour le foin de mille montagnes* tres vastes, il ne quitte point le lieu qui lui a été assigné, et lherbe qu'il a mangè le jour, recroit touttes les nuicts, afin de fournir toujours a sa subsistance. *La femelle de* ce Boeuf *fut tuëë au commencement du monde afin qu'une espece si prodigieuse ne se multiplia pas, ce qui n'auroit pû que nuire aux autres creatures, mais ils assurent que l'Eternel ne la sala pas, parceque la vache salëë n'est pas* un mets asses delicat pour un repas si magnifique; *Les Juifs ajoutent encor si bien foy a touttes ces reveries Rabiniques que souvent ils jurent sur leur part du Boeuf Behemoth,* com̄e quelques Chretiens impies jurent sur leur part du Paradis;

Enfin L'Oiseau Bar-Jachne doit aussi servir pour le festin du Messie, cet oiseau est si immence que sil ettend les ailes, il offusque L'air et le Soleil, un jour disent-ils un oeuf poury tombant de son Nid renversa et brisa 300 cedres les plus hauts du Liban, et l'oeuf sestant enfin cassé par le poids de sa chûte, renversa 60 gros villages, les inonda, et les emporta com̄e par un deluge, on est humiliè en detaillant des chimeres aussi absurdes que celles là. *Aprės des Idëës si grossieres* et si mal digerëës *sur la venuë du Messie et sur son Regne, faut-il setton̄er si les Juifs tant anciens que modernes* le Général *même des premiers Chretiens, malheureusement imbus de touttes ces* chimeriques *reveries* de leurs Docteurs *n'ont pû s'elever a lidëë de la nature Divine de L'Oint du Seigneur et n'ont pas attribuè la qualitè de Dieu au Messie* apres la venuë duquel ils soupiroient, le sisteme des Chretiens sur un article aussi important les revolte, et les scandalise, *voies com̄e* ils *sexpriment la dessus dans l'ouvrage intitulè, Judaei Lusitani quaestiones ad Christianos,* *Quaest: 1. 2. 4. 23: &c.* *recognoitre disent-ils un hom̄e Dieu, c'est s'abuser soi même, c'est se forger un monstre, un Centaure, le Bisare composè de deux natures qui ne seauroient s'allier; ils ajoutent que les Prophettes n'enseignent point que le Messie soit hom̄e-Dieu, quils distinguent expressement entre Dieu et David, qu'ils declarent le premier Maitre et le* 2^{ond} *serviteur &c*: mais ce ne sont là que des mots vuides de sens, qui ne prouvent rien, qui ne contrarient point la foy Xtieñe, et qui ne scauroient jamais l'emporter sur les Oracles Clairs et Expres qui fondent notre Croiance la dessus en donnant au Messie le nom de Dieu; vid: Esaie: 9. 6. XLV.22: XXXV. 4: Jerem: XXIII.6. Eccles: I:4.

Mais *lorsque le Sauveur parut*, ces profetties quelques claires et expresses quelles fussent par Elles mêmes, malheureusement obscurcies par *les prejugès* succès avec le laict, furent ou mal entenduës ou mal expliquèës; en sorte que *Jesus Christ lui même* ou par menagement ou *pour ne pas revolter* les *Esprits, paroit extremement reservè sur l'article de sa Divinitè, il vouloit dit St. Chrisostome accoutumer insensiblement ses auditeurs a croire un mistere si fort elevè au dessus de la raison, s'il prend l'authoritè d'un Dieu en pardonnant les pechès, cette action* revolte et *souleve tous ceux qui en sont les temoins, ses miracles les plus evidens ne peuvent convaincre de sa Divinitè, ceux mêmes en faveur des quels il les opere, lorsque devant le tribunal du Souverain Sacrificateur, il avouë avec un modeste detour qu'il est fils de Dieu, le Grand Prêtre dechire sa Robbe et crie au Blasphême; avant l'envoy du St Esprit Les Apotres ne soubsonnent pas même la Divinitè de leur* cher *maitre; il les interroge sur ce que le peuple pense de lui, ils repondent que les uns le prenent pour Elie, les autres pour Jeremie, ou pour quelqu'autre Prophette; St. Pierre* le zélè St. Pierre lui même *a besoin d'une Revelation particuliere pour cognoitre que Jesus est le Christ, le Fils du Dieu vivant*; ainsi le moindre sujet du Roiaume des Cieux, c'est à dire le plus petit Chretien, en sçait plus a cet egard que les Patriarches, et les plus grands Prophettes; *Les Juifs revoltès contre La Divinitè de Jesus Christ ont eu recours à touttes sortes de voies pour* invalider et *detruire ce grand mistere*, dogme fondamental de la foy Xtienne, *ils detournent le sens de leurs propres Oracles, ou ne les appliquent pas au Messie; ils pretendent que le nom de Dieu n'est pas particulier à la Divinitè et quil se donne même par les Autheurs sacrès aux Juges, aux Magistrats, en général à ceux qui sont Elevès en Authoritè; ils citent en effet un très grand nombre de passages* de nos *Stes Ecritures qui justifient cette observation, mais qui ne donnent aucune atteinte aux termes* clairs et *exprès des Anciens Oracles qui regardent le Messie;*

Enfin ils pretendent que si le Sauveur, et apres lui les Evangelistes, les Apotres, et les premiers Xtiens, appellent Jesus le fils de Dieu, ce terme Auguste ne signifioit dans les temps Evangeliques autre chose que L'oposé des *fils de Belial, c'est a dire Hom̄e de Bien, serviteur de Dieu, par opposition a un mechant, un hom̄e* corrompu et pervers *qui ne craint point Dieu*, tous ces sophismes, touttes ces refflections critiques n'ont point empechè l'Eglise de croire la voix Coeleste et Surnaturelle qui a presentè a l'humanitè le Messie Jesus Christ, com̄e le fils de Dieu, l'objet particulier de la Dilection du tres hault et de croire qu'en lui habitoit corporellement toutte plenitude de Divinitè;

Si les Juifs ont contestè a Jesus Christ la qualitè de Messie, sa Divinitè ⟨et en general les glorieuses prerogatives dont l'Etre Supreme l'avoit revêtu,⟩ *ils n'ont rien negligè aussi pour le rendre meprisable pour jetter sur sa naissance, sa vie, et sa mort, tout le ridicule, et toutte l'opprobre qu'a pû imaginer leur Criminel acharnement* contre ce Divin Sauveur et sa coeleste doctrine;

Mais *de tous les ouvrages qu'a produit l'aveuglement des Juifs, il n'en est* sans doute *point de plus odieux et de plus extravagant que le Livre intitulè Sepher Toldos Jescut* ⟨publiè⟩ *par monsieur Vagenseil dans le* 2^{ond} *Tome de son ouvrage intitulè Tela ignea &c.* &c.

C'est dans ce Sepher Toldos Jeschut, recueil des plus noires calomnies, *qu'on lit* des *histoires monstrueuses de la vie de nôtre Sauveur forgèës avec toutte la passion et la mauvaise foy* que peuvent avoir des Enemis acharnès; *ainsi par exemple, ils ont osè ecrire qu'un nomè Panther, ou Pandera habitant de Bethlehem, ettoit devenu amoureux d'une jeune* coëffeuse qui avoit ètè *mariëë a Jochanan*, et qui sans doutte dans ces temps là, et dans un aussi petit trou que

458 MS: Jescut $^{V\uparrow}$⟨tiré de la poussiere⟩$^{+}$ par
466 MS: petit $^{V\uparrow}$⟨[*illisible*]⟩$^{+}$ que

Bethelehem sentoit toutte l'ingratitude de sa profession et n'avoit rien de mieux à faire que d'ecouter ses amants; aussi dit L'auth: de cet Impertinent ouvrage, La Jeune Veuve se rendit aux sollicitations de l'ardent Penther qui la seduisit, et *eut de ce comerce impur un fils qui fut nomè Jesua ou Jesu, Le Pere de cet Enfant fut obligè de s'enfuir et se retira à Babylone, quant au Jeune Jesu on l'envoia aux Ecôles; mais ajoute L'autheur il eut l'insolence de lever la Tête, et de se decouvrir devant les sacrificateurs, au lieu de paroitre devant eux la Tete* voilèë, *et le visage couvert co͞me c'ettoit la coutume; hardiesse qui fut vivement tancèë, ce qui donna lieu d'examiner sa naissance qui fut trouvèë impure, et l'exposa bientot à l'ignominie* qui en est la suitte:

Le Jeune ho͞me se retira à Jerusalem, ou mettant le comble à son impietè et à sa hardiesse, il resolut d'enlever du Lieu tres saint, le sacrè nom de Jehovah; Il entra dans l'interieur du Temple, et s'ettant fait une ouverture à la peau, il y cacha ce nom misterieux; ce fut par un art magique et à la faveur d'un tel artifice, qu'il ⟨put se garantir des deux Lions redoutables, qu'on avoit fait, et placè aux deux côtès de la porte du Temple pour en garder l'entrèë, et empecher l'enlevement du nom de Jehovah;

Ces deux Lions ettoient si artistement construits que rugissants d'une maniere effroyable, ils faisoient perdre la memoire à ceux qui les entendoient; mais l'hardy Jesus sçut tromper leur vigilance, et mettant intus et in cutè le nom ineffable⟩ fortifiè par cet enlevement, il vint d'abord montrer son pouvoir surnaturel a sa famille, il se rendit pour cela à Bethlehem, lieu de sa naissance, là il opera en public divers ⟨prodiges, guerit un Lepreux, resçuscita un mort, ce qui fit tant de bruit que cédant aux empressemens de la multitude, éttoñëë de ses miracles,⟩ on le mit sur un ane, et il fut conduit a Jerusalem co͞me en triomphe;

⟨Continuons a suivre cet Autheur dans un Tissu de calomnies

483-484 MS: qu'il $^{V\uparrow}$⟨[*illisible*]⟩$^{+}$, et
493-495 MS: divers $^{V\uparrow}$⟨[*illisible*]⟩$^{+}$ on

si mal conçuës, et sans doutte forgèës dans les sçiecles de la Barbarie, et de la plus crasse ignorance, les details des egarements de l'esprit humain, et de tout ce que la fraude et l'imposture opposent à la Religion et à la veritè, ces details dije servent souvent a fortifier la saine raison, et donnent à la veritè un nouveau lustre, aussi les hommes les plus pieux, et du sens le plus droit, l'ont si bien senti qu'ils n'ont fait nulle difficultè, de detailler fort au long ces humiliantes reveries, ces calomnies odieuses, c'est ainsi que le sçavant et judicieux Dom Calmet, copie et repete presque mot à mot dans plusieurs endroits de ses excellens ouvrages tout ce qui se lit d'absurditès dans le ridicule *Livre Sepher Toldos Jeschut;*

L'imposture pour en imposer plus surement cherche au moins a revetir la vraisemblance et c'est le comble de l'effronterie, ou de la betise de ne pas donner aux contes qu'on fait l'apparence du vrai; c'est par ou pêche L'autheur dont on donne ici des extraits;⟩

Il fait regner à Jerusalem une Reine Helene et son fils Mombaz, qui n'ont jamais existè en Judèë, a moins que L'autheur n'ait eu quelques notions confuses d'Helene Reine des Adiabeniens, et d'Izates ou Monbaze son fils qui vint a Jerusalem quelques temps apres la mort de notre Sauveur, quoi qu'il en soit ce ridicule Autheur dit que Jesus accusè par les Levites, fut obligè de paroitre devant cette Reine; mais qu'il sçut la gagner par de nouveaux miracles; que les sacrificateurs etonnès du pouvoir de Jesus qui d'ailleurs ne paroissoit pas etre dans leurs interests s'assemblerent pour deliberer sur les moyens de le prendre et qu'un d'entre eux, nomè Judas s'offrit de sen saisir, pourvû qu'on lui permit d'apprendre le sacré nom de Jehovah et que le College des sacrificateurs voulut se charger de ce qu'il y avoit de sacrilege et d'impie dans cette action, coṁe aussi de la terrible peine qu'elle meritoit; Le marché fut fait, Judas apprit le nom ineffable, et vint

504-508 MS: senti V↑⟨[*deux lignes illisibles*]⟩+ Livre
514 MS: V←⟨[*quelques mots illisibles*]⟩+ Il fait

ensuitte attaquer Jesus qu'il esperoit confondre sans peine; Les deux champions s'eleverent en l'air, en prononçant le nom de Jehovah; ⟨Juda s'efforça inutillement de faire tomber Jesus, il ne put y reussir, qu'apres avoir fait de l'eau sur lui, pour lors⟩ ils tomberent tous les deux, parce quils ettoient souillès; Jesus courut se l'aver dans le Jourdain, et bientot apres il refit de nouveaux miracles, Juda voiant qu'il ne pouvoit pas le surmonter come̅ il s'en ettoit flatè, prit le party de se ranger parmi ses Disciples, d'etudier sa façon de vivre et ses habitudes, qu'il revela ensuite a ses confreres les sacrificateurs; un jour come̅ Jesus devoit monter au Temple, il fut epiè et saisi avec plusieurs de ses Disciples, ses Enemis l'attacherent a la colomne de marbre qui ettoit dans une des places publiques, il y fut fouetè, courone̅ d'Epines, et abreuvè de vinaigre, parce qu'il avoit demandè a boire Enfin le sanedhrin layant condamnè a mort, il fut lapidè;

Ce n'est point encor la fin du Roman Rabinique Le Sepher Toldos Jeschu ajoutte que Jesu lapidè on voulut le pendre au Bois, suivant la coutume, mais que le Bois se rompit, parce que Jesus qui prevoioit le genre de son Suplice, l'avoit enchantè par le nom de Jehovah, mais Judas plus fin que Jesus rendit son malefice inutile en tirant de son Jardin un Grand Choux, auquel son Cadavre fut attachè; ⟨ce qui paroitroit incroyable si la Grappe de raisins que les Espions de Canaan rapporterent avec eux ne nous donnoit une ideë des prodiges de la Terre promise en fait de plantes et de fruits; mais sans doutte que bientôt apres son Cadavre fut deposè en Terre, car le Judicieux Autheur ajoutte que Juda craignant que ses Disciples ne l'enlevassent, et ne publiassent sa resurection, il prit le party de l'enlever lui même, et eut la malice de l'enterrer dans le lict d'un ruisseau, dont il avoit detournè le cours, jusques à ce que la fosse fut faitte, et remplie; ce qui fit prendre le change a ses Disciples qui ne le trouvant plus dans son tombeau publierent par tout qu'il ettoit rescuscitè; La trop credule Reine Helene que ses miracles avoient frapè, crut sa resurection, et declara hauttement que Jesus ettoit le fils de Dieu; mais Juda pour confondre les Disciples de Jesus, detourna derechef son ruisseau, en tira le Cadavre, qu'il produisit on l'attacha à la queuë d'un Cheval, et il fut trainè jusques devant le Palais de la Reine, on lui arracha les cheveux; c'est pourquoi les Moines se rasent, mais outrès de cette ignominie Les Nazareens firent un schisme avec les Juifs;⟩ Au reste les Contradictions qu'on trouve dans les ouvrages des Juifs sur cette matiere sont sans nombre, et inconcevables; ainsi ils font naitre Jesus sous Alexandre Jannocus, l'an du monde 3671, et la Reine Héléne qu'ils fourent sans raison dans cette histoire fagotèë ne vint a Jerusalem que plus de cent cinquante ans apres sous l'Empire de Claude;

Il y a un autre Livre intitulè aussi Toledos Jesu, publiè l'an 1705 par Mr. Huldric, qui suit de plus près l'Evangile de l'Enfance; mais qui commet a tous moments *les anacronismes* et les fauttes *les plus grossieres; il fait naitre et mourir Jesus Christ sous le Regne d'Herode le Grand, il veut que ce soit a ce Prince qu'ont été faittes les plaintes sur l'adultere de Panther et de Marie mere de Jesus,* qu'en consequence Herode irritè de la fuitte du coupable, se soit transportè a Bethelehem et en ait massacrè tous les Enfans; ⟨C'est punir bien cruellement la foiblesse d'une Coëffeuse, ce qui pouroit faire concevoir cette barbarie, c'est uniquement que le Grand Herodes prevenû des charmes de la belle Bethlehemite ait regretè de n'etre pas le Panther de ce ridicule Roman;⟩

L'autheur qui prend le Nom de Jonathan qui se dit contemporain de Jesus Christ, et demeurant a Jerusalem avance qu'Herodes consulta sur le fait de Jesus Christ les Senateurs ⟨de Vormes habitans dit-il⟩ *dans la Terre de Cesarèë;* ⟨Coment oser ecrire lorsqu'on est dans une ignorance aussi crasse des choses les plus simples,⟩ *nous ne suivrons pas un Autheur aussi absurde dans touttes* les ⟨humiliantes⟩ *contradictions* ⟨dans lesquelles il tombe; mais il

571-572 MS: qu'ils V↑⟨[*illisible*]⟩+ sans
572 MS: histoire V↑⟨[*illisible*]⟩+ ne
591-592 MS: les V↑⟨[*illisible*]⟩+ contradictions

suffit de lire ces deux mauvais ouvrages pour en concevoir tout le mepris quils meritent,⟩ *cependant c'est a la faveur de touttes ces* odieuses *calomnies que les Juifs s'entretienent dans leur haine implacable contre les Chretiens, et L'Evangile; Ils n'ont rien negligè pour alterer la chronologie du vieux testament, et repandre des douttes et des difficultès sur le temps de la venue de Notre Sauveur*; Tout annonce et leur entetement et leur mauuvaise foy, ⟨il paroit par le 28 chap: de St. Math: ℣: 12. 13. que tout de suitte apres la resurection du Seigneur, les Chefs de la Nation mirent en usage la seduction et le mensonge pour aneantir s'ils le pouvoient un fait aussi fondamental pour la foy des Chretiens et aussi consolant pour eux par la même,⟩ *Ahmed-ben-Cassum-al-Andalousy More de Grenade qui vivoit sur la fin du* 16eme *sciecle cite un manuscript Arabe* de St. Coecilius Archeveque de Grenade, *qui fut trouvè avec 16 lames de plomb, gravèës en Caracteres Arabes, dans une grotte* proche la même ville; *Dom Pedro y Quinones Archeveque* aussi *de Grenade en a rendu lui même temoignage; ces lames de plomb, qu'on appelle de Grenade ont ètè depuis portèës a Rome, ou apres un examen* qui a durè *plusieurs annèës, elles ont enfin ètè condamnèës com̄e* tres *apocrifes sous le Pontificat d'Alexandre VII; elles ne renferment que* quelques *histoires fabuleuses, touchant la vie de* la Ste Vierge, l'enfance *et* l'education *de* Jesus Christ *son fils*. On y lit entre autres choses que Jesus Christ encor Enfant, et apprenant a l'Ecole L'alphabet Arabique, interrogeoit son maitre sur la signification de chaque lettre, et qu'apres en avoir appris le sens et la signification Grammaticales, il lui enseignoit le sens mistique de chacun de ses caracteres, et lui reveloit ainsi d'admirables profondeurs; cette histoire est surement moins ridicule que les prodiges rapportès dans l'Evang: de L'Enfance et touttes les autres fables qu'ont imaginè en divers temps, l'inimitiè des uns, l'ignorance ou la fraude pieuse des autres;

⟨Ainsi Les Juifs Enemis declarès des Chretiens n'ont rien

595 MS: et $^{V\uparrow}$⟨contre⟩$^{+}$ L'Evangile

negligè pour alterer la veritè, et repandre sur le Sauveur, et sur sa Doctrine le plus de ridicule quil leur aètè possible; Mais il faut convenir que le faux zéle et l'Enthousiasme souvent autant et plus dangereux que l'incredulitè, ont aussi engagè les Chretiens dans bien des idèës ridicules, sources de Logomachies qui ont donnè et donnent encor tous les jours prise aux esprits forts contre la foy Chretieñe; par exemple, quelles bisares opinions les Peres de L'Eglise nont-ils pas adoptèës sur la miraculeuse conception du Verbe, l'Union des deux Natures, l'imaculèë conception de la Vierge, et plusieurs autres questions que la foy eut dut respecter com̄e des misteres sans vouloir les approfondir, puisque ce sont des dogmes qu'il faut plutot croire que chercher à les expliquer;〉

Le Nom de Messie accompagnè de L'Epitete de Faux se donne encor a ces imposteurs, qui dans divers temps ont cherchè a abuser la Nation Juifve, et ont pu tromper un grand nombre de personnes qui avoient la foiblesse de les regarder com̄e le vrai Christ, le Messie promis; ainsi *il y* a eu *de ces faux Messies avant même la venuë du veritable Oint de Dieu; Le Sage Gamaliel parle d'un nomè Theudas, dont L'histoire se lit dans les Antiquitès Judaiques de Josephe liv: 20: chap: 2; Il se vantoit de passer le Jourdain a pied sec, il attira beaucoup de gens a sa suitte* par ses discours et ses prestiges, *mais les Romains ettant tombès sur sa petitte troupe la dissiperent, couperent la tête au malheureux Chef et l'exposerent* a *Jerusalem* aux outrages de la multitude;

Act: Apost: Cap. V. ℣: 34: 35: 36.

Gamaliel parle aussi de Judas le Galileen qui est sans doutte le même dont Josephe fait mention dans le 12 chap: du 2: livre de la Guerre des Juifs; il dit que ce faux prophette avoit ramassè pres de 30 mille hom̄e; mais l'hyperbole est le caractere de l'historien Juif; Des les temps Apostoliques l'on vit Simon le Magicien, qui avoit sçu seduire les habitans de Samarie, au point qu'ils le consideroient com̄e la vertu de Dieu;

Act: Apost: Chap: VIII. ℣: 9.

627-628 MS: souvent V↑〈[*illisible*]〉+ dangereux que l'incredulitè, ont aussi engagè V↑〈[*illisible*]〉+ dans

Dans le sçiecle suivant, c'est a dire *l'an 178-179 de L'Ere Chretiēne, sous l'Empire d'Adrien parut le faux Messie Barchochebas; a la Tête d'une* grosse *armée*, il parcourut la Judèe, il y commit les plus grands desordres; Enemy declarè des Chretiens il fit perir tous ceux qui lui tomberent entre les mains, qui ne voulurent pas se faire circoncir de nouveau et rentrer dans le Judaisme; Tinnius Rufus voulut d'abord reprimer les cruautèz de Barchochebas, et arreter les dangereux progres de ce faux Messie; mais *l'Empereur* Adrien voiant que cette revolte pouvoit avoir des suittes y *envoia Julius Severus, qui apres plusieurs rencontres*, les *enferma dans la ville de Bither*, qui *soutint un siege opiniatre, et fut* enfin *emportèë; Barchochebas y fut pris et mis à mort*, au rapport de St. Jerome et de la Chronicque d'Alexandrie, le nombre des Juifs qui furent tuès ou vendus pendant et apres la Guerre de Barchochebas est inombrable; *Adrien crut ne pouvoir mieux prevenir les continuelles revoltes des Juifs qu'en leur deffendant par un edict d'aller a Jerusalem, il ettablit même des Gardes aux portes de cette Ville* infortunèë, *pour en deffendre l'entrèë aux* malheureux *restes du Peuple d'Israel*;

Au rapport de ⟨Mr. Basnage, histoire des Juifs;⟩ Coziba surnomè Barchochebas fut mis a mort dans la ville de Byther par les Gens de son propre party, qui s'en deffirent, parce dirent-ils, qu'il n'avoit pas un caractere essentiel du Messie qui est de cognoitre par le seul odorat si un homē ettoit coupable; Les Juifs dirent aussi que l'Empereur ayant ordonnè, qu'on lui envoiat la Tête de Barchochebas, eut aussi la curiositè de voir son Corps; mais que lorsqu'on voulut l'enlever, on trouva un enorme serpent autour de son Col, ce qui effraya si fort ceux qui ettoient venus pour prendre ce cadavre, qu'ils s'enffuirent, et le fait rapportè à Adrien il reconnut que Barchochebas ne pouvoit perdre la vie que par la main de Dieu seul; des faits si puerils et si mal concertès ne meritent pas qu'on s'arrete a les refuter; Il paroit qu'Akiba s'ettoit declarè pour Barchochebas, et soutenoit hauttement qu'il

674 MS: de $^{V\uparrow}$⟨[*illisible*]⟩$^{+}$ Coziba

ettoit le Messie, aussi les Disciples de ce fameux Rabbin furent les premiers sectateurs de ce faux Christ, c'est eux qui deffendirent la ville de Byther, et furent par l'ordre du général Romain liès avec leurs livres et jettès dans le feu:

Les Juifs toujours portès aux plus folles exagerations sur tout ce qui a rapport a leur histoire, disent qu'il perit plus de Juifs dans la Guerre de Byther qu'il n'en ettoit sorti d'Egipte, ⟨peut-etre n'est ce pas dire grand'chose, car le plus sur, est de se defier de tous les calculs, et de croire qu'il y a de l'exageration partout;⟩ Les crânes de 300 Enfans trouvès sur une seule pierre, les ruisseaux de sang si gros qu'ils entrainoient dans la mer eloignèë de 4 milles, des pierres du poids de 4 livres, les Terres suffisanment engraissèës par les Cadavres pour plus de sept annèës sont de ces traits qui caracterisent les historiens Juifs, et font voir le peu de fonds qu'on peut et doit faire sur leur narration; ce qu'il y a de tres vrai c'est que les Hebreux appellent Adrien un second Nabucodonosor, et prient Dieu dans leurs Jeunes et Prieres d'imprecations (qui font aujourdhui la majeure partie de leur Culte) ils prient dije l'Eternel, de se souvenir dans sa colere de ce Prince cruel et Tyran qui a detruict 480 synagogues tres florissantes; Tant ce Peuple ⟨merveilleux⟩ que Tite avoit traite ⟨a la façon de linterdit⟩ 60 ans auparavant, trouvoit de rescourses ⟨dans la Protection Divine, pouvoit tout a coup renaitre⟩ de ses cendres, et redevenir et plus nombreux et plus puissant qu'il ne l'avoit été avant ses revers;

⟨Il y a beaucoup de faux, peu de vrai, point de Philosophie par la même dans touttes ces meprisables narrations des Ecrivains Juifs.⟩

On lit dans Socrate Historien Ecclesiastique que L'an 434 il parut dans L'Isle de Candie un faux Messie qui sappelloit Moyse, se disant etre *l'ancien Liberateur des Hebreux* envoiè du Ciel *pour* procurer

Soc: hist: Eccles: lib: 2: cap: 38.

704 MS: et $^{\text{V}\uparrow}$⟨[*illisible*]⟩$^{+}$ Prieres
708 MS: traite $^{\text{V}\uparrow}$⟨[*illisible*]⟩$^{+}$ 60
709-710 MS: rescourses $^{\text{V}\uparrow}$⟨[*illisible*]⟩$^{+}$ de

a sa Nation la plus glorieuse delivrance, qu'a travers les flots de la mer il la reconduiroit triomphante dans la Palestine;

Les Juifs Candiots furent asses simples pour ajoutter foy a ses promesses, les plus zèlès se jetterent dans la mer, esperant que la verge de Moyse leur ouvriroit dans la Mediteranëe un passage miraculeux ⟨com̄e l'ancien conducteur du Peuple d'Israel l'avoit ouvert dans la Mer Rouge;⟩ Un grand nombre se noyerent, ⟨on put⟩ retirer de la mer plusieurs de ces miserables Phanatiques, on chercha mais inutilement le seducteur, il avoit disparu, il fut impossible de le trouver, et dans ce sciecle d'ignorance, les Duppes se consolerent dans lidëe ⟨que le Diable s'en ettoit melè, et⟩ qu'assurement un Demon avoit pris la forme humaine pour seduire les Hebreux; ⟨com̄e si l'amour propre ettoit moins humiliè, de succomber aux pieges de Satan, qu'à ceux d'un Imposteur asses habille pour prendre des Enthousiastes par leur foible;⟩

Un sciecle apres à sçavoir l'an *530*, *Il y eut dans la Palestine un faux Messie nomè Julien, il s'anoncoit com̄e un Grand Conquerant, qui à la Tete de sa Nation detruiroit par les armes tout le Peuple Chretien; seduits par ses promesses les Juifs armès* opprimerent cruellement les *Chretiens* dont *plusieurs* furent les malheureuses victimes de leur aveugle fureur; *L'Empereur Justinien envoia des Troupes* au secours des Chretiens; *on livra bataille au faux Christ, il fut pris et condannè au dernier suplice* ce qui donna le coup de mort a son party et le dissipa entierement;

Au commencement du 8eme sçiecle Serenus Juif Espagnol, prit un tel ascendant sur ceux de son party, qu'il sçut leur persuader sa Mission Divine, *pour* etre le *Messie* Glorieux qui devoit ettablir dans la Palestine un Empire florissant; Un grand Nombre de Credules quitta Patrie, Biens, Famille et Etablissemens, pour suivre ce nouveau Messie mais ils s'aperçurent trop tard de la fourberie, et ruinès de fond en comble ils eurent tout le temps de se repentir de leur fatale credulitè;

Il s'eleva plusieurs faux Messies dans le XII sciecle Il en parut un en France, duquel on ignore et le nom et la Patrie; *Louis le*

Jeune sévit contre ses adherens, *il fut* mis à mort par ceux qui se saisirent de sa personne;

L'an 1138. Il y eut *en Perse* un faux Messie qui sçut asses bien lier sa partie, pour rassembler une armèë considerable au point de se hazarder de livrer Bataille au Roy de Perse, ce Prince voulut obliger les Juifs de ses Ettats de poser les armes, mais D'Imposteur les en empecha, se flattant des plus heureux succès, la Cour negocia avec lui, il promit de desarmer, si on lui remboursoit tous les frais qu'il avoit fait; le Roy y consentit et lui livra de Grandes Sommes, mais des que L'armèë du faux Christ fut dissipèë, les Juifs furent contraints de rendre au Roy, tout ce qu'il avoit payè pour achetter la Paix:

Le 13eme sciecle fut fertile en faux Messies, on en compte sept ou huict qui parurent, en Arabie en Perse, dans L'Espagne, ou en Moravie; L'un d'eux qui se nomoit David ⟨Al Roy⟩ passe pour avoir ètè un tres grand Magicien, il sçut seduire *les Juifs* par ses prestiges, *et se vit*, ainsi *a la Tête d'un Party considerable* qui prit les armes en sa faveur; ⟨Ettonè de la rapiditè de ses Conquettes, et de la multitude de ses sectateurs, le Roy luy ordonna de se rendre a la Cour, et lui promit que s'il pouvoit le convaincre, qu'il fut le vray Messie, Il se soumetroit a Lui, David se presenta devant Le Roy, qui le fit metre en prison, il se sauva, on le poursuivit, il disparut on entendit sa voix, mais on ne vit rien;

Le Roy à la Tête de son armèë fit touttes les diligences pour atteindre Al-Roy; il le poursuivit jusques sur les bords du fleuve Goran, il se rendit invisible mais on l'entendit qui crioit, Ô foux! un instant aprés on l'apperçu qu'il partageoit les eaux du fleuve avec son manteau, il le passa à la vuë de L'armèë, Elle eut ordre de le suivre mais ce fut tres inutilement, Le Roy piquè de voir que tout ce qu'il avoit fait pour se saisir de ce fameux Imposteur n'avoit pas reussy, ecrivit aux Juifs de ses Ettats qu'il les feroit

766 MS: David $^{\mathrm{V}\uparrow}$⟨el Ré⟩$^{+}$ passe
769 MS: faveur; $^{\mathrm{V}\uparrow}$⟨[*une ligne illisible*]⟩$^{+}$ de ses

tous massacrer, si ils ne lui livroient pas Al-Roy mort ou vif: Zachëe chef de la captivitè lui ecrivit, et l'exhortoit fortement a faire le généreux sacrifice de sa vie pour le Salut de Sa Nation, mais il rejetta hauttement cette proposition, Enfin son beau Pere qui sans doutte cognoissoit son foible, gagnè par une grande som̄e d'argent que les Juifs lui compterent, sçut attirer chez Lui son Gendre, l'enyvra, et lui coupa la Tête, tant il est vray qu'un charme en detruit un autre, et que le vin et l'amour sont souvent l'Ecueil de La Magie et des forces surnaturelles:

Le Phanatisme semble avoir ètè l'appanage du Nom Zieglerne, deux Personages Jacques et Philipe en ont ètè les zèlès apostres;⟩ *Jacques Zieglerne qui vivoit au milieu du 16eme sçiecle annoncoit la prochaine* venuë *du Messie; Nè a ce qu'il assuroit depuis 14 ans, il l'avoit vû disoit-il a Strasbourg, et gardoit avec soin une Epèë et un sceptre pour les lui metre en main des qu'il seroit en âge* de combatre, il publioit que ce Messie qui dans peu se manifesteroit a sa Nation, detruiroit L'Antechrist, renverseroit L'Empyre des Turcs, fonderoit une Monarchie Universelle, et assembleroit Enfin dans la Ville de Constance un Concile qui dureroit douze ans, et dans lequel seroient terminès tous les differens sur la Religion;

L'an 1624 Philipe *Zieglerne* parut en Hollande, et promis que dans peu, il viendroit un Messie, qu'il disoit avoir vû et qui n'attendoit que la Conversion du Coeur des Juifs pour se manifester, ⟨il ne viellit point, c'est le même apres lequel soupire encor le Coeur de ce Peuple tout aussi constant dans ses vices que dans ses prejugès: Le Messie sera pour lui, L'heureux retour de la raison, et d'une saine Philosophie; mais dont L'avenement est peut-être aussi eloignè et difficile, que celui d'un Israelite Conquerant et Maitre de L'Univers entier;

Il semble que l'experience malheureuse peut seule desabuser le Phanatique, et le premunir contre de nouvelles Illusions, en sorte qu'on ne peut asses s'etonner que tant d'impostures et de mauvais

794 MS: Zieglerne V↑⟨de Moravie⟩+ qui vivoit V↑⟨[*illisible*]⟩+ au

succès nayent pas fait revenir les Juifs de leur malheureux entètement sur le sujet du pretendu Juif qu'ils attendent, en qui ils mettent toutte leur confiance, et dont l'esperance peut seule les soutenir dans cette espêce d'oprobre auquel les expose leur miserable condition, dans le milieu du sciecle dernier un Jeune Juif, *nè* a *Alep*, nomè⟩ *Zabataÿ Sevÿ* entreprit en *l'an 1666* ⟨de se faire passer⟩ pour *le Messie*, il ne negligea rien de ce qu'il faloit pour jouer un si grand rôle, il etudia avec soin tout le jargon Hebreu ⟨et se fit un langage presque tout tirè des Anciens Oracles qu'il n'entendoit point, et que surement il expliquoit mal, puisqu'il s'en faisoit a lui même une continuelle appliquation; et qu'il prometoit a ses adherens une Gloire, et des prosperitès qu'ils n'obtinrent jamais qu'en idëë; il paroit que frapè des succès ettonants qu'avoit fait la doctrine de Jesus Christ, il ait voulu se modeler sur la Conduitte de ce vrai Messie;⟩ *il débuta par precher sur les grands chemins* ⟨et quarrefours,⟩ *et au milieu des Campagnes; Les Turcs se mocquoient de lui*, ⟨le traitoient de fou et d'insensè,⟩ *pendant que ses Disciples l'admiroient*, ⟨et l'exaltoient jusques aux Nuës;⟩ il eut aussi recours aux prodiges, la Philosophie n'en avoit pas encore desabusè dans ces temps là, Elle n'a pas même produit aujourdhui cet heureux effet sur la multitude toujours portëë au merveilleux, il se vanta de s'elever en l'air, pour accomplir disoit-il l'oracle d'Esaie XIV. ℣: 14. qu'il appliquoit mal à propos au Messie, ⟨ce qui pour le dire en passant n'est pas particulier aux faux Christs, puisque les plus graves Theologiens font tous les Jours des appliquations touttes aussi mauvaises;⟩ Tzevy eut la hardiesse de demander à ses Disciples, s'ils ne l'avoient pas vûs en l'air, et il blama l'aveuglement de ceux qui plus sinceres qu'enthousiastes oserent lui assurer que non; *Il paroit qu'il ne mit pas d'abord dans ses interests le Gros de la Nation Juifve, puisqu*'il eut des affaires fort serieuses avec *les Chefs de la synaguogue de*

820-821 MS: 1666 $^{\mathrm{V}\uparrow}$⟨[*une ligne illisible*]⟩$^{+}$ pour le
822-829 MS: le $^{\mathrm{V}\uparrow}$⟨[*illisible*]⟩$^{+}$ Hebreu $^{\mathrm{V}\uparrow}$⟨[*quelques mots illisibles*]⟩$^{+}$ il débuta

Smyrne, qui *porterent contre lui une sentence de mort; mais* persoñe n'osant l'executer *il en fut quitte pour la peur et le Banissement;*

Il contracta trois mariages, et n'en consoma point, je ne sçais dans quelle tradition, il avoit pris que cette bizarre continence ettoit un des respectables caracteres du Liberateur promis. Apres plusieurs voiages en Grèce et en Egipte, il vint a Gaza, ou *il s'associa un* Juif *nomè Nathan-Levy* ou Binjamin, il lui persuada de faire *le personage du prophette Elie, qui devoit preceder le Messie, ils se rendirent à Jerusalem, et* le faux Precurseur *annonça Tzevy com̄e le* Messie, attendu quelque grossiere que fut cette Trame, elle trouva des Dupes, *la Populace Juifve se déclara pour* lui, *ceux qui avoient quelque chose à perdre* déclamerent contre lui et l'*anathematiserent,* ⟨*Tzevy*⟩ *pour fuir L'orage, se retira à Constantinople, et de là à Smyrne, Nathan-Levy* ⟨son Grand Elie,⟩ *lui envoia 4 Ambassadeurs qui le reconurent, et le saluerent publiquement* ⟨pour le⟩ *Messie, cette Ambassade en imposa au Peuple, et même a quelques Docteurs qui* donnants dans le Piege, *déclarerent Sabbataÿ Sevy Messie et Roy des Hebreux*, ils s'empresserent de lui porter des presens considerables, afin qu'il put soutenir sa nouvelle dignitè, le petit nombre des Juifs sensès et prudents blamerent ces nouveautès et prononcerent contre l'imposteur une 2de sentence de mort, fier de ce nouveau triomphe, il ne se mit pas beaucoup en peine de ces sentences, tres assurè, quelles resteroient sans effet, et que persoñe ne se hazarderoit a les executer; il *se mit sous la protection du Cady de Smyrne;* ⟨il avoit⟩ eut *pour lui tout le Peuple Juif, il fit dresser deux Thrones, un pour lui et l'autre pour son Epouse favorite, il prit le nom de Roy des Rois* d'Israel, *et donna a Joseph Tsevy son frere celui de Roy* des Rois *de Juda; il* parloit de *la* prochaine *Conquette de l'Empyre Ottoman* com̄e d'une chose si *assureë*, que deja il en avoit distribuè a ses favoris les emplois et les charges; *il poussa*

854 MS: annonça $^{V\uparrow}$⟨Sabathai Sevi⟩$^{+}$ com̄e
857-858 MS: l'anathematiserent, $^{V\uparrow}$⟨Sevi⟩$^{+}$ pour
860 MS: publiquement $^{V\uparrow}$⟨en qualité de⟩$^{+}$ Messie
870 MS: Smyrne, $^{V\uparrow}$⟨et eut bientot⟩$^{+}$ pour

même l'insolence jusques a faire ôter de la Liturgie, ou prieres publiques *le nom de l'Empereur, et a y faire substituer le sien*;

Il partit pour Constantinople; Les plus sages d'entre les Juifs, sentirent bien que les projets et l'entreprise de Tsevy pouroit perdre leur Nation à la Cour Ottomane; Ils firent avertir sous main le Grand Seigneur, qui donna les ordres pour faire arreter ce Nouveau Messie; il répondit a ceux qui lui demanderent, pourquoi il avoit pris le nom et la qualitè de Roy, que c'ettoit le Peuple Juif qui l'y avoit obligè.

On le fit metre en prison aux Dardanelles, les Juifs publierent qu'on ne l'*epargnoit que* par crainte ou par foiblesse; *Le Gouverneur des Dardanelles s'enrichit des presens que les Juifs* Credules *lui prodiguerent pour visiter leur Roy, leur Messie Prisonier, qui dans* cet ettat humiliant *conservoit* tout son orgueil *et se faisoit* rendre des honneurs extraordinaires;

Cependant Le Sultan qui tenoit sa Cour à Andrinople voulut faire finir cette pieuse *Comedie*, dont les suittes pouvoient etre funestes, *Il fit venir Tsevy*, ⟨*et* sur ce qu'*il* se disoit *invulnerable*, le Sultan ordona qu'il fut percè d'un trait et d'une epèë; de telles propositions pour l'ordinaire deconcertent les imposteurs; Tzevy prefera les coups des Muphtis et Dervichs a ceux des *Icoglans*.⟩ *Fustigè par les Ministres de la Loy, il se fit Mahometan, et il vécut et mourut egalement meprisè des Juifs et des* ⟨Mahometans⟩, *ce qui a si fort decreditè la profession de Messie, que* c'*est le dernier* ⟨des faux Christ⟩ *qui ait* fait quelque figure et *paru* en public a la Tête d'un party:

879-880 MS: Tsevy $^{V\uparrow}$pouroient^{+} perdre
893-896 MS: Tsevy, $^{V\uparrow}$⟨[*six lignes illisibles*]⟩$^{+}$ Fustigè
898 MS: et des $^{V\uparrow}$⟨musulmans⟩$^{+}$, ce
899 MS: de $^{V\uparrow}$⟨faux⟩$^{+}$ Messie, que $^{V\uparrow}$⟨[*illisible*]⟩$^{+}$ c'est

LISTE DES OUVRAGES CITÉS

Abauzit, Firmin, *Discours historique sur l'Apocalypse* (Londres [Amsterdam] 1770).

– *Œuvres diverses*, éd. Paul-Claude Moultou (Londres 1770; BV5).

– *Réflexions impartiales sur l'Evangile, suivies d'un essai sur l'Apocalypse* (Londres 1773).

Acher, William, *Jean-Jacques Rousseau, écrivain de l'amitié* (Paris 1971).

Acta eruditorum (Leipzig 1682-1731).

Adam, Antoine, *Histoire de la littérature française au XVIIe siècle* (Paris 1962).

Adams, David J., *Bibliographie d'ouvrages français en forme de dialogue, 1700-1750*, Studies 293 (1992).

Ages, Arnold, 'Voltaire, Calmet and the Old Testament', *Studies* 41 (1966), p.87-187.

Albertan-Coppola, Sylviane, 'L'apologétique catholique à l'âge des Lumières', *Revue de l'histoire des religions* 205 (avril-juin 1988), p.151-80.

– 'Bergier contre Voltaire, ou le combat de David contre Goliath', Colloque N.-S. Bergier, 1990, dact.

Albina, Larissa L., 'Voltaire lecteur de l'*Encyclopédie*', *Recherches sur Diderot et sur l'Encyclopédie* 6 (1989), p.119-29.

Alletz, Pons-Augustin, *Dictionnaire portatif des conciles* (Paris 1758; BV53).

– *Encyclopédie de pensées, de maximes et de réflexions sur toutes sortes de sujets* (Paris 1761).

Almanach royal (Paris 1763).

Alvarez de Colmenar, Juan, *Annales d'Espagne et de Portugal*, trad. Pierre Massuet (Amsterdam 1741; BV56).

Amerpoel, Johan, *Cartesius Mosaïzans seu evidens et facilis conciliatio philosophiae Cartesii cum historia Creationis primo capite Geneseos per Mosem tradita* (Leovardiae 1669).

Ammien Marcellin, *Histoire*, trad. Jacques Fontaine (Paris 1977).

André, Yves-Marie, *Essai sur le beau* (Paris 1741).

Annet, Peter, *David ou l'histoire de l'homme selon le cœur de Dieu*, trad. d'Holbach (Londres 1768).

– *The History of the man after God's own heart* (London 1761; BV624).

The Annual register (1758-1862).

Armogathe, Jean-Robert, 'Sens littéral et orthodoxie', *Le Siècle des Lumières et la Bible*, éd. Yvon Belaval et Dominique Bourel (Paris 1986), p.431-39.

– 'Voltaire et la Chine: une mise au point', *Actes du colloque international de sinologie: la mission française de Pékin aux XVIIe et XVIIIe siècles* (Paris 1976), p.27-38.

Arpe, Peter Friedrich, *Apologia pro Jul. Caesare Vanino, Neapolitano* ([Rotterdam] 1712; BV114).

Arrêts de la cour de Parlement portant condamnation de plusieurs livres et autres ouvrages imprimés: extrait des registres de Parlement du 23 janvier 1759 (Paris 1759).

Astruc, Jean, *Conjectures sur les mémoi-*

res originaux dont il paraît que Moïse s'est servi pour composer le livre de Genèse (Bruxelles 1753; BV200).

– *Dissertations sur l'immatérialité et l'immortalité de l'âme* (Paris 1755).

– *Traité des maladies vénériennes*, trad. Augustin-François Jault et Benoît Boudon (Paris 1740).

– – (Paris 1764; BV201).

Aubert de La Chesnaye Des Bois, François-Alexandre, *Dictionnaire universel d'agriculture et de jardinage* (Paris 1751; BV207).

Aubery, Antoine, *Histoire générale des cardinaux* (Paris 1647).

Aubery, Pierre, 'Voltaire and antisemitism: a reply to Hertzberg', *Studies* 217 (1983), p.177-82.

Augustin, saint, *De la cité de Dieu*, trad. Louis Giry (Paris 1665-1667; BV218).

– *Les Lettres de S. Augustin*, trad. Philippe Dubois-Goibaud (Paris 1684; BV219).

Auroux, Sylvain, *La Sémiotique des encyclopédistes: essai d'épistémologie historique des sciences du langage* (Paris 1979).

Autrey, Henry-Jean-Baptiste Fabry de Moncault, comte d', *Le Pyrrhonien raisonnable, ou méthode nouvelle proposée aux incrédules* (La Haye 1765; BV227).

Bachaumont, Louis Petit de, *Mémoires secrets pour servir à l'histoire de la république des lettres en France depuis 1762 jusqu'à nos jours* (Londres 1777-1789).

Banier, Antoine, *La Mythologie et les fables expliquées par l'histoire* (Paris 1738-1740; BV257).

Barber, William H., *Leibniz in France from Arnauld to Voltaire* (Oxford 1955).

Barbier, Antoine-Alexandre, *Dictionnaire des ouvrages anonymes* (Paris 1872-1879).

Barbier, Edmond-Jean-François, *Chronique de la régence et du règne de Louis XV (1718-1763)* (Paris 1857-1885).

Baronius, César, *Annales ecclesiastici* (Antverpiae 1610).

Barral, Pierre, *Dictionnaire historique, littéraire et critique* (s.l. 1758-1759; BV269).

Barthes, Roland, *Essais critiques* (Paris 1964).

Basnage, Jacques, *Antiquités judaïques* (Amsterdam 1713; BV281).

– *Histoire des Juifs* (Paris 1710; BV282).

Batteux, Charles, *Les Beaux-arts réduits à un même principe* (Paris 1746).

Bayle, Pierre, *Dictionnaire historique et critique* (Rotterdam 1697; BV292).

– – (Bâle 1741).

– *Extrait du Dictionnaire historique et critique de Bayle*, éd. Frédéric II et Jean-Baptiste de Boyer, marquis d'Argens (Berlin 1765; BV293).

– *Œuvres diverses* (La Haye 1737; BV290).

– *Pensées sur la comète* (Rotterdam 1683; BV295).

– *Réponse aux questions d'un provincial* (Amsterdam 1706).

Beausobre, Isaac de, *Histoire critique de Manichée et du manichéisme* (Amsterdam 1734-1739; BV310).

Beccaria, Cesare Bonesana, *Dei delitti e delle pene* (Monaco [Livorno] 1764; BV314).

– *Des délits et des peines*, éd. Faustin Hélie (Paris 1980).

– *Traité des délits et des peines*, trad. André Morellet (Lausanne 1766; BV315).

Becq, Annie, 'Le "Catéchisme chinois"', *Aspects du discours matérialiste en France autour de 1770*, éd. A. Becq (Paris 1981), p.267-75.

Belaval, Yvon, 'L'esprit de Voltaire', *Studies* 24 (1963), p.139-54.

Belin, Jean-Paul, *Le Commerce des livres prohibés à Paris de 1750 à 1789* (New York 1913).

Bengesco, Georges, *Voltaire: bibliographie de ses œuvres* (Paris 1882-1890).

Benítez, Miguel, 'Matériaux pour un inventaire des manuscrits philosophiques clandestins des XVIIe et XVIIIe siècles', *Rivista di storia della filosofia* 3 (1988), p.501-33.

Bergier, Nicolas-Sylvestre, *La Certitude des preuves du christianisme, ou réfutation de l'Examen critique des apologistes de la religion chrétienne* (Paris 1767; BV359).

– *Le Déisme réfuté par lui-même, ou examen des principes d'incrédulité répandus dans les divers ouvrages de M. Rousseau, en forme de lettres* (Paris 1765).

– *Dictionnaire de théologie* (Liège 1789-1792).

– *Œuvres complètes*, éd. Jacques-Paul Migne (Paris 1855).

– *Un théologien au siècle des Lumières: l'abbé Bergier; correspondance avec l'abbé Trouillet, 1770-1790*, éd. Ambroise Jobert (Lyon 1987).

Berkeley, George, *A treatise concerning the principles of human knowledge* (London 1734).

– *Dialogues entre Hylas et Philonous*, trad. Gua de Malves (Amsterdam 1750; BV361).

– *Three dialogues between Hylas and Philonous*, éd. Geoffrey James Warnock (Cleveland 1963).

Bernard, Jean-Frédéric, *Dissertations mêlées, sur divers sujets importants et curieux* (Amsterdam 1740; BV365).

Bernier, François, *Abrégé de la philosophie de Gassendi* (Lyon 1678; BV372).

Berruyer, Isaac-Joseph, *Histoire du peuple de Dieu depuis son origine jusqu'à la naissance du Messie* (Paris 1728-1757).

Bertaut, Jean, *Œuvres poétiques* (Paris 1633).

Berthoud, Charles, *Les Quatre Petitpierre, 1707-1790* (Neuchâtel 1875).

Bertrand, Elie, *Dictionnaire universel des fossiles propres et des fossiles accidentels* (La Haye 1763; BV379).

Bessire, François, 'Voltaire lecteur de dom Calmet', *Studies* 284 (1991), p.139-77.

Besterman, Theodore, *Voltaire* (London 1969).

– 'Voltaire's notebooks: thirteen new fragments', *Studies* 148 (1976), p.7-35.

Bèze, Théodore de, *Les Juvenilia*, éd. Alexandre Machard (Paris 1879).

– *Poemata varia*, éd. Jacques Lectius (Genève 1614; BV392).

Biblia, éd. Robert Estienne (Parisiis 1532; BV396).

– *La Sainte Bible*, trad. Isaac-Louis Lemaître de Sacy (Paris 1730: BV397).

Bibliothèque de Voltaire: catalogue des livres (Moscou, Leningrad 1961).

Bibliothèque nationale, *Catalogue général des livres imprimés de la Bibliothèque nationale: auteurs*, tome 214, Voltaire (Paris 1978).

Bingham, Alfred J., 'The earliest criticism of Voltaire's *Dictionnaire philosophique*', *Studies* 47 (1966), p.15-37.

Bingham, Joseph, *Origines ecclesiasticae or the Antiquities of the Christian church* (London 1710-1722).

Blaise, Albert-Henri, *Dictionnaire latin-français des auteurs chrétiens* (Strasbourg 1954).

Blanchot, Maurice, *L'Entretien infini* (Paris 1969).

Blondel, David, *Des sibylles célébrées tant par l'antiquité païenne que par les Saints Pères* (Paris 1649; BV428).

Bochart, Samuel, *Geographia sacra* (Francofurti ad Maenum 1681).

Boileau, Jean-Jacques, *Lettres de monsieur B*** sur différents sujets de morale et de piété* (Paris 1737-1742).

Boisguilbert, Pierre Le Pesant de, *Le Détail de la France sous le règne présent* (s.l. 1707; BV448).

Bolingbroke, Henry Saint-John, *Lettre de milord Bolingbroke, servant d'introduction à ses Lettres philosophiques à M. Pope* (s.l. 1766; BV453).

– *Mémoires secrets de milord Bolingbroke, sur les affaires d'Angleterre depuis 1710 jusqu'en 1716*, trad. Jean-Louis Favier (Londres 1754; BV456).

– *The Philosophical works*, éd. David Mallet (London 1754; BV457).

Bonnegarde, de, *Dictionnaire historique et critique* (Lyon 1771; BV464).

Bonnet, Charles, *Considérations sur les corps organisés* (Amsterdam 1762; BV465).

Bossuet, Jacques-Bénigne, *L'Apocalypse avec une explication* (La Haye 1690; BV482).

– *Discours sur l'histoire universelle* (Paris 1737-1739; BV483).

Bouhours, Dominique, *La Vie de saint François Xavier, de la Compagnie de Jésus, apôtre des Indes et du Japon*, nouv. éd. (Paris 1754; BV502).

Boullier, David-Renaud, *Discours philosophiques* (Amsterdam 1759).

– *Essai philosophique sur l'âme des bêtes* (Amsterdam 1728; BV512).

Bourignon, Antoinette, *Le Nouveau ciel et la nouvelle terre* (Amsterdam 1679).

Brantôme, Pierre de Bourdeille, seigneur de, *Œuvres* (La Haye 1740).

Braun, René, 'Julien et le christianisme', dans *L'Empereur Julien: de la légende au mythe* (Paris 1981), p.159-88.

Braun, Theodor E. D., *Un ennemi de Voltaire: Le Franc de Pompignan* (Paris 1972).

Briand, *Dictionnaire des aliments, vins et liqueurs* (Paris 1750).

Brooks, Richard A., *Voltaire and Leibniz* (Genève 1964).

Brosses, Charles de, *Du culte des dieux fétiches* (s.l. 1760; BV546).

Brown, Andrew, 'Calendar of Voltaire manuscripts other than correspondence', *Studies* 77 (1970), p.11-101.

– et Ulla Kölving, 'Voltaire and Cramer?', *Le Siècle de Voltaire*, éd. Christiane Mervaud et Silvain Menant (Oxford 1987), i.149-83.

Brumfitt, J. H., 'Voltaire and Warburton', *Studies* 18 (1961), p.35-56.

– 'Voltaire historian and the royal mistresses', *Voltaire, the Enlightenment and the comic mode: essays in honor of Jean Sareil*, éd. Maxine G. Cutler (New York 1990).

Bruys, François, *Histoire des papes* (La Haye 1732-1734; BV563).

Bruzen de La Martinière, Antoine-Augustin, *Le Grand dictionnaire géographique et critique* (La Haye, 1726-1739; BV564).

Buddeus, Johannes Franciscus, *Traité de l'athéisme et de la superstition* (Amsterdam 1756; BV570).

Buffon, Georges-Louis Leclerc, comte de, et Louis-Jean-Marie Daubenton, *Histoire naturelle, générale et particulière* (Paris 1749-1770; BV572).

Bullet, Jean-Baptiste, *Histoire de l'établissement du christianisme, tirée des seuls auteurs juifs et païens, où l'on trouve une preuve solide de la vérité de cette religion* (Besançon 1764; BV576).

Burnet, Thomas, *Telluris theoria sacra* (Londini 1681).

Calmet, Augustin, *Commentaire littéral sur tous les livres de l'Ancien et du Nouveau Testament* (Paris 1709-1734; BV613).

– – (Paris 1724-1726).

– *Dictionnaire historique, critique, chronologique, géographique et littéral de la Bible*, nouv. éd. (Paris 1730; BV615).

– *Dissertations qui peuvent servir de prolégomènes de l'Ecriture sainte* (Paris 1720; BV616).

– *Dissertations sur les apparitions des anges, des démons, des esprits et sur les revenants et vampires de Hongrie, de Bohême, de Moravie et de Silésie* (Paris 1746).

– *Lettres de l'auteur du Commentaire littéral sur la Genèse* (Paris 1710).

– *Traité sur les apparitions des esprits et sur les vampires ou les revenants de Hongrie, de Moravie, etc.* (Paris 1751; BV618).

Calvin, Jean, *Institution de la religion chrétienne* (Genève 1561).

Candaux, Jean-Daniel, 'Premières additions à la bibliographie des écrits français relatifs à Voltaire (1719-1830)', *Studi francesi* 13 (1969), p.481-90.

Carmody, Francis J., 'Voltaire et la renaissance indo-iranienne', *Studies* 24 (1963), p.345-54.

Caussy, Fernand, 'Voltaire et ses curés', *Revue de Paris*, 15 juillet 1909, p.254-65.

Caveirac, Jean Novi de, *Apologie de Louis XIV, et de son conseil, sur la révocation de l'Edit de Nantes* [...] *Avec une dissertaion sur la journée de la S. Barthélemi* (s.l. 1758; BV2593).

Caylus, Anne-Claude-Philippe de Tubières, comte de, *Recueil d'antiquités* (Paris 1752-1767).

Cazeneuve, Jean, 'La philosophie de Voltaire d'après le *Dictionnaire philosophique*', *Synthèses* 181-182 (juin-juillet 1961), p.14-31.

Cellarius, Christophorus, *Notitia orbis antiqui, sive geographia pleniora* (Lipsiae 1731-1732).

Cervantes y Saavedra, Miguel de, *Histoire de l'admirable don Quichotte de la Mancha*, nouv. éd. (Lyon 1723; BV689).

– *Primera* [-quarta parte] *del ingenioso hidalgo don Quixote de la Mancha* (Brucelas 1617; BV690).

Challe, Robert, *Difficultés sur la religion proposées au père Malebranche*, éd. Frédéric Deloffre et Melâhat Menemencioglu, Studies 209 (1982).

– *Journal d'un voyage fait aux Indes orientales* (La Haye 1721; BV697).
– –, éd. Frédéric Deloffre et Melâhat Menemencioglu (Paris 1979).
Chardon, Charles-Mathias, *Histoire des sacrements* (Paris 1745; BV713).
Charlevoix, Pierre-François-Xavier de, *Histoire de l'établissement, des progrès, et de la décadence du christianisme dans l'empire du Japon* (Rouen 1715).
– *Histoire et description générale de la Nouvelle France* (Paris 1744; BV718).
Chaudon, Louis-Mayeul, *Dictionnaire anti-philosophique* (Avignon 1767; BV728).
Chauffepié, Jacques-Georges, *Nouveau dictionnaire historique et critique* (1750-1756; BV731).
Chevrier, François-Antoine, *Testament politique du maréchal duc de Belle-Isle* (Amsterdam 1761; BV755).
Cheymol, Guy, 'La Bible et la tolérance', *Le Siècle des Lumières et la Bible*, éd. Yvon Belaval et Dominique Bourel (Paris 1986), p.657-76.
Chicaneau de Neuvillé, Didier-Pierre, *Dictionnaire philosophique portatif* (Londres 1751).
Chomel, Noël, *Dictionnaire économique* (Lyon 1732; BV763).
Chouillet, Jacques, *La Formation des idées esthétiques de Diderot* (Paris 1973).
Clarke, Samuel, *Traités de l'existence et des attributs de Dieu* (Amsterdam 1727-1728; BV785).
Cloulas, Ivan, *Les Borgia* (Paris 1987).
Cocceius, Joannes, *Judaicarum responsionum et quaestionum consideratio* (Amstelodami 1662).
Collini, Côme-Alexandre, *Mon séjour auprès de Voltaire et lettres inédites que m'écrivit cet homme célèbre jusqu'à la dernière année de sa vie* (Paris 1807).
Compagnon, Antoine, *La Seconde main, ou le travail de la citation* (Paris 1979).
Condillac, Etienne Bonnot de, *Œuvres philosophiques*, éd. Georges Le Roy (Paris 1947-1951).
– *Traité des sensations* (Londres 1754; BV836).
Condorcet, Marie-Jean-Antoine-Nicolas de Caritat, marquis de, *Almanach anti-superstitieux et autres textes*, éd. Anne-Marie Chouillet, Pierre Crépel et Henri Duranton (Paris, Saint-Etienne 1992).
Confucius, *Confucius sinarum philosophus, sive scientia sinensis latine exposita* (Parisiis 1687; BV845).
– *Entretiens de Confucius*, trad. S. Couvreur (Paris 1975).
Conlon, Pierre M., *Le Siècle des Lumières* (Genève 1983).
Corpus hermeticum, trad. André-Marie-Jean Festugière, éd. Arthur Darby Nock (Paris 1945-1954).
Cotoni, Marie-Hélène, *L'Exégèse du Nouveau Testament dans la philosophie française du dix-huitième siècle*, Studies 220 (1984).
– 'Présence de la Bible dans la correspondance de Voltaire', *Studies* 319 (1994), p.357-98.
– 'Voltaire et l'*Ecclésiaste*', *Mélanges C. Faisant* (Nice 1991), p.163-74.
– 'Voltaire, Rousseau, Diderot', *Le Siècle des Lumières et la Bible*, éd. Yvon Belaval et Dominique Bourel (Paris 1986), p.779-803.
– et Laurence Viglieno, 'Julien au siècle des Lumières en France', dans *L'Em-*

pereur Julien: de la légende au mythe (Paris 1981), p.11-39.

Cousin, Louis, et Jean de La Brune, *La Morale de Confucius, philosophe de la Chine* (Paris 1688; BV892).

Crevier, Jean-Baptiste-Louis, *Observations sur le livre De l'esprit des lois* (Paris 1764; BV912).

Crist, Clifford M., *The Dictionnaire philosophique portatif and the early French deists* (New York 1934).

The Critical review or annals of literature (1756-1817).

Crocker, Lester G., 'L'analyse des rêves au XVIIIe siècle', *Studies* 23 (1963), p.271-310.

Crousaz, Jean-Pierre de, *Examen de l'Essai de monsieur Pope sur l'homme* (Lausanne 1737).

– *Traité du beau* (Amsterdam 1715).

Cumberland, Richard, *Origines gentium antiquissimae or attempts for discovering the times of the first planting of nations* (London 1724; BV922).

– *Sanchoniatho's Phenician history* (London 1720; BV921).

Cyprien, saint, *Les Œuvres de saint Cyprien, évêque de Carthage et martyr*, trad. Pierre Lombert (Rouen 1716; BV925).

Dagen, Jean, 'La marche de l'histoire suivant Voltaire', *Romanische Forschungen* 70 (1958), p.241-66.

Daniel, Gabriel, *Histoire de France* (Paris 1729; BV938).

Darnton, Robert, *Le Grand massacre des chats* (Paris 1984).

De Crue, Francis, *L'Ami de Rousseau et des Necker: Paul Moultou à Paris en 1778* (Paris 1926).

Dehergne, Joseph, *Répertoire des jésuites de Chine de 1552 à 1800* (Rome 1973).

– 'Une synagogue à la Chine', *Dix-huitième siècle* 13 (1981), p.105-11.

Delforge, Frédéric, *La Bible en France et dans la francophonie: histoire, traduction, diffusion* (Paris 1991).

Delon, Michel, 'Voltaire entre le continu et le discontinu', *Aspects du discours matérialiste en France autour de 1770*, éd. Annie Becq (Caen, Paris 1981), p.261-65.

De Luc, Jacques-François, *Observations sur les savants incrédules, et sur quelques-uns de leurs écrits* (Genève 1762; BV975).

Demandre, A., *Dictionnaire de l'élocution française* (1769; BV979).

Descartes, René, *Œuvres*, éd. Charles Adam et Paul Tannery (Paris 1897-1913).

– *L'Homme de René Descartes, et la formation du fœtus* (Paris 1729; BV995).

Desfontaines, Pierre-François Guyot, *Dictionnaire néologique à l'usage des beaux-esprits du siècle* (Amstelodami 1728; BV1006).

–, Jean Du Castre d'Auvigny et Louis-François-Joseph de La Barre, *Histoire de la ville de Paris* (Paris 1735).

Desné, Roland, 'Voltaire était-il antisémite?', *La Pensée* 203 (1979), p.70-81.

– 'Voltaire et les Juifs. Antijudaïsme et antisémitisme. A propos du *Dictionnaire philosophique*', dans *Pour une histoire qualitative: études offertes à Sven Stelling-Michaud* (Genève 1975), p.131-45.

– et Anna Mandich, 'Une lettre oubliée

de Voltaire sur le Messie', *Dix-huitième siècle* 23 (1991), p.201-12.

Dictionnaire de l'Académie française (Paris 1762).

Dictionnaire de la Bible, éd. Fulcran Vigouroux (Paris 1926-1928).

Dictionnaire de spiritualité ascétique et mystique, éd. Marcel Viller (Paris 1932).

Dictionnaire de théologie catholique, éd. A. Vacart et E. Mancenot (Paris 1920).

Dictionnaire des journalistes, éd. Jean Sgard *et al.* (Grenoble 1976).

Dictionnaire des journaux, éd. Jean Sgard *et al.* (Paris, Oxford 1991).

Dictionnaire universel français et latin, 4e éd. (Paris 1743).

Diderot, Denis, *Correspondance*, éd. Georges Roth et Jean Varloot (Paris 1970).

– *Œuvres esthétiques*, éd. Paul Vernière (Paris 1959).

Digard, Georges, *Philippe le Bel et le Saint-Siège de 1285 à 1304* (Paris 1936).

Dreux Du Radier, Jean-François, *Dictionnaire d'amour* (La Haye 1741).

Dubos, Jean-Baptiste, *Refléxions critiques sur la poésie et sur la peinture* (Paris 1719).

– – (Paris 1740; BV1111).

Dubu, Jean, 'De quelques rituels des diocèses de France et du théâtre', *L'Année canonique* 5 (1957).

Du Cange, Charles Du Fresne, sieur, *Glossarium ad scriptores mediae et infimae latinitatis* (Parisiis 1733-1736; BV1115).

Du Châtelet, Gabrielle-Emilie Le Tonnelier de Breteuil, marquise, *Institutions de physique* (Paris 1740; BV1119).

Duchet, Michèle, *Anthropologie et histoire au siècle des Lumières* (Paris 1971).

Du Halde, Jean-Baptiste, *Description géographique, historique, chronologique, politique, et physique de l'empire de la Chine* (Paris 1735).

– – (La Haye 1736; BV1132).

Dumarsais, César Chesneau, *Analyse de la religion chrétienne* (s.l. 1766; BV1141).

Du Moulin, Pierre, *Nouveauté du papisme, opposée à l'antiquité du vrai christianisme* (Genève 1633; BV1148).

Dupin, Louis-Ellies, *Bibliothèque des auteurs ecclésiastiques* (Paris 1730; BV1159).

– – *Supplément* (Paris 1711).

– *Nouvelle bibliothèque des auteurs ecclésiastiques* (Paris 1690-1730; BV1167).

– *Table universelle des auteurs ecclésiastiques* (Paris 1704; BV1168).

Durand, David, *La Vie et les sentiments de Lucilio Vanini* (Rotterdam 1717; BV1182).

Durey de Morsan, Joseph-Marie, *Testament politique du cardinal Jules Alberoni* (Lausanne 1753; BV1186).

Durey de Noinville, Jacques-Bernard, *Table alphabétique des dictionnaires en toutes sortes de langues et sur toutes sortes de sciences et d'arts* (Paris 1758).

Du Tilliot, Jean-Bénigne, *Mémoires pour servir à l'histoire de la fête des fous qui se faisait autrefois dans plusieurs églises* (Lausanne, Genève 1741; BV1194).

Echard, Laurence, *Dictionnaire géographique portatif*, trad. Jean-Baptiste Ladvocat (Paris 1759; BV1199).

Ehrard, Jean, *L'Idée de nature en France à l'aube des Lumières* (Paris 1970).

L'Elégie du Tograï, avec quelques sentences tirées des poètes arabes, l'hymne d'Avicenne, et les proverbes du chalife Gali, trad. Pierre Vattier (Paris 1660).

Encyclopedia judaica (Berlin 1928).

Encyclopédie, ou dictionnaire raisonné des sciences, des arts et des métiers (Paris, Neuchâtel 1751-1765).

– *Supplément à l'Encyclopédie*, éd. Jean-Baptiste-René Robinet (Amsterdam 1776-1777).

Epictète, *Le Manuel d'Epictète*, trad. André Dacier (Paris 1715; BV1225).

Epiphane, *Divi Epiphanii, episcopi Constantiae Cypri, contra octoginta haereses opus* (Parisiis 1564; BV1226).

Etiemble, René, *L'Europe chinoise* (Paris 1989).

Euclide, *Les Eléments de la géometrie d'Euclides mégarien*, trad. Dounot (Paris 1609).

Eusèbe de Césarée, *Histoire de l'Eglise*, trad. Louis Cousin (Paris 1675; BV1250).

– *Preparatio evangelica* (Parisiis 1628; BV1251).

Eutychius, *Eutychii aegyptii patriarchae orthodoxorum alexandrini* [...] *ecclesiae suae origines*, éd. John Selden (Londini 1642).

– *Eutychii patriarchae alexandrini annales*, trad. Edward Pocock (Oxford 1659).

Evans, A. W., *Warburton and the Warburtonians: a study in some eighteenth-century controversies* (London 1932).

L'Ezour-Vedam, ou ancien commentaire du Vedam, éd. Guillaume de Sainte-Croix (Yverdon 1778).

Fabricius, Johann Albert, *Codex apocryphus Novi Testamenti* (Hamburgi 1719-1743; BV1284).

Fletcher, Dennis J., 'The fortunes of Bolingbroke in France in the eighteenth century', *Studies* 47 (1966), p.207-32.

Fleury, Claude, *Histoire ecclésiastique* (Paris 1720-1738; BV1350).

– *Institution au droit ecclésiastique* (Paris 1762-1763; BV1352).

– *Les Mœurs des Israélites* (Bruxelles 1753; BV1353).

Florida, R. E., *Voltaire and the Socinians*, Studies 122 (1974).

Fontenelle, Bernard Le Bovier de, *Entretiens sur la pluralité des mondes*, éd. Alexandre Calame (Paris 1966).

– *Histoire de l'Académie royale des sciences*, 1716 (Paris 1718).

Fontius, Martin, *Voltaire in Berlin: zur Geschichte der bei G. C. Walther veröffentlichten Werke Voltaires* (Berlin 1966).

Formey, Jean-Henri-Samuel, *Eloges des académiciens de Berlin et de divers autres savants* (Berlin 1757).

Foucault, Michel, *Histoire de la folie à l'âge classique* (Paris 1972).

Fourmont, Etienne, *Lettres à monsieur *** sur le Commentaire du père Calmet* (Paris 1709-1710).

François, Laurent, *Observations sur la Philosophie de l'histoire et le Dictionnaire philosophique avec des réponses à plusieurs difficultés* (Paris 1770).

François Xavier, *Lettres choisies* (Varsovie 1739; BV1379).

Frédéric II, *Abrégé de l'Histoire ecclésiastique de Fleury* (Berne 1766; BV1388).

– *Briefwechsel Friedrichs des Grossen mit Voltaire*, éd. Reinhold Koser et

Hans Droysen, Publikationen aus den königlichen preussischen Staatsarchiven 82 (Leipzig 1909).

– *Œuvres*, éd. J. D. E. Preuss (Berlin 1846-1857).

– *Tageskalender Friedrichs des Grossen vom 1. Juni 1740 bis 31. März 1763*, éd. Hans Droysen, Forschungen zur brandenburgischen und preussischen Geschichte 29, 1916.

Furet, François, 'La "librairie" du royaume de France au XVIIIe siècle', *Livre et société dans la France du XVIIIe siècle* (Paris, La Haye 1965-70), i.3-32.

Gagnier, Jean, *La Vie de Mahomet* (Amsterdam 1732; BV1411).

– – (Amsterdam 1748).

Garasse, François, *La Doctrine curieuse des beaux-esprits de ce temps, ou prétendus tels* (Paris 1624; BV1429).

Garinet, Jules, *Histoire des convulsionnaires du dix-huitième siècle, et des miracles du diacre Pâris* (Paris 1821).

Gassendi, Pierre Gassend, dit, *Opera* (Florentiae 1727).

– *Opuscula*, éd. Bernard Rochot (Paris 1962).

Gaultier, Jean-Baptiste, *Le Poème de Pope intitulé Essai sur l'homme convaincu d'impiété: lettre pour prévenir des fidèles contre l'irreligion* (La Haye [Paris] 1746).

Gay, Peter, *The Party of humanity: essays in the French Enlightenment* (London 1964).

– *Voltaire's politics: the poet as realist* (New Haven, London 1988).

Gayot de Pitaval, François, *Causes célèbres et intéressantes, avec les jugements qui les ont décidées* (Paris 1739-1754; BV1442).

Gerard, André-Marie, *Dictionnaire de la Bible* (Paris 1989).

Gerson, Frédérick, *L'Amitié au XVIIIe siècle* (Paris 1974).

Gibert, Jean-Pierre, *Usages de l'Eglise gallicane concernant les censures* (Paris 1724).

Ginzberg, Louis, *The Legends of the Jews* (Philadelphia 1909-1938).

Godefroy, Frédéric, *Dictionnaire de l'ancienne langue française et de tous ses dialectes du IXe au XVe siècle* (Paris 1881-1902).

Gomperz, Théodore, *Les Penseurs de la Grèce: histoire de la philosophie ancienne*, trad. Auguste Reymond (Lausanne 1908-1910).

Gordon, Alexander, *La Vie du pape Alexandre VI et de son fils César Borgia* (Amsterdam 1732; BV1493).

Gouhier, Henri, *Rousseau et Voltaire: portraits dans deux miroirs* (Paris 1983).

Grabe, Johann Ernst, *Spicilegium SS. Patrum, ut et haereticorum* (Oxoniae 1700; BV1509).

Granderoute, Robert, 'Le bestiaire du *Dictionnaire philosophique portatif*', *Rhl* 81 (1981), p.367-90.

Grimal, Pierre, *Dictionnaire de la mythologie grecque et romaine* (Paris 1951).

Grimm, Friedrich Melchior, *Correspondance littéraire*, éd. Maurice Tourneux (Paris 1877-1882).

Grotius, Hugo de Groot, dit, *Le Droit de la guerre et de la paix* (Basle 1746; BV1554).

Guénée, Antoine, *Lettres de quelques juifs portugais et allemands à M. de Voltaire* (Paris 1769; BV1566).

– – (Paris 1772).

– – (Paris 1776; BV1567).

Guicciardini, Francesco, *La Historia d'Italia* (Geneva 1621; BV1569).

Guiragossian, Diana, *Voltaire's facéties* (Genève 1963).

Guthrie, William Keith Chambers, *Orpheus and Greek religion* (London 1935).

Guy, Basil, *The French image of China before and after Voltaire*, Studies 21 (1963).

Haac, Oscar A., 'A "philosophe" and antiquity: Voltaire's changing view of Plato', dans *The Persistent voice: essays on Hellenism in French literature since the eighteenth-century*, éd. Walter G. Langlois (New York, Genève 1971), p.15-26.

Hadidi, Djavâd, *Voltaire et l'Islam* (Paris 1974).

Hales, Stephen, *Haemastatique, ou la statique des animaux*, trad. François Boissier de Sauvages (Genève 1744; BV1590).

Hampton, John, *Nicolas-Antoine Boulanger et la science de son temps* (Genève 1955).

Harris, John, *Lexicon technicum, or an universal dictionary of arts and sciences* (London 1708-1710).

Hastings, James, *Encyclopaedia of religion and ethics* (Edinburgh 1908-1921).

Hawley, Daniel S., 'L'Inde de Voltaire', *Studies* 120 (1974), p.139-78.

Hefele, Carl Joseph, *Histoire des conciles*, trad. H. Leclercq (Paris 1907-1913).

Heidegger, Johann Heinrich, *Histoire du papisme*, trad. Noel Aubert (Amsterdam 1685; BV1603).

Helvétius, Claude-Adrien, *De l'esprit* (Paris 1758; BV1609).

Herbelot de Molainville, Barthélemy d', *Bibliothèque orientale, ou dictionnaire universel contenant généralement tout ce qui regarde la connaissance des peuples de l'Orient* (Paris 1697; BV1626).

Héricourt, Louis de, *Les Lois ecclésiastiques de France dans leur ordre naturel* (Paris 1719).

Hermant, Jean, *Histoire des conciles* (Rouen 1716).

– – (Rouen 1755; BV1629).

Hérodote, *Les Histoires d'Hérodote*, trad. Pierre Du Ryer (Paris 1713; BV1631).

Herrera y Tordesillas, Antonio de, *Comentarios de los hechos de los Españoles, Franceses y Venecianos en Italia, y de otras repúblicas* (Madrid 1624).

– *Histoire générale des voyages et conquêtes des Castillans*, trad. Nicolas de La Coste (Paris 1659-1671).

Hertzberg, Arthur, *The French Enlightenment and the Jews* (New York, London 1968).

Hésiode, *Théogonie*, trad. Paul Mazon (Paris 1928).

Histoire de l'Académie royale des sciences. Avec les mémoires de mathématique et de physique (Paris 1666-1792).

Histoire générale des voyages, éd. Antoine-François Prévost *et al.* (Paris 1746-1754; BV1645).

Histoire universelle depuis le commencement du monde jusqu'à présent (Amsterdam, Leipzig 1742-1802).

Historia Jeschuae Nazareni a Judaeis

blaspheme corrupta, éd. Johann Jakob Ulrich (Lugduni Batavorum 1705).

Holbach, Paul-Henri Thiry, baron d', *Le Bon sens* (Londres 1774; BV1648).

– *Le Christianisme dévoilé* (Londres [Nancy] 1756 [1761]).

Holwell, John Zephaniah, *Interesting historical events, relative to the provinces of Bengal and the empire of Indostan* (London 1766-1767; BV1666).

Homère, *L'Iliade d'Homère*, trad. Anne Lefebvre, Mme Dacier (Paris 1741; BV1670).

– – trad. Antoine Houdar de La Motte (Paris 1714; BV1669).

– – trad. Paul Mazon (Paris 1961).

– *L'Odyssée d'Homère*, trad. Mme Dacier (Paris 1741; BV1675).

Horace, *Odes*, trad. F. Villeneuve (Paris 1990).

– *Œuvres d'Horace en latin et en français, avec des remarques critiques et historiques*, trad. André Dacier (Amsterdam 1727; BV1678).

Hospinianus, Rudolph Wirth, dit, *Historia jesuitica* (Zurich 1619).

Hourwitz, Zalkind, *Apologie des Juifs en réponse à la question: Est-il des moyens de rendre les Juifs plus heureux et plus utiles en France?* (Paris 1789).

Houtteville, Claude-François, *La Religion chrétienne prouvée par les faits* (Paris 1749; BV1684).

Huerne de La Mothe, François-Charles, *Libertés de la France contre le pouvoir arbitraire de l'excommunication* (Amsterdam 1761; BV1688).

Huet, Pierre-Daniel, *Demonstratio evangelica* (Parisiis 1690; BV1690).

– *Mémoires*, trad. Charles Nisard (Paris 1853).

Huismans, D., *Dictionnaire des philosophes* (Paris 1984).

Hume, David, *Four dissertations* (London 1757).

– *Histoire de la maison de Tudor, sur le trône d'Angleterre* (Amsterdam [Paris] 1763; BV1702).

Hyde, Thomas, *Veterum Persarum et Parthorum et Medorum religionis historia*, 2e éd. (Oxonii 1760; BV1705).

Irenée, saint, *Contre les hérésies*, éd. Adelin Rousseau et Louis Doutreleau (Paris 1979).

– *Opus eruditissimum divi Irenaei*, éd. Erasme (Basileae 1526).

Jean Chrysostome, *Œuvres complètes*, trad. Jean-François Bareille (Paris 1865-1873).

Jenny, Yolanda Jeanne, *Rhetoric in Voltaire's dialogs*, thèse (Duke University 1968).

Jérôme, saint, *Lettres*, trad. Guillaume Roussel (Paris 1743; BV1636).

– *Les Vies et miracles des saints Pères*, trad. René Gautier (Rouen 1677).

Jewish Encyclopedia, éd. Isidor Singer (New York, London 1901-1906).

Josèphe, Flavius, *Histoire des Juifs écrite par Flavius Joseph sous le titre de Antiquités judaïques*, trad. Antoine Arnauld d'Andilly (Paris 1735-1736; BV1743).

– – éd. Louis Feldman (Cambridge, Mass. 1965).

– *Œuvres complètes*, éd. Jean Alexandre C. Buchon (Paris 1836).

Journal encyclopédique (1756-1794).

Journal helvétique (1738-1769).

Jousse, Daniel, *Traité de la justice criminelle de France* (Paris 1771).

Jugement doctrinal de la Faculté de théologie de Paris sur un livre qui a pour titre: *Histoire du peuple de Dieu* (s.l. 1762).

Julien l'Apostat, *Défense du paganisme par l'empereur Julien*, éd. Jean-Baptiste de Boyer, marquis d'Argens (Berlin 1764; BV1760).

– *Discours de l'empereur Julien contre les chrétiens* éd. José-Michel Moureaux, Studies 322 (1994).

– *Œuvres complètes*, éd. Joseph Bidez (Paris 1972).

Jurieu, Pierre, *Histoire critique des dogmes et des cultes, bons et mauvais, qui ont été dans l'Eglise depuis Adam jusqu'à Jésus-Christ, où l'on trouve l'origine de toutes les idolâtries de l'ancien paganisme, expliquées par rapport à celles des Juifs* (Amsterdam 1704; BV1765).

Kämpfer, Englebert, *Histoire naturelle, civile et ecclésiastique de l'empire du Japon* (La Haye 1729; BV1771).

– – (La Haye 1732).

Kantorowicz, Ernst, *L'Empereur Frédéric II* (Paris 1987).

Katz, Jacob, 'Le judaïsme et les Juifs vus par Voltaire', *Dispersion et unité* 18 (1978), p.135-49.

King, Peter, *Historia symboli apostolici, cum observationibus ecclesiasticis et criticis* (Lipsiae 1706; BV1784).

Knapp, Richard Gilbert, *The Fortunes of Pope's 'Essay on man' in eighteenth-century France*, Studies 82 (1971).

Kolb, Peter, *Description du cap de Bonne-Espérance* (Amsterdam 1741).

– – (Amsterdam 1743; BV1785).

Kölving, Ulla, éd., *Provisional table of contents for the Complete works of Voltaire* (Oxford 1983).

– et Jeanne Carriat, *Inventaire de la Correspondance littéraire de Grimm et Meister*, Studies 225-227 (1984).

The Koran, commonly called the Alcoran of Mohammed, trad. George Sale (London 1734; BV1786).

Labbe, Philippe, *Sacrosancta concilia* (Lutetiae Parisiorum 1671).

La Bléterie, Jean-Philippe-René de, *Histoire de l'empereur Jovien et traduction de quelques ouvrages de l'empereur Julien* (Paris 1748; BV1797).

– *Vie de l'empereur Julien* (Paris 1735).

– – (Paris 1746; BV1798).

Labroue, Henri, *Voltaire antijuif* (Paris 1942).

Labrousse, Elisabeth, *Pierre Bayle, du pays de Foix à la cité d'Erasme* (La Haye 1963).

Lacombe, François, *Dictionnaire du vieux langage français* (Paris 1766; BV1810).

Lacombe, Jacques, *Dictionnaire portatif des beaux-arts* (Paris 1759; BV1812).

Lacombe de Prezel, Honoré, et Jacques-Charles-Louis Clinchamps de Malfilâtre, *Dictionnaire d'anecdotes, de traits singuliers et caractéristiques* (Paris 1766).

Lacoue-Labarthe, Philippe, et Jean-Luc Nancy, *L'Absolu littéraire: théorie de la littérature du romantisme allemand* (Paris 1978).

La Croze, Mathurin Veyssière de, *Entretiens sur divers sujets d'histoire, et de religion et de critique* (Amsterdam 1733; BV3435).

Lactance, *Opera omnia*, éd. Jean-Baptiste Le Brun des Marettes et Nicolas Lenglet Dufresnoy (Lutetiae Parisiorum 1748; BV1836).

Ladvocat, Jean-Baptiste, *Dictionnaire historique portatif* (Paris 1752).

Lafond, Jean, *Les Formes brèves de la prose et le discours discontinu (XVI-XVIIe siècles)* (Paris 1984).

– *Moralistes du XVIIe siècle* (Paris 1992).

Lafuma, Louis, *Le Manuscrit des Pensées de Pascal 1662* (Paris 1962).

La Hontan, Louis-Armand de Lom d'Arce, baron de, *Dialogues avec un sauvage* (Paris 1973).

– *Nouveaux voyages* (La Haye 1715; BV1876).

La Loubère, Simon de, *Du royaume de Siam* (Paris 1691).

La Mettrie, Julien Offray de, *Histoire naturelle de l'âme* (Oxford 1747; BV1894).

La Mothe Le Vayer, François de, *Œuvres* (Paris 1662; BV1900).

La Motte, Antoine Houdar de, *Odes* (Paris 1713-1714; BV1903).

Lanson, Gustave, *Voltaire* (Paris 1906).

Larbaud, Valéry, *Sous l'invocation de saint Jérôme* (Paris 1946).

Larcher, Pierre-Henri, *Supplément à la Philosophie de l'histoire* (Amsterdam 1767; BV1923).

Laurent, Jenny, 'La stratégie de la forme', *Poétique* 7 (1976), p.257-81.

Le Beau, Charles, *Histoire du Bas-Empire, en commençant à Constantin le Grand* (Paris 1757-1776; BV1960).

Le Brun, Pierre, *Histoire critique des pratiques superstitieuses* (Rouen, Paris 1702; BV1968).

Leclerc, Jean, *Sentiments de quelques théologiens de Hollande sur l'histoire critique du Vieux Testament* (Amsterdam 1685).

– – (Amsterdam 1711).

Le Comte, Louis, *Lettre à Mgr le duc Du Maine sur les cérémonies de la Chine* (Paris 1700).

– *Nouveaux mémoires sur l'état présent de la Chine* (Paris 1696).

– – (Amsterdam 1697; BV1988).

Le Febvre de Saint-Marc, Charles-Hugues, et Antoine de La Chassaigne, *Vie de monsieur Pavillon, évêque d'Alet* (Saint Miel 1738; BV1993).

Lefranc de Pompignan, Jean-Georges, *Instruction pastorale* [...] *sur la prétendue philosophie des incrédules modernes* (Puy, Lyon, Paris 1763; BV1996).

– *Questions diverses sur l'incrédulité* (Paris 1751).

Lefranc de Pompignan, Jean-Jacques, *Poésies sacrées et philosophiques, tirées des livres saints* [...] *Nouvelle édition considérablement augmentée* (Paris 1763).

Le Gendre, Gilbert-Charles, *Traité de l'opinion* (Paris 1733; BV2005).

Le Gobien, Charles, *Nouveaux mémoires sur l'état présent de la Chine* (Paris 1698).

Leibniz, Gottfried Wilhelm von, *Essais de théodicée sur la bonté de Dieu, la liberté de l'homme et l'origine du mal* (Amsterdam 1710).

– – (Amsterdam 1747; BV2018).

– *Œuvres philosophiques latines et françaises* (Amsterdam, Leipzig 1765; BV2015).

– *Opera omnia* (Genève 1768; BV2016).

Le Nain de Tillemont, Louis-Sébastien, *Histoire des empereurs et des autres princes qui ont regné durant les six premiers siècles de l'Eglise* (Paris 1691).

– – (Bruxelles 1707-1712; BV2034).

– *Mémoires pour servir à l'histoire ecclé-*

siastique des six premiers siècles (Paris 1694).

Lenglet Dufresnoy, Nicolas, *Méthode pour étudier l'histoire* (Paris 1729; BV2038).

– *Recueil de dissertations anciennes et nouvelles, sur les apparitions, les visions et les songes* (Avignon, Paris 1751; BV2041).

– *Supplément à la Méthode pour étudier l'histoire* (Paris 1741).

Le Pelletier, Jean, *Dissertations sur l'arche de Noé, et sur l'hémine et la livre de S. Benoist* (Rouen 1700).

Le Rebours, *Observations sur les manuscrits de feu M. Du Marsais* (Paris 1760).

Leti, Gregorio, *La Vie du pape Sixte cinquième*, trad. Louis-Antoine Le Peletier (La Haye 1709; BV2069).

Lettres édifiantes et curieuses (Paris 1707-1776; BV2104).

Lévesque de Burigny, Jean, *Examen critique des apologistes de la religion chrétienne* (s.l. 1766; BV2546).

– *Histoire de la philosophie païenne* (La Haye 1724; BV584).

– *Théologie païenne ou sentiments des philosophes et des peuples païens les plus célèbres, sur Dieu, sur l'âme, et sur les devoirs de l'homme* (Paris 1754; BV585).

–*Vie d'Erasme* (Paris 1757; BV586).

Lévy, David, *Voltaire et son exégèse du Pentateuque: critique et polémique*, Studies 130 (1975).

Linguet, Simon-Nicolas-Henri, *Théorie des lois civiles ou principes fondamentaux de la société* (Londres 1767; BV2136).

Linschoten, Jan Huygen van, *Histoire de la navigation de Jean Hugues de Linschot Hollandais, aux Indes orientales* (Amsterdam 1638; BV2137).

Llorente, Juan Antonio, *Histoire critique de l'Inquisition d'Espagne*, trad. Alexis Pellier (Paris 1817-1818).

Lloyd's evening post and British chronicle (1757-1805).

Locke, John, *An essay concerning human understanding* (London 1710; BV2149).

– *Essai philosophique concernant l'entendement humain*, trad. Pierre Coste (Amsterdam 1758; BV2150).

Lord, Henry, *Histoire de la religion des Banians* (Paris 1667).

Lough, John, 'Chaudon's *Dictionnaire anti-philosophique*', *Voltaire and his world*, éd. R. J. Howells *et al.* (Oxford 1985), p.307-22.

– *Essays on the Encyclopédie of Diderot and d'Alembert* (London 1968).

Louis IX, *Les Etablissements de saint Louis, accompagnés des textes primitifs et des textes dérivés*, éd. Paul Viollet (Paris 1881-1886).

Lovejoy, Arthur Oncken, *The Great chain of being: a study of the history of an idea* (Cambridge, Mass. 1942).

Lowth, Robert, *A letter to the right reverend author of the Divine legation of Moses* (London 1766; BV2212).

Lucas, Paul, *Voyage du sieur Paul Lucas au Levant* (Paris 1714; BV2216).

– *Voyage du sieur Paul Lucas, fait en M.DCC.XIV, et par ordre de Louis XIV dans la Turquie, l'Asie, Sourie, Palestine, Haute et Basse Egypte* (Rouen 1728; BV2217).

– *Voyage du sieur Paul Lucas, fait par ordre du roi dans la Grèce, l'Asie mineure, la Macédoine et l'Afrique* (Paris 1712; BV2218).

Lucas-Dubreton, Jean, *Les Borgia* (Paris 1952).

Lucrèce, *De rerum natura*, trad. Alfred Ernout (Paris 1924).

McLaughlin, Blandine L., *Diderot et l'amitié*, Studies 100 (1973).

Macquer, Pierre-Joseph, *Dictionnaire de chimie* (Paris 1766; BV2249).

Magnan, André, *Dossier Voltaire en Prusse (1750-1753)*, Studies 244 (1986).

Malebranche, Nicolas, *Avis touchant l'Entretien d'un philosophe chrétien avec un philosophe chinois* (Paris 1708; BV2274).

– *De la recherche de la vérité* (Paris 1700; BV2276).

– – (Paris 1721; BV2277).

Malino, Frances, 'Zalkind Hourwitz, juif polonais', *Dix-huitième siècle* 13 (1981), p.79-89.

Mallet, Paul-Henri, *Monuments de la mythologie et de la poésie des Celtes et particulièrement des anciens Scandinaves* (Copenhague 1756; BV2293).

Mandelslo, Johann Albrecht, *Voyages and travels*, trad. John Davies (London 1669).

Mandrou, Robert, *Magistrats et sorciers en France au XVIIe siècle* (Paris 1968).

Markovitz, Francine, 'Remarques sur le problème de l'âme des bêtes', *Corpus* 16/17 (1991), p.72-92.

Martène, Edmond, *De antiquis ecclesiae ritibus libri quatuor* (Rotomagi 1700-1702).

Marx, Jacques, *Charles Bonnet contre les Lumières (1738-1850)*, Studies 156-157 (1976).

Mason, Haydn T., *Pierre Bayle and Voltaire* (Oxford 1963).

– 'Voltaire and Le Bret's digest of Bayle', *Studies* 20 (1962), p.217-21.

Mat-Hasquin, Michèle, *Voltaire et l'antiquité grecque*, Studies 197 (1981).

Maurois, André, 'Le style de Voltaire', *Europe* 37 (mai-juin 1959), p.5-7.

Mercenier, E., et F. Paris, *La Prière des Eglises de rite byzantin* (Chavetogne 1937).

Mercier, Roger, *La Réhabilitation de la nature humaine (1700-1750)* (Villemonble 1960).

Mervaud, Christiane, 'Les cannibales sont parmi nous: l'article "Anthropophages" du *Dictionnaire philosophique*', *Europe* 781 (mai 1994), p.102-10.

– 'Julien l'Apostat dans la correspondance de Voltaire et Frédéric II', *Rhl* 76, 1976, p.724-43.

– *Voltaire et Frédéric II: une dramaturgie des Lumières, 1736-1778*, Studies 234 (1985).

– 'Voltaire et le *Cri du sang innocent*: l'affaire La Barre dans sa correspondance', *L'Infini* 25 (1989), p.135-45.

Meslier, Jean, *Œuvres complètes*, éd. Jean Deprun, Roland Desné, Albert Soboul (Paris 1970-1972).

– *Testament de Jean Meslier* (s.l. 1762; BV2429).

Mesnard, Jean, *La Culture du XVIIe siècle: enquêtes et synthèses* (Paris 1992).

– *Les Pensées de Pascal* (Paris 1976).

Méthivier, H., *L'Ancien régime en France* (Paris 1981).

Mézeray, François Eudes de, *Histoire de France depuis Faramond* (Paris 1646).

Middleton, Conyers, *Histoire de la vie*

de Cicéron, trad. Antoine-François Prévost (Paris 1743).

– *Lettre écrite de Rome* (Amsterdam 1744; BV2448).

– *The Miscellaneous works* (London 1755; BV2447).

Migne, Jacques-Paul, *Patrologiae cursus completus, series graeca* (Lutetiae Parisiorum 1857-1912).

– *Patrologiae cursus completus, series latina* (Parisiis 1844-1864).

Minamiki, George, *The Chinese rites controversy from its beginning to modern times* (Chicago 1985).

Mischna sive totius Hebraeorum juris, trad. Surenhuys (Amsterdam 1698-1703; BV2469).

Missel de Paris imprimé par ordre de Mgr. l'Archevêque (Paris 1738).

Monod, Albert, *De Pascal à Chateaubriand: les défenseurs français du christianisme de 1670 à 1802* (Paris 1916).

Montaigne, Michel Eyquem de, *Essais*, éd. Alexandre Micha (Paris 1969).

Montesquieu, Charles-Louis de Secondat, baron de La Brède et de, *Considérations sur les causes de la grandeur des Romains, et de leur décadence* (Lausanne 1750; BV2495).

– *De l'esprit des lois* (Leyde 1749; BV2496).

– *Lettres persanes*, éd. Paul Vernière (Paris 1960).

Montet, Albert de, *Dictionnaire biographique des Genevois et des Vaudois* (Lausanne 1877-1878).

Montgeron, Louis-Basile, Carré de, *Continuation des démonstrations de miracles opérés à l'intercession de M. de Pâris et autres appelants. Observations sur l'œuvre des convulsions et sur l'état des convulsionnaires* (s.l. 1741).

– *La Vérité des miracles opérés à l'intercession de M. de Pâris et autres appelants, démontrée contre M. l'archevêque de Sens* (s.l. 1737).

Monty, Jeanne R., *Etude sur le style polémique de Voltaire: le 'Dictionnaire philosophique'*, Studies 44 (1966).

Morellet, André, *Le Manuel des inquisiteurs, à l'usage des Inquisitions d'Espagne et de Portugal, ou abrégé de l'ouvrage intitulé: Directorium Inquisitorium, composé vers 1358 par Nicolas Eymeric, grand inquisiteur dans le royaume d'Arragon. On y a joint une courte histoire de l'établissement de l'Inquisition dans le royaume de Portugal, tirée du latin de Louis à Paramo* (Lisbonne [Paris] 1762; BV2514).

Morénas, François, *Dictionnaire portatif des cas de conscience* (Avignon, Lyon 1759).

Moreri, Louis, *Le Grand dictionnaire historique* (Amsterdam 1740; BV2523).

Mortier, Roland, *Clartés et ombres du siècle des Lumières* (Genève 1969).

– 'Pour une poétique du dialogue: essai de théorie d'un genre', *Literary theory and criticism: Festschrift presented to René Wellek in honor of his eightieth birthday*, éd. Joseph P. Strelka (Bern 1984), i.457-74.

Moureaux, José-Michel, *L'Œdipe de Voltaire: introduction à une psycholecture*, Archives des lettres modernes 146 (1973).

– 'Ordre et désordre dans le *Dictionnaire philosophique*', *Dix-huitième siècle* 12 (1980), p.381-400.

– 'Voltaire: l'écrivain', *Rhl* 79 (1979), p.331-50.

Muret, Pierre, *La Prépondérance anglaise 1715-1763* (Paris 1937).

Naves, Raymond, *Le Goût de Voltaire* (Genève 1967).

– *Voltaire et l'Encyclopédie* (Paris 1938).

Nef, M.-F., 'Le récit voltairien: tolérance et résignation', dans *Voltaire, Rousseau et la tolérance: actes du colloque franco-néerlandais 1978* (Amsterdam, Lille 1980).

New Catholic encyclopedia (New York 1967-).

Newton, Isaac, *La Méthode des fluxions et des suites infinies*, trad. Buffon (Paris 1740).

– *Opticks* [...] *also two treatises of the species and magnitude of curvilinear figures* (London 1704).

Niecamp, Johan Lucas, *Histoire de la mission danoise dans les Indes orientales* (Genève 1745; BV2575).

Nonnotte, Claude-François, *Dictionnaire philosophique de la religion, où l'on établit tous les points de la religion attaqués par les incrédules, et où l'on répond à toutes leurs objections* (s.l. 1772; BV2578).

– – (s.l. 1775).

– *Les Erreurs de Voltaire* (Paris, Avignon 1762).

– – (Amsterdam [Paris] 1766; BV2579).

Normand, Victor, *La Confession* (Paris 1926).

Nouvelles de la République des lettres (1684-1718).

Nwachukwu, J. A., *Voltaire and friendship*, thèse (University of Exeter 1978).

L'Observateur littéraire (1758-1761).

Ocellus Locanus, *Ocellus Lucanus en grec et en français*, éd. Jean-Baptiste de Boyer, marquis d'Argens (Utrecht 1762; BV2603).

Oiselius, Jacobus, *Thesaurus selectorum numismatum* (Amstelodami 1677).

Onfray, René, *L'Abîme de Pascal* (Alençon 1949).

Origène, *Traité d'Origène contre Celse*, trad. Elie Bouhéreau (Amsterdam 1700; BV2618).

Orphicorum fragmenta, éd. Otto Ferdinand Georg Kern (Berlin 1922).

Ovide, *Métamorphoses*, trad. Georges Lafaye (Paris 1989).

– *Opera omnia* (Lugduni Batavorum 1662; BV2628).

Panckoucke, André-Joseph, *Dictionnaire portatif des proverbes français* (Utrecht 1751).

Paramo, Luis de, *De origine et progressu sanctae inquisitionis eiusque dignitate et utilitate* (Matriti 1598).

Parke, Herbert William, et Donald Ernest W. Wormell, *The Delphic oracle* (Oxford 1956).

Paulian, Aimé-Henri, *Dictionnaire de physique portatif, dans lequel on expose les découvertes les plus intéressantes de Newton* (Avignon, Paris 1760; BV2669).

– *Dictionnaire philosopho-théologique portatif, contenant l'accord de la véritable philosophie avec la saine théologie, et la réfutation des faux principes établis dans les écrits de nos philosophes modernes* (Nismes 1770; BV2671).

Pavillon, Nicolas, *Rituel romain du pape Paul V, à l'usage du diocèse d'Alet avec les instructions et les rubriques en français* (Paris 1667).

Pedersen, John, 'Le dialogue du classicisme aux Lumières: réflexions sur l'évolution d'un genre', *Studia neophilologica* 51 (1979), p.305-13.

Pelloutier, Simon, *Histoire des Celtes, et particulièrement des Gaulois et des Germains, depuis les temps fabuleux, jusqu'à la prise de Rome par les Gaulois* (La Haye 1740; BV2683).

Perkins, Merle L., 'Theme and form in Voltaire's alphabetical works', *Studies* 120 (1974), p.7-40.

– 'Voltaire and the abbé de Saint-Pierre', *French review* 34 (1960), p.152-63.

Perrot, Charles, *Jésus et l'histoire* (Paris 1979).

Petit, Paul, 'Recherches sur la publication et la diffusion des discours de Libanius', *Historia: Zeitschrift für alte Geschichte* 5 (1956), p.479-509.

Pétrone, *Le Satiricon*, trad. Maurice Rat (Paris 1934).

– *Satyricon*, éd. Heinsius (Trajecte ad Rhenum 1709).

Philon, *Œuvres de Philon*, trad. Pierre Bellier (Paris 1619; BV2717).

Pierron, Alexis, *Voltaire et ses maîtres, épisode de l'histoire des humanités en France* (Paris 1866).

Pinot, Virgile, *La Chine et la formation de l'esprit philosophique en France (1640-1740)* (Paris 1932).

Pinto, Isaac de, *Apologie pour la nation juive, ou réflexions critiques sur le premier chapitre du VII tome des Œuvres de monsieur de Voltaire au sujet des juifs* (Amsterdam 1762).

– *Réflexions critiques sur le premier chapitre du VIIe tome des Œuvres de monsieur de Voltaire au sujet des juifs* (s.l. 1762).

Platon, *Le Banquet*, éd. Léon Robin (Paris 1958).

– *Œuvres de Platon*, trad. André Dacier (Amsterdam 1760; BV2750).

– *La République*, trad. François de La Pillonière (Londres 1726; BV2754).

– –, trad. Jean-Nicolas Grou (Paris 1762; BV2755).

Plongeron, Bernard, *Théologie et politique au siècle des Lumières (1770-1820)* (Genève 1973).

Pluche, Noël-Antoine, *Histoire du ciel considéré selon les idées des poètes, des philosophes, et de Moïse* (La Haye 1740).

– *Le Spectacle de la nature ou entretiens sur les particularités de l'histoire naturelle qui ont paru les plus propres à rendre les jeunes gens curieux et à leur former l'esprit* (Paris 1732-1746; BV2765).

Pluchon, Pierre, *Nègres et Juifs au XVIIIe siècle: le racisme au siècle des Lumières* (Paris 1984).

Pluquet, François-André-Adrien, *Mémoires pour servir à l'histoire des égarements de l'esprit humain par rapport à la religion chrétienne: ou Dictionnaire des hérésies, des erreurs et des schismes* (Paris 1762; BV2770).

Plutarque, *Les Œuvres morales et meslées de Plutarque*, trad. Jacques Amyot (Paris 1575; BV2771).

– *Les Vies des hommes illustres de Plutarque*, trad. André Dacier (Amsterdam 1734; BV2774).

– – trad. Robert Flacelière et Emile Chambry (Paris 1975).

Poliakov, Léon, *Histoire de l'antisémitisme*; 3: *De Voltaire à Wagner* (Paris 1968).

Pomeau, René, *D'Arouet à Voltaire*, Voltaire en son temps 1 (Oxford 1985).

– 'La documentation de Voltaire dans le

Dictionnaire philosophique', *Quaderni francesi* 1 (1970), p.395-405.
– *« Ecraser l'infâme »*, Voltaire en son temps 4 (Oxford 1994).
– 'Histoire d'une œuvre de Voltaire: le *Dictionnaire philosophique portatif*', *L'Information littéraire* 7:2 (mars-avril 1955), p.43-50.
– *On a voulu l'enterrer*, Voltaire en son temps 5 (Oxford 1994).
– *Politique de Voltaire* (Paris 1963).
– *La Religion de Voltaire* (Paris 1969).
– 'Voltaire et ses livres', *Saggi e ricerche di letteratura francese* 2 (Milan 1961), p.133-38.
– *Voltaire par lui-même* (Paris 1962).
– et Christiane Mervaud, *De la Cour au jardin*, Voltaire en son temps 3 (Oxford 1991).

Pontas, Jean, *Dictionnaire de cas de conscience, ou décisions des plus considérables difficultés touchant la morale et la discipline ecclésiastique* (Paris 1734; BV2791).

Pope, Alexander, *An essay on man*, éd. Maynard Mack (London 1950).
– *Mélanges de littérature et de philosophie*, trad. Etienne de Silhouette (Londres 1742).
– *Supplément aux Œuvres diverses de Pope*, éd. Jacques-Georges Chauffepié (Amsterdam, Leipzig 1758).

Proust, Jacques, *Diderot et l'Encyclopédie* (Paris 1962).

Pyrard, François, *Seconde partie du voyage de François Pyrard* (Paris 1615).

Quemada, Bernard, *Les Dictionnaires du français moderne, 1539-1863: études sur leur histoire, leurs types et leurs méthodes* (Paris 1968).

Rabelais, François, *Œuvres de maître François Rabelais* (Paris 1732; BV2851).

Ramsay, Andrew Michael, *Les Voyages de Cyrus: discours sur la mythologie* (Paris 1763; BV2870).

Rapin-Thoyras, Paul de, *Histoire d'Angleterre* [...] *augmentée des notes de M. Tindal et* [...] *du Recueil des actes publics d'Angleterre de Thomas Rymer* (La Haye 1724).
– – (La Haye [Paris] 1749; BV2871).

Recueil de diverses pièces, sur la philosophie, le religion naturelle, l'histoire, les mathématiques, éd. Pierre Desmaizeaux (Amsterdam 1720; BV2889).

Recueil des testaments politiques du cardinal de Richelieu, du duc de Lorraine, de M. Colbert et de M. de Louvois (Amsterdam 1749; BV2907).

Redshaw, Adrienne M., 'Voltaire and Lucretius', *Studies* 189 (1980), p.19-43.

Renaudot, Eusèbe, *Anciennes relations des Indes et de la Chine, de deux voyageurs mahométans, qui y allèrent dans le neuvième siècle* (Paris 1718; BV2950).

Renou, Louis, *L'Hindouisme* (Paris 1958).

Rétat, Pierre, 'L'âge des dictionnaires', *Histoire de l'édition française* (Paris 1984), ii.186-94.
– *Le Dictionnaire de Bayle et la lutte philosophique au XVIIIe siècle* (Paris 1971).
– 'Le *Dictionnaire philosophique* de Voltaire: concept et discours du dictionnaire', *Rhl* 81 (1981), p.892-900.

Ribadeneyra, Pedro de, *Les Nouvelles fleurs de la vie des saints*, trad. René Gautier (Paris 1673-1686; BV2970).

Richelieu, Armand-Jean Du Plessis, duc

de, *Maximes d'Etat, ou Testament politique d'Armand Du Plessis, cardinal duc de Richelieu*, éd. François-Louis-Claude Marin (Paris 1764; BV2980).

Rochester, John Wilmot, comte de, *Poems*, éd. Vivian de Sola Pinto (London 1953).

Rochet, Bernard, 'La vie, le caractère et la formation intellectuelle', dans *Pierre Gassendi: sa vie et son œuvre 1592-1655* (Paris 1955).

Roelens, Maurice, 'Le dialogue d'idées au XVIIIe siècle', *Histoire littéraire de la France*, V, *1715-1794*, éd. Michèle Duchet et Jean Marie Goulemot (Paris 1976), p.259-90.

– 'Le dialogue philosophique, genre impossible? L'opinion des siècles classiques', *Le Dialogue genre littéraire*, Cahiers de l'Association internationale des études françaises 24 (mai 1972), p.43-58.

Roger, Jacques, *Les Sciences de la vie dans la pensée française du XVIIIe siècle: la génération des animaux de Descartes à l'Encyclopédie* (Paris 1971).

Rollin, Charles, *Histoire ancienne des Egyptiens, des Carthaginois, des Assyriens, des Babyloniens, des Mèdes et des Perses, des Macédoniens, des Grecs* (Paris 1731-1737; BV3008).

– – (Amsterdam 1734-1739; BV3009).

Ronsard, Pierre de, *Œuvres* ([Paris] 1609; BV3014).

– – *Œuvres complètes*, éd. Paul Laumonier, Isidor Silver et Raymond Lebègue (Paris 1914-1967).

Rosset de Rochefort, Jean-Alphonse, *Remarques sur un livre intitulé Dictionnaire philosophique portatif* (Lausanne 1765).

Rousseau, André-Michel, *L'Angleterre et Voltaire*, Studies 145-147 (1976).

Rousseau, Jean-Baptiste, *Œuvres* (Bruxelles [Paris] 1743; BV3023).

Rousseau, Jean-Jacques, *Correspondance complète*, éd. Ralph A. Leigh (1965-).

– *Lettre à d'Alembert*, éd. Michel Launay (Paris 1967).

– *Œuvres complètes*, éd. Bernard Gagnebin et Marcel Raymond (Paris 1959-).

Rousselot, Xavier, *Etude d'histoire religieuse aux XIIe et XIIIe siècles: Joachim de Flore, Jean de Parme et la doctrine de l'Evangile éternel* (Paris 1867).

Ruinart, Thierry, *Les Véritables actes des martyrs*, trad. Jean-Baptiste Drouet de Maupertuy (Paris 1708; BV3052).

Runset, Ute van, 'Jean-Henri-Samuel Formey and the *Encyclopédie réduite*', *The Encyclopédie and the age of revolution*, éd. Clorinda Donato et Robert M. Maniquis (Boston 1992), p.63-72.

– *Ironie und Philosophie bei Voltaire unter besonderer Berücksichtigung der 'Dialogues et entretiens philosophiques'* (Genève 1974).

Sadrin, Paul, *Nicolas-Antoine Boulanger (1722-1759), ou avant nous le déluge*, Studies 240 (1986).

Sage, Pierre, *Le 'bon prêtre' dans la littérature française d'Adamis de Gaule au Génie du Christianisme* (Genève 1951).

Saint-Pierre, Charles-Irénée Castel de, *Ouvrages de politique* (Rotterdam 1733-1741; BV654).

Sale, George, *Observations historiques et critiques sur le mahométisme* (Genève 1751; BV3076).

Salles-Dabadie, Jean-Marie-Antoine, *Les Conciles œcuméniques dans l'histoire* (Paris-Genève 1962).

Salluste, *De la conjuration de Catilina, et De la guerre de Jugurtha*, trad. Le Masson (Paris 1717; BV3079).

– *Opera quae extant omnia* (Lugduni Batavorum 1659; BV3078).

Sandras de Courtilz, Gatien de, *Testament politique de messire Jean-Baptiste Colbert, ministre et secrétaire d'Etat* (La Haye 1693).

Sarpi, Pietro, dit Fra Paolo, *Histoire du concile de Trente*, trad. Jean Diodati (Genève 1635).

Savary Des Brulons, Jacques, *Dictionnaire universel de commerce*, éd. Philémon-Louis Savary (Paris 1723-1730).

– – (Copenhague 1759-1765).

Schneiders, Hans-Wolfgang, 'Le prétendu système des renvois dans l'*Encyclopédie*', *L'Encyclopédie et Diderot*, éd. Edgar Mass et Peter-Eckhard Knabe (Köln 1985), p.247-60.

Schwarzbach, Bertram Eugene, 'Coincé entre Pluche et Lucrèce: Voltaire et la théologie naturelle', *Studies* 192 (1980), p.1072-84.

– 'The Jews and the Enlightenment anew', *Diderot studies* 16 (1973), p.361-74.

– 'The problem of the Kehl additions to the *Dictionnaire philosophique*: sources, dating and authenticity', *Studies* 201 (1982), p.7-66.

– 'Une légende en quête d'un manuscrit: le *Commentaire sur la Bible* de Mme Du Châtelet', *De bonne main*, éd. François Moureau (Paris, Oxford 1993), p.97-116.

– *Voltaire's Old Testament criticism* (Genève 1971).

Sextus Empiricus, *Les Hipotiposes, ou Institutions pirroniennes de Sextus Empiricus en trois livres*, trad. Claude Huart ([Amsterdam] 1725; BV3158).

Shackleton, Robert, *Montesquieu: biographie critique* (Grenoble 1977).

Shaftesbury, Anthony Ashley Cooper, 3e comte de, *Characteristics of men, manners, opinion, times*, éd. J. M. Robertson (Indianapolis, New York 1964).

Sherlock, William, *Préservatif contre le papisme*, trad. Elie de Joncourt (La Haye 1721; BV3164).

Silius Italicus, *La Guerre punique*, éd. P. Miniconi et G. Devallet (Paris 1979).

Simon, Jean-Baptiste, *Le Gouvernement admirable, ou la république des abeilles* (Paris 1742; BV3168).

Simon, Renée, *Nicolas Fréret, académicien*, Studies 17 (1961).

Simon, Richard, *Histoire critique du Vieux Testament* (Rotterdam 1685; BV3173).

– *Réponse au livre intitulé: Sentiments de quelques théologiens de Hollande* (Amsterdam 1621 [1721]; BV3177).

Sleidan, Jean, *De statu religionis et respublicae Carolo quinto caesare commentarii* (Argentorati 1555).

Smith, David W., *Helvétius: a study in persecution* (Oxford 1965).

Song, Shun-Ching, *Voltaire et la Chine* (Aix-en-Provence 1989).

Straatman, H. de, *Le Testament politique de Charles duc de Lorraine et de Bar* (Lipsic 1696; BV715).

Suétone, *Vie des douze Césars*, trad. H. Ailioud (Paris 1961).

Sully, Maximilien de Béthune, baron de Rosny et duc de, *Mémoires de Maximilien de Béthune, duc de Sully, principal ministre de Henri le Grand* (Londres [Paris] 1745; BV3223).

Tachard, Gui, *Voyage de Siam* (Paris 1686).

– – (Amsterdam 1688).

Tasso, *Gerusalemme liberata*, trad. Jean-Michel Gardair (Paris 1990).

Taxe de la Chancellerie romaine, ou la Banque du pape dans laquelle l'absolution des crimes les plus énormes se donne pour de l'argent, trad. Antoine Du Pinet de Noroy, éd. Jean-Baptiste Renoult (Rome 1744; BV3252).

Taylor, Owen R., 'Voltaire et la Saint-Barthélemy', *Rhl* 73 (1973), p.829-38.

Temple, John, *The Irish rebellion, or an history of the beginnings and first progress of the general rebellion, raised within the kingdom of Ireland upon the three and twentieth day of October 1641* (London 1646).

– – (Dublin 1724; BV3254).

Thomann, Marcel, 'Voltaire et Christian Wolff', *Voltaire und Deutschland*, éd. Peter Brockmeier, Roland Desné, Jürgen Voss (Stuttgart 1979), p.123-36.

Thomas d'Aquin, *Summa theologica* (Lugduni 1738; BV3292).

– –, trad. Claude-Joseph Drioux (Paris 1851-1854).

Thomas, Antoine-Léonard, *Eloge de Henri-François Daguesseau* (Paris 1760; BV3283).

Thomassin, Louis, *Traité des fêtes de l'Eglise* (Paris 1683).

– *Traité des jeûnes de l'Eglise* (Paris 1680).

Timée de Locres, *Timée de Locres*, éd. Jean-Baptiste de Boyer, marquis d'Argens (Berlin 1763; BV3301).

Tindal, Matthew, *Christianity as old as creation* (London 1730; BV3302).

Tonelli, Giorgio, *A short-title list of subject dictionaries of the 16th, 17th, 18th centuries* (London 1971).

Torrey, Norman L., *Voltaire and the English deists* (New Haven 1930).

Tort, Patrick, *L'Ordre et les monstres* (Paris 1980).

Tournon, André, *Montaigne en toutes lettres* (Paris 1989).

Towne, John, *Remarks on Dr Lowth's letter to the bishop of Gloucester* (London 1766; BV3325).

Trapnell, William H., 'Survey and analysis of Voltaire's collective editions, 1728-1789', *Studies* 77 (1970), p.103-99.

– *Voltaire and his portable dictionary*, Analecta romanica 32 (Frankfurt 1972).

Trésor de la langue française, éd. Paul Imbs et Bernard Quemada (Paris 1971-).

Trousson, Raymond, *Socrate devant Voltaire, Diderot, Rousseau: la conscience en face du mythe* (Paris 1967).

Urbach, Ephraïm E., *Hazal* (Jérusalem 1975).

Urbain, Charles, et Eugène Lévêque, *L'Eglise et le theâtre* (Paris 1930).

Valmont de Bomare, Jacques-Christophe, *Dictionnaire raisonné universel d'histoire naturelle* (Lausanne 1776; BV3389).

Vandermonde, Charles-Auguste, *Dictionnaire portatif de santé* (Paris 1759; BV3392).

Vauban, Sébastien Le Prestre, marquis de, *Projet d'une dîme royale* (s.l. 1707; BV3405).

Vercruysse, Jeroom, *Bibliographie descriptive des écrits du baron d'Holbach* (Paris 1971).

– 'Les œuvres alphabétiques de Voltaire', *Revue de l'Université de Bruxelles* n.s. 22 (1969-1970), p.89-98.

– *Voltaire et la Hollande*, Studies 46 (1966).

– 'Voltaire et Marc Michel Rey', *Studies* 58 (1967), p.1707-63.

Vernet, Jacob, *Lettres critiques d'un voyageur anglais sur l'article Genève du Dictionnaire encyclopédique, et sur la lettre de M. d'Alembert à M. Rousseau*, 3e éd. (Coppenhague [Genève] 1766; BV3426).

Vernière, Paul, *Spinoza et la pensée française avant la Révolution* (Paris 1954).

Virgile, *Enéide*, trad. Jacques Perret (Paris 1989).

– – trad. André Bellessort (Paris 1925-1936).

– *Georgiques*, trad. Eugène de Saint-Denis (Paris 1974).

La Voix de la Torah, éd. Eliyahu Munk (Paris 1981).

Voltaire, *Alzire*, éd. T. E. D. Braun, V 14 (1989), p.1-210.

– *André Destouches à Siam*, éd. John Renwick, V 62 (1987), p.107-26.

– *Articles pour l'Encyclopédie*, éd. Jeroom Vercruysse *et al.*, V 33 (1987), p.1-231.

– *Candide*, éd. René Pomeau, V 48 (1980).

– *Collections d'anciens évangiles*, éd. Bertram Eugène Schwarzbach, V 69 (1994), p.1-245.

– *Corpus des notes marginales de Voltaire* (Berlin, Oxford, 1979-).

– *Correspondence and related documents*, éd. Theodore Besterman, V 85-135 (1968-1977).

– *La Défense de mon oncle*, éd. José-Michel Moureaux, V 64 (1984).

– *Des mensonges imprimés*, éd. Marc Waddicor, V 31B (1994), p.315-428.

– *Dictionnaire philosophique*, éd. Yves Florenne (Paris 1962).

– – éd. René Pomeau (Paris 1964).

– *Dieu et les hommes*, éd. Roland Mortier, V 69 (1994), p.246-506.

– *Le Dîner du comte de Boulainvilliers*, éd. Ulla Kölving, V 63A (1990), p.291-408.

– *Discours en vers sur l'homme*, éd. Haydn T. Mason, V 17 (1991), p.389-535.

– *Le Droit du seigneur*, éd. W. D. Howarth, V 50 (1986), p.1-219.

– *L'Ecossaise*, éd. Colin Duckworth (V 50), p.221-469.

– *Eléments de la philosophie de Newton*, éd. Robert L. Walters et William H. Barber, V 15 (1992).

– *Essai sur les mœurs*, éd. René Pomeau (Paris 1990).

– *L'Examen important de milord Bolingbroke*, éd. Roland Mortier, V 62 (1987), p.127-362.

– *Facéties*, éd. Jean Macary (Paris 1973).

– *La Henriade*, éd. Owen R. Taylor, V 2 (1970).

– *Homélies prononcées à Londres*, éd. Jacqueline Marchand, V 62 (1987), p.409-85.

– *Lettres philosophiques*, éd. Gustave Lanson et André-Michel Rousseau (Paris 1964).

– *Notebooks*, éd. Theodore Besterman, V 81-82 (1968).
– 'Les notes marginales de Voltaire au *Dictionnaire philosophique*', éd. Renato Galliani, *Studies* 161 (1976), p. 7-18.
– *Œuvres complètes*, éd. Louis Moland (Paris 1877-1885).
– *Œuvres historiques*, éd. René Pomeau (Paris 1957).
– *Le Philosophe ignorant*, éd. Roland Mortier, V 62 (1987).
– *The Philosophical dictionary for the pocket, written in French by a society of men of letters, and translated into English from the last Geneva edition, corrected by the authors. With notes, containing a refutation of such passages as are any way exceptionable in regard to religion* (London 1765).
– *La Philosophie de l'histoire*, éd. J. H. Brumfitt, V 59 (1969).
– *Le Portefeuille trouvé, ou tablettes d'un curieux* (Genève 1757).
– *La Pucelle*, éd. Jeroom Vercruysse, V 7 (1970).
– *Receuil des facéties parisiennes, pour les six premiers mois de l'an 1760* ([Genève 1760]).
– *Recueil nécessaire* (Leipzig 1765 [Genève 1766]).
– *Réponse catégorique au sieur Cogé*, éd. John Renwick, V 63A, p.209-30.
– *Romans et contes*, éd. Frédéric Deloffre et Jacques Van den Heuvel (Paris 1979).
– *Le Songe de Platon*, éd. Jacques Van den Heuvel, V 17 (1991), p.537-49.
– *Le Taureau blanc*, éd. René Pomeau (Paris 1956).
– *Le Temple du Goût*, éd. Elie Carcassonne (Paris 1938).
– *Traité de métaphysique*, éd. William H. Barber, V 14 (1989), p.357-503.
– *Zaïre*, éd. Eva Jacobs, V 8 (1988), p.273-526.
Voltaire, Rousseau et la tolérance: actes du colloque franco-neerlandais 1978 (Amsterdam, Lille 1980).
Vossius, Isaac, *Dissertatio de vera aetate mundi* (Hagae-Comitis 1659).
Wade, Ira O., 'The search for a new Voltaire', *Transactions of the American philosophical society* n.s. 48:4 (1958).
– *Voltaire and Mme Du Châtelet* (Princeton 1941).
– et Norman L. Torrey, 'Voltaire and Polier de Bottens', *The Romanic review* 31 (1940), p.147-55.
Wagenseil, Johann Christoph, *Tela ignea satanae* [...] *Libellus Toldos Jeschu* (Altdorfi Noricorum 1681; BV3820).
Wallace, Robert, *Essai sur la différence du nombre des hommes*, trad. Elie de Joncourt (Londres [Paris] 1754; BV3822).
Waller, Richard E. A., 'Louis-Mayeul Chaudon against the *philosophes*', *Studies* 228 (1984), p.259-65.
Warburton, William, *Dissertation sur les tremblements de terre* (Paris 1754).
– *Dissertations sur l'union de la religion, de la morale et de la politique*, trad. Etienne de Silhouette (Londres 1742).
– *The Divine legation of Moses demonstrated on the principles of a religious deist, from the omission of the doctrine of a future state of reward and punishments in the Jewish dispensation* (London 1755; BV3826).
– – (London 1765).
– *Julien, or a discourse concerning the*

earthquake and fiery eruption, which defeated that emperor's attempt to rebuild the temple at Jerusalem (London 1751; BV3828).

– *Remarks on several occasional reflections: in answer to the rev. Dr Middleton, Dr Pococke, the master of the Charter House, Dr Richard Grey, and others, serving to explain and justify divers passages, in the Divine legation objected to by those learned writers* (London 1744; BV3830).

Waterman, Mina, 'Voltaire and Firmin Abauzit', *The Romanic review* 33 (1942), p.236-49.

Whiston, William, *A new theory of the earth* (London 1696).

Wolff, Christian Friedrich, *Gesammelte Werke* (Hildesheim 1983).

Wolfson, Harry Austryn, 'The meaning of *ex nihilo* in the Church Fathers, Arabic and Hebrew philosophy, and St Thomas', *Studies in the history of philosophy and religion* (Cambridge, Mass. 1973).

– 'The Platonic, Aristotelian and stoic theories of creation in Hallevy and Maimonides', *Studies in the history of philosophy and religion* (Cambridge, Mass. 1973).

Woodward, John, *Naturalis historia telluris illustrata* (Londini 1714).

Woolston, Thomas, *Discours sur les miracles de Jésus-Christ*, trad. d'Holbach (s.l.n.d.; BV3844).

– *Mr. Woolston's defence of his discourses on the miracles of our Saviour* (London 1729-1730; BV3851).

– *Six discourses on the miracles of our saviour* (London 1727-1729; BV3845-3850).

Xiphilin, *Histoire romaine écrite par Xiphilin, par Zonare, et par Zosime*, trad. Louis Cousin (Paris 1678; BV3858).

Yolton, John W., *Locke and French materialism* (Oxford 1991).

INDEX

INDEX

ERRATA DU TOME Ier

p.155, n.103, l.3-4: pour 'J. Yolanda', lire 'Y. Jenny'.

p.215, alinéa 2, après l.1, ajouter: 'enfants morts sans baptême, le théologien Bergier a combattu'.

p.235, rubrique '64*', l.3: supprimer ''Destin', l.46'.

p.365, n.15, l.7: pour 'saint Clément', lire 'Clément'.

p.381, n.22, à la fin: ajouter 'Allusion au chapitre VII de *Pantagruel*; parmi les 'beaux livres de la librairie de Sainct Victor', Rabelais cite ce titre: *Quaestio subtilissima, utrum Chimera in vacuo bombinans possit comedere secundas intentiones, et fuit debatuta per decem hebdomadas in concilio constantiniensi* (éd. Verdun L. Saulnier, Paris 1959, p.39).'

p.523, n.7, l.5: pour 'M.xxxiii.534' lire 'M.xxiii.534'.